Dr. Sebastian Herbst
Richter am Sozialgericht, Nordhausen

Katharina Luhn
Richterin am Sozialgericht,
z.Zt. Thüringer Landessozialgericht

Formulierungshilfen
für die sozialrechtliche Praxis

SGB II | SGB XII | Verfahren

2. Auflage

Die Deutsche Nationalbibliothek verzeichnet diese Publikation in
der Deutschen Nationalbibliografie; detaillierte bibliografische
Daten sind im Internet über http://dnb.d-nb.de abrufbar.

ISBN 978-3-8487-3481-8

2. Auflage 2017
© Nomos Verlagsgesellschaft, Baden-Baden 2017. Gedruckt in Deutschland. Alle Rechte, auch die des Nachdrucks von Auszügen, der fotomechanischen Wiedergabe und der Übersetzung, vorbehalten.

Vorwort

Seit dem Erscheinen der Erstauflage sind kaum zwei Jahre vergangen und dennoch wurde aufgrund verschiedener Gesetzesänderungen und vielfältiger neuer obergerichtlicher Rechtsprechung eine Neuauflage unserer *Formulierungshilfen für die sozialrechtliche Praxis* erforderlich.

Eingearbeitet wurden zum einen die Gesetzesänderungen – hier allen voran die mit Wirkung zum 1.8.2016 bzw. 1.1.2017 erfolgten Neuerungen im Bereich des SGB II. So waren Änderungen bei der Ermittlung der Regelbedarfe, Neuerungen insbesondere in Sachen vorläufige Bewilligung, Leistungsausschluss für Ausländer, Leistungsberechtigung für Auszubildende, Einkommen und Kosten der Unterkunft in die Neuauflage zu implementieren. Gleiches gilt für die neuen Einkommens- uns Vermögensfreibeträge infolge des Bundesteilhabegesetzes im SGB XII – wobei aus Gründen der Übersichtlichkeit die sich erst zum Jahr 2018 resp. 2020 ergebenden inhaltlichen Änderungen im Bereich des SGB XII (v.a. im Bereich der Eingliederungshilfe) in dieser Auflage noch ausgespart wurden.

Weiter waren aktuelle höchstrichterliche Entscheidungen in Sachen Verfahrensrecht, Mehrbedarfe, Kosten der Unterkunft und Heizung, Sanktionen etc. aufzunehmen und dabei im Gegenzug nunmehr weniger praxisrelevante Rechtsprechung auszuklammern. Berücksichtigt wurde dabei auch eine weitere Entscheidung des Bundesverfassungsgerichts vom 23.7.2014, mit der die Verfassungsmäßigkeit der Regelbedarfe grundsätzlich festgestellt wurde – dabei aber zur Regelbedarfsstufe 5 (6–14 Jahre) keine Aussage erfolgte.

Die 2. Auflage der Formulierungshilfen berücksichtigt unter anderem:

- die Änderungen der Rechtslage durch die „Rechtsvereinfachungsnovelle",
- das neue Regelbedarfsermittlungsgesetz 2016,
- die Änderungen für Ansprüche ausländischer Personen durch das Gesetzes zur Regelung von Ansprüchen ausländischer Personen in der Grundsicherung für Arbeitsuchende nach dem SGB II und in der Sozialhilfe nach dem SGB XII,
- die aktuelle Rechtsprechung des Bundesverfassungsgerichts sowie
- die aktuelle Rechtsprechung des Bundessozialgerichts (u.a. zur Bestimmtheit von Aufhebungs- und Erstattungsbescheiden, zu den Kosten der Unterkunft und Heizung, zu Eingliederungsvereinbarungen und zu Sanktionen).

Den allgemein sehr positiven Resonanzen und Rezensionen folgend, haben wir am bewährten Aufbau des Buches und seiner Schwerpunktsetzung festgehalten. Anmerkungen und Hinweise wurden ebenso berücksichtigt, wie dem Leser durch die optische Hervorhebung der Muster die Arbeit mit dem Buch erleichtert wurde.

Im Autorenstamm gab es Veränderungen. Die Dres. Braune und Schneider sind als verantwortliche Autoren ausgeschieden und derzeit in der ordentlichen Gerichtsbarkeit als Richter tätig. Dr. Schneider hat sich jedoch dankenswerterweise bereitgefunden, dass Unterkapitel „Vollstreckung" zu aktualisieren. Das Hinzukommen der Mitautorin Luhn als Richterin der Sozialgerichtsbarkeit gewährleistet, dass das hohe Niveau der Vorauflage gehalten wird.

Mühlhausen/Faulungen   im Mai 2017

Inhaltsverzeichnis

Vorwort	5
Musterverzeichnis	13
Abkürzungsverzeichnis	17
Literaturverzeichnis	21
A. Allgemeiner Teil	23
I. Verwaltungsverfahren	23
1. Antrag	23
2. Vorläufige Leistungserbringung und endgültige Festsetzung/ abschließende Feststellung	28
3. Überprüfungsantrag	35
4. Widerspruch	42
II. Klageverfahren	50
1. Allgemeine Verfahrensgrundsätze	50
a) Amtsermittlungsprinzip	50
b) Streitgegenstand	51
c) Mindestanforderungen an die Klageschrift	54
d) Klageantrag	55
e) Form und Frist; Wiedereinsetzung in der vorigen Stand	55
f) Beiladung	58
2. Klagearten	59
a) Kombinierte Anfechtungs- und Leistungsklage	59
b) Kombinierte Anfechtungs- und Verpflichtungsklage	60
c) Isolierte Leistungsklage	61
d) Isolierte Anfechtungsklage	61
e) Feststellungsklage und Fortsetzungsfeststellungsklage	62
f) Untätigkeitsklage	64
3. Prozesskostenhilfe	64
4. Prozesserklärungen	67
a) Klageänderung	67
b) Klagerücknahme	68
c) Erledigungserklärung	69
d) Vergleich	70
e) (Angenommenes) Anerkenntnis	72
f) Beweisanträge	74
5. Kostengrundantrag	75
6. Kostenfestsetzungsantrag	76
a) Grundlegendes	76
b) Gebührentatbestände	78
c) Gebührenhöhe	81
7. Erinnerung	86
8. Befangenheitsantrag	89
9. Vollstreckung von Entscheidungen	90
a) Titel	91

		b)	Klausel	91
		c)	Zustellung	91
		d)	Durchführung	92
			aa) Bezifferter Tenor	92
			bb) Nicht bezifferter Tenor	100
		e)	Vollstreckungsvoraussetzungen	100
		f)	Untätigkeit der Behörde	101
		g)	Verfahren	101
		h)	Einstweiliges Rechtsschutzverfahren	104
	10.	Gerichtsbescheid und Entscheidung ohne mündliche Verhandlung		104
		a)	Gerichtsbescheid	104
		b)	Entscheidung ohne mündliche Verhandlung	106
	11.	Antrag auf medizinische Begutachtung nach § 109 SGG		106
III.	Einstweiliger Rechtsschutz			110
	1.	Anordnung der aufschiebenden Wirkung		110
		a)	Die aufschiebende Wirkung	110
		b)	Der Antrag auf Anordnung der aufschiebenden Wirkung (§ 86 b Abs. 1 SGG)		112
			aa) Zulässigkeit	112
			bb) Begründetheit	112
	2.	Feststellung der aufschiebenden Wirkung (faktischer Vollzug)		114
	3.	Einstweilige Anordnung (§ 86 b Abs. 2 SGG)		114
		a)	Zulässigkeit	115
		b)	Begründetheit	115
			aa) Anordnungsanspruch	115
			bb) Anordnungsgrund	116
			cc) Keine Vorwegnahme der Hauptsache	116
	4.	Vollstreckung		117
IV.	Rechtsmittel I. Instanz			117
	1.	Berufung		117
	2.	Nichtzulassungsbeschwerde		123
		a)	Allgemeines	123
		b)	Zulassungsgründe	124
			aa) Grundsätzliche Bedeutung	124
			bb) Divergenz	125
			cc) Verfahrensmangel	125
	3.	Anschlussberufung		127
	4.	Beschwerde im Verfahren des einstweiligen Rechtsschutzes		127
	5.	Beschwerde im Erinnerungsverfahren		132
	6.	Beschwerde im PKH-Verfahren		134
	7.	Anhörungsrüge		138
V.	Rechtsmittel II. Instanz			139
	1.	Revision		139
	2.	Nichtzulassungsbeschwerde		141
		a)	Allgemeines	141

		b)	Zulassungsgründe	142
			aa) Grundsätzliche Bedeutung	142
			bb) Divergenz	143
			cc) Verfahrensmangel	143
	3.	Anschlussrevision		144
	4.	Sprungrevision		144

B. Besonderer Teil 146
  I. Mitwirkungspflichten 146
    1. Allgemeine Mitwirkungspflichten 146
    2. Besondere Mitwirkungspflichten nach dem SGB II 161
      a) Pflichten des Hilfebedürftigen 161
      b) Mitwirkungspflichten des Arbeitgebers 161
      c) Mitwirkungspflichten Dritter 161
      d) Mitwirkungspflichten bei Eingliederungsleistungen 162
  II. Bedarfsgemeinschaft – Verantwortungs- und Einstehensgemeinschaft .. 162
    1. Bedarfsgemeinschaft nach dem SGB II 162
    2. Besonderheiten beim SGB XII 169
  III. Leistungsausschlüsse 170
    1. Ausländer 170
      a) Einreisende in den ersten drei Monaten 171
      b) Ausländer ohne Aufenthaltsrecht oder deren Aufenthaltsrecht sich allein aus dem Zweck der Arbeitssuche ergibt ... 172
      c) Ausländer, die ihr Aufenthaltsrecht aus Art. 10 VO (EU) Nr. 492/2100 ableiten 174
      d) Anspruch auf Sozialhilfe als Ermessensleistung bei Eingreifen des Leistungsausschlusses – Überbrückungsleistungen ... 178
    2. Auszubildende 184
    3. Stationär Untergebrachte und Altersrentenbezieher 193
      a) Stationäre Unterbringung und Krankenhausaufenthalt .. 193
      b) Vollzugsinsassen 198
      c) Altersrentenbezieher 199
    4. Nicht erreichbare Personen 200
  IV. Leistungen zur Sicherung des Lebensunterhaltes – Regelbedarf und Sonderbedarfe 203
    1. Regelbedarf zur Sicherung des Lebensunterhaltes, § 20 SGB II ... 204
    2. Mehrbedarfe, § 21 SGB II 205
      a) Werdende Mütter nach der 12. Schwangerschaftswoche . 206
      b) Alleinerziehende 206
      c) Erwerbsfähige Leistungsberechtigte mit Behinderung ... 206
      d) Personen mit kostenaufwändiger Ernährung 207
      e) Dezentrale Warmwassererzeugung 207
      f) Härtefallregelung 208
    3. Abweichenden Erbringung von Leistungen, § 24 SGB II 211
      a) Regelleistung ist nicht ausreichend 211
      b) Regelleistung wird nicht zur Bedarfsdeckung aufgewandt ... 215

      c) Leistungserbringung als Darlehen bei voraussichtlichen Einnahmen oder vorzeitigem Verbrauch einmaliger Einnahmen 215
      d) Darlehensweise Leistungserbringung bei fehlender sofortiger Verwertbarkeit des Vermögens 216
  4. Einmalige Hilfen, § 24 Abs. 3 SGB II 219
      a) Erstausstattungen für die Wohnung einschließlich Haushaltsgeräten 220
      b) Erstausstattungen für Bekleidung und Erstausstattungen bei Schwangerschaft und Geburt 226
      c) Anschaffung und Reparaturen von orthopädischen Schuhen, Reparaturen von therapeutischen Geräten und Ausrüstungen sowie die Miete von therapeutischen Geräten 229
  5. Leistungen für Bildung und Teilhabe, § 28 SGB II 229
      a) Schulausflüge und Klassenfahrten 229
      b) Bedarf für die persönliche Schulausstattung 232
      c) Schülerbeförderung 233
      d) Lernförderung 236
      e) Gemeinsame Mittagsverpflegung 236
      f) Bedarf zur Teilhabe am sozialen und kulturellen Leben 236
      g) Erbringung der Leistungen für Bildung und Teilhabe 237
  6. Leistungen für Auszubildende, § 27 SGB II 237
  7. Besonderheiten beim Sozialgeld, § 23 SGB II 238
  8. Leistungsberechtigte in Gemeinschaftsunterkünften 239
  9. Regelbedarf – Besonderheit im SGB XII 240
V. Bedarfe für Unterkunft und Heizung, § 22 SGB II 243
  1. KdUH bei mehreren Personen 245
  2. Angemessenheit der Kosten der Unterkunft und Heizung 248
      a) Kosten der Unterkunft 249
          aa) Allgemeines 249
          bb) Bestimmung der Angemessenheit 267
              (1) Satzungslösung 267
              (2) Allgemeine Angemessenheitsprüfung 267
              (3) Weitere Prüfungskriterien 274
      b) Heizkosten 281
          aa) Satzungslösung 283
          bb) Allgemeine Angemessenheitsprüfung 283
          cc) Besonderheiten des Einzelfalls 287
          dd) Kostensenkungsaufforderung 294
      c) Gesamtangemessenheitsgrenze 297
      d) Verzicht des Leistungsträgers auf Kostensenkungsbemühungen 298
  3. Instandhaltung und Reparatur bei selbst bewohntem Wohneigentum 298
  4. Umzug in eine andere Wohnung 305
      a) Umzug allgemein 305
          aa) Zusicherungserfordernis 305

	bb) Unter 25-Jährige	312
b)	Wohnungsbeschaffungskosten, Mietkautionen und Umzugskosten	315
	aa) Allgemeines	315
	bb) Wohnungsbeschaffungskosten	316
	cc) Umzugskosten	316
	dd) Mietkaution und Genossenschaftsanteile	316
5.	Mietzahlung direkt an den Vermieter	316
6.	Mietschulden	320
7.	Ausländische Leistungsberechtigte mit Wohnsitzauflage	323

VI. Einkommen 324
   1. Bedeutung des Einkommen und allgemeine Berechnungsgrundsätze 324
   2. Differenzierung von Einkommen und Vermögen – Zuflussprinzip 328
   3. Einkommensbegriff 332
   4. Kindergeld als Einkommen 333
   5. Einkommen als „bereite Mittel" – insbesondere Darlehenszahlungen durch Dritte 336
   6. Einkommensbereinigung 343
   7. Nicht zu berücksichtigende Einnahmen 358
   8. Die „gemischte Bedarfsgemeinschaft" 363
   9. Erwerbseinkommen 367
      a) Einkommen aus unselbstständiger Tätigkeit 367
      b) Einkommen aus selbstständiger Tätigkeit 369
  10. Wohngeldanrechnung/andere Sozialleistungen 375
  11. Einkommen – Besonderheiten beim SGB XII 378

VII. Vermögen 382
   1. Vermögensbegriff 382
   2. Freibeträge 388
   3. Nicht zu berücksichtigendes Vermögen 389
   4. Vermögen – Besonderheiten beim SGB XII 390

VIII. Eingliederungsleistungen 395
   1. Grundsatz des Förderns 396
   2. Eingliederungsvereinbarung 399
   3. Eingliederungsvereinbarung ersetzender Verwaltungsakt 403
   4. Leistungen zur Eingliederung (§ 16 SGB II) 404
   5. Kommunale Eingliederungsleistungen (§ 16 a SGB II) 409
   6. Einstiegsgeld und Leistungen zur Eingliederung Selbstständiger (§§ 16 b und 16 c SGB II) 413
   7. Förderung schwer zu erreichender junger Menschen 422

IX. Zuschuss zu Versicherungsbeiträgen 422

X. Sanktionen 423
   1. Allgemeines 423
   2. Rechtsfolgenbelehrung 427
   3. Pflichtverletzungen 433

4. Meldeversäumnisse	439
XI. Aufhebung und Erstattung	445
1. Die Ermächtigungsgrundlage	445
2. Formelle Rechtmäßigkeit	450
a) Bestimmtheit	450
b) Anhörung	459
3. Besonderheiten im Rahmen des SGB II und SGB XII	463
a) Besonderheiten im Rahmen des § 44 SGB X	463
b) Besonderheiten im Rahmen der §§ 45 und 48 SGB X	464
c) Problematische Anwendungsfälle	468
aa) KdU-Endabrechnung	469
bb) Vorrang von Erstattungsansprüchen	472
4. Besonderheiten bei der Erstattung (§ 50 SGB X)	472
5. Aufrechnung	475
a) Aufrechnung nach Darlehensgewährung	475
b) Aufrechnung bei Erstattungsansprüchen	476
6. Aufschiebende Wirkung und behördliche Vollstreckung	480
7. Ersatzansprüche	482
a) Ersatzanspruch bei sozialwidrigem Verhalten (§ 34 SGB II)	482
b) Ersatzanspruch für rechtswidrig erbrachte Leistungen (§ 34 a SGB II)	485
c) Kostenersatz im SGB XII	488
aa) Kostenersatz durch Erben (§ 102 SGB XII)	488
bb) Kostenersatz bei schuldhaftem Verhalten (§ 103 SGB XII)	491
cc) Kostenersatz für zu Unrecht erbrachte Leistungen (§ 104 SGB XII)	494
dd) Kostenersatz bei Doppelleistung (§ 105 SGB XII)	496
Stichwortverzeichnis	497

Musterverzeichnis

	Rn.
Anerkenntnis (Angenommenes)	163 ff.
Anfechtungs- und Leistungsklage, kombinierte	84 f.
Anfechtungs- und Verpflichtungsklage, kombinierte	91, 95
Anfechtungsklage, isolierte	101 f.
Anhörung, hinreichende; – Haftungsbeschränkung zu Gunsten minderjähriger Kinder bei Fehlen	936
Aufhebung eines Bescheids bei vorausgegangener endgültiger Leistungsbewilligung trotz schwankenden Einkommens	923
Aufhebung eines Bescheids und Erstattung wegen Anrechnung eines Guthabens aus Betriebskostenabrechnung	955
Aufhebung und Erstattung von Leistungen wegen Leistungsausschluss nach § 7 Abs. 4 a SGB II, Klage	534
Aufhebung und Erstattung wegen Anrechnung eines Darlehens als Einkommen, Klage	741
Aufhebung von Leistungen nach dem SGB II (dem Grunde nach förderfähige Ausbildung)	511
Aufhebung von Leistungen nach dem SGB II (dem Grunde nach förderfähige Ausbildung), Klage	513
Aufhebung von Leistungen nach vermeintlichem Einkommenszufluss, Klage	723
Aufhebung von SGB II-Leistungen nach § 7 Abs. 4 SGB II (Unterbringung in einem Krankenhaus), Klage	521
Aufhebungs- und Erstattungsbescheid – Erlass eines endgültigen Bescheids trotz schwankenden Einkommens, Widerspruch	23
Aufhebungs- und Erstattungsbescheid, Bestimmtheit (fehlende Individualisierung)	933
Aufhebungs- und Erstattungsbescheid, Bestimmtheit; Rechtswidrigkeit der Erstattungsverfügung	927
Aufschiebende Wirkung, Antrag auf Anordnung (§ 86 b Abs. 1 SGG)	315
Aufschiebende Wirkung, Feststellung	984
Aufwendungsersatz, Klage (im Bagatellbereich)	439
BAföG, zu hohe Anrechnung; Widerspruch	766
Bedarfsgemeinschaft, „gemischte"; Klage gegen fehlerhafte Einkommensanrechnung	775
Bedarfsgemeinschaft, Klage gegen die Einbeziehung einer weiteren Person in die	460
Befangenheitsantrag	227
Betriebskostennachforderung für nicht mehr bewohnten Wohnraum	620
Beweisantrag	168
Eingliederung in den Arbeitsmarkt, Zusicherung; Antrag im einstweiligen Rechtsschutzverfahren	681
Eingliederungsleistungen, Antrag auf einstweiligen Rechtsschutz	864
Eingliederungsleistungen, kommunale; Antrag auf einstweiligen Rechtsschutz	869
Eingliederungsleistungen, Widerspruch gegen Ablehnung	844
Einkommen als Vermögen, angespartes anrechnungsfreies; Wegfall der Anrechnung	837
Einkommen aus selbstständiger Tätigkeit (jährliche Betrachtung der Einnahmen und Ausgaben), Widerspruch	794
Einkommen aus selbstständiger Tätigkeit (Nichtanerkennung einer Betriebsausgabe), Widerspruch	793
Einkommen, Anrechnung entgegen dem Zuflussprinzip (hier Wohngeld); Widerspruch	797
Einkommen, Widerspruch gegen Anrechnung von Kindergeld	733

Musterverzeichnis

	Rn.
Einkommen, zu hohe Berücksichtigung einer Einnahme aus ehrenamtlicher Tätigkeit; Klage	750
Einkommensanrechnung bei vorzeitigem Verbrauch	739
Einkommensbereinigung, fehlerhafte; Klage auf höhere Leistungen nach dem SGB II	748
Einkommensbereinigung, Widerspruch (Nichtberücksichtigung von § 6 Abs. 3 ALG II-V)	752
Einrichtungsgegenstände, unzureichende Höhe der Geldleistung	575
Einstweilige Anordnung (§ 86 b Abs. 2 SGG)	334
Einstweiliger Rechtsschutz, Verfahren; Beschwerde	373
Entscheidung ohne mündliche Verhandlung	289
Erbenhaftung, Verfristung	1020
Erinnerungsverfahren, Beschwerde	379
Erledigungserklärung	141
Ersatzanspruch für rechtswidrig erbrachte Leistungen	999
Erstattungsansprüche, rechtswidrige Aufrechnung	980
Erstattungsbetrag, Minderung – 56 % der bei der Berechnung des Arbeitslosengeldes II und des Sozialgeldes berücksichtigten Bedarfe für Unterkunft sind nicht zu erstatten (§ 40 Abs. 9 (zuvor Abs. 4) SGB II)	958
Erstausstattung bei Geburt, Klage	577
Erstausstattung nach Auszug aus gemeinsamer Wohnung, Klage	574
Feststellungsklage und Fortsetzungsfeststellungsklage	113
Gerichtsbescheid	285
Gerichtsvollzieher, Antrag auf Bestimmung nach § 882 a Abs. 1 ZPO	258
Gesamtangemessenheitsgrenze, wenn die Heizkosten über dem bundesweiten Heizkostenspiegel liegen – Unzumutbarkeit der Kostensenkung	655
Grundstück als nicht verwertbares Vermögen	816
Grundstück, Klage auf darlehensweise Leistungen wegen vorübergehender Unverwertbarkeit	567
Gutachten, Antrag nach § 109 SGG	298, 304
Guthabenanrechnung aus einer Nebenkostenabrechnung bei Verrechnung des Guthabens durch den Vermieter nach § 22 Abs. 3 SGB II	621
Heizkosten über bundesweitem Heizkostenspiegel (persönliche Umstände)	656
Heizkosten, angemessene	653
Heizkosten, Kappung der vor Ablauf der Schonfrist; irreführende Kostensenkungsaufforderung	660
Kabelanschlussgebühr, Übernahme als fester Bestandteil des Mietvertrages	622
KdU für Eigenheim – zB Reparatur der Elektroanlage	671
KdU, Anspruch auf Zahlung, weil Voraussetzungen für Zahlung an Dritten nicht vorliegen	694
KdU, Begrenzung wegen Umzuges, obwohl vor Umzug gar keine Hilfebedürftigkeit bestand	674
KdU, Erhöhung wegen Besonderheiten des Einzelfalls	656
KdU, Kappung der vor Ablauf der Schonfrist; irreführende Kostensenkungsaufforderung	643
Klage gegen Ablehnung von Leistungen nach § 7 Abs. 1 Satz 2 Nr. 2 SGB II	488
Klagerücknahme	136
Klassenfahrt, Antrag auf Kostenübernahme	582
Kopfteilprinzip, Abweichung wenn der Unterkunftskostenanteil eines Mitglieds der Bedarfsgemeinschaft auf der Grundlage einer bestandskräftigen Sanktion gemäß § 31 iVm § 31 a Abs. 2 SGB II weggefallen ist	613
Kostenantrag bei Untätigkeitsklage nach Klagerücknahme	176
Kostenersatz des Erben, Wegfall wegen wegen besonderer Härte	1006

Musterverzeichnis

	Rn.
Kostenersatz wegen schuldhaftem Verhalten – hier fehlende Sozialwidrigkeit	1011
Kostenerstattungsantrag	49
Kostenerstattungsbescheid, Klage	50
Kostenfestsetzungsantrag aus PKH gegen die Staatskasse nach Vergleich mit Kostentragung durch den Beklagten in Höhe von 2/3	216
Kostenfestsetzungsantrag gegen den Beklagten nach Vergleich im Termin mit Kostentragung von 2/3 durch den Beklagten	215
Kostenfestsetzungsbeschluss gegen die Staatskasse, Erinnerung	221
Kostenquote im Widerspruchsbescheid, Klage	45
Kranken- und Pflegeversicherung, Zufluss der Arbeitsentgeltzahlung für mehrere Monate in einem Monat – Rechtswidrige Aufhebung und Erstattung von Beiträgen	946
Leistungen nach § 7 Abs. 1 S. 2 Nr. 2 SGB II, Ablehnung; Berufungsschrift	355
Leistungsausschluss nach § 7 Abs. 1 Satz 2 Nr. 2 SGB II – Arbeitnehmerbegriff – hilfsweise Anspruch auf Sozialhilfe, Klage	503
Leistungsklage auf Leistungen nach § 16 c SGB II mit Hilfsantrag auf Verpflichtung	876
Leistungsklage, isolierte	97
Leistungsversagung nach Aufforderung, Einkommens- und Vermögensnachweise des vermeintlichen Partners vorzulegen, Klage	424
Leistungsversagung, Anfechtung wegen fehlender Rechtsfolgenbelehrung	430
Leistungsversagung, Anfechtung wegen fehlender erheblicher Erschwerung der Sachverhaltsaufklärung	433
Leistungsversagung, Anfechtung wegen unzureichender Ermessensausübung	435
Leistungsversagung, Anfechtung wegen Vorlage geschwärzter Kontoauszüge	426
Mehrbedarf, atypischer; Klage (Hygienemehrbedarf bei HIV-Infektion)	557
Nebenkostennachzahlung, Widerspruch gegen Nichtübernahme	4
Nichtzulassungsbeschwerde	366
Pflegeversicherung, Berechnungsbeispiel § 87 Abs. 1 Satz 3 SGB XII (Zumutbarkeit der Anrechnung)	808
Pflegeversicherung, Berechnungsbeispiel Einkommen unter Freibetrag	805
PKH-Antrag, Blankoformular	125
PKH-Verfahren, Beschwerde	383
Regelbedarf im Bereich des SGB XII (hier GSAE) – kein Abzug wegen Möblierungspauschale	609
Regelbedarf im Bereich des SGB XII (hier GSAE) – Leistungserhöhung durch Betreuungspauschale	608
Sanktion nach Meldeversäumnis, Klage – wichtiger Grund	915
Sanktion nach wiederholten Meldeversäumnissen, Klage – Ermessensfehler	912
Sanktion wegen Nichtantritt einer Maßnahme, Klage – zu unbestimmte Beschreibung	899
Sanktion, Klage – Nichterfüllung von Pflichten aus der Eingliederungsvereinbarung	847
Sanktion, Klage – zu pauschal erfolgte Belehrung	897
Sanktion, Klage wegen fehlerhafter Rechtsfolgenbelehrung– kein Hinweis auf Sachleistungen – kein Hinweis auf Anrechnung Kindergeld	896
Sanktionszeitraum, Verkürzung; fehlende Ermessensausübung	888
Schuldenübernahme – z.B. Stromschulden	696
Schülerbeförderung, Klage auf Übernahme der Kosten	585
Sozialhilfe als Ermessensleistung, Anspruch bei Eingreifen des Leistungsausschlusses – Überbrückungsgeld	499
Sozialwidriges Verhalten, rechtswidriger Ersatzanspruch	990
Teilablehnung wegen unvollständiger Unterlagen (Leistungen zum Lebensunterhalt)	9
Tenor, nicht bezifferter	266

Musterverzeichnis

	Rn.
Übernahme der Kosten der Unterkunft nach Fälligkeit bei Eigenheimen	625
Übernahme der Stromkosten für den Betrieb einer Heizungsanlage	645
Übernahme Instandhaltungskosten für eine Eigentumswohnung	670
Übernahme Kosten der Einzugsrenovierung	619
Übernahme PKW-Stellplatzkosten, die zwingender Bestandteil des Mietvertrages sind	623
Übernahme Tilgungsleistung Eigenheim	624
Überprüfung eines Aufhebungs- und Erstattungsbescheides, Antrag nach § 44 SGB X	29
Überprüfung eines Leistungsbescheides, Antrag nach § 44 SGB X	27
Umzug, fehlende Erforderlichkeit; Dynamisierung der Unterkunftskosten	678
Umzug, fehlende Zumutbarkeit	639
Untätigkeitsklage	117
Unterkunft, Anerkennung Wohnwagen bzw. Wohnmobil	611
Unterkunftskosten, Angemessenheitsprüfung	635
Vergleich	153 f.
Vermögen, „versilbertes"; kein Einkommen	818
Verpflichtungsklage auf Einstiegsgeld mit Hilfsantrag auf Leistung	872
Vollstreckbare Ausfertigung, Antrag auf Erteilung	236
Vollstreckbare Ausfertigung, Antrag auf Zustellung	238
Vollstreckungsanzeige	256
Vollstreckungsauftrag an Gerichtsvollzieher	262
Waschmaschine, Darlehen zur Beschaffung; Antrag auf einstweiligen Rechtsschutz	562
Wichtiger Grund, Vorliegen bei Verstoß gegen Pflicht zum Fortsetzen der Arbeitsgelegenheit (hier: Mobbing)	906
Widerspruch, Blankoformular	39
Wiedereinsetzung in den vorigen Stand	79
Zwangsgeld, Antrag auf Androhung und Fristsetzung	273
Zwangsgeld, Antrag auf Festsetzung	274

Abkürzungsverzeichnis

aaO	am angegebenen Ort
a.F.	alte Fassung
AEUV	Vertrag über die Arbeitsweise der Europäischen Union
ALG	Arbeitslosengeld
ALG II	Arbeitslosengeld II
ALG II-V	Verordnung zur Berechnung von Einkommen sowie zur Nichtberücksichtigung von Einkommen und Vermögen beim Arbeitslosengeld II/Sozialgeld
Alhi	Arbeitslosenhilfe
Anh.	Anhang
Art.	Artikel
AsylbLG	Asylbewerberleistungsgesetz
AufenthG	Aufenthaltsgesetz
B.	Beschluss
BA	Bundesagentur für Arbeit
BAB	Berufsausbildungsbeihilfe
BAföG	Bundesausbildungsförderungsgesetz
BetrKV	Betriebskostenverordnung
BezO	Bezirksordnung
BG	Bedarfsgemeinschaft
BGB	Bürgerliches Gesetzbuch
BGBl.	Bundesgesetzblatt
BR-Drs.	Drucksache des Deutschen Bundesrats
BSG	Bundessozialgericht
BSGE	Sammlung der Entscheidungen des BSG
BSHG	Bundessozialhilfegesetz
bspw.	Beispielsweise
BT-Drs.	Drucksache des Deutschen Bundestags
BTHG	Bundesteilhabegesetz
BVerfG	Bundesverfassungsgericht
BVerwGE	Sammlung der Entscheidungen des Bundesverwaltungsgerichts
BVerwG	Bundesverwaltungsgericht
d.h.	das heißt
DVO	Durchführungsverordnung
EAO	Erreichbarkeits-Anordnung
EFA	Europäisches Fürsorgeabkommen
EGV	Vertrag zur Gründung der Europäischen Gemeinschaft
EGZPO	Einführungsgesetz zur Zivilprozessordnung
EStG	Einkommenssteuergesetz
etc.	et cetera
EU	Europäische Union
EuGH	Europäischer Gerichtshof

Abkürzungsverzeichnis

ff.	fortfolgende
FEVS	Fürsorgerechtliche Entscheidungen der Verwaltungs- und Sozialgerichte
FGO	Finanzgerichtsordnung
FreizügG/EU	Gesetz über die allgemeine Freizügigkeit von Unionsbürgern
GemO	Gemeindeordnung
GG	Grundgesetz
ggf.	gegebenenfalls
grds.	grundsätzlich
GSAE	Grundsicherung im Alter und bei Erwerbsminderung
GVG	Gerichtsverfassungsgesetz
GvKostG	Gerichtsvollzieherkostengesetz
GSAE	Grundsicherung im Alter und bei Erwerbsminderung
Hs	Halbsatz
HzL	Hilfe zum Lebensunterhalt
info also	Informationen zum Arbeitslosenrecht und Sozialhilferecht (Zeitschrift)
idR	in der Regel
idS	in diesem Sinne
idF	in der Fassung
iHv	in Höhe von
IHK	Industrie- und Handelskammer
iSd	im Sinne des
iSv	im Sinne von
iÜ	im Übrigen
iVm	in Verbindung mit
Kap.	Kapitel
KdUH	Kosten der Unterkunft und Heizung
LKrO	Landkreisordnung
LPartG	Gesetz über die Eingetragene Lebenspartnerschaft/Lebenspartnerschaftsgesetz
LPK	Lehr- und Praxiskommentar
LSG	Landessozialgericht
l.v.u.g.	laut vorgespielt und genehmigt
MDR	Monatsschrift für Deutsches Recht (Zeitschrift)
mwN	mit weiteren Nachweisen
n.F.	neue Fassung
NJW-RR	NJW-Rechtssprechungs-Report Zivilrecht
NZS	Neue Zeitschrift für Sozialrecht

o.Ä.	oder Ähnliche(s)
OVG	Oberverwaltungsgericht
PKH	Prozesskostenhilfe
Rn.	Randnummer
RL	Richtlinie
RVG	Rechtsanwaltsvergütungsgesetz
S.	Seite
SGB I	Erstes Buch Sozialgesetzbuch (Allgemeiner Teil)
SGB II	Zweites Buch Sozialgesetzbuch (Grundsicherung für Arbeitssuchende)
SGB III	Drittes Buch Sozialgesetzbuch (Arbeitsförderung)
SGB V	Fünftes Buch Sozialgesetzbuch (Gesetzliche Krankenversicherung)
SGB VI	Sechstes Buch Sozialgesetzbuch (Gesetzliche Rentenversicherung)
SGB VIII	Achtes Buch Sozialgesetzbuch (Kinder- und Jugendhilfe)
SGB XII	Zwölftes Buch Sozialgesetzbuch (Sozialhilfe)
SG	Sozialgericht
SGG	Sozialgerichtsgesetz
sog.	sogenannt(e)
str.	streitig/stittig
StromGVV	Stromgrundversorgungsverordnung
U.	Urteil
u.a.	unter anderem
u.U.	unter Umständen
v.	vom
v.a.	vor allem
VAG	Versicherungsaufsichtsgesetz
VGH	Verwaltungsgerichtshof
Vgl.	vergleiche
Vorb.	Vorbemerkung
VVG	Versicherungsvertragsgesetz
VV RVG	Vergütungsverzeichnis zum RVG
VwGO	Verwaltungsgerichtsordnung
VwVG	Verwaltungs-Vollstreckungsgesetz
WfbM	Werkstatt für behinderte Menschen
WoGG	Wohngeldgesetz
WoFG	Gesetz über die soziale Wohnraumförderung
ZFSH/SGB	Zeitschrift für die sozialrechtliche Praxis
ZPO	Zivilprozessordnung

Literaturverzeichnis

Berlit/Conradis/Sartorius, Existenzsicherungsrecht – SGB II | SGB XII | AsylbLG | Verfahrensrecht, 2. Aufl. 2013

Bieritz-Harder/Conradis/Thie, LPK-SGB XII, 10. Aufl. 5. Aufl.

Brall/Kerschbaumer/Scheer/Westermann, Sozialrecht, 2. Aufl. 2017

Breitkreuz/Fichte, SGG-Kommentar, 2. Aufl. 2016

Diering/Timme/Waschull, SGB X, 4. Aufl. 2016

Eicher, Grundsicherung für Arbeitssuchende, 3. Aufl. 2013

Francke/Gagel, Der Sachverständigenbeweis im Sozialrecht, 2009

Gagel/Kohte SGB II / SGB III, 63. Ergänzungslieferung 2016

Herbst, Existenzsicherung durch Grundsicherung für Arbeitssuchende und Sozialhilfe, 2011

Krahmer, SGB I, 3. Aufl. 2014

Krodel, Das sozialgerichtliche Eilverfahren, 4. Aufl. 2017

Krodel, NZS 2001, 449

Kummer, Die Nichtzulassungsbeschwerde, 2. Aufl. 2010

Lüdtke/Berchtold, Sozialgesetz, 5. Aufl. 2017

Maydell/Ruland/Becker, SRH, 5. Aufl. 2012

Meyer-Ladewig/Keller/Leitherer, SGG, 11. Aufl. 2014

Münder, LPK-SGB II, 3. Aufl. 2009

Münder, LPK-SGB II, 5. Aufl. 2013

Münder, LPK-SGB II, 6. Aufl. 2017

Niesel/Herold-Tews, Der Sozialgerichtsprozess, 6. Aufl. 2012

Schlegel/Voelzke, jurisPK-SGB I, 2. Aufl. 2011

Schlegel/Voelzke, jurisPK-SGB II, 4. Aufl. 2015

Schlegel/Voelzke, jurisPK-SGB III, 2014

Schneider, info also 2012, 243 ff.

Schwarzlos/Siebel-Huffmann, info also 2008, 51 ff.

SGB II – Fachliche Hinweise zu Einstiegsgeld nach § 16 b SGB II (Stand: März 2013)

Stein/Jonas, Kommentar zur Zivilprozessordnung: ZPO, Band 8: §§ 828–915 h, 22. Aufl. 2013

von Wulffen/Schütze, SGB X, 8. Aufl. 2014

Zimmermann, Das Hartz-IV-Mandat, 3. Aufl. 2016

Zöller, Zivilprozessordnung, 31. Aufl. 2015

A. Allgemeiner Teil

I. Verwaltungsverfahren

1. Antrag

Leistungen nach dem SGB II werden – anders als bei der Sozialhilfe, wo es grds. auf die Kenntnis des Leistungsträgers ankommt (vgl. hierzu § 18 Abs. 1 SGB XII)[1] – nur auf Antrag erbracht, § 37 Abs. 1 SGB II. Nur konsequent bestimmt § 37 Abs. 2 Satz 1 SGB II, dass Leistungen der Grundsicherung für Arbeitsuchende nicht für Zeiten vor der Antragstellung erbracht werden.

Seit April 2011 wirkt der Antrag auf Leistungen zur Sicherung des Lebensunterhalts auf den Ersten des Monats zurück. Damit wird einerseits dem geltenden Nachranggrundsatz stärker als bislang Rechnung getragen (Einnahmen, die vor Antragstellung im Antragsmonat zufließen, sind als Einkommen bei der Feststellung des Leistungsanspruchs zu berücksichtigen) und andererseits manipulativen Antragstellungen entgegengewirkt.[2]

Das BSG urteilte, dass ein Antrag auf SGB II-Leistungen regelmäßig alle möglichen Bedarfe (also Regelbedarf, Kosten der Unterkunft, Mehrbedarf, Erstausstattung), nur nicht die Eingliederungsleistungen umfasst.[3] Abweichend von solch einer „allumfassenden" Antragstellung gilt nunmehr (vgl. § 37 Abs. 1 Satz 2 SGB II), dass neben den Eingliederungsleistungen folgende Leistungen separat zu beantragen sind:
- Darlehen, sofern ein im Einzelfall vom Regelbedarf zur Sicherung des Lebensunterhalts umfasster und nach den Umständen unabweisbarer Bedarf nicht gedeckt werden kann (§ 24 Abs. 1 SGB II),
- Erstausstattungen für die Wohnung einschließlich Haushaltsgeräten (§ 24 Abs. 3 Nr. 1 SGB II),
- Erstausstattungen für Bekleidung und Erstausstattungen bei Schwangerschaft und Geburt (§ 24 Abs. 3 Nr. 2 SGB II),
- Bedarfe für Anschaffung und Reparaturen von orthopädischen Schuhen, Reparaturen von therapeutischen Geräten und Ausrüstungen sowie die Miete von therapeutischen Geräten (§ 24 Abs. 3 Nr. 3 SGB II),
- Leistungen für Schüler (und Kinder, die eine Tageseinrichtung besuchen oder für die Kindertagespflege geleistet wird) für Schulausflüge und mehrtägige Klassenfahrten (§ 28 Abs. 2 SGB II),
- Leistungen zur Schülerbeförderung (§ 28 Abs. 4 SGB II),
- Leistungen zur angemessenen Lernförderung für Schülerinnen und Schüler (§ 28 Abs. 5 SGB II),

---

1 Eine Ausnahme gilt bei der GSAE – hier ist ein Antrag erforderlich, vgl. § 44 Abs. 1 SGB XII (vgl. aber auch BSG 20.4.2016 – B 8 SO 5/15 R, wonach bei zusätzlichen Bedarfen während des laufenden Bezugs auch die Kenntnis des Sozialhilfeträgers nach § 18 SGB XII ausreichend sein kann.).
2 Bsp.: Antrag erst am Tag nach Zufluss einer Abfindung. Die zugeflossene Abfindung ist nunmehr grds. auch dann als Einkommen – und nicht als (Schon-)Vermögen – zu berücksichtigen, wenn der Zufluss im Monat der Antragstellung erfolgte.
3 Vgl. BSG 23.3.2010 – B 14 AS 6/09 R und 6.5.2010 – B 14 AS 3/09 R.

A. Allgemeiner Teil

- Leistungen zur schulischen Mittagsverpflegung (§ 28 Abs. 6 SGB II),
- Leistungen zur Teilhabe am sozialen und kulturellen Leben (§ 28 Abs. 7 SGB II).

4 **Muster: Widerspruch gegen Nichtübernahme einer Nebenkostennachzahlung**

An das

Jobcenter (…)

(Anschrift)

(Datum)

Widerspruch

der (…),

(Anschrift)

Prozessbevollmächtigter: Rechtsanwalt (…)

gegen den Bescheid vom 27.7.2015 mit denen Leistungen für den Zeitraum vom 1.8.2015 bis 31.1.2016 bewilligt wurden.

Namens und ausweislich der beigefügten Vollmacht beantrage ich,

unter Abänderung des Bescheides vom 27.7.2015 die Betriebskostennachzahlung der Widerspruchsführerin für August 2015 vollständig zu übernehmen.

Begründung:

I.

Die Widerspruchsführerin begehrt die Übernahme einer Nebenkostennachzahlung.

Die am 14.3.1991 geborene Widerspruchsführerin bewohnt eine 40m² große Wohnung, für die sie einen Mietzins von 300 EUR sowie Vorauszahlungen auf Neben- und Heizkosten von 80 EUR zahlt.

Beweis: Mietvertrag – Anlage W1

Sie bezieht kein Einkommen. Ihr Vermögen beläuft sich auf ein Kontoguthaben von 320 EUR.

Beweis: aktueller Kontoauszug – Anlage W2

Eine Kostensenkungsaufforderung erging an die Widerspruchsführerin zu keinem Zeitpunkt, im Übrigen sind ihre Kosten der Unterkunft angemessen und wurden vom Jobcenter bisher vollständig übernommen.

Die Widerspruchsführerin erhielt im Juli 2015 eine Nebenkostenabrechnung, aus der sich eine Nachzahlung iHv 180 EUR für Heizkosten ergab. Die Nachzahlung wurde im August 2015 fällig.

Beweis: Nebenkostenabrechnung – Anlage W3

Die Widerspruchsführerin reichte diese zusammen mit den weiteren Unterlagen zum Fortzahlungsantrag am 19.7.2015 beim Jobcenter ein.

Beweis: Fortzahlungsantrag mit Anlagen – Verwaltungsakte Bl. 233 ff.

Mit Bescheid vom 27.7.2015 bewilligte das Jobcenter weiter Leistungen zur Sicherung des Lebensunterhaltes für den Zeitraum vom 1.8.2015 bis 31.1.2016. Die laufenden KdU wurden hierbei berücksichtigt. Die Nachzahlung jedoch nicht.

Beweis: Bescheid vom 27.7.2015 – Anlage W4

In der Verwaltungsakte des Jobcenters befindet sich auf der eingereichten Nebenkostenabrechnung die handschriftliche Bemerkung des Sachbearbeiters „Nachzahlung nicht beantragt".

Beweis: Verwaltungsakte Bl. 243

II.

Gegenstand des Widerspruchs ist der Bescheid des Jobcenters vom 27.7.2015, mit dem Leistungen für den Zeitraum vom 1.8.2015 bis 31.1.2016 bewilligt wurden. Der Bescheid ist rechtswidrig und verletzt die Widerspruchsführerin in ihren Rechten. Sie hat Anspruch auf Übernahme der Nebenkostennachzahlung nach § 22 SGB II.

Nach § 7 Abs. 1 SGB II erhalten Personen, die das 15. Lebensjahr vollendet haben, erwerbsfähig und hilfebedürftig sind sowie ihren gewöhnlichen Aufenthalt in der Bundesrepublik Deutschland haben, Leistungen nach diesem Buch.

Die Widerspruchsführerin ist erwerbsfähig und hat ihren gewöhnlichen Aufenthalt in der Bundesrepublik. Ferner hat sie das 15. Lebensjahr vollendet.

Auch ist sie hilfebedürftig, da ihrem Bedarf, bestehend aus Regelbedarf nach § 20 SGB II und den Kosten der Unterkunft nach § 22 SGB II, kein Einkommen nach § 11 SGB II und kein anrechenbares Vermögen nach § 12 SGB II gegenübersteht. Ihre Hilfebedürftigkeit ist jedoch unter Einbeziehung der KdU im August 2015 höher als bisher durch das Jobcenter angenommen.

Nach § 22 SGB II werden Bedarfe für Unterkunft und Heizung in der tatsächlichen Höhe anerkannt, soweit diese angemessen sind. Hierzu gehören auch Nachzahlungen für Nebenkosten. Sie zählen zum Bedarf im Fälligkeitsmonat – insoweit tritt nach § 48 SGB X eine Änderung zugunsten des Leistungsberechtigten ein (BSG 22.3.2010 – B 4 AS 62/09 R). Dieser erhöhte Bedarf ist dabei *nicht* durch einen gesonderten Antrag geltend zu machen (BSG 22.3.2010 – B 4 AS 62/09 R). Eine separate Antragstellung ist daher nicht erforderlich. Die Nachzahlung ist an die Widerspruchsführerin zu gewähren.

(…)

Rechtsanwalt

Die Leistungen zur Sicherung des Lebensunterhalts werden seit August 2016 idR für ein Jahr erbracht, vgl. § 41 Abs. 3 Satz 1 SGB II. Der früher geltende Bewilligungszeitraum von sechs Monaten soll dann angewandt werden, wenn die Bewilligung nur durch vorläufige Entscheidung erfolgt oder die Kosten der Unterkunft und Heizung unangemessen sind (§ 41 Abs. 3 Satz 2 SGB II). Nach Ablauf des jeweiligen Bewilligungszeitraumes ist ein erneuter Leistungsantrag (sog. Fortzahlungsantrag) erforderlich. Wird – auch bei unveränderten wirtschaftlichen und persönlichen Verhältnissen – ein solcher neuer Antrag nicht gestellt, besteht kein Leistungsanspruch. Denn der Antrag hat im SGB II konstitutive Wirkung, und anders als im SGB XII ist einerseits allein die Kenntnis des Leistungsträgers von der

5

A. Allgemeiner Teil

Hilfebedürftigkeit nicht anspruchsauslösend und wirkt andererseits ein einmal gestellter Antrag nicht fort.[4]

6 Hat der SGB II-Leistungsberechtigte keinen Fortzahlungsantrag gestellt, kann ihm u.U. dennoch ein Leistungsanspruch aufgrund eines sozialrechtlichen Herstellungsanspruchs[5] zu Seite stehen. Insoweit bedarf es einer Pflichtverletzung des Leistungsträgers, die u.a. darin erkannt werden kann, dass er es u.U. pflichtwidrig unterlassen hat, den Leistungsberechtigten zeitnah vor dem Ende des vorhergehenden Bewilligungszeitraums auf die Notwendigkeit der erneuten Beantragung von Leistungen hinzuweisen. Diese Nebenpflicht des Leistungsträgers kann sich aus dem Sozialrechtsverhältnis allgemein und dem Hinzutreten besonderer Umstände[6] ergeben.[7]

7 Hat der SGB II-Leistungsträger die Leistungsgewährung vollständig versagt bzw. abgelehnt, ist im Falle eines Rechtsstreits über den Leistungsanspruch bis zum Zeitpunkt der letzten mündlichen Verhandlung vor dem LSG zu entscheiden.[8] Denn die Leistungsablehnung beschränkt sich dabei grds. nicht auf den 1-Jahres-/6-Monats-Zeitraum nach § 41 Abs. 3 Satz 1 SGB II, sondern wirkt fort.[9]

8 Der Antrag auf Leistungen nach dem SGB II bzw. – soweit da überhaupt erforderlich – SGB XII bedarf keiner bestimmten Form. Er muss daher nicht zwingend schriftlich erfolgen, auch eine (fern-)mündliche Antragstellung ist möglich. Nach § 16 Abs. 3 SGB I gilt grds., dass die Leistungsträger verpflichtet sind, darauf hinzuwirken, dass unverzüglich klare und sachdienliche Anträge gestellt und unvollständige Angaben ergänzt werden. Im Rahmen der Amtsermittlung (§ 21 SGB X) kann und muss der Leistungsträger selbst die Unterlagen bzw. Angaben einholen, die für die Entscheidung über die Leistungsbewilligung erforderlich sind. Bei der Amtsermittlung sind aber die Bestimmungen des (Sozial-)Datenschutzes zu beachten. Es gilt so zunächst der Grundsatz der Datenerhebung beim Betroffenen (§ 67a Abs. 2 Satz 1 SGB X). Weiter gilt, dass der Leistungsträger vor einer Kontaktaufnahme mit einem Dritten eine Einwilligung des Leistungsberechtigten einzuholen hat; bei dessen Weigerung können die Leistung ggf. wegen fehlender Aufklärungsmöglichkeiten abgelehnt werden.[10] Im Interesse eines beschleunigten –

---

4 Der Grundsatz in der Sozialhilfe lautet, dass allein die Kenntnis des Leistungsträgers von der Hilfesituation entscheidend ist (vgl. § 18 SGB XII); eines expliziten Antrages des Leistungsberechtigten bedarf es daher nicht. Anderes gilt im Bereich der GSAE (vgl. § 44 Abs. 1 SGB XII), wo ein Antrag gefordert wird (vgl. aber auch BSG 20.4.2016 – B 8 SO 5/15 R, wonach bei zusätzlichen Bedarfen während des laufenden Bezugs auch die Kenntnis des Sozialhilfeträgers nach § 18 SGB XII ausreichend sein kann). Das BSG hat hier jedoch entschieden, dass mit Ablauf des einjährigen Bewilligungszeitraums keine erneute Antragstellung erforderlich ist, sondern der bisherige Antrag fortwirkt (vgl. BSG 29.9.2009 – B 8 SO 13/08 R).
5 Vgl. *Reinhardt* in Krahmer/Trenk-Hinterberger LPK-SGB I § 14 Rn. 17 ff.; B/K/S/W/*Herbst* Sozialrecht SGB I § 14 Rn. 16 ff.
6 Bspw., wenn bislang eine Weiterbewilligung auch ohne entsprechenden erneuten Fortzahlungsantrag erfolgte.
7 Vgl. hierzu BSG 18.1.2011 – B 4 AS 99/10 R und B 4 AS 29/10 R.
8 Vgl. BSG 6.9.2007 – B 14/7 b AS 28/06 R und 16.5.2007 – B 11 b AS 37/06 R sowie 22.3.2010 – B 4 AS 69/09 R.
9 Vgl. BSG 23.11.2006 – B 11 b AS 1/06 R.
10 So und ausführlicher BSG 25.1.2012 – B 14 AS 65/11 R: Die Verpflichtung des Leistungsträgers zur Feststellung der Anspruchsvoraussetzungen rechtfertigt auch dann, wenn ohne die für erforderlich gehaltene Datenerhebung Beweislosigkeit eintritt, keinen Eingriff in den Datenschutz.

oder jedenfalls nicht stockenden – Bewilligungsverfahrens empfiehlt es sich, die vom jeweiligen Leistungsträger vorzuhaltenden[11] Antragsvordrucke zu verwenden. Denn diese Vordrucke fragen einerseits alle regelmäßig erforderlichen Angaben ab und ermöglichen andererseits ein routiniertes und damit effizientes Verwaltungshandeln.

Muster: Teilablehnung wegen unvollständiger Unterlagen

An das

Jobcenter (...)

(Anschrift)

(Datum)

Widerspruch

der (...),

(Anschrift)

Prozessbevollmächtigter: Rechtsanwalt (...)

gegen den Bescheid vom 20.8.2015, mit dem Leistungen für den Zeitraum vom 1.8.2015 bis 31.1.2016 bewilligt wurden.

Namens und ausweislich der beigefügten Vollmacht beantrage ich,

unter Abänderung des Bescheides vom 20.8.2015 der Widerspruchsführerin Leistungen zur Sicherung des Lebensunterhaltes für die Zeit ab dem 1.7.2015 zu zahlen.

Begründung:

I.

Die Widerspruchsführerin begehrt die Zahlung von Leistungen zur Sicherung des Lebensunterhaltes ab dem 1.7.2015.

Die am 14.3.1991 geborene Widerspruchsführerin bewohnt eine 40 m² große Wohnung, für die sie einen Mietzins von 300 EUR sowie Vorauszahlungen auf Neben- und Heizkosten von 80 EUR zahlt.

Beweis: Mietvertrag – Anlage W1

Sie bezieht kein Einkommen. Ihr Vermögen beläuft sich auf ein Kontoguthaben von 320 EUR.

Beweis: aktueller Kontoauszug – Anlage W2

Die Widerspruchsführerin wurde am 13.7.2015 beim Jobcenter vorstellig und begehrte Leistungen zur Sicherung des Lebensunterhaltes. Ihr wurde ein Antragsformular ausgehändigt.

Beweis: anzufordernder Verbis-Eintrag

Die Widerspruchsführerin gab das ausgefüllte Antragsformular einschließlich der entsprechenden Anlagen und Unterlagen am 8.8.2015 beim Jobcenter ab.

---

11 Hierzu ist der Sozialleistungsträger nach § 17 Abs. 1 Nr. 3 SGB I verpflichtet.

Hieraufhin bewilligte das Jobcenter mit Bescheid vom 20.8.2015 Leistungen zur Sicherung des Lebensunterhaltes ab dem 1.8.2015 bis zum 31.1.2016.

Beweis: Bescheid vom 20.8.2015 – Anlage W3

Hiergegen richtet sich der Widerspruch.

II.

Gegenstand des Widerspruchs ist der Bescheid des Jobcenters vom 20.8.2015, mit dem Leistungen nur für den Zeitraum vom 1.8.2015 bis 31.1.2016 bewilligt wurden. Der Bescheid ist rechtswidrig und verletzt die Widerspruchsführerin in ihren Rechten. Sie hat Anspruch auf die Gewährung von Leistungen nach dem SGB II ab dem 1.7.2015.

Nach § 7 Abs. 1 SGB II erhalten Personen, die das 15. Lebensjahr vollendet haben, erwerbsfähig und hilfebedürftig sind sowie ihren gewöhnlichen Aufenthalt in der Bundesrepublik Deutschland haben, Leistungen nach diesem Buch.

Die Widerspruchsführerin ist erwerbsfähig und hat ihren gewöhnlichen Aufenthalt in der Bundesrepublik. Ferner hat sie das 15. Lebensjahr vollendet.

Auch ist sie hilfebedürftig, da ihrem Bedarf, bestehend aus Regelbedarf nach § 20 SGB II und den Kosten der Unterkunft nach § 22 SGB II, kein Einkommen nach § 11 SGB II und kein anrechenbares Vermögen nach § 12 SGB II gegenübersteht.

Diese Voraussetzungen, einschließlich eines Antrages, lagen jedoch bereits zum 1.7.2015 vor. Nach § 37 Abs. 2 SGB II wirkt der Antrag auf Leistungen zur Sicherung des Lebensunterhaltes auf den Ersten des Monats zurück, vorliegend also auf den 1.7.2015 und nicht erst auf den 1.8.2015. Denn die Vorsprache der Widerspruchsführerin beim Jobcenter stellt einen wirksamen Antrag iSd § 37 SGB II dar.

Der Antrag auf Leistungen der Grundsicherung nach § 37 SGB II ist grds. an keine Form gebunden. Er kann daher auch mündlich gestellt werden. Es gilt insofern der Grundsatz der Nichtförmlichkeit des Verwaltungsverfahrens (vgl. § 9 SGB X). Der Antrag nach dem SGB II ist eine einseitige, empfangsbedürftige öffentlich-rechtliche Willenserklärung, auf die – soweit sich nicht aus sozialrechtlichen Bestimmungen Anderweitiges ergibt – die Regelungen des BGB Anwendung finden (§§ 130 ff BGB). Mit der Willenserklärung des Antragstellers muss mithin lediglich zum Ausdruck gebracht werden, dass Leistungen vom Träger der Grundsicherung für Arbeitsuchende begehrt werden. Bei der Beurteilung, ob und welche Leistungen beantragt werden sollen, ist dabei der wirkliche Wille des Antragstellers zu erforschen (BSG 28.10.2009 – B 14 AS 56/08 R).

(…)

Rechtsanwalt

2. Vorläufige Leistungserbringung und endgültige Festsetzung/abschließende Feststellung

10   Der Grundsatz der Leistungsbewilligung ist, dass über einen entsprechenden Antrag endgültig, d.h. abschließend entschieden wird. Es gibt aber auch nicht wenige Fälle, in denen eine abschließende Entscheidung nicht möglich oder jedenfalls nicht sinnvoll ist – so z.B. bei schwankendem Erwerbseinkommen bzw. Einkommen aus Selbstständigkeit.

I. Verwaltungsverfahren

Seit 1.8.2016[12] besteht über § 41 a SGB II[13] die Möglichkeit, Leistungen nur vorläufig zu bewilligen.[14] Nach § 41 a Abs. 1 SGB II muss die Leistungsbewilligung vorläufig erfolgen, wenn zur Feststellung der Voraussetzungen des Anspruchs auf Geld- und Sachleistungen voraussichtlich längere Zeit erforderlich ist und die Voraussetzungen für den Anspruch mit hinreichender Wahrscheinlichkeit vorliegen oder ein Anspruch auf Geld- und Sachleistungen dem Grunde nach besteht und zur Feststellung seiner Höhe voraussichtlich längere Zeit erforderlich ist. Darüber hinaus ist eine vorläufige Entscheidung nach § 41 a Abs. 7 SGB II auch dann möglich, d.h. im Ermessen der Jobcenter, wenn die Vereinbarkeit einer Vorschrift des SGB II, von der die Entscheidung über den Antrag abhängt, mit höherrangigem Recht Gegenstand eines Verfahrens beim Bundesverfassungsgericht oder dem Gerichtshof der Europäischen Union ist oder eine entscheidungserhebliche Rechtsfrage von grundsätzlicher Bedeutung Gegenstand eines Verfahrens beim Bundessozialgericht ist. Die Vorläufigkeit der Entscheidung betrifft – unabhängig davon, ob sie zwingend zu erfolgen hatte oder nach Ausübung pflichtgemäßen Ermessens erfolgte – dann den Leistungsanspruch aller Mitglieder der Bedarfsgemeinschaft. Die Vorläufigkeit erstreckt sich nicht auf ein einzelnes Element, sondern auf den gesamten Verwaltungsakt.[15]   11

Kein Fall der vorläufigen Entscheidung ist gegeben, wenn Leistungsberechtigte die Umstände, die einer sofortigen abschließenden Entscheidung entgegenstehen, zu vertreten haben. Dann ist vielmehr mit den allgemeinen Mitteln nach dem SGB I (Mitwirkungsaufforderung und ggf. Versagung – § 66 SGB I) zu verfahren.   12

Die vorläufige Leistung ist so zu bemessen, dass der monatliche Bedarf der Leistungsberechtigten zur Sicherung des Lebensunterhalts gedeckt ist. Es hat also eine fiktive Bedarfsberechnung[16] stattzufinden, wobei die im Zeitpunkt der Entscheidung bekannten und (realistisch)[17] prognostizierten Verhältnisse zugrunde zu legen sind. Auch wenn in § 41 a Abs. 2 SGB II (anders als für die abschließende Feststellung mit Abs. 4) nicht ausdrücklich geregelt ist, dass ein Durchschnittseinkommen gebildet werden kann, so muss dies im Erst-recht-Schluss aus dem Vergleich zur abschließenden Feststellung und als logische Konsequenz der zu treffenden Prognose auch für die vorläufige Festsetzung gelten.   13

Die vorläufige Bewilligung ist zu begründen. Dabei ist insbesondere der Grund der Vorläufigkeit anzugeben (§ 41 a Abs. 2 Satz 1 SGB II). Zudem ist die Berechnung der Leistungshöhe darzulegen und durch die Jobcenter darauf hinzuweisen, dass der Verwaltungsakt zur vorläufigen Entscheidung keinen Vertrauensschutz aufbaut und die einstweilige Leistungsgewährung mit dem Risiko einer Erstattungs-   14

---

12 Für vorherige bzw. laufende Bewilligungszeiträume vgl. Rn. 20, S. 21.
13 Vorher waren vorläufige Entscheidungen über § 40 Abs. 2 Nr. 1 SGB II a.F. iVm § 328 SGB III möglich.
14 Für die Sozialhilfe regelt § 44 a SGB XII die vorläufige Leistungserbringung.
15 So der Wille des Gesetzgebers, vgl. BT-Drs. 18/8041, S. 52.
16 Der Freibetrag bei Erwerbseinkommen (§ 11 b Abs. 3 SGB II) kann dabei unberücksichtigt bleiben, § 41 a Abs. 2 Satz 2. Hs SGB II. Will das Jobcenter so verfahren, hat es entsprechendes Ermessen auszuüben („kann").
17 BT-Drs. 18/8041, S. 52.

A. Allgemeiner Teil

15 pflicht behaftet ist. Eine Begründungspflicht des Jobcenters zum Umfang der Vorläufigkeit ist nicht erforderlich.[18]

15 Sofern sich herausstellt, dass die vorläufige Entscheidung rechtswidrig ist, so ist sie für die Zukunft ohne Ausübung eines Ermessens durch die Jobcenter und ohne Berücksichtigung etwaigen Vertrauensschutz des betroffenen Leistungsberechtigten zurückzunehmen – § 41 a Abs. 2 Satz 4 und 5 SGB II. Eine Anwendung der §§ 45, 48 SGB X zuungunsten der leistungsberechtigten Person ist mit Wirkung für die Vergangenheit systematisch nicht angezeigt, da die vorläufige Entscheidung sich nicht im Wege der Aufhebung, sondern der abschließenden Entscheidung erledigt. Eine Aufhebung zugunsten der leistungsberechtigten Person mit Wirkung für die Vergangenheit während des Bewilligungszeitraums zur Sicherstellung der Bedarfsdeckung bleibt weiterhin möglich.[19]

16 Sofern die vorläufig bewilligte Leistung nicht der abschließend festzustellenden Leistung entspricht[20] oder die leistungsberechtigte Person eine abschließende Entscheidung beantragt, entscheiden die Jobcenter endgültig. Insofern sind die Leistungsberechtigten nach Ablauf des Bewilligungszeitraums verpflichtet, die von den Jobcentern zum Erlass einer abschließenden Entscheidung geforderten leistungserheblichen Tatsachen nachzuweisen. Sofern die Leistungsberechtigten ihrer Nachweis- oder Auskunftpflicht bis zur abschließenden Entscheidung nicht, nicht vollständig oder trotz angemessener Fristsetzung und schriftlicher Belehrung über die Rechtsfolgen nicht fristgemäß nachkommen, setzen die Träger der Grundsicherung für Arbeitsuchende den Leistungsanspruch für diejenigen Kalendermonate nur in der Höhe abschließend fest, in welcher seine Voraussetzungen ganz oder teilweise nachgewiesen wurden. Für die übrigen Kalendermonate haben die Jobcenter von Gesetzes wegen festzustellen, dass ein Leistungsanspruch nicht bestand (§ 41 a Abs. 3 Satz 4 SGB II).[21]

17 Bei der abschließenden Feststellung des Leistungsanspruches ist als Einkommen grds. ein monatliches Durchschnittseinkommen[22] zugrunde zu legen (§ 41 a Abs. 4 SGB II). Die Regelung dient der Verwaltungsvereinfachung: Wird im Bewilligungszeitraum ein Einkommen bezogen, das nur geringen Schwankungen unterliegt, ist im Ergebnis nur die Feststellung eines einheitlichen monatlichen Einkommens für den gesamten Bewilligungszeitraum erforderlich.[23] Dies gilt jedoch nicht in den Fällen, in denen

---

18 BT-Drs. 18/8041, S. 52.
19 BT-Drs. 18/8041, S. 53.
20 Über die vorläufige Entscheidung ist nur dann abschließend zu entscheiden, wenn sich nach dem Bewilligungszeitraum ergibt, dass die vorläufig bewilligte Leistung monatlich unzutreffend war (BT-Drs. 18/8041, S. 53).
21 BT-Drs. 18/8041, S. 53: Sofern nach dem materiellen Recht der Leistungsanspruch für alle Monate des Bewilligungszeitraums nur einheitlich festgestellt werden kann (§ 3 Alg II-V), ist die abschließende ablehnende Entscheidung auf den gesamten Bewilligungszeitraum zu erstrecken.
22 § 41 Abs. 4 Satz 3 SGB II: Als monatliches Durchschnittseinkommen ist für jeden Kalendermonat im Bewilligungszeitraum der Teil des Einkommens zu berücksichtigen, der sich bei der Teilung des Gesamteinkommens im Bewilligungszeitraum durch die Anzahl der Monate im Bewilligungszeitraum ergibt. Zur Rechtslage bis 31.7.2016 vgl. BSG 30.3.2017 – B 14 AS 18/16 R: Bei der abschließenden Entscheidung aufgrund der damals geltenden Rechtslage nach § 40 Abs. 2 Nr. 1 SGB II a.F. iVm § 328 Abs. 2, 3 SGB III ist kein Durchschnittseinkommen zugrunde zu legen, sondern vielmehr vom Monatsprinzip auszugehen.
23 BT-Drs. 18/8041, S. 53.

I. Verwaltungsverfahren

- mangels Mitwirkung des Leistungsberechtigten das Jobcenter feststellt, dass ein Leistungsanspruch nicht bestand bzw. nur für die Monate abschließend entscheidet, für die ein Nachweis für den Bedarf erbracht wurde,
- der Leistungsanspruch in mindestens einem Monat des Bewilligungszeitraums durch das zum Zeitpunkt der abschließenden Feststellung nachgewiesene zu berücksichtigende Einkommen entfällt[24] oder
- die leistungsberechtigte Person vor der abschließenden Feststellung des Leistungsanspruches eine Entscheidung auf der Grundlage des tatsächlichen monatlichen Einkommens beantragt.

Sofern innerhalb eines Jahres nach Ablauf des Bewilligungszeitraums keine abschließende Entscheidung ergeht, gelten die vorläufig bewilligten Leistungen als abschließend festgesetzt. Dies gilt nicht, wenn der Leistungsberechtigte innerhalb dieser Jahresfrist eine abschließende Entscheidung beantragt oder der Leistungsanspruch aus einem anderen als dem Vorläufigkeitsgrund nicht oder nur in geringerer Höhe als die vorläufigen Leistungen besteht und das Jobcenter über den Leistungsanspruch innerhalb eines Jahres seit Kenntnis von diesen Tatsachen, spätestens aber nach Ablauf von zehn Jahren nach der Bekanntgabe der vorläufigen Entscheidung, abschließend entscheidet.

Nach § 41 a Abs. 6 SGB II sind die aufgrund der vorläufigen Entscheidung erbrachten Leistungen auf die abschließend festgestellten Leistungen anzurechnen. Wenn im Bewilligungszeitraum in einzelnen Kalendermonaten vorläufig zu hohe Leistungen erbracht wurden, sind die sich daraus ergebenden Überzahlungen zunächst auf die abschließend bewilligten Leistungen anzurechnen, die für andere Kalendermonate dieses Bewilligungszeitraums nachzuzahlen wären. Überzahlungen, die nach der Anrechnung fortbestehen, sind dann zu erstatten.

Beispiel 1:[25]

	März	April	Mai	Juni	Juli	August
vorläufig festgesetzt	100	100	100	100	100	100
abschließend festgestellt	100	90	120	120	90	200
Saldo	0	- 10	20	20	- 10	100

Aufgrund der insgesamt überzahlten Leistungen von 20 EUR vermindert sich der Nachzahlungsanspruch der leistungsberechtigten Person von 140 auf 120 EUR.

---

24 Erfasst sind die Fälle, in denen die Bedarfsgemeinschaft unter Zugrundelegung eines Durchschnittseinkommens im Bewilligungszeitraum in keinem, aber bei monatlich exakter Abrechnung zumindest in einem Monat nicht hilfebedürftig ist (BT-Drs. 18/8041, S. 54).
25 BT-Drs. 18/8041, S. 55.

A. Allgemeiner Teil

Beispiel 2:[26]

	März	April	Mai	Juni	Juli	August
vorläufig festgesetzt	100	100	100	100	100	100
abschließend festgestellt	110	80	70	70	90	110
Saldo	10	- 20	- 30	- 30	- 10	10

Durch die Saldierung von Überzahlungen und Nachzahlungen vermindert sich der Erstattungsanspruch des Trägers der Grundsicherung für Arbeitsuchende nach § 41 a Abs. 6 SGB II von 90 auf 70 EUR.

20 Die Änderungen mit Wirkung zum 1.8.2016 durch § 41 a SGB II haben auch Auswirkungen auf Altfälle, also Konstellationen, in denen ein vorläufiger Bewilligungszeitraum bereits abgelaufen ist oder der Bewilligungszeitraum gerade läuft und sich mit der Neuregelung überschneidet. Hier regelt § 80 Abs. 2 SGB II, dass für die abschließende Entscheidung über zunächst vorläufig beschiedene Leistungsansprüche für Bewilligungszeiträume, die vor dem 1.8.2016 beendet waren, die Regelung des § 41 a Abs. 5 Satz 1 SGB II (also dass, wenn innerhalb eines Jahres nach Ablauf des Bewilligungszeitraums keine abschließende Entscheidung ergeht, die vorläufig bewilligten Leistungen als abschließend festgesetzt gelten) gilt mit der Maßgabe, dass die Jahresfrist mit dem 1.8.2016 beginnt. Bei Bewilligungszeiträumen, die vor dem 1.8.2016 noch nicht beendet sind, ist § 41 a SGB II in der neuen Fassung uneingeschränkt anzuwenden.

21 Sofern die Voraussetzungen einer vorläufigen Bewilligung vorlagen, das Jobcenter aber gleichwohl endgültig bewilligt hat und es dann zu Änderungen – zB – beim Einkommen kommt, kommt als Rechtsgrundlage für die Aufhebung des Bewilligungsbescheids wegen zusätzlich erzielten Einkommens nur § 45 SGB X in Betracht. Das hat zur Folge, dass eine Aufhebung ohne Ermessen und Vertrauensschutz über § 40 Abs. 2 Nr. 3 SGB II iVm § 330 Abs. 3 Satz 1 SGB III iVm § 48 Abs. 1 Satz 2 Nr. 3 SGB X nicht möglich ist.[27]

22 In diesem Zusammenhang ist auch auf § 40 Abs. 4 SGB II hinzuweisen: Hiernach ist der Verwaltungsakt, mit dem über die Gewährung von SGB II-Leistungen abschließend entschieden wurde, mit Wirkung für die Zukunft ganz aufzuheben ist, wenn in den tatsächlichen Verhältnissen der leistungsberechtigten Person Änderungen eintreten (z.B. Aufnahme einer selbstständigen Tätigkeit oder Aufnahme einer Beschäftigung mit schwankendem Erwerbseinkommen), aufgrund derer nach Maßgabe des § 41 a SGB II vorläufig zu entscheiden wäre.

---

26 BT-Drs. 18/8041, S. 55.
27 Vgl. BSG 29.11.2012 – B 14 AS 6/12 R.

Muster: Widerspruch gegen einen Aufhebungs- und Erstattungsbescheid – Erlass eines endgültigen Bescheids trotz schwankenden Einkommens[28]

An das

Jobcenter (...)

(Anschrift)

Widerspruch

1. des (...),

(Anschrift)

2. der (...), ebenda

3. des minderjährigen Kindes (...), vertreten durch die Widerspruchsführer zu 1) und 2), ebenda

4. des minderjährigen Kindes (...), vertreten durch die Widerspruchsführer zu 1) und 2), ebenda

Prozessbevollmächtigter: Rechtsanwalt (...)

gegen den Bescheid vom 20.3.2017, mit dem Leistungen für den Zeitraum vom 1.2.2017 bis 28.2.2017 aufgehoben und ein Betrag von insgesamt 100 EUR erstattet verlangt wurde.

Namens und ausweislich der beigefügten Vollmacht beantrage ich,

den Bescheid vom 20.3.2017 aufzuheben.

Begründung:

I.

Die Widerspruchsführer wenden sich gegen die Aufhebung von Leistungen zur Sicherung des Lebensunterhaltes nach dem SGB II und deren Erstattung.

Der am 14.5.1973 geborene Widerspruchsführer zu 1) und die am 3.4.1970 geborene Widerspruchsführerin zu 2) leben zusammen mit ihren Kindern, dem am 9.6.2001 geborenen Widerspruchsführer zu 3) und dem am 25.8.2000 geborenen Widerspruchsführer zu 4), in einem gemeinsamen Haushalt.

Sie bewohnen gemeinsam eine Wohnung von 70 m². Sie zahlen hierfür einen Mietzins von 480 EUR sowie Vorauszahlungen auf Neben- und Heizkosten von insgesamt 150 EUR.

Beweis:
- Mietvertrag – Anlage W1
- Nebenkostenabrechnung 2016 – Anlage W2

Der Widerspruchsführer zu 1) ist als Elektriker bei dem Unternehmen (...) tätig. Er bezieht ein wechselnd hohes Einkommen, welches jeweils im Folgemonat ausgezahlt wird.

Weiterhin bezieht die Widerspruchsführerin zu 2) für die Widerspruchsführer zu 3) und 4) Kindergeld. Über weiteres Einkommen verfügt der Haushalt nicht.

Die Widerspruchsführer verfügen über ein gemeinsames Konto. Dies weist derzeit kein Guthaben aus. Über weiteres Vermögen verfügen die Widerspruchsführer nicht.

Beweis: aktueller Kontoauszug – Anlage W3

---

28 Vgl. zur Problematik BSG 29.11.2012 – B 14 AS 6/12 R.

Mit Bescheid vom 23.1.2017 wurden den Widerspruchsführern als Bedarfsgemeinschaft Leistungen zur Sicherung des Lebensunterhaltes für den Zeitraum vom 1.2.2017 bis 31.7.2017 bewilligt, wobei ein monatliches Einkommen von 1.200 EUR netto der Berechnung zugrunde gelegt wurde. Es wurde schlicht darauf hingewiesen, dass der Widerspruchsführer zu 1) seine Lohnabrechnungen jeweils zeitnah vorzulegen habe.

Beweis: Bescheid vom 23.1.2017 – Anlage W4

Am 17.2.2017 legte der Widerspruchsführer die Lohnabrechnung für Januar 2017, die einen Bruttolohn von 1.850 EUR und einen Nettolohn von 1.300 EUR auswies, bei dem Widerspruchsgegner vor. Daraufhin erließ dieser, nach vorheriger Anhörung der Widerspruchsführer, unter dem 20.3.2017 einen auf § 48 Abs. 1 S. 2 Nr. 3 SGB X gestützten Aufhebungs- und Erstattungsbescheid, mit dem die Leistungen für Februar 2017 teilweise aufgehoben und ein Betrag von insgesamt 100 EUR von den Widerspruchsführern erstattet verlangt wurde.

Beweis: Bescheid vom 20.3.2017 – Anlage W5

Hiergegen richtet sich der Widerspruch.

II.

Der Bescheid vom 20.3.2017 ist rechtswidrig und verletzt die Widerspruchsführer in ihren Rechten.

Als Ermächtigungsgrundlage für die Aufhebung von Leistungen zieht der Widerspruchsgegner § 40 Abs. 2 Nr. 3 SGB II iVm § 330 Abs. 3 SGB III und § 48 Abs. 1 SGB X heran. Danach ist ein Verwaltungsakt mit Dauerwirkung für die Zukunft aufzuheben, wenn in den tatsächlichen oder rechtlichen Verhältnissen, die bei Erlass des Verwaltungsaktes vorgelegen haben, eine wesentliche Änderung eingetreten ist. Nach § 48 Abs. 1 Nr. 3 SGB X soll ein Verwaltungsakt mit Dauerwirkung vom Zeitpunkt der Änderung der Verhältnisse aufgehoben werden, soweit nach Antragstellung oder Erlass des Verwaltungsaktes Einkommen oder Vermögen erzielt worden ist, das zum Wegfall oder zur Minderung des Anspruchs geführt haben würde.

Die Verwaltung ist grds. verpflichtet, vor Erlass eines Bescheides die Sachlage vollständig aufzuklären, um die objektiven Verhältnisse festzustellen. Erlässt die Verwaltung einen endgültigen Bescheid auf Grundlage eines nicht endgültig aufgeklärten Sachverhalts und stellt sich später heraus, dass der Bescheid bereits im Zeitpunkt des Erlasses objektiv rechtswidrig war, ist ein Fall des § 45 SGB X gegeben.

Das Einkommen des Widerspruchsführers zu 1) war schwankend. Dies hat er wahrheitsgemäß mitgeteilt. Wie hoch das in den jeweiligen Monaten erzielte Einkommen sein würde, stand damit zum Zeitpunkt der Antragstellung und des Erlasses des Bewilligungsbescheides vom 23.1.2017 nicht fest. Damit hätte eine vorläufige Bewilligung erfolgen müssen. Dennoch hat der Widerspruchsgegner eine endgültige Bewilligung vorgenommen und dabei unzutreffendes Einkommen zugrunde gelegt. Eine Aufhebung nach § 48 SGB X scheidet daher in jedem Fall aus.

§ 45 SGB X regelt demgegenüber, dass ein Verwaltungsakt, der ein Recht oder einen rechtlich erheblichen Vorteil begründet oder bestätigt hat (begünstigender Verwaltungsakt), soweit er rechtswidrig ist, auch nachdem er unanfechtbar geworden ist, unter den Einschränkungen der Abs. 2 bis 4 ganz oder teilweise zurückgenommen werden darf. Die Normen grenzen sich nach den objektiven Verhältnissen im Zeitpunkt des Erlasses des aufzuhebenden Verwaltungsakts voneinander ab.

Die Voraussetzungen für eine Aufhebung sind jedoch bereits deshalb nicht erfüllt, weil sich die Widerspruchsführer auf Vertrauensschutz berufen können. Ein rechtswidriger begünstigender Verwaltungsakt darf nach § 45 Abs. 2 Satz 1 SGB X nicht zurückgenommen werden, soweit der Begünstigte auf den Bestand des Verwaltungsaktes vertraut hat und sein Vertrauen unter Abwägung mit dem öffentlichen Interesse an einer Rücknahme schutzwürdig ist, was nach Satz 2 idR der Fall ist, wenn der Begünstigte erbrachte Leistungen verbraucht oder eine Vermögensdisposition getroffen hat, die er nicht mehr oder nur unter unzumutbaren Nachteilen rückgängig machen kann. Auf Vertrauen kann sich der Begünstigte gemäß § 45 Abs. 2 Satz 3 SGB X nur dann nicht berufen, soweit er den Verwaltungsakt durch arglistige Täuschung, Drohung oder Bestechung erwirkt hat (Nr. 1), der Verwaltungsakt auf Angaben beruht, die der Begünstigte vorsätzlich oder grob fahrlässig in wesentlicher Beziehung unrichtig oder unvollständig gemacht hat (Nr. 2), oder er die Rechtswidrigkeit des Verwaltungsaktes kannte oder infolge grober Fahrlässigkeit nicht kannte. Grobe Fahrlässigkeit liegt vor, wenn der Begünstigte die erforderliche Sorgfalt in besonders schwerem Maße verletzt hat (Nr. 3). Hierbei handelt es sich um drei Tatbestände, in denen das Vertrauen des Leistungsempfängers nicht schutzwürdig ist.

Indes ist im vorliegenden Fall keiner der drei Ausnahmetatbestände erfüllt. Die Widerspruchsführer haben stets zutreffende und vollständige Angaben gegenüber dem Widerspruchsgegner gemacht. Auch kannten sie die Rechtswidrigkeit des Bewilligungsbescheides vom 23.1.2017 nicht und hätten diese auch nicht erkennen müssen. Bezugspunkt von Kenntnis und Kennen müssen iSd § 45 Abs. 2 Satz 3 Nr. 3 SGB X ist die Rechtswidrigkeit der getroffenen Regelung, nicht die Rechtswidrigkeit ihrer Begründung.[29] Insoweit bezieht sich die grob fahrlässige Unkenntnis nicht auf die maßgeblichen Tatsachen, sondern auf die Fehlerhaftigkeit des begünstigenden Ausgangsbescheides. Die Bösgläubigkeit muss im Zeitpunkt der Bekanntgabe des früheren, zurückzunehmenden Bescheides vorgelegen haben.[30] Die Widerspruchsführer mussten hier als juristische Laien nicht erkennen, dass der Bescheid vom 23.1.2017 nicht als endgültiger, sondern als vorläufiger hätte erlassen werden müssen und insoweit rechtswidrig war.

Eine Aufhebung des Bescheides vom 23.1.2017 nach § 45 SGB X ist damit ausgeschlossen. Dementsprechend fehlen auch die Voraussetzungen für eine Erstattung nach § 50 SGB X.

Der Bescheid vom 20.3.2017 ist insgesamt aufzuheben.

(...)

Rechtsanwalt

3. Überprüfungsantrag

Nach § 44 SGB X ist auch ein bestandskräftiger, nicht begünstigender Bescheid zu korrigieren, wenn sich ergibt, dass er bereits bei Erlass rechtswidrig war und sich hieraus Nachteile für den Leistungsberechtigten ergeben. Man spricht auch von dem sog. Zugunstenverfahren oder Überprüfungsverfahren. Dieses Verfahren ist einerseits von Amts wegen oder auf Antrag des Betroffenen zu betreiben (vgl. § 44 Abs. 4 Satz 3 SGG).

---

29 Vgl. BSG 8.2.2001 – B 11 AL 21/00 R.
30 Vgl. BSG 22.3.1995 – 10 RKg 10/89.

25 Kein Fall des Überprüfungsverfahrens ist anzunehmen, wenn ein Leistungsberechtigter einen Bewilligungsbescheid bestandskräftig werden ließ, in der weiteren Folge aber in diesem Bewilligungszeitraum durch Betriebskostenabrechnung zur Nachzahlung aufgefordert wurde. In diesem Fall nämlich war die ursprüngliche Bewilligung von Anfang an (zunächst) rechtmäßig, denn die Betriebskostenabrechnung lag noch nicht vor, so dass der – grds. als KdUH zu wertende – Nachzahlungsbetrag noch nicht berücksichtigt werden konnte. Hierbei handelt es sich schlicht um eine Änderung in den Verhältnissen nach § 48 SGB X.[31] Nach § 48 Abs. 1 Satz 2 Nr. 1 SGB X soll der Verwaltungsakt (hier also die ursprüngliche Bewilligungsentscheidung) mit Wirkung vom Zeitpunkt der Änderung der Verhältnisse (hier also die Fälligkeit der Nachzahlung) aufgehoben und abgeändert werden, soweit die Änderung zugunsten des Betroffenen erfolgt.

26 In Abgrenzung hierzu ist ein Überprüfungsverfahren nach § 44 SGB X immer dann erforderlich, wenn der Bescheid von Anfang an nachteilig rechtswidrig war, aber gleichwohl bestandskräftig wurde. Denkbar sind derartige Konstellationen zB dann, wenn dem Leistungsempfänger ein Mehrbedarf zusteht, dieses aber von dem Leistungsträger verkannt und eben nicht bedarfserhöhend berücksichtigt wurde. Ebenso ist ein Überprüfungsverfahren erforderlich, wenn der Leistungsempfänger eine Kürzung seiner KdUH durch den Leistungsträger zunächst hinnimmt, dann aber von der Rechtswidrigkeit der Angemessenheitsbestimmung des Leistungsträgers erfährt.

27 **Muster: Antrag auf Überprüfung eines Leistungsbescheides nach § 44 SGB X**
An das
Jobcenter (…)
(Anschrift)
(Datum)
Antrag auf Überprüfung nach § 44 SGB X
der (…),
(Anschrift)
Prozessbevollmächtigter: Rechtsanwalt (…)
des Bescheides vom 20.7.2015, mit dem Leistungen für den Zeitraum vom 1.8.2015 bis 31.1.2016 bewilligt wurden.
Namens und ausweislich der beigefügten Vollmacht beantrage ich,
den Bescheid vom 20.7.2015 abzuändern und der Antragstellerin Leistungen zur Sicherung des Lebensunterhaltes unter Berücksichtigung von Kosten der Unterkunft in Höhe von 380 EUR zu gewähren.
Begründung:
I.
Die Antragstellerin begehrt höhere Kosten der Unterkunft.

---
31 Vgl. nur BSG 24.11.2011 – B 14 AS 121/10 R.

Die am 14.3.1991 geborene Antragstellerin bewohnt eine 40m² große Wohnung. Für diese zahlte sie in der Zeit vom 1.8.2015 bis 31.1.2016 einen Mietzins von 300 EUR sowie Vorauszahlungen auf Neben- und Heizkosten von 80 EUR. Mit der Nebenkostenabrechnung vom 15.6.2015 wurde die von ihr zu leistende Nebenkostenvorauszahlung von 50 EUR auf 80 EUR erhöht. Diese reichte die Antragstellerin am 9.7.2015 mit ihrem Weiterbewilligungsantrag beim Jobcenter ein.

Beweis:
- Mietvertrag – Anlage A1
- Nebenkostenabrechnung vom 15.6.2015 – Anlage A2

Sie bezog kein Einkommen. Ihr Vermögen belief sich auf ein Kontoguthaben von 320 EUR.

Beweis: Kontoauszug vom August 2015 – Anlage A3

Gegenüber der Antragstellerin erging zu keinem Zeitpunkt eine Kostensenkungsaufforderung.

Mit Bescheid vom 20.7.2015 bewilligte das Jobcenter der Antragstellerin Leistungen zur Sicherung des Lebensunterhaltes für den Zeitraum vom 1.8.2015 bis 31.1.2016. Hierbei wurden Kosten der Unterkunft lediglich in Höhe von 350 EUR berücksichtigt, wohl unter Außerachtlassung der Erhöhung der Vorauszahlungen auf Nebenkosten um 30 EUR durch die Nebenkostenabrechnung vom 15.6.2015.

Beweis: Bescheid vom 20.7.2015 – Anlage A4

Der Bescheid wurde rechtskräftig, da die Antragstellerin keinen Widerspruch erhob.

II.

Nach § 44 SGB X ist ein Verwaltungsakt, auch für die Vergangenheit, zurückzunehmen, soweit sich im Einzelfall ergibt, dass bei Erlass des Verwaltungsaktes das Recht unrichtig angewandt oder von einem Sachverhalt ausgegangen worden ist, der sich als unrichtig erweist, und soweit deshalb Sozialleistungen zu Unrecht nicht erbracht worden sind. Die Vorschrift kommt über § 40 Abs. 1 und 2 SGB II iVm § 330 Abs. 1 SGB III zur Anwendung. Damit ist eine rückwirkende Erbringung von Leistungen nach dem SGB II auf einen Zeitraum von einem Jahr begrenzt, wobei die Jahresfrist ab Beginn des Jahres gerechnet wird, in dem die Rücknahme beantragt wird.

Der zu überprüfende Bescheid vom 20.7.2015 ist rechtskräftig, jedoch ist die Jahresfrist noch nicht abgelaufen.

Der Sachverhalt, von dem das Jobcenter ausging, erweist sich vorliegend als unrichtig, da offensichtlich davon ausgegangen wurde, dass für die Antragstellerin nur Kosten für ihre Unterkunft in Höhe von 350 EUR anfallen. Tatsächlich fallen jedoch Kosten in Höhe von 380 EUR an. Nach § 22 SGB II werden Bedarfe für Unterkunft und Heizung in der tatsächlichen Höhe anerkannt, soweit diese angemessen sind. Da vorliegend zu keinem Zeitpunkt eine Kostensenkungsaufforderung erging und die Kosten im Übrigen auch angemessen sind, sind sie zu übernehmen. Der Bescheid ist zu korrigieren.

(...)
Rechtsanwalt

Zwar gilt nach § 44 Abs. 4 SGB X eine rückwirkende Leistungserbringung für die vergangenen vier Jahre seit Beginn des Jahres, in dem die Rücknahme der ursprüng-

A. Allgemeiner Teil

lichen rechtswidrigen Bewilligung erfolgte oder eben der entsprechende Überprüfungsantrag gestellt wurde. Doch wird im Bereich des SGB II mit § 40 Abs. 1 Satz 2 Nr. 2 SGB II bestimmt, dass statt des 4-Jahres-Zeitraum aus § 44 Abs. 4 Satz 1 SGB X eine rückwirkende Leistungsbewilligung nur für ein Jahr seit Beginn des Jahres, in dem die Rücknahme der ursprünglichen rechtswidrigen Bewilligung erfolgte oder eben der entsprechende Überprüfungsantrag gestellt wurde, in Betracht kommt.[32] Die Rückwirkungsfrist gilt im Bereich des SGB II mit Wirkung zum 1.8.2016 nun nicht mehr nur für eine rückwirkende Leistungsbewilligung. Vielmehr gilt nun eine 4-Jahres-Rückwirkungsfrist auch hinsichtlich der Überprüfung einer rechtswidrigen, nicht begünstigenden Verwaltungsentscheidung, wie zB eine Aufhebungs-, Rücknahme und/oder Erstattungsentscheidung (§ 40 Abs. 1 Satz 2 Nr. 1 SGB II). Der Überprüfungsantrag muss hier innerhalb einer Frist von vier Jahren nach Ablauf des Jahres der Bekanntgabe des entsprechenden Aufhebungs-, Rücknahme- und/oder Erstattungsbescheides erfolgen. Für Überprüfungsanträge zu Aufhebungs-, Rücknahme und/oder Erstattungsentscheidungen, die vor dem 1.8.2016 gestellt wurden, gilt diese Frist nicht. Auf den Bekanntgabezeitpunkt der zur Überprüfung gestellten Entscheidung kommt es da grds. nicht an; ggf. kann ein entsprechendes Überprüfungsverlangen aber verwirkt sein.[33] Im Bereich des SGB II ist im Übrigen der Fortbestand der Hilfebedürftigkeit keine Voraussetzung für einen erfolgreichen Überprüfungsantrag. Eine fortbestehende Hilfebedürftigkeit als zusätzliche Anspruchsvoraussetzung lässt sich den anwendbaren Verfahrensbestimmungen nicht entnehmen (BSG 4.4.2017 – B 4 AS 6/16 R). Im Bereich des SGB XII können soweit jedoch Besonderheiten zu berücksichtigen sein, aus denen – auch ohne ausdrückliche Anordnung des Gesetzgebers – abzuleiten sein könnte, dass die Rücknahme- und Nachzahlungsansprüche nach § 44 SGB X für bestimmte Sachverhalte (teilweise) eigenständig und abweichend festzulegen sind – mithin anhaltende Bedürftigkeit erfordern (vgl. nur BSG 29.9.2009 – B 8 SO 16/08 R).

29 **Muster: Antrag auf Überprüfungn eines Aufhebungs- und Erstattungsbescheides nach § 44 SGB X**

An das

Jobcenter (...)

(Anschrift)

(Datum)

Antrag auf Überprüfung nach § 44 SGB X

der (...),

(Anschrift)

Prozessbevollmächtigter: Rechtsanwalt (...)

des Aufhebungs- und Erstattungsbescheides vom 3.8.2015.

Namens und ausweislich der beigefügten Vollmacht beantrage ich,

den Bescheid vom 3.8.2015 aufzuheben.

---

[32] Gleiches gilt für den Bereich des SGB XII mit § 116a SGB XII.
[33] Vgl. zur Verwirkung: BSG 28.10.2009 – B 14 AS 56/08 R mwN.

Begründung:

I.

Die Antragstellerin wendet sich gegen eine Aufhebung und Erstattung.

Der Antragstellerin wurden mit Bescheid vom 20.3.2014 Leistungen zur Sicherung des Lebensunterhaltes für den Zeitraum vom 1.4.2014 bis 30.9.2014 bewilligt.

Beweis: Bescheid vom 20.3.2014 – Anlage A1

Sie bezog laufend Einkommen aus einer geringfügigen Beschäftigung in monatlich gleicher Höhe von 400 EUR. Das Einkommen wurde jeweils zum 15. des Folgemonats ausgezahlt.

Für Mai (Zuflussmonat Juni 2014) wurde der Antragstellerin eine fehlerhafte Lohnabrechnung erteilt, aus der sich ein Nettolohn von 560 EUR ergab.

Beweis: Einkommensabrechnung Mai 2014 – Anlage A2

Tatsächlich wurden ihr jedoch lediglich 400 EUR ausgezahlt.

Beweis: Kontoauszug Juni 2014 – Anlage A3

Das Jobcenter hob jedoch nach Einreichung der Lohnabrechnung die Leistungen für Juni 2014 mit Bescheid vom 3.8.2014 teilweise auf und forderte die Antragstellerin zur Erstattung auf.

Beweis: Bescheid vom 3.8.2014 – Anlage A4

Der Bescheid wurde rechtskräftig, da die Antragstellerin keinen Widerspruch erhob.

II.

Nach § 44 SGB X ist ein Verwaltungsakt auch für die Vergangenheit zurück zu nehmen, soweit sich im Einzelfall ergibt, dass bei Erlass eines Verwaltungsaktes das Recht unrichtig angewandt oder von einem Sachverhalt ausgegangen worden ist, der sich als unrichtig erweist, und soweit deshalb Sozialleistungen zu Unrecht nicht erbracht worden sind. Die Vorschrift kommt über § 40 Abs. 1 und 2 SGB II iVm § 330 Abs. 1 SGB III zur Anwendung. Damit ist eine rückwirkende Erbringung von Leistungen nach dem SGB II auf einen Zeitraum von einem Jahr begrenzt, wobei die Jahresfrist ab Beginn des Jahres gerechnet wird, in dem die Rücknahme beantragt wird.

Die Jahresfrist steht der Überprüfung des Bescheides 3.8.2014 nicht entgegen. Sie bezieht sich auf die Frist des § 44 Abs. 4 SGB X. Dieser wiederum findet auf Rückforderungsbescheide keine Anwendung.[34]

Ermächtigungsgrundlage für den zu überprüfenden Bescheid ist § 48 Abs. 1 Satz 2 Nr. 3 SGB X (über § 40 Abs. 2 Nr. 3, § 330 SGB III). Danach erfolgt eine rückwirkende Aufhebung der im Zuflusszeitpunkt laufenden Bewilligung, wenn und weil nach Erlass des Bewilligungsbescheides und während des laufenden Bewilligungszeitraums Einkommen tatsächlich zugeflossen war, zur Bedarfsdeckung zur Verfügung stand und daher im Verteilzeitraum zu berücksichtigen war.

Das Jobcenter ging jedoch von einem falschen Sachverhalt aus. Die Antragstellerin bezog im Juni 2014 gerade kein Einkommen von 560 EUR, sondern lediglich ein solches

---

34 Vgl. BSG 13.2.2014 – B 4 AS 19/13 R; Es ist zu beachten, dass seit dem 1.1.2017 durch § 40 Abs. 1 S. 2 SGB II die Überprüfungsfrist von rechtswidrigen nicht begünstigenden Verwaltungsakten auf vier Jahre ab Jahresende der Bekanntgabe des Verwaltungsaktes beschränkt wurde.

> von 400 EUR. Eine Änderung in den Verhältnissen iSd § 48 SGB X ist daher zu keinem Zeitpunkt eingetreten.
>
> Der Aufhebungs- und Erstattungsbescheid ist daher aufzuheben.
>
> (...)
>
> Rechtsanwalt

30　Eine weitere Besonderheit hinsichtlich des Zugunstenverfahrens ergibt sich aus § 40 Abs. 3 SGB II. Hiernach ist ein Verwaltungsakt, wenn er unanfechtbar geworden ist, nur mit Wirkung für die Zeit nach der Entscheidung des BVerfG oder ab dem Bestehen der ständigen Rechtsprechung zurückzunehmen, wenn die in § 44 Abs. 1 Satz 1 SGB X genannten Voraussetzungen für die Rücknahme eines rechtswidrigen, nicht begünstigenden Verwaltungsakts vorliegen, weil er auf einer Rechtsnorm beruht, die nach Erlass des Verwaltungsaktes für nichtig oder für unvereinbar mit dem Grundgesetz erklärt oder in ständiger Rechtsprechung anders als durch die Agentur für Arbeit bzw. Träger im Bereich des SGB II ausgelegt worden ist.[35] Vergleichbares gilt für eine KdUH-Satzung nach § 22 a Abs. 1 SGB II – Änderungen sind hier erst ab dem Zeitpunkt der entsprechenden Entscheidung des LSG möglich (vgl. § 40 Abs. 3 Nr. 2 Satz 2 SGB II).

31　Sofern das Überprüfungsverfahren auf Antrag des Betroffenen erfolgt, ist zu berücksichtigen, dass von ihm u.U. schon mit Antragstellung ein substantiierter Vortrag erwartet wird. Die Anforderungen, die an einen zulässigen Überprüfungsantrag gestellt werden, werden bisweilen von den Behörden, aber auch den Gerichten unterschiedlich gehandhabt. Der 4. Senat des BSG hat mit Urteil vom 13.2.2014[36] klargestellt,[37] dass Voraussetzung für eine Überprüfung durch den Leistungsträger ein hinreichend objektiv konkretisierbarer Antrag des Leistungsberechtigten ist. Dieser Antrag löst zwar grds. eine Prüfpflicht des Leistungsträgers aus. Der Antrag bestimmt jedoch zugleich auch den Umfang des Prüfauftrags der Verwaltung im Hinblick darauf, ob bei Erlass des Verwaltungsakts das Recht unrichtig angewandt oder von einem unrichtigen Sachverhalt ausgegangen worden ist. Daher muss sich aufgrund oder aus Anlass des Antrags für die Verwaltung im Einzelfall objektiv erschließen, aus welchem Grund – Rechtsfehler und/oder falsche Sachverhaltsgrundlage – nach Auffassung des Leistungsberechtigten eine Überprüfung erfolgen soll. Dazu muss der Antrag konkretisierbar sein, d.h. entweder aus dem Antrag selbst – ggf. nach Auslegung – oder aus einer Antwort des Leistungsberechtigten aufgrund konkreter Nachfrage des Sozialleistungsträgers muss der Umfang des Prüfauftrags für die Verwaltung bis zum Abschluss des Wi-

---

35　Vgl. BSG 21.6.2011 – B 4 AS 118/10 R.
36　BSG 13.2.2014 – B 4 AS 22/13 R.
37　Der 14. Senat hat sich dem 4. Senat angeschlossen, vgl. BSG 4.6.2014 – B 14 AS 335/13 B sowie 28.10.2014 – B 14 AS 39/13 R.

derspruchsverfahrens erkennbar werden. Ist dies nicht der Fall, ist der Sozialleistungsträger berechtigt, von einer inhaltlichen Prüfung dieses Antrags abzusehen.[38]

Für die Beurteilung, ob die formellen Erfordernisse eines solchen Antrags vorliegen, der überhaupt erst eine Prüfpflicht des Leistungsträgers auslöst, ist auf die zum Zeitpunkt der letzten Verwaltungsentscheidung zu diesem Überprüfungsantrag vorgetragenen tatsächlichen und/oder rechtlichen Anhaltspunkte abzustellen. Es genügt daher nicht, wenn der Leistungsberechtigte eine Nachbesserung des bis dahin unbestimmten und nicht objektiv konkretisierbaren Antrags erst im Klageverfahren vornimmt.[39] 32

Für den Beurteilungszeitpunkt bzgl. der Frage, ob ein Verwaltungsakt nach § 44 SGB X wegen anfänglicher Rechtswidrigkeit zurückzunehmen ist, kommt es hingegen nicht auf den Stand der Erkenntnis bei Erlass des Verwaltungsakts, sondern auf den zum Zeitpunkt seiner Überprüfung an. Damit ist eine rückschauende Betrachtungsweise ggf. im Lichte der wegen neuerer BSG-Entscheidungen geläuterten Rechtsauffassung zu der geltenden Sach- und Rechtslage bei Erlass des zu überprüfenden Verwaltungsaktes zugrunde zu legen.[40] 33

In Anlehnung an Entscheidungen des BSG[41] erfolgt die Prüfung des § 44 SGB X in drei Stufen: 34

- Ergibt sich im Rahmen des Zugunstenverfahrens nichts, was für die Unrichtigkeit der Vorentscheidung sprechen könnte, so darf sich die Behörde ohne jede Sachprüfung auf die Bindungswirkung berufen.
- Werden zwar neue Tatsachen oder Erkenntnisse vorgetragen und neue Beweismittel ernannt, ergibt aber die Prüfung, dass die vorgebrachten Gesichtspunkte tatsächlich nicht vorliegen oder für die frühere Entscheidung nicht erheblich waren, darf sich die Behörde ebenfalls auf die Bindungswirkung stützen.
- Nur wenn die Prüfung zum Ergebnis führt, dass ursprünglich nicht beachtete Tatsachen oder Erkenntnisse vorliegen, die für die Entscheidung wesentlich sind, ist ohne Rücksicht auf die Bindungswirkung erneut zu entscheiden. Dies gilt auch dann, wenn die neue Entscheidung so lautet, wie die bindend gewordene Entscheidung; der Streitstand ist im vollen Umfang erneut zu prüfen.

Unter Berücksichtigung der Entscheidung des 2. Senats des BSG[42] ist diese Stufenprüfung jedenfalls für den Tatsachenvortrag vorzunehmen, also immer dann, wenn behauptet wird, dass die angenommenen Umstände bzw. der zugrunde liegende Sachverhalt nicht korrekt seien. In Abgrenzung hierzu hat eine Rechtsprü- 35

---

38 Wenn nicht ein einzelner oder mehrere konkrete, ihrer Zahl nach bestimmbare Verfügungssätze von Verwaltungsakten, sondern das Verwaltungshandeln – ohne jede Differenzierung – insgesamt zur Überprüfung durch die Verwaltung gestellt wird, wird grds. keine Prüfung im Einzelfall begehrt. Trotz des Vorliegens eines „Antrags" löst ein solches Begehren bereits nach dem Wortlaut des § 44 SGB X noch keine inhaltliche Prüfpflicht des Sozialleistungsträgers aus (vgl. BSG 14.3.2012 – B 4 AS 239/11 B). Beantragt ein Leistungsberechtigter „die Überprüfung sämtlicher bestandskräftiger Bescheide auf ihre Rechtmäßigkeit", fehlt es an einer inhaltlichen Prüfverpflichtung des SGB II-Leistungsträgers, wenn der Grundsicherungsträger den Einzelfall, der zur Überprüfung gestellt werden soll, objektiv nicht ermitteln kann (BSG 4.6.2014 – B 14 AS 335/13 R).
39 BSG 13.2.2014 – B 4 AS 22/13 R und 28.10.2014 – B 14 AS 39/13 R.
40 Vgl. BSG 4.6.2014 – B 14 AS 30/13 R.
41 Vgl. BSG 3.2.1988 – 9/9 a RV 18/86 sowie 3.4.2004 – B 4 AR 22/00 R und 13.2.2014 – B 4 AS 22/13 R sowie 28.10.2014 – B 14 AS 39/13 R.
42 BSG 5.9.2006 – B 2 U 24/05 R.

A. Allgemeiner Teil

fung, also die Prüfung, ob das Recht richtig angewandt wurde, von Amts wegen auch ohne entsprechenden Vortrag zu erfolgen; Voraussetzung ist aber jedenfalls ein hinreichend konkreter Antrag (vgl. hierzu Rn. 31). Daher kann es also nur bei der Benennung neuer Tatsachen und Beweismittel auch auf ein solches abgestuftes Verfahren ankommen.

4. Widerspruch

36 Verwaltungsakte können mit Widerspruch angefochten werden. Die entsprechenden Regelungen zum Widerspruchsverfahrens finden sich in den §§ 62 und 63 SGB X sowie in den §§ 77 ff. SGG. Nach § 78 SGG ergibt sich das durchgeführte Widerspruchsverfahren als Zulässigkeitsvoraussetzung für eine Anfechtungs- und auch Verpflichtungsklage.

37 Der Widerspruch ist binnen eines Monats,[43] nachdem der Verwaltungsakt dem Beschwerten bekanntgegeben worden ist, schriftlich oder zur Niederschrift bei der Stelle einzureichen, die den Verwaltungsakt erlassen hat (§ 84 Abs. 1 Satz 1 SGG). Eine telefonische Widerspruchserhebung ist daher ebenso unzulässig wie der – zB im Rahmen einer Vorsprache – nur mündlich geäußerte Widerspruch. Im Falle der Fristversäumung hat die Behörde pflichtgemäß zu prüfen, ob das Widerspruchsschreiben als Überprüfungsantrag (vgl. Rn 24 ff.) auszulegen ist. Über diesen hätte sie dann – ohne neuerliche Klarstellung des Berechtigten – von Amts wegen zu entscheiden.

38 Der Widerspruch bedarf für seine Zulässigkeit grds. keiner Begründung. Zur Erlangung maximalen und unverzüglichen Rechtschutzes empfiehlt es sich freilich, im Vorverfahren, das mit der Erhebung des Widerspruchs beginnt (§ 83 SGG), auszuführen, warum man die angegriffene Behördenentscheidung für (teilweise) rechtswidrig erachtet. Ebenso empfiehlt es sich, alle zum Nachweis dienenden Unterlagen vorzulegen, entsprechende ausführliche Angaben zu machen und ggf. Zeugen zu benennen. Sofern – ggf. gar wiederholt – Widerspruch ohne jegliche Begründung erhoben wurde und der Widerspruchsführer trotz Aufforderung der Behörde keine Gründe angibt und auch sonst nicht ersichtlich ist, dass die angegriffene Entscheidung (zumindest teilweise) rechtswidrig ist, läuft der Widerspruchsführer möglicherweise auch Gefahr, dass sein Widerspruch mangels Rechtsschutzbedürfnisses als unzulässig zurückgewiesen wird. Der Widerspruch kann, muss jedoch nicht mit einem konkreten Antrag versehen werden. Dies empfiehlt sich jedoch insoweit, als dass ein konkretes Begehren damit klar gemacht wird. Kommt das Jobcenter diesem Begehren nach, so sind auch 100 % der notwendigen Kosten der Rechtsverfolgung zu erstatten. Bleibt im Widerspruch das Begehren unklar oder wird ein Angriffspunkt eher beispielhaft genannt und der Widerspruch im Übrigen offen gehalten, so besteht die Gefahr, dass das Jobcenter auch bei einem erfolgreichen Begehren – zu Recht – nur eine Kostenquote erstattet.[44] Die Formu-

---

43 Zur Frist (Beginn, Berechnung etc.) vgl. Lüdtke/Berchtold/*Binder* SGG § 84 Rn. 7 ff.
44 Vgl. hierzu allgemein und konkret zum Fall des nicht begründeten Widerspruchs BSG 12.6.2013 – B 14 AS 68/12 R.

lierung des Antrags und der Aufbau des Widerspruchs folgen dabei im Wesentlichen dem der Klage.[45]

Muster: Blankoformular Widerspruch 39

An das

Jobcenter (...)

(Anschrift)

(Datum)

Widerspruch

des (...),

(Anschrift)

Prozessbevollmächtigter: Rechtsanwalt (...)

gegen den Bescheid vom (...)

Namens und ausweislich der beigefügten Vollmacht beantrage ich:

...

Begründung:

I.

(Sachverhalt)

II.

(Rechtliche Würdigung)

(...)

Rechtsanwalt

Wird der Widerspruch von der Behörde für begründet erachtet, so ist ihm abzuhelfen (§ 85 Abs. 1 SGG). Soweit sie ihm nicht abhelfen will, erlässt sie einen schriftlichen und mit einer Begründung versehenen Widerspruchsbescheid (§ 85 Abs. 2 und 3 SGG). Der Widerspruchsbescheid ist auch mit einer Rechtsmittelbelehrung zu versehen, die die Beteiligten über die Zulässigkeit der Klage, die einzuhaltende Frist und den Sitz des zuständigen Gerichts belehrt. 40

Nach § 86 SGG gilt – vergleichbar zu § 96 SGG –, dass, wenn während des Vorverfahrens der Verwaltungsakt abgeändert wird, auch der neue Verwaltungsakt Gegenstand des Vorverfahrens wird. Abzustellen ist dabei auf den Streitgegenstand. Wird der gleiche Streitgegenstand abgeändert, wird die Abänderung zum Gegenstand des Vorverfahrens. Dies gilt problemlos für Abänderungsbescheide. Hinsichtlich der Folgebescheide (Bescheide, die Folge[-bewilligungs-]zeiträume regeln) gilt wohl, hinsichtlich des Rechts der Grundsicherung für Arbeitsuchende und der Sozialhilfe zu unterscheiden: 41

Eine analoge Anwendung des § 96 Abs. 1 SGG – und nichts anderes kann dann auch für die analoge Anwendung des § 86 SGG gelten – auf Bewilligungsbescheide 42

---

45 Zu den Klageanträgen vgl. Rn. 73 und 82 ff.

für Folgezeiträume im Rahmen des SGB II ist grds. nicht gerechtfertigt. Die für diese Rechtsprechung herangezogenen Gesichtspunkte der Prozessökonomie würden im Rahmen des SGB II nicht überzeugen.[46] Der 8. Senat des BSG hält aber – jedenfalls im Rahmen des § 86 SGG – aus eben diesen prozessökonomischen Gründen eine Einbeziehung von Folgebescheiden u.a. für den Bereich der Sozialhilfe für geboten.[47]

43 Sofern ein anderer Bescheid über § 86 SGG einbezogen wurde, bedarf es insoweit keines separaten Widerspruchs. Vielmehr ist dieser neue Bescheid kraft Gesetzes zum Gegenstand des bereits anhängigen Widerspruchsverfahrens geworden. Ein gleichwohl erhobener neuerlicher Widerspruch ist unzulässig.

44 Die Kostenerstattung für das Widerspruchsverfahren richtet sich nach § 63 SGB X. Hiernach gilt, dass die Behörde demjenigen, der Widerspruch erhoben hat, die zur zweckentsprechenden Rechtsverfolgung oder Rechtsverteidigung notwendigen Aufwendungen zu erstatten hat, soweit der Widerspruch erfolgreich war (Abs. 1 Satz 2). Bei nur teilweisem Erfolg kommt es deshalb grds. zur Quotelung.[48] Maßgebliches Kriterium ist der tatsächliche Erfolg. Auf Verschuldensgesichtspunkte kommt es hier – anders als bei § 193 SGG – gerade nicht an. Die Kostenentscheidung, mit der auch über die Notwendigkeit der Zuziehung eines Rechtsanwalts oder eines sonstigen Bevollmächtigten entschieden wird, ergeht von Amts wegen und bedarf daher keines Antrages. Sowohl die Kostenentscheidung als solche, als auch die Entscheidung über die Notwendigkeit der Zuziehung sind isoliert angreifbar. Sofern, was vorkommt, die Entscheidung über die Hinzuziehung eines Bevollmächtigten unterblieb (und nicht als konkludent getroffen angesehen werden kann, indem eine Kostenquote zugunsten des Widerspruchsführers erging und der Widerspruchsbescheid an den Bevollmächtigten übersandt wurde), ist eine Verpflichtungsklage zu erheben mit dem Antrag, den Beklagten zu verpflichten, über die Notwendigkeit der Hinzuziehung zu entscheiden. Zu berücksichtigen ist, dass § 63 SGB X nur für isolierte Widerspruchsverfahren gilt. D.h. sobald sich an das Widerspruchsverfahren bzgl. des Begehrens in der Hauptsache ein gerichtliches Verfahren anschließt, erledigt sich die Konstengrundentscheidung im Widerspruchsbescheid nach § 39 Abs. 2 SGB X auf sonstige Weise (vgl. BSG 19.10.2016 – B 14 AS 50/15 R). Das Gericht hat sodann im Rahmen der Kostenentscheidung zu entscheiden, ob und in welchem Umfang die Beteiligten einander Kosten zu erstatten haben. Sofern bereits das Widerspruchsverfahren teilweise erfolgreich war, ist unbedingt darauf zu achten, dass dies bei der Kostenentscheidung des Gerichts berücksichtigt wird.

45 **Muster: Klage gegen Kostenquote im Widerspruchsbescheid**

Rechtsanwalt

(...)

(Datum)

---

46 BSG 7.11.2006 – 7 b AS 14/06 R.
47 Vgl. BSG 17.6.2008 – B 8 AY 11/07 R und 14.4.11 – B 8 SO 12/09 R.
48 BSG 12.6.2013 – B 14 AS 68/12 R: Die Kostenquote für die Erstattung von Kosten des Vorverfahrens ist nach dem Verhältnis von tatsächlichem Erfolg zu dem durch die Erhebung des Widerspruchs angestrebten Erfolg zu bilden.

I. Verwaltungsverfahren

An das
Sozialgericht (...)
(Anschrift)
K L A G E
des (...),
(Anschrift)

– K l ä g e r –

Prozessbevollmächtigter: Rechtsanwalt (...)
g e g e n
Jobcenter (...)
(Anschrift)

– B e k l a g t e r –

wegen Kostenentscheidung im Widerspruchsbescheid vom 20.1.2016
Namens und ausweislich der beigefügten Vollmacht des Klägers erhebe ich Klage und werde beantragen,

die Kostenentscheidung des Widerspruchsbescheids des Beklagten vom 20.1.2016 abzuändern und den Beklagten zu verurteilen, 100 % der zur zweckentsprechenden Rechtsverfolgung notwendigen Kosten zu erstatten.[49]

Zur Geltendmachung der Rechte des Klägers beantrage ich ferner,

dem Kläger Prozesskostenhilfe ab Klageerhebung zu bewilligen und den Unterzeichner beizuordnen.

Begründung:
I.
Der Beklagte bewilligte dem Kläger mit Bescheid vom 23.11.2015 Leistungen zur Sicherung des Lebensunterhaltes nach dem SGB II für den Zeitraum vom 1.12.2015 bis 31.5.2016.
Beweis: Bescheid vom 23.11.2015 – Anlage K1
Dabei berücksichtigte der Beklagte die Heizkostenvorauszahlungen für den Kläger lediglich in Höhe von 50 EUR, obwohl diese für den Kläger, entsprechend der zuvor auch eingereichten Heizkostenabrechnung, in Höhe von 70 EUR anfielen.
Beweis: Blatt 225 Verwaltungsakte – Heizkostenabrechnung

---

49 Eines solchen Vorgehens bedarf es freilich nur, wenn sich isoliert gegen die Kostenentscheidung gewandt wird. Wird auch weiterhin ein materielles Begehren verfolgt, also der Ausgangsbescheid in der Gestalt des Widerspruchsbescheides angefochten, so sind die Kosten des Widerspruchsverfahrens einschließlich der weiteren Kosten der Klage Gegenstand der – von Amts wegen zu treffenden – Kostenentscheidung im Urteil, so dass es diesbezüglich keiner isolierten Anfechtung in der Klageschrift bedarf. Dies birgt vielmehr die Gefahr einer kostenpflichtigen Teilabweisung, weil eben gerade in diesem Fall nicht als Hauptsacheantrag gestellt werden kann. Enthält der Widerspruchsbescheid bereits eine (teilweise) positive Kostengrundentscheidung, erledigt sich diese vollständig, wenn gegen den Widerspruchsbescheid in der Hauptsache Klage erhoben wird. Das Gericht hat sodann im Rahmen der Kostenentscheidung gem. § 193 SGG insgesamt zu entscheiden, ob und in welchem Umfang die Beteiligten einander Kosten zu erstatten haben, vgl. BSG 19.11.2016 – B 14 AS 14/15 R.

Hiergegen erhob der Kläger, vertreten durch seinen Prozessbevollmächtigten, Widerspruch unter dem 10.12.2015 mit dem Antrag, Leistungen unter Berücksichtigung der tatsächlichen Heizkostenvorauszahlung in Höhe von 70 EUR zu zahlen.
Beweis: Widerspruch vom 10.12.2015 – Anlage K2

Der Beklagte änderte mit Änderungsbescheid vom 20.1.2016 den Bewilligungsbescheid ab und zahlte nunmehr um 20 EUR höhere KdU an den Kläger. Gleichzeitig wies er den Widerspruch mit Widerspruchsbescheid vom selben Tage als nach Erteilung des Änderungsbescheides unbegründet zurück. Ferner wurde entschieden, dass die zur zweckentsprechenden Rechtsverfolgung notwendigen Kosten der Rechtsverfolgung nicht zu erstatten sind. Dies wurde damit begründet, dass der Widerspruch nicht kausal für den Erfolg war. Der Kläger habe zum ersten Mal im Widerspruch die Unterlagen über die höheren Unterkunftskosten eingereicht und sei so seinen Mitwirkungspflichten aus §§ 60 ff. SGB I nachgekommen. Diese seien für den Erfolg maßgebend gewesen und nicht der Widerspruch.
Beweis: Widerspruchsbescheid vom 20.1.2016 – Anlage K3

Hiergegen richtet sich die Klage.

II.

Gegenstand des Verfahrens ist die Kostenentscheidung des Widerspruchsbescheides vom 20.1.2016, mit der eine Erstattung der Kosten des Widerspruchsverfahrens abgelehnt wurde. Die Entscheidung ist rechtswidrig und verletzt den Kläger in seinen Rechten.

Die Kostenentscheidung kann isoliert Gegenstand einer Klage sein und bedarf keines eigenen (erneuten) Vorverfahrens, da die Kostenentscheidung eine erstmalige Beschwer durch den Widerspruchsbescheid darstellt und damit nach § 79 Abs. 1 Nr. 2 VwGO analog isoliert zum Klagegegenstand gemacht werden kann.

Nach § 63 Abs. 1 SGB X hat der Rechtsträger, dessen Behörde den angefochtenen Verwaltungsakt erlassen hat, dem Widerspruchsführer die zur zweckentsprechenden Rechtsverfolgung notwendigen Aufwendungen zu erstatten, wenn und soweit der Widerspruch erfolgreich war.

Damit besteht ein Anspruch auf Kostenerstattung in dem Umfang, in dem der Widerspruch erfolgreich war. Richtig ist zwar, dass es an einem Erfolg des Widerspruchs fehlt, wenn die abhelfende Entscheidung nicht auf diesen, sondern auf die Nachholung von Mitwirkungspflichten hin erfolgt (Diering/Timme/Waschull/*Diering* SGB X § 63 Rn. 9 mwN). Dies ist jedoch vorliegend nicht der Fall, da sich aus der Leistungsakte ergibt, dass die Unterlagen über die Erhöhung der Heizkostenvorauszahlungen durch den Kläger bereits vor Erhebung des Widerspruches eingereicht wurden. Im Übrigen hat der Kläger sein Begehren im Widerspruch genau bezeichnet und diesem wurde in voller Höhe nachgekommen. Daher sind ihm 100 % der Kosten des Widerspruchsverfahrens zu erstatten.

III.

Wie sich aus der beigefügten Erklärung zu den persönlichen und wirtschaftlichen Verhältnissen ergibt, kann der Kläger die Kosten der Prozessführung nicht aufbringen (§ 73 a SGG iVm § 114 ZPO). Da die Klage – wie ausgeführt – Aussicht auf Erfolg hat und nicht mutwillig ist, ist der Antrag auf Prozesskostenhilfe ebenfalls begründet.

(…)
Rechtsanwalt

I. Verwaltungsverfahren

Nach § 63 Abs. 2 SGB X gilt, dass die Gebühren und Auslagen eines Rechtsanwalts oder eines sonstigen Bevollmächtigten im Vorverfahren nur dann erstattungsfähig sind, wenn die Zuziehung eines Bevollmächtigten notwendig war. Dies ist bei Rechtsunkundigen regelmäßig zu bejahen, jedenfalls dann, wenn es sich nicht um ein einfaches und offensichtliches Versehen der Behörde oder der Klärung einfacher Tatfragen handelt.[50] Mit der Kostenentscheidung wird bestimmt, ob die Zuziehung eines Rechtsanwalts oder eines sonstigen Bevollmächtigten notwendig war (§ 63 Abs. 3 Satz 2 SGB X). Sofern durch die Behörde die Erstattung von Gebühren und Auslagen (auch nur teilweise) erfolgt, hat sie damit konkludent entschieden, dass die Kosten des Vorverfahrens dem Grunde nach erstattet werden und die Zuziehung eines Rechtsanwalts notwendig war.[51] Einer expliziten Entscheidung über die Hinzuziehung bedarf es damit nicht (mehr).

46

Sofern die Behörde einen Änderungsbescheid, der nach § 86 SGG Gegenstand des Vorverfahrens wurde (siehe hierzu Rn. 41 f.), gleichwohl mit der Rechtsmittelbelehrung des Widerspruches statt mit einen Hinweis auf § 86 SGG versehen hat (sog. provoziertes Widerspruchsverfahren) und der Empfänger entsprechend einen weiteren – unzulässig – Widerspruch erhoben hat, war umstritten, inwieweit hier die Behörde die Kosten auch dieses unzulässigen und damit nicht erfolgreichen Widerspruchverfahrens zu tragen hat. Zwischenzeitlich dürfte dem BSG mit seiner Rechtsprechung des 13. und 4. Senats[52] eine entsprechende endgültige Klärung gelungen sein: Die Regelung des § 63 Abs. 1 Satz 2 SGB X, wonach auch ein Widerspruch, der nur deshalb keinen Erfolg hat, weil die Verletzung einer Verfahrens- oder Formvorschrift nach § 41 SGB X unbeachtlich ist, die Kostenfolge des § 63 Abs. 1 Satz 1 SGB X nach sich zieht, findet weder direkt noch analog auf den Mangel einer fehlerhaften Rechtsbehelfsbelehrung Anwendung; ebenso wenig kommt ein Anspruch auf Aufwendungsersatz aufgrund eines sozialrechtlichen Herstellungsanspruchs in Betracht.

47

Die Festsetzung[53] des Betrages der zu erstattenden Aufwendungen erfolgt nach § 63 Abs. 3 Satz 1 SGB X auf Antrag und – anders als die Kostengrundentscheidung – nicht von Amts wegen. Der zu erlassende Festsetzungsbescheid ist separat durch Widerspruch und Klage angreifbar.[54] Anders als bei der Kostengrundentscheidung ist bei einem Bescheid über die zu erstattenden Kosten zunächst ein Vorverfahren durchzuführen. Die Entscheidung kann also nicht sofort mit der Klage angegriffen werden, da sie keine erstmalige Beschwer des Widerspruchsbescheides darstellt, welche untrennbar mit diesem verbunden ist und § 79 Abs. 1 Nr. 2 VwGO daher keine analoge Anwendung findet. Die Rechnungslegung des Rechts-

48

---

50 Diering/Timme/Waschull/*Diering* SGB X § 63 Rn. 15 ff.
51 Vgl. BSG 21.12.2009 – B 14 AS 83/08 R mwN.
52 BSG 20.10.2010 – B 13 R 15/10 R und 19.6.2012 – B 4 AS 142/11 R.
53 Hinsichtlich der zu berücksichtigenden Gebühren vgl. Diering/Timme/Waschull/*Diering* SGB X § 63 Rn. 26 ff.
54 Auch eine Berufung oder NZB (abhängig vom Beschwerdewert) wäre statthaft, vgl. BSG 27.9.2011 – B 4 AS 155/10 R, Rn. 11 mwN: Wird über die Kosten eines isolierten Vorverfahrens (§§ 78 ff. SGG) gestritten, handelt es sich nicht um die Kosten des Verfahrens iSv § 144 Abs. 4 SGG iVm § 165 Satz 1 SGG, bei denen Berufung und Revision nicht statthaft sind. Vgl. auch BSG 12.6.2013 – B 14 AS 68/12 R.

A. Allgemeiner Teil

anwaltes gegenüber seinem Mandanten ist keine Voraussetzung der Kostenerstattung.[55]

49 **Muster: Kostenerstattungsantrag**

Rechtsanwalt

(...)

(Datum)

An das

Jobcenter (...)

(Anschrift)

Kostenerstattungsantrag

In dem Widerspruchsverfahren

des (...)

Az.: (Aktenzeichen des Widerspruchs)

beantrage ich die notwendigen Aufwendungen zur zweckentsprechenden Rechtsverfolgung in folgender Höhe zu erstatten:

Geschäftsgebühr Nr. 2302 VV RVG	300 EUR
Post- und Telekommunikationspauschale Nr. 7002 VV RVG	20 EUR
Umsatzsteuer Nr. 7008 VV RVG	60,80 EUR
Summe	380,80 EUR

Einer Anweisung auf das im Briefkopf ersichtliche Geschäftskonto des Unterzeichners wird entgegengesehen.

(...)

Rechtsanwalt

50 **Muster: Klage gegen Kostenerstattungsbescheid**

Rechtsanwalt

(...)

(Datum)

An das

Sozialgericht (...)

(Anschrift)

KLAGE

des (...),

(Anschrift)

—Kläger—

Prozessbevollmächtigter: Rechtsanwalt (...)

gegen

---

[55] BSG 2.12.2014 – B 14 AS 60/13 R.

I. Verwaltungsverfahren

Jobcenter (...)
(Anschrift)

– B e k l a g t e r –

wegen Höhe der Kostenerstattung im Widerspruchsverfahren
Bescheid vom 20.1.2016
Namens und ausweislich der beigefügten Vollmacht des Klägers erhebe ich Klage und werde beantragen,

den Bescheid des Beklagten vom 20.1.2016 in der Gestalt des Widerspruchsbescheids vom 4.3.2016 abzuändern und den Beklagten zu verurteilen, Kosten in Höhe von 380,80 EUR zu zahlen.

Begründung:

I.

Das Widerspruchsverfahren mit dem Az.: W (...) endete mit dem Widerspruchsbescheid vom 10.12.2015. Die notwendigen Aufwendungen zur zweckentsprechenden Rechtsverfolgung wurden zu 100 % als erstattungsfähig anerkannt, ebenso wie die Notwendigkeit der Zuziehung eines Bevollmächtigten.

Mit Antrag vom 11.12.2015 wurde die Erstattung folgender Kosten beantragt:

Geschäftsgebühr Nr. 2302 VV RVG	300 EUR
Post- und Telekommunikationspauschale Nr. 7002 VV RVG	20 EUR
Umsatzsteuer Nr. 7008 VV RVG	60,80 EUR
Summe	380,80 EUR

Beweis: Antrag vom 11.12.2015 – Anlage K1

Mit Kostenerstattungsbescheid vom 20.1.2016 kürzte der Beklagte die Geschäftsgebühr auf 120 EUR.

Beweis: Bescheid vom 20.1.2016 – Anlage K2

Der hiergegen am 10.2.2016 erhobene Widerspruch wurde mit Widerspruchsbescheid vom 4.3.2016 als unbegründet zurückgewiesen.

Beweis:
- Widerspruch vom 10.2.2016 – Anlage K3
- Widerspruchsbescheid vom 4.3.2016 – Anlage K4

Hiergegen richtet sich die Klage.

II.

Nach § 63 Abs. 1 Satz 1 SGB X hat der Rechtsträger, dessen Behörde den angefochtenen Verwaltungsakt erlassen hat, dem Widerspruchsführer die zur zweckentsprechenden Rechtsverfolgung notwendigen Aufwendungen zu erstatten, wenn und soweit der Widerspruch erfolgreich war. Nach § 63 Abs. 2 SGB X sind Gebühren und Auslagen eines Rechtsanwalts oder eines sonstigen Bevollmächtigten erstattungsfähig, wenn die Zuziehung notwendig war.

Diese richten sich nach dem RVG und sind im vorliegenden Fall nach § 3 Abs. 2 iVm Abs. 1 Betragsrahmengebühren.

Für die Geschäftsgebühr ist die Schwellengebühr angemessen, da Umfang und Schwierigkeit der anwaltlichen Tätigkeit durchschnittlich waren und die unterdurchschnittlichen

A. Allgemeiner Teil

> Einkommens- und Vermögensverhältnisse durch die überdurchschnittliche Bedeutung des Verfahrens für den Kläger kompensiert werden.
>
> Der Umfang der anwaltlichen Tätigkeit war mindestens durchschnittlich. Es mussten vier Bände Beklagtenakten gesichtet werden. Es wurde ein 5-seitiger Widerspruch gefertigt. Es ergaben sich erhebliche Probleme bei der Einkommensanrechnung durch schwankendes Einkommen, welches geprüft und korrigiert werden musste. Hier wurden umfassend Berechnungen durch den Prozessbevollmächtigten durchgeführt und im Widerspruch aufgeschlüsselt. Es war bezüglich der Einkommensnachweise ein erheblicher Aufwand notwendig, da der Kläger auf Aufforderungen des Prozessbevollmächtigten nicht reagierte und mehrfach unvollständige Unterlagen vorlegte. Ferner spielte ein Mehrbedarf für kostenaufwendige Ernährung eine Rolle. Insoweit musste ein Befundbericht des behandelnden Arztes des Klägers eingeholt werden. Die Schwierigkeit der anwaltlichen Tätigkeit war ebenfalls durchschnittlich. Es standen Probleme der Unterkunftskosten im Rahmen des SGB II, sowie der Einkommensanrechnung und die Frage des eben bezeichneten Mehrbedarfes im Raum. Für letztere mussten zusätzlich medizinische Fragen behandelt werden. Die Bedeutung der Angelegenheit für den Kläger, als Bezieher existenzsichernder Leistungen, war überdurchschnittlich, da ein Betrag von insgesamt ca. 600 EUR im Raum stand. Diese wird durch seine unterdurchschnittlichen Einkommens- und Vermögensverhältnisse kompensiert. Insgesamt ist zumindest von einer Durchschnittlichkeit des Widerspruchsverfahrens auszugehen. Mithin ist die Schwellengebühr angemessen.
>
> **III.**
> Wie sich aus der beigefügten Erklärung zu den persönlichen und wirtschaftlichen Verhältnissen ergibt, kann der Kläger die Kosten der Prozessführung nicht aufbringen (§ 73 a SGG iVm § 114 ZPO). Da die Klage – wie ausgeführt – Aussicht auf Erfolg hat und nicht mutwillig ist, ist der Antrag auf Prozesskostenhilfe ebenfalls begründet.
>
> (...)
> Rechtsanwalt

II. Klageverfahren

1. Allgemeine Verfahrensgrundsätze

a) Amtsermittlungsprinzip

51 Das sozialgerichtliche Klageverfahren ist im Wesentlichen durch den Amtsermittlungsgrundsatz geprägt. Seine Regelung findet sich in § 103 SGG. Das Gericht hat den Sachverhalt von Amts wegen zu erforschen. Grds. sind die Beteiligten nicht gehalten, günstige Tatsachen zu behaupten oder ungünstige zu bestreiten. Die Reichweite der Amtsermittlung bestimmt das Gericht nach seinem pflichtgemäßen Ermessen und kann sich dabei insbesondere von seiner Rechtsauffassung zum Sachverhalt leiten lassen.

52 Gerade in den Massenverfahren des SGB II wurden und werden die Sozialgerichte jedoch vor faktische Grenzen der Ermittelbarkeit eines Sachverhaltes gesetzt, wenn und soweit es an einer hinreichenden Mitwirkung der Beteiligten fehlt. Das SGB II lässt sich mit seinen Eigenheiten nur schwer in das von weitreichenden Amtsermittlungspflichten geprägte SGG einfügen. Es ist daher zu beobachten, dass die Amtsermittlung durch die Gerichte in diesen Bereichen, insbesondere dann, wenn

die Kläger anwaltlich vertreten sind, auf das gerade noch vertretbare Maß reduziert wird.[56]

Es ist daher ein Irrglaube, dass neben der Bescheidbezeichnung und einem mehr oder weniger brauchbaren Antrag auf Leistungen in gesetzlicher Höhe die Aufgabe des Rechtsanwaltes im Prozess um Existenzsicherungsleistungen bereits erledigt ist. Ein solches Verhalten kann ohne Weiteres zur Klageabweisung führen, obwohl ggf. bei weiteren Ermittlungen noch weitere Leistungen denkbar wären. So hat z.b. auch das BVerfG entschieden, dass ein vollständiger und damit bewilligungsreifer Antrag auf Prozesskostenhilfe u.a. nach § 73 a Abs. 1 Satz 1 SGG iVm § 117 Abs. 1 Satz 2 ZPO die Darstellung des Streitverhältnisses unter Angabe der Beweismittel voraussetzt.[57] Dies erfordert eine substantiierte Darstellung des Streitverhältnisses im Sinne einer Sachverhaltsschilderung und ein wenigstens im Kern Deutlichmachen, auf welche rechtliche Beanstandung der Kläger seine Klage stützt.

53

Das Gericht braucht nicht alles infrage zu stellen und damit ohne nähere Anhaltspunkte in alle Richtungen zu ermitteln. Es ist nicht verpflichtet, anlasslos und ohne Angriff durch die Kläger sich gleichsam ungefragt auf Fehlersuche zu begeben.[58]

54

Ein dem Gericht unbekannter Sachverhalt, der sich auf den geltend gemachten Anspruch auswirken kann, muss von den Beteiligten nämlich zumindest soweit geltend gemacht und spezifiziert werden, dass die rechtliche Relevanz erkennbar wird und er Anlass zu Ermittlungen geben kann.[59] Gleichzeitig darf sich das Gericht natürlich umgekehrt erkannten Fehlern nicht verschließen, auch wenn diese nicht vorgetragen oder angegriffen wurden. Zeigt der Kläger keinerlei Ansatzpunkte auf, ist das Gericht nicht gehalten, „ins Blaue hinein" zu prüfen.[60]

55

Schließlich ist zu berücksichtigen, dass auch die Gerichte bei der Amtsermittlung die Bestimmungen des (Sozial-)Datenschutzes zu beachten haben. Es gilt so zunächst der Grundsatz der Datenerhebung beim Betroffenen (§ 67 a Abs. 2 Satz 1 SGB X). Weiter gilt, dass der Leistungsträger vor einer Kontaktaufnahme mit einem Dritten eine Einwilligung des Leistungsberechtigten einzuholen hat; bei dessen Weigerung kann die Leistung ggf. wegen fehlender Aufklärungsmöglichkeiten abgelehnt werden.[61]

56

b) Streitgegenstand

Der Streitgegenstand hat in § 123 SGG eine Regelung gefunden und wird dort als die vom Kläger erhobenen Ansprüche definiert, über die das Gericht zu entschei-

57

---

56 Für den umgekehrten Fall der unzureichenden Ermittlungen der Behörde vgl. BSG 25.6.2015 – B 14 AS 30/14 R: Ein Gericht ist aufgrund des Untersuchungsgrundsatzes nicht verpflichtet, bei einer reinen Anfechtungsklage Ermittlungen nachzuholen, die die beklagte Behörde unterlassen hat, um die Voraussetzungen für die Rechtmäßigkeit des angefochtenen Verwaltungsakts selbst festzustellen.
57 BVerfG 14.4.2010 – 1 BvR 362/10.
58 Vgl. hierzu auch Lüdtke/Berchtold/*Roller* SGG § 103 Rn. 8 ff.; BVerwG 17.4.2002 – 9 CN 1/01.
59 BSG 28.9.2006 – B 3 KR 20/05 R; BSG 20.3.2007 – B 2 U 9/06 R.
60 Bayerisches LSG 7.12.2007 – L 7 AS 132/07; ähnlich BSG 23.11. 2006 – B 11 b AS 3/06 R.
61 So und ausführlicher BSG 25.1.2012 – B 14 AS 65/11 R: Die Verpflichtung des Leistungsträgers zur Feststellung der Anspruchsvoraussetzungen rechtfertigt auch dann, wenn ohne die für erforderlich gehaltene Datenerhebung Beweislosigkeit eintritt, keinen Eingriff in den Datenschutz.

A. Allgemeiner Teil

den hat, ohne an die Anträge gebunden zu sein. Mithin unterliegt der Streitgegenstand der Dispositionsbefugnis des Klägers. Dieser bestimmt den Umfang der zu prüfenden Ansprüche.[62] Als Streitgegenstand kann daher der vom Kläger aufgrund eines bestimmten Sachverhaltes an das Gericht gerichtete Begehren, eine – bestimmte oder bestimmbare – Rechtsfolge auszusprechen (prozessualer Anspruch) bezeichnet werden. Sie obliegt der freien Bestimmung des Klägers.[63]

58 Im Rahmen des SGB II hat es das BSG zugelassen, dass der Kläger abtrennbare Klagegegenstände geltend macht, nämlich isoliert die Kosten der Unterkunft einerseits und den Regelbedarf andererseits.[64] Bei anderen Leistungen, wie bspw. den Mehrbedarfen für kostenaufwendige Ernährung, hat es dies nicht zugelassen.[65]

59 Bei Ablehnungsbescheiden ist Streitgegenstand grds. die Leistung ab Ablehnung bis zum Zeitpunkt der letzten mündlichen Verhandlung (vgl. Rn. 7). Dies kann nur durch einen erneuten Antrag mit entsprechender Entscheidung der Verwaltung begrenzt werden.[66] Da dies jedoch durch die Dauer der Verfahren zu einem absolut unverhältnismäßigen Prüfungsaufwand der Gerichte führt und gerade bei Ablehnungen eine zügigen Entscheidung wünschenswert ist, sollte eine vergleichsweise Beschränkung auf einen Sechsmonatszeitraum nach Ablehnung erfolgen, mit der Verpflichtung des Beklagten, sich hinsichtlich des übrigen Zeitraums der rechtskräftigen Entscheidung bzgl. des abgetrennten Zeitraumes zu unterwerfen und sich nicht auf einen fehlenden Antrag zu berufen (sog. Unterwerfungsvergleich).

60 Ergibt sich aus Klage und insbesondere Antrag ein bestimmtes Begehren, welches nicht selbst abtrennbarer Streitgegenstand ist (bspw. Mehrbedarf, Nichtanrechnung von bestimmtem Einkommen, Absetzung bestimmter Beträge vom Einkommen, einzelne KdU-Elemente), so liegt zwar der Sache nach kein abtrennbarer Streitgegenstand vor, jedoch ist damit der Streitgegenstand der Höhe nach begrenzt.[67] Ist der Anspruch begründet, hat das Gericht daher nicht zu prüfen, ob dem Kläger aus anderen Gründen noch höhere Leistungen zustehen. Ist der Anspruch nicht begründet, hat das Gericht gleichwohl zu prüfen, ob sich aus einem anderen Gesichtspunkt höhere Leistungen ergeben – gebunden ist das Gericht dann nur an einen möglicherweise bezifferten Antrag, über den es nicht hinausgehen darf.[68]

61 Weiterhin noch nicht gänzlich höchstrichterlich geklärt ist, was als Streitgegenstand zu betrachten ist, wenn isoliert ein SGB II-Änderungsbescheid angegriffen wird. Nach Auffassung des LSG Niedersachsen-Bremen kann in diesem Fall lediglich die verfügte Änderung geprüft werden und nicht der bewilligte Gesamtbetrag mit all seinen Berechnungselementen, die jedoch keiner Änderung unterlagen.[69] Das BSG hat ausgeführt, dass bei dem Anfechtungsbegehren gegen einen aufhebenden Änderungsbescheid – soweit Anhaltspunkte für deren Unrichtigkeit darge-

---

62 Lüdtke/Berchtold/*Bolay* SGG § 123 Rn. 1.
63 Lüdtke/Berchtold/*Bolay* SGG § 123 Rn. 3.
64 BSG 22.9.2009 – B 4 AS 70/08 R und für die Zeit ab 1.1.2011 vgl. BSG 4.6.2014 – B 14 AS 42/13 R.
65 BSG 24.2.2011 – B 14 AS 49/10 R.
66 BSG 31.10.2007 – B 14/11 b AS 59/06 R.
67 BSG 16.2.2012 – B 4 AS 89/11 R.
68 Vgl. BSG 24.11.2011 – B 14 AS 121/10 R.
69 LSG Niedersachsen-Bremen 17.11.2010 – L 11 AS 926/10 B.

tan oder ersichtlich sind – insgesamt zu prüfen ist, ob – trotz der Änderung – nicht aus anderem Grund eine höhere Leistung in Betracht kommt.[70] Es ist dann also nicht nur die Rechtmäßigkeit der Aufhebung als solche zu prüfen, sondern der Leistungsanspruch insgesamt – in der Höhe aber freilich bis zur ursprünglichen Bewilligung gedeckelt. Ob dies auch dann gilt, wenn der Änderungsbescheid gar keine Aufhebung, sondern eine Erhöhung[71] bewirkt und der Leistungsempfänger nun trotz bestandskräftiger Ausgangsbewilligung insgesamt höhere Leistungen begehrt, ist umstritten. Grds. ist aber zu prüfen, ob das Jobcenter trotz nur einer bestimmten Änderung – sei es auch nur hinsichtlich eines abtrennbaren Streitgegenstandes (zB KdUH bzw. Regelbedarf) – mit dem Verfügungssatz der Entscheidung nicht eventuell doch eine vollumfängliche (neue) Regelung getroffen hat. Hinsichtlich des erfolgten Regelungsgehaltes ist dabei auf den objektiven Empfängerhorizont abzustellen. Grds. ist aber stets zu empfehlen, den Ausgangsbescheid anzufechten, wenn die gesamte Bewilligung zur Überprüfung gestellt werden soll. Sofern bei einem Widerspruch, der über den Regelungsgehalt der Änderung hinausgeht, seitens des Jobcenters (oder des Gerichts) eine entsprechende weitergehende ggf. vollumfängliche Prüfung nicht anerkannt wird, müsste dieser „überschießende" Anteil zumindest als Überprüfungsantrag gewertet werden.

Eine Besonderheit des sozialgerichtlichen Verfahrens, welche gerade im Bereich der Existenzsicherung häufig relevant wird, ist die Einbeziehung von Bescheiden nach §§ 86 bzw. 96 SGG in das Verfahren (vgl. hierzu bereits Rn. 41 ff.). Nach § 86 SGG sind während des Vorverfahrens erlassene Verwaltungsakte, die den angegriffenen Verwaltungsakt abändern, Gegenstand des Vorverfahrens. Nach § 96 SGG wird ein neuer Verwaltungsakt Gegenstand des Klageverfahrens, wenn er nach Erlass des Widerspruchsbescheides ergangen ist und den angefochtenen Verwaltungsakt abändert oder ersetzt. 62

Klar ist insoweit zunächst, dass SGB II-Folgebescheide (zur Besonderheit im Bereich des SGB XII vgl. Rn. 42), welche einen weiteren Bewilligungszeitraum regeln, nicht Gegenstand des Verfahrens werden.[72] Klar ist auch, dass die gerade im SGB II üblichen Änderungsbescheide Gegenstand des Verfahrens werden, soweit sie Änderungen im angegriffenen Leistungszeitraum vornehmen. Unklar war bislang, inwieweit Aufhebungs- und Erstattungsbescheide Gegenstand des Verfahrens gegen einen Bewilligungsbescheid werden, wenn und soweit sie Leistungen im Bewilligungszeitraum aufhoben und zur Erstattung aufforderten. Insbesondere bei der Erstattungsverfügung war dies fraglich. Das BSG hat dies nunmehr klargestellt und entschieden, dass die Aufhebungs- und die Erstattungsentscheidung Gegenstand des Verfahrens gegen den Leistungsbescheid werden.[73] 63

Im Bereich vorläufiger Bewilligung (bis 31.7.2016: nach § 40 SGB II iVm § 328 SGB III; ab 1.8.2016: § 41 a SGB II) gilt, dass sich durch die endgültige Festsetzung 64

---

70 Vgl. BSG 16.5.2012 – B 4 AS 132/11 R.
71 Z.B. wegen der Erhöhung des Regelbedarfes erfolgter Anpassungsbescheid.
72 Lüdtke/Berchtold/*Binder* SGG § 86 Rn. 3.
73 BSG 23.8.2011 – B 14 AS 165/10 R.

c) Mindestanforderungen an die Klageschrift

65 In § 92 SGG sind die Mindestanforderungen an die Klageschrift niedergelegt. Danach muss die Klage den Kläger, den Beklagten und den Gegenstand des Klagebegehrens bezeichnen.

66 Im SGB II/SGB XII-Verfahren ist wichtig, dass Kläger nicht die Bedarfs- oder Einstandsgemeinschaft ist. Vielmehr handelt es sich um individuelle Leistungsansprüche eines jeden Mitglieds der Bedarfs- oder Einstandsgemeinschaft, so dass auch jedes einzelne Mitglied Kläger sein muss.[75]

67 Im sozialgerichtlichen Verfahren ist es üblich, dass als Beklagte die jeweilige Behörde geführt wird und nicht wie im Verwaltungsstreitverfahren der Rechtsträger derselben.

68 Unklarheit herrscht im Einzelnen darüber, was zur Bezeichnung des Gegenstandes des Klagebegehrens genügt. Klar ist, dass hier nicht der Streitgegenstand iSd § 123 SGG gemeint ist.[76] Es muss jedoch erkennbar werden, was der Kläger vom Gericht wünscht. Die bloße Bezeichnung des Bescheides reicht unserer Auffassung nach hierfür nicht.[77]

69 Jedenfalls für die überwiegend vorkommende kombinierte Anfechtungs- und Leistungsklage muss sich aus der Klageschrift ein Sachverhalt ergeben, aus dem eine Mehrleistung ableitbar ist.[78] Keinesfalls kommt es in Betracht, dass sich das Gericht anstelle des Klägers zunächst eine umfassende Meinung zur Sach- und Rechtslage bildet, um dann hiervon ausgehend zu unterstellen, der Kläger werde alles verlangen wollen, was ihm aufgrund der so interpretierten Rechtslage potenziell zusteht. Der BFH geht für die Parallelvorschrift des § 65 FGO sogar noch darüber hinaus. Er verlangt mit nachvollziehbaren Gründen, dass substantiiert dargelegt wird, inwiefern der angefochtene Verwaltungsakt rechtswidrig ist und den Kläger in seinen Rechten verletzt.[79] Man wird diese Rechtsprechung wohl nur vorsichtig in das durch Barriere- und Formfreiheit geprägte SGG übertragen können. Jedoch halten wir es für zulässig, bei anwaltlich vertretenen Klägern eine gesteigerte Pflicht zur Bezeichnung des Klagegegenstandes zu verlangen.[80]

70 Weiterhin sind in § 92 Abs. 1 Satz 3 und 4 SGG weitere Anforderungen geregelt, die jedoch keinen zwingenden Charakter haben. So soll die Klageschrift einen bestimmten Antrag enthalten und vom Kläger oder seinem Vertreter mit Orts- und

---

74 BSG 22.8.2012 – B 14 AS 13/12 R. Vgl. auch LSG Thüringen 20.5.2015 – L 4 AS 285/12: Nicht nur der nachfolgende Bescheid, der die Leistungen für denselben Bewilligungsabschnitt endgültig festsetzt, sondern auch der Bescheid, der in dessen Folge die überzahlten Beträge erstattet verlangt, wird nach § 96 SGG Gegenstand des Klageverfahrens.
75 Lüdtke/Berchtold/*Binder* SGG § 92 Rn. 4.
76 Lüdtke/Berchtold/*Binder* SGG § 92 Rn. 6.
77 So aber wohl Lüdtke/Berchtold/*Binder* SGG § 92 Rn. 6.
78 So wohl auch Meyer-Ladewig/Keller/Leitherer/*Leitherer* SGG § 92 Rn. 8.
79 BFH 26.11.1979 – GrS 1/78.
80 Erfahrungsgemäß verhält es sich sogar häufig so, dass unvertretene Kläger sehr genau ausführen, worin sie die Rechtswidrigkeit des Bescheides und damit eine Beschwer sehen. Die Schriftsätze anwaltlich vertretener Kläger lassen solch eine Bezeichnung häufig vermissen. Warum man es daher nicht gerade auch von ihnen verlangen kann, scheint wenig plausibel.

Zeitangabe unterschrieben sein. Ferner sollen die zur Begründung dienenden Tatsachen und Beweismittel angegeben werden, die angefochtene Verfügung und der Widerspruchsbescheid sollen in Urschrift oder in Abschrift beigefügt werden. Insbesondere letzteres erleichtert die Arbeit des Gerichts erheblich, da in SGB II-Verfahren die Verwaltungsakten des Beklagten mitunter unübersichtlich geführt sind und darüber hinaus nicht selten bis zu fünf oder sechs Bände umfassen. Nicht selten fehlen gar relevante Bescheide in den Akten.

Fehlt es an einer der Voraussetzungen der Klageschrift, hat das Gericht nach § 92 Abs. 2 Satz 1 SGG eine Frist zur Nachholung zu setzen. Der fruchtlose Ablauf der Frist ist jedoch ohne gesetzliche Sanktion. Die Angaben nach § 92 Abs. 1 Satz 1 SGG können jedenfalls bis zur letzten mündlichen Verhandlung nachgeholt werden. Die übrigen Angaben, insbesondere die Angaben von Tatsachen und Beweismitteln, kann das Gericht jedoch mit Präklusionswirkung nach § 106 a SGG einfordern. 71

Etwas anderes gilt für die zwingenden Angaben aus § 92 Abs. 1 Satz 1 SGG, wenn das Gericht eine Ausschlussfrist nach § 92 Abs. 2 Satz 2 SGG setzt. Werden die Angaben nicht binnen dieser Frist nachgeholt, ist die Klage als unzulässig abzuweisen. 72

d) Klageantrag

Während der Klageantrag im Rahmen der Klageerhebung noch nicht zu den zwingenden Zulässigkeitsvoraussetzungen gehört, so ist jedoch ein bestimmter Klageantrag Sachurteilsvoraussetzung, so dass er jedenfalls bis zur letzten mündlichen Verhandlung nachzuholen ist. Während ein solcher Antrag bei bloßen Anfechtungsklagen idR unproblematisch ist, stellt er im Rahmen der kombinierten Anfechtungs- und Leistungsklage durchaus Anforderungen an den Kläger bzw. seinen Prozessbevollmächtigten. Jedenfalls vom rechtskundig vertretenen Kläger wird verlangt, dass ein bestimmter Klageantrag gestellt wird, der zwar bei einem auf Geldleistung gerichteten Begehren nicht exakt zu beziffern ist, jedoch neben der genauen Darlegung des anspruchsbegründenden Sachverhalts die ungefähre Höhe des verlangten Betrages angeben muss.[81] Wir halten es jedenfalls für notwendig, dass sich aus dem gestellten Antrag konkrete bezifferbare Elemente oder tatsächlich ein bestimmter Betrag ergeben. Nach § 106 SGG liegt es aber auch in der Verantwortung des Gerichts, darauf hinzuwirken, dass sachdienliche Anträge gestellt werden. Dabei hat das Gericht unterstützend mitzuwirken. 73

e) Form und Frist; Wiedereinsetzung in der vorigen Stand

Hinsichtlich der Form gibt § 90 SGG vor, dass die Klage schriftlich oder zur Niederschrift des Urkundsbeamten zu erheben ist. Für die Schriftlichkeit fordert § 126 BGB zwingend eine Unterschrift. Für die Klage im Sozialrecht kann es aber ausreichen, wenn die Person, die die Klage erhoben hat, hinreichend zuverlässig und ohne Weiteres erkennbar ist.[82] 74

---
81 LSG Berlin-Brandenburg 7.9.2006 – L 5 B 180/06 PKH, L 5 AS 333/06 PKH; BSG 30.4.1986 – 2 RU 15/85.
82 Lüdtke/Berchtold/*Binder* SGG § 90 Rn. 4.

A. Allgemeiner Teil

75 Die Frist zur Klageerhebung beträgt nach § 87 Abs. 1 Satz 1 SGG einen Monat nach Bekanntgabe des Verwaltungsaktes. Hat ein Vorverfahren stattgefunden, so beträgt sie nach § 87 Abs. 2 SGG ein Monat nach Bekanntgabe des Widerspruchsbescheides. Bei Bekanntgabe im Ausland beträgt sie drei Monate (§ 87 Abs. 1 Satz 2 SGG). Bei fehlender oder unrichtiger Rechtsmittelbelehrung beträgt sie nach § 66 Abs. 2 SGG ein Jahr. Diese Fristen gelten für alle isolierten und kombinierten Anfechtungsklagen. Sie gilt nach § 89 SGG nicht für Feststellungsklagen, ebenso wenig für isolierte Leistungsklagen.[83] Die Klagefrist kann unter den Voraussetzungen des § 91 SGG auch eingehalten sein, wenn die Klage bei einer unzuständigen Stelle erhoben wurde. Zu den Einzelheiten der Fristberechnung sei an dieser Stelle auf die einschlägige Literatur verwiesen.[84]

76 Bei Fristversäumnissen kann nach § 67 Abs. 1 SGG ggf. die Wiedereinsetzung in den vorigen Stand gewährt werden. Sie gilt insbesondere für Rechtsmittelfristen. Sie ist nicht anwendbar auf (verlängerbare) richterliche Fristen (§ 65 SGG).[85]

77 Erforderlich ist dazu, dass die Frist zunächst ohne Verschulden versäumt wurde. Dies ist der Fall, wenn durch einen gewissenhaft und sachgemäß Prozessführenden die Versäumung der Verfahrensfrist nicht vermieden worden wäre.[86] Verschulden des Prozessbevollmächtigten ist nach § 73 Abs. 4 SGG iVm § 85 Abs. 2 ZPO zuzurechnen. Bei Verschulden sonstigen Kanzleipersonals kommt es darauf an, ob ein Auswahl- und Überwachungsverschulden vorliegt. Die Fristenberechnung und -überwachung darf der Anwalt gut ausgebildeten und überwachten Angestellten überlassen.[87]

78 Die Wiedereinsetzung muss ausdrücklich beantragt werden, nach § 67 Abs. 2 Satz 1 SGG binnen eines Monats nach Wegfall des Hindernisses. Ein Antrag ist nach § 67 Abs. 2 Satz 4 SGG nicht erforderlich, wenn die versäumte Handlung innerhalb des Monats nachgeholt wird. Dann ist die Wiedereinsetzung von Amts wegen zu gewähren, wenn die Voraussetzungen erfüllt sind. Der Antrag kann nach Ablauf der versäumten Frist nicht mehr gestellt werden (§ 67 Abs. 3 SGG). Eine Ausnahme gilt für höhere Gewalt. Innerhalb der Monatsfrist ist die versäumte Rechtshandlung nachzuholen. Nach § 67 Abs. 2 Satz 2 SGG sollen die Tatsachen zur Begründung der Wiedereinsetzung glaubhaft gemacht werden. Zwar herrscht im Übrigen Amtsermittlungsprinzip,[88] jedoch wird das Gericht wohl kaum in der Lage sein, ohne jeden Vortrag zu ermitteln, welche Hinderungsgründe vorgelegen haben, die den Kläger ggf. entschuldigen. Ein auch auf Nachfrage unbegründet bleibender Wiedereinsetzungsantrag wird daher wohl zu Recht abzuweisen sein. Das Gericht kann durch Beschluss oder erst im Urteil entscheiden. Die gewährte Wiedereinsetzung ist nach § 67 Abs. 4 Satz 2 SGG unanfechtbar. Die Ablehnung kann mit Beschwerde angegriffen werden und ist im Rechtsmittelverfahren gegen

---

83 *Niesel/Herold-Tews*, Der Sozialgerichtsprozess, Rn. 159.
84 Vgl. bspw. Lüdtke/Berchtold/*Binder* SGG § 87 Rn. 3 ff.
85 *Niesel/Herold-Tews*, Der Sozialgerichtsprozess, Rn. 166.
86 BSG SozR § 67 Nr. 1.
87 BGH 6.7.1994 – VIII ZB 26/94; BSG 4.11.1994 – 3/1 RK 64/93.
88 *Niesel/Herold-Tews*, Der Sozialgerichtsprozess, Rn. 171.

das Urteil durch das Rechtsmittelgericht überprüfbar; Wiedereinsetzung kann dann auch nachträglich bewilligt werden.[89]

Muster: Wiedereinsetzung in den vorigen Stand

Rechtsanwalt

(...)

(Datum)

An das

Sozialgericht (...)

(Anschrift)

K L A G E

des (...),

(Anschrift)

— Kläger —

Prozessbevollmächtigter: Rechtsanwalt (...)

g e g e n

Jobcenter (...)

(Anschrift)

— Beklagter —

wegen Aufhebung und Erstattung von Leistungen für den Zeitraum 1.3.2015 bis 31.5.2015.

Namens und ausweislich der beigefügten Vollmacht des Klägers erhebe ich Klage und werde beantragen:

Der Bescheid des Beklagten vom 12.5.2015 in der Gestalt des Widerspruchsbescheides vom 8.6.2015 wird aufgehoben.

Hinsichtlich der Klagefrist beantrage ich

die Wiedereinsetzung in den vorigen Stand.

Zur Geltendmachung der Rechte des Klägers beantrage ich ferner,

dem Kläger Prozesskostenhilfe ab Klageerhebung zu bewilligen und den Unterzeichner beizuordnen.

Begründung:

I.

(Sachverhalt)

II.

(Rechtliche Würdigung)

---

[89] BSG 13.10.1992 – 4 RA 36/92.

III.

Hinsichtlich des Antrages auf Wiedereinsetzung in den vorigen Stand ist wie folgt vorzutragen.

Der Kläger befand sich in der Zeit ab 3.6.2015 in einer sechswöchigen Urlaubsabwesenheit bei seiner Familie in Norditalien.

Glaubhaftmachung: Antrag auf Abwesenheitsgenehmigung bei dem Beklagten – Bl. 321 Verwaltungsakte

Eidesstattliche Versicherung des Klägers – Anlage K5

In dieser Zeit erreichte ihn der Widerspruchsbescheid des Beklagten. Vorkehrungen für seine Urlaubsabwesenheit traf der Kläger nicht.

Erst bei seiner Rückkehr am 17.7.2015 erlangte der Kläger Kenntnis von dem ergangenen Widerspruchsbescheid.

Glaubhaftmachung: Eidesstattliche Versicherung des Klägers – Anlage K5

Zu diesem Zeitpunkt war die Klagefrist bereits verstrichen.

Bei der Klagefrist handelt es sich um eine gesetzliche Verfahrensfrist.

Der Kläger war auch gehindert, die Frist wahrzunehmen.

Schließlich trifft ihn auch kein Verschulden. Ein solches liegt nur vor, wenn ein Beteiligter nicht die ihm nach seinen Verhältnissen zumutbare Sorgfalt beachtet, die unter Berücksichtigung aller Umstände des Falles zur gewissenhaften Prozessführung nach allgemeiner Verkehrsanschauung vernünftigerweise erforderlich ist (BSG 18.3.1987 – 9 b RU 8/86). Nach der Rechtsprechung des BSG begründet eine Urlaubsabwesenheit bis zu sechs Wochen kein Verschulden. Auch dann, wenn insoweit keine Vorkehrungen getroffen werden (BSG 24.8.1976 – 8 RU 130/75). Mithin liegt eine Säumnis ohne Verschulden vor.

Der notwendige Antrag wurde gestellt und die Prozesshandlung mit Klageerhebung nachgeholt.

IV.

(Ausführungen zur Prozesskostenhilfe)

(...)

Rechtsanwalt

f) Beiladung

80 Die in § 75 SGG geregelte Beiladung spielt im Rahmen des SGB II/SGB XII nur selten eine Rolle.[90]

81 Sinnvoll ist die Beantragung der Beiladung im SGB II-Verfahren jedoch dann, wenn die Erwerbsfähigkeit des Klägers im Rahmen des Verfahren infrage steht und damit die Anspruchsberechtigung nach § 7 Abs. 1 Nr. 2 SGB II. In diesen Fällen kann ein weiteres Verfahren vermieden werden, da der Sozialhilfeträger dann als alternativer Leistungsträger nach § 75 Abs. 5 SGG verurteilt werden kann, obwohl er nur beigeladen war. Die Beiladung des SGB XII-Leistungsträgers hat im Übrigen auch bei dem Leistungsausschluss von Ausländern Relevanz (vgl. hierzu Rn. 472 ff.).

---

90 Zu Einzelheiten daher vgl. bspw. *Niesel/Herold-Tews*, Der Sozialgerichtsprozess, Rn. 126 ff.

2. Klagearten
a) Kombinierte Anfechtungs- und Leistungsklage

Die kombinierte Anfechtungs- und Leistungsklage ist die im Rahmen von SGB II- und SGB XII-Verfahren wohl am häufigsten vorkommende Klage. Sie ist in § 54 Abs. 4 SGG geregelt. Sie ist stets dann zu wählen, wenn auf die begehrte Leistung ein Rechtsanspruch besteht, die Leistung also nicht im Ermessen der Behörde steht. Dies ist bei Leistungen zur Sicherung des Lebensunterhaltes nach dem SGB II stets der Fall.

Für die hinreichend bestimmte Formulierung des Antrages gilt das oben Gesagte.

Beispiel: A wurden mit Bescheid vom 20.3.2016 Leistungen zur Sicherung des Lebensunterhaltes nach dem SGB II für die Zeit vom 1.4.2016 bis 30.9.2016 in Höhe von monatlich 600 EUR bewilligt. Dabei wurde ein Einkommen in Höhe von monatlich 200 EUR zugrunde gelegt. Tatsächlich floss dem Kläger jedoch nur Einkommen in Höhe von 150 EUR zu. Der Widerspruch wurde mit Widerspruchsbescheid vom 5.6.2016 zurückgewiesen. Der Klageantrag müsste dann lauten:

> Der Bescheid des Beklagten vom 20.3.2016 in der Gestalt des Widerspruchsbescheides vom 5.6.2016 wird abgeändert[91] und der Beklagte verurteilt, an den Kläger insgesamt weitere 240 EUR (wegen des Nachzahlbetrages vgl. die Darstellung in der folgenden Rn.) zahlen.

Die 240 EUR resultieren daraus, dass ein nach § 11 b SGB II bereinigtes Einkommen von 200 EUR ein anzurechnendes Einkommen von 80 EUR ergibt, während ein zu bereinigendes Einkommen von 150 EUR ein solches von 40 EUR ergibt, so dass monatlich 40 EUR zu viel angerechnet wurden bzw. entsprechend 40 EUR pro Monat zu wenig Leistungen gezahlt wurden (bei einem sechsmonatigen Bewilligungszeitraum ergibt dies eine Gesamtforderung in Höhe von 240 EUR). Hier handelt es sich noch um ein überschaubares Beispiel. Da dies nicht immer so ist, kann von einem Antrag, der auf ein Grundurteil nach § 130 Abs. 1 SGG gerichtet ist, Gebrauch gemacht werden. Der Zahlbetrag muss dann nicht beziffert, jedoch das entsprechende Element benannt werden. Es wäre dann zu beantragen:

> Der Bescheid des Beklagten vom 20.3.2016 in der Gestalt des Widerspruchsbescheides vom 5.6.2016 wird abgeändert und der Beklagte verurteilt, Leistungen zur Sicherung des Lebensunterhaltes nach dem SGB II zu zahlen und hierbei ein monatliches Einkommen von 150 EUR zugrunde zu legen.

Für einen hinreichend bestimmten Antrag genügt es hingegen nicht zu beantragen, den Beklagten zu verurteilen „Leistungen in gesetzlicher Höhe zu zahlen". Ein solcher Antrag ist bei einem Höhenstreit zu unbestimmt. Er kann allenfalls dann gestellt werden, wenn Leistungen dem Grunde nach streitig sind.

Vermieden werden sollten Formulierungen wie „den Bescheid vom ... in *der Form* des Widerspruchsbescheides vom ...". Man sollte sich an die gesetzliche Formulierung des § 95 SGG halten.

Zu berücksichtigen ist ferner, dass bei mehreren Klägern die Individualansprüche innerhalb der BG dazu führen, dass isoliert für jeden Kläger die entsprechende

---

91 Möglich wäre auch „aufgehoben".

Mehrleistung beantragt werden muss, was durchaus nicht unproblematisch ist. Bei auf Grundurteile gerichteten Anträgen erübrigt sich diese Trennung jedoch naturgemäß.

b) Kombinierte Anfechtungs- und Verpflichtungsklage

89 Den weiten Anwendungsbereich, den die Verpflichtungsklage im Verwaltungsstreitverfahren hat, kennt das SGG nicht. Sie ist geregelt in § 54 Abs. 1 Satz 2 SGG.

90 Im Rahmen von SGB II- und SGB XII-Verfahren kommt sie idR nur für drei Fallgestaltungen infrage: Zum einen, wenn die Leistung im Ermessen der Behörde liegt. Zum anderen in Fällen von durchgeführten Zugunstenverfahren nach § 44 SGB X oder einer vorläufigen Leistungsentscheidung.

91 **Beispiel:** A begehrt Einstiegsgeld nach § 16 b SGB II mit Antrag vom 4.4.2016. Sein Antrag wird mit Bescheid vom 2.5.2016 abgelehnt. Der eingelegte Widerspruch wird mit Widerspruchsbescheid vom 10.8.2016 zurückgewiesen. Der Antrag müsste dann lauten:

Der Beklagte wird unter Aufhebung des Bescheides vom 2.5.2016 in der Gestalt des Widerspruchsbescheides vom 10.8.2016 verpflichtet, über den Antrag vom 4.4.2016 unter Beachtung der Rechtsauffassung des Gerichts erneut zu entscheiden.

92 Nur für die Fälle, in denen eine Ermessensreduktion auf Null besteht, also für die Beklagte trotz theoretischen Ermessen faktisch nur die eine (bewilligende) Entscheidung in Betracht kommt, ist von einer Verpflichtungsklage abzusehen. Dann ist wiederum der Anwendungsbereich der kombinierten Anfechtungs- und Leistungsklage eröffnet, der in diesem Fall die Verpflichtungsklage „konsumiert".[92]

93 Weiterer wichtiger Anwendungsfall sind Klagen gegen Bescheide nach § 44 SGB X. Denn nur die Behörde ist berechtigt, den ursprünglichen Bescheid, dessen Abänderung im Rahmen von § 44 SGB X begehrt wird, zurückzunehmen, weshalb sie hierzu zu verpflichten ist. Eine „Durchverurteilung" zur Leistung ist in diesen Fällen nicht möglich.

94 Hat der Beklagte nur vorläufig über Leistungen des Klägers entschieden (§ 41 a SGB II), so ist eine Klage auf höhere Leistungen als kombinierte Anfechtungs- und Verpflichtungsklage zu erheben, soweit tatsächlich einzelne Berechnungselemente (idR Einkommen) noch nicht feststehen. Denn hier steht der Behörde hinsichtlich der Höhe des Berechnungselementes ein Ermessen zu. Feststehende Berechnungselemente sind hingegen in korrekter Höhe einzustellen.[93]

95 **Beispiel:** Mit Bescheid vom 25.6.2016 wurden dem Kläger Leistungen zur Sicherung des Lebensunterhaltes nach dem SGB II für die Zeit vom 1.7.2016 bis 30.6.2017 bewilligt. Der Kläger beantragt die Überprüfung des Bescheides nach § 44 Abs. 1 SGB X mit Antrag vom 1.8.2016, da Kosten der Unterkunft in Höhe von monatlich 20 EUR nicht berücksichtigt wurden. Eine Nachzahlung von Leistungen wird mit Bescheid vom 1.10.2016 abgelehnt.

---

92 Lüdtke/Berchtold/*Groß*/*Castendiek* SGG § 54 Rn. 71.
93 BSG 6.4.2011 – B 4 AS 119/10 R. Sofern jedoch die spezifischen Voraussetzungen für eine vorläufige Bewilligung nicht (mehr) erfüllt sind, liegt kein Grund für eine gerichtliche Entscheidung über vorläufige Leistungen anstelle einer endgültigen Klärung des Rechtsstreits vor (BSG 19.8.2015 – B 14 AS 13/14 R).

Der eingelegte Widerspruch wird mit Widerspruchsbescheid vom 15.11.2016 zurückgewiesen. Der Klageantrag hat dann zu lauten:

> Der Bescheid vom 1.10.2016 in der Gestalt des Widerspruchsbescheides vom 15.11.2016 wird aufgehoben und der Beklagte verpflichtet, den Bescheid vom 25.6.2016 abzuändern und dem Kläger Leistungen nach dem SGB II unter Berücksichtigung von KdU in Höhe von weiteren 20 EUR zu zahlen.

c) Isolierte Leistungsklage

Die isolierte Leistungsklage ist in § 54 Abs. 5 SGG geregelt. Ihr Anwendungsbereich in SGB II/SGB XII-Verfahren ist gering. Sie ist gerichtet auf eine Verurteilung zu einer Leistung, auf die ein Rechtsanspruch besteht, wenn und soweit hierüber bereits durch Verwaltungsakt entschieden wurde oder es keines Verwaltungsaktes bedarf. Insoweit wirkt sie nicht gestaltend auf bereits erlassene Verwaltungsakte ein. Wohl einzig denkbarer Anwendungsfall dürfte die Geltendmachung einer Zahlung sein, die auf einer bereits erfolgten Bewilligung beruht, welche nicht aufgehoben oder anderweitig abgeändert wurde. Ein Vorverfahren findet in den Fällen dieser Klageart nicht statt. 96

Beispiel: A wurden mit Bescheid vom 20.2.2016 für die Zeit vom 1.3.2016 bis 28.2.2017 Leistungen in Höhe von monatlich 600 EUR bewilligt. Am 2.3.2016 sind ihm noch keine Leistungen für März 2016 ausgezahlt worden (vgl. § 42 Abs. 1 SGB II). Der Antrag müsste dann lauten: 97

> Der Beklagte wird verurteilt, an den Kläger 600 EUR zu zahlen.[94]

d) Isolierte Anfechtungsklage

Die isolierte Anfechtungsklage ist in § 54 Abs. 1 Satz 1 SGG geregelt. Sie ist die richtige Klageart, wenn durch einen Verwaltungsakt in die Rechte eines Beteiligten eingegriffen wird.[95] 98

Zeitpunkt der Beurteilung der Rechtmäßigkeit des Bescheides ist die letzte Behördenentscheidung, mithin idR der Widerspruchsbescheid. 99

Anwendungsbereich im SGB II/SGB XII-Verfahren sind hierbei vor allem Aufhebungs- und Erstattungsbescheide nach §§ 45, 48, 50 SGB X, ferner auch bei Versagungsbescheiden nach § 66 Abs. 1 SGB II. 100

Beispiel: Die dem Kläger bewilligten Leistungen in Höhe von monatlich 600 EUR für den Zeitraum vom 1.1.2017 bis 31.12.2017 werden mit Bescheid vom 12.8.2017 in Höhe von 200 EUR für die Zeit vom 1.1.2017 bis 31.1.2017 aufgehoben, da dem Kläger zu diesem Zeitpunkt höheres Einkommen zugeflossen sei. Der erhobene Widerspruch wird mit Widerspruchsbescheid vom 5.10.2017 zurückgewiesen. Der Antrag lautet dann: 101

> Der Bescheid des Beklagten vom 12.8.2017 in der Gestalt des Widerspruchsbescheides vom 5.10.2017 wird aufgehoben.

---

94 Wobei in dieser Fallkonstellation sicher ein einstweiliges Rechtsschutzverfahren sinnvoller erscheint.
95 *Niesel/Herold-Tews*, Der Sozialgerichtsprozess, Rn. 96.

102 Oder bei einem teilweisen Aufhebungsbegehren:
> Der Bescheid des Beklagten vom 12.8.2017 in der Gestalt des Widerspruchsbescheides vom 5.10.2017 wird in Höhe von ... EUR aufgehoben. (Oder: ... wird aufgehoben, soweit er einen Betrag von ... EUR übersteigt).

103 Im Rahmen einer isolierten Anfechtungsklage kann ein Grundurteil nach § 130 Abs. 1 SGG nicht begehrt werden, da dies nur für kombinierte Anfechtungs- und Leistungsklagen möglich ist. Anträge wie „… aufzuheben, soweit ein Einkommen von mehr als 200 EUR angerechnet wurde" oder gar „… den Aufhebungsbetrag auf die gesetzliche Höhe zu reduzieren" sind unzulässig.

104 Die isolierte Anfechtungsklage ist im Übrigen gerade bei SGB II-Verfahren einschlägig, wenn durch einen üblichen SGB II-Änderungsbescheid Leistungen reduziert werden, ein gesonderter Aufhebungs- und Erstattungsbescheid jedoch nicht ergeht, da die geänderten Leistungen Monate betreffen, die noch nicht zur Auszahlung gekommen sind. In diesen Fällen ist der Änderungsbescheid isoliert mit der Anfechtungsklage anzugreifen. Eine zusätzlich erhobene Leistungsklage ist unzulässig, da durch die Beseitigung des Änderungsbescheides der ursprüngliche Bewilligungsbescheid wieder auflebt und ein Leistungstenor keine bessere Vollstreckungsmöglichkeit bietet als der ursprüngliche Verwaltungsakt.[96]

e) Feststellungsklage und Fortsetzungsfeststellungsklage

105 Feststellungsklagen haben in SGB II/SGB XII-Streitverfahren einen untergeordneten und nur ausnahmsweisen Anwendungsbereich. Insoweit ist auf einzelne Entscheidungen des BSG[97] und wegen der grundsätzlichen Einzelheiten auf die einschlägigen Kommentierungen zu verweisen.[98]

106 Die Fortsetzungsfeststellungsklage ist in § 131 Abs. 1 Satz 3 SGG geregelt und wird über ihren Wortlaut hinaus auch auf kombinierte Anfechtungs- und Verpflichtungsklagen sowie Untätigkeitsklagen angewandt.[99] Eine weitere analoge Anwendung erfolgt für den Fall, dass die Erledigung vor Klageerhebung eintritt.[100]

---

96 BSG 22.3.1995 – 10 RKg 10/89.
97 Feststellung, dass eine Obliegenheit zur Senkung der KdUH nicht besteht (BSG 15.6.2016 – B 4 AS 36/15 R); Feststellungsklagen gegen juristische Personen des öffentlichen Rechts (BSG 2.7.2013 – B 4 AS 74/12 R); Feststellungsklage zur Klärung des Bestehens und Umfangs einer Mitwirkungsobliegenheit (BSG 28.3.2013 – B 4 AS 42/12 R); Feststellungsklage zur Feststellung der Verletzung des Sozialgeheimnisses (BSG 25.1.2012 – B 14 AS 65/11 R); Feststellungsklage zur Verpflichtung, bei Folgeanträgen sämtliche Kontoauszüge der vergangenen drei Monate vorzulegen (BSG 19.2.2009 – B 4 AS 10/08 R); Feststellungsklage zur Feststellung des zuständigen Leistungsträgers (BSG 6.9.2007 – B 14/7 b AS 16/07 R). Vgl. auch BSG 15.6.2016 – B 4 AS 45/15 R: Das Vorliegen einzelner Anspruchsvoraussetzungen oder das Nichtvorliegen einzelner Anspruchsausschlussgründe kann nur ausnahmsweise im Wege der Feststellungsklage geltend gemacht werden, wenn durch die Feststellung der Streit zwischen den Beteiligten insgesamt bereinigt wird.
98 Lüdtke/Berchtold/*Groß/Castendiek* SGG § 55 Rn. 1 ff.
99 BSG 8.12.1993 – 14 a RKa 1/93.
100 Lüdtke/Berchtold/*Bolay* SGG § 131 Rn. 11.

II. Klageverfahren

Voraussetzung für eine Fortsetzungsfeststellungsklage ist, dass 107
- die ursprüngliche Klage zulässig und begründet war,
- Erledigung eingetreten ist und
- ein Fortsetzungsfeststellungsinteresse besteht.

Erledigung tritt ein, wenn ein Ereignis den prozessualen Anspruch gegenstandslos 108
gemacht hat oder eine Lage eingetreten ist, die eine Entscheidung erübrigt oder ausschließt, insbesondere bei Wegfall des Rechtsschutzinteresses an dem Primäranspruch oder der sich aus dem Verwaltungsakt ergebenden Beschwer.[101]

Ein Fortsetzungsfeststellungsinteresse als besonderes Rechtsschutzinteresse ist gegeben bei einer Wiederholungsgefahr, der Klärung weitergehender Interessen oder einem Rehabilitationsinteresse.[102] 109

Eine Wiederholungsgefahr ist gegeben, wenn eine hinreichend bestimmte konkrete Gefahr besteht, dass unter im Wesentlichen unveränderten tatsächlichen und rechtlichen Umständen ein gleichartiger Verwaltungsakt ergehen wird.[103] 110

Weitergehende Interessen können in Form von möglichen Schadenersatzansprüchen vorliegen oder wenn die Entscheidung Grundlage für weitere Genehmigungen oder Leistungen ist. Gleiches gilt, unter gewissen Einschränkungen, für einen möglichen Amtshaftungsanspruch.[104] 111

Ein Rehabilitationsinteresse kann schließlich bestehen, wenn die Entscheidung diskriminierende oder die Menschenwürde verletzende Folgen hatte. 112

Beispiel: A begehrt die Zusicherung zu einem Umzug nach § 22 Abs. 4 SGB II und legt hierzu ein entsprechendes konkretes Mietangebot vor. Das Jobcenter lehnt die Zusicherung mit Bescheid vom 5.5.2017 und der Begründung ab, dass es an der Erforderlichkeit des Umzuges fehle. Der Widerspruch wird mit Widerspruchsbescheid vom 7.7.2017 zurückgewiesen. Der Kläger erhebt Klage. Während des Klageverfahrens wird das Wohnungsangebot anderweitig vergeben. Der Beklagte kündigt an, dass auch im Rahmen eines neuen Antrages hinsichtlich eines neuerlichen Angebotes eine Ablehnung mangels Erforderlichkeit des Umzuges erfolgen wird.[105] Der Kläger kann nun seinen Antrag auf eine Fortsetzungsfeststellungsklage umstellen:[106] 113

Es wird festgestellt, dass die Ablehnung der Zusicherung mit Bescheid vom 5.5.2017 in Gestalt des Widerspruchsbescheides vom 7.7.2017 rechtswidrig war.

---

101 BSG 22.9.1976 – 7 RAr 107/75; Lüdtke/Berchtold/*Bolay* SGG § 131 Rn. 10 mit weiteren Beispielen; idR hat sich der belastende Verwaltungsakt erledigt oder der Anspruch ist befriedigt oder aus anderen Gründen weggefallen.
102 Vgl. BSG 15.6.2016 – B 4 AS 45/15 R: An einem für die Zulässigkeit einer Fortsetzungsfeststellungsklage erforderlichen berechtigten Interesse an der Feststellung der Rechtswidrigkeit eines Verwaltungsakts fehlt es, wenn es sich bei den angegriffenen Regelungen lediglich um Erläuterungen zur Rechtslage (hier: Hinweise zu den in § 7 Abs. 4 a SGB II normierten Voraussetzungen für einen Ausschluss von den Leistungen der Grundsicherung für Arbeitsuchende nach dem SGB II) handelt.
103 BSG 20.5.1992 – 14a/6 RKa 29/89.
104 Zum Ganzen Lüdtke/Berchtold/*Bolay* § 131 Rn. 19 mwN.
105 Zugegeben dürfte bei dieser Konstellation ein einstweiliges Rechtsschutzverfahren sinnvoller sein.
106 Hat der Kläger hingegen den Umzug auch ohne Zustimmung vorgenommen, gilt, dass das Rechtsschutzinteresse auf Erteilung einer gesonderten Zusicherung dann entfällt, wenn nunmehr in einem anderen Streitverfahren wegen der Höhe der Unterkunftskosten über den Gegenstand einer möglichen Zusicherung selbst zu befinden ist (BSG 6.4.2011 – B 4 AS 5/10 R).

A. Allgemeiner Teil

f) Untätigkeitsklage

114 Nach § 88 SGG ist grds. nach Ablauf von sechs Monaten nach einem Antrag bzw. von drei Monaten nach einem Widerspruch die Untätigkeitsklage zulässig, soweit kein zureichender Grund für die Nichtbescheidung besteht.

115 Ein zureichender Grund kann bspw. in der angekündigten, aber unterbliebenen Widerspruchsbegründung liegen, nicht jedoch in einer Arbeitsüberlastung die auf Personalmangel oder sonstigen Organisationsversäumnissen beruhen.

116 Liegt ein zureichender Grund vor, wird das SG das Verfahren bis zu einer von ihm bestimmten Frist aussetzen, andernfalls hat es zu verurteilen. Hat die Behörde nach Klageerhebung den Bescheid erlassen und dem Begehren stattgegeben, hat der Kläger das Verfahren nach § 88 Abs. 1 Satz 3 SGG für erledigt zu erklären. Es verbleibt noch die Kostengrundentscheidung nach § 193 SGG. Unter den Voraussetzungen des § 131 Abs. 1 Satz 3 SGG kann auf eine Fortsetzungsfeststellungsklage umgestellt werden. Wurde mit dem begehrten Bescheid sachlich das Begehren nicht erledigt, kann die Klage entweder zurückgenommen (wiederum mit Kostenentscheidung nach § 193 SGG) und in einem weiteren Verfahren gegen den Bescheid in der Sache geklagt werden, oder die Klage wird auf eine kombinierte Anfechtungs- und Leistungs- (oder Verpflichtungs-)klage umgestellt.[107]

117 **Beispiel:** A hat gegen den Leistungsbescheid vom 12.5.2016 am 20.5.2016 Widerspruch erhoben. Am 30.8.2016 ist immer noch keine Entscheidung hierüber ergangen. Der Antrag lautet dann:

Der Beklagte wird verpflichtet, unverzüglich den Widerspruch des Klägers vom 20.5.2016 zu verbescheiden.

3. Prozesskostenhilfe

118 Eine wesentliche Bedeutung kommt im Rahmen von SGB II/SGB XII-Verfahren dem PKH-Antrag zu, da idR die wirtschaftlichen Voraussetzungen für die Gewährung von PKH gegeben sind.

119 Die Prozesskostenhilfe[108] wird in § 73 a SGG ausdrücklich in Bezug genommen und erklärt die §§ 114 ff. ZPO für entsprechend anwendbar.

120 Voraussetzungen für die PKH-Bewilligung sind:
- die wirtschaftlichen Voraussetzungen (§ 115 ZPO),
- die hinreichenden Erfolgsaussichten und
- fehlende Mutwilligkeit.

121 Hinsichtlich der wirtschaftlichen Voraussetzungen dürften sich selten Probleme ergeben, insbesondere hinsichtlich des Einkommens, wenn und soweit aktuell ein SGB II- oder SGB XII-Bezug vorliegt. Vorsicht ist allerdings hinsichtlich der Vermögensfreigrenzen im SGB II geboten. Diese weichen von den Voraussetzungen des § 115 ZPO ab, der im Ergebnis auf § 90 SGB XII verweist, welcher hinsichtlich der Freibeträge eine ausfüllende Regelung in der DVO zu § 90 Abs. 2 gefunden hat. Die Freibeträge nach der DVO zu § 90 Abs. 2 sind nicht unerheblich ge-

---

107 *Niesel/Herold-Tews*, Der Sozialgerichtsprozess, Rn. 123.
108 Vgl. hierzu ausführlich *Zimmermann*, Das Hartz-IV-Mandat, § 7 Rn. 146 ff.

ringer als nach § 12 SGB II; mit Wirkung zum 1.4.2017 wurden die Vermögensfreibeträge aber auch im SGB XII deutlich angehoben (zu den Freibeträgen vgl. Rn. 83 ff.2). Eine SGB II-Berechtigung geht daher bei vorhandenem Vermögen nicht zwingend mit einer PKH-Berechtigung einher. Daher genügt es auch nicht, lediglich den aktuellen Bewilligungsbescheid einzureichen, um die persönlichen und wirtschaftlichen Verhältnisse nachzuweisen. Das Gericht ist daher sehr wohl berechtigt, zum Nachweis den ausgefüllten und mit entsprechenden Belegen versehenen Vordruck über die persönlichen und wirtschaftlichen Verhältnisse zu verlangen.[109] Gerade hinsichtlich der Vermögensverhältnisse kommt es daher auf einen aktuellen Kontoauszug an.

Hinsichtlich der Erfolgsaussichten genügt es, dass eine gewisse Erfolgswahrscheinlichkeit besteht. Das ist weniger als eine überwiegende Erfolgswahrscheinlichkeit. Es handelt sich jedoch um einen weit verbreiteten Irrglauben, dass bei notwendiger Beweisaufnahme stets hinreichende Erfolgsaussichten bestehen. Vielmehr muss auch die summarische Prüfung ergeben, dass ein günstiges Beweisergebnis nicht unwahrscheinlich ist.[110] Eine unklare Rechtslage rechtfertigt eine Bewilligung nur dann, wenn das Gericht die Frage nicht ohne Weiteres aufgrund sonstiger Rechtsprechung und eigenen Überlegungen klären kann.[111] Hinzuweisen ist insbesondere darauf, dass das Bundesverfassungsgericht es für verfassungsrechtlich unbedenklich und im Rahmen eines PKH-Antrages sogar für erforderlich hält, dass auch in dem durch Amtsermittlung geprägten sozialgerichtlichen Verfahren eine substantiierte Darstellung des Streitverhältnisses unter Angabe von Beweismitteln zu erfolgen hat.[112] Mithin ist der Anwalt spätestens mit Stellung des PKH-Antrages gehalten, hinreichend zur Sache vorzutragen, will er nicht die Ablehnung des Antrages riskieren.

122

Mutwillen liegt schließlich vor, wenn nach summarischer Betrachtung ein Beteiligter, der für die Kosten selbst aufkommen müsste, von der Rechtsverfolgung absehen würde.[113]

123

Der Antrag selbst ist schriftlich oder zu Protokoll der Geschäftsstelle zu stellen. IdR wird er im Rahmen der Klageschrift gestellt. Es ist darauf hinzuweisen, dass, anders als im Zivilverfahren, die Klageerhebung nicht von der Bewilligung abhängig gemacht werden kann, da die Klage schon als wirksam erhoben gilt, wenn sie bei Gericht eingeht (und nicht erst dem Beklagten zugestellt wird, §§ 90, 94 SGG)[114] und die Klageerhebung als Prozesserklärung bedingungsfeindlich ist. Wird der Prozesskostenhilfeantrag jedoch isoliert gestellt und erst nach Bewilligung der PKH die Klage erhoben, ist aber inzwischen die Klagefrist verstrichen, kommt eine Wiedereinsetzung in den vorigen Stand in Betracht, wenn der PKH-Antrag innerhalb der Rechtsmittelfrist entscheidungsreif vorlag.[115]

124

---

109 Lüdtke/Berchtold/*Littmann* SGG § 73 a Rn. 15.
110 Lüdtke/Berchtold *Littmann* SGG § 73 a Rn. 13 mwN.
111 Lüdtke/Berchtold/*Littmann* SGG § 73 a Rn. 13.
112 BVerfG 14.4.2010 – 1 BvR 362/10.
113 Anschaulich zur Mutwilligkeit und auch zur Abgrenzung zu § 192 Abs. 1 Satz 1 Nr. 2 SGG: LSG Thüringen 24.7.2012 – L 4 AS 1353/11 B, Rn. 43.
114 Lüdtke/Berchtold/*Binder* SGG § 90 Rn. 2 und § 94 Rn. 3.
115 Lüdtke/Berchtold/*Littmann* SGG § 73 a SGG Rn. 16.

125 Muster: Blankoformular PKH-Antrag

Rechtsanwalt

(...)

(Datum)

An das

Sozialgericht (...)

(Anschrift)

KLAGE

des (...),

(Anschrift)

– K l ä g e r –

Prozessbevollmächtigter: Rechtsanwalt (...)

g e g e n

Jobcenter (...)

(Anschrift)

– B e k l a g t e r –

wegen Aufhebung und Erstattung von Leistungen für den Zeitraum 1.3.2016 bis 31.5.2016.

Namens und ausweislich der beigefügten Vollmacht des Klägers erhebe ich Klage und werde beantragen:

Der Bescheid des Beklagten vom 12.5.2016 in Gestalt des Widerspruchsbescheides vom 8.6.2016 wird aufgehoben.

Zur Geltendmachung der Rechte des Klägers beantrage ich ferner,

dem Kläger Prozesskostenhilfe ab Klageerhebung zu bewilligen und den Unterzeichner beizuordnen.

Begründung:

I.

(Substantiierte Darstellung des Streitverhältnisses)[116]

II.

(Rechtliche Würdigung)

III.

Wie sich aus der beigefügten Erklärung zu den persönlichen und wirtschaftlichen Verhältnissen ergibt, kann der Kläger die Kosten der Prozessführung nicht aufbringen (§ 73 a SGG iVm § 114 ZPO). Da die Klage – wie ausgeführt – Aussicht auf Erfolg hat und nicht mutwillig ist, ist der Antrag auf Prozesskostenhilfe ebenfalls begründet.

(...)

Rechtsanwalt

---

[116] BVerfG 14.4.2010 – 1 BvR 362/10.

Das Gericht entscheidet durch Beschluss. Sind Angaben nach § 117 Abs. 2 ZPO 126
trotz Fristsetzungen nicht glaubhaft gemacht, lehnt es den Antrag ab (§ 118 Abs. 2
Satz 4 ZPO). Das Gericht entscheidet über die Bewilligung und legt ggf. Raten fest
(§ 120 Abs. 1 Satz ZPO). Zu bewilligen ist für die Zukunft, für die Vergangenheit
nur ab dem Zeitpunkt, ab dem Entscheidungsreife vorlag.[117] Allerdings ist § 48
Abs. 4 RVG zu beachten, nach dem sich die PKH grds. auf alle Tätigkeiten ab Antragstellung erstreckt, es sei denn, durch das Gericht wird etwas anderes angeordnet. Eine abweichende Bewilligung ab einem späteren Zeitpunkt bedarf jedoch besonderer rechtfertigender Umstände.[118] Auf Antrag wird nach § 121 Abs. 2 ZPO
ein vertretungsbereiter Anwalt beigeordnet, wenn die Vertretung durch einen Anwalt erforderlich erscheint oder der Gegner anwaltlich vertreten ist.[119]

Gegen die Ablehnung durch das SG ist die Beschwerde zum LSG zulässig. Jedoch 127
nur dann, wenn die Ablehnung aufgrund mangelnder Erfolgsaussichten erfolgte
(vgl. § 172 Abs. 3 Nr. 2 SGG) und in der Hauptsache Berufung (bzw. in Verfahren
des einstweiligen Rechtsschutzes Beschwerde) zulässig wäre. Die PKH-Ablehnung
wegen der persönlichen oder wirtschaftlichen Verhältnisse kann nicht mit Beschwerde angefochten werden (§ 172 Abs. 3 Nr. 2 lit. a SGG). Enthält ein ablehnender PKH-Beschluss auch Hinweise zu den Erfolgsaussichten in der Hauptsache, wird dadurch keine Beschwerdemöglichkeit eröffnet, wenn das Gericht wegen
fehlender persönlicher oder wirtschaftlicher Voraussetzungen für die Gewährung
abgelehnt hat.[120] Die Entscheidung des LSG über den PKH-Antrag ist wegen
§ 177 SGG unanfechtbar.

4. Prozesserklärungen

a) Klageänderung

Eine Klageänderung liegt bei der Änderung des Streitgegenstandes iSd § 123 SGG 128
vor, mithin wenn Klageantrag oder Klagegrund geändert werden. Ihre Relevanz im
SGB II/SGB XII-Verfahren ist gering.

Eine Änderung des Klageantrages ist, da das Gericht an die gestellten Anträge 129
nach § 123 SGG gerade nicht gebunden ist, u.U. schwierig festzustellen. Sie ist gegeben, wenn das Gericht eine andere als die ursprünglich begehrte Entscheidung
treffen soll.[121] Die Konkretisierung nur unklar gestellter Anträge stellt hingegen
keine Klageänderung dar. Ebenso stellt nach § 99 Abs. 3 SGG die bloße Erweiterung oder Beschränkung des geltend gemachten Anspruches, oder wenn statt der
ursprünglichen Leistung nach Eintritt einer späteren Veränderung nunmehr eine
andere Leistung geltend gemacht wird, keine Klageänderung dar.

Tritt an die Stelle des einen Beklagten nunmehr ein völlig anderer, liegt eine Klage- 130
änderung vor.[122]

Wird der Klageanspruch auf einen neuen, anderen Sachverhalt begehrt, liegt eine 131
Änderung des Klagegrundes vor. Wird die Begründung lediglich ergänzt oder an-

---
117 BGH 30.9.1981 – IVb ZR 694/80.
118 BT-Drs. 17/11471 (neu), 270.
119 Weitere Einzelheiten bei Lüdtke/Berchtold/*Littmann* SGG § 73 a Rn. 19.
120 LSG Thüringen 26.4.2016 – L 1 U 284/16 B.
121 *Niesel/Herold-Tews*, Der Sozialgerichtsprozess, Rn. 215.
122 *Niesel/Herold-Tews*, Der Sozialgerichtsprozess, Rn. 217.

A. Allgemeiner Teil

dere Teilfaktoren eines Anspruchs geltend gemacht, liegt darin keine Änderung des Klagegrundes.

132 **Beispiel:** Wird der Anspruch auf höhere Leistungen zur Sicherung des Lebensunterhaltes auf höhere Einkommensfreibeträge gestützt, später jedoch auf einen zu hoch angenommenen Einkommenszufluss, liegt hierin keine Klageänderung.

133 Ist eine Klageänderung zu bejahen, kann diese dennoch nach § 99 Abs. 1 SGG zulässig sein, wenn die Beteiligten einwilligen oder die Klageänderung durch das Gericht für sachdienlich erachtet wird. Nach § 99 Abs. 2 SGG ist von einer Einwilligung auszugehen, wenn sich die Beteiligten auf die geänderte Klage schriftsätzlich oder in der mündlichen Verhandlung einlassen; es sei denn, sie widersprechen ausdrücklich. Sachdienlichkeit liegt vor, wenn durch die Klageänderung der Streit zwischen den Beteiligten endgültig beigelegt und ein neuer Prozess vermieden wird. Bei einem völlig neuen Streitgegenstand, insbesondere, wenn die bisherigen Ermittlungen nicht weiter verwendet werden können, kann jedoch keine Sachdienlichkeit mehr vorliegen.

134 Sämtliche Zulässigkeitsvoraussetzungen einer Klage müssen hinsichtlich des neuen Streitgegenstandes gegeben sein. Zu beachten ist insbesondere, dass über den neuen Streitgegenstand bereits durch Verwaltungsakt entschieden worden sein muss und die Klagefrist eingehalten ist. Andernfalls ist die neue anhängige Klage selbst unzulässig. Im Berufungsverfahren ist die Klageänderung nur möglich, wenn der Kläger selbst Berufung oder Anschlussberufung eingelegt hat.

135 Über die Klageänderung wird idR im Rahmen des Schlussurteils entschieden. Ein Zwischenurteil ist möglich. Nach § 99 Abs. 4 SGG ist die Entscheidung, dass keine Klageänderung vorliegt oder diese sachdienlich ist, unanfechtbar. Wird eine Klageänderung angenommen, aber als unzulässig verworfen, ist dies in der Rechtsmittelinstanz überprüfbar.

b) Klagerücknahme

136 Die Möglichkeiten zur Klagerücknahme sind im sozialgerichtlichen Verfahren erweitert. Nach § 102 SGG kann die Klage bis zur Rechtskraft des Urteils ohne Zustimmung des Beklagten zurückgenommen werden. Der Rechtsstreit ist sodann nach § 102 Abs. 1 Satz 2 SGG in der Hauptsache erledigt. Es genügt die einfache Erklärung durch Schriftsatz oder zu Protokoll der Geschäftsstelle oder Erklärung in der mündlichen Verhandlung (die im Übrigen nicht zwingend der Protokollierung bedarf):[123]

> Die Klage (zu dem Az.: ...) wird zurückgenommen.

137 Wie jede Prozesserklärung ist die Klagerücknahme bedingungsfeindlich und unwiderruflich. Ein Widerruf kann möglich sein, wenn die Voraussetzungen einer Wiederaufnahme des Verfahrens nach §§ 179, 180 SGG vorliegen.[124] In einer Klagebeschränkung kann eine teilweise Klagerücknahme liegen, so dass eine spätere er-

---

[123] BSG 12.3.1981 – 11 RA 52/80. BSG 23.2.2017 – B 11 AL 2/16 R (aktuell Terminbericht Nr. 4/17): Die Erledigungs- bzw Rücknahmeerklärung ist nach § 269 Abs. 2 Satz 1 ZPO notwendig in dem anhängigen Verfahren abzugeben, in dem sie zur Auswirkung kommen soll (also auch beim entsprechenden Prozessgericht).

[124] *Niesel/Herold-Tews*, Der Sozialgerichtsprozess, Rn. 319; BSG 14.6.1978 – 9/10 RV 31/77.

neute Erweiterung unzulässig ist.[125] Wird eine Klage im Berufungs- oder Revisionsverfahren zurückgenommen, wird ein ergangenes Urteil wirkungslos, jedoch nicht verhängte Missbrauchskosten nach § 192 Abs. 1 SGG (vgl. § 192 Abs. 3 SGG).

Die Klagerücknahme kann auch nach § 102 Abs. 2 SGG fingiert werden, wenn nach einer entsprechenden Betreibensaufforderung des Gerichts nicht binnen drei Monaten das Verfahren betrieben wird. Es müssen gewisse Anhaltspunkte für den Wegfall des Rechtsschutzinteresses vorliegen.[126] Die Fiktion der Klagerücknahme tritt nur ein, wenn einerseits zum Zeitpunkt der Betreibensaufforderung „sachlich begründete" Anhaltspunkte für den Wegfall des Rechtsschutzinteresses bestanden, die den späteren Eintritt der Fiktion als gerechtfertigt erscheinen lassen und andererseits der Kläger das Verfahren nicht mehr betrieben hat. Dies ist nur dann anzunehmen, wenn er innerhalb der Dreimonatsfrist nach der Betreibensaufforderung nicht substantiiert dargetan hat, dass und warum das Rechtsschutzbedürfnis trotz des – sich aus der Betreibensaufforderung ergebenden – entsprechenden Zweifels nicht entfallen ist. Anhaltspunkte für den Wegfall des Rechtsschutzinteresses zum Zeitpunkt der Betreibensaufforderung können insbesondere gegeben sein, wenn der Kläger seine prozessualen Mitwirkungspflichten verletzt hat, was eine zulässige gerichtliche Aufforderung voraussetzt (BSG 4.4.2017 – B 4 AS 2/16 R). Die Aufforderung zur Klagebegründung kann zulässigerweise zum Gegenstand der Betreibensaufforderung gemacht werden. Deren Nichtvorlage rechtfertigt dann das Eintreten der Klagerücknahmefiktion.[127] Auf Antrag kann das Verfahren durch Beschluss deklaratorisch eingestellt und über die Kosten entschieden werden (§ 102 Abs. 3 Satz 1 SGG).

138

Bei kostenpflichtigen Verfahren (§ 197 a SGG – im Rahmen von SGB II/SGB XII-Verfahren, welche regelmäßig durch Leistungsempfänger geführt werden, jedoch selten einschlägig) führt die Klagerücknahme jedoch ausnahmsweise zur Kostentragungspflicht nach § 197 a Abs. 1 Satz 1 SGG iVm § 155 Abs. 2 VwGO.

139

In sonstigen Verfahren ist die Kostentragungspflicht im Falle der Klagerücknahme kein Automatismus. Das Gericht entscheidet auf Antrag (§ 102 Abs. 3 SGG) nach § 193 SGG über die Kostenverteilung nach billigem Ermessen (vgl. hierzu auch Rn. 169 ff.).

140

c) Erledigungserklärung

Die übliche komplizierte Rechtslage bei einseitigen bzw. übereinstimmenden Erledigungserklärungen entfällt im Sozialgerichtsprozess. Da die Klagerücknahme für den Kläger idR sanktionslos bleibt und die Kostenentscheidung nach billigem Ermessen zu treffen ist, wird die einseitige Erledigungserklärung wie eine Klagerücknahme behandelt.

141

> Der Kläger erklärt den Rechtsstreit (zu dem Az.   ) in der Hauptsache für erledigt.

Eine übereinstimmende Erledigungserklärung ist im SGG dementsprechend ungeregelt und wird je nach dem wie eine Klagerücknahme oder ein angenommenes

142

---

125 BSG 21.2.1969 – 3 RK 99/65.
126 BVerwG 12.4.2001 – 8 B 2/01.
127 *Niesel/Herold-Tews*, Der Sozialgerichtsprozess, Rn. 322 a.

A. Allgemeiner Teil

Anerkenntnis (§ 101 Abs. 2 SGG) behandelt.[128] Eine übereinstimmende Erledigungserklärung ist regelmäßig auch Folge eines außergerichtlichen Vergleichs. Sofern über die Kostenfolge keine Regelung getroffen wurde, wird auf Antrag ebenso wieder über die Kosten nach § 193 SGG nach billigem Ermessen entschieden. Eine einseitige Erledigungserklärung führt jedoch im Falle eines kostenpflichtigen Verfahrens nicht zur Kostentragungspflicht nach § 197 a Abs. 1 Satz 1 SGG iVm § 155 Abs. 2 VwGO.

143 Die Erledigungs- bzw Rücknahmeerklärung ist nach § 269 Abs. 2 Satz 1 ZPO notwendig in dem anhängigen Verfahren abzugeben, in dem sie zur Auswirkung kommen soll (also auch beim entsprechenden Prozessgericht).[129]

d) Vergleich

144 Nach § 101 Abs. 1 SGG kann der geltend gemachte Anspruch vollständig oder zum Teil durch Abschluss eines Vergleiches zwischen den Beteiligten zur Niederschrift des Gerichts oder des Vorsitzenden oder des beauftragten oder ersuchten Richters erledigt werden, soweit sie über den Gegenstand der Klage verfügen können.

145 Der Vergleich hat eine Doppelnatur. Er ist Prozesshandlung und öffentlich-rechtlicher Vertrag (§ 54 SGB X) zugleich. Der Vergleich kann Teile des geltend gemachten Anspruchs erfassen und auch den gesamten Anspruch.

146 In prozessualer Hinsicht muss der Vergleich vor Gericht geschlossen werden. Es kommen alle gerichtlichen Verfahren in allen Instanzen in Betracht. Das Verfahren muss noch anhängig sein. Der notwendig Beigeladene kann sich beteiligen, muss dies jedoch nicht. Beteiligt er sich nicht, bindet der Vergleich ihn nicht. Die Verfahrensbeendigung tritt ohne seinen Willen ein.[130] Der Vergleich muss zur Niederschrift erfolgen. Es ist zu vermerken, dass dieser nochmals vorgelesen/vorgespielt/vorgelegt und genehmigt wurde (§ 122 SGG iVm §§ 160 Abs. 3 Nr. 1, 162 Abs. 1 ZPO). Die schriftliche Annahme eines durch Beschluss erfolgten gerichtlichen Vergleichsvorschlages hat die gleiche Wirkung (§ 101 Abs. 1 Satz 1 SGG; das Procedere unterscheidet sich insoweit etwas von § 278 Abs. 6 ZPO, welches über § 202 SGG wohl nicht ausgeschlossen ist). Ein unwirksamer gerichtlicher Vergleich kann jedoch als außergerichtlicher Vergleich wirken.

147 In vertraglicher Hinsicht müssen die Beteiligten über den Vergleichsgegenstand verfügen können, was auf Seiten des Beklagten allenfalls durch § 58 Abs. 1 SGB X iVm § 134 BGB eine Grenze findet. Ggf. muss eine Zustimmung nach § 57 SGB X vorliegen.

---

128 BSG 20.12.1995 – 6 RKa 18/95. BSG 23.2.2017 – B 11 AL 2/16 R (Terminbericht Nr. 4/17): Es ist davon auszugehen, dass die Erledigungserklärung je nach prozessualer Konstellation eine Klagerücknahme, Berufungsrücknahme oder die Annahme eines von dem Beklagten abgegebenen Anerkenntnisses sein kann, ohne dass von den Gerichten umfassende Überlegungen zu den Motiven der jeweiligen Erklärungen erwartet werden können. Angesichts besonderer Umstände bedarf die Erledigungserklärung aber ggf einer Auslegung.
129 BSG 23.2.2017 – B 11 AL 2/16 R.
130 Lüdtke/Berchtold/*Roller* SGG § 101 Rn. 7.

Der wirksame Vergleich beendet das Verfahren unmittelbar, wenn der gesamte Streitstoff erfasst wird.[131] Deklaratorische Erklärungen über die Erledigung des Rechtsstreites sind jedoch üblich. 148

Materiell-rechtlich werden vertragliche Pflichten begründet. Es sollte gerade in SGB II/SGB XII-Verfahren, wenn möglich bereits im Vergleich, eine konkrete Zahlungssumme vereinbart und auf eine Neubescheidung verzichtet werden. Dies erspart weiteren Streit im Rahmen der Ausführung. Wenn nur ein Vergleich „dem Grunde nach" geschlossen wurde, besteht die Gefahr, dass Details unklar oder ungeregelt bleiben. Für letzteren Fall bedarf es eines Ausführungsbescheides des Beklagten. Ein entsprechender Ausführungsbescheid kann weder nach § 45 SGB X zurückgenommen, noch nach § 48 Abs. 3 SGB X angepasst werden.[132] Ein Zugunstenverfahren nach § 44 SGB X ist hingegen grds. zulässig. Es muss jedoch im Einzelfall geprüft und ggf. ausgelegt werden, ob die Beteiligten mit dem Abschluss des gerichtlichen Vergleichs eine endgültige Regelung in der Sache treffen und eine erneute Überprüfung ausschließen wollten.[133] 149

Der Vergleich ist bedingungsfeindlich. Soweit es sich nicht um eine innerprozessuale Bedingung handelt, kann er jedoch unter eine Bedingung gestellt werden, was den Abschluss von Widerrufsvergleichen ermöglicht. Es handelt sich dann idR um eine aufschiebende Bedingung.[134] 150

Zum Problem der Wirksamkeit eines Vergleiches soll hier zu den Einzelheiten auf einschlägige Kommentierung verwiesen werden.[135] 151

Hinsichtlich der Kosten sollte der (gerichtliche) Vergleich eine Regelung treffen. Wird keine Regelung getroffen, gilt die Kostenfolge nach § 195 SGG – Kostenaufhebung. Im Vergleich kann aber auch vereinbart werden, dass eine Entscheidung des Gerichts nach § 193 SGG erfolgen soll.[136] 152

Nach all dem sollte ein typischer gerichtlicher Vergleich im SGB II/SGB XII-Verfahren bei den überwiegenden kombinierten Anfechtungs- und Leistungsklagen wie folgt aussehen: 153

Vergleich
1. Der Beklagte verpflichtet sich (ggf. *unter Abänderung des Bescheides vom ___, in Gestalt des Widerspruchsbescheides vom ___*),[137] an die Kläger[138] zusätzlich einen weiteren Betrag von ___ EUR[139] für den Zeitraum vom ___ bis ___ zu zahlen. Die Kläger ver-

---

131 Meyer-Ladewig/Keller/*Leitherer* SGG § 101 Rn. 10.
132 Vgl. hierzu aber Lüdtke/Berchtold/*Roller* SGG § 101 Rn. 18.
133 Genauer hierzu BSG 12.12.2013 – B 4 AS 17/13 R.
134 Lüdtke/Berchtold *Roller* SGG § 101 Rn. 22 ff.
135 Bspw. Lüdtke/Berchtold/*Roller* SGG § 101 Rn. 19 ff.
136 Lüdtke/Berchtold/*Groß* SGG § 195 Rn. 7.
137 Möglicher, aber nicht notwendiger Zusatz.
138 Die eigentlich bestehenden Individualansprüche zu berechnen scheint überflüssig, da dies einen Aufwand bereitet, der für die vergleichsweise Bereinigung unnötig ist.
139 Eventuelle Zusätze: „für Kosten der Unterkunft" sind sinnvoll, aber nicht notwendig.

> zichten insoweit auf eine Neubescheidung.¹⁴⁰ Der Betrag wird unmittelbar auf das Konto der Kläger überwiesen.¹⁴¹
> 2. Der Beklagte trägt von den außergerichtlichen Kosten der Kläger die Hälfte.¹⁴²
> 3. Die Beteiligten erklären den Rechtsstreit mit dem Az.: ▬ damit vollumfänglich für erledigt.¹⁴³ ◄

154 Im Falle von Anfechtungsklagen kann aufgenommen werden:

> Vergleich
> 1. Der Aufhebungs- und Erstattungsbescheid vom ▬ in Gestalt des Widerspruchsbescheides vom ▬ wird aufgehoben, soweit er einen Betrag von ▬ EUR übersteigt.¹⁴⁴ Die Kläger verzichten insoweit auf eine Neubescheidung. Soweit auf den Bescheid bereits Zahlungen geleistet wurden, die den vereinbarten Betrag übersteigen, zahlt der Beklagte diese an die Kläger zurück.¹⁴⁵
> 2. ▬ ◄

e) (Angenommenes) Anerkenntnis

155 Eine Besonderheit des sozialgerichtlichen Verfahrens stellt das angenommene Anerkenntnis dar, welches den Prozess ohne Anerkenntnisurteil beendet.

156 Eine entsprechende Regelung findet sich in § 101 Abs. 2 SGG.

157 Ein Anerkenntnis liegt vor, wenn der Gegner eingesteht, dass der Klageanspruch besteht. Ob dies eingeräumt wurde, ist im Zweifel durch Auslegung zu ermitteln. Die Erklärung muss – wie beim Vergleich – den Anforderungen an eine Prozesserklärung genügen. Dies kann jedoch, im Gegensatz zum gerichtlichen Vergleich, auch durch Schriftsatz erfolgen.¹⁴⁶ Wird das Anerkenntnis in der Verhandlung protokolliert, gilt dasselbe wie für den Vergleich (§ 122 SGG iVm §§ 160 Abs. 3 Nr. 1, 162 Abs. 1 ZPO). Werden diese Vorschriften nicht eingehalten, ist das Anerkenntnis dennoch nicht unwirksam.¹⁴⁷ Eine Verfügungsbefugnis muss wie auch beim Vergleich ebenfalls bestehen.

158 Die Annahme des Anerkenntnisses muss ebenfalls den Anforderungen an Prozesserklärungen genügen. Ob sie vorliegt, ist gleichfalls durch Auslegung zu ermitteln. Hinsichtlich der Form gilt das eben zum Anerkenntnis Gesagte. Ein Widerrufsvorbehalt ist möglich.¹⁴⁸

159 Mit dem angenommenen Anerkenntnis ist der Rechtsstreit unmittelbar erledigt (§ 101 Abs. 2 SGG). Ein Antrag auf Feststellung der Erledigung ist analog § 102

---

140 Bei konkreten Zahlbeträgen hat eine Neubescheidung wenig Sinn.
141 Dies ist insbesondere bei kleineren Beträgen sinnvoll, da die Überweisung vom Anderkonto des Prozessbevollmächtigten auf das Klägerkonto ggf. überflüssige Kosten und unverhältnismäßigen Aufwand entstehen lässt.
142 Alternativ: „Eine Kostenentscheidung erfolgt durch das Gericht nach § 193 SGG. Die Beteiligten stellen insoweit wechselseitige Kostenanträge".
143 Üblicher rein deklaratorischer Zusatz. Diese Folge ergibt sich eigentlich auch aus § 101 SGG.
144 Auch üblich, aber eher unschön „wird auf einen Betrag von ▬ EUR reduziert". Bei Vollaufhebung ist einfach aufzunehmen: „Der Bescheid vom ▬ in der Gestalt des Widerspruchsbescheides vom ▬ wird aufgehoben".
145 Häufig ist gerade in SGB II-Verfahren durch die von den Jobcentern getrennte Vollstreckung unklar, wie viel bereits auf den Bescheid gezahlt wurde.
146 BSG 27.11.1980 – 5 RKn 11/80.
147 BSG 26.3.1982 – 7 RAr 104/90.
148 Lüdtke/Berchtold/*Roller* SGG § 101 Rn. 22 f.

II. Klageverfahren

Abs. 3 Satz 2 SGG möglich, insbesondere wenn hieraus vollstreckt werden soll.[149] Vom Anerkenntnis erfasst werden kann auch die Kostenregelung. Sollte dies nicht der Fall sein, ist auf Antrag über die Kosten nach § 193 Abs. 1 Satz 2 SGG bzw. im Falle gerichtskostenpflichtiger Verfahren nach § 197 a Abs. 1 Satz 1 SGG iVm §§ 161 Abs. 2, 156 VwGO zu entscheiden. Der Rechtsgedanke des sofortigen Anerkenntnisses nach § 93 ZPO kann Berücksichtigung finden.[150] Beruht ein Klageerfolg (z.b. Nachzahlungen), aber z.b. auf der Berücksichtigung von Unterlagen, die sich bereits von jeher in der Verwaltungsakte befanden, kommt dieser Rechtsgedanke nicht mehr zur Anwendung.

Wird das Anerkenntnis nicht angenommen kann – auch ohne Antrag – ein Anerkenntnisurteil ergehen.[151] Es ist dabei aber zu berücksichtigen, ob ein solches Urteil dem Begehren des Klägers entspricht. Zur Vollstreckung bedarf es jedenfalls keines Urteils, da die Vollstreckung nach § 199 Abs. 1 Nr. 3 SGG aus dem Anerkenntnis erfolgt. Daher kann die Klage auch mangels Rechtsschutzbedürfnisses (Annahme einfacher und ohne Inanspruchnahme der Gerichte) als unzulässig zurückgewiesen oder unbegründet (Anspruch wurde erfüllt) abgewiesen werden. 160

Im Rahmen von SGB II/SGB XII-Verfahren ist das Anerkenntnis meist dann problematisch, wenn ein konkreter Antrag noch nicht vorlag und unklar bleibt, ob mit dem „Anerkenntnis" tatsächlich der erhobene Anspruch erledigt wird. Es empfiehlt sich daher eine Klarstellung/Konkretisierung des Klageantrages herbeizuführen. 161

Es bietet sich beim Anerkenntnis wie auch beim Vergleich insbesondere an, konkrete Zahlbeträge aufzunehmen, statt abstrakte Elemente, die eines Ausführungsbescheides bedürfen. 162

Liegt ein schriftsätzliches Anerkenntnis vor, ist lediglich zu erklären: 163

> Das Anerkenntnis des Beklagten aus dem Schriftsatz vom ... wird angenommen.
> Ebenfalls wird das Kostengrundanerkenntnis des Beklagten aus demselben Schriftsatz angenommen.[152]
> Der Rechtsstreit wird damit vollumfänglich für erledigt erklärt.[153]

Im Termin kann entweder vor Abgabe des Anerkenntnisses der Klageantrag beziffert werden oder das Anerkenntnis selbst wird beziffert. Es kann wie folgt protokolliert werden: 164

> Die Kläger beantragen nunmehr den Bescheid vom ... in der Gestalt des Widerspruchsbescheides vom ... abzuändern und den Beklagten zu verurteilen, an den Kläger zu 1 weitere ... EUR und den Kläger zu 2 weitere ... EUR zu zahlen.
> l.v.u.g.

---

149 BSG 27.11.1980 – 5 RKn 11/80.
150 Lüdtke/Berchtold/*Roller* SGG § 101 Rn. 36.
151 *Niesel/Herold-Tews*, Der Sozialgerichtsprozess, Rn. 304, sowie Lüdtke/Berchtold/*Roller* SGG § 101 Rn. 37.
152 Soweit ein solches abgegeben wurde. Andernfalls wäre zu beantragen: „Es wird beantragt, dem Beklagten die außergerichtlichen Kosten der Kläger aufzuerlegen".
153 Ein überflüssiger, aber üblicher Zusatz. Diese Folge ergibt sich bereits aus dem Gesetz (§ 101 Abs. 2 SGG).

A. Allgemeiner Teil

> Der Beklagte erklärt, er erkennt den Klageanspruch an. Er erklärt weiter, dass er die außergerichtlichen Kosten der Kläger trägt.
>
> l.v.u.g.
>
> Die Kläger erklären, sie nehmen das Anerkenntnis sowie das Kostengrundanerkenntnis an[154] und
>
> erklären den Rechtsstreit mit dem Az.: ... damit vollumfänglich für erledigt.[155]
>
> l.v.u.g.

165 Alternativ:

> Der Beklagte erklärt, er erkennt den Klageanspruch an und zahlt unter Abänderung des Bescheides vom ... in der Gestalt des Widerspruchsbescheides vom ... an den Kläger zu 1 weitere ... EUR und an den Kläger zu 2 weitere ... EUR. Ferner trägt er die außergerichtlichen Kosten der Kläger.
>
> l.v.u.g.
>
> Die Kläger erklären, sie nehmen diese Anerkenntnisse an.
>
> l.v.u.g.
>
> Die Beteiligten erklären den Rechtsstreit mit dem Az.: ... damit vollumfänglich für erledigt.
>
> l.v.u.g.

f) Beweisanträge

166 Beweisanträge sind in einem vom Amtsermittlungsprinzip geprägten Verfahren grds. nicht von gewichtiger Bedeutung. IdR erfordert die Klageschrift – anders als im Zivilrecht – keine umfänglichen Beweisantritte. Beweise werden nach §§ 103, 106 SGG von Amts wegen eingeholt.

167 Allerdings ist der Kläger durchaus befugt, Beweisanträge zu stellen und damit den Weg der gerichtlichen Beweisaufnahme zu beeinflussen. Er ist sogar teilweise gehalten, solche Anträge zu stellen. Werden sie übergangen, eröffnet nur ein gestellter und aufrecht erhaltener Beweisantrag den Weg ins Rechtsmittel, wenn und soweit ein Verfahrensfehler geltend gemacht werden soll.

168 Im SGB II/SGB XII-Verfahren kommt es auf Beweisanträge selten an, da die Entscheidungsgrundlagen sich meist allesamt in der Verwaltungsakte des Beklagten befinden. Anders verhält es sich nur dann, wenn es sich um Zeugenvernehmungen oder bisher nicht in der Akte enthaltenen Unterlagen handelt. Dennoch ist auch bei bereits in der Verwaltungsakte befindlichen Unterlagen die konkrete Bezeichnung oder nochmalige Einreichung sinnvoll. Ob diese dann als „Beweis" bezeichnet werden oder der Verweis auf die Anlage ohne diese Bezeichnung hervorgehoben wird, ist dabei dann eher gleichgültig. Die Bezeichnung schadet jedenfalls nicht. Es kann ansonsten auf die üblichen Formulierungen zurückgegriffen werden:

---

154 Ggf. zusätzlich: Sie stellen klar, dass sie auf eine Neubescheidung verzichten. Die Zahlung soll unmittelbar auf das Konto der Kläger erfolgen.
155 Fakultativer Zusatz. Vgl. Rn. 159.

> Der Kläger füllte den Weiterbewilligungsantrag zusammen mit seinem Vater aus. Er übergab den Antrag sodann am gleichen Tage an der Theke des Beklagten der dortigen Mitarbeiterin.
>
> **Beweis:** Zeugnis des Herrn ... (Vater des Klägers), (Anschrift)

5. Kostengrundantrag

Wie bereits bei den prozesserledigenden Erklärungen ausgeführt, kann zwar eine unstreitige Kostenregelung zwischen den Beteiligten nach Erledigung in der Hauptsache erfolgen. Dies ist jedoch nicht immer der Fall. Dann muss ein entsprechender Antrag gestellt werden. 169

Wie die meisten sozialgerichtlichen Verfahren gehören SGB II/SGB XII-Verfahren jedenfalls dann zu gerichtskostenfreien Verfahren nach § 183 SGG, wenn der Leistungsberechtigte selbst Kläger ist. In diesen Fällen ist bereits von Gesetzeswegen klar, dass der Kläger selbst weder Gerichtskosten zahlen muss (da diese nicht anfallen), noch außergerichtliche Aufwendungen des Beklagten zu erstatten hat. 170

Offen ist in diesen Fällen daher nur, wer die außergerichtlichen Kosten des Klägers, im Wesentlichen also seine Anwaltskosten, tragen muss. Entweder der Beklagte oder er selbst (jedoch dann ggf. abgefangen durch Prozesskostenhilfe). 171

Über diese Kostentragungspflicht entscheidet das Gericht im Rahmen eines Urteils von Amts wegen (§ 193 SGG). Deshalb erübrigen sich in der Klageschrift auch entsprechende Anträge. Auch im Rahmen von Gerichtsbescheiden nach § 105 SGG und Beschlüssen nach §§ 153 Abs. 4, 158, 169 SGG erfolgt die Kostenentscheidung von Amts wegen. Gleiches gilt für einstweilige Rechtsschutzverfahren. 172

Endet das Verfahren anders als durch Urteil, also durch Rücknahme, angenommenes Anerkenntnis oder durch übereinstimmende Erledigungserklärung, so ist auf Antrag nach § 193 Abs. 1 Satz 3 SGG über die Pflicht zur Tragung der außergerichtlichen Kosten des Klägers zu entscheiden. Für die Klagerücknahme ist dies nochmals in § 102 Abs. 3 SGG ausdrücklich geregelt. Gleiches gilt für die Berufungsrücknahme (§ 156 Abs. 2 Satz 2 SGG). Der Antrag ist nicht fristgebunden. An dem entsprechenden Beschluss wirken die ehrenamtlichen Richter nur mit, wenn er in der mündlichen Verhandlung gefasst wird. Ein Beigeladener kann ebenfalls zur Kostenerstattung verpflichtet werden, insbesondere wenn er als notwendig Beigeladener zur Leistung verurteilt wurde. Der Kostenbeschluss des Gerichts ist nach § 172 Abs. 3 Nr. 3 SGG unanfechtbar. 173

Im Rahmen der Entscheidung nach § 193 SGG ist dabei nicht starr auf Obsiegen und Unterliegen abzustellen. Die entsprechenden Vorschriften von ZPO und VwGO sind nicht unmittelbar anwendbar. Die Entscheidung hat nach billigem Ermessen zu erfolgen. Kriterien für die Kostenverteilung sind vor allem: 174

- die Erfolgsaussicht (also welche Partei hätte bei summarischer Prüfung ohne das erledigende Ereignis obsiegt),
- das erreichte Prozessergebnis,
- die Umstände, die zur Klageerhebung geführt haben (Veranlasserprinzip) und

A. Allgemeiner Teil

- die Umstände, die zur Erledigung des Rechtsstreits geführt haben.[156]

Der Rechtsgedanke des § 93 ZPO kann bei einem sofortigen Anerkenntnis Anwendung finden.

175 So kommt bspw. eine Kostentragungspflicht des Beklagten in Betracht, wenn der Kläger zwar in der Sache unterliegt, jedoch unklare Formulierungen oder unzureichende Begründungen in Bescheid und Widerspruchsbescheid (§ 35 Abs. 1 SGB X) zur Klageerhebung Anlass gegeben haben.[157]

176 **Muster: Kostenantrag bei Untätigkeitsklage nach Klagerücknahme**

Nachdem der Beklagte den begehrten Bescheid nunmehr am ... erließ, wird die Klage zurückgenommen.

Es wird ferner beantragt,

dem Beklagten die außergerichtlichen Kosten des Klägers aufzuerlegen.

Begründung:

Nach Erledigung der Untätigkeitsklage durch Bescheiderlass und Klagerücknahme hat das Gericht auf Antrag nach § 102 Abs. 3 und § 193 Abs. 1 SGG über die Kostentragungspflicht nach billigem Ermessen zu entscheiden.

Neben den Erfolgsaussichten sind Veranlassungsgesichtspunkte, das Prozessergebnis sowie die Umstände der Erledigung mit einzubeziehen.

Vorliegend wurde nach Ablauf der Sperrfrist des § 88 Abs. 2 SGG Klage auf Bescheiderteilung nach eingelegtem Widerspruch erhoben.

Der Beklagte hat auch nach Anhängigkeit des Klageverfahrens den Bescheid erst über einen Monat nach Klageerhebung erteilt. Zureichende Gründe – im Sinne des Gesetzes – für eine Nichtbescheidung sind nicht ersichtlich. Der Beklagte hat mithin die Klage veranlasst. Er hat die außergerichtlichen Kosten des Klägers zu erstatten.

(...)

Rechtsanwalt

6. Kostenfestsetzungsantrag

a) Grundlegendes

177 Das Kostenrecht hat durch das 2. Kostenrechtmodernisierungsgesetz umfassende Änderungen erfahren.[158] Anzuwenden ist das RVG nebst Vergütungsverzeichnis (VV) in der ab dem 1.8.2013 geltenden Fassung, wenn der unbedingte Auftrag zur Erledigung der Angelegenheit nach der Rechtsänderung zum 1.8.2013 erteilt wurde, vgl. § 60 Abs. 1 RVG. Die nachfolgenden Ausführungen beziehen sich auf die Neufassung des RVG. Die bisherige Fassung bleibt jedoch ggf. für Altfälle relevant.[159]

178 Liegt eine Kostengrundentscheidung vor, kann nach § 197 SGG die Kostenfestsetzung gegen den Beklagten beantragt werden.

---

156 *Niesel/Herold-Tews*, Der Sozialgerichtsprozess, Rn. 613.
157 LSG Bayern 10.10.1996 – L 5 B 198/95.
158 BT-Drs. 17/11471 (neu).
159 Vgl. zu den Übergangsvorschriften *Enders* JurBüro 2013, 281 ff. und 337 ff.

II. Klageverfahren

In Betracht kommen nach § 193 Abs. 3 SGG im Wesentlichen die Kosten des beauftragten Rechtsanwalts. Kosten für das persönliche Erscheinen werden gesondert nach § 191 SGG von dem Urkundsbeamten der Geschäftsstelle erstattet. 179

Die Kosten werden der Höhe nach durch den Urkundsbeamten am SG festgesetzt, auch wenn der Rechtsstreit weitere Instanzen durchlaufen hat. Vor Erlass ist dem Kostenpflichten rechtliches Gehör zu gewähren (§ 62 SGG). In Verfahren nach § 197 a SGG sind auch die Gerichtskosten im Kostenfestsetzungsverfahren festzusetzen. 180

Die Kostenfestsetzung erfolgt auf Antrag des Bevollmächtigten oder des Beteiligten. Es muss eine Kostengrundentscheidung vorliegen. 181

Neben der Kostenfestsetzung gegen den Beklagten tritt die Kostenfestsetzung gegen die Staatskasse aus der bewilligten Prozesskostenhilfe. Nach § 45 Abs. 1 RVG erhält der im Wege der Prozesskostenhilfe beigeordnete Rechtsanwalt seine gesetzliche Vergütung, die er sonst von seinem Mandanten verlangen könnte, aus der Staatskasse, soweit im 8. Abschnitt des RVG (§§ 44–59) nichts anderes bestimmt ist. Er kann dabei nach § 48 Abs. 1 RVG sämtliche Gebühren und Auslagen beanspruchen, die sich aus seiner Tätigkeit ab dem Wirksamwerden seiner Beiordnung ergeben. Die von ihm danach aus der Staatskasse zu gewährende Vergütung und der Vorschuss darauf wird auf Antrag des Rechtsanwalts grds. (vgl. aber § 55 Abs. 2 RVG) ebenfalls vom Urkundsbeamten der Geschäftsstelle des Gerichts des ersten Rechtszuges festgesetzt, § 55 Abs. 1 Satz 1 RVG. 182

In beiden Fällen gelten zunächst die gleichen Gebührentatbestände im Rahmen des RVG. Auf Unterschiede wird im Rahmen der weiteren Ausführungen hingewiesen. 183

Da SGB II/SGB XII-Verfahren stets dann, wenn Leistungsberechtigte Kläger sind, gerichtskostenfreie Verfahren sind, richten sich die Gebühren des Rechtsanwalts nach § 3 Abs. 1 Satz 1 RVG. Es handelt sich mithin um Betragsrahmengebühren, die sich nicht nach einem Gegenstandswert richten. Es gibt in diesen Verfahren daher auch keinen Streitwertbeschluss des Gerichts. 184

Sollte das Verfahren bereits im Vorverfahren mit Erlass des Widerspruchsbescheides bzw. Abhilfebescheides enden, so ist nach § 63 SGB X der Beklagte für die Erstattung der Gebühren im Vorverfahren zuständig. Die Kostenerstattung ist dann bei ihm zu beantragen. Es gelten dieselben Grundsätze wie für die Festsetzung nach § 197 SGG. Die Kostenfestsetzung durch den Beklagten stellt dann einen isoliert anfechtbaren Verwaltungsakt dar. Geht hingegen das Verfahren durch Klageerhebung in das Klageverfahren über, kann der Beklagte die Gebühren nicht mehr festsetzen oder erstatten, weil die Kosten des Vorverfahrens Gegenstand der gerichtlichen Kostengrundentscheidung sind (durch Urteil bzw. im Beschlusswege nach § 193 SGG – Einheitlichkeit der Kostenentscheidung), da sie zu den außergerichtlichen Kosten der Kläger zählen. Sie sind auch Gegenstand der Kostenhöhefestsetzung nach § 197 SGG. Über die Prozesskostenhilfe können diese Kosten jedoch nicht abgerechnet werden, da sie vor der Beiordnung entstanden sind. 185

Es sollte im Übrigen vermieden werden, sonstige Prozesserklärungen (wie bspw. die Annahme eines Kostengrundanerkenntnisses) mit dem Kostenfestsetzungsantrag in einem Schriftsatz zu verbinden. Da Kostenfestsetzungsanträge dem Richter nicht vorgelegt werden, kann die Prozesserklärung übersehen werden, so dass es 186

A. Allgemeiner Teil

zu unnötigen Verzögerungen kommt, wenn erst dem Kostenbeamten auffällt, dass noch Prozesserklärungen vorliegen und der Rechtsstreit ggf. noch gar nicht statistisch erledigt wurde.

b) Gebührentatbestände

187 Zunächst fällt für das gerichtliche Verfahren eine Verfahrensgebühr an.

188 Gemäß Vorbemerkung 3 Abs. 1 VV RVG entsteht eine Verfahrensgebühr, wenn ein unbedingter Auftrag als Prozess- oder Verfahrensbevollmächtigter erfüllt wird. Durch das 2. Kostenrechtsmodernisierungsgesetz vom 23.7.2013 (BGBl. I 2586) ist der Gebührenrahmen der Verfahrensgebühr für Verfahren in der Sozialgerichtsbarkeit, in denen Betragsrahmengebühren entstehen, angehoben worden. Die Nr. 3103 VV RVG, die den Gebührenrahmen der Verfahrensgebühr bei einer Tätigkeit des Rechtsanwaltes im Vorverfahren bezeichnete, ist gestrichen worden. Mit der neu gefassten Vorbemerkung 3 Abs. 4 VV RVG ist ab diesem Zeitpunkt auch im sozialgerichtlichen Verfahren, in dem Betragsrahmengebühren entstehen, auf eine echte Anrechnungsregelung umgestellt worden. Soweit wegen desselben Gegenstandes eine Geschäftsgebühr nach Teil 2 (d.h. eine nach den Nr. 2300–2303 VV RVG entstandene Geschäftsgebühr) entsteht, wird diese Gebühr zur Hälfte auf die Verfahrensgebühr des gerichtlichen Verfahrens angerechnet. Bei Betragsrahmengebühren beträgt der Anrechnungsbetrag höchstens 175,00 EUR.[160] Die Verfahrensgebühr umfasst dabei die gesamte Tätigkeit des Rechtsanwalts während des Rechtszuges, soweit nicht andere Gebührentatbestände gesonderte Gebühren vorsehen. Dabei sind auch die Tätigkeiten umfasst, welche vor der Legitimation bei Gericht entstehen, weil es gebührenrechtlich auf das Innenverhältnis zum Mandanten ankommt, was sich bereits aus dem Wortlaut der Vorbemerkung ergibt. Mithin beginnt das Betreiben des Geschäfts mit der Entgegennahme des Mandates.[161]

---

160 Unstimmigkeiten können sich bei der Höhe der anzurechnenden Geschäftsgebühr ergeben. Insoweit können die tatsächlich gezahlte bzw. in Rechnung gestellte und höchstmöglich zu fordernde Geschäftsgebühr auseinanderfallen. Teilweise wird in der Praxis eine „fiktive" Gebühr angerechnet, ausgehend davon, was der Bevollmächtigte hätte fordern können. Nach unserer Auffassung kann eine Anrechnung der Geschäftsgebühr auf die Verfahrensgebühr nur vorgenommen werden, wenn die Geschäftsgebühr auch gezahlt worden ist. Dies folgt aus § 5 Abs. 2–4 RVG. Nach diesen Vorschriften hat der Rechtsanwalt anzugeben, welche Zahlungen auf etwaig anzurechnende Gebühren geleistet worden sind, wie hoch diese Gebühren sind und aus welchem Wert sie entstanden sind. Durch diese Angaben sollen für die Festsetzung der Vergütung die Daten zur Verfügung gestellt werden, die benötigt werden, um zu ermitteln, in welchem Umfang die Zahlungen nach § 58 Abs. 1 und 2 RVG auf die anzurechnende Gebühr als Zahlung auf die festgesetzte Gebühr zu behandeln ist. § 5 Abs. 6 RVG schließlich sieht Sanktionen gegen den Rechtsanwalt für den Fall vor, dass er zu „empfangenen Zahlungen" gegenüber dem Urkundsbeamten keine Erklärung abgegeben hat. Damit ist ersichtlich, dass bei der Kostenfestsetzung nur geleistete Zahlungen zu berücksichtigen sind. Dem Rechtsanwalt steht das Wahlrecht zu, wie er gebührenrechtlich vorgehen will; er hat die Wahl, welche Gebühr er in voller Höhe und welche Gebühr er lediglich gekürzt geltend macht (vgl. Mayer/Kroiß/*Mayer* RVG Vorbem. 3 Rn. 131).

161 Anders ist dies ggf. bei der Vergütungsfestsetzung im Rahmen der Prozesskostenhilfe. Maßgeblich ist in diesem Fall der Zeitpunkt, ab dem das Gericht den Bevollmächtigten beiordnet. Weicht dieser von dem Datum der Klageerhebung ab, so sind nur die Tätigkeiten von der Verfahrensgebühr umfasst, die ab dem Zeitpunkt der Beiordnung erfolgen.

II. Klageverfahren

Für die Verfahrensgebühr besteht folgender Gebührenrahmen: 189
- Vor dem SG nach Nr. 3102 VV RVG zwischen 50 EUR und 550 EUR (Mittelgebühr 300 EUR).
- Vor dem LSG nach Nr. 3204 VV RVG zwischen 60 EUR und 680 EUR (Mittelgebühr 370 EUR).
- Vor dem BSG nach Nr. 3212 VV RVG zwischen 80 EUR und 880 EUR (Mittelgebühr 480 EUR).

War der Anwalt bereits vorgerichtlich tätig, insbesondere im Widerspruchverfahren, kommt es zu der eben angeführten Anrechnung der Geschäftsgebühr. Die Anrechnung der Geschäftsgebühr kommt jedoch wegen § 15 a Abs. 2 RVG bei der Abrechnung gegenüber der Staatskasse aus PKH nicht in Betracht. Da diese die Geschäftsgebühr nicht zu erstatten hat, kann hier die volle Verfahrensgebühr anrechnungsfrei geltend gemacht werden. Der nach altem Recht in diesen Fällen angewendete abgesenkte Gebührenrahmen nach Nr. 3103 VV RVG a.F. sah einen Gebührenrahmen von 20 EUR bis 320 EUR (Mittelgebühr 170 EUR) vor. 190

Weiterhin kann im gerichtlichen Verfahren eine Terminsgebühr anfallen. 191
- Diese entsteht für die Wahrnehmung von gerichtlichen Terminen, aber auch für die Wahrnehmung von außergerichtlichen Terminen und Besprechungen, wenn nichts anderes bestimmt ist. Unproblematisch entsteht diese Gebühr, sobald das Verfahren aufgerufen wird und der Rechtsanwalt vertretungsbereit anwesend ist.
- Für die Terminsgebühr besteht folgender Gebührenrahmen: 192
- Vor dem SG und LSG nach Nr. 3106 und 3205 VV RVG zwischen 50 EUR und 510 EUR (Mittelgebühr 280 EUR).
- Vor dem BSG zwischen 80 EUR und 830 EUR (Mittelgebühr 455 EUR).

Nach den Anmerkungen Ziff. 1 zu Nr. 3106 VV RVG entsteht nach neuem Recht eine Terminsgebühr auch bei Abschluss eines schriftlichen Vergleiches. Dabei gilt zu beachten, dass überwiegend vertreten wird, dass ein schriftlicher Vergleich idS nur ein solcher ist, der unter Mitwirkung oder auf Veranlassung des Gerichts nach § 202 SGG iVm § 278 Abs. 6 ZPO bzw. ab dem 25.10.2013 nach § 101 Abs. 1 S. 2 SGG geschlossen wurde. In den Fällen, in denen die Beteiligten einen Vergleich bereits außergerichtlich geschlossen haben und damit die mündliche Verhandlung entbehrlich geworden ist, würde dann keine Terminsgebühr zuerkannt.[162] 193

Ferner fällt die Terminsgebühr als sogenannte „fiktive Terminsgebühr" auch an, wenn die mündliche Verhandlung vorgeschrieben war und mit Einverständnis der Beteiligten ohne mündliche Verhandlung entschieden wurde, wenn nach § 105 SGG durch Gerichtsbescheid (soweit hiergegen nicht die Berufung zulässig ist) entschieden wird, oder das Verfahren durch (schriftliches) angenommenes Anerkenntnis beendet wird, für das sonst die mündliche Verhandlung vorgeschrieben ist (also insbesondere nicht das einstweilige Rechtsschutzverfahren). Ein angenommenes 194

---

162 Vgl. LSG NRW 4.1.2016 – L 10 SB 57/15 B; LSG Bayern 22.5.2015 – L 15 SF 115/14 E; LSG Niedersachsen-Bremen 20.7.2015 – L7/14 AS 64/14 B.

A. Allgemeiner Teil

Teilanerkenntnis genügt jedoch nicht.[163] Die fiktive Terminsgebühr beträgt nach der neuen gesetzlichen Regelung 90 % der Verfahrensgebühr.

195 Auch kann eine Erledigungs- oder eine Einigungsgebühr anfallen.

196 Die Voraussetzungen der Erledigungsgebühr sind in Nr. 1002 VV RVG geregelt. Der Gebührentatbestand setzt voraus, dass sich die Rechtssache nach Aufhebung oder Änderung des angefochtenen oder durch Erlass eines bislang abgelehnten Verwaltungsaktes durch die anwaltliche Mitwirkung erledigt. Erforderlich ist jedoch, dass der Anwalt hier qualifiziert an der Erledigung mitgewirkt hat, mithin seine Tätigkeit nicht nur unwesentlich und gerade auf die außergerichtliche Erledigung gerichtet war. Weder die Klagebegründung noch die bloße Annahme eines Anerkenntnisses genügt hierfür. Vielmehr ist ein Einwirken auf den Mandanten erforderlich.[164]

197 ■ Eine Einigungsgebühr nach Nr. 1000 VV RVG entsteht u.a. für die Mitwirkung beim Abschluss eines Vertrags, durch den der Streit oder die Ungewissheit über ein Rechtsverhältnis beseitigt wird. Die Gebühr entsteht nicht, wenn sich der Vertrag ausschließlich auf ein Anerkenntnis oder einen Verzicht beschränkt. Der Hauptanwendungsfall der Einigungsgebühr ist der Abschluss eines Vergleiches.

198 ■ Die Höhe der Einigungs- bzw. der Erledigungsgebühr richtet sich nach Nr. 1005, 1006 VV RVG. Die Rahmengebühren entsprechen vor dem SG, LSG und BSG der Höhe der Geschäfts- bzw. der Verfahrensgebühr (ohne Berücksichtigung einer eventuellen Erhöhung für Mandantenmehrheit nach Nr. 1008 VV RVG).

199 Nach Nr. 7001, Nr. 7002 VV RVG und Nr. 7008 VV RVG können die üblichen Auslagen von Umsatzsteuer, Post- und Telekommunikationspauschale und Fahrtkosten geltend gemacht werden. Nach Nr. 7000 VV RVG können darüber hinaus die Ablichtungen aus den Verwaltungsakten geltend gemacht werden, soweit sie für eine zuverlässige und angemessene Unterrichtung notwendig waren. Da es sich gem. § 17 Nr. 1 a RVG bei Widerspruchsverfahren und dem anschließenden gerichtlichen Verfahren um verschiedene Angelegenheiten handelt, kann insbesondere die Pauschale nach Nr. 7002 VV RVG jeweils für beide Verfahren geltend gemacht werden.

200 Im Rahmen der Kostenfestsetzung gegen den Beklagten (jedoch nicht bei der Kostenfestsetzung aus PKH gegen die Staatskasse) ist auch das Widerspruchsverfahren Bestandteil der Kostenfestsetzung.

Hier entsteht zunächst eine Geschäftsgebühr:

■ Nach Nr. 2302 VV RVG beträgt der Betragsrahmen 50 EUR bis 640 EUR (Mittelgebühr 345 EUR; Schwellengebühr 300 EUR).
■ Wird der Anwalt im Rahmen der Beratungshilfe tätig, entsteht eine Geschäftsgebühr gem. Nr. 2503 VV RVG iHv 85 EUR, die, sofern sich ein gerichtliches oder behördliches Verfahren anschließt, zur Hälfte auf die dort entstehenden Gebühren anzurechnen ist.

---

163 Dies ist durchaus umstritten. Es fällt jedoch in diesem Fall eine Erledigungsgebühr gem. Nr. 1005, 1006 VV RVG an.
164 Vgl. Mayer/Kroiß/*Mayer* RVG Nr. 1002 VV Rn. 17 ff. mwN.

Die Schwellengebühr ist stets dann anzusetzen, wenn der Umfang und die Schwierigkeit der anwaltlichen Tätigkeit (siehe sogleich unter Rn. 207 ff.) durchschnittlich sind.[165] Bei der Festsetzung der außergerichtlichen Kosten ist insbesondere zu berücksichtigen, dass nicht jedes geführte Verfahren eine gesonderte Angelegenheit darstellt. Vielmehr kann der Rechtsanwalt nach § 15 Abs. 2 RVG Gebühren in derselben Angelegenheit nur einmal fordern. Von derselben Angelegenheit wird regelmäßig dann ausgegangen, wenn zwischen den weisungsgemäß erbrachten anwaltlichen Leistungen ein innerer Zusammenhang gegeben ist, also ein einheitlicher Auftrag und ein einheitlicher Rahmen der anwaltlichen Tätigkeit vorliegen.[166] So ist bspw. bei einem einheitlichen Auftrag zur Überprüfung mehrerer Bescheide nach § 44 SGB X, bei daraus folgenden mehreren Widersprüchen, die Geschäftsgebühr (wenn auch wohl höher wegen eines größeren Umfanges der anwaltlichen Tätigkeit) nur einmal abrechenbar. Aber auch bei der Vertretung mehrerer Mitglieder einer Bedarfsgemeinschaft für denselben Zeitraum handelt es sich um eine Angelegenheit iSd § 15 Abs. 2 RVG. Die Konstellation einer Bedarfsgemeinschaft löst lediglich eine Erhöhungsgebühr nach Nr. 1008 VV RVG aus. Daneben ist in den §§ 16, 17 RVG geregelt, was dieselbe Angelegenheit ist bzw. wobei es sich bei verschiedenen Angelegenheiten handelt. 201

Bei einem dem Widerspruchsverfahren vorangegangenen Verwaltungsverfahren handelt es sich im Verhältnis zu dem Widerspruchsverfahren um verschiedene Angelegenheiten gem. § 17 Nr. 1 a RVG, sodass auch dort die Geschäftsgebühr anfällt. Diese kann jedoch mangels Erstattungsvorschrift nicht gegenüber der Behörde geltend gemacht werden. 202

Ist der Anwalt im Verwaltungsverfahren zunächst außergerichtlich gegenüber der Behörde tätig geworden und sodann im daran anschließenden Widerspruchsverfahren, wird gemäß Vorbem. 2.3. Abs. 4 VV RVG die Hälfte der im Erstverfahren angefallenen Geschäftsgebühr auf die Geschäftsgebühr des Widerspruchsverfahrens angerechnet, wiederum begrenzt auf einen Betrag von 175 EUR. Die Nr. 2401 VV RVG, die den Gebührenrahmen der Geschäftsgebühr bei einer Tätigkeit des Rechtsanwaltes im Verwaltungsverfahren bezeichnete, ist gestrichen worden. 203

Schließlich kann auch vorgerichtlich eine Einigungs- oder Erledigungsgebühr nach Nr. 1005, 1006 VV RVG anfallen. Die Höhe richtet sich nach der Höhe der Geschäftsgebühr (ohne Berücksichtigung einer eventuellen Erhöhung für Mandantenmehrheit nach Nr. 1008 VV RVG). Im Rahmen der Beratungshilfe beträgt sie nach Nr. 2508 VV RVG einheitlich 150 EUR. 204

Eine Verzinsung kommt nach § 197 SGG iVm § 104 Abs. 1 Satz 2 ZPO ab Antragstellung in Betracht. Dies gilt jedoch nicht für die Kostenfestsetzung aus PKH gegen die Staatskasse, da für diese § 197 SGG nicht gilt. 205

c) Gebührenhöhe

Die Höhe der Gebühren bestimmt sich nach § 14 Abs. 1 Satz 1 RVG anhand verschiedener Kriterien. Sie ergeben sich nicht, wie im Zivilprozess, aus einem Streitwert. Grds. hat der Anwalt die Gebühren nach billigem Ermessen zu bestimmen. 206

---

165 BSG 1.7.2009 – B 4 AS 21/09 R. Zum gesamten Gebührenrecht eine lesenswerte Entscheidung.
166 Vgl. BSG 2.4.2014 – B 4 AS 27/13 R.

# A. Allgemeiner Teil

Der Kostenbeamte kann hiervon abweichen, wenn die Bestimmung unbillig ist. In der Praxis wird ein Abweichen von 20 % noch toleriert, wobei das BSG dies restriktiver zu sehen scheint.[167]

207 Die Kriterien, anhand derer die Gebühr zu bestimmen ist, sind der Umfang der anwaltlichen Tätigkeit, die Schwierigkeit der anwaltlichen Tätigkeit, die Bedeutung der Sache für den Kläger, die Einkommens- und Vermögensverhältnisse des Klägers sowie das Haftungsrisiko des Rechtsanwaltes. Während diese Kriterien früher gleichwertig nebeneinander standen, sind mit der am 1.8.2013 in Kraft getretenen Neufassung des RVG[168] nur noch der Umfang und die Schwierigkeit der anwaltlichen Tätigkeit als Hauptkriterium genannt. Daneben „können" die Kriterien der Bedeutung der Angelegenheit für den Antragsteller, seine Einkommens- und Vermögensverhältnisse und ein besonderes Haftungsrisiko des Rechtsanwaltes herangezogen werden. Diese Änderung sollte das Schwergewicht bei der Bestimmung der Gebühren auf Umfang und Schwierigkeit der anwaltlichen Tätigkeit legen.

208 Der Umfang der anwaltlichen Tätigkeit wird bestimmt durch die Zeit, die für die Bearbeitung des Falles notwendig ist, einschließlich Mandantengespräche, Recherche, Aktenstudium, Fertigen von Notizen usw. Maßgebend ist der objektive Umfang. Insbesondere für SGB II-Verfahren dürfte diese üblicherweise unterdurchschnittlich sein. Soweit lediglich die Klage abzufassen war und in der Stellungnahme des Beklagten nur Bezug genommen wird auf den Widerspruchsbescheid, wird ein durchschnittlicher Umfang nicht zu begründen sein. Vergleichsmaßstab sind die übrigen beim Sozialgericht anhängigen Verfahren. Sachverständigengutachten, welche in Sozialversicherungsrecht üblich sind, sind kaum notwendig. Der Sachverhalt ist meist überschaubar. Erhöhend mögen hier lediglich umfangreiche und schlecht geführte Verwaltungsakten wirken, deren Studium dann ggf. mehr Zeit in Anspruch nimmt. Wird ein mit der Sache bislang noch nicht befasster Rechtsanwalt mit der Durchführung des sozialrechtlichen Vorverfahrens beauftragt, kommt es für den Umfang seiner Tätigkeit nicht nur auf die Zahl der gefertigten Schriftsätze an. Von Bedeutung ist darüber hinaus u.a., welchen Einsatz der Rechtsanwalt im Einzelnen zur Erstellung dieser Ausführungen notwendigerweise erbringen muss.[169] Es ist stets eine Betrachtung des Einzelfalls vorzunehmen. So sind auch in SGB II-Verfahren Konstellationen vorzufinden, in denen mindestens von einer Durchschnittlichkeit auszugehen ist.

209 Die vom Umfang zu unterscheidende Schwierigkeit der anwaltlichen Tätigkeit meint die Intensität der Arbeit. Ausgehend von einem objektiven Maßstab ist auf einen Rechtsanwalt abzustellen, der sich bei der Wahrnehmung des Mandats darauf beschränken kann und darf, den Fall mit den einschlägigen Rechtsvorschriften, ggf. unter Heranziehung von Rechtsprechung und Kommentarliteratur, zu bearbeiten. Dies beinhaltet aber auch, dass hierfür spezielle Kenntnisse und Fertigkeiten in eingeschränktem Umfang erforderlich sein können. Damit ist auf der einen Seite unerheblich, ob der Rechtsanwalt wegen geringer Berufserfahrung Schwierigkeiten bei der Bewältigung der Aufgabe hat. Andererseits spielt es keine

---

167 BSG SozR 1300 § 63 Nr. 2.
168 2. Kostenrechtsmodernisierungsgesetz v. 23.7.2013, BGBl. I S. 2586.
169 BSG 1.7.2009 – B 4 AS 21/09R.

Rolle, dass der Anwalt z.B. aufgrund vertiefter Fachkenntnisse oder Erfahrung das Mandat leichter als andere Rechtsanwälte bewältigen kann.[170] Das übliche SGB II-Verfahren ist auch hier eher unterdurchschnittlich. Die rechtliche Problematik ist meist überschaubar, die Problematiken wiederholen sich und oft werden mehrere Verfahren für eine Bedarfsgemeinschaft geführt, die sich nur hinsichtlich des streitigen Zeitraumes unterscheiden.

Überdurchschnittlich schwierig ist die Tätigkeit etwa dann, wenn erhebliche, sich üblicherweise nicht stellende Probleme auftreten; diese können sowohl im tatsächlichen als auch im juristischen Bereich liegen. Eine über dem Durchschnitt liegende tatsächliche Schwierigkeit kann sich auch daraus ergeben, dass der Rechtsanwalt nicht nur die Verhältnisse des Mandanten, sondern – wie typischerweise im Bereich der Grundsicherung für Arbeitsuchende – auch diejenigen weiterer Personen zu berücksichtigen hat, dieser Umstand aber nicht die Voraussetzungen der Nr. 1008 VV RVG erfüllt.[171] Vergleichsmaßstab sind auch hier die übrigen beim Sozialgericht anhängigen Verfahren, ohne Beschränkung auf ein bestimmtes Teilrechtsgebiet. Hinsichtlich der Schwierigkeit der anwaltlichen Tätigkeit hat indes auch eine Prüfung des konkreten Einzelfalls zu erfolgen. 210

Die Bedeutung der Angelegenheit ist idR an der Bedeutung des erstrittenen Betrages für einen SGB II-Empfänger festzumachen. Auch kleinere Beträge können hier bereits zu einer überdurchschnittlichen Bedeutung führen.[172] 211

Die Einkommen- und Vermögensverhältnisse des Auftraggebers sind bei SGB II/SGB XII-Verfahren naturgemäß unterdurchschnittlich. IdR kompensiert dies die ggf. überdurchschnittliche Bedeutung der Angelegenheit. 212

Nach § 14 Abs. 1 Satz 2 RVG kann ein besonderes Haftungsrisiko gebührenerhöhend wirken, was jedoch in SGB II/SGB XII-Verfahren kaum denkbar ist. 213

Weiterhin sind die anfallenden Gebühren nach § 7 Abs. 1 RVG bei mehreren Auftragsgebern zu erhöhen. Dies wird durch die idR aus mehreren Mitgliedern bestehende Bedarfsgemeinschaft häufig vorkommen. Die Erhöhung folgt dann gemäß Nr. 1008 VV RVG. Sie kommt im Übrigen auch in Betracht, wenn der Auftrag nur durch ein Mitglied der BG in Vertretung für die weiteren Mitglieder (§ 38 Abs. 2 SGB II) erteilt wird.[173] 214

Muster: Kostenfestsetzungsantrag gegen den Beklagten nach Vergleich im Termin mit Kostentragung von 2/3 durch den Beklagten 215

Rechtsanwalt

(...)

(Datum)

An das

Sozialgericht (...)

(Anschrift)

---

170 BSG aaO, mwN.
171 BSG aaO, mwN.
172 BSG 1.7.2009 – B 4 AS 21/09 R.
173 BSG 27.9.2011 – B 4 AS 155/10 R.

A. Allgemeiner Teil

Kostenfestsetzungsantrag

In dem Verfahren

(Kläger) ./. Jobcenter (...)

Az.: (gerichtliches Aktenzeichen)

beantrage ich, die außergerichtlichen Kosten der Kläger nebst 5%-Punkten über dem Basiszinssatz ab Antragstellung nach § 197 SGG wie folgt festzusetzen:

I. Widerspruchsverfahren

Geschäftsgebühr Nr. 2302 VV RVG	300 EUR
Post- und Telekommunikationspauschale	20 EUR

II. Klageverfahren

Verfahrensgebühr Nr. 3102 VV RVG	300 EUR
anzurechnen gem. Vorb. 3 Abs. 4	- 150 EUR
Terminsgebühr Nr. 3106 VV RVG	210 EUR
Einigungsgebühr Nr. 1006 VV RVG	300 EUR
Post- und Telekommunikationspauschale Nr. 7002 VV RVG	20 EUR
Umsatzsteuer Nr. 7008 VV RVG	190 EUR
Summe	1.190 EUR
Davon 2/3 laut Vergleich	**793,33 EUR**

Für das Widerspruchsverfahren ist die Schwellengebühr angemessen, da Umfang und Schwierigkeit der anwaltlichen Tätigkeit durchschnittlich waren und die unterdurchschnittlichen Einkommens- und Vermögensverhältnisse durch die überdurchschnittliche Bedeutung des Verfahrens für den Kläger kompensiert werden. Aus dem gleichen Grund ist die Mittelgebühr bei der Verfahrens- und der Einigungsgebühr im Klageverfahren anzusetzen.

Der Umfang der anwaltlichen Tätigkeit war durchschnittlich. Es mussten vier Bände Beklagtenakten gesichtet werden. Es wurde weiterhin ein 3-seitiger Widerspruch verfasst. Im Klageverfahren sodann eine 3-seitige Klage sowie zwei weitere 2-seitige Schriftsätze. Ferner spielte ein Mehrbedarf für kostenaufwendige Ernährung eine Rolle. Insoweit musste ein Befundbericht des behandelnden Arztes des Klägers eingeholt werden. Die Schwierigkeit der anwaltlichen Tätigkeit war ebenfalls durchschnittlich. Es standen Probleme der Unterkunftskosten im Rahmen des SGB II sowie der Einkommensanrechnung und der Frage des eben bezeichneten Mehrbedarfes im Raum. Für letzteren mussten zusätzlich medizinische Fragen behandelt werden. Die Bedeutung der Angelegenheit für den Kläger war überdurchschnittlich, da ein Betrag von insgesamt ca. 600 EUR im Streit stand, welcher für einen ALG II-Empfänger erhebliche Bedeutung hat. Weiterhin waren seine Einkommens- und Vermögensverhältnisse aufgrund des ALG II jedoch unterdurchschnittlich. Im Ergebnis bleibt es daher bei einer Durchschnittlichkeit.

Hinsichtlich der Terminsgebühr ist eine um 1/4 reduzierte Mittelgebühr angemessen. Der Termin dauerte 30 min. und war damit unterdurchschnittlich lang. Er endete mit einem Vergleich, weshalb die Einigungsgebühr anfiel.

(...)

Rechtsanwalt

Muster: Kostenfestsetzungsantrag aus PKH gegen die Staatskasse nach Vergleich mit Kostentragung durch den Beklagten in Höhe von 2/3   216

Rechtsanwalt

(...)

(Datum)

An das

Sozialgericht (...)

(Anschrift)

Kostenfestsetzungsantrag

In dem Verfahren

(Kläger) ./. Jobcenter (...)

Az.: (gerichtliches Aktenzeichen)

beziehe ich mich auf den Beschluss vom ..., mit welchem dem Kläger ratenfreie Prozesskostenhilfe bewilligt wurde, und beantrage nach § 45 RVG gegen die Staatskasse folgende Gebühren festzusetzen:

Verfahrensgebühr Nr. 3102 VV RVG	300 EUR
Terminsgebühr Nr. 3106 VV RVG	210 EUR
Einigungsgebühr Nr. 1006 VV RVG	300 EUR
Post- und Telekommunikationspauschale Nr. 7002 VV RVG	20 EUR
Umsatzsteuer Nr. 7008 VV RVG	157,70 EUR
Summe	987,70 EUR
Davon 1/3 (2/3 trägt laut Vergleich der Beklagte)	329,23 EUR

Für Verfahrensgebühr und Einigungsgebühr ist die Mittelgebühr angemessen, da Umfang und Schwierigkeit der anwaltlichen Tätigkeit durchschnittlich waren und die unterdurchschnittlichen Einkommens- und Vermögensverhältnisse durch die überdurchschnittliche Bedeutung des Verfahrens für den Kläger kompensiert werden.

Der Umfang der anwaltlichen Tätigkeit war durchschnittlich. Es mussten vier Bände Beklagtenakten gesichtet werden. Im Klageverfahren wurden eine 3-seitige Klage sowie zwei weitere 2-seitige Schriftsätze gefertigt. Ferner spielte ein Mehrbedarf für kostenaufwendige Ernährung eine Rolle. Insoweit musste ein Befundbericht des behandelnden Arztes des Klägers eingeholt werden. Die Schwierigkeit der anwaltlichen Tätigkeit war ebenfalls durchschnittlich. Es standen Probleme der Unterkunftskosten im Rahmen des SGB II sowie der Einkommensanrechnung und der Frage des eben bezeichneten Mehrbedarfes im

Raum. Für letzteren mussten zusätzlich medizinische Fragen behandelt werden. Die Bedeutung der Angelegenheit für den Kläger war überdurchschnittlich, da ein Betrag von insgesamt ca. 600 EUR im Streit stand, welcher für einen ALG II-Empfänger erhebliche Bedeutung hat. Weiterhin waren seine Einkommens- und Vermögensverhältnisse aufgrund des ALG II jedoch unterdurchschnittlich. Im Ergebnis bleibt es daher bei einer Durchschnittlichkeit.

Hinsichtlich der Terminsgebühr ist eine um ¼ reduzierte Mittelgebühr angemessen. Der Termin dauerte 30 min. und war damit unterdurchschnittlich lang. Er endete mit einem Vergleich, weshalb die Einigungsgebühr anfiel.

(...)

Rechtsanwalt

217 Möglich ist in diesen Fällen im Übrigen auch, die gesamten Kosten gegen die Staatskasse geltend zu machen. Diese greift nach Erstattung sodann in dem Umfang auf den Beklagten zurück, in dem dieser erstattungspflichtig ist (im eben genannten Fall also zu 2/3).

7. Erinnerung

218 Gegen den Kostenfestsetzungsbeschluss des Urkundsbeamten (sowohl gegen den des Beklagten als auch aus PKH gegen die Staatskasse) ist die Erinnerung als Rechtsmittel zulässig.

219 Richtet sich die Erinnerung gegen die Festsetzung gegen den Beklagten, so ist sie nach §§ 197 Abs. 2, 178 SGG binnen eines Monats nach Bekanntgabe des Kostenfestsetzungsbeschlusses zu erheben. Erinnerungsführer ist in diesem Fall der Kläger selbst. Auf die Erinnerung hin prüft der Urkundsbeamte zunächst, ob er abhilft. Eine reformatio in peius (Verböserung) ist ausgeschlossen. Der auf die Erinnerung hin ergehende Beschluss des Sozialgerichts ist unanfechtbar, § 197 Abs. 2 SGG.

220 Richtet sich die Erinnerung gegen die Festsetzung gegen die Staatskasse, so wird sie nach § 56 RVG erhoben. Erinnerungsführer ist in diesem Fall der Rechtsanwalt selbst.[174] Das Verfahren ist gebührenfrei. Eine Frist sieht das Gesetz hier nicht vor.

221
Muster: Erinnerung gegen Kostenfestsetzungsbeschluss gegen die Staatskasse
Rechtsanwalt

(...)

(Datum)

An das

Sozialgericht (...)

(Anschrift)

---

[174] Beteiligter ist hier tatsächlich der Rechtsanwalt und nicht der Kläger. Bei dem Vergütungsanspruch gegen die Staatskasse handelt es sich um den persönlichen Anspruch des beigeordneten Anwalts.

II. Klageverfahren

Erinnerung

des (Rechtsanwalt),

(Anschrift)

– Erinnerungsführer –

gegen

(Bundesland)

vertreten durch den Bezirksrevisor

– Erinnerungsgegner –[175]

gegen den Kostenfestsetzungsbeschluss vom (...) erhebe ich Erinnerung und beantrage,

den Kostenfestsetzungsbeschluss vom (...) abzuändern und die zu erstattenden Kosten auf 329,23 EUR festzusetzen.

Begründung:

I.

Mit Beschluss vom (...) wurde dem Kläger ratenfreie Prozesskostenhilfe unter Beiordnung des Erinnerungsführers bewilligt.

Mit Antrag vom (...) wurde die Festsetzung gegen die Staatskasse von folgenden Gebühren beantragt:

Verfahrensgebühr Nr. 3102 VV RVG	300 EUR
Terminsgebühr Nr. 3106 VV RVG	210 EUR
Einigungsgebühr Nr. 1006 VV RVG	300 EUR
Post- und Telekommunikationspauschale Nr. 7002 VV RVG	20 EUR
Umsatzsteuer Nr. 7008 VV RVG	157,70 EUR
Summe	987,70 EUR
Davon 1/3 (2/3 trägt laut Vergleich der Beklagte)	329,23 EUR

Mit Kostenfestsetzungsbeschluss vom (...) setzte die Urkundsbeamtin die Kosten hinsichtlich Verfahrens- und Einigungsgebühr lediglich mit einer um 1/3 reduzierten Mittelgebühr an.

Hiergegen richtet sich die Erinnerung.

II.

Für Verfahrensgebühr und Einigungsgebühr ist die Mittelgebühr angemessen, da Umfang und Schwierigkeit der anwaltlichen Tätigkeit durchschnittlich waren und die unterdurchschnittlichen Einkommens- und Vermögensverhältnisse durch die überdurchschnittliche Bedeutung des Verfahrens für den Kläger kompensiert werden.

Der Umfang der anwaltlichen Tätigkeit war durchschnittlich. Es mussten vier Bände Beklagtenakten gesichtet werden. Im Klageverfahren wurden eine 3-seitige Klage sowie

---

175 Im Falle der Erinnerung gegen die Kostenfestsetzung gegen den Beklagten ist Erinnerungsführer der Kläger, vertreten durch den Rechtsanwalt und Erinnerungsgegner der Beklagte.

zwei weitere 2-seitige Schriftsätze gefertigt. Ferner spielte ein Mehrbedarf für kostenaufwendige Ernährung eine Rolle. Insoweit musste ein Befundbericht des behandelnden Arztes des Klägers eingeholt werden. Die Schwierigkeit der anwaltlichen Tätigkeit war ebenfalls durchschnittlich. Es standen Probleme der Unterkunftskosten im Rahmen des SGB II sowie der Einkommensanrechnung und der Frage des eben bezeichneten Mehrbedarfes im Raum. Für letzteren mussten zusätzlich medizinische Fragen behandelt werden. Die Bedeutung der Angelegenheit für den Kläger war überdurchschnittlich, da ein Betrag von insgesamt ca. 600 EUR im Streit stand, welcher für einen ALG II-Empfänger erhebliche Bedeutung hat. Weiterhin waren seine Einkommens- und Vermögensverhältnisse aufgrund des ALG II jedoch unterdurchschnittlich. Im Ergebnis bleibt es daher bei einer Durchschnittlichkeit.

(…)

Rechtsanwalt

222 Gegen den Erinnerungsbeschluss des Gerichts ist nach § 197 Abs. 2 SGG kein Rechtsmittel gegeben, soweit es die Kostenfestsetzung zwischen den Beteiligten betrifft.

223 Gegen den Erinnerungsbeschluss bzgl. der Kostenfestsetzung gegen die Staatskasse ist die Beschwerde gem. § 56 RVG zulässig. Durch das Gesetz zur Änderung des Prozesskostenhilfe- und Beratungshilferechts vom 31.8.2013 hat der Gesetzgeber in § 73 a Abs. 1 SGG durch Anfügen des Satzes 4 geregelt, dass sich die Vergütung für den beigeordneten Rechtsanwalt nach den Vorschriften des RVG richtet. Daraus folgt, dass das RVG und damit insbesondere die dort geregelten Beschwerdemöglichkeiten innerhalb des SGG für die Vergütung im Rahmen der Prozesskostenhilfe anwendbar sind. Die früheren Streitigkeiten um die Zulässigkeit der Beschwerde sind damit obsolet. Uneinigkeit besteht nunmehr dahingehend, in welchem Umfang die vorangegangene Entscheidung des Urkundsbeamten zu überprüfen ist. In Teilen der Rechtsprechung wird vertreten, dass eine vollumfängliche Prüfung im Rahmen der Erinnerung und auch der Beschwerde nicht stattfindet. Bei einer nur teilweisen Anfechtung erfolgt dann lediglich eine partielle Überprüfung der vorangegangenen Entscheidung des Urkundsbeamten.[176] Nach anderer Auffassung ist Gegenstand des Erinnerungs- und Beschwerdeverfahrens die gesamte Kostenfestsetzung, nicht nur die einzelne Gebühr, gegen deren Versagung sich die Erinnerung bzw. die Beschwerde richtet.[177] Relevant kann dieser Streit dann werden, wenn bspw. die Verfahrensgebühr zu niedrig, aber die Terminsgebühr zu hoch bemessen wurde. Während nach erstgenannter Auffassung bei separater Erinnerung gegen die Verfahrensgebühr nur über diese zu befinden ist, würde bei der gegensätzlichen Auffassung eine Überprüfung der gesamten Gebühren erfolgen. Insgesamt dürfte keine Verböserung erfolgen, ein Ausgleich zwischen den einzelnen Gebührentatbeständen ist jedoch möglich.

---

176 So bspw. LSG Bayern 15.6.2016 – L15 SF 92/14 E.
177 So bspw. LSG Thüringen 9.12.2015 – L 6 SF 1286/15 E.

8. Befangenheitsantrag

Auch im sozialgerichtlichen Verfahren gelten für die Ausschließung und Ablehnung von Gerichtspersonen nach § 60 Abs. 1 SGG die §§ 41–49 ZPO entsprechend. 224

Ausgeschlossen von der Ausübung des Richteramtes ist nach § 60 Abs. 2 SGG, wer im vorausgegangenen Verwaltungsverfahren mitgewirkt hat. Dies gilt auch für die ehrenamtlichen Richter, was wohl auch von größerer Bedeutung sein dürfte. Sonstige Ausschließungsgründe sind in § 41 ZPO enthalten. 225

Die Besorgnis der Befangenheit nach § 42 ZPO gilt nach § 60 Abs. 3 SGG immer dann als begründet, wenn der Richter dem Vorstand einer Körperschaft oder Anstalt des öffentlichen Rechts angehört, deren Interessen durch das Verfahren unmittelbar berührt werden. Im Übrigen ist die Besorgnis der Befangenheit nach § 42 Abs. 2 ZPO gegeben, wenn ein Grund vorliegt, der geeignet ist, Misstrauen gegen die Unparteilichkeit des Richters zu rechtfertigen. Es muss ein objektiv vernünftiger Grund gegeben sein, der den am Verfahren Beteiligten von seinem Standpunkt aus befürchten lassen kann, die Gerichtsperson werde nicht unparteiisch entscheiden.[178] Erforderlich, aber ausreichend ist, wenn berechtigter Anlass für die Annahme besteht, der Richter könnte befangen sein. Wegen der Einzelheiten muss hier auf entsprechende Kommentierungen verwiesen werden.[179] Die Besorgnis kann sich aus persönlicher Nähebeziehung zu Beteiligten, Kollegialität, Zugehörigkeit zu Organisationen und vorausgegangenem Tun ergeben. 226

Das Ablehnungsgesuch ist rechtzeitig zu stellen. Nach § 43 ZPO ist es verspätet, wenn der Beteiligte sich gegenüber einem abzulehnenden Richter in eine Verhandlung eingelassen oder Anträge gestellt hat. Das Ablehnungsgesuch kann regelmäßig nur bis zur Entscheidung in der Hauptsache gestellt werden.[180] Das Gesuch muss nach § 44 Abs. 2 ZPO glaubhaft gemacht werden. Die eidesstattliche Versicherung des Beteiligten ist unzulässig. Es darf sich jedoch auf das Zeugnis des entsprechenden Richters, der sich im Übrigen nach § 44 Abs. 3 ZPO dienstlich zu äußern hat, bezogen werden. Der abgelehnte Richter scheidet erst nach positiver Entscheidung über das Gesuch aus dem Verfahren aus, darf bis dahin jedoch nach § 47 Abs. 1 ZPO nur unaufschiebbare Handlungen vornehmen. Nach § 47 Abs. 2 ZPO kann ein in der mündlichen Verhandlung gestelltes Ablehnungsgesuch die Vertagung nicht erzwingen. Dies soll eine Verschleppung des Verfahrens durch Ablehnungsgesuche verhindern. Im sozialgerichtlichen Verfahren mit dem faktischen Zwang zum Stuhlurteil am Ende der mündlichen Verhandlung ist diese Vorschrift jedoch weitestgehend wirkungslos, da der Richter ein Urteil sicher nicht fällen wird und ein Urteil nach der Entscheidung über das Ablehnungsgesuch einen neuen Termin ohnehin erforderlich macht.[181] Eine Einwilligung zur Entscheidung ohne mündliche Verhandlung wird sicher nicht erteilt werden. Eine Vertagung kann daher nicht verhindert werden. Der Antrag ist nach § 44 Abs. 1 ZPO bei dem Ge- 227

---

178 BSG 1.3.1993 – 12 RK 45/92.
179 Bspw. Lüdtke/Berchtold/*Littmann* SGG § 60 Rn. 11 ff.
180 Str. wie hier Lüdtke/Berchtold/*Littmann* SGG § 60 Rn. 21; aA Zöller/*Vollkommer* ZPO § 42 Rn. 4.
181 Eine Ausnahme besteht bei einem offensichtlich rechtsmissbräuchlichen Befangenheitsantrag. Hier wird idR durchentschieden.

richt zu stellen, dem der abgelehnte Richter angehört. Er kann zu Protokoll erklärt werden. Er kann wie folgt formuliert werden:

> Der Vorsitzende Richter der (…) Kammer, Richter am Sozialgericht (…), wird wegen der Besorgnis der Befangenheit abgelehnt.

228 Nach der nunmehr neuen gesetzlichen Konzeption wurden die Regelungen der ZPO vollständig übernommen. Daher entscheidet nicht mehr das jeweilige LSG über das Gesuch, sondern nach § 60 Abs. 1 SGG iVm § 45 Abs. 1 ZPO das Sozialgericht, dem der entsprechende Richter angehört, ohne dessen Mitwirkung. Die Geschäftsverteilung der jeweiligen Gerichte hat die Zuständigkeiten zu bestimmen. Betrifft der Antrag einen Richter am LSG, entscheidet der Senat unter Mitwirkung seines Vertreters.

229 Es wird vertreten, dass der Richter des SG selbst entscheiden kann, wenn der Antrag bereits unzulässig ist. Unzulässigkeit ist insbesondere bei Rechtsmissbrauch gegeben (Verschleppung, beleidigende unsachliche Äußerungen, Antrag, um einen missliebigen Richter auszuschalten).[182] Teilweise wurde auch die Entscheidungsmöglichkeit des Richters am SG bei offensichtlicher Unbegründetheit für möglich gehalten. Bei offensichtlichem Missbrauch konnte von einer Entscheidung auch ganz abgesehen werden.[183] Ob dies nach der neuen gesetzlichen Regelung noch möglich ist, da diese Rechtsprechung wohl vor allem auf die Verfahrensbeschleunigung abzielte, ist allerdings fraglich.

230 Gegen den Beschluss des SG über das Ablehnungsgesuch ist die Beschwerde nach § 172 Abs. 2 SGG ausgeschlossen, das SG entscheidet daher endgültig. Damit hat der Gesetzgeber zu einer erheblichen Beschleunigung von Verfahren beigetragen.

9. Vollstreckung von Entscheidungen

231 Die Vollstreckung spielt im sozialgerichtlichen Verfahren eher eine untergeordnete Rolle. Dies mag in erster Linie daran liegen, dass idR die öffentliche Hand als Beklagte nicht erst durch die Vollstreckung zur Umsetzung von Urteilen gezwungen werden muss. Daher sind die Kenntnisse über die Vollstreckung sogar an den Sozialgerichten wenig ausgeprägt. Es ist jedoch zu beobachten, dass die freiwillige Umsetzung von Urteilen gerade in SGB II-Verfahren keine Selbstverständlichkeit mehr ist. Dies ist, in Anbetracht der Bindung auch der Jobcenter durch Art. 20 Abs. 3 GG, eine fragliche behördliche Einstellung gegenüber gerichtlichen Entscheidungen und zwingt den Prozessbevollmächtigten, zügig auch Vollstreckungsmaßnahmen einzuleiten.

232 Eine vorläufige Vollstreckbarkeit gibt es nicht. Diese ist nach § 198 Abs. 2 SGG ausgeschlossen. Grund hierfür ist, dass sozialgerichtliche Urteile unabhängig von der Rechtskraft, jedenfalls grds., vollstreckbar sind, also bis zur Einlegung eines Rechtsmittels auch vollstreckt werden können.[184]

233 § 198 SGG verweist zunächst grds. auf die Vorschriften der ZPO. Mithin müssen auch die üblichen Vollstreckungsvoraussetzungen vorliegen. Dies gilt jedenfalls für

---

182 BVerfG 22.2.1960 – 2 BvR 36/60.
183 LSG Bayern 21.11.2001 – L 18 SB 73/96.
184 Lüdtke/Berchtold/*Groß* SGG § 198 Rn. 14.

den üblichen Fall, dass Vollstreckungsgläubiger eine natürliche oder juristische Person des Privatrechts ist. Für die Fälle, in denen ein nicht bezifferter Titel vollstreckt werden soll (§ 201 SGG), wird neuerdings teilweise etwas anderes vertreten. Hierzu unter Rn. 268 f.

a) Titel

Zunächst muss ein Titel vorliegen (§ 704 ZPO, ggf. §§ 722, 723, 794 ZPO). Das SGG enthält insoweit jedoch in § 199 SGG eine Sonderregelung. Für die Praxis am relevantesten ist die Vollstreckung aus Urteilen, Beschlüssen im einstweiligen Rechtsschutz, Vergleichen und angenommenen Anerkenntnissen. Nicht vollstreckt wird aus Feststellungs- und Gestaltungsurteilen. Ihre Wirkung erschöpft sich in deren bloßer Existenz. 234

b) Klausel

Weiterhin muss der Titel mit einer Klausel versehen werden (§§ 724, 725 ZPO), d.h. eine vollstreckbare Ausfertigung vorliegen. Diese wird auf Antrag vom Urkundsbeamten der Geschäftsstelle des SG erteilt (§ 724 Abs. 2 ZPO). Die Klausel ist nach § 750 ZPO auf einer Ausfertigung des Titels aufzubringen. Nach § 199 Abs. 4 SGG kann bei Urteilen auf Antrag eine verkürzte vollstreckbare Ausfertigung ohne Tatbestand und Entscheidungsgründe erteilt werden. 235

Muster: Antrag auf Erteilung einer vollstreckbaren Ausfertigung 236

Rechtsanwalt

(...)

(Datum)

An das

Sozialgericht (...)

(...). Kammer

(Anschrift)

In dem Verfahren

(Kläger) ./. Jobcenter (...)

Az.: (gerichtliches Aktenzeichen)

beantrage ich namens und ausweislich beigefügter Vollmacht die

Erteilung einer vollstreckbaren Ausfertigung

des ergangenen Urteils in der oben genannten Sache. In der Ausfertigung kann auf Tatbestand und Entscheidungsgründe verzichtet werden (§ 199 Abs. 4 SGG).

(...)

Rechtsanwalt

c) Zustellung

Die vollstreckbare Ausfertigung ist dem Schuldner nach § 750 ZPO zuzustellen. Es genügt die Zustellung durch den Gläubiger (§ 750 Abs. 1 Satz 2 ZPO). Üblich ist die Zustellung im Parteibetrieb durch den Gerichtsvollzieher (§§ 191 ff. ZPO). 237

238 **Muster: Antrag auf Zustellung der vollstreckbaren Ausfertigung**

Rechtsanwalt

(…)

(Datum)

An das

Amtsgericht (…)

– Gerichtsvollzieherverteilerstelle –

(Anschrift)

In dem Zwangsvollstreckungsverfahren

des (…),

(Anschrift)

– Vollstreckungsgläubiger –

Prozessbevollmächtigter: Rechtsanwalt (…)

g e g e n

Jobcenter (…)

(Anschrift)

– Vollstreckungsschuldner –

wird zum Zwecke der Zwangsvollstreckung anliegende vollstreckbare Ausfertigung des Urteils des Sozialgerichts (…), Az.: (…) übersandt und namens und ausweislich beigefügter Vollmacht beantragt,

den Vollstreckungstitel an den Schuldner durch den Gerichtsvollzieher zuzustellen.

(…)

Rechtsanwalt

d) Durchführung

239 Die weitere Durchführung ist abhängig von Art und Inhalt des Titels. Dabei gilt folgendes:

aa) Bezifferter Tenor

240 Zunächst zu den Fällen, in denen ein bezifferter Tenor vorliegt, also ein Tenor aufgrund einer echten Leistungsklage oder einer (in SGB II-Verfahren wohl am häufigsten vorkommenden) kombinierten Anfechtungs- und Leistungsklage (§ 54 Abs. 4 SGG), auf die nicht (!) durch Grundurteil entschieden wurde.

241 **Beispiel:** „Der Beklagte wird unter Abänderung des Bescheides vom (…) in der Gestalt des Widerspruchsbescheides vom (…) verurteilt, an den Kläger 250 EUR zu zahlen."

242 Nicht ausreichend ist daher, da es sich um ein Grundurteil handelt: „Der Beklagte wird unter Abänderung des Bescheides vom (…) in der Gestalt des Widerspruchsbescheides vom (…) verurteilt, dem Kläger Leistungen nach dem SGB II unter Berücksichtigung von Kosten der Unterkunft in Höhe von 400 EUR zu zahlen."

243 Gleiches gilt auch für Vergleiche und Anerkenntnisse. Es muss eine bezifferte Verpflichtung enthalten sein.

Beispiel: „Der Beklagte verpflichtet sich, an den Kläger für den Zeitraum von (...) bis 244
(...) weitere 200 EUR zu zahlen." Oder: „Der Beklagte erkennt den Klageanspruch an und
zahlt an den Kläger weitere 200 EUR. Der Kläger nimmt dieses Anerkenntnis an."

Nicht ausreichend ist daher: „Der Beklagte verpflichtet sich, an den Kläger Leis- 245
tungen nach dem SGB II unter Berücksichtigung von Kosten der Unterkunft in Höhe von 400 EUR zu zahlen". Oder: „Der Beklagte erkennt den Klageanspruch an
und zahlt an den Kläger Leistungen nach dem SGB II unter Anrechnung eines monatlichen Einkommens von nur 350 EUR. Der Kläger nimmt dieses Anerkenntnis
an."

Liegt ein solcher bezifferter Tenor (oder eine bezifferte Verpflichtung) vor, so ent- 246
hält das SGG keine gesonderten Bestimmungen für die Vollstreckung, so dass sich
die Vollstreckung nach der ZPO richtet, mithin für die Vollstreckung von Geldforderungen nach §§ 803 ff. ZPO.

Vollstreckungsgericht ist das Amtsgericht.[185] Örtlich ist nach § 764 ZPO das 247
Amtsgericht zuständig, in dessen Bezirk vollstreckt werden soll. Das Sozialgericht
hat daher in diesen Fällen lediglich die vollstreckbare Ausfertigung zu erteilen. Danach ist es für die Zwangsvollstreckung nicht weiter zuständig.

Da es sich um eine Vollstreckung gegen die öffentliche Hand handelt, sieht die 248
ZPO in § 882 a ZPO eine Sondervorschrift mit speziellen Regeln vor. Sie gilt ausweislich des Wortlautes des Abs. 1 für die Zwangsvollstreckung gegen den Bund
oder ein Land. Abs. 3 erweitert den Anwendungsbereich sodann auf die Zwangsvollstreckung gegen Körperschaften, Anstalten und Stiftungen des öffentlichen
Rechts. Sie gilt allerdings nicht für Gemeinden und Gemeindeverbände. Hier sieht
§ 15 Nr. 3 EGZPO den Vorrang landesrechtlicher Vorschriften vor. In Bayern wären dies bspw. Art. 77 GemO, Art. 71 LKrO, Art. 69 BezO.[186] Danach ist die vollstreckbare Ausfertigung auch der Rechtsaufsichtsbehörde zuzustellen und die Vollstreckung kann erst einen Monat danach beginnen. In den meisten anderen Län-
dern ist die Zustellung einer weiteren beglaubigten Abschrift nicht erforderlich, jedoch ein gesondertes Zulassungsverfahren bei der Rechtsaufsichtsbehörde zu beantragen.

Das Jobcenter als gemeinsame Einrichtung wird nach § 6 und § 44 b SGB II von 249
der Bundesagentur für Arbeit und von den Kreisen oder kreisfreien Städten getragen. Damit ergeben sich nach den obigen Ausführungen Vollstreckungsprobleme.
Es ist nämlich höchst fraglich, wer eigentlicher Vollstreckungsschuldner ist.
Nimmt man an, dass die jeweiligen Träger der Leistung (§ 6 SGB II) Vollstreckungsschuldner sind, ergeben sich daraus erhebliche Folgeprobleme. Die BA wäre
ohne Weiteres unter § 882 a Abs. 3 ZPO zu subsumieren. Die Landkreise (Gemein-
deverband iSd § 15 Nr. 3 EGZPO) und kreisfreien Städte sind nicht von § 882 a
ZPO erfasst, gegen sie wäre sodann nach landesrechtlichen Vorschriften zu vollstrecken.

---

185 Breitkreuz/Fichte/*Breitkreuz* SGG § 198 Rn. 4; Meyer-Ladewig/Keller/Leitherer/*Leitherer* SGG
§ 198 Rn. 5.
186 Zöller/*Stöber* ZPO § 882 a Rn. 7; Zöller/*Heßler* ZPO § 15 EGZPO Rn. 4.

A. Allgemeiner Teil

250 Im gerichtlichen Verfahren ist die gemeinsame Einrichtung (das Jobcenter) nach ganz hM beteiligten- und prozessfähig sowie prozessführungsbefugt.[187] Auch in der Praxis ist stets das Jobcenter selbst Beklagter. Nimmt man jedoch an, dass nicht er sondern die BA bzw. der jeweilige Landkreis (je nach Leistungsart) Vollstreckungsschuldner ist, ist bereits problematisch, inwieweit gegen diese eine Vollstreckungsklausel erteilt werden könnte, wenn das Jobcenter selbst Beklagte war. Vor dem Hintergrund des § 750 ZPO könnte jedenfalls mit einer vollstreckbaren Ausfertigung gegen das Jobcenter wohl nicht gegen die Träger vollstreckt werden. Eine Rechtsgrundlage für eine Klausel gegen die Leistungsträger dürfte fehlen. Hielte man dies jedoch für zulässig, ergibt sich das Problem, dass bei einer Leistungsverurteilung des Jobcenters vom Urkundsbeamten geprüft werden müsste, ob durch die Zahlungsverurteilung Kosten der Unterkunft oder auch Regelbedarfe erfasst sind. So bspw., wenn hinsichtlich der Einkommensanrechnung obsiegt wird, so dass weniger oder gar kein Einkommen anzurechnen ist und dadurch nicht nur mehr Kosten der Unterkunft zu zahlen sind, sondern erstmals auch der Regelbedarf.

251 Fraglich ist daher, ob die Jobcenter als gemeinsame Einrichtungen selbst Vollstreckungsschuldner sein können und ob § 882 a Abs. 3 ZPO analog angewandt werden kann.

252 Da das BSG die Beteiligungsfähigkeit der Jobcenter im Klageverfahren anerkannt hat, um die gesetzgeberischen Entscheidung der „Leistung aus einer Hand" auch im Klageverfahren fortzuführen,[188] muss sich dies auch auf das Vollstreckungsverfahren erstrecken. Nachdem auch der BGH die Parteifähigkeit (§ 50 ZPO) der Jobcenter anerkannt hat,[189] können diese auch Vollstreckungsschuldner sein.

253 Die Vorschrift des § 882 a Abs. 1 ZPO benennt als Vollstreckungsschuldner nur den Bund oder ein Land. Beides trifft für das Jobcenter offensichtlich nicht zu. In § 882 a Abs. 3 ZPO sind lediglich Körperschaften, Anstalten und Stiftungen erwähnt. Es handelt sich bei der gemeinsamen Einrichtung jedoch offensichtlich nicht um eine Stiftung. Auch ist sie im Gegensatz zur BA (§ 367 Abs. 1 SGB III) nicht als Körperschaft ausgestaltet. Auch die Anstalt als Rechtsform dürfte wohl ausscheiden, da die gemeinsame Einrichtung die Aufgaben der BA und des kommunalen Trägers nur wahrnimmt, jedoch nicht selbst Leistungsträger ist,[190] insoweit also gerade nicht selbst über die entsprechenden Mittel verfügt. Sie ist vielmehr eine „teilrechtsfähige öffentlich-rechtliche Gesellschaft sui generis".[191] Jedoch selbst dann, wenn man das Jobcenter als eine der in Abs. 3 genannten juristischen Personen des öffentlichen Rechts ansehen will, bliebe unklar, ob sie nun eine solche des Bundes ist, so dass § 882 a ZPO Anwendung findet oder als Gemeindeverbund dem Land zugeordnet wird, so dass § 15 Nr. 3 EGZPO iVm den entsprechenden Landesvorschriften einschlägig wäre. Der Gesetzgeber hat in der Geset-

---

187 Münder/*Korte* LPK-SGB II § 44 b Rn. 14 ff.
188 BSG 7.11.2006 – B 7 b AS 8/06 R.
189 BGH MDR 2010, 157.
190 Münder/*Korte* LPK-SGB II § 44 b Rn. 11.
191 BSG 18.1.2011 – B 4 AS 90/10 R; Münder/*Korte* LPK-SGB II § 44 b Rn. 9. Solcherlei „Phantasie" des modernen Gesetz- und Verfassungsgebers hatte freilich der historische Gesetzgeber der ZPO von 1879 nicht vor Augen.

zesbegründung zur Errichtung der gemeinsamen Einrichtungen („Jobcenter" – § 44 b SGB II) ausdrücklich ausgeführt, dass diese weder dem Land noch dem Bund zugehörig sind, sondern, dass es sich um eine „Mischbehörde" handelt.[192]

Zu überdenken wäre daher, § 882 a Abs. 3 ZPO analog auf die gemeinsamen Einrichtungen (Jobcenter) anzuwenden und einheitlich zu vollstrecken. Dies stößt zwar insoweit auf Bedenken, als dass die landesrechtlichen Vollstreckungsvorschriften für Gemeinden und Landkreise damit umgangen werden, welche jedoch vom Bundesgesetzgeber ausdrücklich Anwendung finden sollen, wenn diese betroffen sind (§ 15 Nr. 3 EGZPO). Diese Sonderstellung dürfte ihnen wohl zumindest auch im Hinblick auf Art. 28 Abs. 2 GG eingeräumt sein. Andererseits ist die gesetzgeberische Grundentscheidung für die „Leistungen aus einer Hand" zu berücksichtigen. Der Gesetzgeber wollte durch die Schaffung der gemeinsamen Einrichtungen (Jobcenter) gerade eine Verkomplizierung der Leistungserbringung vermeiden. Dem stünde eine schwer durchschaubare Vollstreckung entgegen.[193] Der durch das vereinfachte Vorgehen gegen das Jobcenter als Beklagte erlangte Titel nützt dem Kläger nichts, wenn er im Rahmen der Vollstreckung vor diejenigen Probleme gestellt wird, die mit der Klage gegen das Jobcenter selbst gerade vermieden werden sollten. In Betracht kommt auch allenfalls die Anwendung von § 882 a ZPO analog und nicht die analoge Anwendung der jeweiligen landesrechtlichen Vollstreckungsvorschriften. Da hinsichtlich der „Mischbehörde" zumindest auch die BA als Körperschaft des Bundes betroffen ist, würde eine analoge Anwendung von Landesvorschriften eine Überschreitung der Grenze der Gesetzgebungskompetenz des Landes bedeuten. Die gemeinsame Einrichtung, also das Jobcenter selbst, ist daher als Vollstreckungsschuldner zu behandeln und es kann gegen dieses einheitlich nach § 882 a Abs. 3 ZPO analog vorgegangen werden.[194] Eine gesetzgeberische Klarstellung wäre insoweit jedoch wünschenswert.[195]

Daher ist das Vollstreckungsvorhaben dem Jobcenter nach § 882 a Abs. 1 und 3 ZPO analog **anzuzeigen**. Auf Verlangen ist der Empfang der Anzeige zu bescheinigen. Die Anzeige muss lediglich die Absicht zum Ausdruck zu bringen, dass die Zwangsvollstreckung betrieben werden wird und Gläubiger, Schuldner sowie Forderung bezeichnet werden.[196] Die Anzeige kann auch schon vor Zustellung der vollstreckbaren Ausfertigung erfolgen (vgl. § 750 Abs. 1, § 845 Abs. 1 Satz 3 ZPO). Eine Vollstreckungsklausel muss jedoch vorliegen. Die Anzeige ist an die gesetzlichen Vertreter zu richten.

---

192 BT-Drs. 17/1555, S. 23. Freilich ohne die Folgeprobleme gerade für die Vollstreckung zu überblicken.
193 Ähnlich BSG 7.11.2006 – B 7 b AS 8/06 R zum Gesichtspunkt der Beteiligtenfähigkeit.
194 Im Ergebnis ebenso wohl Münder/*Korte* LPK-SGB II § 44 b Rn. 16 mit der Bemerkung, dass es kaum einen Unterschied mache, da in Rückgriffs- und Ausstattungsansprüche der gemeinsamen Einrichtung die Träger vollstreckt werden könne. Vgl. zum Ganzen *Schneider* info also 2012, 243 ff. Dort auch zum Folgeproblem einer Drittwiderspruchsklage von BA oder kommunalem Träger.
195 Auch dieses Problem zeigt, dass politischer Aktionismus nicht allein deswegen rechtsstaatlich handhabbar wird, weil man ihn in der Verfassung verankert (Art. 91 e GG).
196 Zöller/*Stöber* ZPO § 882 a Rn. 3.

256 **Muster: Vollstreckungsanzeige**

Rechtsanwalt

(...)

(Datum)

An das

Jobcenter (...)

gesetzlich vertreten durch den Geschäftsführer

(Anschrift)

– z.H. des Geschäftsführers –

(Einwurfeinschreiben)

Vollstreckungsanzeige

des (...),

(Anschrift)

– Vollstreckungsgläubiger –

<u>Prozessbevollmächtigter:</u> Rechtsanwalt (...)

g e g e n

Jobcenter (...)

(Anschrift)

– Vollstreckungsschuldner –

zeige ich hiermit namens und ausweislich beigefügter Vollmacht des Vollstreckungsgläubigers entsprechend § 882 a Abs. 3 iVm Abs. 1 ZPO an, dass gegen das Jobcenter als Vollstreckungsschuldner durch den Vollstreckungsgläubiger die Vollstreckung aus dem

Urteil des Sozialgerichts (...), Az.: (...)

beabsichtigt ist. Eine vollstreckbare Ausfertigung des Urteils wurde Ihnen bereits zugestellt.

Es wird ferner beantragt,

dem Vollstreckungsgläubiger eine Bescheinigung über die Vollstreckungsanzeige (§ 882 a Abs. 1 Satz 2 ZPO)

zu erteilen.

Nach § 882 a Abs. Satz 1 ZPO darf die Zwangsvollstreckung erst vier Wochen nach dieser Vollstreckungsanzeige beginnen. Ihnen wird daher Gelegenheit gegeben, binnen dieser gesetzlichen Frist die Zahlung aus vorgenanntem Titel zu leisten. Sollte dies nicht erfolgen, wird nach Ablauf der Frist ohne weitere Vorankündigung die Zwangsvollstreckung aus dem Titel erfolgen.

(...)

Rechtsanwalt

257 Wenn und soweit für die beabsichtigte Art der Vollstreckung der Gerichtsvollzieher zuständig ist, also insbesondere die Vollstreckung in bewegliches Vermögen

II. Klageverfahren

beabsichtigt ist (§ 808 ZPO), so sieht § 882 a Abs. 1 Satz 3 ZPO ein gesondertes vorgeschaltetes Verfahren vor. Auf Antrag beim Vollstreckungsgericht ist der Gerichtsvollzieher durch dieses zu bestimmen. Der Antrag kann schon vor Ablauf der 4-Wochen-Frist erfolgen.[197] Zuständig ist der Rechtspfleger (§ 20 Nr. 17 RPflG). Die Vorschrift des § 882 a ZPO ist nicht dahin zu verstehen, dass die Vollstreckung gegen die öffentliche Hand nur mit den Vollstreckungsarten möglich ist, für die der Gerichtsvollzieher zuständig ist. Vielmehr bleiben daneben alle anderen Möglichkeiten der Vollstreckung wegen Geldforderungen, also insbesondere in Forderungen und andere Rechte (§§ 829 ff. ZPO) und in das unbewegliche Vermögen (§ 864 Abs. 1 ZPO), möglich. Allerdings unterliegen auch diese Vollstreckungen den Einschränkungen des § 882 a Abs. 1 Satz 1 und 2 ZPO (Anzeige- und Wartepflicht), da die Vorschrift als vierter Titel in den 2. Abschnitt eingefügt ist und damit für alle Arten der Vollstreckung wegen Geldforderungen gilt.[198]

Muster: Antrag auf Bestimmung eines Gerichtsvollziehers nach § 882 a Abs. 1 ZPO 258

Rechtsanwalt

(...)

(Datum)

An das

Amtsgericht (...)

– Vollstreckungsgericht –

(Anschrift)

In dem Zwangsvollstreckungsverfahren

des (...),

(Anschrift)

– Vollstreckungsgläubiger –

Prozessbevollmächtigter: Rechtsanwalt (...)

g e g e n

Jobcenter (...)

(Anschrift)

– Vollstreckungsschuldner –

beantrage ich namens und ausweislich beigefügter Vollmacht des Vollstreckungsgläubigers zum Zwecke der Zwangsvollstreckung nach § 882 a Abs. 1 ZPO,

einen Gerichtsvollzieher zur Durchführung des weiteren Vollstreckungsverfahrens zu bestimmen.

Begründung:
I.
Der Vollstreckungsgläubiger betreibt die Vollstreckung gegen den Vollstreckungsschuldner aus dem Urteil des Sozialgerichts (...), Az.: (...).

---
197 Zöller/*Stöber* ZPO § 882 a Rn. 5.
198 Stein/Jonas/*Münzberg* ZPO § 882 a Rn. 6.

A. Allgemeiner Teil

> **Abschrift des Urteils des Sozialgerichts (...), Az.: (...) – Anlage A1**
> Dem Vollstreckungsschuldner wurde die vollstreckbare Ausfertigung des Urteils zugestellt.
> **Zustellungsurkunde des Gerichtsvollziehers – Anlage A2**
> Dem Vollstreckungsschuldner wurde ferner die Anzeige zur beabsichtigten Vollstreckung nach § 882 a Abs. 3 iVm Abs. 1 ZPO am (...) übersandt.
> **Vollstreckungsanzeige vom (...) – Anlage A3**
> **Bescheinigung der Anzeige durch den Vollstreckungsschuldner – Anlage A4**
> **II.**
> Auf den Vollstreckungsschuldner findet § 882 a Abs. 3 iVm Abs. 1 ZPO analog Anwendung.
> Die Zustellung der vollstreckbaren Ausfertigung und die Vollstreckungsanzeige sind erfolgt.
> Der Antrag auf Bestimmung eines Gerichtsvollziehers nach § 882 a Abs. 1 ZPO ist bereits vor Ablauf der Wartefrist zulässig (Zöller/*Stöber* ZPO § 882 a ZPO Rn. 5).
> (...)
> Rechtsanwalt

259 Nach § 882 a Abs. 5 ZPO gilt die Ankündigung der Zwangsvollstreckung und die Wartefrist nicht für Beschlüsse im einstweiligen Rechtsschutzverfahren.

260 § 882 a Abs. 2 ZPO enthält schließlich bestimmte Pfändungsverbote.

261 Die weitere Vollstreckung durch den Gerichtsvollzieher richtet sich nach den aus dem Zivilprozess bekannten Üblichkeiten.

262
> **Muster: Vollstreckungsauftrag an Gerichtsvollzieher**
> Rechtsanwalt
> (...)
> (Datum)
> An das
> Amtsgericht (...)
> – Gerichtsvollzieher (...) –
> (Anschrift)
> In dem Zwangsvollstreckungsverfahren
> des (...),
> (Anschrift)
> – Vollstreckungsgläubiger –
> Prozessbevollmächtigter: Rechtsanwalt (...)
> g e g e n
> Jobcenter (...)
> (Anschrift)
> – Vollstreckungsschuldner –

beantrage ich namens und ausweislich beigefügter Vollmacht des Vollstreckungsgläubigers

die Durchführung der Zwangsvollstreckung gegen den Vollstreckungsschuldner einschließlich einer Kassenpfändung.

Es wird gebeten, die für den Auftrag entstehenden Kosten als Vorschuss beim Bevollmächtigten des Antragstellers anzufordern. Eine unverzügliche Zahlung wird zugesichert. Dem Antragsteller ist bekannt, dass der Auftrag erst nach Vorschusszahlung durchgeführt werden wird.

I. Vollstreckungsvoraussetzungen

1.

Der Vollstreckungsgläubiger betreibt die Vollstreckung gegen den Vollstreckungsschuldner aus dem Urteil des Sozialgerichts ( ), Az.: ( ).

Abschrift des Urteils des Sozialgerichts ( ), Az.: ( ) – Anlage A1

Dem Vollstreckungsschuldner wurde die vollstreckbare Ausfertigung des Urteils zugestellt.

Zustellungsurkunde des Gerichtsvollziehers – Anlage A2

Dem Vollstreckungsschuldner wurde ferner die Anzeige zur beabsichtigten Vollstreckung nach § 882 a Abs. 3 iVm Abs. 1 ZPO am ( ) übersandt.

Vollstreckungsanzeige vom ( ) – Anlage A3

Bescheinigung der Anzeige durch den Vollstreckungsschuldner – Anlage A4

2.

Die Pfändung findet wegen folgender Beträge statt:

Hauptforderung ( ) EUR

zuzüglich der Kosten, die durch diesen Antrag gem. GvKostG beim Gerichtsvollzieher entstehen.

II. Weitere Anweisungen für die Durchführung des Vollstreckungsauftrages

Sollte der Vollstreckungsschuldner im Besitz eines Kraftfahrzeugs sein, wird gebeten, dieses in jedem Fall zu pfänden und in Besitz zu nehmen, es sei denn, dem Gerichtsvollzieher ist bereits bekannt, dass durch ein Gericht das Eigentum eines Dritten an dem Fahrzeug festgestellt wurde.

Im Falle einer Pfändung beabsichtigt der Vollstreckungsgläubiger gem. § 825 ZPO, die Versteigerung an einem anderen Ort zu beantragen.

Um Übersendung einer Abschrift des Gesamtprotokolls wird gebeten.

Einbezogene Beträge sind auf das unten genannte Konto zu überweisen.

Auf § 882 a Abs. 2 ZPO wird hingewiesen.

( )

Rechtsanwalt

Die Vergütung des Anwalts richtet sich nach Nr. 3309 und 3310 VV RVG. Für die Festsetzung ist auch dann das Amtsgericht als Vollstreckungsgericht zuständig, 263 wenn es lediglich zu einer Vollstreckungsanzeige kam und eine Vollstreckungshandlung noch nicht vorgenommen wurde.[199]

bb) Nicht bezifferter Tenor

264 In Fällen, in denen der Tenor nicht im o.g. Sinne beziffert ist, ist die Vollstreckung einfacher, da das SGG hier Sondervorschriften kennt.

265 Dies sind also sämtliche Fälle von kombinierten Anfechtungs- und Verpflichtungsurteilen sowie auf kombinierte Anfechtungs- und Leistungsklagen hin ergangene Grundurteile (§ 130 SGG). Gleiches gilt für Vergleiche und Anerkenntnisse, welche entsprechende Verpflichtungen enthalten, ohne konkrete Zahlungsverpflichtungen darzustellen.

266 **Beispiele:**

> Der Beklagte wird unter Abänderung des Bescheides vom (…) in der Gestalt des Widerspruchsbescheides vom (…) verurteilt, dem Kläger Leistungen nach dem SGB II unter Berücksichtigung von Kosten der Unterkunft in Höhe von 400 EUR zu zahlen.

> Der Beklagte verpflichtet sich, an den Kläger Leistungen nach dem SGB II unter Berücksichtigung von Kosten der Unterkunft in Höhe von 400 EUR zu zahlen.

> Der Beklagte erkennt den Klageanspruch an und zahlt an den Kläger Leistungen nach dem SGB II unter Anrechnung eines monatlichen Einkommens von nur 350 EUR. Der Kläger nimmt dieses Anerkenntnis an.

267 Auf all diese Fälle ist der (vom Wortlaut her daher wesentlich zu eng gefasste) § 201 SGG anwendbar.[200]

e) Vollstreckungsvoraussetzungen

268 Es müssen zunächst – wie beim bezifferten Tenor auch – alle sonstigen Vollstreckungsvoraussetzungen, also Titel, Klausel und Zustellung, vorliegen.[201]

269 Neuerdings wird jedoch teilweise vertreten, dass für die Vollstreckung nach § 201 SGG eine Klauselerteilung (und eine entsprechende Zustellung) nicht erforderlich sei.[202] Begründet wird dies damit, dass § 201 SGG eine abschließende Regelung enthalte, welche keiner Ergänzung durch die Vollstreckungsvorschriften der ZPO bedürfe. Ferner habe die Klauselerteilung eine Schutzfunktion hinsichtlich des Bestandes und der Vollstreckbarkeit des Titels, welche im Verfahren nach § 201 SGG das Prozessgericht übernehme.[203]

270 Solange jedoch die wohl noch hM[204] vertritt, dass die üblichen Vollstreckungsvoraussetzungen vorliegen müssen, empfiehlt es sich, dem Risiko einer Antragsablehnung aus dem Weg zu gehen und sich eine Klausel erteilen zu lassen.

---

199 SG Berlin 29.7.2011 – S 180 SF 4812/10 E.
200 Lüdtke/Berchtold/*Groß* SGG § 201 Rn. 5.
201 Lüdtke/Berchtold/*Groß* SGG § 201 Rn. 6 mwN.
202 LSG Bayern 11.1.2016 – L 16 AS 251/15 B.
203 LSG Bayern a.a.O. Hinsichtlich Wortlaut und Systematik erscheint die Ansicht jedoch wenig überzeugend. Wenn § 198 Abs. 1 SGG anordnet, dass das Achte Buch der ZPO gilt, „soweit" die folgenden Vorschriften nichts anderes bestimmen und § 201 SGG zu den Vollstreckungsvoraussetzungen von Klausel und Zustellung gerade schweigt, ist die Annahme, dass § 201 SGG zu den Vollstreckungsvoraussetzungen in Gänze etwas „anderes" regelt, schwerlich anzunehmen.
204 LSG Bayern 14.5.2012 – L 7 AS 196/12 B; LSG Thüringen 10.6.2009 – Az.: L 6 B 23/09 KR.

f) Untätigkeit der Behörde

Weiterhin muss die Behörde untätig hinsichtlich der Umsetzung des Urteils sein. Es ist eine angemessene Frist abzuwarten, die von den Umständen des Einzelfalls abhängt. Da es sich bei Urteilen insbesondere im Bereich des SGB II idR nur um programmtechnische Umsetzungen von Berechnungsvorgaben handelt, die das Jobcenter bereits im Verwaltungsverfahren hätte umsetzen müssen, ist hier keine besondere Großzügigkeit angezeigt. Anders bei Bescheidungsurteilen, bei denen der Beklagte unter Beachtung der Rechtsauffassung des Gerichts erneut Ermessen ausüben muss. Hier könnte eine großzügigere Frist angezeigt sein.

271

g) Verfahren

Liegen die sonstigen Voraussetzungen vor, sind sodann die Androhung eines Zwangsgeldes mit Fristsetzung und die Festsetzung des Zwangsgeldes nach Fristablauf zu beantragen. Da das Gericht die Erfüllung des Urteils nicht überwachen kann, wird man hierfür zwei getrennte Anträge verlangen müssen. Der Antrag auf Zwangsgeldfestsetzung kann daher erst nach Ablauf der gerichtlich gesetzten Frist erfolgen.[205] Ob dem Gericht bei Androhung und Verhängung des Zwangsgeldes ein Ermessen zusteht (was der Wortlaut des § 201 SGG nahe legt), ist umstritten, mit zutreffender hM jedoch abzulehnen.[206] Die Höhe des Zwangsgeldes beträgt maximal 1.000 EUR. Bei bewusster Verzögerung der Umsetzung der Entscheidung durch das Jobcenter und Kenntnis der Rechtswidrigkeit dieser Verzögerung ist die Ausschöpfung des Zwangsgeldrahmens durch Festsetzung von 1.000 EUR durchaus gerechtfertigt.[207] Das Zwangsgeld wird nach § 201 Abs. 2 SGG entsprechend § 200 SGG (idR iVm § 5 Abs. 2 VwVG) vollstreckt. Da für die Fälle des nicht bezifferten Tenors jeweils ein Ausführungsbescheid notwendig ist, aus dem dann ggf. die weitere Leistung folgt, ist nach der hier vertretenen Auffassung der Vollstreckungsschuldner gerade in diesen Fällen ebenfalls das Jobcenter selbst, insbesondere wegen § 44 b SGB II.

272

Muster: Antrag auf Androhung eines Zwangsgeldes und Fristsetzung

Rechtsanwalt

(...)

(Datum)

An das

Sozialgericht (...) (Anschrift)

Antrag auf Androhung eines Zwangsgeldes

In dem Zwangsvollstreckungsverfahren

des (...),

(Anschrift)

– Vollstreckungsgläubiger –

273

---

205 So wohl auch Lüdtke/Berchtold/*Groß* SGG § 201 Rn. 8.
206 Lüdtke/Berchtold/*Groß* SGG § 201 Rn. 8; Meyer-Ladewig/Keller/Leitherer/*Leitherer* SGG § 201 Rn. 4.
207 SG Berlin 23.10.2012 – S 37 AS 23126/12 ER.

Prozessbevollmächtigter: Rechtsanwalt (...)

g e g e n

Jobcenter (...)

(Anschrift)

– Vollstreckungsschuldner –

beantrage ich namens und ausweislich beigefügter Vollmacht des Vollstreckungsgläubigers zum Zwecke der Vollstreckung des Urteils des Sozialgerichts (...) vom (...), Az.: (...)
1. die Androhung eines Zwangsgeldes bis zu 1.000 EUR und die Fristsetzung zur Umsetzung des vorgenannten Urteils gegen den Vollstreckungsschuldner;
2. dem Vollstreckungsschuldner die außergerichtlichen Kosten des Vollstreckungsgläubigers aufzuerlegen.

Begründung:

I.

Der Vollstreckungsgläubiger betreibt die Vollstreckung gegen den Vollstreckungsschuldner aus dem Urteil des Sozialgerichts (...), Az.: (...).

Abschrift des Urteils des Sozialgerichts (...), Az.: (...) – Anlage A1

Dem Vollstreckungsschuldner wurde die vollstreckbare Ausfertigung des Urteils am (...) zugestellt.

Zustellungsurkunde des Gerichtsvollziehers – Anlage A2

Nach Zuwarten weiterer drei Wochen erfolgte eine Ausführung des Urteils dennoch nicht.

II.

Der Antrag ist zulässig und begründet.

Die Vollstreckung findet analog § 201 SGG statt, da es sich um ein Grundurteil handelt, welches auch von seinem Anwendungsbereich erfasst wird (Lüdtke/Berchtold/*Groß* SGG § 201 Rn. 5).

Die sonstigen Vollstreckungsvoraussetzungen von Titel, vollstreckbarer Ausfertigung und Zustellung derselben liegen vor.

Der Vollstreckungsschuldnerin ist ein entsprechendes Zwangsgeld anzudrohen und eine Frist zur Umsetzung des Urteils zu setzen.

(...)

Rechtsanwalt

274 **Muster: Antrag auf Festsetzung eines Zwangsgeldes**

Rechtsanwalt

(...)

(Datum)

An das

Sozialgericht (...)

(Anschrift)

Antrag auf Festsetzung eines Zwangsgeldes

In dem Zwangsvollstreckungsverfahren

des (...),

(Anschrift)

– Vollstreckungsschuldner –

beantrage ich namens und ausweislich beigefügter Vollmacht des Vollstreckungsgläubigers dem Vollstreckungsgläubiger zum Zwecke der Vollstreckung des Urteils des Sozialgerichts (...) vom (...), Az.: (...)
1. ein Zwangsgeld von 500 EUR gegen den Vollstreckungsschuldner festzusetzen;
2. dem Vollstreckungsschuldner die außergerichtlichen Kosten des Vollstreckungsgläubigers aufzuerlegen.

Begründung:
I.
Der Vollstreckungsgläubiger betreibt die Vollstreckung gegen den Vollstreckungsschuldner aus dem Urteil des Sozialgerichts (...), Az.: (...).

Abschrift des Urteils des Sozialgerichts (...), Az.: (...) – Anlage A1
Dem Vollstreckungsschuldner wurde die vollstreckbare Ausfertigung des Urteils am (...) zugestellt.

Zustellungsurkunde des Gerichtsvollziehers – Anlage A2
Nach Zuwarten weiterer drei Wochen, erfolgte eine Ausführung des Urteils dennoch nicht.

Mit Beschluss vom (...) wurde dem Vollstreckungsschuldner eine Frist zur Umsetzung des Urteils von zwei Wochen eingeräumt und ein Zwangsgeld von 500 EUR angedroht.

Beschluss vom (...) – Anlage A3
Eine Umsetzung des Urteils ist nach Ablauf der Frist immer noch nicht erfolgt.

II.
Der Antrag ist zulässig und begründet.

Die Vollstreckung findet analog § 201 SGG statt, da es sich um ein Grundurteil handelt, welches auch von seinem Anwendungsbereich erfasst wird (Lüdtke/Berchtold/*Groß* SGG § 201 Rn. 5).

Die sonstigen Vollstreckungsvoraussetzungen von Titel, vollstreckbarer Ausfertigung und Zustellung derselben liegen vor.

Die Frist unter Androhung des Zwangsgeldes ist fruchtlos verstrichen. Das Zwangsgeld ist nunmehr festzusetzen.

(...)
Rechtsanwalt

Beim Zwangsvollstreckungsverfahren nach § 201 SGG fallen nach Änderung durch das 2. Kostenrechtsmodernisierungsgesetz nunmehr nach § 3 Abs. 1 Satz 2 RVG Wertgebühren an (Nr. 3309 VV RVG) und keine Betragsrahmengebühren. 275

Daher ist hier eine Streitwertfestsetzung durch das Sozialgericht erforderlich und muss beantragt werden.

h) Einstweiliges Rechtsschutzverfahren

276 Abschließend sei auf die Besonderheiten des einstweiligen Rechtsschutzverfahrens in der Vollstreckung hingewiesen.

277 Die einstweilige Anordnung ist Vollstreckungstitel nach § 199 Abs. 1 Nr. 2 SGG. Für die Vollziehung gelten neben § 201 SGG auch die §§ 920, 921, 923, 926, 928, 929 Abs. 1 und 3 ZPO und die §§ 930 bis 932; 938, 939 und 945 ZPO (§ 86 b Abs. 2 Satz 4 SGG). Nachdem nunmehr der Verweis auf § 929 Abs. 2 ZPO aus § 86 b Abs. 2 Satz 4 SGG gestrichen wurde,[208] muss der Beschluss nicht mehr binnen eines Monats vollstreckt werden. Damit wollte der Gesetzgeber unnötige Vollstreckungsanträge vermeiden und das Problem beseitigen, dass im Beschwerdeverfahren das Beschwerdegericht den Antrag auf einstweiligen Rechtsschutz ggf. nur wegen Ablauf der Monatsfrist abweisen musste, weil der Antragsteller ggf. aus Unkenntnis den Vollstreckungsantrag unterließ.[209]

278 Gegen einen erfolgreichen Antrag auf einstweiligen Rechtsschutz steht dem Jobcenter neben der Beschwerde – welche keine aufschiebende Wirkung hat (arg. e. § 175 SGG) – die Möglichkeit des Antrages auf Aussetzung der Vollstreckung nach § 199 Abs. 2 SGG offen. Da im einstweiligen Rechtsschutz schon das Beschwerdeverfahren darauf gerichtet ist, durch den Erlass einer einstweiligen Anordnung schwere und unzumutbare Beeinträchtigungen abzuwenden, die durch die Entscheidung in der Hauptsache nicht mehr beseitigt werden können, bedarf es für die vorläufige Aussetzung der Vollstreckung zusätzlich der Glaubhaftmachung weiterer schwerwiegender Nachteile, die nicht anders abwendbar sind als in dem schmalen Zeitfenster bis zur Entscheidung über die Beschwerde.[210] Das Interesse eines potenziell Leistungsberechtigten an der Zahlung existenzsichernder Leistungen hat gegenüber dem Interesse des Leistungsträgers an der Nichtzahlung bis zur Beendigung des Instanzenzuges grds. Vorrang,[211] so dass Anträge dieser Art im Bereich des SGB II/SGB XII regelmäßig keine Aussicht auf Erfolg haben dürften.

279 Die Grundsätze für bezifferte und unbezifferte Titel gelten auch für einstweilige Anordnungen. Es bedarf jedoch grds. keiner vollstreckbaren Ausfertigung (§ 929 Abs. 1 ZPO). Zur Vollstreckung vor Zustellung siehe § 929 Abs. 3 ZPO. Einer Anzeige nach § 882 a ZPO bedarf es im einstweiligen Rechtsschutzverfahren ebenfalls nicht.

10. Gerichtsbescheid und Entscheidung ohne mündliche Verhandlung

a) Gerichtsbescheid

280 Gerade die Flut von SGB II-Verfahren lässt die Sozialgerichte häufig auf den Gerichtsbescheid nach § 105 SGG zurückgreifen, um das Verfahren zu beenden.

---

208 Durch das Gesetz zur Neuorganisation der bundesunmittelbaren Unfallkassen, zur Änderung des Sozialgerichtsgesetzes und zur Änderung anderer Gesetze (BUK-Neuorganisationsgesetz – BUK-NOG) v. 19.10.13 (BGBl. I 3836).
209 BT-Drs. 17/12297, 39 zu Nr. 8.
210 LSG Nordrhein-Westfalen 4.12.2014 – L 6 SF 813/14 ER.
211 LSG Nordrhein-Westfalen aaO; LSG Bayern 28.4.2014 – L 7 AS 337/14 ER.

Voraussetzungen für den Gerichtsbescheid sind, 281
a) dass die Sache keine besonderen Schwierigkeiten tatsächlicher oder rechtlicher Art aufweist,
b) der Sachverhalt geklärt ist und
c) die Beteiligten hierzu angehört wurden.

Die Beurteilung von a) und b) liegt im pflichtgemäßen Ermessen des Kammervorsitzenden. Sie dürfte in einigen SGB II-Verfahren gegeben sein, wenn keine umfänglichen Sachverhaltsermittlungen stattzufinden haben, wie dies im Sozialversicherungsrecht sonst üblich ist und der Sachverhalt sich bereits aus den Akten vollständig ergibt. 282

Das Gericht hat vor Erlass des Gerichtsbescheides die Beteiligten hierzu anzuhören; eine Zustimmung der Beteiligten ist – anders als bei einer Entscheidung ohne mündliche Verhandlung nach § 124 Abs. 2 SGG – nicht erforderlich. Dies geschieht idR formlos. Bestehen keine Einwände gegen diese Art der Entscheidung, wird eine positive Äußerung hierzu idR nicht erwartet und erspart im Übrigen auch eine nochmalige Vorlage der Akte beim Richter. Sollten Einwände bestehen und insbesondere die mündliche Verhandlung unter Beteiligung der ehrenamtlichen Richter begehrt werden, so sollte dies mitgeteilt und nicht erst der Gerichtsbescheid abgewartet werden, um dann die mündliche Verhandlung zu beantragen. Dies führt nur zu überflüssigem Mehraufwand bei den Sozialgerichten. 283

Der Gerichtsbescheid ergeht sodann ohne mündliche Verhandlung (§ 105 Abs. 1 Satz 1 SGG) und ohne Beteiligung der ehrenamtlichen Richter (§ 12 Abs. 1 Satz 2 SGG). 284

Nach § 105 Abs. 2 Satz 1 SGG können die Beteiligten binnen eines Monats nach Zustellung des Gerichtsbescheids das Rechtsmittel einlegen, das zulässig wäre, wenn das Gericht durch Urteil entschieden hätte. Ist die Berufung statthaft, kann die mündliche Verhandlung nicht beantragt werden. Wird sie dennoch beantragt, kann dieser Antrag nicht in eine Berufung umgedeutet werden.[212] Ist die Berufung nicht statthaft, kann nach § 145 SGG die Nichtzulassungsbeschwerde zum LSG eingelegt oder die mündliche Verhandlung am SG beantragt werden. Es ist in diesem Fall einfach zu formulieren: 285

> Es wird die Durchführung der mündlichen Verhandlung beantragt.

Nach § 105 Abs. 2 Satz 3 SGG ist vorrangig die mündliche Verhandlung durchzuführen, wenn sowohl Rechtsmittel eingelegt wurde als auch die mündliche Verhandlung beantragt wird. 286

Wird der Antrag auf Durchführung der mündlichen Verhandlung nicht oder nicht fristgerecht gestellt, wirkt der Gerichtsbescheid wie ein Urteil. Wird die Durchführung der mündlichen Verhandlung beantragt, gilt der Gerichtsbescheid als nicht er- 287

---

212 BVerwG 2.8.1995 – 9 B 303/95.

gangen. Das Gericht muss in diesem Fall dann durch Urteil entscheiden.[213] In der Entscheidung kann nach § 105 Abs. 4 SGG von einer weiteren Darstellung des Tatbestandes und der Entscheidungsgründe abgesehen werden, wenn der Begründung des Gerichtsbescheides gefolgt wird.

b) Entscheidung ohne mündliche Verhandlung

288 Eine weitere Möglichkeit, von einer mündlichen Verhandlung abzusehen, ist die ausdrückliche Einwilligung der Beteiligten in eine Entscheidung ohne mündliche Verhandlung nach § 124 Abs. 2 SGG. Sie ist schriftlich oder zur Niederschrift des Urkundsbeamten zu erteilen. Es handelt sich um eine Prozesserklärung. Sie ist mithin weder widerruflich noch anfechtbar. Ein Widerruf ist nur so lange zulässig, bis die letzte Einwilligung der sonstigen Beteiligten bei Gericht vorliegt.[214] Bei einer wesentlichen Änderung der Sach- und Rechtslage ist die Einwilligung verbraucht.

289 Meist regt das Gericht dieses Vorgehen an. Eine Entscheidung ohne mündliche Verhandlung bietet sich an, wenn bereits eine mündliche Verhandlung stattgefunden hat, welche jedoch vertagt werden musste, um ggf. noch Unterlagen einzuholen, zu denen nicht erneut mündlich verhandelt werden muss. Auch im Falle des Widerrufs eines Widerrufsvergleiches, welcher in einem Termin geschlossen wurde, kann das Einverständnis mit einer Entscheidung ohne mündliche Verhandlung sinnvollerweise erteilt werden. Es ist lediglich zu formulieren:

> Es besteht Einverständnis mit einer Entscheidung ohne mündliche Verhandlung (§ 124 Abs. 2 SGG).
>
> l.v.u.g.

290 Die Entscheidung des Gerichts erfolgt dann ohne mündliche Verhandlung, jedoch unter Beteiligung der ehrenamtlichen Richter. Insoweit unterscheidet sich dieses Vorgehen vom Gerichtsbescheid.

291 Die Entscheidung wird wirksam mit der Übergabe des Urteils durch die Geschäftsstelle an die Post. Bis zu diesem Zeitpunkt ist ein Vorbringen der Beteiligten zu berücksichtigen. Die Zustellung ersetzt die Verkündung.

11. Antrag auf medizinische Begutachtung nach § 109 SGG

292 Die Vorschrift des § 109 SGG – Antrag auf medizinische Begutachtung[215] – spielt streng genommen eher in den medizinisch geprägten Zweigen der Sozialversicherung eine Rolle. Dieser „109er-Antrag" kann aber auch in SGB II/SGB XII-Verfahren Bedeutung erlangen.

293 Kurz gesagt, bietet diese Vorschrift dem Kläger grds. in fast jeder Lage des Verfahrens die Möglichkeit, das Gericht zur Einholung eines medizinischen Gutachtens

---

213 Ob sich der Antrag auf Durchführung einer mündlichen Verhandlung tatsächlich lohnt, sollte überdacht werden. Dass der Kammervorsitzende von seiner im Gerichtsbescheid geäußerten Meinung abrückt, ist unwahrscheinlich. Dass allein die ehrenamtlichen Richter die Entscheidung „kippen", ist zumindest ungewiss. Besonders ärgerlich und unnötig ist es, in der dann anberaumten mündlichen Verhandlung sich lediglich auf den bisherigen Vortrag zu beziehen. Ein anderes Ergebnis ist für diesen Fall kaum zu erwarten und führt lediglich zu einem unnötigen Mehraufwand für alle Seiten. Sinnvoll ist der Antrag, wenn im Gerichtsbescheid z.B. von einer unrichtigen Sachlage ausgegangen wurde.
214 Lüdtke/Berchtold/*Bolay* SGG § 124 Rn. 12.
215 Vgl. hierzu *Francke* in Francke/Gagel, Der Sachverständigenbeweis im Sozialrecht, § 6 Rn. 94 ff.

zu zwingen.²¹⁶ Insbesondere im SGB II mögen medizinische Fragen jedoch allenfalls für den krankheitsbedingten Ernährungsmehrbedarf (§ 21 Abs. 5 SGB II) und ggf. für die (eher selten streitige) Frage der Erwerbsfähigkeit (§ 7 SGB II) eine Rolle spielen.

Vom Wortlaut des § 109 SGG wären streng genommen Leistungsempfänger nach dem SGB II und SGB XII nicht erfasst. Es ist jedoch anerkannt, dass er auf sämtliche Personen Anwendung findet, deren gesundheitliche Verhältnisse beweiserheblich sind.²¹⁷   294

Es muss ein „bestimmter Arzt" benannt werden. Gerade für die Frage des krankheitsbedingten Mehrbedarfes für Ernährung wird daher für ein Gutachten nach § 109 SGG ein Ökotrophologe nicht in Betracht kommen, so dass eher für das Vorliegen einer Erkrankung, welche den Mehrbedarf auslöst, ein Gutachten nach § 109 SGG möglich ist. Der Arzt muss genau bestimmt werden oder bestimmbar sein. Die Auswahl darf nicht dem Gericht überlassen werden.   295

Der Antrag ist idR im gesamten Verfahren nur einmal möglich. In der Berufungsinstanz kann er daher grds. nicht wiederholt werden.²¹⁸   296

Eine Frist gibt es grds. nicht, so dass der Antrag bis zum Schluss der mündlichen Verhandlung zulässig ist.   297

298

Muster: Antrag nach § 109 SGG

Rechtsanwalt

(...)

(Datum)

An das

Sozialgericht (...)

(Anschrift)

In dem Verfahren

(...) ./. Jobcenter (...)

Az.: (...)

beantrage ich zur Frage des Vorliegens einer Colitis Ulcerosa und des hieraus folgenden ernährungsbedingten Mehrbedarfes nach § 109 SGG die gutachterliche Anhörung des

Dr. (...)

(Anschrift)

Das Gutachten soll nach ambulanter Untersuchung des Klägers erstellt werden.

---

216 Zu beachten ist, dass nach Rechtsprechung einiger Landessozialgerichte das Recht zur Antragstellung grds. nur einmal wahrgenommen werden kann. Wenn also bereits in 1. Instanz auf Antrag hin ein Gutachten eingeholt wurde, besteht die Gefahr, dass in 2. Instanz der Antrag nach § 109 SGG abgelehnt wird.
217 *Niesel/Herold-Tews*, Der Sozialgerichtsprozess, Rn. 254.
218 Lüdtke/Berchtold/*Roller* SGG § 109 Rn. 11, dort auch zu Ausnahmen von diesem Grundsatz.

> Ich bitte um Übersendung der notwendigen Unterlagen und Mitteilung der Kontoverbindung zur Überweisung des Kostenvorschusses.
>
> (...)
>
> Rechtsanwalt

299 Üblicherweise wird sodann ein Formular übersandt, in dem der Arzt bestätigen muss, dass er ein entsprechendes Gutachten erstellen wird und er die voraussichtlichen Kosten für dieses Gutachten angeben muss. Dieses Vorgehen kann abgekürzt werden, indem eine entsprechende Bestätigung des gewählten Arztes und die Angabe der voraussichtlichen Kosten gleich mit dem Antrag eingereicht werden. Der Kläger wird sodann – nach Einreichung dieser Bestätigung – vom Gericht zur Zahlung des Kostenvorschusses in der von dem Arzt angegebenen Höhe aufgefordert. Der Kostenvorschuss steht zwar im Ermessen des Gerichts, jedoch entspricht es der allgemeinen Praxis, dass dieser angefordert wird. Dieser Vorschuss ist von der Prozesskostenhilfe nicht abgedeckt (§ 73 a Abs. 3 SGG).

300 Die beantragte Begutachtung kann nach § 109 Abs. 2 SGG unter bestimmten Voraussetzungen abgelehnt werden. Eine Verschleppungsabsicht ist selten nachweisbar. Daher kommt es in der Praxis idR auf die „grobe Nachlässigkeit" an. Diese liegt vor, wenn die prozessuale Sorgfalt versäumt wird.[219] Versäumnisse des Prozessbevollmächtigten werden nach § 73 Abs. 6 Satz 6 SGG iVm § 85 Abs. 2 ZPO dem Kläger zugerechnet. Eine grobe Nachlässigkeit liegt insbesondere vor, wenn erkennbar war, dass das Gericht von Amts wegen nicht weiter ermittelt und der Antrag nach § 109 SGG nicht binnen eines Monats[220] gestellt wird, sondern erst in oder kurz vor der mündlichen Verhandlung. Dies gilt insbesondere, wenn das Gericht auf die Möglichkeit des § 109 SGG, gar unter Fristsetzung, hingewiesen hat.

301 Wird der Antrag mangels Kostenvorschuss oder aus Gründen des § 109 Abs. 2 SGG abgelehnt, kann dies durch Beschluss oder – üblicher – in den Entscheidungsgründen des Urteils geschehen. Die Ablehnung ist zu begründen. Sie kann nur zusammen mit der Hauptsache angefochten werden.

302 Der Antragsteller kann den Umfang des Beweisthemas bestimmen, insbesondere ob die Begutachtung auf ambulanter Untersuchung des Klägers oder nach Aktenlage erfolgen soll. Die Beweisfragen werden vom Gericht formuliert.

303 Weiterhin von Bedeutung ist die Entscheidung des Gerichts über die endgültige Kostentragung des Gutachtens (§ 109 Abs. 1 Satz 2 SGG). Diese kann von Amts wegen erfolgen oder auf Antrag. Es empfiehlt sich daher stets ein Antrag. Zuständig ist für die Entscheidung stets das Gericht, welches das Gutachten einholte, auch wenn der Rechtsstreit sich bereits in der nächsten Instanz befindet.[221] Das Gericht entscheidet nach pflichtgemäßem Ermessen. Die Auferlegung der Kosten auf die Staatskasse ist gerechtfertigt, soweit das Gutachten für das weitere Verfahren Bedeutung gewonnen und die Sachaufklärung wesentlich gefördert hat. Diese Beurteilung wird praktisch erst nach Abschluss jedenfalls der Instanz abgegeben

---

219 Lüdtke/Berchtold/*Roller* SGG § 109 Rn. 18.
220 Ärztliche Beratung muss möglich sein, so Lüdtke/Berchtold/*Roller* SGG § 109 Rn. 18.
221 Lüdtke/Berchtold/*Roller* SGG § 109 Rn. 29.

werden können, so dass mit einem entsprechenden Antrag bis dahin abgewartet werden sollte. Grds. spielt für die Frage der Kostentragung der Ausgang des Prozesses keine tragende Rolle, jedoch wird das Gutachten bei einer Klageabweisung idR keine tragende Rolle gespielt haben, weshalb in diesem Fall die Kostentragung durch die Staatskasse ausscheidet.[222] Hat das Gutachten den Kläger zur Klagerücknahme bewogen, kann eine Kostentragungspflicht der Staatskasse in Betracht kommen.[223] Daher ist eine Klagerücknahme nach negativem Gutachten nach § 109 SGG ernsthaft zu überdenken, da dann jedenfalls noch die Chance besteht, dass die Kosten durch die Staatskasse getragen werden.

Muster: Antrag auf endgültige Kostentragung des Gutachtens nach § 109 SGG 304

Rechtsanwalt

(…)

(Datum)

An das

Sozialgericht (…)

(Anschrift)

In dem Verfahren

(…) ./. Jobcenter (…)

Az.: (…)

beantrage ich,

die Kosten des nach § 109 SGG eingeholten Gutachtens des Dr. (…) der Staatskasse aufzuerlegen und den Vorschuss an den Kläger zurückzuerstatten.

Begründung:

Nach § 109 Abs. 1 Satz 2 SGG entscheidet das Gericht, wer endgültig die Kosten des nach § 109 SGG eingeholten Gutachtens trägt.

Die Auferlegung der Kosten auf die Staatskasse ist gerechtfertigt, soweit das Gutachten für das weitere Verfahren Bedeutung gewonnen und die Sachaufklärung wesentlich gefördert hat.

Vorliegend obsiegte der Kläger aufgrund des eingeholten Gutachtens. Das Gericht stützte seine Entscheidung im Wesentlichen auf dieses Gutachten. Es hat insoweit für das Verfahren Bedeutung gewonnen. Die Sachaufklärung wurde ebenfalls gefördert, da die eingeholten Befundberichte des behandelnden Arztes des Klägers durch den Gutachter neu ausgewertet und in neue Zusammenhänge gestellt wurden, die letztlich den Klageerfolg begründeten. Die Kosten des Gutachtens sind daher der Staatskasse aufzuerlegen.

(…)

Rechtsanwalt

Wird der Antrag auf Kostenübernahme abgelehnt, ist dieser zu begründen. Er ist anfechtbar, soweit er durch das SG ergangen ist (§ 142 Abs. 2 Satz 1 SGG). Wird 305

---

222 Lüdtke/Berchtold/*Roller* SGG § 109 Rn. 30 mwN zu sonstigen Fallkonstellationen.
223 LSG Rheinland-Pfalz 24.1.1977 – L 2 Sb 30/76.

dem Antrag stattgegeben, so hat die Staatskasse die Kosten zu tragen und dem Kläger ist der Vorschuss zurückzuerstatten.

III. Einstweiliger Rechtsschutz

306 Der einstweilige Rechtsschutz hat in SGB II/SGB XII-Verfahren eine besondere Bedeutung, da nicht selten den Leistungsberechtigten ein Abwarten einer Entscheidung in der Hauptsache nicht zugemutet werden kann. Auf die relevantesten Fallgestaltungen soll daher hier eingegangen werden.[224]

1. Anordnung der aufschiebenden Wirkung

a) Die aufschiebende Wirkung

307 Normalerweise haben Widerspruch und Klage gegen (nur belastende) Verwaltungsakte nach § 86 a Abs. 1 SGG aufschiebende Wirkung, d.h., der Verwaltungsakt kann nach deren Erhebung nicht mehr vollzogen werden. Aus seiner Regelung dürfen bis zur Entscheidung über den Rechtsbehelf keine Konsequenzen gezogen werden.[225]

308 Die aufschiebende Wirkung tritt mit Eingang des Widerspruches bei der Ausgangsbehörde bzw. dem Eingang der Klage bei Gericht rückwirkend auf den Zeitpunkt des Bescheiderlasses ein.[226] Die aufschiebende Wirkung des Widerspruches bleibt über den Erlass des Widerspruchsbescheides hinaus bis zum Ablauf der Rechtsmittelfrist bestehen und wird bei Erhebung der Klage sodann durch diese bewirkt.[227] Damit ist also der Bescheid nicht etwa nach Erlass des Widerspruchsbescheides bis zur Klageerhebung wieder vollstreckbar. Dies wird von den Jobcentern gern übersehen und die weitere Vollstreckung mit Erlass des Widerspruchsbescheides in den entsprechenden Computerprogrammen wieder eingeleitet, ohne die Rechtsmittelfrist abzuwarten. Dies führt nicht selten zu Problemen (s. dazu unter Rn. 330 ff.).

309 Bescheide, die nach §§ 86 oder 96 SGG Gegenstand des Widerspruchs- oder Klageverfahrens werden, werden ebenfalls von der aufschiebenden Wirkung erfasst.[228]

310 Vorbehaltlich von Entscheidungen nach § 86 a Abs. 2 Nr. 5 SGG (kaum praxisrelevant) und gerichtlichen Entscheidungen nach § 86 b Abs. 1 Satz 1 Nr. 1 oder 3 SGG bleibt die aufschiebende Wirkung des Rechtsbehelfs bis zum rechtskräftigen Abschluss des Hauptsacheverfahrens bestehen.

311 Von diesem Grundsatz der gesetzlich eintretenden aufschiebenden Wirkung gibt es jedoch Ausnahmen. Die Vorschrift des § 86 a Abs. 2 SGG enthält einen Katalog von Ausnahmen. Hierbei ist jedoch für das SGB II-/SGB XII-Verfahren die Verweisungsnorm des § 86 a Abs. 2 Nr. 4 SGG relevant, nach der die aufschiebende Wirkung entfällt, wenn dies durch Bundesgesetz angeordnet wird.

312 Für das SGB II ist eine entsprechende Vorschrift in § 39 SGB II enthalten. Für das SGB XII existiert eine solche Vorschrift nicht. Da die Sozialhilfe jedoch idR nicht

---

224 Ausführlich zum einstweiligen Rechtsschutz: *Krodel*, Das sozialgerichtliche Eilverfahren.
225 Lüdtke/Berchtold/*Binder* SGG § 86 a Rn. 5.
226 Lüdtke/Berchtold/*Binder* SGG § 86 a Rn. 10.
227 Lüdtke/Berchtold/*Binder* SGG § 86 a Rn. 10.
228 Lüdtke/Berchtold/*Binder* SGG § 86 a Rn. 10.

als Dauerverwaltungsakt, sondern zeitabschnittsweise Monat für Monat gewährt wird,[229] liegt insoweit bei nicht erfolgter Weiterbewilligung keine Entziehung vor.

Nach § 39 Nr. 1 SGB II haben Widerspruch und Klage keine aufschiebende Wirkung gegen Verwaltungsakte, 313

- die Leistungen der Grundsicherung aufheben, zurücknehmen, widerrufen, entziehen, die Pflichtverletzung und die Minderung des Auszahlungsanspruchs feststellen oder Leistungen zur Eingliederung in Arbeit oder Pflichten erwerbsfähiger Leistungsberechtigter bei der Eingliederung in Arbeit regeln (Nr. 1),
- mit dem zur Beantragung einer vorrangigen Leistung aufgefordert wird (Nr. 2) oder
- mit dem nach § 59 in Verbindung mit § 309 SGB III zur persönlichen Meldung bei der Agentur für Arbeit aufgefordert wird (Nr. 3).

Von § 39 Nr. 1 SGB II erfasst sind dabei Aufhebungen nach §§ 45–49 SGB X[230] und der Entzug § 66 SGB I.[231] Gleiches gilt für Sanktionsentscheidungen nach § 31 SGB II. Mit „Leistungen der Eingliederung" sind alle Aktivleistungen nach §§ 16 ff. SGB II gemeint. Mit den Pflichten bei der Eingliederung in Arbeit ist ein Verwaltungsakt nach § 15 Abs. 3 Satz 3 SGB II gemeint.[232] Nicht in § 39 SGB II enthalten und damit erfasst von der aufschiebenden Wirkung sind die Erstattungsverfügungen (§ 50 SGB X) aus Aufhebungs- und Erstattungsbescheiden.[233] Damit ist zwar die (Teil-)Aufhebung von Leistungen (insbesondere für die Zukunft) trotz Widerspruch und Klage weiterhin vollziehbar; wird sie hingegen für die Vergangenheit ausgesprochen und der Leistungsberechtigte zur Erstattung aufgefordert, so muss er dem nach Erhebung von Widerspruch und Klage nicht nachkommen. Da Ersatzansprüche (§§ 34 ff. SGB II) und Darlehensrückforderungen in § 39 SGB II nicht genannt sind, gilt die aufschiebenden Wirkung der Rechtsbehelfe hier unbeschränkt. Umstritten ist die Anwendung von § 39 Abs. 1 Nr. 1 SGG auf Aufrechnungen (§§ 43, 42 a SGB II).[234] Die Versagung nach § 66 SGB I ist von der Ausnahme des § 39 Abs. 1 Nr. 1 SGB II nicht erfasst. Mit Wirkung zum 1.8.2016 wurde explizit (nur) die Entziehungsentscheidung in den Katalog des § 39 SGB II aufgenommen[235] – die Versagung bleibt unberücksichtigt. Der Wortlaut des § 39 SGB II erfasst die Versagung nach § 66 SGB I nicht und eine analoge Anwendung scheidet aufgrund des Ausnahmecharakters aus.[236] 314

---

229 Münder/*Conradis* LPK-SGB II § 39 Rn. 3.
230 Münder/*Conradis* LPK-SGB II § 39 Rn. 6.
231 Mit Wirkung ab 1.8.2016 ist in § 39 Nr. 1 SGB II explizit auch der entziehende Verwaltungsakt genannt. Damit hat der Gesetzgeber klargestellt, dass auch bei einer Leistungsentziehung nach § 66 SGB I keine aufschiebende Wirkung des Widerspruchs/der Klage gilt (vgl. BT-Drs. 18/8041, 47 f.). Mangels entsprechender Aufnahme in den Katalog des § 39 SGB II gilt dies aber nicht für die Versagung nach § 66 SGB I. Widerspruch und Anfechtungsklage haben hier aufschiebende Wirkung.
232 Münder/*Conradis* LPK-SGB II § 39 Rn. 8.
233 Münder/*Conradis* LPK-SGB II § 39 Rn. 11.
234 Vgl. hierzu und einen Anwendungsbereich des § 39 Abs. 1 Nr. 1 SGB II verneinend Münder/*Conradis* LPK-SGB II § 39 Rn. 12.
235 Vgl. BT-Drs. 18/8041, 47 f.
236 So zur Rechtslage vor dem 1.8.2016 Münder/*Conradis* LPK-SGB II 5. Aufl. § 39 Rn. 15.

b) Der Antrag auf Anordnung der aufschiebenden Wirkung (§ 86 b Abs. 1 SGG)

315 Die erste Variante des § 86 b SGG ist in Abs. 1 geregelt und erfasst die eben bezeichneten Fälle der fehlenden aufschiebenden Wirkung des Rechtsbehelfs von Widerspruch oder Klage. Sie ist daher auf die Fälle der reinen Anfechtung beschränkt. In diesen Fällen kann das Gericht die aufschiebende Wirkung des Rechtsbehelfs auf Antrag nach § 86 b Abs. 1 SGG anordnen. Der Antrag lautet in diesen Fällen:

> Die aufschiebende Wirkung des Widerspruchs/der Klage gegen den Bescheid vom (...) (in der Gestalt des Widerspruchsbescheides vom [...]) wird angeordnet.

316 Der Antrag ist unter folgenden Voraussetzungen zulässig und begründet:

aa) Zulässigkeit

317 Allgemeine Prozessvoraussetzungen:

Es müssen zunächst die allgemeinen Prozessvoraussetzungen, wie auch im normalen Klageverfahren, vorliegen. Der Rechtsweg zu den Sozialgerichten muss eröffnet sein und die Beteiligten- und Prozessfähigkeit vorliegen.[237] Zuständiges Gericht ist nach § 86 b Abs. 1 Satz 1 SGG das Gericht der Hauptsache. Sollte eine Berufung oder Nichtzulassungsbeschwerde gegen den Bescheid anhängig sein, ist dies das jeweilige Landessozialgericht.[238]

318 Statthaftigkeit:

Der Antrag ist statthaft, wenn in der Hauptsache die Anfechtungsklage gegen den Bescheid zulässig wäre. Der Bescheid muss bekannt gegeben und darf noch nicht bestandskräftig sein oder sich auf andere Weise erledigt haben.[239]

319 Antragsbefugnis:

Der Antragsteller muss weiterhin dartun, durch den Verwaltungsakt in eigenen subjektiv-öffentlichen Rechten verletzt zu sein.[240]

320 Frist:

Eine Frist muss nicht eingehalten werden. Der Antrag kann nach § 86 b Abs. 3 SGG auch schon vor Klageerhebung erhoben werden. Allerdings muss denknotwendig ein Widerspruch erhoben worden sein, dessen aufschiebende Wirkung angeordnet werden kann.[241]

321 Rechtsschutzbedürfnis:

Es muss insbesondere ein Rechtsschutzbedürfnis vorliegen. Dies ist nicht gegeben, wenn die Behörde verbindlich erklärt, den Verwaltungsakt nicht zu vollziehen.[242]

bb) Begründetheit

322 Der Antrag ist begründet, wenn nach einer Abwägung des Vollzugsinteresses der Verwaltung mit dem privaten Interesse an der Aufschiebung das Aufschiebungsin-

---

237 *Niesel/Herold-Tews*, Der Sozialgerichtsprozess, Rn. 641.
238 LSG Bayern 17.2.2004 – L 17 Urt. 7/04 ER.
239 Lüdtke/Berchtold/*Binder* SGG § 86 b Rn. 8.
240 Lüdtke/Berchtold/*Binder* SGG § 86 b Rn. 9.
241 Lüdtke/Berchtold/*Binder* SGG § 86 b Rn. 9.
242 Lüdtke/Berchtold/*Binder* SGG § 86 b Rn. 10.

teresse überwiegt.²⁴³ Dabei ist die Erfolgsaussicht in der Hauptsache wesentlicher Maßstab. Ist der angefochtene Verwaltungsakt offensichtlich rechtswidrig, überwiegt das Aufschubinteresse, da es kein öffentliches Interesse an dem Vollzug rechtswidriger Verwaltungsakte gibt. Ist der Verwaltungsakt hingegen offensichtlich rechtmäßig, so überwiegt das Vollzugsinteresse grds.²⁴⁴ Welche Anforderungen an die Erfolgsaussichten zu stellen sind, ist im Einzelnen umstritten. Man wird umso geringere Anforderungen hieran stellen müssen, desto schwerer der Rechtseingriff durch den Verwaltungsakt wirkt oder rückgängig gemacht werden kann.²⁴⁵

Neben den Fragen der Erfolgsaussicht sind in die Abwägung der widerstreitenden Interessen grds. auch weitere Gesichtspunkte im Sinne einer Folgenabwägung einzustellen. Dabei ist zu prüfen, welche Folgen eintreten würden, wenn der Verwaltungsakt vollzogen würde, später die Klage in der Hauptsache jedoch Erfolg hätte und umgekehrt, der Verwaltungsakt nicht vollzogen wird, später in der Hauptsache sich jedoch als rechtmäßig herausstellt.²⁴⁶ 323

Das Verhältnis von Erfolgsaussichten und Folgenabwägung zueinander ist im Einzelnen umstritten, jedoch ist in der Praxis zu beobachten, dass das Schwergewicht auf der Prüfung der Erfolgsaussichten liegt. 324

Ist der Verwaltungsakt allein aus formalen Gründen rechtswidrig (fehlende Anhörung nach § 24 SGB X oder unzureichende Begründung nach § 35 SGB X) und sind diese Fehler im Hauptsachverfahren noch heilbar (§ 41 Abs. 1 und 2 SGB X), fehlt es idR an einer hinreichenden Erfolgsaussicht in der Hauptsache.²⁴⁷ 325

Geprüft wird im Verfahren des einstweiligen Rechtsschutzes grds. nur summarisch. Allerdings machte das Bundesverfassungsgericht für den Bereich der Existenzsicherungsleistungen eine Ausnahme hiervon. Danach darf beim Abstellen auf die Erfolgsaussichten nicht nur summarisch geprüft werden.²⁴⁸ Dies gilt jedenfalls dann, wenn die aufschiebende Wirkung nicht angeordnet, der entsprechende einstweilige Rechtsschutzantrag also abgelehnt werden soll. 326

Das Gericht entscheidet durch Beschluss (§ 86 b Abs. 4 SGG). Eine mündliche Verhandlung ist möglich, von dieser wird aber praktisch nie Gebrauch gemacht. Wird sie anberaumt, sind die ehrenamtlichen Richter zu beteiligen (§ 12 Abs. 1 Satz 2 SGG). In der Praxis wird jedoch idR allenfalls ein Erörterungstermin durchgeführt. Eine Entscheidung bedarf dann nicht der Beteiligung der ehrenamtlichen Richter. Das Gericht kann nach § 86 b Abs. 1 Satz 3 SGG eingetretene Vollzugsfolgen rückgängig machen. 327

Rechtsmittel gegen den Beschluss ist die Beschwerde, die jedoch nur zulässig ist, soweit in der Hauptsache auch die Berufung zulässig wäre (§ 172 Abs. 3 Nr. 1 SGG; vgl. hierzu Rn. 349 f.). 328

---
243 Lüdtke/Berchtold/*Binder* SGG § 86 b Rn. 14 ff.
244 BSG 30.11.1956 – 6 RKa 21/56.
245 *Krodel* NZS 2001, 449.
246 Lüdtke/Berchtold/*Binder* SGG § 86 b Rn. 14.
247 Lüdtke/Berchtold/*Binder* SGG § 86 b Rn. 19.
248 BVerfG 12.5.2005 – 1 BvR 569/05.

329 Bei veränderten Umständen kann nach § 86 b Abs. 1 Satz 4 SGG die Abänderung der Entscheidung beantragt werden. Es wird dann wie bei einem erstmaligen Antrag auf aufschiebende Wirkung geprüft, ob die Voraussetzungen noch vorliegen.

2. Feststellung der aufschiebenden Wirkung (faktischer Vollzug)

330 Im Rahmen von SGB II-Verfahren kommt es häufig vor, dass trotz eines erhobenen Widerspruchs oder einer erhobenen Klage gegen Aufhebungs- und Erstattungsbescheide, bei denen die aufschiebende Wirkung gegen die Erstattungsverfügung eintritt, diese dennoch durch die Behörden weiter vollzogen werden. Grund sind meist organisatorische Mängel. Die Vollstreckung der Bescheide erfolgt nicht durch die Jobcenter selbst, sondern durch die der Bundesagentur für Arbeit angehörigen Regionaldirektionen. Offensichtlich gelingt es den Jobcentern hier nicht immer, über eingelegte Rechtsbehelfe die Regionaldirektionen zu informieren bzw. wird diese Information dort nicht immer umgesetzt, so dass trotz eingelegter Rechtsbehelfe weiterhin Mahnungen, Vollstreckungsankündigungen oder auch Vollstreckungshandlungen durch diese weiterhin durchgeführt werden.

331 Für solche und ähnliche Fälle, in denen die gesetzlich angeordnete (§ 86 a Abs. 1 SGG) aufschiebende Wirkung nicht beachtet wird, ist der Antrag auf Feststellung der aufschiebenden Wirkung analog § 86 b Abs. 1 SGG zulässig.[249] Für die Zulässigkeit gilt dabei das eben unter Rn. 317 ff. Gesagte. Ein Rechtsschutzbedürfnis dürfte hier aber nur gegeben sein, wenn zuvor der Versuch unternommen wurde, die weitere Vollziehung des Bescheides bei der Behörde unter Hinweis auf das eingelegte Rechtsmittel zu unterbinden. Gerichtlicher Rechtsschutz muss nicht für jede irrtümliche Vollstreckung in Anspruch genommen werden. Reagiert die Behörde hierauf jedoch nicht oder verbleibt ausdrücklich bei der Vollstreckbarkeit, so ist der Antrag bei Gericht geboten. Auf dieses Erfordernis ist freilich auch dann zu verzichten, wenn die Behörde im gerichtlichen Eilverfahren deutlich macht, dass sie die Vollstreckung mangels Rechtsmittels oder mangels aufschiebender Wirkung für rechtmäßig hält.

332 Begründet ist der Antrag, wenn ein Rechtsbehelf eingelegt wurde, der eine aufschiebende Wirkung entfaltet. Ob dieser begründet ist, ist unerheblich. Er darf lediglich nicht offensichtlich unzulässig sein.[250]

3. Einstweilige Anordnung (§ 86 b Abs. 2 SGG)

333 Von fast noch größerer Bedeutung im Bereich von SGB II/SGB XII ist die einstweilige Anordnung nach § 86 b Abs. 2 SGG. Sie kommt bei allen übrigen Verfahren der Hauptsache, also außer reinen Anfechtungssachen, in Betracht.

334 Der Antrag auf einstweilige Anordnung lautet:

> Der Antragsgegner wird verpflichtet, dem Antragsteller für die Zeit vom (...) bis (...) Leistungen zur Sicherung des Lebensunterhaltes iHv (...) (ggf. in gesetzlicher Höhe) zu zahlen.

---

[249] LSG Thüringen 23.4.2002 – L 6 RJ 113/02 ER. Vgl. hierzu auch Lüdtke/Berchtold/*Binder* SGG § 86 b Rn. 24.
[250] Lüdtke/Berchtold/*Binder* SGG § 86 b Rn. 24.

a) Zulässigkeit

Allgemeine Prozessvoraussetzungen: 335
Es müssen wiederum die allgemeinen Prozessvoraussetzungen vorliegen. Zuständiges Gericht ist nach § 86 b Abs. 2 Satz 1 SGG das Gericht, bei dem die Hauptsache anhängig ist oder anhängig zu machen wäre. Ist die Sache bereits vor dem Berufungsgericht anhängig, ist entsprechend auch dieses zuständig.

Statthaftigkeit: 336
Der Antrag ist statthaft, wenn kein Fall des § 86 b Abs. 1 SGG vorliegt, also keine reine Anfechtungslage gegeben ist.

Die Sicherungsanordnung nach § 86 b Abs. 2 Satz 1 SGG dient der vorläufigen 337
Aufrechterhaltung eines Zustandes und kommt wegen des Vorranges des § 86 b Abs. 1 SGG nur in Betracht, wenn der Eingriff nicht durch einen Verwaltungsakt, sondern durch schlichtes Verwaltungshandeln droht, mithin also insbesondere bei Unterlassungsansprüchen.[251] Die weit häufigere Regelungsanordnung nach § 86 b Abs. 2 Satz 2 SGG kommt dann in Betracht, wenn die Einräumung eines noch nicht bestehenden Zustandes begehrt wird, mithin insbesondere die Fälle der kombinierten Anfechtungs- und Leistungsklage und Anfechtungs- und Verpflichtungsklage.[252]

Liegt bereits ein bestandskräftiger Verwaltungsakt vor, der den beantragten materiellen Anspruch regelt, so ist der Antrag auf eine einstweilige Anordnung insoweit 338
nicht statthaft.[253] Daraus folgt, dass insbesondere bei Änderungsbescheiden, welche die ursprünglich bewilligte Leistung herabsetzen, nur ein Antrag nach § 86 b Abs. 1 SGG zulässig und ein zusätzliches Auszahlungsbegehren nicht statthaft ist, da insoweit nach Anordnung der aufschiebenden Wirkung der ursprüngliche Bewilligungsbescheid wieder auflebt. Gleiches gilt bei Sanktionsbescheiden, welche Leistungen nach ursprünglicher Bewilligung ganz oder teilweise aufheben. Auch hier kommt nur der Antrag auf Anordnung der aufschiebenden Wirkung nach § 86 b Abs. 1 SGG und keine einstweilige Anordnung nach § 86 b Abs. 2 SGG in Betracht. Eine Ausnahme gilt für Leistungsversagungen wegen mangelnder Mitwirkung nach § 66 Abs. 1 SGB I. Zwar ist hier in der Hauptsache nur die Anfechtungsklage zulässig, jedoch liegt keine andere Verwaltungsentscheidung vor, die wieder aufleben könnte, weshalb in diesem Fall ein Antrag auf einstweilige Anordnung nach § 86 b Abs. 2 SGG statthaft ist.[254]

b) Begründetheit

Der Antrag ist begründet, wenn ein Anordnungsanspruch und ein Anordnungsgrund bestehen. Die Hauptsache darf grds. durch die Entscheidung nicht vorweggenommen werden. 339

aa) Anordnungsanspruch

Ein Anordnungsanspruch ist gegeben, wenn ein materiell-rechtlicher Anspruch 340
vorliegt, auf den das Begehren des Antragstellers gestützt werden kann. Bei Ermes-

---

251 Lüdtke/Berchtold/*Binder* SGG § 86 b Rn. 32.
252 Lüdtke/Berchtold/*Binder* SGG § 86 b Rn. 32.
253 LSG Baden-Württemberg 13.6.2007 – L 7 AS 2050/07 ER-B.
254 Lüdtke/Berchtold/*Binder* SGG § 86 b Rn. 32.

sensentscheidungen muss daher regelmäßig eine Ermessensreduktion auf Null vorliegen.[255]

bb) Anordnungsgrund

341 Es muss weiterhin ein Anordnungsgrund gegeben sein, also eine besondere Eilbedürftigkeit. Dieser ist idR gegeben, wenn dem Antragsteller die Änderung des bisherigen Zustandes (§ 86 b Abs. 2 Satz 1 SGG) oder dessen Aufrechterhaltung (§ 86 b Abs. 2 Satz 2 SGG) in der Zeit bis zur Entscheidung in der Hauptsache nicht zugemutet werden kann.[256] Bei Leistungen nach dem SGB II oder SGB XII kann der Antragsteller unter Umständen auf den Einsatz von Schonvermögen oder Freibeträgen verwiesen werden. Im Übrigen jedoch wird ein Anordnungsgrund in aller Regel anzunehmen sein. Stehen Beträge in Streit, die weniger als 5 % des Regelbedarfs ausmachen, wird man eine Eilbedürftigkeit ebenfalls nicht bejahen können.[257] Gleiches gilt für Leistungen für die Vergangenheit, also für Leistungszeiträume vor der gerichtlichen Entscheidung. Hier kann eine besondere Dringlichkeit nicht mehr bestehen und, mit Ausnahme für Fälle irreparabler Nachteile, dem Leistungsberechtigten ein Abwarten der Hauptsacheentscheidung zugemutet werden.[258]

342 Anordnungsanspruch und Anordnungsgrund sind nach § 86 b Abs. 2 Satz 4 iVm § 920 Abs. 2 ZPO glaubhaft zu machen. Es kommt insbesondere die eidesstattliche Versicherung als Mittel der Glaubhaftmachung in Betracht.

343 Sowohl hinsichtlich der Tatsachen als auch hinsichtlich der Rechtsfragen ist grds. nur eine summarische Prüfung durchzuführen.[259] Allerdings ist für Leistungen der Existenzsicherung nach dem Bundesverfassungsgericht eine Ausnahme zu machen. Ergibt die summarische Prüfung, dass ein Anordnungsanspruch nicht gegeben ist, muss abschließend geprüft werden. Ist dies nicht möglich, so ist eine Folgenabwägung zu treffen.[260]

cc) Keine Vorwegnahme der Hauptsache

344 Grds. darf mit der Entscheidung die Hauptsache nicht vorweggenommen werden. Eine echte Vorwegnahme liegt jedoch nur vor, wenn die Maßnahme nachträglich nicht mehr für die Vergangenheit korrigiert werden kann. Im Übrigen gilt der Grundsatz auch dann nicht, wenn es um die Abwehr unzumutbarer, anders nicht abwendbarer Nachteile geht, zu deren nachträglicher Beseitigung die Hauptsache nicht mehr in der Lage wäre.[261] Im Verfahren hinsichtlich SGB II-/SGB XII-Leistungen kommt daher eine Vorwegnahme der Hauptsache (sollte es sich tatsächlich um eine solche handeln) regelmäßig in Betracht. Einer Vorwegnahme der Hauptsa-

---

255 Lüdtke/Berchtold/*Binder* SGG § 86 b Rn. 35.
256 Lüdtke/Berchtold/*Binder* SGG § 86 b Rn. 36.
257 LSG Thüringen 20.6.2008 – L 9 AS 1/08 ER.
258 LSG Thüringen 20.6.2008 – L 9 AS 1/08 ER; aA (nur Leistungen für die Zeit vor der Antragstellung sind ausgeschlossen): *Niesel/Herold-Tews*, Der Sozialgerichtsprozess, Rn. 659. Unter Umständen kann bei Leistungen für die Vergangenheit auch schon gar kein Rechtsschutzbedürfnis für den einstweiligen Rechtsschutz bestehen – so auch Lüdtke/Berchtold/*Binder* SGG § 86 b Rn. 10.
259 Lüdtke/Berchtold/*Binder* SGG § 86 b Rn. 41 ff.
260 BVerfG 12.5.2005 – 1 BvR 569/05.
261 *Niesel/Herold-Tews*, Der Sozialgerichtsprozess, Rn. 658.

che wird jedoch dadurch vorgebeugt, dass eine Verpflichtung zur Leistungserbringung nur vorläufig bis zur Entscheidung in der Hauptsache erfolgt.[262]

Ein Zuspruch von Leistungen zur Sicherung des Lebensunterhaltes nach dem SGB II kann idR nur für die Dauer eines Bewilligungsabschnitts, mithin idR zwölf Monate (§ 41 Abs. 3 Satz 1 SGB II) erfolgen.[263] Dort, wo in der Sozialhilfe das Gegenwärtigkeitsprinzip gilt, mithin bei der Hilfe zum Lebensunterhalt nach §§ 27 ff. SGB XII, kann die Bewilligung nur für bis zum Zeitpunkt der notwendigen Neuentscheidung der Behörde über die Leistungen erfolgen, also bis zum Ende des Monats, in dem die gerichtliche Entscheidung ergeht.[264] 345

Eine Aufhebung oder Abänderung der stattgebenden Entscheidung wegen veränderter Umstände ist nach § 927 ZPO analog möglich. 346

Das Gericht entscheidet durch Beschluss. Die Beschwerde ist zulässig, soweit in der Hauptsache die Berufung zulässig wäre (§ 172 Abs. 3 Nr. 1 SGG; vgl. hierzu Rn. 349 f.). 347

4. Vollstreckung

Zu Fragen der Vollstreckung siehe ausführlicher Rn. 276 ff. Einer vollstreckbaren Ausfertigung bedarf es nicht (§ 929 Abs. 1 ZPO). Sollte die Vollstreckung aus einem bezifferten Titel erfolgen und es sich somit um einen Fall nach § 882 a ZPO (über § 192 Abs. 1 SGG) handeln, bedarf es der besonderen Anzeige- und Wartepflicht jedoch nicht. 348

IV. Rechtsmittel I. Instanz

1. Berufung

Nach § 143 SGG findet gegen Urteile der Sozialgerichte die Berufung an das Landessozialgericht statt, soweit sich aus den §§ 144 ff. SGG nichts anderes ergibt. Der Grundsatz lautet also, dass gegen Urteile (dem sind Gerichtsbescheide gleichgesetzt, vgl. § 105 Abs. 2 Satz 1 SGG)[265] der Sozialgerichte die Berufung statthaft ist. 349

Dieser Grundsatz wird quasi durch einen weiteren Grundsatz eingeschränkt: Nach § 144 Abs. 1 SGG nämlich bedarf die Berufung der Zulassung des Sozialgerichts (oder des Landessozialgerichts), wenn der Wert des Beschwerdegegenstandes 350
- bei einer Klage, die eine Geld-, Dienst- oder Sachleistung oder einen hierauf gerichteten Verwaltungsakt betrifft, 750 EUR[266] oder
- bei einer Erstattungsstreitigkeit zwischen juristischen Personen des öffentlichen Rechts oder Behörden 10.000 EUR

nicht übersteigt. Eine Ausnahme gilt, wenn die Berufung wiederkehrende oder laufende Leistungen für mehr als ein Jahr betrifft. Dann nämlich rechtfertigt bereits

---

262 Vgl. zu existenzsichernden Leistungen Lüdtke/Berchtold/*Binder* SGG § 86 b Rn. 52 ff.
263 Lüdtke/Berchtold/*Binder* SGG § 86 b Rn. 53.
264 OVG Münster 12.4.2001 – 16 B 269/01.
265 Sofern die Berufung wegen der Beschränkung aus § 144 SGG nicht zulässig sein sollte, kann die Durchführung der mündlichen Verhandlung beim Sozialgericht beantragt werden.
266 Bei der Ermittlung des Beschwerdewertes werden objektiv und/oder subjektiv gehäufte Beschwerdegegenstände zusammen berücksichtigt. Vgl. hierzu ausführlich: Lüdtke/Berchtold/*Littmann* SGG § 144 Rn. 5 ff.

die Dauer der Leistung die Durchführung des Berufungsverfahrens.[267] Grds. ausgeschlossen – und auch nicht zulassungsfähig – ist eine Berufung, wenn es sich um die Kosten des Verfahrens handelt (§ 144 Abs. 4 SGG).[268]

351 Im Übrigen gilt, dass es auf das konkrete Vorliegen einer Zulassung ankommt. An die Entscheidung des Sozialgerichts ist das Landessozialgericht gebunden (§ 144 Abs. 3 SGG).[269] Unerheblich ist daher, ob das Sozialgericht die Berufung hätte (zwingend) zulassen müssen. Hat das Gericht in einem solchen Fall die Zulassung (bewusst) unterlassen, ist nicht die Berufung statthaft, sondern es bleibt nur der Weg über die Nichtzulassungsbeschwerde. Anders herum gilt, dass die Berufung auch dann statthaft ist, wenn das Sozialgericht die Annahme der Voraussetzungen des § 144 Abs. 1 SGG verkannt und nicht über die Berufung, sondern die Nichtzulassungsbeschwerde belehrt hat. Es gilt: Die Statthaftigkeit der Berufung bemisst sich an den objektiven Kriterien des Gesetzes und nicht nach der Rechtsmittelbelehrung der Entscheidung des Sozialgerichts.[270]

352 Nach § 151 SGG ist die Berufung beim Landessozialgericht oder dem Sozialgericht innerhalb eines Monats nach Zustellung des Urteils schriftlich oder zur Niederschrift des Urkundsbeamten der Geschäftsstelle einzulegen. Dabei soll die Berufungsschrift das angefochtene Urteil bezeichnen, einen bestimmten Antrag enthalten und die zur Begründung dienenden Tatsachen und Beweismittel angeben.

353 Zwingend zu beachten ist damit letztlich die Berufungsfrist. Hier gilt einerseits zu berücksichtigen, dass bei einer fehlerhaften Rechtsmittelbelehrung die Rechtsmittelfrist für das tatsächlich richtige Rechtsmittel auf ein Jahr verlängert wird (vgl. § 66 Abs. 2 SGG). Andererseits kann auch bei einer richtigen Rechtsmittelbelehrung und dennoch falsch eingelegtem Rechtsmittel eine Wiedereinsetzung in den vorigen Stand (§ 67 SGG) in Betracht kommen.[271]

354 Einer besonderen Geltendmachung von Berufungsgründen bedarf es – anders als bei der Nichtzulassungsbeschwerde – grds. nicht. Das bedeutet im Ergebnis, dass die Berufungsbegründung der Klageschrift im Wesentlichen gleichen kann. Es empfiehlt sich aber, schon im Rahmen der Berufungsbegründung auf die Entscheidungsgründe des Sozialgerichts einzugehen und ggf. weitere erklärende Ausführungen zu machen bzw. weitere Urkunden vorzulegen oder Zeugen zu benennen.

---

267 Beachte aber LSG Thüringen 16.4.2012 – L 4 AS 1389/11 NZB: Bei Leistungen nach dem SGB II, die zwei oder mehrere Bewilligungsabschnitte betreffen und nur zusammengerechnet mehr als ein Jahr andauern, handelt es sich – unabhängig von der zeitlichen Lage der Einzelansprüche – auch dann nicht um laufende und wiederkehrende Leistungen für mehr als ein Jahr nach § 144 Abs. 1 Satz 2 SGG, wenn diese im Wege der Verbindung oder der objektiven Klagehäufung in einem Rechtsstreit geltend gemacht werden.
268 Gemeint sind die Kosten des Klageverfahrens nach § 193 SGG. Von diesem Ausschluss nicht umfasst sind die isoliert einklagbaren Kosten des Widerspruchverfahrens, vgl. Rn. 44 ff.
269 Hat das SG die Sprungrevision (vgl. Rn. 417 ff.) zugelassen, ist darin nicht auch die Zulassung der Berufung zu erkennen. Wird also Berufung statt Sprungrevision eingelegt, hat das LSG die Statthaftigkeit der Berufung zu prüfen.
270 Eine fehlerhafte Rechtsmittelbelehrung bewirkt jedoch, dass sich die Rechtsmittelfrist für das tatsächlich richtige Rechtsmittel auf ein Jahr verlängert, vgl. § 66 Abs. 2 SGG.
271 Vgl. BSG 20.12.2011 – B 4 AS 161/11 B: Ein Prozessbeteiligter kann erwarten, dass offenkundige Versehen wie z.B. die Einlegung eines Rechtsmittels bei einem unzuständigen Gericht in angemessener Zeit bemerkt und innerhalb eines ordnungsgemäßen Geschäftsgangs die notwendigen Maßnahmen getroffen werden, um ein drohendes Fristversäumnis zu vermeiden.

Muster: Berufungsschrift – Ablehnung von Leistungen nach § 7 Abs. 1 S. 2 Nr. 2 SGB II[272]

355

Rechtsanwalt

(...)

(Datum)

An das

Landessozialgericht (...)

(Anschrift)

BERUFUNG

der (...),

(Anschrift)

— Klägerin und Berufungsklägerin —

Prozessbevollmächtigter: Rechtsanwalt (...)

g e g e n

Jobcenter (...)

(Anschrift)

vertreten durch den Geschäftsführer

— Beklagter und Berufungsbeklagter —

gegen das Urteil des Sozialgerichts (...), Az.: (...)

Namens und ausweislich der beigefügten Vollmacht der Klägerin lege ich Berufung ein und beantrage,

das Urteil des Sozialgerichts (...) vom 20.1.2017 aufzuheben und den Beklagten unter Abänderung des Bescheides vom 6.2.2016 in der Gestalt des Widerspruchsbescheides vom 12.4.2016 zu verurteilen, an die Klägerin Leistungen nach dem SGB II in gesetzlicher Höhe ab dem 1.2.2016 zu zahlen.

Zur Geltendmachung der Rechte des Klägers beantrage ich ferner,

der Klägerin Prozesskostenhilfe ab Antragsstellung zu bewilligen und den Unterzeichner beizuordnen.

Begründung:

I.

Die Klägerin begehrt dem Grunde nach Leistungen nach dem SGB II ab dem 1.2.2016.

Die am 3.3.1990 geborene Klägerin ist erwerbsfähig. Sie ist bulgarische Staatsangehörige und reiste im April 2015 nach Deutschland ein. Sie hielt sich in Köln bei Bekannten auf. Seit November 2015 war die Klägerin schwanger. Die Tochter der Klägerin wurde am 9.7.2016 geboren. Der Vater ihres Kindes ist griechischer Staatsangehöriger und hält sich

---

[272] Der Fall basiert auf der bis zum 28.12.2016 geltenden Rechtslage. Zum 29.12.2016 trat das Gesetz zur Regelung von Ansprüchen ausländischer Personen in der Grundsicherung für Arbeitsuchende nach dem Zweiten Buch Sozialgesetzbuch und in der Sozialhilfe nach dem Zwölften Buch Sozialgesetzbuch in Kraft, durch welches ein weitgehender Leistungsausschluss für Ausländer im Bereich der Grundsicherungsleistungen normiert wurde.

seit mehr als acht Jahren rechtmäßig in Deutschland auf. Mit Urkunde des Jugendamts vom 20.7.2016 hat er die Vaterschaft anerkannt. Eine Arbeitsgenehmigung der BA hatte die Klägerin unstreitig nicht.

Beweis:
- Mutterpass der Klägerin – Anlage K1
- Geburtsurkunde der Klägerin zu 2 – Anlage K2
- Vaterschaftsanerkennungsurkunde – Anlage K3

Am 1.2.2016 beantragte die Klägerin die Gewährung von Leistungen nach dem SGB II bei dem Beklagten. Diesen lehnte der Beklagte mit Bescheid vom 6.2.2016 mit der Begründung ab, sie sei von Leistungen nach dem SGB II ausgeschlossen, weil sie Bulgarin sei und ihr die Aufnahme einer Beschäftigung nicht erlaubt sei.

Beweis: Bescheid vom 6.2.2016 – Anlage K4

Den gegen die Ablehnung des Leistungsantrags eingelegten Widerspruch der Klägerin vom 20.2.2016 wies der Beklagte mit Widerspruchsbescheid vom 12.4.2016 zurück.

Beweis:
- Widerspruch vom 20.2.2016 – Anlage K5
- Widerspruchsbescheid vom 12.4.2016 – Anlage K6

Die Klägerin hat am 12.5.2016 Klage erhoben. Das Sozialgericht (…) wies die Klage mit Urteil vom 20.1.2017 als unbegründet ab. Es begründet seine Entscheidung damit, dass die Klägerin derzeit aus Rechtsgründen nicht erwerbsfähig sei und daher keine Ansprüche nach dem SGB II innehabe. Nach § 8 Abs. 2 SGB II könnten Ausländer nur erwerbstätig und damit erwerbsfähig iSv § 8 Abs. 1 SGB II sein, wenn ihnen die Aufnahme einer Beschäftigung erlaubt sei oder erlaubt werden könne. Bereits dies sei bei der Klägerin nicht der Fall. Nach § 284 Abs. 1 Satz 2 SGB III bedürften – u.a. – Bulgarinnen und Bulgaren für die Aufnahme einer Beschäftigung in Deutschland einer Genehmigung der BA. Eine solche Genehmigung besitze die Klägerin nicht.

Beweis: Urteil vom 20.1.2017 – Anlage K7

II.

Die Berufung ist zunächst zulässig. Der Beschwerdewert übersteigt 750 EUR (§ 144 Abs. 1 SGG), da vorliegend Leistungen vollständig abgelehnt wurden. Streitgegenständlich sind daher Leistungen bis zum Zeitpunkt der letzten mündlichen Verhandlung. Dieser Zeitraum umfasst bereits jetzt mehrere Monate, sodass der Beschwerdewert erreicht ist.

Gegenstand des Verfahrens ist der Bescheid vom 6.2.2016 in der Gestalt des Widerspruchsbescheides vom 12.4.2016, mit dem Leistungen nach dem SGB II für die Klägerin abgelehnt wurden.

Der Bescheid des Beklagten ist rechtswidrig und verletzt die Klägerin in ihren Rechten. Die Klägerin hat dem Grunde nach Anspruch auf Leistungen zur Sicherung des Lebensunterhaltes nach dem SGB II.

Die Klägerin erfüllte sämtliche Anspruchsvoraussetzungen nach § 7 Abs. 1 Satz 1–4 SGB II. Leistungen nach dem SGB II erhalten nach § 7 Abs. 1 SGB II Personen, die das 15. Lebensjahr vollendet und die Altersgrenze nach § 7 a SGB II noch nicht erreicht haben, erwerbsfähig und hilfebedürftig sind und ihren gewöhnlichen Aufenthalt in der Bundesrepublik Deutschland haben. Die Klägerin bewegte sich innerhalb der Altersgrenzen des § 7 Abs. 1 Nr. 1 SGB II und ist hilfebedürftig nach § 7 Abs. 1 Nr. 3 SGB II. Ihrem Bedarf steht kein Einkommen nach § 11 SGB II gegenüber. Ferner verfügt die Klägerin auch nicht über Vermögen, welches die Freigrenzen des § 12 SGB II überschreitet.

Die Klägerin war auch erwerbsfähig iSv § 7 Abs. 1 S. 1 Nr. 2 SGB II iVm § 8 SGB II. Nach § 8 SGB II ist erwerbsfähig, wer nicht wegen Krankheit oder Behinderung auf (nicht) absehbare Zeit außerstande ist, unter den üblichen Bedingungen des allgemeinen Arbeitsmarktes mindestens drei Stunden täglich erwerbstätig zu sein. ISv § 8 Abs. 1 SGB II können Ausländerinnen und Ausländer nur erwerbstätig sein, wenn ihnen die Aufnahme einer Beschäftigung erlaubt ist oder erlaubt werden könnte, § 8 Abs. 2 SGB II.

Körperliche Gründe iSv § 8 Abs. 1 SGB II standen einer Erwerbsfähigkeit der Klägerin nicht entgegen. Insbesondere begründet die Schwangerschaft einen solchen nicht. Die Klägerin ist darüber hinaus nicht iSv § 8 Abs. 2 SGB II erwerbsunfähig. Sie verfügte zwar unstreitig nicht über eine Arbeitsgenehmigung der BA; es ist jedoch ausreichend, dass ihr vorbehaltlich der Vorlage eines konkreten, überprüfbaren Stellenangebots eines künftigen Arbeitgebers im streitigen Zeitraum die Aufnahme einer Beschäftigung hätte erlaubt werden können.[273]

Die Klägerin hat auch ihren gewöhnlichen Aufenthalt in der Bundesrepublik, da sie sich hier zum dauerhaften Aufenthalt niedergelassen hat.

Nach § 7 Abs. 1 Satz 1 Nr. 4 SGB II iVm § 30 Abs. 3 Satz 2 SGB I hat jemand seinen gewöhnlichen Aufenthalt dort, wo er sich unter Umständen aufhält, die erkennen lassen, dass er an diesem Ort oder in diesem Gebiet nicht nur vorübergehend verweilt. Diese Definition gilt für alle Sozialleistungsbereiche des Sozialgesetzbuchs, soweit sich nicht aus seinen besonderen Teilen etwas anderes ergibt. Der Begriff des gewöhnlichen Aufenthalts ist in erster Linie nach den objektiv gegebenen tatsächlichen Verhältnissen im streitigen Zeitraum zu beurteilen.[274] Entscheidend ist, ob der örtliche Schwerpunkt der Lebensverhältnisse faktisch dauerhaft im Inland ist. Dauerhaft ist ein solcher Aufenthalt, wenn und solange er nicht auf Beendigung angelegt, also zukunftsoffen ist. Mit einem Abstellen auf den Schwerpunkt der Lebensverhältnisse im Gebiet der Bundesrepublik soll – auch im Sinne einer Missbrauchsabwehr – ausgeschlossen werden, dass ein Wohnsitz zur Erlangung von Sozialleistungen im Wesentlichen nur formal begründet, dieser jedoch tatsächlich weder genutzt noch beibehalten werden soll.[275] Ein diesen Regelungen entsprechendes, also zum gewöhnlichen Aufenthalt hinzutretendes Anspruchsmerkmal iSd Innehabens einer bestimmten Freizügigkeitsberechtigung nach dem FreizügG/EU bzw. eines bestimmten Aufenthaltstitels nach dem AufenthG fehlt im SGB II. Bei Unionsbürgern kann der Aufenthalt nur unter den Voraussetzungen der §§ 5 Abs. 6, 6 und 7 FreizügG/EU wegen des Wegfalls, des Verlustes oder des Nichtbestehens des Freizügigkeitsrechts, also nach Durchführung eines Verwaltungsverfahrens, beendet werden. Das Aufenthaltsrecht besteht, solange der Aufnahmemitgliedstaat nicht durch einen nationalen Rechtsakt festgestellt hat, dass der Unionsbürger bestimmte vorbehaltene Bedingungen iSd Art. 21

---

273 Vgl. BSG 30.1.2013 – B 4 AS 54/12 R.
274 BSG 29.5.1991 – 4 RA 38/90.
275 BSG 30.1.2013 – B 4 AS 54/12 R.

A. Allgemeiner Teil

AEUV nicht erfüllt, fort.[276] Mithin ist es unschädlich, dass die Klägerin über eine entsprechende Bescheinigung nicht verfügt.[277]

Die Klägerin ist von Leistungen zur Sicherung des Lebensunterhaltes auch nicht nach § 7 Abs. 1 Satz 2 SGB II ausgeschlossen.

Nach dieser Vorschrift sind ausgenommen von Leistungen nach dem SGB II zunächst Ausländer, die weder in der Bundesrepublik Deutschland Arbeitnehmer oder Selbstständige noch aufgrund des § 2 Abs. 3 des FreizügG/EU freizügigkeitsberechtigt sind, und ihre Familienangehörigen für die ersten drei Monate ihres Aufenthalts; des Weiteren Ausländer, deren Aufenthaltsrecht sich allein aus dem Zweck der Arbeitsuche ergibt, und ihre Familienangehörigen sowie zuletzt Leistungsberechtigte nach § 1 des Asylbewerberleistungsgesetzes (AsylbLG).

Die Klägerin ist als bulgarische Staatsangehörige Ausländer iSd Vorschrift. Sie hat keinen Anspruch auf Leistungen nach dem AsylbLG und hält sich seit April 2015, also länger als drei Monate, in der Bundesrepublik Deutschland auf.

Sie ist aber auch nicht nach § 7 Abs. 1 Satz 2 Nr. 2 SGB II von Leistungen ausgeschlossen, denn ihr Aufenthaltsrecht ergibt sich nicht allein aus dem Zweck der Arbeitsuche. Sie besitzt vielmehr ein anderes Aufenthaltsrecht.

Aus dem Wortlaut des § 7 Abs. 1 Satz 2 Nr. 2 SGB II ergibt sich, dass der Leistungsausschluss von vornherein nicht eingreift, wenn sich ein Ausländer auf ein anderes Aufenthaltsrecht als das zum Zweck der Arbeitsuche berufen kann. Aus dem Aufbau der Norm ist abzuleiten, dass positiv festgestellt werden muss, dass ein Ausländer sich allein zur Arbeitsuche in der Bundesrepublik Deutschland aufhält, denn nur dann kann auch der Leistungsausschluss festgestellt werden.

Die Klägerin kann ein Aufenthaltsrecht aus familiären Gründen für sich beanspruchen, das aus dem Zusammenleben der Partner mit einem gemeinsamen Kind oder dem Kind eines Partners folgt. Diese Personengruppen bilden jeweils eine Familie iSd Art. 6 GG und können sich auch auf den Schutz aus Art. 8 EMRK berufen.

Eine solche Konstellation, die einen anderen Aufenthaltszweck als denjenigen der Arbeitsuche vermitteln kann, liegt auch in der bevorstehenden Familiengründung. Insofern wird in der verwaltungsgerichtlichen Rechtsprechung zum AufenthG angenommen, dass der bevorstehenden Geburt eines Kindes aufenthaltsrechtliche Vorwirkungen für den Aufenthaltsstatus eines Elternteils zukommen können. So kann auch die anstehende Vaterschaft eines bereits im Bundesgebiet lebenden Ausländers hinsichtlich des ungeborenen Kindes einer deutschen, aber auch ausländischen Staatsangehörigen aufenthaltsrechtliche Vorwirkungen im Sinne eines Abschiebungshindernisses begründen, wenn entweder der Schutz der Familie nach Art. 6 Abs. 1 GG und die aus Art. 2 Abs. 2 S. 1 und Art. 1 Abs. 1 GG abzuleitende Schutzpflicht für die Gesundheit der werdenden Mutter und des Kindes dies gebieten, oder wenn beide Elternteile bereits in Verhältnissen leben, welche eine gemeinsame Übernahme der elterlichen Verantwortung sicher erwarten lassen und eine (vorübergehende) Ausreise zur Durchführung eines Sichtvermerksverfahrens nicht zu-

---

276 BSG 30.1.2013 – B 4 AS 54/12 R.
277 Aufgrund einer Änderung des FreizügG/EU werden seit dem 7.1.2013 keine Bescheinigungen über das gemeinschaftsrechtliche Aufenthaltsrecht (Freizügigkeitsbescheinigungen) mehr ausgestellt. Zur Ausübung von Rechten oder zur Erledigung von Verwaltungsformalitäten war die (ohnehin nur deklaratorische) Freizügigkeitsbescheinigung im Übrigen schon vorher nicht erforderlich.

mutbar ist. Insofern tritt die staatliche Verpflichtung aus Art. 6 Abs. 1 GG iVm Abs. 2 GG ein. Von der Schutzpflicht des Staates aus Art. 6 GG ist insbesondere die Rechtsposition des Kindes sowie dessen Anspruch auf Ermöglichung bzw. Aufrechterhaltung eines familiären Bezugs zu beiden Elternteilen von Geburt an betroffen.

Diese aufenthaltsrechtlichen Vorwirkungen einer bevorstehenden Familiengründung bestanden auch im Falle der Klägerin schon vor der Geburt ihrer Tochter. Es wäre ihr fünf Monate vor dem errechneten Geburtstermin nicht mehr zumutbar gewesen, sich von dem Vater des Kindes unter zumindest vorübergehender Aufgabe des familiären Zusammenhalts und mit dem Risiko einer nicht zeitgerechten Rückkehr zur Geburt zu trennen. Auch in der hier vorliegenden Fallgestaltung soll verhindert werden, dass ein Kind in dem ersten Jahr nach seiner Geburt entgegen Art. 6 Abs. 1 GG von der Erziehungsleistung eines seiner Elternteile ausgeschlossen wird. Für die aufenthaltsrechtlichen Schutzwirkungen aus Art. 6 GG und damit auch ihre Vorwirkungen ist dabei nicht vorrangig auf formalrechtliche familiäre Bindungen, sondern auf die tatsächliche Verbundenheit zwischen den Familienmitgliedern im Wege einer Einzelfallbetrachtung abzustellen.[278] Bereits bei Antragstellung hat die Klägerin angegeben, dass ihr Kind von dem Lebensgefährten sei, mit dem die Anmietung einer gemeinsamen Wohnung geplant sei. Es ergab sich daher schon für die Zeit vor der Anerkennung der Vaterschaft eine vorwirkende Schutzwirkung, die ein Aufenthaltsrecht der Klägerin wegen des bevorstehenden familiären Zusammenlebens begründen konnte.[279]

Die Klägerin hat mithin einen Anspruch auf Gewährung von Leistungen nach dem SGB II. Der Beklagte ist antragsgemäß zu verurteilen.

III.

Wie sich aus der beigefügten Erklärung zu den persönlichen und wirtschaftlichen Verhältnissen ergibt, kann die Klägerin die Kosten der Prozessführung nicht aufbringen (§ 73 a SGG iVm § 114 ZPO). Da die Klage – wie ausgeführt – Aussicht auf Erfolg hat und nicht mutwillig ist, ist der Antrag auf Prozesskostenhilfe ebenfalls begründet.

(...)
Rechtsanwalt

2. Nichtzulassungsbeschwerde

a) Allgemeines

Sofern die Berufung nach § 144 Abs. 1 SGG nicht ipso jure statthaft ist, bedarf sie der Zulassung. Die Zulassung erfolgt entweder bereits durch das Sozialgericht[280] oder durch ein Nichtzulassungsbeschwerdeverfahren beim Landessozialgericht. Bei Zulassung durch das Sozialgericht kann dann ohne Weiteres Berufung eingelegt werden. Anderenfalls ist erst im Beschwerdeverfahren vor dem Landessozialgericht die Zulassung zu erstreiten, wobei bei Zulassung der Berufung durch das

356

---

278 BVerfG 8.12.2005 – 2 BvR 1001/04, mwN.
279 Vgl. zum Ganzen BSG 30.1.2013 – B 4 AS 54/12 R.
280 An die Entscheidung des Sozialgerichts ist das Landessozialgericht gebunden (§ 144 Abs. 3 SGG). Hat das SG die Sprungrevision (vgl. Rn. 417 ff.) zugelassen, ist darin nicht auch die Zulassung der Berufung zu erkennen. Wird also Berufung statt Sprungrevision eingelegt, hat das LSG die Statthaftigkeit der Berufung zu prüfen.

Landessozialgericht das Beschwerdeverfahren als Berufungsverfahren fortgeführt wird, ohne dass es einer separaten Berufungseinlegung bedarf (§ 145 Abs. 5 SGG).

357 Die Beschwerde gegen die Nichtzulassung der Berufung durch das Sozialgericht[281] ist binnen eines Monats nach Zustellung des vollständigen Urteils schriftlich oder zur Niederschrift des Urkundsbeamten einzulegen (§ 154 Abs. 1 Satz 2 SGG).[282]

358 Die Nichtzulassungsbeschwerde bedarf grds. keiner Begründung. Sie soll nach § 145 Abs. 2 SGG (lediglich) das angefochtene Urteil bezeichnen und die zur Begründung dienenden Tatsachen und Beweismittel angeben. Zur effektiven Rechtsverteidigung empfiehlt es sich freilich, das Beschwerdegericht auf etwaige Berufungsgründe aufmerksam zu machen. Zu beachten ist jedenfalls, dass der Berufungsgrund des Verfahrensmangels einer ausdrücklichen Rüge bedarf. Zwar erfordert die Rüge als solche noch keine Begründung, doch wird diese zur Darstellung bzw. Verdeutlichung regelmäßig unumgänglich sein.

359 Hinsichtlich der Gründe, wann die Berufung zuzulassen ist, bestimmt § 144 Abs. 2 SGG, dass dies immer dann zu erfolgen hat, wenn

- die Rechtssache grdsätzliche Bedeutung hat,
- das Urteil von einer Entscheidung des Landessozialgerichts, des Bundessozialgerichts, des Gemeinsamen Senats der obersten Gerichtshöfe des Bundes oder des Bundesverfassungsgerichts abweicht und auf dieser Abweichung beruht oder
- ein der Beurteilung des Berufungsgerichts unterliegender Verfahrensmangel geltend gemacht wird und vorliegt, auf dem die Entscheidung beruhen kann.[283]

360 Maßgeblicher Beurteilungszeitpunkt für die Zulassung bzw. Nichtzulassung der Berufung ist die Sach- und Rechtslage im Zeitpunkt der Entscheidung des Beschwerdegerichts.[284]

b) Zulassungsgründe
aa) Grundsätzliche Bedeutung

361 Eine grundsätzliche Bedeutung iSd § 144 Abs. 2 Nr. 1 SGG[285] ist anzunehmen, wenn die Klärung einer Rechtsfrage für die Einheit oder Fortbildung des Rechts notwendig ist. Solches ist anzunehmen, wenn eine klärungsbedürftige und klärungsfähige Rechtsfrage im Streit steht, deren Entscheidung auch über den Einzelfall hinaus Relevanz hat. Eine Klärungsbedürftigkeit ist jedenfalls dann nicht gegeben, wenn die Antwort praktisch außer Zweifel steht – etwa, weil sie sich direkt aus dem Gesetz ergibt oder bereits höchstrichterlich geklärt ist. Nicht klärungsfähig ist die Rechtsfrage dann, wenn sie für den konkreten Rechtsfall gar nicht entscheidungserheblich ist.

---

281 Das Sozialgericht muss die Nichtzulassung nicht ausdrücklich aussprechen. Ergeht gar keine Aussage über die Berufungszulassung, so ist sie nicht zugelassen (vgl. Lüdtke/Berchtold/*Littmann* SGG § 144 Rn. 23). Die Zulassung jedenfalls benötigt eine explizite Aussage innerhalb der Entscheidung.
282 Zur Frist vgl. Maydell/Ruland/Becker/*Kummer* SRH § 12 Rn. 400 f.
283 Diese Zulassungsgründe entsprechenden denen der Revisionszulassung nach § 160 Abs. 2 SGG.
284 Maydell/Ruland/Becker/*Kummer* SRH § 12 Rn. 404 mwN.
285 Vgl. hierzu jeweils mwN Maydell/Ruland/Becker/*Kummer* SRH § 12 Rn. 405 und *Kummer*, Die Nichtzulassungsbeschwerde, Rn. 301 ff. sowie Lüdtke/Berchtold/*Littmann* SGG § 144 Rn. 16.

IV. Rechtsmittel I. Instanz

bb) Divergenz

Ein Abweichen nach § 144 Abs. 2 Nr. 2 SGG, also eine Divergenz,[286] liegt vor, wenn mit der Entscheidung ein Rechtssatz aufgestellt wird, der zu einem Rechtssatz im Widerspruch steht, der für eine Entscheidung des – dem jeweiligen Sozialgericht übergeordneten[287] – LSG, des BSG, des BVerfG oder des Gemeinsamen Senats der oberen Gerichtshöfe des Bundes maßgeblich war.[288] Entscheidend ist weiter, dass das Urteil des Sozialgerichts auch auf dieser Abweichung beruht. Dies ist nicht gegeben, wenn die Abweichung für die Entscheidung nicht tragend war bzw. das Sozialgericht seine Entscheidung auf mehrere tragende Gründe gestützt hat. 362

Eine Divergenz liegt nicht vor, wenn das Sozialgericht erkennbar der Rechtsprechung des höheren Gerichts folgen wollte, dessen Rechtssatz jedoch missverstanden oder falsch angewandt hat. 363

cc) Verfahrensmangel

Ein Verfahrensmangel iSd § 144 Abs. 2 Nr. 3 SGG[289] liegt vor, wenn das Sozialgericht gegen Vorschriften oder Grundsätze des Verfahrensrechts verstoßen hat. Erforderlich, um einen Zulassungsgrund anzunehmen, ist, dass der Prozess bei einer richtigen Anwendung der Verfahrensvorschriften anders verlaufen wäre bzw. hätte anders verlaufen können. Es kann sich dabei aber nur um einen Verfahrensmangel handeln, der der Beurteilung des Berufungsgerichts unterliegt. Dies ist regelmäßig bei Entscheidungen des Sozialgerichts nicht gegeben, die unanfechtbar sind oder gegen die Beschwerde eingelegt werden kann. 364

Anders als bei der grundsätzlichen Bedeutung oder der Divergenz bedarf dieser Zulassungsgrund einer entsprechenden Rüge („... geltend gemacht wird ..."). Bleibt eine solche Rüge, die sich auch aus den Gesamtumständen und durch Auslegung ergeben kann, aus, ist dem Berufungsgericht eine entsprechende Prüfung und Zulassung aus diesem Grund verwehrt. 365

366

Muster: Nichtzulassungsbeschwerde

Rechtsanwalt

(...)

(Datum)

An das

Landessozialgericht (...)

(Anschrift)

---

286 Vgl. hierzu jeweils mwN Maydell/Ruland/Becker/*Kummer* SRH § 12 Rn. 406 und *Kummer*, Die Nichtzulassungsbeschwerde, Rn. 373 ff.; Lüdtke/Berchtold/*Littmann* SGG § 144 Rn. 17.
287 Abzustellen ist also auf das zuständige LSG und nicht auf Entscheidungen sämtlicher LSG (vgl. hierzu etwas ausführlicher Lüdtke/Berchtold/*Littmann* SGG § 144 Rn. 17).
288 Der Rechtssatz muss tragend gewesen sein. Ein Offenlassen bzw. ein obiter dictum des höheren Gerichts ist nicht ausreichend, um zu einer Divergenz zu gelangen.
289 Vgl. hierzu jeweils mwN Maydell/Ruland/Becker/*Kummer* SRH § 12 Rn. 407 f., und *Kummer*, Die Nichtzulassungsbeschwerde, Rn. 426 ff., sowie Lüdtke/Berchtold/*Littmann* SGG § 144 Rn. 18 ff.

A. Allgemeiner Teil

Nichtzulassungsbeschwerde

des (...),

(Anschrift)

– Beschwerdeführer und Kläger –

Prozessbevollmächtigter: Rechtsanwalt (...)

gegen

Jobcenter (...)

(Anschrift)

vertreten durch den Geschäftsführer

– Beschwerdegegner und Beklagter –

gegen das Urteil des SG (...) vom (...), Az.: (...)

Namens und ausweislich der beigefügten Vollmacht lege ich gegen die Nichtzulassung der Berufung Nichtzulassungsbeschwerde ein und beantrage,

die Berufung gegen das Urteil des SG (...) vom 20.1.2017 zuzulassen.

Zur Geltendmachung der Rechte des Klägers beantrage ich ferner,

dem Kläger Prozesskostenhilfe ab Antragstellung zu bewilligen und den Unterzeichner beizuordnen.

Begründung:

I.

Die Berufung bedarf der Zulassung, da das SG diese nicht zuließ. Auch ist der Beschwerdewert nach § 144 Abs. 1 SGG nicht erreicht. Streitgegenständlich sind höhere Leistungen aufgrund eines Mehrbedarfs für kostenaufwendige krankheitsbedingte Ernährung. Auch wenn die Kosten derzeit im Einzelnen noch unklar sind, ergeben sie in der Summe über den Zeitraum des Bescheides von sechs Monaten nicht mindestens 750 EUR.

Das Urteil vom 20.1.2017 leidet an einem wesentlichen Verfahrensmangel, auf dem die Entscheidung auch beruht.

Beim Kläger liegen zahlreiche Lebensmittelallergien vor, die ihn zwingen, über die bloße Vermeidung bestimmter Nahrungsmittel hinaus, teilweise auf teurere Substitute zurück zu greifen. Das SG wies die Klage ohne weitere Ermittlungen ab, da ein Anspruch nach § 21 Abs. 5 SGB II nicht bestehe. Zum einen seien die einzelnen Lebensmittelallergien nicht nachgewiesen, zum anderen könne sich der Kläger durch bloßes Vermeiden der Lebensmittel gesund ernähren, was nicht zu Mehrkosten führe. Das SG hat diese medizinische und ernährungswissenschaftliche Feststellung ohne Einholung von Befundberichten der behandelnden Ärzte und eines Sachverständigengutachtens getroffen. Hinsichtlich der medizinischen Voraussetzungen hatte der Kläger vorsorglich einen Antrag nach § 109 SGG gestellt. Da das SG nicht bekannt gegeben hat, worauf es seine medizinische ernährungswissenschaftliche Sachkunde stützt, liegt eine Verletzung der Amtsermittlungspflicht sowie des § 109 SGG vor. Hierauf beruht auch die Entscheidung offenkundig.

III.

Wie sich aus der beigefügten Erklärung zu den persönlichen und wirtschaftlichen Verhältnissen ergibt, kann der Kläger die Kosten der Prozessführung nicht aufbringen (§ 73 a

SGG iVm § 114 ZPO). Da die Beschwerde – wie ausgeführt – Aussicht auf Erfolg hat und nicht mutwillig ist, ist der Antrag auf Prozesskostenhilfe ebenfalls begründet.

(…)

Rechtsanwalt

Auf die Ausführungen in *Kummer*, Die Nichtzulassungsbeschwerde (dort insb. das Schriftsatzmuster Nr. 5 nach Rn. 395) wird verwiesen. Ebenso wird auf das Muster in *Zimmermann*, Das Hartz-IV-Mandat, S. 327 ff. verwiesen. 367

3. Anschlussberufung

Über § 202 SGG iVm § 524 ZPO besteht für den Berufungsbeklagten die Möglichkeit, (unselbstständige) Anschlussberufung[290] einzulegen. Die Anschlussberufung bedarf keiner eigenen Beschwer des Berufungsbeklagten, muss jedoch binnen eines Monats nach Zustellung der Berufungsbegründungsschrift erfolgen. Mit Rücknahme, Verwerfung oder Zurückweisung der Berufung durch Beschluss verliert die Anschließung ihre Wirkung. 368

4. Beschwerde im Verfahren des einstweiligen Rechtsschutzes

Gegen Entscheidungen des Sozialgerichts im Wege des einstweiligen Rechtsschutzes (Wiederherstellung der aufschiebenden Wirkung nach § 86 b Abs. 1 SGG oder einstweilige Anordnungen nach § 86 b Abs. 2 SGG)[291] besteht grds. die Möglichkeit, Beschwerde einzulegen. 369

Die Beschwerde ist binnen eines Monats nach Bekanntgabe der Entscheidung beim Sozialgericht oder dem Landessozialgericht schriftlich oder zur Niederschrift des Urkundsbeamten der Geschäftsstelle einzulegen, § 173 SGG. 370

Zu beachten ist allerdings, dass die Beschwerde nur dann zulässig ist, wenn auch in der Hauptsache die Berufung zulässig wäre (§ 172 Abs. 3 Nr. 1 SGG). Damit ist also maßgeblich auf § 144 Abs. 1 SGG und insbesondere auf den Beschwerdewert von 750 EUR abzustellen. Dabei können die in § 144 Abs. 2 SGG genannten Zulassungsgründe im Rahmen der Zulässigkeitsprüfung einer Beschwerde nach § 172 Abs. 3 Nr. 1 SGG nicht entsprechend angewendet werden.[292] 371

Wie auch im Verfahren des einstweiligen Rechtsschutzes vor dem Sozialgericht müssen Anordnungsgrund und Anordnungsanspruch auch im Beschwerdeverfahren vorliegen. Insbesondere hinsichtlich des Anordnungsgrundes für die einstweilige Anordnung oder aber hinsichtlich des Aussetzungsinteresses für die Wiederherstellung der aufschiebenden Wirkung ergeben sich im Beschwerdeverfahren dann Probleme, wenn der geltend gemachte Anspruch in zeitlicher Hinsicht überholt ist. Entsprechend der Intention des Art. 19 Abs. 4 GG soll in dringenden Fällen effektiver Rechtsschutz ermöglicht werden, in denen eine Entscheidung im grds. vorrangigen Hauptsacheverfahren zu spät käme, weil ohne sie schwere und unzumutbare Nachteile entstehen würden, die durch eine Entscheidung in der Hauptsache 372

---

290 Vgl. hierzu mwN Maydell/Ruland/Becker/*Kummer* SRH § 12 Rn. 414 f.
291 Vgl. hierzu ausführlich *Krodel*, Das sozialgerichtliche Eilverfahren.
292 Vgl. mwN LSG Hamburg 16.1.2009 – L 5 B 1136/08 ER AS, L 5 B 1137/08 PKH AS und auch LSG Thüringen 8.9.2011 – L 4 AS 1119/11 B.

nicht mehr auszugleichen wären. Hieraus folgt zugleich, dass die Annahme einer besonderen Dringlichkeit – und damit das Überwiegen des Aussetzungsinteresses oder aber der Anordnungsgrund – idR ausscheidet, wenn sie nur vor dem Zeitpunkt der Gerichtsentscheidung vorgelegen hat; dann ist die besondere Dringlichkeit durch Zeitablauf überholt. Dem Rechtsschutzsuchenden ist es in diesen Fällen grds. zumutbar, die Entscheidung in der Hauptsache abzuwarten.[293] Anderes kann aber (nur) dann gelten, wenn effektiver Rechtsschutz im Hauptsacheverfahren z.B. deswegen nicht mehr erlangt werden kann, weil bis zur Entscheidung in der Hauptsache Fakten zum Nachteil des Rechtsschutzsuchenden geschaffen werden, die irreparabel sind oder sich durch die Entscheidung in der Hauptsache nicht ausreichend rückgängig machen lassen. Insoweit ist im Rahmen der einstweiligen Anordnung auch immer der jeweilige Bewilligungsabschnitt nach § 41 Abs. 3 SGB II im Blick zu behalten. Mit Ablauf dieses Bewilligungszeitraumes ist Eilbedürftigkeit, also ein Anordnungsgrund, regelmäßig zu verneinen.[294]

373 **Muster: Beschwerde im ER-Verfahren**

Rechtsanwalt

(…)

(Datum)

An das

Landessozialgericht (…)

(Anschrift)

B E S C H W E R D E

der (…),

(Anschrift)

– Beschwerdeführerin und Antragstellerin –

Prozessbevollmächtigter: Rechtsanwalt (…)

g e g e n

Jobcenter (…)

(Anschrift)

vertreten durch den Geschäftsführer

– Beschwerdegegner und Antragsgegner –

wegen Ablehnung von Leistungen nach § 16 a Nr. 1 SGB II

Bescheid vom 10.8.2016

Namens und ausweislich der beigefügten Vollmacht der Antragstellerin erhebe ich Antrag auf Gewährung einstweiligen Rechtsschutzes und beantrage,

den Beschluss des SG (…) vom 1.9.2016 aufzuheben und den Beschwerdegegner im Wege der einstweiligen Anordnung vorläufig zu verpflichten, der Beschwerdeführerin

---

293 LSG Thüringen 16.3.2012 – L 4 AS 106/12 B ER.
294 Maßgebend für die Prüfung, ob Eilbedürftigkeit vorliegt, ist im Eilverfahren der Zeitpunkt, in dem das Gericht entscheidet; bei der Beschwerde mithin der Zeitpunkt der Beschwerdeentscheidung; so jedenfalls LSG Thüringen 16.3.2012 – L 4 AS 106/12 ER.

kommunale Eingliederungsleistung in Form von Kinderbetreuung ab dem 1.9.2016 zu gewähren.

Begründung:

I.

Die am 3.4.1981 geborene Beschwerdeführerin und ihre am 5.8.2014 geborene Tochter leben gemeinsam in einem Haushalt und beziehen seit März 2015 als Bedarfsgemeinschaft laufend Leistungen nach dem SGB II. Zuletzt wurden der Beschwerdeführerin und ihrer Tochter durch den Beschwerdegegner Leistungen zur Sicherung des Lebensunterhaltes mit Bescheid vom 28.6.2016 für den Zeitraum vom 1.7.2016 bis 31.12.2016 bewilligt.

Glaubhaftmachung: Bescheid vom 28.6.2016 – Anlage A1

Die Beschwerdeführerin bewohnt mit ihrer Tochter eine 55 m² große Wohnung, für die sie monatlich einen Mietzins von 350 EUR zahlt. Hinzu kommen Vorauszahlungen auf Nebenkosten und Heizkosten von derzeit monatlich 60 EUR.

Glaubhaftmachung:
- Mietvertrag vom 12.3.2001 – Anlage A2
- Nebenkostenabrechnung vom 3.5.2016 – Anlage A3

Die Beschwerdeführerin verfügt lediglich über Kindergeld in Höhe von monatlich 190 EUR, welches sie für ihre Tochter bezieht, sonst über keinerlei Einkommen. Sie verfügt ferner über 830 EUR Guthaben auf ihrem Girokonto, sonst über kein Vermögen.

Glaubhaftmachung: Kontoauszüge – Anlage A4

Die Beschwerdeführerin ist alleinerziehend und hat keine weiteren Angehörigen an ihrem Wohnort.

Glaubhaftmachung: Eidesstattliche Versicherung – Anlage A5

Die Beschwerdeführerin ist gelernte Bürokauffrau. Sie schloss ihre Ausbildung mit guten bis sehr guten Ergebnissen ab. Sie bewarb sich bei verschiedenen Unternehmen. Nach mehreren Vorstellungsgesprächen erhielt sie am 10.7.2016 vom Unternehmen (...) das Angebot einer befristeten Vollzeitstelle ab dem 1.9.2016. Bisher hat die Beschwerdeführerin den Arbeitsvertrag nicht unterzeichnet.

Glaubhaftmachung:
- Arbeitsvertrag – Anlage A6
- Eidesstattliche Versicherung – Anlage A7

Die Beschwerdeführerin bemühte sich unverzüglich um eine Betreuung ihrer Tochter durch eine Kinderkrippe oder eine Tagesmutter. Sie konnte jedoch bislang eine solche nicht finden. Weitere Angehörige, die eine Betreuung übernehmen könnten, hat die Klägerin nicht. Eine Betreuung im Betrieb der in Aussicht genommenen Stelle ist ebenfalls nicht möglich. Ohne eine adäquate Kinderbetreuung ist es der Beschwerdeführerin nicht möglich, die angebotene Stelle anzunehmen und auszuüben.

Glaubhaftmachung: Eidesstattliche Versicherung – Anlage A8

Die Beschwerdeführerin beantragte daher die Beschaffung und Finanzierung einer Kinderbetreuung mit Antrag vom 25.7.2016. Die Kosten hierfür belaufen sich auf monatlich ca. 500 EUR.

Glaubhaftmachung: Antrag vom 25.7.2016 – Anlage A9

A. Allgemeiner Teil

Der Beschwerdegegner lehnte den Antrag mit Bescheid vom 10.8.2016 ab.

Glaubhaftmachung: Bescheid vom 10.8.2016 – Anlage A10

Die Beschwerdeführerin hat am 15.8.2016 einen Antrag auf einstweiligen Rechtsschutz beim Sozialgericht (...) gestellt. Der Antrag wurde mit Beschluss vom 1.9.2016 mit der Begründung abgelehnt, dass die Beschwerdeführerin zunächst auf andere Angebote der Kinderbetreuung zurückzugreifen habe. Ferner handle es sich um eine befristete Stelle, so dass die Aufwendungen für eine Kinderbetreuung insoweit nicht im Verhältnis zu der Dauer der Beseitigung der Hilfebedürftigkeit stünden. Der Beschwerdegegner habe aber nach den Grundsätzen der Wirtschaftlichkeit und Sparsamkeit zu handeln (§ 14 Abs. 4 SGB II).

II.

Der Bescheid des Beschwerdegegners vom 10.8.2016 ist rechtswidrig und verletzt die Beschwerdeführerin in ihren Rechten. Die Beschwerdeführerin hat im Rahmen einer einstweiligen Anordnung Anspruch auf vorläufige Bewilligung einer Kinderbetreuung nach § 16 a Nr. 1 SGB II.

Die Beschwerde ist zunächst nach § 172 Abs. 3 Nr. 1 SGG zulässig, da die monatlichen Kosten 500 EUR betragen und die Beschwerdeführerin damit mit mehr als 750 EUR beschwert ist. Der Beschwerdewert ist damit erreicht.

Nach § 86 b Abs. 2 Satz 2 SGG kann das Gericht einstweilige Anordnungen zur Regelung eines vorläufigen Zustandes in Bezug auf ein streitiges Rechtsverhältnis treffen, wenn eine solche Regelung zur Abwendung wesentlicher Nachteile notwendig erscheint. Der Erlass einer solchen Regelungsanordnung setzt voraus, dass nach materiellem Recht ein Anspruch auf die begehrte Leistung besteht (Anordnungsanspruch) und dass die Regelungsanordnung zur Abwendung wesentlicher Nachteile notwendig ist (Anordnungsgrund). Sowohl der Anordnungsanspruch als auch der Anordnungsgrund sind gemäß § 920 Abs. 2 ZPO iVm § 86 b Abs. 2 Satz 4 SGG glaubhaft zu machen. Ist dem Gericht eine vollständige Aufklärung der Sach- und Rechtslage im Eilverfahren nicht möglich, so ist anhand einer Folgenabwägung zu entscheiden. Dabei sind die grundrechtlichen Belange des Antragstellers umfassend in die Abwägung einzustellen (BVerfG 12.5.2005 –1 BvR 569/05).

1. Ein Anordnungsanspruch ergibt sich aus § 16 a Nr. 1 SGB II. Nach dieser Vorschrift können u.a. Leistungen zur Betreuung minderjähriger Kinder zur Verwirklichung einer ganzheitlichen und umfassenden Betreuung und Unterstützung bei der Eingliederung in Arbeit, die für die Eingliederung des erwerbsfähigen Leistungsberechtigten in das Erwerbsleben erforderlich sind, erbracht werden. Voraussetzung ist zunächst, dass ein Zusammenhang mit der Eingliederung in Arbeit besteht und nicht lediglich eine Unterstützung der Lebensführung stattfindet (*Thie* in Münder LPK-SGB II § 16 a Rn. 2). Dies ist vorliegend gegeben, da die Leistung in unmittelbarem Zusammenhang mit der Arbeitsaufnahme steht.

Weiterhin muss die Leistung zur Eingliederung erforderlich sein. Dies ist gegeben, wenn ein Eingliederungserfolg (Arbeitsaufnahme) mit hinreichender Sicherheit vorhergesagt werden kann, was anhand einer Plausibilitätsprüfung festzustellen ist (BSG 23.11.2006 – B 11 b AS 3/05 R). Vorliegend ist die Arbeitsaufnahme nur durch Sicherstellung der Kinderbetreuung möglich. Ein Scheitern der Eingliederung in Arbeit aus anderen Gründen ist nicht ersichtlich. Insbesondere hat die Beschwerdeführerin ihre Ausbildung mit guten bis sehr guten Ergebnissen abgeschlossen und sich im Bewerbungsverfahren gegen andere

Bewerber durchgesetzt. Ein Arbeitsvertrag liegt ihr bereits vor. Lediglich die offene Frage der Kinderbetreuung hindert den endgültigen Abschluss des Vertrages.

Grds. ist ferner Erwerbsfähigkeit und Hilfebedürftigkeit nach § 7 Abs. 1 SGB II Voraussetzung der Leistung (BSG 23.11.2006 – B 11 b AS 3/05 R). Beides ist gegeben. Irrelevant ist, dass die Hilfebedürftigkeit nach Zufluss der ersten Lohnzahlung ggf. wegfällt, da die Struktur der Vorschrift auch eine Leistungserbringung vorübergehend nach Wegfall der Hilfebedürftigkeit zulässt (BT-Drs. 16/10810, 79). Auch entstehen keine Redundanzen durch Absetzungsbeträge nach § 11 b Abs. 1 Satz 1 Nr. 5 SGB II, da die Beschwerdeführerin gerade nicht über eine Betreuungsmöglichkeit verfügt, die sie aus ihrem Erwerbseinkommen finanzieren könnte.

Auf Rechtsfolgenseite steht der Beschwerdeführerin zwar ein Ermessen zu, jedoch ist dieses idR hinsichtlich des Entschließungsermessens auf Null reduziert, da die Prüfung der Erforderlichkeit auf Tatbestandsseite alle relevanten Prüfungskriterien enthält (*Thie* in Münder LPK-SGB II § 16 a Rn. 3). So liegt der Fall auch hier. Anhaltspunkte, die für einen atypischen Fall sprechen, liegen nicht vor. Insbesondere tragen die Argumente des Beschwerdegegners nicht. Die angebliche Unverhältnismäßigkeit lässt sich mit den Zielen des § 14 SGB II nicht in Übereinstimmung bringen. Eine dauerhafte Beseitigung der Hilfebedürftigkeit ist nicht gefordert. Eine erfolgreiche Eingliederung in Arbeit liegt auch bei einer befristeten Arbeitsstelle vor. Insbesondere ist es absolut nicht ausgeschlossen, dass sich eine weitere Befristung anschließt oder gar ein unbefristetes Arbeitsverhältnis hieraus entsteht. Die Argumentation des Beschwerdegegners geht an der Lebenswirklichkeit vorbei, da eine sofortige unbefristete Vollzeitstelle eine Ausnahme darstellt. Eingliederungsleistungen können nicht lediglich für diesen Fall bereitgestellt werden.

Auch bietet § 14 SGB II keine Grundlage für die rechtmäßige Einbeziehung der Haushaltslage in die Ermessensentscheidung. Es handelt sich zwar um eine ermessenslenkende Direktive, jedoch ist die Anwendung der „Wirtschaftlichkeit und Sparsamkeit" als Ermessenskriterium auf der Ebene des Entschließungsermessens nicht zulässig. Sie kann allenfalls auf der Ebene des Auswahlermessens geltend gemacht werden (*Kothe* in Gagel SGB II/SGB III § 14 Rn. 26 f.). Damit dürfen allenfalls Art und Umfang der Leistung an dieser Direktive ausgerichtet werden, nicht jedoch die Frage der Gewährung selbst.

2. Ein Anordnungsgrund ist ebenfalls gegeben. Dieser liegt vor, wenn wesentliche Nachteile abzuwenden sind. Insbesondere, wenn dem Antragsteller ein Abwarten der Entscheidung in der Hauptsache nicht zuzumuten ist (Lüdtke/Berchtold/*Binder* SGG § 86 b Rn. 36 mwN). Im Rahmen des Anspruchs auf Grundsicherung ist dies allenfalls der Fall, wenn Schonvermögen oder nicht anrechenbares Einkommen vorrangig einzusetzen wäre. Dies ist vorliegend jedoch weder möglich, noch würde es die begehrte Leistung ermöglichen. Ein Abwarten der Hauptsache ist unzumutbar, da das Angebot des Arbeitsvertrages durch das Unternehmen nicht bis dahin aufrechterhalten wird und eine anderweitige – auch nur vorübergehende – Kinderbetreuung nicht möglich ist.

Die Vorwegnahme der Entscheidung der Hauptsache wird durch die Vorläufigkeit vermieden. Im Übrigen jedoch ist zur Gewährung effektiven Rechtsschutzes (Art. 19 Abs. 4 GG) in diesem Fall eine Ausnahme möglich, da eine Entscheidung auf andere Weise nicht möglich ist, um Interessen im einstweiligen Rechtsschutz zu wahren.

A. Allgemeiner Teil

> **III.**
> Wie sich aus der beigefügten Erklärung zu den persönlichen und wirtschaftlichen Verhältnissen ergibt, kann die Antragstellerin die Kosten der Prozessführung nicht aufbringen (§ 73 a SGG iVm § 114 ZPO). Da die Beschwerde – wie ausgeführt – Aussicht auf Erfolg hat und nicht mutwillig ist, ist der Antrag auf Prozesskostenhilfe ebenfalls begründet.
>
> (...)
> Rechtsanwalt

5. Beschwerde im Erinnerungsverfahren

374 Hinsichtlich der Beschwerdemöglichkeit zum LSG wegen der Entscheidung des SG im Erinnerungsverfahren gilt zu unterscheiden, ob es um die Kosten der Beteiligten untereinander geht oder eine Rechtsanwaltsvergütung gegen die Staatskasse (Kostenfestsetzung im Rahmen der PKH) Gegenstand ist.

375 Soweit es die Kostenfestsetzung zwischen den Beteiligten betrifft, ist gegen den Erinnerungsbeschluss des Gerichts nach § 197 Abs. 2 SGG kein Rechtsmittel gegeben.[295]

376 Bei einem gesetzlichen Forderungsübergang nach § 59 RVG ist gegen den Beschluss des Sozialgerichts über die Erinnerung die Beschwerde statthaft, wenn der Wert des Beschwerdegegenstands 200 EUR übersteigt. Sie ist auch statthaft, wenn sie ausdrücklich im angefochtenen Beschluss zugelassen wurde. Mit der Befriedigung des Prozessbevollmächtigten aus der PKH geht dessen Anspruch auf die Staatskasse über (sog. „cessio legis").

377 Sofern die Kostenfestsetzung zwischen einem Rechtsanwalt[296] und der Staatskasse im Streit steht, ist die Beschwerde gem. § 56 RVG gegen den Erinnerungsbeschluss des SG im Grundsatz zulässig. Insoweit wird auf die Ausführungen unter Rn. 223 verwiesen.

378 Voraussetzung der Zulässigkeit der Beschwerde ist, dass der Beschwerdewert von 200 EUR erreicht ist oder das Sozialgericht die Beschwerde zugelassen hat. Zu beachten ist weiterhin, dass die Beschwerde nach §§ 56 Abs. 2, 33 Abs. 3 Satz 3 RVG binnen zwei Wochen nach Zustellung der Entscheidung des Sozialgerichts bei dem Gericht eingelegt werden muss, das über die Erinnerung entschieden hat. Sofern die Rechtsmittelbelehrung unrichtig sein sollte, gilt die Jahresfrist des § 66 Abs. 2 Satz 1 SGG.[297]

379
> **Muster: Beschwerde im Erinnerungsverfahren**
> Rechtsanwalt
> (...)
> (Datum)
> An das

---

[295] Vgl. Lüdtke/Berchtold/*Groß*, SGG § 197 Rn. 12.
[296] Beteiligter ist hier tatsächlich der Rechtsanwalt und nicht der Kläger. Bei dem Vergütungsanspruch gegen die Staatskasse handelt es sich um den persönlichen Anspruch des beigeordneten Anwalts.
[297] Vgl. LSG Thüringen 26.11.2008 – L 6 B 130/08 SF.

IV. Rechtsmittel I. Instanz

Landessozialgericht (…)
(Anschrift)

BESCHWERDE

des (Rechtsanwalt),
(Anschrift)

– Beschwerdeführer und Erinnerungsführer –

gegen

(Bundesland)
vertreten durch den Bezirksrevisor

– Beschwerdegegner und Erinnerungsgegner –

gegen den Kostenfestsetzungsbeschluss vom (…) und den Erinnerungsbeschluss vom (…) erhebe ich Beschwerde und beantrage,

den Beschluss des SG (…) vom (…) aufzuheben, den Kostenfestsetzungsbeschluss vom (…) abzuändern und die zu erstattenden Kosten auf 329,23 EUR festzusetzen.

Begründung:

I.

Mit Beschluss vom (…) wurde dem Kläger ratenfreie Prozesskostenhilfe unter Beiordnung des Erinnerungsführers bewilligt.

Mit Antrag vom (…) wurde die Festsetzung gegen die Staatskasse von folgenden Gebühren beantragt:

Verfahrensgebühr Nr. 3102 VV RVG	300,00 EUR
Terminsgebühr Nr. 3106 VV RVG	210,00 EUR
Einigungsgebühr Nr. 1005, 1006 VV RVG	300,00 EUR
Post- und Telekommunikationspauschale Nr. 7002 VV RVG	20,00 EUR
Umsatzsteuer Nr. 7008 VV RVG	157,70 EUR
Summe	987,70 EUR
Davon 1/3	329,23 EUR

(2/3 trägt laut Vergleich der Beklagte)

Mit Kostenfestsetzungsbeschluss vom (…) setzte die Urkundsbeamtin die Kosten hinsichtlich Verfahrens- und Einigungsgebühr lediglich mit einer um 1/3 reduzierten Mittelgebühr an.
Hiergegen hat der Erinnerungsführer Erinnerung eingelegt. Diese wurde mit Beschluss vom (…) zurückgewiesen.

II.

Die Beschwerde ist zunächst zulässig, da der Beschwerdewert von 200 EUR erreicht ist.

Für Verfahrensgebühr und Einigungsgebühr ist die Mittelgebühr angemessen, da Umfang und Schwierigkeit der anwaltlichen Tätigkeit durchschnittlich waren und die unterdurchschnittlichen Einkommens- und Vermögensverhältnisse durch die überdurchschnittliche Bedeutung des Verfahrens für den Kläger kompensiert werden.

Der Umfang der anwaltlichen Tätigkeit war durchschnittlich. Es mussten vier Bände Beklagtenakten gesichtet werden. Im Klageverfahren wurden eine 3-seitige Klageschrift sowie zwei weitere 2-seitige Schriftsätze gefertigt. Ferner spielte ein Mehrbedarf für kostenaufwendige Ernährung eine Rolle. Insoweit musste ein Befundbericht des behandelnden Arztes des Klägers eingeholt werden. Die Schwierigkeit der anwaltlichen Tätigkeit war ebenfalls durchschnittlich. Es standen Probleme der Unterkunftskosten im Rahmen des SGB II sowie der Einkommensanrechnung und der Frage des eben bezeichneten Mehrbedarfes im Raum. Für letzteren mussten zusätzlich medizinische Fragen behandelt werden. Die Bedeutung der Angelegenheit für den Kläger war überdurchschnittlich, da ein Betrag von insgesamt ca. 600 EUR streitig war, welcher für einen ALG II-Empfänger erhebliche Bedeutung hat. Weiterhin waren seine Einkommens- und Vermögensverhältnisse aufgrund des ALG II-Bezuges unterdurchschnittlich. Im Ergebnis bleibt es daher bei einer Durchschnittlichkeit.

(...)

Rechtsanwalt

6. Beschwerde im PKH-Verfahren

380 Im Grundsatz gilt auch bei Entscheidungen, mit denen PKH abgelehnt wurde,[298] dass diese mit der Beschwerde angegriffen werden können, soweit gesetzlich nichts anderes bestimmt ist (vgl. § 172 Abs. 1 SGG). Eine solche andere Bestimmung findet sich mit § 172 Abs. 3 Nr. 2 SGG. Hiernach heißt es nämlich, dass die Beschwerde ausgeschlossen ist, wenn

- das Gericht die persönlichen oder wirtschaftlichen Voraussetzungen für die Prozesskostenhilfe verneint (§ 172 Abs. 3 Nr. lit. a),
- in der Hauptsache die Berufung der Zulassung bedürfte (§ 172 Abs. 3 Nr. lit. b)[299] oder
- das Gericht in der Sache durch Beschluss entscheidet, gegen den die Beschwerde ausgeschlossen ist (§ 172 Abs. 3 Nr. lit. a; vgl. hierzu Rn. 350 f.).

381 Hinsichtlich der PKH-Ablehnung wegen persönlicher oder wirtschaftlicher Verhältnisse gilt der Beschwerdeausschluss auch dann, wenn die persönlichen Verhältnisse inhaltlich gar nicht geprüft werden konnten, die persönlichen und wirtschaftlichen Verhältnisse aber trotz Anmahnung und Fristsetzung nicht dargelegt wurden und deswegen dann PKH abgelehnt wurde.

382 Enthält ein wegen fehlender persönlicher oder wirtschaftlicher Voraussetzungen ablehnender PKH-Beschluss auch Hinweise zu den Erfolgsaussichten in der

---

298 Bei PKH-Bewilligung besteht weder für Verfahrensbeteiligte, noch für die Staatskasse ein Beschwerderecht.
299 Diese Klarstellung erfolgte erst mit Wirkung zum 25.10.2013. Davor bestand Streit über die Statthaftigkeit der Beschwerde, wenn der Berufungsstreitwert nach § 144 Abs. 1 SGG nicht erreicht ist.

Hauptsache, wird dadurch keine Beschwerdemöglichkeit eröffnet.[300] Bis zur Gesetzesänderung mit Wirkung zum 25.10.2008 galt dies noch anders: Da war die Beschwerde nur ausgeschlossen, wenn die PKH-Ablehnung „ausschließlich" auf die persönlichen und wirtschaftlichen Verhältnisse gestützt wurde.

Muster: Beschwerde im PKH-Verfahren 383

Rechtsanwalt

(...)

(Datum)

An das

Landessozialgericht (...)

(Anschrift)

BESCHWERDE

1. des (...),

(Anschrift)

— Beschwerdeführer und K l ä g e r zu 1) —

2. der (...)

ebenda

— Beschwerdeführerin und K l ä g e r i n zu 2) —

3. des minderjährigen (...), vertreten durch die Kläger zu 1) und 2)

ebenda

— Beschwerdeführer und K l ä g e r zu 3) —

Prozessbevollmächtigter: Rechtsanwalt (...)

g e g e n

Jobcenter (...)

(Anschrift)

vertreten durch den Geschäftsführer

— B e k l a g t e r —

Ablehnung von PKH

Namens und ausweislich der beigefügten Vollmacht der Kläger beantrage ich,

den Beschluss des SG (...) vom 10.6.2016 aufzuheben und den Klägern Prozesskostenhilfe ab Klageerhebung zu bewilligen und den Unterzeichner beizuordnen.

Begründung:

I.

Die Kläger begehren die Bewilligung von PKH.

Die Kläger wenden sich gegen die Aufhebung und Erstattung von Leistungen zur Sicherung des Lebensunterhaltes nach dem SGB II.

---

300 LSG Thüringen 26.4.2016 – L 1 U 284/16 B.

A. Allgemeiner Teil

Der am 23.4.1983 geborene Kläger zu 1) sowie die am 2.5.1982 geborene Klägerin zu 2) leben zusammen mit ihrem am 23.1.2006 geborenen gemeinsamen Sohn, dem Kläger zu 3) in einem gemeinsamen Haushalt und beziehen seit 1.3.2010 als Bedarfsgemeinschaft laufend Leistungen zur Sicherung des Lebensunterhaltes nach dem SGB II.

Den Klägern wurden mit Bescheid vom 22.5.2015 Leistungen nach dem SGB II für den Zeitraum vom 1.6.2015 bis 31.12.2015 bewilligt. Am 14.9.2015 erließ der Beklagte einen Änderungsbescheid für den Zeitraum 1.10.2015 bis 31.12.2015 aufgrund einer Anpassung der Kosten der Unterkunft und Heizung.

Beweis:
- Bescheid vom 22.5.2015 – Anlage K1
- Änderungsbescheid vom 14.9.2015 – Anlage K2

Dem Kläger floss ein kleinerer Lottogewinn von 1.000 EUR im Dezember 2015 zu.

Beweis: Kontoauszug für Dezember 2015 – Anlage K3

Hieraufhin hörte der Beklagte die Kläger, mit Schreiben vom 22.1.2015, zur teilweisen Aufhebung von Leistungen für Dezember 2015 an. Er hob mit Bescheid vom 4.3.2016 Leistungen in Höhe 970 EUR für die Kläger auf. Der Bescheid richtete sich ausschließlich an den Kläger zu 1) und hatte dabei folgenden Wortlaut:

"Sehr geehrter Herr (...),

der Bescheid vom 22.5.2015 wird für Sie und die Mitglieder ihrer Bedarfsgemeinschaft für den Zeitraum 1.12.2015 bis 31.12.2015 teilweise wie folgt aufgehoben:

Leistungen zur Sicherung des Lebensunterhaltes: 970 EUR

(...)

Dieser Betrag ist von Ihnen zu erstatten."

Beweis: Bescheid vom 4.3.2016 – Anlage K4

Ein von den Klägern hiergegen ohne nähere Begründung erhobener Widerspruch vom 15.3.2016 wurde von dem Beklagten mit Widerspruchsbescheid vom 12.5.2016 als unbegründet zurückgewiesen. Er führte dort lediglich nochmals aus, dass es sich bei dem Zufluss um Einkommen iSd § 11 SGB II handle, welches nach § 11 b SGB II bereinigt worden sei und die Hilfebedürftigkeit der Kläger entsprechend mindere, sodass nach § 48 SGB X eine Aufhebung erforderlich sei.

Beweis:
- Widerspruch vom 15.3.2016 – Anlage K5
- Widerspruchsbescheid vom 12.5.2016 – Anlage K6

Hiergegen richtet sich die Klage. Die Kläger stellten zusammen mit dem Klageantrag den Antrag, ihnen PKH ohne Zahlungsbestimmung ab Klageerhebung unter Beiordnung des Unterzeichners zu bewilligen. Die Kläger sind nicht in der Lage, die Kosten der Prozessführung aufzubringen. Es wird auf die Erklärung zu den persönlichen und wirtschaftlichen Verhältnissen verwiesen.

Das SG (...) hat am 10.6.2016 den Antrag abgelehnt, da die Klage keine Aussicht auf Erfolg habe. Hiergegen richtet sich die Beschwerde.

II.

Nach § 73 a SGG iVm § 114 ZPO ist PKH zu bewilligen, wenn die Klage Aussicht auf Erfolg hat, nicht mutwillig ist und die Kläger die Kosten der Prozessführung nicht aufbringen können.

Die Beschwerde ist zunächst zulässig. Selbst wenn man vorliegend die einschränkende Auslegung der Statthaftigkeit zugrunde legt und über § 202 SGG die Vorschrift des § 127 Abs. 2 Satz 2 2. Hs ZPO anwenden will, was dazu führt, dass der Berufungsbeschwerdewert von 750 EUR erreicht sein muss (so bspw. LSG Thüringen 26.6.2012 – L 9 AS 398/12 B), so ist dieser vorliegend erreicht, so dass die Beschwerde in jedem Fall statthaft ist.

Die Klage hat Aussicht auf Erfolg, wenn nicht gänzlich ausgeschlossen oder fern liegend ist, dass eine Verurteilung erfolgen wird.

Gegenstand der Klage ist der Bescheid des Beklagten vom 4.3.2016 in der Gestalt des Widerspruchsbescheides vom 12.5.2016, mit dem Leistungen der Kläger für den Zeitraum 1.12.2015 bis 31.12.2015 teilweise in Höhe von 970 EUR aufgehoben wurden. Der Bescheid ist rechtswidrig und verletzt die Kläger in ihren Rechten.

Ermächtigungsgrundlage ist § 48 Abs. 1 Satz 2 Nr. 3 SGB X (über § 40 Abs. 2 Nr. 3, § 330 SGB III).

Der Bescheid ist jedoch nichtig, da er nicht hinreichend bestimmt iSd § 33 SGB X ist. Ein Verwaltungsakt hat nach § 33 SGB X hinreichend bestimmt zu sein. Allgemein formuliert ist er hinreichend bestimmt, wenn aus ihm ersichtlich wird, aus welchem Sachverhalt welche Rechtsfolge abgeleitet wird. Er muss insbesondere vollständig, klar und unzweideutig erkennbar machen, welche Regelung die Behörde treffen will.

Das Erfordernis der Bestimmtheit bezieht sich sowohl auf den Verfügungssatz bzw. die Verfügungssätze der Entscheidung, als auch auf den Adressaten eines Verwaltungsaktes (vgl. BSG 16.5.2012 – B 4 AS 154/11 R). Insofern verlangt das Bestimmtheitserfordernis zum einen, dass der Verfügungssatz nach seinem Regelungsgehalt in sich widerspruchsfrei ist und dem Betroffenen bei Zugrundelegung der Erkenntnismöglichkeiten eines verständigen Empfängers in die Lage versetzt, die in ihm getroffene Rechtsfolge vollständig, klar und unzweideutig zu erkennen und sein Verhalten daran auszurichten. Dabei ist zu berücksichtigen, dass das SGB II keinen Anspruch der Bedarfsgemeinschaft kennt, sondern Anspruchsinhaber jeweils alle Mitglieder der Bedarfsgemeinschaft sind. Entsprechend können auch im Rückabwicklungsverhältnis die Aufhebung eines rechtswidrigen Bewilligungsbescheids und auch die Erstattungsforderung erbrachter SGB II-Leistungen nur gegenüber dem jeweiligen Leistungsempfänger als einzelnem hilfebedürftigen Mitglied einer Bedarfsgemeinschaft iSv § 7 Abs. 3 SGB II erfolgen. Es besteht daher auch keine gesamtschuldnerische Haftung der Mitglieder der Bedarfsgemeinschaft. Den Verfügungen des Aufhebungs- und Erstattungsbescheides muss sich daher entnehmen lassen, welcher Adressat bzw. welche Adressaten betroffen sind.

So liegt hier der Fall. Der Beklagte verfügte die Aufhebung lediglich gegenüber dem Kläger zu 1), obwohl die Rückforderung sich gegen sämtliche Mitglieder der Bedarfsgemeinschaft zu richten hat. Eine Konkretisierung bzw. Aufschlüsselung der Rückforderung erfolgte weder in der Begründung des Bescheides noch in der Berechnung. Der Bescheid ist damit auch einer Auslegung nicht zugänglich. Adressat ist mithin ausschließlich der Kläger zu 1). Nur ihm gegenüber erfolgte eine Aufhebung, obwohl der Beklagte ausdrücklich

> ausführt, dass Leistungen aller Mitglieder aufgehoben sind. Jedoch wird auch nur gegen den Kläger zu 1) die Erstattungspflicht verfügt. Die Einkommensanrechnung mindert jedoch die Hilfebedürftigkeit sämtlicher Kläger. Diese Differenzierung lässt der Bescheid außer Betracht, weshalb er vollständig nichtig und daher aufzuheben ist.
>
> Darüber hinaus ist die Erstattungsforderung rechtswidrig. Eine Erstattung kann jedoch nur dann gem. § 50 Abs. 1 S. 1 SGB X erfolgen, soweit der Verwaltungsakt aufgehoben wurde. Im streitigen Aufhebungs- und Erstattungsbescheid erfolgte keine Aufhebung des Änderungsbescheides vom 14.9.2015.[301] Die Erstattungsforderung geht damit ins Leere.
>
> Die Klage hat daher Aussicht auf Erfolg, so dass PKH antragsgemäß zu bewilligen ist.
>
> (...)
>
> Rechtsanwalt

7. Anhörungsrüge

384 Mit § 178 a SGG besteht die Möglichkeit auch gegen ansonsten unanfechtbare Entscheidungen vorzugehen. Umfasst sind dabei nicht nur Entscheidungen des Sozialgerichts, sondern aller Instanzen.

385 § 178 a Abs. 1 SGG bestimmt so, dass auf die Rüge eines durch eine gerichtliche Entscheidung beschwerten Beteiligten das Verfahren fortzuführen ist, wenn

- ein Rechtsmittel oder ein anderer Rechtsbehelf gegen die Entscheidung nicht gegeben ist und
- das Gericht den Anspruch dieses Beteiligten auf rechtliches Gehör in entscheidungserheblicher Weise verletzt hat.

386 Damit ist zunächst klargestellt, dass es einer entsprechenden Rüge bedarf. Sie ist nach § 178 a Abs. 2 SGG schriftlich oder zur Niederschrift des Urkundsbeamten der Geschäftsstelle bei dem Gericht zu erheben, dessen Entscheidung angegriffen wird. Mit der Rüge muss einerseits die angegriffene Entscheidung bezeichnet werden und andererseits muss dargelegt werden, dass das Recht auf rechtliches Gehör verletzt wurde.

387 Die Rüge ist nach § 178 a Abs. 2 SGG innerhalb von zwei Wochen nach Kenntnis von der Verletzung des rechtlichen Gehörs zu erheben, wobei der Zeitpunkt der Kenntniserlangung glaubhaft zu machen ist. Nach Ablauf eines Jahres seit Bekanntgabe der angegriffenen Entscheidung kann die Rüge jedenfalls nicht mehr erhoben werden.

388 Die Rüge ist nur begründet, wenn es sich um eine unanfechtbare Entscheidung handelt und das Gericht hierbei das Recht auf rechtliches Gehör verletzt hat und eben diese Gehörsverletzung auch entscheidungserheblich war. Kam es hinsichtlich der Entscheidung des Gerichts gar nicht auf das rechtliche Gehör an, sondern stützt das Gericht seine Entscheidung (auch) auf andere tragende Erwägungen, so liegt keine Entscheidungserheblichkeit in diesem Sinne vor.

389 Im Falle der begründeten Rüge wird ihr durch das Gericht abgeholfen, indem das Verfahren fortgeführt wird, § 178 a Abs. 5 SGG.

---

301 Vgl. BSG 29.11.2012 – B 14 AS 196/11 R.

V. Rechtsmittel II. Instanz

1. Revision

Nach § 160 Abs. 1 SGG findet gegen Urteile der Landessozialgerichte[302] und deren Beschlüsse nach § 55 a Abs. 5 Satz 1 SGG[303] die Revision an das Bundessozialgericht nur statt, wenn entweder bereits das LSG oder auf Beschwerde hin das BSG die Revision zugelassen hat. Einen Grundsatz wie mit § 143 SGG bei der Berufung, nämlich derart, dass das Rechtsmittel grds. statthaft und nur auf bestimmte normiere Einschränkungen hin unstatthaft ist, findet sich für die Revision nicht.

390

Vielmehr normiert § 160 Abs. 2 SGG abschließend die Konstellationen, in welchen die Revision zuzulassen ist. Das sind nur die Fälle, in denen:

391

- die Rechtssache grundsätzliche Bedeutung hat oder
- das Urteil von einer Entscheidung des BSG, des Gemeinsamen Senats der obersten Gerichtshöfe des Bundes oder des Bundesverfassungsgerichts abweicht und auf dieser Abweichung beruht oder
- ein Verfahrensmangel geltend gemacht wird, auf dem die angefochtene Entscheidung beruhen kann; der geltend gemachte Verfahrensmangel kann nicht auf eine Verletzung der §§ 109 und 128 Abs. 1 Satz 1 SGG und auf eine Verletzung des § 103 SGG gestützt werden, wenn er sich auf einen Beweisantrag bezieht, dem das Landessozialgericht ohne hinreichende Begründung nicht gefolgt ist.[304]

Es kommt auf das konkrete Vorliegen einer Zulassung an. Unerheblich ist, ob das LSG die Revision hätte (zwingend) zulassen müssen. Hat es in einem solchen Fall die Zulassung (bewusst) unterlassen, ist nicht die Revision statthaft, sondern bleibt nur der Weg über die Nichtzulassungsbeschwerde.

392

Nach § 164 SGG ist die Revision beim BSG innerhalb eines Monats nach Zustellung des Urteils schriftlich einzulegen. Zu beachten ist, dass im Falle der Zulassung der Revision durch das BSG dann explizit Revision eingelegt werden muss. Eine Regelung wie für die Berufung mit § 145 Abs. 5 SGG findet sich für das Revisionsverfahren nicht. Die Revision ist also im Falle ihrer Zulassung dann innerhalb eines Monats nach Zustellung des Beschlusses über die Zulassung (§ 160 a Abs. 4 Satz 1 oder § 161 Abs. 3 Satz 2 SGG) einzulegen (vgl. § 160 a Abs. 4 Satz 4 SGG).[305]

393

---

302 Nach § 177 SGG können Entscheidungen des Landessozialgerichts, seines Vorsitzenden oder des Berichterstatters vorbehaltlich des § 160 a Abs. 1 SGG und des § 17 a Abs. 4 Satz 4 GVG nicht mit der Beschwerde an das Bundessozialgericht angefochten werden. Damit sind Beschlüsse – mit Ausnahme nach § 55 a Abs. 5 Satz 1 SGG – unanfechtbar. Gleichwohl sind aber auch Beschlüsse, die anstelle eines Urteils ergehen, mit Revision bzw. entsprechender NZB angreifbar (vgl. §§ 153 Abs. 4 und 158 SGG).
303 Nach § 55 a SGB II ist auf Antrag über die Gültigkeit von Satzungen oder anderen im Rang unter einem Landesgesetz stehenden Rechtsvorschriften, die nach § 22 Abs. 1 SGB II (sog. KdU-Satzungen) und dem dazu ergangenen Landesgesetz erlassen worden sind, zu entscheiden. Das Landessozialgericht entscheidet durch Urteil oder, wenn es eine mündliche Verhandlung nicht für erforderlich hält, durch Beschluss.
304 Diese Zulassungsgründe entsprechen denen der Berufungszulassung nach § 144 Abs. 2 SGG.
305 Zur Frist vgl. § 64 SGG.

A. Allgemeiner Teil

394 Während sich für das Berufungsverfahren in weiterer Folge kaum zwingende (formelle) Voraussetzungen finden, bestehen für das Revisionsverfahren strenge Formvorschriften. Deren Nichteinhaltung führt zur Unzulässigkeit der Revision.

395 Nach § 164 Abs. 1 SGG gilt für die Revision, dass sie das angefochtene Urteil angeben muss und eine Ausfertigung oder beglaubigte Abschrift des angefochtenen Urteils beigefügt werden soll.[306] Sodann ist die Revision innerhalb von zwei Monaten nach Zustellung des Urteils oder des Beschlusses über die Zulassung der Revision zu begründen (§ 164 Abs. 2 SGG).[307] Diese Begründungsfrist kann auf einen vor ihrem Ablauf gestellten Antrag von dem Vorsitzenden des erkennenden Senates des BSG verlängert werden. Die Begründung muss zwingend einen bestimmten Antrag enthalten, die verletzte Rechtsnorm und – soweit Verfahrensmängel gerügt werden – die Tatsachen bezeichnen, die den Mangel ergeben.[308]

396 Nach § 162 SGG kann die Revision nur darauf gestützt werden, dass das angefochtene Urteil auf der Verletzung einer Vorschrift des Bundesrechts oder einer sonstigen im Bezirk des Berufungsgerichts geltenden Vorschrift beruht, deren Geltungsbereich sich über den Bezirk des Berufungsgerichts hinaus erstreckt.

397 Im Übrigen gilt, dass das BSG als Revisionsgericht keine Tatsacheninstanz ist.[309] Es ermittelt und erforscht den Sachverhalt nicht (weiter) aus. Vielmehr ist das BSG an die in dem angefochtenen Urteil getroffenen tatsächlichen Feststellungen gebunden (§ 163 Hs 1 SGG). Dies gilt nicht, wenn in Bezug auf diese Feststellungen zulässige und begründete Revisionsgründe vorgebracht sind (§ 163 Hs 2 SGG). Aber auch in diesem Fall führt das BSG grds. keine eigenständigen Ermittlungen bzw. trifft keine eigenen Feststellungen, sondern verweist den Rechtsstreit zu diesem Zwecke an das LSG zurück. Aus funktionalen Gründen erfährt das Verbot eigener Ermittlungen und Feststellungen eine Reihe von Ausnahmen, die dem Gesetzeswortlaut aber nicht vollständig unmittelbar entnommen werden können.[310]

398 Zu beachten ist schließlich, dass vor dem BSG nach § 73 Abs. 4 SGG für die Beteiligten – soweit es sich nicht um Behörden handelt – Vertretungszwang besteht. D.h., dass sich die Beteiligten grds. bei allen Prozesshandlungen – außer im Prozesskostenhilfeverfahren[311] – von einem in § 73 Abs. 2 Satz 1 SGG abschließend genannten Prozessbevollmächtigten vertreten lassen müssen.[312]

---

306 Die Beifügung einer Ausfertigung oder beglaubigten Abschrift des angefochtenen Urteils ist nach § 164 Abs. 1 Satz 3 SGG nicht erforderlich, soweit nach § 65 a SGG elektronische Dokumente übermittelt werden.
307 Zur Frist vgl. § 64 SGG.
308 Zur Revisionsbegründung ausführlich Maydell/Ruland/Becker/*Kummer* SRH § 12 Rn. 437 ff.
309 Neues tatsächliches Vorbringen ist im Revisionsverfahren grds. unzulässig und nicht zu berücksichtigen (vgl.Lüdtke/*Berchtold/Lüdtke* SGG § 163 Rn. 4).
310 Vgl. Lüdtke/*Berchtold/Lüdtke* SGG § 163 Rn. 5 ff.
311 Einen Antrag auf Gewährung von PKH kann also ein Kläger auch ohne zulässigen Prozessbevollmächtigten stellen. Sofern PKH bewilligt wurde, muss aber das Rechtsmittel (NZB oder Revision) durch einen zulässigen Prozessbevollmächtigten erfolgen.
312 Eine Vertretung kann auch durch die in § 73 Abs. 2 Satz 2 Nr. 5–9 SGG bezeichneten Organisationen erfolgen. Diese müssen dann aber durch Personen mit Befähigung zum Richteramt handeln (vgl. § 73 Abs. 4 SGG).

2. Nichtzulassungsbeschwerde

a) Allgemeines

Die Revision bedarf grds. der Zulassung. Die Zulassung erfolgt entweder bereits durch das LSG[313] oder durch ein Nichtzulassungsbeschwerdeverfahren beim BSG. Darüber hinaus besteht auch die – in der Praxis eher selten vorkommende – Möglichkeit der Sprungrevision nach § 161 SGG.[314]   399

Bei Zulassung durch das LSG (bzw. im Falle der Zulassung der Sprungrevision durch das SG) kann dann ohne Weiteres Revision eingelegt werden. Anderenfalls ist erst im Beschwerdeverfahren vor dem BSG die Zulassung zu erstreiten. Anders als im Streit über die Zulassung der Berufung, wird bei Zulassung der Revision durch das BSG das Beschwerdeverfahren nicht ipso jure als Revisionsverfahren fortgeführt, sondern bedarf sodann einer separaten Berufungseinlegung (vgl. § 164 Abs. 1 Satz 1 SGG).   400

Zu beachten ist auch hier, dass vor dem BSG nach § 73 Abs. 4 SGG für die Beteiligten – soweit es sich nicht um Behörden handelt – Vertretungszwang besteht. D.h., dass sich die Beteiligten grds. bei allen Prozesshandlungen – außer im Prozesskostenhilfeverfahren[315] – von einem in § 73 Abs. 2 Satz 1 SGG abschließend genannten Prozessbevollmächtigten vertreten lassen müssen.[316]   401

Die Beschwerde gegen die Nichtzulassung der Revision durch das LSG[317] ist beim BSG[318] innerhalb eines Monats nach Zustellung des Urteils einzulegen (§ 160 a Abs. 1 Satz 2 SGG).[319] Gegen die Nichtzulassung der Sprungrevision durch das SG besteht keine Beschwerdemöglichkeit (§ 161 Abs. 2 Satz 3 SGG). Die Einlegung der Beschwerde hemmt die Rechtskraft des Urteils (§ 160 a Abs. 3 SGG).   402

Anders als bei der NZB hinsichtlich der Berufung sind bei der Revisionsnichtzulassungsbeschwerde strenge Formanforderungen zu beachten. Der Beschwerdeschrift soll eine Ausfertigung oder beglaubigte Abschrift des Urteils, gegen das die Revision eingelegt werden soll, beigefügt werden. Dies gilt aber nicht, soweit nach § 65 a SGG elektronische Dokumente übermittelt werden.   403

Die Beschwerde ist innerhalb von zwei Monaten nach Zustellung des Urteils zu begründen (§ 160 a Abs. 2 Satz 1 SGG).[320] Diese Begründungsfrist kann auf einen vor ihrem Ablauf gestellten Antrag von dem Vorsitzenden des erkennenden Senats   404

---

313   An die Entscheidung des LSG ist das BSG gebunden (§ 160 Abs. 3 SGG).
314   Die Sprungrevision kommt v.a. dann in Betracht, wenn es um die Anwendung resp. Auslegung einer neuen Rechtsnorm geht, zu der es bislang keine höchstrichterliche Rechtsprechung gibt.
315   Einen Antrag auf Gewährung von PKH kann also ein Kläger auch ohne zulässigen Prozessbevollmächtigten stellen. Sofern PKH bewilligt wurde, muss aber das Rechtsmittel (NZB oder Revision) durch einen zulässigen Prozessbevollmächtigten erfolgen.
316   Eine Vertretung kann auch durch die in § 73 Abs. 2 Satz 2 Nr. 5–9 SGG bezeichneten Organisationen erfolgen. Diese müssen dann aber durch Personen mit Befähigung zum Richteramt handeln (vgl. § 73 Abs. 4 SGG).
317   Das LSG muss die Nichtzulassung nicht ausdrücklich aussprechen. Ergeht gar keine Aussage über die Revisionszulassung, so ist sie nicht zugelassen (vgl. Lüdtke/*Berchtold/Lüdtke* SGG § 160 Rn. 39 mwN). Die Zulassung jedenfalls benötigt aber eine explizite Aussage innerhalb der Entscheidung.
318   Eine Beschwerdeeinlegung beim LSG ist nicht fristwahrend (Gleiches gilt bei der Einlegung bei Behörden, denn § 91 SGG ist nach § 165 iVm § 153 Abs. 1 SGG nicht anwendbar).
319   Zur Frist vgl. § 64 SGG.
320   Zur Frist vgl. § 64 SGG.

A. Allgemeiner Teil

des BSG einmal bis zu einem Monat verlängert werden (Satz 2). Nach § 160 a Abs. 2 Satz 3 SGG muss in der Begründung die grundsätzliche Bedeutung der Rechtssache dargelegt oder die Entscheidung, von der das Urteil des LSG abweicht, oder der Verfahrensmangel bezeichnet werden.

405 Vom BSG werden an die Begründung der NZB sehr hohe Anforderungen gestellt.[321] Zu beachten ist dabei, dass die NZB sich allein gegen die Nebenentscheidung der Nichtzulassung („Die Revision wird nicht zugelassen") richtet. Daher ist grds. nicht die Richtigkeit der angefochtenen Entscheidung Gegenstand der NZB, sondern das Vorliegen zumindest eines Zulassungsgrundes. Eben deshalb ist es verfehlt, Ausführungen zur angegriffenen Sachentscheidung zu machen. Vielmehr ist innerhalb der Begründungsfrist der jeweilige Zulassungsgrund zu behaupten und darzulegen. Eine pauschale Verweisung auf einen vorinstanzlichen Vortrag verbietet sich ebenso wie ein neuer Tatsachenvortrag (vgl. § 163 SGG).

406 Hinsichtlich der Gründe, wann die Berufung zuzulassen ist, bestimmt § 160 Abs. 2 SGG, dass dies immer dann zu erfolgen hat, wenn

- die Rechtssache grundsätzliche Bedeutung hat,
- das Urteil von einer Entscheidung des BSG, des Gemeinsamen Senats der obersten Gerichtshöfe des Bundes oder des BVerfG abweicht und auf dieser Abweichung beruht oder
- ein Verfahrensmangel geltend gemacht wird, auf dem die angefochtene Entscheidung beruhen kann; der geltend gemachte Verfahrensmangel kann nicht auf eine Verletzung der §§ 109 und 128 Abs. 1 Satz 1 SGG und auf eine Verletzung des § 103 SGG gestützt werden, wenn er sich auf einen Beweisantrag bezieht, dem das Landessozialgericht ohne hinreichende Begründung nicht gefolgt ist.

407 Maßgeblicher Beurteilungszeitpunkt für die Zulassung bzw. Nichtzulassung der Berufung ist die Sach- und Rechtslage im Zeitpunkt der Entscheidung des Beschwerdegerichts.[322]

408 Zu beachten ist schließlich, dass vor dem BSG nach § 73 Abs. 4 SGG für die Beteiligten – soweit es sich nicht um Behörden handelt – Vertretungszwang besteht. D.h., dass sich die Beteiligten grds. bei allen Prozesshandlungen – außer im Prozesskostenhilfeverfahren[323] – von einem in § 73 Abs. 2 Satz 1 SGG abschließend genannten Prozessbevollmächtigten vertreten lassen müssen.[324]

b) Zulassungsgründe
aa) Grundsätzliche Bedeutung

409 Eine grundsätzliche Bedeutung iSd § 160 Abs. 2 Nr. 1 SGG[325] ist anzunehmen, wenn die Klärung einer Rechtsfrage für die Einheit oder Fortbildung des Rechts

---

321 Vgl. hierzu ausführlich Maydell/Ruland/Becker/*Kummer* SRH § 12 Rn. 433.
322 Maydell/Ruland/Becker/*Kummer* SRH § 12 Rn. 404 mwN.
323 Einen Antrag auf Gewährung von PKH kann also ein Kläger auch ohne zulässigen Prozessbevollmächtigten stellen. Sofern PKH bewilligt wurde, muss aber das Rechtsmittel (NZB oder Revision) durch einen zulässigen Prozessbevollmächtigten erfolgen.
324 Eine Vertretung kann auch durch die in § 73 Abs. 2 Satz 2 Nr. 5– 9 SGG bezeichneten Organisationen erfolgen. Diese müssen dann aber durch Personen mit Befähigung zum Richteramt handeln (vgl. § 73 Abs. 4 SGG).
325 Vgl. hierzu jeweils mwN *Kummer*, Die Nichtzulassungsbeschwerde, Rn. 301 ff. und Lüdtke/*Berchtold*/Lüdtke SGG § 160 Rn. 14 ff.

notwendig ist. Solches ist anzunehmen, wenn eine klärungsbedürftige und klärungsfähige Rechtsfrage im Streit steht, deren Entscheidung auch über den Einzelfall hinaus Relevanz hat. Eine Klärungsbedürftigkeit ist jedenfalls dann nicht gegeben, wenn die Antwort praktisch außer Zweifel steht – etwa, weil sie sich direkt aus dem Gesetz ergibt oder bereits höchst richterlich geklärt ist. Nicht klärungsfähig ist die Rechtsfrage dann, wenn sie für den konkreten Rechtsfall gar nicht entscheidungserheblich ist.

Für ein Muster zur Nichtzulassungsbeschwerde wird auf die Ausführungen in *Kummer*, Die Nichtzulassungsbeschwerde (dort insb. das Schriftsatzmuster Nr. 1 nach Rn. 345) verwiesen. 410

bb) Divergenz

Ein Abweichen nach § 160 Abs. 2 Nr. 2 SGG, also eine Divergenz,[326] liegt vor, wenn mit der Entscheidung ein Rechtssatz aufgestellt wird, der zu einem Rechtssatz im Widerspruch steht, der für eine Entscheidung des BSG, des BVerfG oder des Gemeinsamen Senates der oberen Gerichtshöfe des Bundes maßgeblich war.[327] Entscheidend ist weiter, dass das Urteil des Landessozialgerichts auch auf dieser Abweichung beruht. Dies ist nicht gegeben, wenn die Abweichung für die Entscheidung nicht tragend war bzw. das LSG seine Entscheidung auf mehrere tragende Gründe gestützt hat. 411

Eine Divergenz liegt nicht vor, wenn das LSG erkennbar der Rechtsprechung des höheren Gerichts folgen wollte, dessen Rechtssatz jedoch missverstanden oder falsch angewandt hat. 412

cc) Verfahrensmangel

Ein Verfahrensmangel iSd § 160 Abs. 2 Nr. 3 SGG[328] liegt vor, wenn das Landessozialgericht gegen Vorschriften oder Grundsätze des Verfahrensrechts verstoßen hat. Zu beachten ist, dass für die Zulassung der Revision wegen eines Verfahrensmangels gegenüber der Berufungszulassung drei gewichtige Einschränkungen gelten (§ 160 Abs. 2 Nr. 3 Hs 2 SGG): 413
1. Der Verfahrensmangel kann nicht auf eine Verletzung des § 109 SGG gestützt werden.
2. Die Beweiswürdigung des LSG kann nicht gerügt werden.[329]
3. Ein Verfahrensfehler kann nur dann auf eine Verletzung der Aufklärungspflicht (§ 103 SGG) zurückgeführt werden, wenn sich der Verfahrensmangel auf einen

---

326 Vgl. hierzu jeweils mwN Maydell/Ruland/Becker/*Kummer* SRH § 12 Rn. 406 und *Kummer*, Die Nichtzulassungsbeschwerde, Rn. 373 ff. sowie Lüdtke/*Berchtold/Lüdtke* SGG § 160 Rn. 19 f.
327 Der Rechtssatz muss tragend gewesen sein. Ein Offenlassen bzw. ein obiter dictum des höheren Gerichts ist nicht ausreichend, um zu einer Divergenz zu gelangen.
328 Vgl. hierzu jeweils mwN Maydell/Ruland/Becker/*Kummer* SRH § 12 Rn. 407 f. und 431 f. und *Kummer*, Die Nichtzulassungsbeschwerde, Rn. 426 ff. sowie Lüdtke/*Berchtold/Lüdtke* SGG § 160 Rn. 21 ff.
329 Hier ist zu unterscheiden zwischen der Würdigung erhobener Beweise und dem Verfahren der Beweisaufnahme. Während Fehler bei Letzterem durchaus gerügt werden können, ist die Beweiswürdigung als solches nicht reversibel. Vgl. hierzu näher *Kummer*, Die Nichtzulassungsbeschwerde, Rn. 449 ff.

A. Allgemeiner Teil

Beweisantrag bezieht, dem das LSG ohne hinreichende Begründung nicht gefolgt ist.[330]

414 Wenn ein Verstoß gegen die tatrichterliche Sachaufklärungspflicht nach § 103 SGG gerügt wird, muss die Beschwerdebegründung nach der Rechtsprechung des BSG[331] hierzu jeweils folgende Punkte enthalten:
1. Bezeichnung eines für das Revisionsgericht ohne Weiteres auffindbaren Beweisantrags, dem das LSG nicht gefolgt ist;
2. Wiedergabe der Rechtsauffassung des LSG, aufgrund deren bestimmte Tatfragen als klärungsbedürftig hätten erscheinen müssen;
3. Darlegung der von dem betreffenden Beweisantrag berührten Tatumstände, die zu weiterer Sachaufklärung Anlass gegeben hätten;
4. Angabe des voraussichtlichen Ergebnisses der unterbliebenen Beweisaufnahme und
5. Schilderung, dass und warum die Entscheidung des LSG auf der angeblich fehlerhaft unterlassenen Beweisaufnahme beruhen kann, das LSG mithin bei Kenntnis des behaupteten Ergebnisses der unterlassenen Beweisaufnahme von seinem Rechtsstandpunkt aus zu einem anderen, dem Beschwerdeführer günstigeren Ergebnis hätte gelangen können.

415 Auf die Ausführungen in *Kummer*, Die Nichtzulassungsbeschwerde (dort insbes. das Schriftsatzmuster Nr. 8 nach Rn. 603 und das Schriftsatzmuster Nr. 11 nach Rn. 752) wird verwiesen.

3. Anschlussrevision

416 Über § 202 SGG iVm § 554 Abs. 1 ZPO besteht für den Revisionsbeklagten die Möglichkeit, sich der Revision – durch Einreichung der Revisionsanschlussschrift – anzuschließen. Eine solche (unselbstständige) Anschlussrevision liegt nur vor, wenn sich der jeweilige Beteiligte nach Ablauf der Revisionsfrist mit dem Begehren an das Revisionsgericht wendet, die vorinstanzliche Entscheidung zu seinen Gunsten abzuändern.[332] Die Anschlussberufung ist an keine Zulassung gebunden, muss jedoch binnen eines Monats nach Zustellung der Revisionsbegründung eingelegt werden.[333]

4. Sprungrevision

417 Nach § 161 SGG besteht die Möglichkeit, gegen das Urteil eines Sozialgerichts unter Übergehung der Berufungsinstanz die Revision einzulegen, sog. Sprungrevision. Voraussetzung ist nach § 161 Abs. 1 SGG, dass der Gegner schriftlich zustimmt und das Sozialgericht im Urteil oder auf Antrag durch Beschluss die Sprungrevisi-

---

330 Insoweit muss aber – in Abgrenzung zur bloßen Anregung zur weiteren Ermittlung – tatsächlich ein Beweisantrag gestellt worden und aufrechterhalten geblieben sein. Erforderlich ist daher, dass in der letzten mündlichen Verhandlung nicht nur ein Sachantrag, sondern eben auch der Beweisantrag gestellt wurde. Anderenfalls kann mit der Rechtsprechung des BSG davon ausgegangen werden, dass an dem – zuvor gestelltem – Beweisantrag nicht weiter festgehalten wird. Vgl. zum Ganzen Maydell/Ruland/Becker/*Kummer* SRH § 12 Rn. 431 f.
331 BSG 12.12.2003 – B 13 RJ 179/03 B.
332 Vgl. hierzu mwN Maydell/Ruland/Becker/*Kummer* SRH § 12 Rn. 447.
333 Vgl. hierzu mwN Maydell/Ruland/Becker/*Kummer* SRH § 12 Rn. 447 mwN.

on zugelassen hat. Dabei ist der Antrag auf Zulassung der Sprungrevision innerhalb eines Monats nach Zustellung des Urteils schriftlich zu stellen. Die Zustimmung des Gegners zur Durchführung der Sprungrevision ist dem Antrag oder, wenn die Revision bereits im Urteil zugelassen ist, der Revisionsschrift beizufügen.

Das SG hat die Revision nur zuzulassen, wenn die Voraussetzungen des § 160 Abs. 2 Nr. 1 oder 2 SGG vorliegen (§ 161 Abs. 2 SGG); die Revision kann nicht auf Mängel des Verfahrens gestützt werden (vgl. § 161 Abs. 4 SGG). **418**

Lässt das SG die Revision durch Beschluss zu, ist das BSG hieran gebunden. Mit der Zustellung dieser Entscheidung beginnt der Lauf der Revisionsfrist. **419**

Lehnt das SG den Antrag auf Zulassung der Revision durch Beschluss ab, so ist diese Entscheidung unanfechtbar. Mit der Zustellung dieser Entscheidung beginnt der Lauf der Berufungsfrist oder der Frist für die Beschwerde gegen die Nichtzulassung der Berufung von neuem. Dies gilt aber nur, wenn der Antrag auf Zulassung der Sprungrevision in der gesetzlichen Form und Frist gestellt wurde und die Zustimmungserklärung des Gegners beigefügt war. **420**

Wenn das Sozialgericht die Revision zugelassen hat, die Revision eingelegt wird und der Gegner seine Zustimmung erteilt, gilt dies als Verzicht auf die Berufung, § 161 Abs. 5 SGG. Wird keine Sprungrevision sondern Berufung eingelegt, gilt dies nicht als Verzicht. Zu beachten ist aber, dass in der Zulassung der Sprungrevision durch das SG nicht zugleich auch die Zulassung der Berufung gesehen werden kann. Vielmehr hat das LSG die Statthaftigkeit der Berufung zu prüfen.[334] **421**

---

334 Vgl. hierzu näher und mwN Maydell/Ruland/*Becker/Kummer* SRH § 12 Rn. 426.

B. Besonderer Teil

I. Mitwirkungspflichten

422 Zwar gilt sowohl für das Sozialverwaltungsverfahren als auch das Sozialgerichtsverfahren das Prinzip der Amtsermittlung (vgl. § 20 SGB X), wonach der Leistungsträger und die Gerichte den Sachverhalt grds. von selbst erforschen müssen. U.U. ist hierbei aber auch die Mitwirkung des Leistungsberechtigten oder eines Dritten erforderlich. Für solche Konstellationen regeln im SGB I (§§ 60 ff.) allgemeine und im SGB II (§§ 56 ff.) speziell für die Grundsicherung für Arbeitsuchende geltende Bestimmungen die nähere Ausgestaltung dieser Pflichten und auch die Konsequenzen bei Nichterfüllung.

1. Allgemeine Mitwirkungspflichten

423 Die §§ 60 ff. SGB I regeln Einzelheiten bzgl. der Mitwirkungspflichten ausschließlich des Leistungsberechtigten.

424 **Muster: Klage gegen Versagung der Leistung nach Aufforderung, Einkommens- und Vermögensnachweise des vermeintlichen Partners vorzulegen**

Rechtsanwalt

(...)

(Datum)

An das

Sozialgericht (...)

(Anschrift)

K L A G E

des (...),

(Anschrift)

– K l ä g e r –

Prozessbevollmächtigter: Rechtsanwalt (...)

g e g e n

Jobcenter (...)

(Anschrift)

vertreten durch den Geschäftsführer

– B e k l a g t e r –

wegen Versagung der Leistung ab 1.7.2016

Namens und ausweislich der beigefügten Vollmacht des Klägers erhebe ich Klage und werde beantragen:

Der Bescheid des Beklagten vom 20.6.2016 in der Gestalt des Widerspruchsbescheides vom 26.7.2016 wird aufgehoben.

Zur Geltendmachung der Rechte des Klägers beantrage ich ferner, dem Kläger Prozesskostenhilfe ab Klageerhebung zu bewilligen und den Unterzeichner beizuordnen.

Begründung:

I.

Der Kläger wendet sich gegen die Versagung von Leistungen.

Der am 20.4.1982 geborene Kläger lebt zusammen mit einer Mitbewohnerin in einer Wohngemeinschaft. Er bezieht laufend Leistungen zur Sicherung des Lebensunterhaltes von dem Beklagten. Der Beklagte bewilligte zuletzt mit Bescheid vom 28.12.2015 Leistungen für den Zeitraum vom 1.1.2016 bis 30.6.2016.

Beweis: Bescheid vom 28.12.2015 – Anlage K1

Mit Schreiben vom 12.5.2016 forderte der Beklagte den Kläger auf, Einkommens- und Vermögensnachweise seiner Mitbewohnerin vorzulegen. Der Beklagte gehe davon aus, dass diese mit dem Kläger eine Einstehens- und Lebensgemeinschaft bilde, so dass sie nach § 7 Abs. 3 Nr. 3 c) SGB II zur Bedarfsgemeinschaft gehöre und ihr Einkommen und Vermögen bedarfsmindernd nach § 9 SGB II anzurechnen sei. Er wurde über die Rechtsfolgen bei nicht erfolgender Mitwirkung belehrt.

Beweis: Schreiben vom 12.5.2016 – Anlage K2

Der Kläger teilte dem Beklagten mit, dass er mit der Frau (...) lediglich in einer Wohngemeinschaft lebe. Ferner sei es ihm unmöglich, irgendwelche Unterlagen über Einkommens- und Vermögensverhältnisse seiner Mitbewohnerin dem Beklagten vorzulegen, da er hierüber nicht verfüge.

Beweis: Schreiben vom 16.5.2016 – Anlage K3

Am 13.6.2016 stellte der Kläger einen Fortzahlungsantrag.

Beweis: Fortzahlungsantrag vom 13.6.2016 – Anlage K4

Nach Anhörung des Klägers versagte der Beklagte ihm Leistungen zur Sicherung des Lebensunterhaltes ab dem 1.7.2012, da er seinen Mitwirkungspflichten nicht nachgekommen sei.

Beweis: Bescheid vom 20.6.2016 – Anlage K5

Der hiergegen vom Kläger am 27.6.2016 erhobene Widerspruch wurde durch den Beklagten mit Widerspruchsbescheid vom 26.7.2016 als unbegründet zurückgewiesen.

Beweis:
- Widerspruch vom 27.6.2016 – Anlage K6
- Widerspruchsbescheid vom 26.7.2016 – Anlage K7

Gegenstand der Klage ist der Bescheid des Beklagten vom 20.6.2016 in der Gestalt des Widerspruchsbescheides vom 26.7.2016, mit welchem dem Kläger Leistungen ab dem 1.7.2016 versagt wurden. Der Bescheid ist rechtswidrig und verletzt den Kläger in seinen Rechten.

Nach § 66 Abs. 1 Satz 1 SGB I kann der Leistungsträger ohne weitere Ermittlungen die Leistung bis zur Nachholung der Mitwirkung ganz oder teilweise versagen oder entziehen, soweit die Voraussetzungen der Leistung nicht nachgewiesen sind, wenn derjenige, der eine Sozialleistung beantragt oder erhält, seinen Mitwirkungspflichten nach den §§ 60–62, 65 SGB I nicht nachkommt und hierdurch die Aufklärung des Sachverhalts erheblich erschwert wird.

Allerdings gilt dies nur für Handlungen, die dem Leistungsberechtigten auch möglich sind. Die Vorlage von Unterlagen zu Einkommens- und Vermögensverhältnissen Dritter kann der Beklagte nicht verlangen. Der Beklagte kann schon deshalb keine Auskunft von dem Kläger verlangen, weil die Voraussetzungen des § 60 Abs. 4 SGB II – das Vorliegen einer Partnerschaft gem. § 7 Abs. 3 Nr. 3 SGB II – nicht erfüllt sind (BSG 24.2.2011 – B 14 AS 87/09 R). Im Übrigen kann eine Mitwirkung bei einer behaupteten Partnerschaft dann nicht vom Kläger gefordert werden, wenn der Beklagte nach § 60 Abs. 4 SGB II auch unmittelbar Auskunft von dem Dritten verlangen kann. Bevor er nicht versucht hat, auf diese Weise die relevanten Tatsachen zu ermitteln, bleibt die Aufforderung des Klägers und eine hieran geknüpfte Versagung rechtswidrig (BSG 1.7.2009 – B 4 AS 78/08 R). Damit ist die Aufforderung des Klägers rechtswidrig gewesen und damit auch die darauf gestützte Versagung.

III.

Wie sich aus der beigefügten Erklärung zu den persönlichen und wirtschaftlichen Verhältnissen ergibt, kann der Kläger die Kosten der Prozessführung nicht aufbringen (§ 73 a SGG iVm § 114 ZPO). Da die Klage – wie ausgeführt – Aussicht auf Erfolg hat und nicht mutwillig ist, ist der Antrag auf Prozesskostenhilfe ebenfalls begründet.

(...)

Rechtsanwalt

425 Nach § 60 Abs. 1 SGB I hat derjenige, der Sozialleistungen beantragt oder erhält (oder diese zu erstatten hat), alle Tatsachen anzugeben, die für die Leistung erheblich sind. Auf Verlangen des zuständigen Leistungsträgers hat er der Erteilung der erforderlichen Auskünfte durch Dritte zuzustimmen. Weiter hat er Beweismittel zu bezeichnen und auf Verlangen des zuständigen Leistungsträgers Beweisurkunden vorzulegen oder ihrer Vorlage zuzustimmen. Sofern sich in den Verhältnissen, die für die Leistung erheblich sind oder über die im Zusammenhang mit der Leistung Erklärungen abgegeben worden sind, Änderungen ergeben, hat der Leistungsberechtigte dies unverzüglich mitzuteilen.

426 **Muster: Anfechtung einer Leistungsversagung wegen Vorlage geschwärzter Kontoauszüge**

Rechtsanwalt

(...)

(Datum)

An das

Sozialgericht (...)

(Anschrift)

K L A G E

des (...),

(Anschrift)

– K l ä g e r –

I. Mitwirkungspflichten

Prozessbevollmächtigter: Rechtsanwalt (...)

g e g e n

Jobcenter (...)

(Anschrift)

vertreten durch den Geschäftsführer

– B e k l a g t e r –

wegen Versagung der Leistung ab 1.7.2016

Namens und ausweislich der beigefügten Vollmacht des Klägers erhebe ich Klage und werde beantragen:

Der Bescheid des Beklagten vom 20.6.2016 in der Gestalt des Widerspruchsbescheides vom 26.7.2016 wird aufgehoben.

Zur Geltendmachung der Rechte des Klägers beantrage ich ferner,

dem Kläger Prozesskostenhilfe ab Klageerhebung zu bewilligen und den Unterzeichner beizuordnen.

Begründung:

I.

Der Kläger wendet sich gegen die Versagung von Leistungen.

Der am 20.4.1982 geborene Kläger bezieht laufend Leistungen zur Sicherung des Lebensunterhaltes von dem Beklagten. Der Beklagte bewilligte zuletzt mit Bescheid vom 28.12.2015 Leistungen für den Zeitraum vom 1.1.2016 bis 30.6.2016.

Beweis: Bescheid vom 28.12.2015 – Anlage K1

Am 5.5.2016 stellte der Kläger einen Fortzahlungsantrag.

Beweis: Fortzahlungsantrag vom 5.5.2016 – Anlage K2

Mit Schreiben vom 12.5.2016 forderte der Beklagte den Kläger auf, zu seinem Fortzahlungsantrag die Kontoauszüge der letzten drei Monate all seiner Konten vorzulegen. Er wurde über die Rechtsfolgen bei nicht erfolgender Mitwirkung belehrt.

Beweis: Schreiben vom 12.5.2016 – Anlage K3

Der Kläger legte die Kontoauszüge vor, schwärzte jedoch monatlich den Empfänger einer Zahlung von 20 EUR. Der Betrag blieb leserlich. Er teilte hierzu mit, dass es sich hier um eine politische Partei handle und er in dieser Mitglied sei und den Mitgliedsbeitrag überweise. Er sei jedoch nicht bereit, seine Parteizugehörigkeit gegenüber dem Beklagten offen zu legen.

Nach Anhörung des Klägers versagte der Beklagte ihm Leistungen zur Sicherung des Lebensunterhaltes ab dem 1.7.2016, da er seinen Mitwirkungspflichten nicht nachgekommen sei.

Beweis: Bescheid vom 20.6.2016 – Anlage K4

Der hiergegen vom Kläger am 27.6.2016 erhobene Widerspruch wurde durch den Beklagten mit Widerspruchsbescheid vom 26.7.2016 als unbegründet zurückgewiesen.

Beweis:
- Widerspruch vom 27.6.2012 – Anlage K5
- Widerspruchsbescheid vom 26.7.2016 – Anlage K6

Hiergegen richtet sich die Klage.

II.

Gegenstand der Klage ist der Bescheid des Beklagten vom 20.6.2016 in der Gestalt des Widerspruchsbescheides vom 26.7.2016, mit welchem dem Kläger Leistungen ab dem 1.7.2016 versagt wurden. Der Bescheid ist rechtswidrig und verletzt den Kläger in seinen Rechten.

Nach § 66 Abs. 1 1 SGB I kann der Leistungsträger ohne weitere Ermittlungen die Leistung bis zur Nachholung der Mitwirkung ganz oder teilweise versagen oder entziehen, soweit die Voraussetzungen der Leistung nicht nachgewiesen sind, wenn derjenige, der eine Sozialleistung beantragt oder erhält, seinen Mitwirkungspflichten nach den §§ 60–62, 65 SGB I nicht nachkommt und hierdurch die Aufklärung des Sachverhalts erheblich erschwert wird.

Eine Einschränkung ergibt sich hier jedoch aus § 67 Abs. 12 SGB X iVm § 67 a Abs. 1 Satz 2 SGB X. Nach § 67 a Abs. 1 Satz 2 SGB X ist für besondere Arten personenbezogener Daten gesondert zu prüfen, ob deren Kenntnis zur Erfüllung der Aufgabe der erhebenden Stelle erforderlich ist. § 67 Abs. 12 SGB X nennt als besondere Arten personenbezogener Daten Angaben über die rassische und ethnische Herkunft, politische Meinungen, religiöse oder philosophische Überzeugungen, Gewerkschaftszugehörigkeit, Gesundheit oder Sexualleben. Für die Erfüllung der gesetzlichen Aufgaben des Grundsicherungsträgers – Sicherung des Lebensunterhalts und Eingliederung in Arbeit, vgl. § 1 Abs. 2 SGB II – ist es nicht erforderlich, dass dieser Kenntnis über das Ausgabeverhalten der Grundsicherungsempfänger in den in § 67 Abs. 12 SGB X genannten Bereichen erlangt. Dies gilt insbesondere hinsichtlich der Adressaten/Empfänger der Zahlungen. Geht etwa aus den Empfängerangaben hervor, dass der Grundsicherungsempfänger Beiträge an eine politische Partei, Gewerkschaft oder Religionsgemeinschaft überweist, so ist die Kenntnis der jeweils begünstigten Partei, Religionsgemeinschaft etc. für die Aufgaben des Grundsicherungsträgers grds. irrelevant (BSG 19.2.2009 – B 4 AS 10/08).

Da der Kläger lediglich den Empfänger schwärzte und der Betrag erkennbar blieb, ist das Verlangen des Beklagten nach völlig ungeschwärzten Kontoauszügen nicht gerechtfertigt. Mithin kam der Kläger seinen Mitwirkungspflichten – soweit sie rechtmäßig von ihm verlangt werden können – nach. Die Versagung von Leistungen ist daher rechtswidrig, der Bescheid ist aufzuheben.

III.

Wie sich aus der beigefügten Erklärung zu den persönlichen und wirtschaftlichen Verhältnissen ergibt, kann der Kläger die Kosten der Prozessführung nicht aufbringen (§ 73 a SGG iVm § 114 ZPO). Da die Klage – wie ausgeführt – Aussicht auf Erfolg hat und nicht mutwillig ist, ist der Antrag auf Prozesskostenhilfe ebenfalls begründet.

(…)

Rechtsanwalt

427 Mit den §§ 61–64 SGB I wird der Leistungsträger ermächtigt, den Leistungsberechtigten auch zum persönlichen Erscheinen, zu ärztlichen und psychologischen

I. Mitwirkungspflichten

Untersuchungen zu Heilbehandlungen oder der Teilhabe an berufsfördernden Maßnahmen aufzufordern.

Der Leistungsberechtigte kann vom Leistungsträger aber nicht (aktiv) gezwungen werden, den zuvor genannten Aufforderungen nachzukommen. Eine entsprechende fehlende Mitwirkung kann einerseits im Rahmen einer Beweiswürdigung zum Nachteil des Berechtigten gewertet werden,[335] andererseits kann der Leistungsträger aber auch nach § 66 SGB I vorgehen. Hiernach ist bestimmt, dass – sofern keine Ausnahme von der Mitwirkungspflicht besteht, § 65 SGB I – die begehrte Sozialleistung bei fehlender Mitwirkung (für den Fall, dass noch keine Bewilligung vorliegt) versagt oder (für den Fall, dass bereits eine Bewilligung vorliegt) entzogen werden können. Voraussetzung ist jedoch u.a. eine vorherige schriftliche Belehrung des Betroffenen und dass die Aufklärung des Sachverhaltes ohne die Mitwirkung tatsächlich erheblich erschwert wird. 428

Die schriftliche Rechtsfolgenbelehrung muss klar verständlich, vollständig und richtig sein, sonst kann die Belehrung ihre Warn- und Hinweisfunktion nicht erfüllen, mit der Folge, dass an sie auch nicht die Rechtsfolge iSe Versagung und Entziehung geknüpft werden kann. Wegen der nicht unerheblichen Folgen bei einer Verletzung der Mitwirkungspflicht[336] muss die Aufforderung zur Mitwirkung nicht nur eine schriftliche Rechtsfolgenbelehrung und eine Fristsetzung zur Vornahme der Mitwirkung[337] enthalten, sondern sie muss zudem die jeweilige abgeforderte Mitwirkungshandlung konkret, ggf. unter Angabe von Ort und Zeit sowie ihrer Art nach, bezeichnen. Insgesamt muss für den zur Mitwirkung aufgeforderten Leistungsberechtigten die Möglichkeit bestanden haben, zu erkennen, welche Mitwirkung von ihm verlangt wird. 429

Muster: Anfechtung einer Leistungsversagung wegen fehlender Rechtsfolgenbelehrung 430

Rechtsanwalt

(…)

(Datum)

An das

Sozialgericht (…)

(Anschrift)

K L A G E

des (…),
(Anschrift)

– K l ä g e r –

Prozessbevollmächtigter: Rechtsanwalt (…)

gegen

---

335 Ggf. auch Beweislastumkehr.
336 Entzug und Versagung (vgl. § 66 SGB I).
337 Diese muss auch angemessen sein, d.h., es muss für den Leistungsberechtigten die Möglichkeit bestehen, das abverlangte Verhalten ohne schuldhaftes Zögern innerhalb der Frist zu erfüllen.

B. Besonderer Teil

Jobcenter (...)
(Anschrift)
vertreten durch den Geschäftsführer

– Beklagter –

wegen Versagung der Leistung ab 1.7.2016
Bescheid vom 20.6.2016

Namens und ausweislich der beigefügten Vollmacht des Klägers erhebe ich Klage und werde beantragen:

Der Bescheid des Beklagten vom 20.6.2016 in der Gestalt des Widerspruchsbescheides vom 26.7.2016 wird aufgehoben.

Zur Geltendmachung der Rechte des Klägers beantrage ich ferner,

dem Kläger Prozesskostenhilfe ab Klageerhebung zu bewilligen und den Unterzeichner beizuordnen.

Begründung:

I.

Der Kläger wendet sich gegen die Versagung von Leistungen.

Der am 20.4.1982 geborene Kläger bezieht laufend Leistungen zur Sicherung des Lebensunterhaltes von dem Beklagten. Der Beklagte bewilligte zuletzt mit Bescheid vom 28.12.2015 Leistungen für den Zeitraum vom 1.1.2016 bis 30.6.2016.

Beweis: Bescheid vom 28.12.2015 – Anlage K1

Am 5.5.2016 stellte der Kläger einen Fortzahlungsantrag.

Beweis: Fortzahlungsantrag vom 5.5.2016 – Anlage K2

Mit Schreiben vom 12.5.2016 forderte der Beklagte den Kläger auf, zu seinem Fortzahlungsantrag die Kontoauszüge der letzten drei Monate all seiner Konten vorzulegen. Die Mitteilung enthielt keinen Hinweis darauf, dass bei fehlender Mitwirkung seine Leistungen ganz oder teilweise versagt bzw. entzogen werden können.

Beweis: Schreiben vom 12.5.2016 – Anlage K3

Der Kläger kam der Aufforderung nicht nach.

Der Beklagte hörte den Kläger an, wies jedoch auch in der Anhörung nicht auf konkrete Rechtsfolgen hin. Schließlich versagte der Beklagte ihm Leistungen zur Sicherung des Lebensunterhaltes ab dem 1.7.2016, da er seinen Mitwirkungspflichten nicht nachgekommen sei.

Beweis: Bescheid vom 20.6.2016 – Anlage K4

Der hiergegen vom Kläger am 27.6.2016 erhobene Widerspruch wurde durch den Beklagten mit Widerspruchsbescheid vom 26.7.2016 als unbegründet zurückgewiesen.

Beweis:
– Widerspruch vom 27.6.2016 – Anlage K5
– Widerspruchsbescheid vom 26.7.2016 – Anlage K6

Hiergegen richtet sich die Klage.

II.

Gegenstand der Klage ist der Bescheid des Beklagten vom 20.6.2016 in der Gestalt des Widerspruchsbescheides vom 26.7.2016, mit welchem dem Kläger Leistungen ab dem 1.7.2016 versagt wurden. Der Bescheid ist rechtswidrig und verletzt den Kläger in seinen Rechten.

Nach § 66 Abs. 1 Satz 1 SGB I kann der Leistungsträger ohne weitere Ermittlungen die Leistung bis zur Nachholung der Mitwirkung ganz oder teilweise versagen oder entziehen, soweit die Voraussetzungen der Leistung nicht nachgewiesen sind, wenn derjenige, der eine Sozialleistung beantragt oder erhält, seinen Mitwirkungspflichten nach den §§ 60–62, 65 SGB I nicht nachkommt und hierdurch die Aufklärung des Sachverhalts erheblich erschwert wird.

Gemäß § 66 Abs. 3 SGB I dürfen Sozialleistungen wegen fehlender Mitwirkung nur versagt oder entzogen werden, nachdem der Leistungsberechtigte auf diese Folge schriftlich hingewiesen worden ist und er seiner Mitwirkungspflicht nicht innerhalb einer ihm gesetzten angemessenen Frist nachgekommen ist.

Ein den Anforderungen des § 66 Abs. 3 SGB I entsprechender Hinweis darf sich nicht in einer allgemeinen Belehrung oder der Wiedergabe des Gesetzestextes erschöpfen, sondern es ist ein konkreter, unmissverständlich auf den Fall des Leistungsempfängers bezogener Hinweis mit Ausführungen darüber erforderlich, weshalb gerade in seinem Fall das persönliche Erscheinen oder eine andere Mitwirkungshandlung geboten sei, mit welchen konkreten Leistungseinschränkungen – teilweise oder ganz – er zu rechnen habe, wenn er ohne triftigen Grund der Pflicht nicht nachkomme und ggf. auch, warum der Leistungsträger solche Gründe hierfür nicht gegeben halte (BSG 20.3.1980 – B 7 Rar 21/79; vgl. Krahmer/*Reinhardt* LPK-SGB I § 66 Rn. 19).

Vorliegend fehlt es an einem solchen Hinweis. Weder in der Aufforderung zur Mitwirkung, noch in der Anhörung wurde konkret mitgeteilt, dass die Leistungen des Klägers vollständig versagt werden könnten und aus welchem Grund seine Mitwirkung insoweit erforderlich ist. Auch enthielt die Anhörung keine Nachfristsetzung. Der Versagungsbescheid ist daher rechtswidrig und aufzuheben.

III.

Wie sich aus der beigefügten Erklärung zu den persönlichen und wirtschaftlichen Verhältnissen ergibt, kann der Kläger die Kosten der Prozessführung nicht aufbringen (§ 73 a SGG iVm § 114 ZPO). Da die Klage – wie ausgeführt – Aussicht auf Erfolg hat und nicht mutwillig ist, ist der Antrag auf Prozesskostenhilfe ebenfalls begründet.

(…)

Rechtsanwalt

Weitere Voraussetzung eines Leistungsentzugs bzw. einer -versagung ist, dass ohne die geforderte Mitwirkung die Aufklärung des Sachverhalts erheblich erschwert ist. Das ist grds. schon immer dann nicht anzunehmen, wenn der Leistungsträger die gewünschten Angaben bzw. Unterlagen von einer dritten Person oder im Wege der Amtshilfe von einer anderen Behörde oder im Rahmen der Amtsermittlung (§ 20 SGB X) auf andere Weise erlangen kann.

Im Rahmen der Amtsermittlung sind aber auch die Bestimmungen des (Sozial-)Datenschutzes zu beachten. So gilt zunächst der Grundsatz der Datenerhebung beim

B. Besonderer Teil

Betroffenen (§ 67 a Abs. 2 Satz 1 SGB X). Weiter gilt, dass der Leistungsträger vor einer Kontaktaufnahme mit einem Dritten die Einwilligung des Leistungsberechtigten einzuholen hat; bei dessen Weigerung können die Leistung ggf. wegen fehlender Aufklärungsmöglichkeiten abgelehnt werden.[338]

433 **Muster: Anfechtung einer Leistungsversagung wegen fehlender erheblicher Erschwerung der Sachverhaltsaufklärung**

Rechtsanwalt

(...)

(Datum)

An das

Sozialgericht (...)

(Anschrift)

K L A G E

des (...),

(Anschrift)

— K l ä g e r —

Prozessbevollmächtigter: Rechtsanwalt (...)

g e g e n

Jobcenter (...)

(Anschrift)

vertreten durch den Geschäftsführer

— B e k l a g t e r —

wegen Versagung der Leistung ab 1.7.2016

Bescheid vom 20.6.2016

Namens und ausweislich der beigefügten Vollmacht des Klägers erhebe ich Klage und werde beantragen:

Der Bescheid des Beklagten vom 20.6.2016 in der Gestalt des Widerspruchsbescheides vom 26.7.2016 wird aufgehoben.

Zur Geltendmachung der Rechte des Klägers beantrage ich ferner,

dem Kläger Prozesskostenhilfe ab Klageerhebung zu bewilligen und den Unterzeichner beizuordnen.

Begründung:

I.

Der Kläger wendet sich gegen die Versagung von Leistungen.

---

338 So und ausführlicher BSG 25.1.2012 – B 14 AS 65/11 R: Die Verpflichtung des Leistungsträgers zur Feststellung der Anspruchsvoraussetzungen rechtfertigt auch dann, wenn ohne die für erforderlich gehaltene Datenerhebung Beweislosigkeit eintritt, keinen Eingriff in den Datenschutz.

I. Mitwirkungspflichten

Der am 20.4.1982 geborene Kläger bezieht laufend Leistungen zur Sicherung des Lebensunterhaltes von dem Beklagten. Der Beklagte bewilligte zuletzt mit Bescheid vom 28.12.2015 Leistungen für den Zeitraum vom 1.1.2016 bis 30.6.2016.

Beweis: Bescheid vom 28.12.2015 – Anlage K1

Am 5.5.2016 stellte der Kläger einen Fortzahlungsantrag.

Beweis: Fortzahlungsantrag vom 5.5.2016 – Anlage K2

Mit Schreiben vom 12.5.2016 forderte der Beklagte den Kläger auf die Einkommensnachweise der letzten drei Monate vorzulegen. Er wurde über die Rechtsfolgen bei nicht erfolgender Mitwirkung belehrt.

Beweis: Schreiben vom 12.5.2016 – Anlage K3

Der Kläger kam dem nicht nach. Er wies den Beklagten darauf hin, dass ihm der Arbeitgeber bekannt sei. Dort könne der Beklagte selbst die Nachweise einfordern.

Nach Anhörung und Nachfristsetzung versagte der Beklagte ihm Leistungen zur Sicherung des Lebensunterhaltes ab dem 1.7.2016, da er seinen Mitwirkungspflichten nicht nachgekommen sei.

Beweis: Bescheid vom 20.6.2016 – Anlage K4

Der hiergegen vom Kläger am 27.6.2016 erhobene Widerspruch wurde durch den Beklagten mit Widerspruchsbescheid vom 26.7.2016 als unbegründet zurückgewiesen.

Beweis:
- Widerspruch vom 27.6.2016 – Anlage K5
- Widerspruchsbescheid vom 26.7.2016 – Anlage K6

Hiergegen richtet sich die Klage.

II.

Gegenstand der Klage ist der Bescheid des Beklagten vom 20.6.2016 in der Gestalt des Widerspruchsbescheides vom 26.7.2016, mit welchem dem Kläger Leistungen ab dem 1.7.2016 versagt wurden. Der Bescheid ist rechtswidrig und verletzt den Kläger in seinen Rechten.

Nach § 66 Abs. 1 S. 1 SGB I kann der Leistungsträger ohne weitere Ermittlungen die Leistung bis zur Nachholung der Mitwirkung ganz oder teilweise versagen oder entziehen, soweit die Voraussetzungen der Leistung nicht nachgewiesen sind, wenn derjenige, der eine Sozialleistung beantragt oder erhält, seinen Mitwirkungspflichten nach den §§ 60–62, 65 SGB I nicht nachkommt und hierdurch die Aufklärung des Sachverhalts erheblich erschwert wird.

Die Aufklärung des Sachverhaltes wurde vorliegend nicht erheblich erschwert. Nach der Rechtsprechung des BSG ist eine erhebliche Erschwerung anzunehmen, wenn sie allenfalls durch beträchtlichen Verwaltungsaufwand überwindbar ist (BSG 26.5.1983 – 10 RKg 13/82).

Da der Beklagte mit §§ 57 und 58 SGB II Rechtsgrundlagen für das unmittelbare Verlangen von Auskünften gegenüber dem Arbeitgeber hat, erschwert die fehlende Mitwirkung des Klägers die Aufklärung des Sachverhaltes gerade nicht erheblich, da kein beträchtlicher Verwaltungsaufwand erforderlich wird. Die Voraussetzungen für eine Versagung liegen daher nicht vor. Der Bescheid ist rechtswidrig und aufzuheben.

III.

Wie sich aus der beigefügten Erklärung zu den persönlichen und wirtschaftlichen Verhältnissen ergibt, kann der Kläger die Kosten der Prozessführung nicht aufbringen (§ 73 a

B. Besonderer Teil

SGG iVm § 114 ZPO). Da die Klage – wie ausgeführt – Aussicht auf Erfolg hat und nicht mutwillig ist, ist der Antrag auf Prozesskostenhilfe ebenfalls begründet.

(...)

Rechtsanwalt

434 Die Entscheidung darüber, ob Leistungen entzogen oder versagt werden, steht im Ermessen der Behörde.

435 **Muster: Anfechtung einer Leistungsversagung wegen unzureichender Ermessensausübung**

Rechtsanwalt

(...)

(Datum)

An das

Sozialgericht (...)

(Anschrift)

KLAGE

des (...),

(Anschrift)

– Kläger –

Prozessbevollmächtigter: Rechtsanwalt (...)

g e g e n

Jobcenter (...)

(Anschrift)

vertreten durch den Geschäftsführer

– Beklagter –

wegen Versagung der Leistung ab 1.7.2016

Bescheid vom 20.6.2016

Namens und ausweislich der beigefügten Vollmacht des Klägers erhebe ich Klage und werde beantragen:

Der Bescheid des Beklagten vom 20.6.2016 in der Gestalt des Widerspruchsbescheides vom 26.7.2016 wird aufgehoben und der Beklagte verpflichtet, den Kläger unter Beachtung der Rechtsauffassung des Gerichts neu zu bescheiden.

Zur Geltendmachung der Rechte des Klägers beantrage ich ferner,

dem Kläger Prozesskostenhilfe ab Klageerhebung zu bewilligen und den Unterzeichner beizuordnen.

Begründung:

I.

Der Kläger wendet sich gegen die Versagung von Leistungen.

I. Mitwirkungspflichten

Der am 20.4.1982 geborene Kläger bezieht laufend Leistungen zur Sicherung des Lebensunterhaltes von dem Beklagten. Der Beklagte bewilligte zuletzt mit Bescheid vom 28.12.2015 Leistungen für den Zeitraum vom 1.1.2016 bis 30.6.2016.

Beweis: Bescheid vom 28.12.2016 – Anlage K1

Am 5.5.2016 stellte der Kläger einen Fortzahlungsantrag.

Beweis: Fortzahlungsantrag vom 5.5.2016 – Anlage K2

Mit Schreiben vom 12.5.2016 forderte der Beklagte den Kläger auf, zu seinem Fortzahlungsantrag die Kontoauszüge der letzten drei Monate all seiner Konten vorzulegen. Die Mitteilung enthielt eine Rechtsfolgenbelehrung.

Beweis: Schreiben vom 12.5.2016 – Anlage K3

Der Kläger kam der Aufforderung nicht nach, da sein Vater kurz zuvor verstarb. Dies beeinflusste ihn derart, dass er sich um behördliche Angelegenheiten zunächst nicht kümmerte.

Der Beklagte hörte den Kläger an und setzte eine Nachfrist. Schließlich versagte der Beklagte ihm Leistungen zur Sicherung des Lebensunterhaltes ab dem 1.7.2016, da er seinen Mitwirkungspflichten nicht nachgekommen sei. Der Bescheid enthält keinerlei Ermessenserwägungen, sondern stellt lediglich fest, dass die Versagung eintritt, da die Mitwirkungspflichten verletzt seien.

Beweis: Bescheid vom 20.6.2016 – Anlage K4

Der hiergegen vom Kläger am 27.6.2016 erhobene Widerspruch wurde durch den Beklagten mit Widerspruchsbescheid vom 26.7.2016 als unbegründet zurückgewiesen.

Beweis:
- Widerspruch vom 27.6.2016 – Anlage K5
- Widerspruchsbescheid vom 26.7.2016 – Anlage K6

Hiergegen richtet sich die Klage.

II.

Gegenstand der Klage ist der Bescheid des Beklagten vom 20.6.2016 in der Gestalt des Widerspruchsbescheides vom 26.7.2016, mit welchem dem Kläger Leistungen ab dem 1.7.2016 versagt wurden. Der Bescheid ist rechtswidrig und verletzt den Kläger in seinen Rechten.

Nach § 66 Abs. 1 S. 1 SGB I kann der Leistungsträger ohne weitere Ermittlungen die Leistung bis zur Nachholung der Mitwirkung ganz oder teilweise versagen oder entziehen, soweit die Voraussetzungen der Leistung nicht nachgewiesen sind, wenn derjenige, der eine Sozialleistung beantragt oder erhält, seinen Mitwirkungspflichten nach den §§ 60–62, 65 SGB I nicht nachkommt und hierdurch die Aufklärung des Sachverhalts erheblich erschwert wird. Sowohl bei der Entziehung als auch bei der Versagung der Leistung handelt es sich (*kann*) um Ermessensentscheidungen, und zwar sowohl hinsichtlich des „Ob" als auch des Umfanges der Versagung/Entziehung. Dies bedeutet, dass die Entscheidung nur rechtmäßig ist, sofern der Leistungsträger sein Entscheidungs- und Auswahlermessen betätigt und dabei die Grenzen des Ermessensspielraumes eingehalten hat (vgl. § 54 Abs. 2 Satz 2 SGG). Zudem ist die Entscheidung auch hinreichend zu begründen (*Kampe/Voelzke* in jurisPK-SGB I § 66 Rn. 35 ff). Vorliegend hat der Beklagte nicht erkannt, dass ihm überhaupt ein Ermessen zusteht und es dementsprechend auch nicht

B. Besonderer Teil

ausgeübt. Es liegt mithin ein Ermessensausfall vor. Anhaltspunkte für eine Ermessensreduktion auf Null sind ebenfalls nicht gegeben. Damit ist der Bescheid rechtswidrig, der Beklagte hat den Kläger neu zu bescheiden. Er wird dabei die aktuellen persönlichen Umstände des Klägers, der durch den Tod seines Vaters immer noch psychisch stark beeinträchtigt ist, zu berücksichtigen haben.

III.

Wie sich aus der beigefügten Erklärung zu den persönlichen und wirtschaftlichen Verhältnissen ergibt, kann der Kläger die Kosten der Prozessführung nicht aufbringen (§ 73 a SGG iVm § 114 ZPO). Da die Klage – wie ausgeführt – Aussicht auf Erfolg hat und nicht mutwillig ist, ist der Antrag auf Prozesskostenhilfe ebenfalls begründet.

(...)

Rechtsanwalt

436 Wenn der Leistungsträger die begehrte Leistung wegen fehlender Mitwirkung versagt hat, ist hiergegen grds. nur die reine Anfechtungsklage gegeben und ein darüber hinausgehender Leistungsantrag unzulässig. Sofern die Gewährung existenzsichernder Leistungen im Streit steht, kommt aber dann eine hierauf gerichtete unmittelbare Klage in Betracht, wenn sich bei einer Aufhebung der Entscheidung über die Versagung wegen fehlender Mitwirkung das Verwaltungsverfahren lediglich wiederholen würde.[339]

437 Sofern der Leistungsberechtigte seine zunächst unterbliebene Mitwirkung nachholt, kann der Leistungsträger die versagten oder entzogenen Sozialleistungen auch nachträglich erbringen. Der Leistungsträger hat auch hier Ermessen auszuüben. Dabei dürfte im Bereich der Grundsicherung für Arbeitsuchende bzw. der Sozialhilfe regelmäßig eine Ermessensreduktion auf Null zu prüfen sein. Es ist also davon auszugehen, dass grds. eine nachträgliche Leistungserbringung in Betracht kommt.

438 Sofern dem Leistungsberechtigten in Folge seiner Mitwirkung Kosten entstanden sind, sieht § 65 a SGB I einen Aufwendungsersatz allerdings explizit nur bei Mitwirkungshandlungen nach § 61 SGB I, also dem persönlichen Erscheinen,[340] und § 62 SGB I, also den Untersuchungen, vor. Eine weitere Vorschrift findet sich in § 309 Abs. 4 SGB III, die über § 59 SGB II für Meldetermine im SGB II Anwendung findet. Bei Leistungsempfängern nach dem SGB II (und dem SGB XII) kommt eine Ablehnung des Aufwendungsersatzes nur ausnahmsweise in Betracht.[341]

439 **Muster: Klage wegen Aufwendungsersatz (im Bagatellbereich)**

Rechtsanwalt

(...)

(Datum)

---

339 Vgl. zum Ganzen BSG 1.7.2009 – B 4 AS 78/08 R.
340 Ein Aufwendungsersatz soll nur in Härtefällen erfolgen. Von einem solchen ist regelmäßig auszugehen, wenn dem Mitwirkungsverpflichteten entsprechend seiner Einkommens- und Vermögensverhältnisse die Aufwendungen wirtschaftlich nicht zumutbar sind und das persönliche Erscheinen nicht erst durch sein vorausgegangenes Verhalten erforderlich geworden ist.
341 Vgl. hierzu BSG 6.12.2007 – B 14/7 b AS 50/06 R.

An das

Sozialgericht (...)

(Anschrift)

K L A G E

des (...),

(Anschrift)

— K l ä g e r —

Prozessbevollmächtigter: Rechtsanwalt (...)

g e g e n

Jobcenter (...)

(Anschrift)

vertreten durch den Geschäftsführer

— B e k l a g t e r —

wegen Ablehnung der Reiskostenerstattung

Bescheid vom 20.6.2016

Namens und ausweislich der beigefügten Vollmacht des Klägers erhebe ich Klage und werde beantragen:

Der Bescheid des Beklagten vom 20.6.2016 in der Gestalt des Widerspruchsbescheides vom 26.7.2016 wird aufgehoben und der Beklagte verurteilt, an den Kläger 4 EUR zu zahlen.

Zur Geltendmachung der Rechte des Klägers beantrage ich ferner,

dem Kläger Prozesskostenhilfe ab Klageerhebung zu bewilligen und den Unterzeichner beizuordnen.

Begründung:

I.

Der Kläger begehrt die Erstattung von ihm entstandenen Reisekosten in Höhe von 4 EUR.

Der am 14.6.1980 geborene Kläger bezieht laufend Leistungen zur Sicherung des Lebensunterhaltes von dem Beklagten. Dieser lud ihn für den 11.5.2016 zu einem Beratungsgespräch ein. Der Kläger nahm den Termin wahr und beantragte die Erstattung von Fahrtkosten für die Hin- und Rückfahrt mit der U-Bahn (ein Ticket kostet jeweils 2 EUR). Der Beklagte lehnte mit Bescheid vom 20.6.2016 die Erstattung ab, weil der Erstattungsbetrag unter der Bagatellgrenze von 6 EUR liege.

Beweis: Bescheid vom 20.6.2016 – Anlage K1

Den Widerspruch des Klägers, mit dem er geltend machte, dass die Bagatellgrenze angesichts der niedrigen Regelsätze des SGB II nicht zu vertreten sei, wies der Beklagte mit Widerspruchsbescheid vom 26.7.2016 als unbegründet zurück. Es gebe keinen Rechtsanspruch auf die Erstattung der Reisekosten. Im Rahmen seines Ermessens erstatte er bei Terminen der Arbeitsvermittlung in seinen Räumen nur Reisekosten, die einen Betrag von 6 EUR übersteigen.

Beweis: Widerspruch vom 27.6.2016 – Anlage K5

Widerspruchsbescheid vom 26.7.2016 – Anlage K6
Hiergegen wendet sich der Kläger.

II.

Gegenstand der Klage ist der Bescheid des Beklagten vom 20.6.2016 in der Gestalt des Widerspruchsbescheides vom 26.7.2016, mit welchem der Beklagte die Erstattung von Kosten für die Fahrt zu dem Meldetermin ablehnte. Der Bescheid ist rechtswidrig und verletzt den Kläger in seinen Rechten. Er hat Anspruch auf die Erstattung seiner Reisekosten gemäß § 59 SGB II iVm § 309 Abs. 4 SGB III, die anlässlich des Beratungsgespräches entstanden sind.

Der Kläger ist zunächst Berechtigter iSd § 7 SGB II.

Nach § 59 SGB II sind die Vorschriften über die allgemeine Meldepflicht, § 309 SGB III, und über die Meldepflicht bei Wechsel der Zuständigkeit, § 310 SGB III, entsprechend anzuwenden. Nach § 309 Abs. 1 Satz 1 SGB III hat der Arbeitslose sich während der Zeit, für die er Anspruch auf Alg erhebt, bei der Agentur für Arbeit oder einer sonstigen Dienststelle der BA persönlich zu melden, wenn die Agentur für Arbeit ihn dazu auffordert. Auf Antrag können nach § 309 Abs. 4 SGB III die notwendigen Reisekosten übernommen werden, die dem Arbeitslosen und der erforderlichen Begleitperson aus Anlass der Meldung entstehen, soweit sie nicht bereits nach anderen Vorschriften oder aufgrund anderer Vorschriften dieses Buches übernommen werden können. Die Übernahme der notwendigen Reisekosten steht damit im Ermessen der Leistungsträger.

Die Entscheidung des Beklagten genügt den Anforderungen an eine ermessensfehlerfreie Entscheidung nicht. Der Beklagte kann seine Ermessensentscheidung insbesondere nicht auf seine eigenen internen Geschäftsanweisungen stützen.

Der Leistungsträger hat weiter bei der Ausübung seines Ermessens die Höhe der Belastung einerseits und die Vermögensverhältnisse des Betroffenen andererseits zu berücksichtigen. Eine Ablehnung der Kostenübernahme kommt danach gegenüber Leistungsempfängern nach dem SGB II regelmäßig nicht in Betracht (BSG 6.12.2007 – B 14/7 b AS 50/06 R). Zu berücksichtigen sind zum einen die erheblichen Folgen, die an ein Nichterscheinen geknüpft sind (Sanktionierung nach § 32 SGB II), zum anderen der begrenzte Betrag, der für den öffentlichen Nahverkehr im Regelbedarf enthalten ist.

Der Bescheid ist daher aufzuheben und dem Kläger sind die Kosten zu erstatten.

III.

Wie sich aus der beigefügten Erklärung zu den persönlichen und wirtschaftlichen Verhältnissen ergibt, kann der Kläger die Kosten der Prozessführung nicht aufbringen (§ 73 a SGG iVm § 114 ZPO). Da die Klage – wie ausgeführt – Aussicht auf Erfolg hat und nicht mutwillig ist, ist der Antrag auf Prozesskostenhilfe ebenfalls begründet.

(...)
Rechtsanwalt

440 Für alle übrigen Mitwirkungshandlungen (nach §§ 60, 63 und 64 SGB I) existiert keine vergleichbare Regelung zum Aufwendungsersatz. Jedoch können die entsprechenden zu erwartenden Kosten insoweit berücksichtigt werden, als dass sie im Rahmen der Prüfung, ob die abverlangte Mitwirkung zumutbar und nicht unverhältnismäßig iSd § 65 Abs. 1 Nr. 1 SGB I ist, zu beachten sind.

2. Besondere Mitwirkungspflichten nach dem SGB II

In den §§ 56 ff. SGB II sind umfängliche Mitwirkungspflichten des Leistungsberechtigten, aber auch Dritter geregelt. Bei Verstößen gegen bestimmte Pflichten liegt eine Ordnungswidrigkeit vor, die mit einem Bußgeld geahndet werden kann.

a) Pflichten des Hilfebedürftigen

Nach § 56 SGB II trifft den erwerbsfähigen Leistungsberechtigten eine Anzeige- und Bescheinigungspflicht bei Arbeitsunfähigkeit. Hiernach hat – sofern durch Eingliederungsvereinbarung oder diese ersetzenden Verwaltungsakt nach § 15 Abs. 3 Satz 3 SGB II dazu verpflichtet – der erwerbsfähige Leistungsberechtigte, der Leistungen zur Sicherung des Lebensunterhalts beantragt hat oder bezieht, der Agentur für Arbeit

- eine eingetretene Arbeitsunfähigkeit und deren voraussichtliche Dauer unverzüglich anzuzeigen und
- spätestens vor Ablauf des dritten Kalendertages nach Eintritt der Arbeitsunfähigkeit eine ärztliche Bescheinigung über die Arbeitsunfähigkeit und deren voraussichtliche Dauer vorzulegen.

Den erwerbsfähigen Leistungsberechtigten trifft weiter auch eine Meldepflicht nach § 59 SGB II, der auf die Vorschriften über die allgemeine Meldepflicht nach § 309 SGB III und über die Meldepflicht bei Wechsel der Zuständigkeit nach § 310 SGB III verweist. Die hierdurch entstandenen notwendigen Reisekosten des Leistungsberechtigten (und der ggf. erforderlichen Begleitperson) können auf Antrag übernommen werden.[342]

Ein Verstoß gegen die Meldepflicht kann nach § 32 SGB II zu einer Sanktion und damit zu einer Minderung des ALG II bzw. des Sozialgeldes führen.

b) Mitwirkungspflichten des Arbeitgebers

Mit § 57 SGB II wird eine Auskunftspflicht von Arbeitgebern normiert, wonach sie der Agentur für Arbeit auf deren Verlangen Auskunft über solche Tatsachen zu geben haben, die für die Entscheidung über einen Anspruch auf Leistungen nach dem SGB II erheblich sein können.

Mit § 58 SGB II wird bestimmt, dass derjenige, der jemanden, der laufende Geldleistungen nach dem SGB II beantragt hat oder bezieht, gegen Arbeitsentgelt beschäftigt, verpflichtet ist, diesem unverzüglich Art und Dauer dieser Erwerbstätigkeit sowie die Höhe des Arbeitsentgelts oder der Vergütung für die Zeiten zu bescheinigen, für die SGB II-Leistung beantragt worden ist oder bezogen wird (Einkommensbescheinigung).

c) Mitwirkungspflichten Dritter

Eine Auskunftspflicht und Mitwirkungspflicht Dritter wird mit § 60 SGB II aufgestellt: Derjenige, der jemandem, der Leistungen nach dem SGB II beantragt hat oder bezieht, Leistungen erbringt, die geeignet sind, diese Leistungen nach dem SGB II auszuschließen oder zu mindern, hat der Agentur für Arbeit auf Verlangen hierüber Auskunft zu erteilen, soweit es zur Durchführung der Aufgaben nach dem SGB II erforderlich ist (§ 60 Abs. 1 SGB II).

---

[342] Vgl. Muster: Klage wegen Aufwendungsersatz (im Bagatellbereich) Rn. 439.

448 Derjenige, der jemandem, der eine Leistung nach dem SGB II beantragt hat oder bezieht, zu Leistungen verpflichtet ist, die geeignet sind, Leistungen nach dem SGB II auszuschließen oder zu mindern, oder wer für ihn Guthaben führt oder Vermögensgegenstände verwahrt, hat nach § 60 Abs. 2 SGB II der Agentur für Arbeit auf Verlangen hierüber sowie über damit im Zusammenhang stehendes Einkommen oder Vermögen Auskunft zu erteilen.

449 Nach § 60 Abs. 3 SGB II hat derjenige, der jemanden, der
- Leistungen nach diesem Buch beantragt hat oder bezieht oder dessen Partnerin oder Partner oder
- nach Abs. 2 zur Auskunft verpflichtet ist,

beschäftigt, der Agentur für Arbeit auf Verlangen über die Beschäftigung, insbesondere über das Arbeitsentgelt, Auskunft zu erteilen.

450 Soweit Einkommen oder Vermögen der Partnerin oder des Partners zu berücksichtigen sind, haben nach § 60 Abs. 4 SGB II
- dieser Partner,
- Dritte, die für diese Partnerin oder diesen Partner Guthaben führen oder Vermögensgegenstände verwahren,

der Agentur für Arbeit auf Verlangen hierüber Auskunft zu erteilen.[343]

451 Nach § 60 Abs. 5 SGB II hat schließlich derjenige, der jemanden, der Leistungen nach dem SGB II beantragt hat, bezieht oder bezogen hat, beschäftigt, der Agentur für Arbeit auf Verlangen Einsicht in Geschäftsbücher, Geschäftsunterlagen und Belege sowie in Listen, Entgeltverzeichnisse und Entgeltbelege für Heimarbeiterinnen oder Heimarbeiter zu gewähren.

d) Mitwirkungspflichten bei Eingliederungsleistungen

452 Auskunftspflichten für Träger und Teilnehmer bei Leistungen zur Eingliederung in Arbeit sind durch § 61 SGB II geregelt.

II. Bedarfsgemeinschaft – Verantwortungs- und Einstehensgemeinschaft

1. Bedarfsgemeinschaft nach dem SGB II

453 Eine der Besonderheiten des SGB II ist die Bedarfsgemeinschaft: Über die Mitgliedschaft einer Bedarfsgemeinschaft kann sich ein Leistungsanspruch ergeben, gleichwohl eigentlich ein direkter Anspruch (z.B. aufgrund Einkommen oder mangels Erwerbsfähigkeit) nicht bestehen würde.

454 Nähere Regelungen zur Bedarfsgemeinschaft, wann eine solche vorliegt bzw. wer sie bildet, findet sich in § 7 Abs. 3 SGB II.

455 Dort heißt es, dass zur Bedarfsgemeinschaft u.a. gehören:
- die erwerbsfähigen Leistungsberechtigten (Nr. 1),
- die im Haushalt lebenden Eltern oder der im Haushalt lebende Elternteil eines unverheirateten, erwerbsfähigen Kindes, welches das 25. Lebensjahr noch nicht vollendet hat, und die im Haushalt lebende Partnerin oder der im Haushalt lebende Partner dieses Elternteils (Nr. 2),

---

[343] Vgl. für den Fall, dass eine Partnerschaft gar nicht vorliegt, BSG 24.2.2011 – B 14 AS 87/09 R.

II. Bedarfsgemeinschaft – Verantwortungs- und Einstehensgemeinschaft

- als Partnerin oder Partner der erwerbsfähigen Leistungsberechtigten
  - die nicht dauernd getrennt lebende Ehegattin oder der nicht dauernd getrennt lebende Ehegatte,
  - die nicht dauernd getrennt lebende Lebenspartnerin oder der nicht dauernd getrennt lebende Lebenspartner,
  - eine Person, die mit der erwerbsfähigen leistungsberechtigten Person in einem gemeinsamen Haushalt so zusammenlebt, dass nach verständiger Würdigung der wechselseitige Wille anzunehmen ist, Verantwortung füreinander zu tragen und füreinander einzustehen (Nr. 3),
- die dem Haushalt angehörenden unverheirateten Kinder der in den Nummern 1–3 genannten Personen, wenn sie das 25. Lebensjahr noch nicht vollendet haben, soweit sie die Leistungen zur Sicherung ihres Lebensunterhalts nicht aus eigenem Einkommen oder Vermögen beschaffen können (Nr. 4).

Bzgl. der „Partnerin oder Partner der erwerbsfähigen Leistungsberechtigten, der mit der erwerbsfähigen leistungsberechtigten Person in einem gemeinsamen Haushalt so zusammenlebt, dass nach verständiger Würdigung der wechselseitige Wille anzunehmen ist, Verantwortung füreinander zu tragen und füreinander einzustehen" (Verantwortungs- und Einstehensgemeinschaft), ist an sich eine eheähnliche Gemeinschaft gemeint. Der Unterschied ist lediglich, dass eine eheähnliche Gemeinschaft (lt. Rspr. des BVerwG) nur unter Mann und Frau angenommen werden kann und deshalb der Begriff im SGB II nicht mehr genutzt wird, um auch gleichgeschlechtliche Partnerschaften zu berücksichtigen.[344] 456

Das Gesetz normiert letztlich drei Voraussetzungen, die kumulativ vorliegen müssen, um eine Verantwortungs- und Einstehensgemeinschaft im o.g. Sinne anzunehmen:[345] Es muss sich um Partner handeln (1.), die in einem gemeinsamen Haushalt zusammenleben (2.), und zwar so, dass nach verständiger Würdigung der wechselseitige Wille anzunehmen ist, Verantwortung füreinander zu tragen und füreinander einzustehen (3.). Bei den ersten beiden Kriterien – nämlich der Partnerschaft und des Zusammenlebens in einem gemeinsamen Haushalt – handelt es sich um objektive Tatbestandsvoraussetzungen, die jeweils zusätzlich zu der subjektiven Voraussetzung des Einstehens- und Verantwortungswillens gegeben sein müssen. Das Vorliegen dieser objektiven Voraussetzungen ist im Zweifel durch den Leistungsträger zu beweisen.[346] Scheitert ein solcher Beweis, kann eine Verantwortungs- und Einstehensgemeinschaft auch nicht durch den Vermutungstatbestand (vgl. hierzu sogleich) angenommen werden. 457

Wird durch das Jobcenter eine weitere Person als Mitglied der Bedarfsgemeinschaft einbezogen, da die Leistungsberechtigten eine – nach seiner Auffassung – Einstehens- und Lebensgemeinschaft bilden, so hat dies idR zwei Auswirkungen. Zum einen wird der Regelbedarf für beide entsprechend nur noch vermindert angesetzt (Regelbedarfsstufe 2 statt Regelbedarfsstufe 1; vgl. hierzu Rn. 543), zum 458

---

344 Das SGB XII führt stattdessen den Begriff „lebenspartnerähnlich" (vgl. § 20 SGB XII).
345 BSG 23.8.2012 – B 4 AS 34/12 R.
346 BSG 27.1.2009 – B 14 AS 6/08 R: Das Vorliegen einer Haushaltsgemeinschaft ist die erste Tatbestandsvoraussetzung dafür, dass die gesetzliche Vermutung – der Hilfebedürftige erhält Leistungen von den Verwandten oder Verschwägerten – eingreifen kann. Das Vorliegen des Tatbestands der Haushaltsgemeinschaft ist mithin von Amts wegen (§ 20 SGB X) festzustellen.

anderen werden die KdUH kopfteilig aufgeteilt. Will man nicht, dass die zweite Person in die BG einbezogen wird, so begehrt man der Sache nach, dass zunächst der Regelbedarf auf 100 % (Regelbedarfsstufe 1) angehoben wird. Einen Anspruch auf die KdUH in voller Höhe hätte der Leistungsberechtigte nur dann, wenn die zweite Person noch nicht einmal mit ihr in einer Haushaltsgemeinschaft lebt. Ferner würde ggf. vorhandenes Einkommen der weiteren Person nicht bedarfsmindernd nach § 9 SGB II angerechnet. So kann es bspw. sein, dass die weitere Person über ausreichendes bedarfsdeckendes Einkommen für beide verfügt. In diesem Fall wendet man sich gegen eine Leistungsablehnung wegen übersteigenden Einkommens, mit der Begründung, dass das Einkommen der weiteren Person nicht nach § 9 SGB II angesetzt werden darf, da keine Bedarfsgemeinschaft vorliegt.

459 Setzt man gerichtlich durch, dass die zweite Person nicht als Mitglied der BG gilt, so werden von dieser jedoch sodann wahrscheinlich die ggf. erhaltenen SGB II-Leistungen zurück gefordert, soweit diese ihren Bedarf allein decken kann.

460 **Muster: Klage gegen die Einbeziehung einer weiteren Person in die Bedarfsgemeinschaft**

Rechtsanwalt

(...)

(Datum)

An das

Sozialgericht (...)

(Anschrift)

K L A G E

der (...),

(Anschrift)

– K l ä g e r i n –

Prozessbevollmächtigter: Rechtsanwalt (...)

g e g e n

Jobcenter (...)

(Anschrift)

vertreten durch den Geschäftsführer

– B e k l a g t e r –

wegen Leistungen zur Sicherung des Lebensunterhaltes für den Zeitraum 1.6.2016 bis 30.11.2016

Bescheid vom 20.5.2016

Namens und ausweislich der beigefügten Vollmacht der Klägerin erhebe ich Klage und werde beantragen:

Der Bescheid des Beklagten vom 20.5.2016 in der Gestalt des Widerspruchsbescheides vom 15.8.2016 wird abgeändert und der Beklagte verurteilt, der Klägerin Leis-

II. Bedarfsgemeinschaft – Verantwortungs- und Einstehensgemeinschaft

tungen zur Sicherung des Lebensunterhaltes nach dem SGB II ohne Einbeziehung anderer Personen in die Bedarfsgemeinschaft zu zahlen.

Zur Geltendmachung der Rechte der Klägerin beantrage ich ferner,

der Klägerin Prozesskostenhilfe ab Klageerhebung zu bewilligen und den Unterzeichner beizuordnen.

Begründung:

I.

Die Klägerin begehrt Leistungen zur Sicherung des Lebensunterhaltes ohne Einbeziehung weiterer Personen in die Bedarfsgemeinschaft.

Die am 6.5.1983 geborene Klägerin lebt gemeinsam mit dem am 12.8.1980 geborenen Zeugen (...) in der Wohnung (Anschrift). Die Wohnung ist 60 m² groß. Die Klägerin zahlt für diese einen Mietzins in Höhe von 400 EUR sowie Vorauszahlungen auf Neben- und Heizkosten von 70 EUR.

Beweis: Mietvertrag vom 23.4.2010 – Anlage K1

Sie verfügt über kein Erwerbseinkommen. Ihr Vermögen beläuft sich auf ein Kontoguthaben von 580 EUR.

Beweis: aktueller Kontoauszug – Anlage K2

Der Zeuge ist ein langjähriger Freund der Klägerin. Die Klägerin nahm den Zeugen am 15.5.2015 in ihre Wohnung auf, nachdem dieser die Beziehung zu seiner damaligen Lebensgefährtin beendete und aus deren Wohnung ausziehen musste.

Beweis: Zeugnis des (...), (ladungsfähige Anschrift)

Die Klägerin vereinbarte mit dem Zeugen, dass dieser sich hälftig an den Mietkosten beteilige.

Beweis: Zeugnis des (...), wie vor

Sie informierte ferner ihren Vermieter über die Aufnahme einer weiteren Person in die Wohnung.

Beweis: Schreiben an den Vermieter vom 1.6.2015 – Anlage K3

Ebenfalls gab sie durch eine Veränderungsmitteilung gegenüber dem Beklagten an, dass der Zeuge in die gemeinsame Wohnung einzog.

Beweis: Veränderungsmitteilung vom 1.6.2015 – Anlage K4

In der Folgezeit zahlte der Zeuge monatlich die hälftigen Mietkosten auf das Konto der Klägerin.

Beweis: Kontoauszüge der Klägerin von Juni 2015 bis August 2016 – Anlage K5

Die Klägerin ist mit dem Zeugen lediglich freundschaftlich verbunden. Diese kennen sich seit 1999. Seit dieser Zeit hatten sowohl die Klägerin als auch der Zeuge verschiedene Lebensgefährten. Zwischen der Klägerin und dem Zeugen bestand und besteht keine sexuelle Beziehung.

Beweis: Zeugnis des (...), wie vor

Die Zeugin führt seit Januar 2012 eine intime Beziehung mit einem Partner außerhalb des Haushalts.

Beweis: Zeugnis des Partners (...), (ladungsfähige Anschrift)

Die Wohnung wird dergestalt genutzt, dass das Wohnzimmer, das Bad und die Küche gemeinsam genutzt werden. Im Übrigen bestehen jedoch getrennte Schlafzimmer mit getrennten Betten.

Die Klägerin und der Zeuge haben kein gemeinsames Konto und auch keinerlei wechselseitige Verfügungsbefugnisse. Es sind keine Versicherungen abgeschlossen, in denen der jeweils andere begünstigt wird. Die Klägerin nahm im Januar 2014 einen Kredit auf. Der Zeuge bürgte hierfür gerade nicht, sondern ihr Lebensgefährte.

Beweis: Zeugnis des (...), wie vor

Die Besorgung von Lebensmitteln ist so ausgestaltet, dass Grundnahrungsmittel wie Milch, Butter, Wasser usw. jeweils abwechselnd besorgt werden. Im Übrigen sorgt jeder für seinen eigenen Lebensmittelvorrat. Reinigungsmittel werden jeweils nach Bedarf besorgt. Es besteht im Übrigen ein Putzplan für die gemeinsam genutzten Räume. Die Mahlzeiten werden regelmäßig nicht gemeinsam eingenommen.

Beweis: Zeugnis des (...), wie vor

Der Zeuge verfügt über ein Einkommen aus Erwerbstätigkeit als IT-Fachmann iHv monatlich brutto 2.200 EUR und netto 1.800 EUR.

Mit Bescheid vom 20.5.2016 bewilligte der Beklagte auf den Fortzahlungsantrag der Klägerin hin Leistungen zur Sicherung des Lebensunterhaltes für die Zeit vom 1.6.2016 bis 30.11.2016 erstmals unter Einbeziehung des Zeugen als weiteres Mitglied der Bedarfsgemeinschaft. Der Regelbedarf wurde auf 90 % abgesenkt, die Unterkunftskosten kopfteilig aufgeteilt und ein fiktives Einkommen des Zeugen von 1.500 EUR netto zur Anrechnung gebracht. Der Bescheid wurde vorläufig erteilt. Der Zeuge wurde mit gesondertem Bescheid aufgefordert, Angaben zu seinem Einkommen zu machen.

Beweis: Bescheid vom 20.5.2016 – Anlage K6

Die Klägerin erhob hiergegen Widerspruch unter dem 3.6.2016 und begründete diesen damit, dass eine Bedarfsgemeinschaft zwischen ihr und dem Zeugen nicht bestehe.

Beweis: Widerspruch vom 3.6.2016 – Anlage K7

Der Beklagte wies den Widerspruch mit Widerspruchsbescheid vom 15.8.2016 als unbegründet zurück. Er begründete dies damit, dass zunächst die Vermutung der Antragsstellung für den Zeugen nach § 38 Abs. 1 SGB II gelte. Ferner bildeten die Klägerin und der Zeuge eine Bedarfsgemeinschaft, da diese über ein Jahr zusammen lebten, so dass dies nach § 7 Abs. 3 a Nr. 1 SGB II vermutet werde.

Beweis: Widerspruchsbescheid vom 15.8.2016

Hiergegen richtet sich die Klage.

II.

Gegenstand der Klage ist der Bescheid des Beklagten vom 20.5.2016 in der Gestalt des Widerspruchsbescheides vom 15.8.2016, mit welchem der Klägerin Leistungen zur Sicherung des Lebensunterhaltes für den Zeitraum vom 1.6.2016 bis 30.11.2016 unter Einbeziehung des Zeugen in die Bedarfsgemeinschaft bewilligt wurden. Der Bescheid ist rechtswidrig und verletzt die Klägerin in ihren Rechten. Die Klägerin hat Anspruch auf höhere Leistungen nach den Vorschriften des SGB II.

II. Bedarfsgemeinschaft – Verantwortungs- und Einstehensgemeinschaft

Nach § 7 Abs. 1 SGB II erhalten Personen, die das 15. Lebensjahr vollendet haben, erwerbsfähig und hilfebedürftig sind sowie ihren gewöhnlichen Aufenthalt in der Bundesrepublik Deutschland haben, Leistungen nach diesem Buch.

Die Klägerin ist erwerbsfähig und hat ihren gewöhnlichen Aufenthalt in der Bundesrepublik. Ferner hat sie das 15. Lebensjahr vollendet.

Auch ist sie hilfebedürftig, da ihrem Bedarf bestehend aus Regelbedarf nach § 20 SGB II und den Kosten der Unterkunft nach § 22 SGB II kein Einkommen nach § 11 SGB II und kein anrechenbares Vermögen nach § 12 SGB II gegenübersteht (§ 9 SGB II). Insbesondere ist das Einkommen des Zeugen nicht auf den Bedarf anzurechnen, da er nicht Mitglied der Bedarfsgemeinschaft der Klägerin ist. Ferner steht ihr ein Regelbedarf von 100 % zu, da nicht § 20 Abs. 4, sondern § 20 Abs. 1 SGB II gilt.

Nach § 7 Abs. 3 Nr. 3 c) SGB II gehört zur Bedarfsgemeinschaft eine Person, die mit der erwerbsfähigen leistungsberechtigten Person in einem gemeinsamen Haushalt so zusammenlebt, dass nach verständiger Würdigung der wechselseitige Wille anzunehmen ist, Verantwortung füreinander zu tragen und füreinander einzustehen.

Eine Verantwortungs- und Einstehensgemeinschaft iSd SGB II liegt nur vor, wenn kumulativ die folgenden Voraussetzungen gegeben sind: Es muss sich 1. um Partner handeln, die 2. in einer Wohn- und Wirtschaftsgemeinschaft leben (objektive Voraussetzungen), und zwar 3. so, dass nach verständiger Würdigung der wechselseitige Wille anzunehmen ist, Verantwortung füreinander zu tragen und füreinander einzustehen (subjektive Voraussetzung) (BSG 23.8.2012 – B 4 AS 34/12 R).

Eine Wirtschaftsgemeinschaft ist gegeben, wenn Haushaltsführung und Bestreiten der Kosten des Haushalts gemeinschaftlich durch beide Partner erfolgen, wobei es nicht zwingend auf gleichwertige Beiträge ankommt; ausreichend ist eine Absprache zwischen den Partnern, wie sie diese zum Wohle des partnerschaftlichen Zusammenlebens untereinander aufteilen (BSG aaO).

Vorliegend fehlt es bereits an einer partnerschaftlichen Beziehung zwischen der Klägerin und dem Zeugen. Diese ist gegeben, wenn eine gewisse Ausschließlichkeit der Beziehung gegeben ist, die keine vergleichbare Lebensgemeinschaft daneben zulässt. Zudem muss zwischen dem erwerbsfähigen Hilfebedürftigen und dem Dritten die grds. rechtlich zulässige Möglichkeit der Heirat bzw. Begründung einer Lebenspartnerschaft nach dem LPartG bestehen (BSG aaO). Die Klägerin und der Zeuge führen keine Beziehung dieser Art. Es fehlt bereits an einem intimen Kontakt zwischen beiden. Die Klägerin führte im Gegenteil eine intime Beziehung zu ihrem Partner außerhalb des Haushaltes.

Auch eine Wirtschaftsgemeinschaft liegt nicht vor, da die Klägerin und der Zeuge den Haushalt getrennt bewirtschaften und jeweils für ihren eigenen Unterhalt sorgen. Die jeweils gemeinsam genutzten Bedarfsgegenstände werden hinsichtlich der Kosten geteilt. Eine Wirtschaftsgemeinschaft geht nach der Entscheidung des BSG über die gemeinsame Nutzung von Bad, Küche und ggf. Gemeinschaftsräumen hinaus. Auch der in Wohngemeinschaften häufig anzutreffende gemeinsame Einkauf von Grundnahrungsmitteln, Reinigungs- und Sanitärartikeln aus einer von allen Mitbewohnern zu gleichen Teilen gespeisten Gemeinschaftskasse begründet noch keine Wirtschaftsgemeinschaft. Entscheidend insoweit ist, dass der Haushalt von beiden Partnern geführt wird, wobei die Beteiligung an der Haushaltsführung von der jeweiligen wirtschaftlichen und körperlichen Leistungsfähigkeit der Partner abhängig ist. Die Haushaltsführung an sich und das Bestreiten der Kosten des Haushalts müssen gemeinschaftlich durch beide Partner erfolgen. Bei der Klägerin und dem Zeugen liegen aber gerade nur eine gemeinsame Nutzung von Gemeinschaftsräumen und ferner eine gemeinsame, nach Kosten aber getrennte, Anschaffung von Grundnahrungsmitteln und Reinigungsgegenständen vor. Ein „Mehr", welches ein gemeinsames Wirtschaften begründen würde, ist gerade nicht gegeben.

Damit ist eine Bedarfsgemeinschaft nicht gegeben. Auf das subjektive Element des gegenseitigen Einstehenwollens kommt es daher nicht mehr an. Nur für dieses Element gelten jedoch die Vermutungsregelungen des § 7 Abs. 3 a SGB II. Auf diese kann daher auch nicht zurückgegriffen werden, so dass das Zusammenleben von mehr als einem Jahr unerheblich ist.

III.

Wie sich aus der beigefügten Erklärung zu den persönlichen und wirtschaftlichen Verhältnissen ergibt, kann die Klägerin die Kosten der Prozessführung nicht aufbringen (§ 73 a SGG iVm § 114 ZPO). Da die Klage – wie ausgeführt – Aussicht auf Erfolg hat und nicht mutwillig ist, ist der Antrag auf Prozesskostenhilfe ebenfalls begründet.

(…)

Rechtsanwalt

461 Einer Partnerschaft im o.g. Sinn ist anzunehmen, wenn eine Ausschließlichkeit der Beziehung derart gegeben ist, dass sie keine vergleichbare Lebensgemeinschaft daneben zulässt. Weiterhin muss zwischen dem erwerbsfähigen Hilfebedürftigen und dem Dritten die grds. rechtlich zulässige Möglichkeit bestehen, zu heiraten bzw. eine Lebenspartnerschaft nach dem LPartG zu begründen.

462 Das weitere objektive Kriterium, also das „Zusammenleben in einem gemeinsamen Haushalt" erfordert das Bestehen einer „Wohn- und Wirtschaftsgemeinschaft". Abgestellt wird dabei also auf zwei Elemente: Das „Zusammenleben" einerseits und das „Wirtschaften aus einem Topf" andererseits. Die Partner müssen daher in „einer Wohnung" zusammenleben und die Haushaltsführung an sich sowie das Bestreiten der Kosten des Haushalts müssen gemeinschaftlich durch beide erfolgen.[347]

463 Hinsichtlich des subjektiven Kriteriums, also der Annahme des wechselseitigen Willens, Verantwortung füreinander zu tragen und füreinander einzustehen, kann weiterhin auf die Rechtsprechung des BVerwG[348] zur eheähnlichen Gemeinschaft zurückgegriffen werden. Als Hinweistatsachen für das Vorliegen einer Verantwortungs- und Einstehensgemeinschaft sind – so das BVerwG ausdrücklich – beispielhaft anzusehen:

---

347 Eine gemeinsame Haushaltsführung ist anzunehmen, wenn alle wesentlichen Vorgänge des Haushalts gemeinsam erledigt werden. Entscheidend ist, dass alle Funktionen des Haushalts (wie z.B. das Einkaufen, Kochen, Waschen, Putzen) in irgendeiner Form gemeinsam abgewickelt werden, dass also ein „Wirtschaften aus einem Topf" vorliegt. Daher ist es auch ausreichend, wenn einer der Partner das Haushaltsgeld zur Verfügung stellt, während der andere die eigentliche Führung des Haushalts übernimmt.
348 BVerwG 24.6.1999 – 5 B 114/98.

- eine lange Dauer des Zusammenlebens (gewichtigstes Indiz),
- bei Zusammenfall des Beginns des Zusammenlebens mit dem Beginn des streitgegenständlichen Leistungszeitraums auch Dauer und Intensität der Bekanntschaft vor Begründung der Wohngemeinschaft,
- der Anlass für das Zusammenziehen,
- die konkrete Lebenssituation der Partner während der streitgegenständlichen Zeit und
- die – nach außen erkennbare – Intensität der gelebten Gemeinschaft.

Entscheidend ist letztlich aber stets das Gesamtbild der für den streitgegenständlichen Zeitraum feststellbaren Indizien. Die o.g. Maßstäbe erleichtern infolge der Indizwirkung äußerer Umstände lediglich die Feststellung einer auf Dauer angelegten Lebensgemeinschaft, erfordern aber in jedem Fall eine Würdigung des Gesamtbildes der für den streitgegenständlichen Zeitraum feststellbaren Indizien. 464

Zur Vereinfachung dieser – vom Sozialleistungsträger zu treffenden – Feststellung, also der Annahme, dass ein wechselseitiger Wille besteht, Verantwortung füreinander zu tragen und füreinander einzustehen, wird mit § 7 Abs. 3 a SGB II eine Vermutungsregelung aufgestellt. Von solch einem wechselseitigen Willen kann hiernach nämlich dann ausgegangen werden, wenn Partner 465

- länger als ein Jahr zusammenleben,
- mit einem gemeinsamen Kind zusammenleben,
- Kinder oder Angehörige im Haushalt versorgen oder
- befugt sind, über Einkommen oder Vermögen des anderen zu verfügen.

Bei dieser Vermutung handelt es sich jedoch um eine widerlegbare Vermutung. D.h., der Leistungsberechtigte kann durch entsprechenden substantiierten Vortrag (einfaches Bestreiten ist regelmäßig nicht ausreichend) darlegen, dass trotz Vorliegens eines der Vermutungstatbestände im konkreten Fall gleichwohl kein wechselseitiger Wille besteht, Verantwortung füreinander zu tragen und füreinander einzustehen. 466

2. Besonderheiten beim SGB XII

Anders als beim SGB II, wo es eine einheitliche Regelung zur Bedarfsgemeinschaft mit einheitlicher Konsequenz der Einkommens- und Vermögensberücksichtigung gibt, wird im SGB XII von Einsatzgemeinschaften ausgegangen – auch wenn dieser Terminus im Gesetzestext nicht erscheint. Eine derartige Einsatzgemeinschaft liegt vor bei 467

- zusammenlebenden Ehegatten, Lebenspartnern und minderjährigen unverheirateten Kindern (vgl. §§ 19 Abs. 3, 27 Abs. 2 Satz 2 SGB XII),
- einer eheähnlichen und lebenspartnerschaftlichen Gemeinschaft (§ 20 SGB XII) und
- Haushaltsgemeinschaften (§ 39 SGB XII).

B. Besonderer Teil

Diese Einsatzgemeinschaften gelten abhängig von der jeweiligen Hilfe[349] nach dem SGB XII und haben hiervon abhängig unterschiedliche Konsequenzen hinsichtlich der Berücksichtigung von Einkommen und Vermögen.[350]

III. Leistungsausschlüsse

468 Leistungen nach dem SGB II, also sowohl Leistungen zur Sicherung des Lebensunterhaltes, als auch Leistungen zur Eingliederung, erhalten grds. alle Personen, die in § 7 Abs. 1 SGB II genannt sind, d.h. erwerbsfähige Personen die das 15. Lebensjahr vollendet haben und – idR – das 64. Lebensjahr noch nicht vollendet haben, die hilfebedürftig sind und ihren gewöhnlichen Aufenthalt in der Bundesrepublik Deutschland haben. Wenn diese Personen in einer Bedarfsgemeinschaft mit nicht erwerbsfähigen Personen leben, so erhalten auch diese Personen Leistungen zu Sicherung des Lebensunterhaltes nach dem SGB II, wenn und soweit sie hilfebedürftig sind.

469 Insbesondere für Personen, die die Voraussetzungen des § 7 Abs. 1 erfüllen, also erwerbsfähige Hilfebedürftige, kennt das Gesetz jedoch verschiedene Ausschlusstatbestände, die in der Praxis häufig relevant sind.

470 Im Einzelnen sind das bestimmte Gruppen von Ausländern (§ 7 Abs. 1 Satz 2 SGB II), bestimmte Auszubildende (§ 7 Abs. 5 SGB II), stationär Untergebrachte und Bezieher von Altersrente oder ähnlichen öffentlich-rechtlichen Leistungen (§ 7 Abs. 4 SGB II) sowie nicht erreichbare Personen (§ 7 Abs. 4 a SGB II). Die für die Praxis bedeutsamsten Tatbestände sind im Folgenden anhand von Formularen dargestellt.

471 Leben ausgeschlossene Personen mit anderen Personen in einer Bedarfsgemeinschaft (sog. gemischte Bedarfsgemeinschaft), so ergibt sich hieraus eine besondere Art der Einkommensanrechnung, die von der üblichen horizontalen Einkommensverteilung abweicht. Einzelheiten dazu werden im Kapitel zum Einkommen behandelt (s. dazu Rn. 773 ff.). Hervorzuheben ist weiterhin, dass nach einer Entscheidung des BSG derjenige Partner in einer BG, welcher mit einem von Leistungen ausgeschlossenen Partner zusammen lebt, der deswegen ausgeschlossen ist, weil er Leistungen nach dem Asylbewerberleistungsgesetz erhält (§ 7 Abs. 1 Satz 2 Nr. 3 SGB II) den vollen Regelbedarf (§ 20 Abs. 2 SGB II) erhält und nicht den abgesenkten nach § 20 Abs. 4 SGB II.[351]

1. Ausländer

472 Nach der Vorschrift des § 7 Abs. 1. Satz 2 SGB II sind bestimmte Ausländer von Leistungen ausgenommen, obwohl diese generell leistungsberechtigt wären. Die deutsche Staatsangehörigkeit ist insoweit keine Voraussetzung für den Bezug von Leistungen nach dem SGB II.

---

349 Die Sozialhilfe umfasst (§ 8 SGB II): Hilfe zum Lebensunterhalt (§§ 27 bis 40), Grundsicherung im Alter und bei Erwerbsminderung (§§ 41 bis 46 b), Hilfen zur Gesundheit (§§ 47 bis 52), Eingliederungshilfe für behinderte Menschen (§§ 53 bis 60), Hilfe zur Pflege (§§ 61 bis 66), Hilfe zur Überwindung besonderer sozialer Schwierigkeiten (§§ 67 bis 69), Hilfe in anderen Lebenslagen (§§ 70 bis 74).
350 Vgl. hierzu näher Berlit/Conradis/Sartorius/*Schoch*, Existenzsicherungsrecht, Kap. 18 Rn. 18 ff.
351 BSG 6.10.2010 – B 14 AS 171/10 R.

Gegen diese Vorschrift bestanden europarechtliche Bedenken. Mittlerweile hat der EuGH in zwei Entscheidungen die Ausschlüsse für EU-Bürger ohne Aufenthaltsgrund und für solche, die arbeitsuchend sind, für mit dem EU-Recht vereinbar erklärt.[352] Bereits 2009 hatte der EuGH in einem Streitfall entschieden, dass ein Verstoß gegen Art. 12 EGV nicht vorliege, da Art. 12 EGV nur im Verhältnis zwischen Unionsbürgern, nicht aber gegenüber Drittstaatsangehörigen gelte.[353]

473

Das Gleichbehandlungsgebot des Art. 1 EFA steht dem Leistungsausschluss für EU-Ausländer nach § 7 Abs. 1 Satz 2 SGB II ebenfalls nicht entgegen. Die Bundesregierung hat am 19.12.2011 gegen die Anwendung des SGB II im Rahmen des EFA gegenüber dem Europarat folgenden Vorbehalt angebracht: „Die Regierung der Bundesrepublik Deutschland übernimmt keine Verpflichtung, die im Zweiten Buch Sozialgesetzbuch – Grundsicherung für Arbeitsuchende – in der jeweils geltenden Fassung vorgesehenen Leistungen an Staatsangehörige der übrigen Vertragsstaaten in gleicher Weise und unter den gleichen Bedingungen wie den eigenen Staatsangehörigen zuzuwenden."[354] Nach Erklärung des Vorbehalts können sich Ausländer nicht mehr auf das Gleichbehandlungsgebot des Art. 1 EFA berufen.

474

a) Einreisende in den ersten drei Monaten

§ 7 Abs. 1 Satz 2 Nr. 1 SGB II schließt zunächst Ausländer und ihre Familienangehörigen von Leistungen in den ersten drei Monaten des Aufenthaltes von Leistungen aus. Als Rückausnahme ist geregelt, dass dies nicht gilt, wenn sie in der Bundesrepublik als Arbeitnehmer oder selbstständig tätig sind oder aufgrund von § 2 Abs. 3 FreizügG/EU freizügigkeitsberechtigt sind. Zweck der Vorschrift ist insbesondere, solche EU-Bürger von Leistungen nach dem SGB II auszuschließen, die zum Zwecke der Arbeitssuche von ihrem 3-monatigen Aufenthaltsrecht in der Bundesrepublik Gebrauch machen, für das sie lediglich Personalausweis oder Reisepass benötigen (§ 2 Abs. 2 Nr. 2, Abs. 5 FreizügG/EU; Art. 6 Unionsbürgerrichtlinie).[355] Eine weitere Rückausnahme gilt jedoch für diejenigen Ausländer, die ihr Aufenthaltsrecht auf völkerrechtliche, humanitäre oder politische Gründe stützen können (Aufenthaltstitel nach Kapitel 2 Abschnitt 5 AufenthG).[356] Der Ausschluss gilt sowohl für Leistungen zur Sicherung des Lebensunterhaltes als auch für Eingliederungsleistungen. Nur ein Aufenthaltsrecht, das eine längerfristige Bleibeperspektive vermittelt und das deshalb auch einer Eingliederung in den Arbeitsmarkt nicht entgegensteht, ist geeignet, als Ausnahme zu § 7 Abs. 1 Satz 2 SGB II den Zugang zu Leistungen nach dem SGB II zu eröffnen. Ohne längerfristige Bleibeperspektive ist die Eröffnung des Zugangs zu diesen Leistungen, einschließlich denen zur Eingliederung in Arbeit, nicht sachgerecht. Nur vorübergehende humanitäre oder persönliche Gründe reichen damit nicht aus, um vom Leistungsausschluss ausgenommen zu werden. Die Auslegung der Begriffe in § 7 Abs. 1 Satz 2 SGB II hat im Lichte des Europarechts zu erfolgen, da die Vorschrift auf eine europarecht-

475

---

352 EuGH 15.9.2015 – C-67/14; 11.11.2014 – C-333/13.
353 EuGH 4.6.2009 – C-22/08.
354 IdF der Bekanntmachung vom 31.1.2012, BGBl. II 144, berichtigt durch die Bekanntmachung zum Europäischen Fürsorgeabkommen vom 3.4.2012, BGBl. II 470.
355 Vgl. Münder/*Korte*/*Thie* LPK-SGB II § 7 Rn. 24.
356 Vgl. zum Ganzen Münder/*Korte*/*Thie* LPK-SGB II § 7 Rn. 24 ff.

liche Ermächtigung in Art. 24 Abs. 2 RL 2004/38/EG (Unionsbürgerrichtlinie) zurückgeht.

476 Die Eigenschaft als Arbeitnehmer ist dem folgend niedrigschwellig anzusetzen. Arbeitnehmer im Sinne des EU-Rechts ist, wer während einer bestimmten Zeit für einen anderen nach dessen Weisung Leistungen erbringt, für die er als Gegenleistung eine Vergütung erhält. Aus dieser weiten Definition sind lediglich Tätigkeiten von völlig untergeordneter oder unwesentlicher Bedeutung auszuscheiden. Eine Teilzeitbeschäftigung oder ein Minijob genügen aber grds. Es ist nicht erforderlich, dass der Lohn die Grenze des Existenzminimums übersteigt.[357] Auch die abgeleistete Arbeitszeit ist weitgehend bedeutungslos. Eine feste zeitliche Grenze kann nicht gezogen werden.

477 Eine Tätigkeit als Selbstständiger muss tatsächlich ausgeübt werden, eine bloße Gewerbeanmeldung reicht hierfür nicht aus. Die Tätigkeit muss entgeltlich erbracht werden und eine Teilnahme am Wirtschaftsleben darstellen. Notwendig ist eine ernsthafte Gewinnerzielungsabsicht. Wie bei Arbeitnehmern scheiden aber unwesentliche bzw. vollkommen untergeordnete Erwerbstätigkeiten aus.[358]

478 Mit der Aufgabe oder dem Verlust der Beschäftigung erlischt der Arbeitnehmerstatus nicht sofort. Vielmehr ergibt sich die zeitliche Grenze der Fortgeltung der Arbeitnehmereigenschaft aus § 2 Abs. 3 Satz 2 FreizügG/EU. Hiernach bleibt ein entsprechender Status als Arbeitnehmerin (oder Selbstständige) „bei unfreiwilliger durch die zuständige Agentur für Arbeit bestätigter Arbeitslosigkeit nach weniger als einem Jahr Beschäftigung ... während der Dauer von sechs Monaten unberührt". Auf europarechtlicher Ebene bestimmt Art. 7 Abs. 3 c RL 2004/38/EG, dass einem Erwerbstätigen, wenn er sich bei ordnungsgemäß bestätigter unfreiwilliger Arbeitslosigkeit nach Ablauf seines auf weniger als ein Jahr befristeten Arbeitsvertrags oder bei im Laufe der ersten zwölf Monate eintretender unfreiwilliger Arbeitslosigkeit dem zuständigen Arbeitsamt zur Verfügung stellt, seine Erwerbstätigeneigenschaft während mindestens sechs Monaten aufrechterhalten bleibt. Während dieses Zeitraums behält der betreffende Unionsbürger im Aufnahmemitgliedstaat sein Aufenthaltsrecht nach Art. 7 der Richtlinie und kann sich auf das in Art. 24 Abs. 1 RL 2004/38/EG verankerte Gleichbehandlungsgebot berufen.

b) Ausländer ohne Aufenthaltsrecht oder deren Aufenthaltsrecht sich allein aus dem Zweck der Arbeitssuche ergibt

479 Nach § 7 Abs. 1 Satz 2 Nr. 2 b SGB II sind weiterhin diejenigen Ausländer von Leistungen ausgeschlossen, die kein Aufenthaltsrecht haben, deren Aufenthaltsrecht sich allein aus dem Zweck der Arbeitsuche ergibt oder die ihr Aufenthaltsrecht allein oder neben einem Aufenthaltsrecht nach Buchstabe b aus Art. 10 der Verordnung (EU) Nr. 492/2011 ableiten, und ihre Familienangehörigen. Die Leistungsausschlüsse für Ausländer sind durch das Gesetz zur Regelung von Ansprüchen ausländischer Personen in der Grundsicherung für Arbeitsuchende nach dem Zweiten Buch Sozialgesetzbuch und in der Sozialhilfe nach dem Zwölften Buch Sozialgesetzbuch mit Wirkung zum 29.12.2016 maßgeblich geändert worden. Bis zu diesem Zeitpunkt umfasste der Leistungsausschluss nach § 7 Abs. 1 Satz 2 Nr. 2

---

357 EuGH 4.6.2009 – C-22/08.
358 Vgl. BSG 19.10.2010 – B 14 AS 23/10 R.

SGB II nur diejenigen Ausländer, deren Aufenthaltsrecht sich allein aus dem Zweck der Arbeitssuche ergibt.[359] Zudem wurde der Ausschlussgrund des fehlenden Aufenthaltsrechts mit Wirkung zum 29.12.2016 in § 7 Abs. 1 Satz 2 Nr. 2 a SGB II eingefügt.[360]

Grund für die Neufassung der Leistungsausschlüsse war, dass das BSG in einigen Entscheidungen Unionsbürgern einen Anspruch auf existenzsichernde Leistungen zugesprochen hat, obwohl keine Erwerbstätigkeit ausgeübt wurde. Zudem wurde durch das BSG zutreffend entschieden, dass unabhängig von einem bestehenden Leistungsausschluss bei EU-Ausländern regelmäßig ein Anspruch auf Leistungen nach § 23 Abs. 3 Satz 1 SGB XII (a.F.) besteht, wonach Sozialhilfe geleistet werden kann, soweit dies im Einzelfall gerechtfertigt ist. Nach sechs Monaten war nach der Rechtsprechung des BSG von einer Verfestigung des Aufenthalts auszugehen, mit der Folge dass das Ermessen hinsichtlich der Gewährung der Leistungen nach dem SGB XII dem Grund und der Höhe nach auf Null reduziert ist. Die hierdurch verursachten Mehrausgaben waren Anlass für die Ergänzung der Leistungsausschlüsse. 480

Während der Ausschluss aus Nr. 1 bereits in der bisherigen Fassung zeitlich begrenzt war, galt der Ausschluss nach Nr. 2 nach dem Wortlaut zeitlich unbegrenzt. Eine zeitliche Obergrenze für den Ausschluss ergab sich nach der Rechtsprechung jedoch aus § 2 Abs. 5 FreizügG/EU. Hat sich der Unionsbürger seit fünf Jahren rechtmäßig in der Bundesrepublik aufgehalten (vgl. § 4 a FreizügG/EU), genießt er ein Daueraufenthaltsrecht. Mit der Neufassung ist in § 7 Abs. 1 Satz 4 SGB II diese zeitliche Grenze klarstellend in das SGB II eingefügt worden. 481

Dieser Ausschluss bezieht sich überwiegend auf EU-Bürger, die sich zum Zweck der Suche nach Arbeitsbeschäftigung oder einer selbstständigen Erwerbstätigkeit in der Bundesrepublik aufhalten, einschließlich derer, die Dienstleistungen erbringen (§ 2 Abs. 2 Nr. 1–3 FreizügG/EU). Anders als Unionsbürgern steht Drittstaatenangehörigen grds. kein Aufenthaltsrecht in Deutschland allein zum Zwecke der Arbeitssuche zu. 482

Eine Ausnahme hiervon bilden Ausländer, denen nach erfolgreichem Abschluss eines Studiums in Deutschland eine Aufenthaltserlaubnis von bis zu 18 Monaten zur Arbeitssuche gemäß § 16 AufenthG gewährt wurde. Der Leistungsausschluss bezieht sich zudem nicht auf Ausländer, die sich zur Berufsausbildung aufhalten (§ 2 Abs. 2 Nr. 1 FreizügG/EU), nicht Erwerbstätige nach § 4 FreizügG/EU oder Daueraufenthaltsberechtigte nach § 4 a FreizügG/EU.[361] 483

Nach der Rechtsprechung des BSG waren nach der bisherigen Rechtslage – über den Wortlaut des § 7 Abs. 1 Satz 2 Nr. 2 SGB II a.F. hinaus – im Sinne eines „Erst-Recht-Schlusses" auch diejenigen Unionsbürger von den Leistungen zur Sicherung des Lebensunterhalts nach dem SGB II ausgenommen, die über keine materielle Freizügigkeitsberechtigung oder ein anderes materielles Aufenthaltsrecht verfügen. § 7 Abs. 1 Satz 2 SGB II war insoweit planwidrig lückenhaft, als dort nicht ausdrücklich den Ausschluss auch derjenigen normiert ist, die über keine materielle 484

---

359 Vertiefend Münder/*Korte*/*Thie* LPK-SGB II § 7 Rn. 28 ff.
360 Vgl. Münder/*Korte*/*Thie* LPK-SGB II § 7 Rn. 27.
361 Münder/*Korte*/*Thie* LPK-SGB II § 7 Rn. 28.

Freizügigkeitsberechtigung oder ein anderes materielles Aufenthaltsrecht verfügen, weil sie einen Leistungsausschluss schon für solche Ausländer anordnet, die sich auf eine solche materielle Freizügigkeitsberechtigung iSd FreizügG/EU berufen können.[362] In dieser Auslegung des § 7 Abs. 1 Satz 2 Nr. 2 SGB II war die Ausschlussregelung nach den Entscheidungen des EuGH europarechtskonform.[363] Nunmehr ist mit Einfügung des § 7 Abs. 1 Satz 2 Nr. 2 a SGB II, wonach der Leistungsausschluss alle Ausländer erfasst die kein Aufenthaltsrecht haben, auch diesbezüglich eine Klarstellung erfolgt.

485   Arbeitsuchende Unionsbürger sind auch dann von diesem Leistungsausschluss erfasst, wenn sie bereits im Bundesgebiet beschäftigt gewesen sind, aber weniger als ein Jahr gearbeitet haben.[364]

486   Der Leistungsausschluss ist bereits dann nicht anzuwenden, wenn neben dem Zweck der Arbeitssuche ein weiterer Aufenthaltszweck verfolgt wird.[365] Wenn neben der Arbeitssuche mindestens ein anderer Grund zum Aufenthalt berechtigt, greift der Ausschlusstatbestand des § 7 Abs. 1 Satz 2 Nr. 2 SGB II insoweit nicht.[366] So werden u.a. nicht erfasst Personen, die als ausländische Familienangehörige eines in Deutschland erwerbstätigen EU-Bürgers ihren gewöhnlichen Aufenthalt in Deutschland haben oder die als ausländische Familienangehörige eines Deutschen in Deutschland einreisen. Ebenfalls keine Anwendung findet die Vorschrift auf Familienangehörige, die mit dem Betroffenen auf der Grundlage von § 3 Abs. 1 Satz 1 FreizügG/EU eingereist, bzw. ihm nach § 4 FreizügG/EU nachgereist sind.[367] In der Gesetzesbegründung wird explizit darauf verwiesen, dass für Personen, die als Arbeitnehmer, Selbstständige oder aufgrund des § 2 Abs. 3 des FreizügG/EU freizügigkeitsberechtigt sind, und ihre Familienangehörigen, keine Änderung erfolgt. Sie sollen weiterhin (ergänzend) leistungsberechtigt sein.[368]

c) Ausländer, die ihr Aufenthaltsrecht aus Art. 10 VO (EU) Nr. 492/2100 ableiten

487   Zudem werden vom Leistungsausschluss Personen umfasst, deren Aufenthaltsrecht sich unmittelbar oder abgeleitet von ihren Kindern nur aus dem Recht zum allgemeinen Schul- oder Ausbildungsbesuch aus Art. 10 der Verordnung (EU) Nr. 492/2011 ergibt.[369] Insoweit steht ausländischen Kindern nach der ständigen Rechtsprechung des EuGH neben dem Recht auf Teilnahme am Unterricht auch ein Recht auf Aufenthalt zu. Dieses vermittelt auch dem die elterliche Sorge tatsächlich wahrnehmenden Elternteil ein Recht auf Aufenthalt.[370] Ob diese zum 29.12.2016 neu eingeführte Regelung als europarechtskonform anzusehen ist, bleibt abzuwarten.[371]

---

362   BSG 17.3.2016 – B 4 AS 32/15 R; 3.12.2015 – B 4 AS 44/15 R; 16.12.2015 – B 14 AS 15/14 R; 20.1.2016 – B 14 AS 35/15 R.
363   EuGH 15.9.2015 – C-67/14; 11.11.2014 – C-333/13.
364   BSG 17.3.2016 – B 4 AS 32/15 R.
365   Vgl. BSG 30.1.2013 – B 4 AS 54/12 R.
366   Vertiefend Münder/Korte/Thie LPK-SGB II § 7 Rn. 28
367   BSG 25.1.2012 – B 14 AS 138/11 R.
368   BT-Drs. 18/10221, S. 2
369   Vgl. BT-Drs. 18/10211, S. 13.
370   EuGH, 17.9.2002 - C 413/99 und 30.6.2016 - C 115/15.
371   Vertiefend Münder/Korte/Thie LPK-SGB II § 7 Rn. 31

III. Leistungsausschlüsse

Muster: Klage gegen Ablehnung von Leistungen nach § 7 Abs. 1 Satz 2 Nr. 2 SGB II[372]   488

Rechtsanwalt

(...)

(Datum)

An das

Sozialgericht (...)

(Anschrift)

KLAGE

des (...),

(Anschrift)

– K l ä g e r –

<u>Prozessbevollmächtigter:</u> Rechtsanwalt (...)

g e g e n

Jobcenter (...)

(Anschrift)

vertreten durch den Geschäftsführer

– B e k l a g t e r –

wegen Ablehnung von Leistungen nach § 7 Abs. 1 Satz 2 Nr. 2 SGB II

Bescheid vom 6.2.2016

Namens und ausweislich der beigefügten Vollmacht des Klägers erhebe ich Klage und werde beantragen:

Der Bescheid des Beklagten vom 6.2.2016 in der Gestalt des Widerspruchsbescheides vom 12.4.2016 wird aufgehoben und der Beklagte wird verurteilt, an den Kläger Leistungen nach dem SGB II in gesetzlicher Höhe ab dem 1.2.2016 zu zahlen.

Zur Geltendmachung der Rechte des Klägers beantrage ich ferner,

dem Kläger Prozesskostenhilfe ab Klageerhebung zu bewilligen und den Unterzeichner beizuordnen.

Begründung:

I.

Der Kläger begehrt Leistungen nach dem SGB II ab dem 1.2.2016.

Der am 3.3.1990 geborene Kläger ist erwerbsfähig. Er ist französischer Staatsangehöriger.

Er reiste im August 2004 gemeinsam mit seinen Eltern nach Deutschland ein. Diese betreiben seit 2005 eine Patisserie. Der Kläger wohnte ununterbrochen in Köln und ist seit

---

[372] Der Fall orientiert sich an der bis zum 29.12.2016 geltenden Rechtslage. Auch nach der neuen Rechtslage würde der Leistungsausschluss nicht eingreifen. Im Übrigen ist nunmehr in § 7 Abs. 1 Satz 4 SGB II klargestellt, dass der Leistungsausschluss für Ausländerinnen und Ausländer und ihre Familienangehörigen nicht mehr eingreift, wenn sie seit mindestens fünf Jahren ihren gewöhnlichen Aufenthalt im Bundesgebiet haben. Es gilt, die entsprechenden Rückausnahmen zu berücksichtigen. So gilt diese zeitliche Beschränkung des Leistungsausschlusses nicht, wenn der Verlust des Rechts nach § 2 Abs. 1 des FreizügG/EU festgestellt wurde.

dem 1.1.2016 unter o.g. Anschrift gemeldet. Hierfür hat er eine Grundmiete von 225 EUR sowie Vorauszahlungen für Nebenkosten von 45 EUR und für Heizkosten von 50 EUR zu zahlen. Der Kläger verfügt über keinerlei Einkommen. Ferner verfügt er lediglich noch über ein Barvermögen von 1000 EUR.

Beweis:
- Mietvertrag vom 28.12.2015 – Anlage K1
- Aktueller Kontoauszug – Anlage K2

Am 25.1.2016 beantragte der Kläger die Gewährung von Leistungen nach dem SGB II bei dem Beklagten. Diesen lehnte der Beklagte mit Bescheid vom 6.2.2016 mit der Begründung ab, er sei von Leistungen nach dem SGB II ausgeschlossen, weil er ein Aufenthaltsrecht in der Bundesrepublik Deutschland lediglich zur Arbeitsuche habe.

Beweis: Bescheid vom 6.2.2016 – Anlage K3

Den gegen die Ablehnung des Leistungsantrags eingelegten Widerspruch des Klägers vom 20.2.2016 wies der Beklagte mit Widerspruchsbescheid vom 12.4.2016 zurück.

Beweis: Widerspruch vom 20.2.2016 – Anlage K4

Widerspruchsbescheid vom 12.4.2016 – Anlage K5

Der Beklagte lehnte den Antrag mit Bescheid vom 6.2.2016 ab. Er begründete dies damit, dass der Kläger von Leistungen nach dem SGB II nach § 7 Abs. 1 Satz 2 Nr. 2 ausgeschlossen sei. Sein Aufenthaltsrecht ergebe sich allein aus dem Zweck der Arbeitssuche nach § 2 Abs. 2 Nr. 1 FreizügG/EU.

II.

Gegenstand der Klage ist der Bescheid vom 6.2.2016 in der Gestalt des Widerspruchsbescheides vom 12.4.2016, mit dem Leistungen nach dem SGB II für den Kläger abgelehnt wurden.

Der Bescheid des Beklagten ist rechtswidrig und verletzt den Kläger in seinen Rechten. Der Kläger hat dem Grunde nach Anspruch auf Leistungen zur Sicherung des Lebensunterhaltes nach dem SGB II.

Der Kläger ist erwerbsfähig nach § 7 Abs. 1 Nr. 2 SGB II. Ferner ist er hilfebedürftig nach § 7 Abs. 3 SGB II. Seinem Bedarf, bestehend aus Regelbedarf nach § 20 SGB II und seinen Unterkunftskosten in Höhe von 320 EUR nach § 22 SGB II, steht kein Einkommen nach § 11 SGB II gegenüber. Ferner verfügt der Kläger auch nicht über Vermögen, welches die Freigrenzen des § 12 SGB II überschreitet.

Der Kläger hat auch seinen gewöhnlichen Aufenthalt in der Bundesrepublik, da er sich hier zum dauerhaften Aufenthalt niedergelassen hat.

Nach § 7 Abs. 1 Satz 4 SGB II iVm § 30 Abs. 3 Satz 2 SGB I hat jemand seinen gewöhnlichen Aufenthalt dort, wo er sich unter Umständen aufhält, die erkennen lassen, dass er an diesem Ort oder in diesem Gebiet nicht nur vorübergehend verweilt. Diese Definition gilt für alle Sozialleistungsbereiche des Sozialgesetzbuchs, soweit sich nicht aus seinen besonderen Teilen etwas anderes ergibt. Der Begriff des gewöhnlichen Aufenthalts ist in erster Linie nach den objektiv gegebenen tatsächlichen Verhältnissen im streitigen Zeitraum zu beurteilen.[373] Entscheidend ist, ob der örtliche Schwerpunkt der Lebensverhält-

---

373 BSG 29.5.1991 – 4 RA 38/90.

nisse faktisch dauerhaft im Inland ist. Dauerhaft ist ein solcher Aufenthalt, wenn und solange er nicht auf Beendigung angelegt, also zukunftsoffen ist. Mit einem Abstellen auf den Schwerpunkt der Lebensverhältnisse im Gebiet der Bundesrepublik soll – auch im Sinne einer Missbrauchsabwehr – ausgeschlossen werden, dass ein Wohnsitz zur Erlangung von Sozialleistungen im Wesentlichen nur formal begründet, dieser jedoch tatsächlich weder genutzt noch beibehalten werden soll.[374] Ein diesen Regelungen entsprechendes, also zu dem gewöhnlichen Aufenthalt hinzutretendes Anspruchsmerkmal im Sinne des Innehabens einer bestimmten Freizügigkeitsberechtigung nach dem FreizügG/EU bzw. eines bestimmten Aufenthaltstitels nach dem AufenthG fehlt im SGB II. Bei Unionsbürgern kann der Aufenthalt nur unter den Voraussetzungen der §§ 5 Abs. 6, 6 und 7 FreizügG/EU wegen des Wegfalls, des Verlustes oder des Nichtbestehens des Freizügigkeitsrechts, also nach Durchführung eines Verwaltungsverfahren, beendet werden. Das Aufenthaltsrecht besteht, solange der Aufnahmemitgliedstaat nicht durch einen nationalen Rechtsakt festgestellt hat, dass der Unionsbürger bestimmte vorbehaltene Bedingungen iSd Art. 21 AEUV nicht erfüllt, fort.[375] Mithin ist es unschädlich, dass der Kläger über eine entsprechende Bescheinigung nicht verfügt.[376]

Der Kläger ist von Leistungen zur Sicherung des Lebensunterhaltes auch nicht nach § 7 Abs. 1 Satz 2 ausgeschlossen.

Nach dieser Vorschrift sind ausgenommen von Leistungen nach dem SGB II zunächst Ausländer, die weder in der Bundesrepublik Deutschland Arbeitnehmer oder Selbstständige noch aufgrund des § 2 Abs. 3 des FreizügG/EU freizügigkeitsberechtigt sind, und ihre Familienangehörigen für die ersten drei Monate ihres Aufenthalts, des Weiteren Ausländer, deren Aufenthaltsrecht sich allein aus dem Zweck der Arbeitsuche ergibt, und ihre Familienangehörigen sowie zuletzt Leistungsberechtigte nach § 1 des Asylbewerberleistungsgesetzes (AsylbLG).

Der Kläger ist als französischer Staatsangehöriger Ausländer im Sinne der Vorschrift. Er hat keinen Anspruch auf Leistungen nach dem AsylbLG und hält sich seit August 2004, also länger als drei Monate, in der Bundesrepublik Deutschland auf.

Er ist aber auch nicht nach § 7 Abs. 1 Satz 2 Nr. 2 SGB II von Leistungen ausgeschlossen, denn sein Aufenthaltsrecht ergibt sich nicht allein aus dem Zweck der Arbeitsuche. Er besitzt vielmehr ein anderes Aufenthaltsrecht.

Aus dem Wortlaut des § 7 Abs. 1 Satz 2 SGB II ergibt sich, dass der Leistungsausschluss von vornherein nicht eingreift, wenn sich ein Ausländer auf ein anderes Aufenthaltsrecht als das zum Zweck der Arbeitsuche berufen kann. Aus dem Aufbau der Norm ist abzuleiten, dass positiv festgestellt werden muss, dass ein Ausländer sich allein zur Arbeitsuche in der Bundesrepublik Deutschland aufhält, denn nur dann kann auch der Leistungsausschluss festgestellt werden.

Vorliegend hat der Kläger ein (abgeleitetes) Aufenthaltsrecht als Familienangehöriger gem. § 3 FreizügG/EU. Er ist als 14-jähriger Jugendlicher und somit als noch nicht 21

---

[374] BSG 30.1.2013 – B 4 AS 54/12 R.
[375] BSG 30.1.2013 – B 4 AS 54/12 R.
[376] Aufgrund einer Änderung des FreizügG/EU werden seit dem 7.1.2013 keine Bescheinigungen über das gemeinschaftsrechtliche Aufenthaltsrecht (Freizügigkeitsbescheinigungen) mehr ausgestellt. Zur Ausübung von Rechten oder zur Erledigung von Verwaltungsformalitäten war die (ohnehin nur deklaratorische) Freizügigkeitsbescheinigung im Übrigen schon vorher nicht erforderlich.

Jahre alter Verwandter in absteigender Linie (§ 3 Abs. 2 Nr. 1 FreizügG/EU) mit seinen Eltern in die Bundesrepublik Deutschland eingereist. Sein Aufenthaltsrecht konnte der Kläger von seinen Eltern als selbstständige Erwerbstätige ableiten, § 2 Abs. 2 Nr. 2 FreizügG/EU. Als Familienangehörige hatte der Kläger das Recht, seine Eltern zu begleiten oder ihnen nachzuziehen, § 3 Abs. 1 Satz 1 bzw. § 4 FreizügG/EU.

Dieses vom Zweck der Arbeitsuche unabhängige Aufenthaltsrecht hat der Kläger nicht wieder verloren. Aus den Worten „begleiten" bzw. „nachziehen" in § 3 Abs. 1 Satz 1 bzw. § 4 FreizügG/EU kann nicht der Schluss gezogen werden, dass das Aufenthaltsrecht als Familienangehöriger nur besteht, wenn der freizügigkeitsberechtigte Unionsbürger, hier die Eltern, und der begleitende Familienangehörige auf Dauer in einer gemeinsamen Wohnung wohnen. Vielmehr ist ein Familienangehöriger nicht verpflichtet, bei dem Freizügigkeitsberechtigten zu wohnen.

Der Kläger hat mithin einen Anspruch auf Gewährung von Leistungen nach dem SGB II. Der Beklagte ist antragsgemäß zu verurteilen.

III.

Wie sich aus der beigefügten Erklärung zu den persönlichen und wirtschaftlichen Verhältnissen ergibt, kann der Kläger die Kosten der Prozessführung nicht aufbringen (§ 73 a SGG iVm § 114 ZPO). Da die Klage – wie ausgeführt – Aussicht auf Erfolg hat und nicht mutwillig ist, ist der Antrag auf Prozesskostenhilfe ebenfalls begründet.

(…)

Rechtsanwalt

489 Durch die Entscheidung des BSG vom 20.1.2016 – B 14 AS 35/15 R ist die Frage geklärt worden, ob die Staatsangehörigen solcher Staaten dem Leistungsausschluss unterfallen, die das EFA nicht ratifiziert haben.

490 Der Leistungsausschluss nach § 7 Abs. 1 S. 2 SGB II ist entsprechend den aktuellen Entscheidungen des EuGH mit dem EU-Recht vereinbar.[377] Eine endgültige Klärung steht allerdings noch aus. Derzeit stehen noch Entscheidungen des EuGH, sowohl auf eine Vorlage des Bundessozialgerichts, als auch eine Vorlage des LSG Nordrhein-Westfalen, aus.[378] Der Ausgang der Verfahren bleibt abzuwarten.

d) Anspruch auf Sozialhilfe als Ermessensleistung bei Eingreifen des Leistungsausschlusses – Überbrückungsleistungen

491 Nach der bis zum 29.12.2016 geltenden Rechtslage konnten materiell nicht freizügigkeitsberechtigte Unionsbürger trotz des Leistungsausschlusses nach § 7 Abs. 1 Satz 2 SGB II (a.F.) im Einzelfall Hilfe zum Lebensunterhalt nach dem Recht der Sozialhilfe als Ermessensleistung beanspruchen.

492 Nach § 19 Abs. 1 SGB XII ist Personen Hilfe zum Lebensunterhalt zu leisten, die ihren notwendigen Lebensunterhalt nicht oder nicht ausreichend aus eigenen Kräften und Mitteln bestreiten können.

493 Der Anspruch nach dem SGB XII konnte insbesondere nicht mit der Begründung abgelehnt werden, dass der Antrag beim Jobcenter gestellt wurde und der

---

377 EuGH 15.9.2015 – C-67/14; 11.11.2014 – C-333/13.
378 EuGH 15.9.2015 – C-67/14 und 25.2.2016 – C-299/14.

SGB XII-Träger damit keine Kenntnis von der Bedürftigkeit des Betroffenen hatte. Der SGB XII-Träger musste sich die nach § 18 Abs. 1 SGB XII erforderliche Kenntnis von dem Bedarf des Hilfebedürftigen aufgrund des Antrags auf SGB II-Leistungen zurechnen lassen.[379]

Darüber hinaus bestimmt § 21 Satz 1 SGB XII, dass Personen, die nach dem SGB II als Erwerbsfähige oder als Angehörige dem Grunde nach leistungsberechtigt sind, keine Leistungen für den Lebensunterhalt erhalten. Soweit ein Leistungsausschluss nach § 7 Abs. 1 Satz 2 SGB II anzunehmen ist, ist der Betroffene dem System des SGB XII zuzuweisen. Es besteht gerade keine Leistungsberechtigung dem Grund nach auf Leistungen nach dem SGB II. Die Erwerbsfähigkeit steht dem Anspruch dem Grund nach dabei nicht entgegen.[380]

494

Schon nach der bisherigen Rechtslage sind ebenso wie im Bereich des SGB II auch im Bereich des SGB XII nach § 23 Abs. 3 Satz 1 SGB XII nichtfreizügigkeits- oder aufenthaltsberechtigte Ausländer von den existenzsichernden Leistungen der Sozialhilfe ausgenommen.[381]

495

Die Anwendung des Leistungsausschlusses nach § 23 Abs. 3 Satz 1 SGB XII a.F. führte nach der Rechtsprechung des BSG nach der bisherigen Rechtslage allerdings nicht zum Ausschluss auch von Ermessensleistungen nach § 23 Abs. 1 Satz 3 SGB XII. Nach dieser Vorschrift kann Sozialhilfe geleistet werden, soweit dies im Einzelfall gerechtfertigt ist. Aufgrund dieser Ermessensregelung kam für vom Leistungsausschluss nach § 23 Abs. 3 Satz 1 SGB XII erfasste Personen auch die Leistungen nach dem SGB XII in Betracht, auf die für nicht vom Leistungsausschluss erfasste Personen ein Anspruch nach § 23 Abs. 1 Satz 1 SGB XII besteht. Der Hilfebedürftige hatte insoweit zunächst nur einen Anspruch gegen den SGB XII-Träger auf eine fehlerfreie Ermessensentscheidung.

496

Bei einem tatsächlichen Aufenthalt des Ausländers in Deutschland von mind. 6 Monaten war jedoch von einer Verfestigung des Aufenthalts auszugehen, mit der Folge, dass das Ermessen hinsichtlich der Gewährung der Leistungen nach dem SGB XII dem Grund und der Höhe nach auf Null reduziert war. In diesem Fall war es nicht erforderlich, eine Verpflichtungsklage zu erheben. Vielmehr konnte direkt auf Gewährung der Leistung geklagt werden. Nach Ablauf der 6 Monate war eine verminderte oder abgelehnte Leistungsgewährung im Ermessensweg nur dann zu rechtfertigen, wenn sich der Aufenthalt des EU-Ausländers trotz dieses Zeitablaufs entgegen dem Regelfall nicht verfestigt hat oder er sich nur noch absehbar kurzzeitig in Deutschland aufhält.[382] Die Auffassung des BSG zur Gewährung von Ermessensleistungen nach § 23 Abs. 1 Satz 3 SGB XII nach einem Aufenthalt von 6 Monaten wird von einigen Landessozialgerichten nicht geteilt.[383]

497

Soweit in Fällen, in denen die bisherige Rechtslage maßgeblich ist, streitig ist, ob der Leistungsausschluss nach § 7 Abs. 1 Satz 2 SGB II a.F. eingreift, ist dennoch vorsorglich zu beantragen, den zuständigen Sozialhilfeträger beizuladen. Hierbei

498

---

379 Vgl. nur BSG 2.12.2014 – B 14 AS 66/13 R; 13.2.2014 – B 8 SO 58/13 B.
380 Ausführlich hierzu BSG 3.12.2015 – B 4 AS 44/15 R.
381 Vgl. BSG 3.12.2015 – B 4 AS 44/15 R.
382 Vgl. zum Ganzen BSG 3.12.2015 – B 4 AS 44/15 R.
383 Bspw. LSG Niedersachsen-Bremen 7.3.2016 – L 15 AS 185/15 B ER; Hessisches LSG 26.9.2016 – L 9 AS 643/16 B ER; LSG Hamburg 14.4.2016 – L 4 AS 76/16 B ER

handelt es sich um eine unechte notwendige Beiladung, da bei der Ablehnung des Anspruchs auf Leistungen nach dem SGB II ein anderer Versicherungsträger, ein Träger der Grundsicherung für Arbeitsuchende, ein Träger der Sozialhilfe oder in Angelegenheiten des sozialen Entschädigungsrechts ein Land als leistungspflichtig in Betracht kommt.

499 Es wäre dann zu beantragen:

> Das Sozialamt Landkreis (…) wird notwendig zum Verfahren beigeladen.
>
> Der Bescheid des Beklagten vom (…) in der Gestalt des Widerspruchsbescheides vom (…) wird aufgehoben und der Beklagte wird verurteilt, an den Kläger Leistungen nach dem SGB II in gesetzlicher Höhe ab dem (…) zu zahlen.
>
> Hilfsweise,
>
> die Beigeladene zu verurteilen, ihm Hilfe zur Sicherung des Lebensunterhalts nach dem SGB XII ab dem (…) zu gewähren.
>
> Oder
>
> hilfsweise,
>
> die Beigeladene zu verurteilen, über den Anspruch des Klägers vom (…) bis zum (…) auf Leistungen nach dem SGB XII unter Beachtung der Rechtsauffassung des Gerichts zu entscheiden, sowie ihm vom (…) bis zum (…) Leistungen nach dem SGB XII zu gewähren.

500 Mit der Neufassung des § 23 Abs. 3 SGB XII zum 29.12.2016 wurden die Leistungsausschlüsse an die Leistungsausschlüsse in § 7 Abs. 1 Satz 2 SGB II angepasst. Unter anderem wurde neben sprachlichen Klarstellungen auch ein Leistungsausschluss für die ersten drei Monate des Aufenthaltes aufgenommen.

501 Um zu vermeiden, dass Ausländern Leistungen nach dem SGB XII, wie bislang in der Rechtsprechung angenommen, als Ermessensleistung gewährt werden muss, ist in § 23 Abs. 3 Satz 1 SGB XII nunmehr geregelt, dass den vom Leistungsausschluss umfassten Personen weder ein Anspruch auf Leistungen nach § 23 Abs. 1 SGB XII zusteht, noch dass ihnen Leistungen im Ermessenswege gewährt werden.

502 Zur Sicherung des Existenzminimums der von den Leistungen ausgeschlossenen Personen wurde mit § 23 Abs. 3 Satz 3 SGB XII ein Anspruch auf einmalige Überbrückungsleistungen der Sozialhilfe geschaffen. Danach erhalten ausländische Personen innerhalb von zwei Jahren einmalig bis zur Ausreise Leistungen zur Deckung ihres Bedarfs an Ernährung und Körper- und Gesundheitspflege sowie die angemessenen Aufwendungen für eine Unterkunft.[384] Dieser ist idR auf einen Monat befristet.

---

384 BT-Drs. 18/10211, S. 16

Muster: Klage gegen Leistungsausschluss nach § 7 Abs. 1 Satz 2 Nr. 2 SGB II – Arbeitnehmerbegriff – hilfsweise Anspruch auf Sozialhilfe[385]

Rechtsanwalt

(...)

(Datum)

An das

Sozialgericht (...)

(Anschrift)

Klage

des (...),

(Anschrift)

– K l ä g e r –

Prozessbevollmächtigter: Rechtsanwalt (...)

g e g e n

Jobcenter (...)

(Anschrift)

vertreten durch den Geschäftsführer

– B e k l a g t e r –

wegen Ablehnung von Leistungen nach dem SGB II nach § 7 Abs. 1 Satz 2 Nr. 2 SGB II

Bescheid vom 12.7.2015

Namens und ausweislich der beigefügten Vollmacht des Antragstellers erhebe ich Antrag auf einstweiligen Rechtsschutz und beantrage:

Namens und ausweislich der beigefügten Vollmacht des Klägers erhebe ich Klage und beantrage:

Das Sozialamt Landkreis (...) wird notwendig zum Verfahren beigeladen.

Der Bescheid des Beklagten vom 12.7.2015 in der Gestalt des Widerspruchsbescheides vom 25.8.2015 wird aufgehoben und der Beklagte verurteilt, an den Kläger Leistungen nach dem SGB II in gesetzlicher Höhe ab dem 1.7.2015 zu zahlen.

Hilfsweise,
die Beigeladene zu verurteilen, ihm Hilfe zur Sicherung des Lebensunterhalts nach dem SGB XII ab dem 1.7.2015 zu gewähren.

Zur Geltendmachung der Rechte des Klägers beantrage ich ferner,

dem Kläger Prozesskostenhilfe ab Antragstellung zu bewilligen und den Unterzeichner beizuordnen.

Der Kläger begehrt dem Grunde nach Leistungen zur Sicherung des Lebensunterhaltes nach dem SGB II, hilfsweise nach dem SGB XII.

---

385 Der Fall orientiert sich an der bis zum 29.12.2016 geltenden Rechtslage. Nach der neuen Rechtslage würde kein Anspruch auf Leistungen nach dem SGB XII als Ermessensleistung bestehen.

B. Besonderer Teil

Der am 24.4.1973 geborene erwerbsfähige Kläger ist österreichischer Staatsangehöriger. Er ist gelernter Maschinenschlosser. In Österreich verlor er seine Arbeitsstelle im August 2014. Er reiste im November 2014 nach Deutschland ein und war ab März 2015 bei der Firma M in Frankfurt als Schlosser tätig. Aufgrund der Insolvenz der Firma verlor er zum 30.6.2015 seine Arbeitsstelle. Trotz intensiver Bemühungen, insbesondere durch geschaltete Anzeigen in Tageszeitungen und im Internet und tägliche Recherche in diesen Medien, konnte er seitdem keine Arbeit finden. Er ist bei der BA arbeitslos gemeldet.

Beweis: Kündigung vom 30.5.2015 – Anlage K1

Er bewohnt eine 35 m² große Wohnung und zahlt hierfür Miete in Höhe von 230 EUR, sowie Vorauszahlungen auf Nebenkosten in Höhe von 30 EUR und auf Heizkosten in Höhe von 50 EUR. Er verfügt derzeit noch über ein Vermögen von 300 EUR. Er verfügt über keinerlei Einkommen.

Am 1.7.2015 stellte der Kläger einen Antrag auf Leistungen zur Sicherung des Lebensunterhaltes. Mit Bescheid vom 12.7.2015 lehnte der Beklagte den Antrag ab. Er begründete dies damit, dass der Kläger lediglich zur Arbeitssuche eingereist sei und damit dem Leistungsausschluss des § 7 Abs. 1 Satz 2 Nr. 2 SGB II unterfalle.

Beweis: Bescheid des Beklagten vom 12.7.2015 – Anlage K2

Der Kläger erhob hiergegen Widerspruch mit Schreiben vom 20.7.2015. Dieser wurde mit Widerspruchsbescheid vom 25.8.2015 als unbegründet zurückgewiesen.

Beweis:
- Widerspruch vom 20.7.2015 – Anlage K3
- Widerspruchsbescheid vom 25.8.2015 – Anlage K4

Hiergegen richtet sich die Klage.

II.

Der Kläger hat Anspruch auf die Gewährung von Leistungen zur Sicherung des Lebensunterhaltes nach dem SGB II, hilfsweise nach dem SGB XII.

Nach § 7 Abs. 1 SGB II erhalten Personen die das 15. Lebensjahr vollendet haben, erwerbsfähig und hilfebedürftig sind sowie ihren gewöhnlichen Aufenthalt in der Bundesrepublik Deutschland haben, Leistungen nach diesem Buch.

Der Kläger ist hilfebedürftig, da seinem Bedarf bestehend aus Regelbedarf nach § 20 SGB II und den Kosten der Unterkunft nach § 22 SGB II (310 EUR) kein Einkommen nach § 11 SGB II und kein anrechenbares Vermögen nach § 12 SGB II gegenübersteht.

Ferner ist der Kläger auch erwerbsfähig.

Der Kläger hat auch seinen gewöhnlichen Aufenthalt in der Bundesrepublik, da er sich hier zum dauerhaften Aufenthalt niedergelassen hat.

Er ist von Leistungen zur Sicherung des Lebensunterhaltes auch nicht nach § 7 Abs. 1 Satz 2 SGB II ausgeschlossen.

Nach dieser Vorschrift sind ausgenommen von Leistungen nach dem SGB II zunächst Ausländer, die weder in der Bundesrepublik Deutschland Arbeitnehmer oder Selbstständige noch auf Grund des § 2 Abs. 3 FreizügG/EU freizügigkeitsberechtigt sind, und ihre Familienangehörigen für die ersten drei Monate ihres Aufenthalts, des Weiteren Ausländer, deren Aufenthaltsrecht sich allein aus dem Zweck der Arbeitssuche ergibt, und ihre Familienangehörigen sowie zuletzt Leistungsberechtigte nach § 1 des AsylbLG.

Der Kläger ist als österreichischer Staatsangehöriger Ausländer im Sinne der Vorschrift. Er hat keinen Anspruch auf Leistungen nach dem AsylbLG. Der Leistungsausschluss nach § 7 Abs. 1 Satz 2 Nr. 1 SGB II scheidet schon deshalb aus, weil sich der Kläger länger als drei Monate in Deutschland aufhält.

Jedoch greift auch der Leistungsausschluss nach § 7 Abs. 1 Satz 2 Nr. 2 SGB II im Fall des Klägers nicht.

Nach inzwischen ständiger Rechtsprechung des BSG greift der Ausschlusstatbestand des § 7 Abs. 1 Satz 2 Nr. 2 SGB II nicht ein, wenn neben der Arbeitssuche mindestens ein anderer Grund zum Aufenthalt berechtigt.[386]

Dem Kläger steht neben dem Aufenthaltsrecht nach § 2 Abs. 2 Nr. 1 a FreizügG/EU ein Aufenthaltsrecht nach § 2 Abs. 3 Satz 2 FreizügG/EU zu. Danach bleibt das Recht zur Freizügigkeit bei unfreiwilliger, durch die zuständige Agentur für Arbeit bestätigter Arbeitslosigkeit nach weniger als einem Jahr Beschäftigung während der Dauer von sechs Monaten unberührt.

In der Zeit von März bis Juni 2015 hatte der Kläger ein Aufenthaltsrecht als Arbeitnehmer. Nach der Rechtsprechung des EuGH ist der insoweit maßgebliche Arbeitnehmerbegriff i.S.d Art. 45 AEUV ein autonomer Begriff des Unionsrechts, der nicht eng ausgelegt werden darf (EuGH 21.2.2014 – C-46/12). Das wesentliche Merkmal des Arbeitsverhältnisses besteht darin, dass eine Person während einer bestimmten Zeit für eine andere nach deren Weisung Leistungen erbringt, für die sie als Gegenleistung eine Vergütung erhält. Die beschränkte Höhe dieser Vergütung oder der Umstand, dass sie nur eine geringe Anzahl von Wochenstunden Arbeit leistet, schließen es nicht aus, dass eine Person als Arbeitnehmer i.S. des Art. 45 AEUV anerkannt wird. Allerdings ist für die Qualifizierung als Arbeitnehmer erforderlich, dass eine Person eine tatsächliche und echte Tätigkeit ausübt, die keinen so geringen Umfang hat, dass sie sich als vollständig untergeordnet und unwesentlich darstellt (EuGH, a.a.O.). Die Prüfung der Arbeitnehmereigenschaft erfordert eine Gesamtbeurteilung aller Umstände des Einzelfalles (EuGH, a.a.O.). Das Bestehen von Urlaubsansprüchen und Regelungen zur Entgeltfortzahlung im Krankheitsfall oder die Anwendung von Tarifverträgen sprechen allerdings für die Annahme der Arbeitnehmereigenschaft i.S. des Art. 45 AEUV (EuGH 4.2.2010 – C-14/09).

Diese Maßgaben konkretisierend muss die Vergütung in einem Arbeitsverhältnis nicht unterhaltssichernd sein, sie darf aber nicht nur symbolischen Charakter haben. Die Gewährung von Kost und Logis kann ausreichen, wenn dieses im Verhältnis zu Art und Umfang der Tätigkeit nicht völlig unangemessen ist. Ein langjähriger Bestand des Arbeitsverhältnisses ist ein Indiz für die Annahme der Arbeitnehmereigenschaft (EuGH 4.2.2010 – C-14/09), aber auch Beschäftigungen von kurzer Dauer unterfallen dem Anwendungsbereich des Art. 45 AEUV (vgl. EuGH 4.6.2009 – C-22/08 und C-23/08). Ab einer Arbeitsstundenzahl von zehn Wochenstunden ist in aller Regel von einem Arbeitsverhältnis auszugehen (vgl. EuGH 14.12.1995 – C-444/93).

Die Tätigkeit des Klägers als Schlosser bei der Firma M stellte eine Arbeitnehmertätigkeit dar. Er übte diese Tätigkeit vollschichtig aus und war in der Lage, mit seinem Einkommen seinen Bedarf vollständig zu decken. Dass diese nur über einen Zeitraum von drei Monaten ausgeübt wurde, ist unschädlich und ändert nichts an der Einordnung der Tätigkeit als solche eines Arbeitnehmers.

---

386 Vgl. BSG 31.1.2013 – B 4 AS 54/12 R; 19.10.2010 – B 14 AS 23/10 R.

Nur durch die Insolvenz der Firma wurde der Kläger entlassen. Insoweit ist die Arbeitslosigkeit auch unfreiwillig eingetreten.

Mithin kann er sein Aufenthaltsrecht aus § 2 Abs. 3 Satz 2 FreizügG/EU ableiten und unterfällt bis mindestens Dezember 2015 nicht dem Leistungsausschluss des § 7 Abs. 1 Satz 2 Nr. 2 SGB II.

Den Kläger steht jedoch jedenfalls, bzw. für die Zeit ab Januar 2016, ein Recht auf Existenzsicherung durch Hilfe zum Lebensunterhalt nach dem SGB XII gemäß § 23 Abs. 1 Satz 3 SGB XII in gesetzlicher Höhe gegen die Beigeladene zu.

Der Kläger ist leistungsberechtigt im Sinne des Sozialhilferechts, weil er im streitigen Zeitraum seinen Lebensunterhalt nicht iSd § 19 Abs. 1 SGB XII iVm § 27 Abs. 1 SGB XII aus eigenen Kräften und Mitteln decken kann.

Nach § 19 Abs. 1 SGB XII ist Personen Hilfe zum Lebensunterhalt zu leisten, die ihren notwendigen Lebensunterhalt nicht oder nicht ausreichend aus eigenen Kräften und Mitteln bestreiten können. Dies ist bei dem Antragsteller der Fall.

Einem Anspruch auf Hilfe zum Lebensunterhalt nach dem SGB XII steht auch eine mangelnde Kenntnis der Beigeladenen von der Bedürftigkeit des Klägers nicht entgegen. Die Beigeladene muss sich insoweit die Kenntnis des Beklagten von der Hilfebedürftigkeit des Klägers aufgrund des Antrags auf SGB II-Leistungen zurechnen lassen. Ebenso wenig war der Kläger nach § 21 Satz 1 SGB XII von der Hilfe zum Lebensunterhalt ausgeschlossen. § 21 Satz 1 SGB XII bestimmt, dass Personen, die nach dem SGB II als Erwerbsfähige oder als Angehörige dem Grunde nach leistungsberechtigt sind, keine Leistungen für den Lebensunterhalt erhalten. Sofern davon auszugehen wäre, dass der Kläger dem Leistungsausschluss des § 7 Abs. 1 Satz 2 SGB II unterfällt, entfiele zugleich die Leistungsberechtigung nach dem SGB II. Die Anwendung des Leistungsausschlusses nach § 23 Abs. 3 Satz 1 SGB XII führt insbesondere nicht zum Ausschluss auch von Ermessensleistungen nach § 23 Abs. 1 Satz 3 SGB XII. Auf dieser Grundlage hat der Kläger zunächst einen Anspruch gegen die Beigeladene auf ermessensfehlerfreie Entscheidung. Dieses ist im vorliegenden Fall auf Null reduziert. Der Aufenthalt des Klägers hat sich bei dem fast 2-jährigen tatsächlichen Aufenthalt in Deutschland verfestigt. Er hat eine Wohnung angemietet und beabsichtigt, dauerhaft in Deutschland zu bleiben. Damit würde nur die Erbringung der existenzsichernden Leistungen nach dem SGB XII im Rahmen der Ermessensentscheidung den verfassungsrechtlichen Anforderungen entsprechen.

Mithin ist der Beklagte, alternativ die Beigeladene, antragsgemäß zu verpflichten.

III.

Wie sich aus der beigefügten Erklärung zu den persönlichen und wirtschaftlichen Verhältnissen ergibt, kann der Kläger die Kosten der Prozessführung nicht aufbringen (§ 73 a SGG iVm § 114 ZPO). Da die Klage – wie ausgeführt – Aussicht auf Erfolg hat und nicht mutwillig ist, ist der Antrag auf Prozesskostenhilfe ebenfalls begründet.

(...)
Rechtsanwalt

2. Auszubildende

504 Bei einem weiteren in der Praxis häufig relevanten Leistungsausschluss – § 7 Abs. 5 SGB II a.F., wonach Auszubildende, die eine nach dem Bundesausbildungs-

förderungsgesetz (BAföG) oder der Berufsausbildungsbeihilfe (BAB) dem Grunde nach förderfähige Ausbildung durchlaufen, keinen SGB II-Anspruch hatten – kam es mit Wirkung zum 1.8.2016[387] zu einer gravierenden Änderung.

Nunmehr sind grds. nur noch Auszubildende von den Leistungen zum Lebensunterhalt – mit Ausnahme der Leistungen nach § 27 SGB II – ausgeschlossen, deren Ausbildung nach dem BAföG förderungsfähig ist. Auszubildende bzw. junge Menschen hingegen, deren Berufsausbildung oder Berufsausbildungsvorbereitung nach den §§ 51, 57 und 58 SGB III förderungsfähig ist, können daher bei Vorliegen der übrigen Voraussetzungen Arbeitslosengeld II aufstockend zu ihrer Ausbildungsvergütung und einer ggf. zu beanspruchenden Förderung mit Berufsausbildungsbeihilfe, die nach § 11 a Abs. 3 Satz 2 Nr. 4 SGB II als Einkommen zu berücksichtigen und u.a. unter Berücksichtigung des § 11 b Abs. 2 Satz 5 SGB II zu bereinigen ist, erhalten.[388] 505

Die „Befreiung" vom früheren Leistungsausschluss gilt hingegen nicht für Auszubildende, die eine grds. nach dem SGB III förderungsfähige Berufsausbildung absolvieren, aber in einem Wohnheim oder Internat mit voller Verpflegung untergebracht sind (Bedarfe nach §§ 61 Abs. 2 und 3, 62 Abs. 3, 123 Abs. 1 Nr. 2 und 3 sowie 124 Abs. 1 Nr. 3 und Abs. 3 SGB III). Sie sollen im Grundsatz – wie die BAföG-Berechtigten – weiterhin ausschließlich Leistungen der Ausbildungsförderung nach dem SGB III erhalten und von Leistungen nach dem SGB II ausgeschlossen sein (vgl. § 7 Abs. 5 Satz 2 SGB II). Ergänzend kommen für diese Personen Leistungen nach § 27 SGB II in Betracht (s. dazu unten Rn. 593 ff.). 506

Dem Grunde nach aus dem BAföG förderfähig sind insbesondere die Ausbildung an weiterführenden allgemeinbildenden Schulen und Berufsfachschulen ab Klasse 10, ferner Berufsfachschulen, Abendschulen und Hochschulen. Mit BAB (§§ 60 bis 62 SGB III) förderfähig sind insbesondere staatlich anerkannte Berufsausbildungen und vorbereitende Bildungsmaßnahmen. Auch Zweitausbildungen führen zu einem Ausschluss, können ggf. aber einen Härtefall nach § 27 Abs. 3 SGB II darstellen.[389] Nicht unter den Ausschlusstatbestand fallen förderfähige Weiterbildungen nach dem Gesetz zur Förderung der beruflichen Aufstiegsfortbildung (AFBG) („Meister-BAföG"). Die Zahlungen nach diesem Gesetz sind trotz ihres Darlehenscharakters jedoch als Einkommen zu berücksichtigen.[390] 507

Ist eine Ausbildung dem Grunde nach förderfähig, kommt es nicht darauf an, dass der Auszubildende persönlich aufgrund von Ausnahmeregelungen im SGB III oder BAföG von den Leistungen nach diesen Gesetzen ausgeschlossen ist.[391] Für das BAföG bestimmt sich die Förderfähigkeit dem Grunde nach gem. § 2 BAföG. Liegen dessen Voraussetzungen vor, ist der Betroffene jedoch bspw. wegen § 10 BAföG (Alter) von der Ausbildungsförderung ausgeschlossen, so greift dennoch 508

---

387 Neuntes Gesetzes zur Änderung des Zweiten Buches Sozialgesetzbuch – Rechtsvereinfachung – sowie zur vorübergehenden Aussetzung der Insolvenzantragspflicht vom 26.7.2016 (BGBl. I 2016, 1824).
388 Vgl. BT-Drs. 18/8041, S. 29.
389 Vgl. BSG 30.9.2008 – B 4 AS 28/07 R.
390 Zu beidem BSG 16.2.2012 – B 4 AS 94/11 R.
391 LSG Berlin-Brandenburg 26.1.2006 – L 5 B 1351/05 AS ER.

der Ausschlussgrund des § 7 Abs. 5 SGB II.[392] In einem Urlaubssemester bleibt die „Förderfähigkeit dem Grunde nach" (und damit der Leistungsausschluss) bestehen, wenn die Hochschule durch den Betroffenen weiterhin besucht wird, was zum einen die organisatorische Zugehörigkeit zur Hochschule erfordert und zum anderen das tatsächliche Betreiben des Studiums. Für die organisatorische Zugehörigkeit ist dabei das jeweilige Landesrecht zu den Hochschulen heranzuziehen.[393]

509 Der Betroffene ist jedoch auch bei Eingreifen des Ausschlusstatbestandes nur von ausbildungsbedingtem oder -geprägtem Bedarf ausgeschlossen.[394] Trotz Ausschlusses sind daher Leistungen, die wegen Behinderung, Krankheit, Schwangerschaft oder Kindererziehung geleistet werden, mithin also vor allem Mehrbedarfe für Schwangerschaft (§ 21 Abs. 2 SGB II), für Alleinerziehung (§ 21 Abs. 3 SGB II), für Teilhabe am Arbeitsleben Behinderter (§ 21 Abs. 4 SGB II) möglich.[395] Diese für frühere Fälle relevante Rechtsprechung hat der Gesetzgeber in § 27 Abs. 2 SGB II auch ausdrücklich ins Gesetz aufgenommen (vgl. hierzu unten Rn. 593 ff.). Ebenfalls vom Ausschluss nicht erfasst sind Leistungen zur Eingliederung (§§ 16 ff. SGB II).[396]

510 Ausgenommen von der Förderfähigkeit sind jedoch in jedem Falle Weiterbildungen. Diese Personen erhalten demnach Leistungen nach dem SGB II. Die Abgrenzung kann im Einzelfall schwierig sein. Das BSG stellte in seinem Urt. v. 12.12.2009 – B 14 AS 61/08 R Grundsätze heraus.

511
Muster: Aufhebung von Leistungen nach dem SGB II (dem Grunde nach förderfähige Ausbildung)

Rechtsanwalt

(…)

(Datum)

An das

Sozialgericht (…)

(Anschrift)

K L A G E

der

1. (…)

– K l ä g e r i n zu 1) –

2. (…)

– K l ä g e r zu 2) –

Prozessbevollmächtigter: Rechtsanwalt (…)

---

392 Vgl. auch BSG 27.9.2011 – B 4 AS 145/10 R; 19.8.2010 – B 14 AS 24/09 R. Zu beachten ist aber auch die Rückausnahme vom Leistungsausschluss über § 6 Abs. 3 Nr. 3 SGB II.
393 BSG 22.3.2012 – B 4 AS 102/11 R.
394 So BVerwG 12.2.1981 – 5 C 51/80 zu § 26 BSHG.
395 Münder/*Korte*/*Thie* LPK-SGB II § 7 Rn. 137.
396 BSG 6.9.2007 – B 14/7 b AS 36/06 R.

gegen

Jobcenter (...)

(Anschrift)

vertreten durch den Geschäftsführer

– B e k l a g t e r –

wegen Leistungsausschluss nach § 7 Abs. 5 SGB II

Bewilligungsbescheid vom 21.12.2015 in der Fassung des Änderungsbescheides vom 26.2.2016

Bewilligungszeitraum 1.1.2016 bis 30.6.2016

Namens und ausweislich der beigefügten Vollmacht erhebe ich Klage und werde beantragen:

Der Änderungsbescheid des Beklagten vom 26.2.2016 in der Gestalt des Widerspruchsbescheides vom 15.4.2016 wird aufgehoben und der Beklagte verurteilt, an die Klägerin zu 1) 1.632 EUR und an den Kläger zu 2) 320 EUR zu zahlen.

Zur Geltendmachung der Rechte der Kläger beantrage ich ferner,

den Klägern Prozesskostenhilfe ab Klageerhebung zu bewilligen und den Unterzeichner beizuordnen.

Begründung:

I.

Die Kläger wenden sich gegen eine Aufhebung und begehren Leistungen nach dem SGB II.

Die am 22.5.1970 geborene Klägerin zu 1) ist gelernte Bürokauffrau. In diesem Beruf war sie 3 Jahre tätig. Nachdem sie zunächst arbeitslos wurde, übte sie später eine Nebentätigkeit bei dem Unternehmen (...) aus. Dort erzielt sie jedoch lediglich ein geringfügiges Einkommen von monatlich 200 EUR. Der Kläger zu 2) bezieht ein monatliches Einkommen von 400 EUR.

Beweis:

– Lohnabrechnung der Klägerin zu 1) – Bl. 362 Verwaltungsakte
– Lohnabrechnung des Klägers zu 2) – Bl. 364 Verwaltungsakte

Die Klägerin zu 1) bezog daher seit Mai 2012 zusammen mit ihrem am 7.9.1971 geborenen Lebensgefährten – dem Kläger zu 2) – als Bedarfsgemeinschaft Leistungen nach dem SGB II von dem Beklagten. Die Kläger bewohnen eine Wohnung von 60 m². Sie zahlen hierauf einen kalten Mietzins in Höhe von 350 EUR, ferner Vorauszahlungen auf Betriebskosten von 50 EUR und auf Heizkosten von 80 EUR.

Beweis:

– Mietvertrag vom 5.5.2002 – Anlage K1
– Abrechnung der Stadtwerke mit Vorauszahlungsfestlegung (2015) – Anlage K2

Zuletzt bewilligte der Beklagte den Klägern mit Bescheid vom 21.12.2015 Leistungen für den Zeitraum vom 1.1.2016 bis 30.6.2016.

Beweis: Bescheid vom 21.12.2015 – Anlage K3

Die Klägerin nahm am 1.3.2016 eine Weiterbildung zur geprüften Bilanzbuchhalterin (IHK) auf, was sie dem Beklagten bereits im Februar mitteilte. Zu den Kriterien der Weiterbildung wurde von dem Bildungsträger, welche die Klägerin zu 1) besucht, folgendes ausgeführt:

„Für die Teilnahme brauchen Sie eine abgeschlossene Berufsausbildung und 1 ½ Jahre Berufspraxis im betrieblichen Rechnungswesen. Sie können jedoch auch ohne kaufmännische Ausbildung am Kurs teilnehmen. In diesem Fall brauchen Sie 4 ½ Jahre Berufspraxis, davon mindestens 1 ½ Jahre im Rechnungswesen.

Für die Zulassung zur IHK-Prüfung benötigen Sie:
Eine abgeschlossene kaufmännische Ausbildung plus 3 Jahre Berufspraxis im Rechnungswesen. Auch Teilnehmer ohne eine kaufmännische Ausbildung können zur Prüfung zugelassen werden. In diesem Fall müssen Sie mindestens eine sechsjährige Berufspraxis besitzen, davon mindestens drei Jahre in einer umfassenden Tätigkeit im betrieblichen Rechnungswesen.

Die Ausbildungsdauer beträgt 24 Monate."

Beweis: Übersicht zu den Ausbildungsinhalten des Bildungsträgers – Anlage K4

Die Weiterbildung wurde durch die Agentur für Arbeit nach § 77 SGB III gefördert.

Mit Änderungsbescheid vom 26.2.2016 hob der Beklagte die Leistungen für die Klägerin zu 1) ab 1.3.2016 auf. Ferner rechnete er das Einkommen des Klägers zu 2) nur noch bei diesem an. Er begründete dies damit, dass die Klägerin eine Ausbildung aufgenommen habe, die durch das Bundesausbildungsförderungsgesetz (BAföG) dem Grunde nach förderfähig sei (§ 7 Abs. 5 SGB II).

Beweis: Änderungsbescheid vom 26.2.2016 – Anlage K5

Hiergegen erhoben die Kläger mit Schreiben vom 2.3.2016 Widerspruch, zunächst mit der Begründung, die Klägerin zu 1) sei von BAföG-Leistungen nach § 10 Abs. 3 BAföG ausgeschlossen, da sie das 30. Lebensjahr bereits überschritten habe.

Beweis: Widerspruch vom 2.3.2016 – Anlage K6

Der Beklagte wies den Widerspruch mit Widerspruchsbescheid vom 15.4.2016 zurück. Er begründete dies damit, dass der Ausschluss nach § 10 Abs. 3 BAföG lediglich ein persönliches Ausschlusskriterium sei, welches an der Förderungsfähigkeit der Ausbildung dem Grunde nach nichts ändere.

Beweis: Widerspruchsbescheid vom 15.4.2016 – Anlage K7

II.

Der Bescheid des Beklagten vom 26.2.2016 in der Gestalt des Widerspruchsbescheides vom 15.4.2016 ist rechtswidrig und verletzt die Kläger in ihren Rechten. Beide Kläger haben Anspruch auf Leistungen nach dem SGB II.

Die Änderung in Form einer vollständigen Aufhebung für die Klägerin zu 1) und einer teilweisen Aufhebung für den Kläger zu 2) richtet sich nach § 40 Abs. 1 Nr. 1 SGB II iVm § 330 Abs. 3 SGB III und § 48 Abs. 1 SGB X. Danach ist ein Verwaltungsakt mit Dauerwirkung für die Zukunft aufzuheben, wenn in den tatsächlichen oder rechtlichen Verhältnissen, die bei Erlass des Verwaltungsaktes vorgelegen haben, eine wesentliche Änderung eingetreten ist.

Eine solche Änderung, welche die Aufhebung der Leistungen rechtfertigen würde, ist jedoch vorliegend nicht eingetreten. Die Kläger haben nach wie vor Anspruch auf Leistungen nach dem SGB II.

III. Leistungsausschlüsse

Nach § 7 Abs. 1 SGB II erhalten Personen, die das 15. Lebensjahr vollendet haben, erwerbsfähig und hilfebedürftig sind sowie ihren gewöhnlichen Aufenthalt in der Bundesrepublik Deutschland haben, Leistungen nach diesem Buch. Diese Voraussetzungen erfüllt die Klägerin zu 1), was auch von dem Beklagten bisher nicht in Abrede gestellt wurde. Insbesondere ist sie hilfebedürftig, da ihrem Bedarf bestehend aus Regelbedarf nach § 20 SGB II und ihren Kosten der Unterkunft in Höhe von anteilig 240 EUR mit dem erzielten Einkommen kein ausreichendes Einkommen nach § 11 SGB II und kein die Freigrenzen des § 12 SGB II übersteigendes anrechenbares Vermögen gegenübersteht.

Auch ist die Klägerin zu 1) nicht nach § 7 Abs. 5 SGB II von Leistungen ausgeschlossen. Nach dieser Vorschrift haben Auszubildende, deren Ausbildung im Rahmen des BAföG dem Grunde nach förderungsfähig ist, über die Leistungen nach § 27 SGB II hinaus keinen Anspruch auf Leistungen zur Sicherung des Lebensunterhalts. Satz 1 gilt auch für Auszubildende, deren Bedarf sich nach § 61 Abs. 2 und 3, § 62 Abs. 3, § 123 Abs. 1 Nr. 2 und 3 sowie § 124 Abs. 1 Nr. 3 und Abs. 3 SGB III bemisst.

Zuzustimmen ist dem Beklagten zunächst insoweit, dass einem Ausschluss nach § 7 Abs. 5 SGB II nicht entgegenstehen würde, dass die Klägerin von BAföG-Leistungen nach § 10 Abs. 3 BAföG persönlich ausgeschlossen ist.

Hierauf kommt es jedoch nicht an, denn es liegt generell keine dem Grunde nach förderfähige Ausbildung vor.

Nach § 2 Abs. 1 Satz 1 Nr. 2 BAföG wird Ausbildungsförderung geleistet für den Besuch von Berufsfachschulklassen und Fachschulklassen, deren Besuch eine abgeschlossene Berufsausbildung nicht voraussetzt, sofern sie in einem zumindest zweijährigen Bildungsgang einen berufsqualifizierenden Abschluss vermitteln. Wie das BSG am 30.8.2010 unter dem Az.: B 4 AS 97/09 R entschied, erfasst der Leistungsausschluss nach § 7 Abs. 5 SGB II keine Weiterbildungen, sondern nur Ausbildungen. Der Gesetzgeber verwies bei der Schaffung des § 7 Abs. 5 SGB II auf die parallele Regelung in § 26 BSHG. Nach ständiger Rechtsprechung des Bundesverwaltungsgerichts erfasste § 26 BSHG ebenfalls nur Ausbildungen, nicht jedoch Weiterbildungen. Verweist der Gesetzgeber in Kenntnis dieser Rechtsprechung in der Gesetzesbegründung ausdrücklich auf diese Vorschrift, ist davon auszugehen, dass er die gleiche Abgrenzung auch für § 7 Abs. 5 SGB II vornehmen wollte.[397] Ferner sei dies auch aus systematischen Gründen notwendig. Die Förderung von Weiterbildungsmaßnahmen nach § 77 SGB III ist auch dem Grundsicherungsträger über § 16 SGB II möglich. Die Hilfebedürftigkeit ist jedoch Voraussetzung für eine solche Förderung. Mit ihrer Gewährung würde jedoch – sollte man die Weiterbildung als Ausschlussgrund sehen – die Hilfebedürftigkeit bei Beginn der Weiterbildung entfallen, was vom Gesetzgeber nicht gewollt sein kann.

Die Klägerin hat vorliegend eine solche Weiterbildung begonnen und keine förderfähige Ausbildung.

Die Klägerin hat bereits die Ausbildung zur Bürokauffrau abgeschlossen. Die Weiterbildung zur Bilanzbuchhalterin erfordert, dass bereits ein kaufmännischer Beruf erlernt wurde. Sie baut daher auf vorhandenem Wissen auf. Organisiertes Lernen wird in der Weiterbildung wieder aufgenommen. Es wird bereits zur Aufnahme eine Berufspraxis von 1 ½ Jahren im betrieblichen Rechnungswesen gefordert, für die Zulassung zur IHK-Prüfung sogar eine solche von 3 Jahren. Die Ausbildungsinhalte bauen daher offenbar auf vor-

---

[397] BSG 30.8.2010 – B 4 AS 97/09 R.

handenen Fertigkeiten auf. Auch die Beschreibung des Bildungsträgers verwendet ausdrücklich die Bezeichnung „Weiterbildung".

Es handelt sich demnach nicht um eine nach dem BAföG förderfähige Ausbildung. Die Klägerin war zu keinem Zeitpunkt von Leistungen auszuschließen.

Den Klägern sind daher die Leistungen, wie sie ursprünglich im Bewilligungsbescheid vom 21.12.2015 bewilligt waren, nachzuzahlen. Für den Kläger zu 2) ist das in Abzug zu bringen, was ihm mit Erlass des Änderungsbescheides noch bewilligt worden war.

III.

Wie sich aus der beigefügten Erklärung zu den persönlichen und wirtschaftlichen Verhältnissen ergibt, können die Kläger die Kosten der Prozessführung nicht aufbringen (§ 73a SGG iVm § 114 ZPO). Da die Klage – wie ausgeführt – Aussicht auf Erfolg hat und nicht mutwillig ist, ist der Antrag auf Prozesskostenhilfe ebenfalls begründet.

(…)

Rechtsanwalt

512 Eine Rückausnahme vom Leistungsausschluss ist in § 7 Abs. 6 SGB II geregelt:
- Nach Nr. 1 sind solche Personen von dem Ausschluss ausgenommen, die keinen Anspruch auf BAföG-Leistungen haben, weil sie bei ihren Eltern bzw. einem Elternteil wohnen bzw. zumutbar wohnen könnten, es sei denn sie sind verheiratet (gewesen) oder mit einem Kind zusammenlebend.
- Nach Nr. 2 der Vorschrift werden nunmehr alle Auszubildende in schulischen Ausbildungen, deren Bedarf sich nach § 12 BAföG bemisst, und Studierende, die bei ihren Eltern wohnen (Bedarf nach § 13 Abs. 1 iVm Abs. 2 Nr. 1 BAföG) bzw. als Auszubildende in Fachschulklassen, Abendgymnasien und Kollegs, die nicht bei ihren Eltern wohnen (Bedarf nach § 13 Abs. 1 Nr. 1 iVm Abs. 2 Nr. 2 BAföG) vom Leistungsausschluss ausgenommen. Dies gilt jedoch nur für diejenigen, die Leistungen nach dem Bundesausbildungsförderungsgesetz erhalten oder nur wegen der Vorschriften zur Berücksichtigung von Einkommen und Vermögen nicht erhalten. Ausreichend ist jedoch auch, wenn derartige BAföG-Leistung beantragt wurden und über deren Antrag das zuständige Amt für Ausbildungsförderung noch nicht entschieden hat.
- Schließlich werden mit Nr. 3 die Auszubildenden einer Abendhauptschule, einer Abendrealschule oder eines Abendgymnasium vom Leistungsausschluss ausgenommen, sofern sie wegen ihres Alters nach § 10 Abs. 3 BAföG keinen Anspruch auf Ausbildungsförderung haben.

513 **Muster: Klage gegen Aufhebung von Leistungen nach dem SGB II (dem Grunde nach förderfähige Ausbildung)**

Rechtsanwalt

(…)

(Datum)

An das

Sozialgericht (…)

(Anschrift)

KLAGE

des (...),

(Anschrift)

– K l ä g e r –

Prozessbevollmächtigter: Rechtsanwalt (...)

g e g e n

Jobcenter (...)

(Anschrift)

vertreten durch den Geschäftsführer

– B e k l a g t e r –

wegen Leistungsausschluss nach § 7 Abs. 5 SGB II

Aufhebungsbescheid vom 15.10.2016

Namens und ausweislich der beigefügten Vollmacht erhebe ich Klage und werde beantragen:

Der Bescheid des Beklagten vom 15.10.2016 in der Gestalt des Widerspruchsbescheides vom 2.12.2016 wird aufgehoben und der Beklagte wird verurteilt, an den Kläger Leistungen nach dem SGB II in gesetzlicher Höhe zu zahlen.

Zur Geltendmachung der Rechte des Klägers beantrage ich ferner,

dem Kläger Prozesskostenhilfe ab Klageerhebung zu bewilligen und den Unterzeichner beizuordnen.

Begründung:

I.

Der Kläger wendet sich gegen eine Aufhebung und begehrt dem Grunde nach Leistungen nach dem SGB II.

Der erwerbsfähige Kläger wohnte zunächst mit seiner Mutter gemeinsam in einem Haushalt. Dort bezog er gemeinsam mit dieser als Bedarfsgemeinschaft laufend Leistungen nach dem SGB II seit 2005.

Ende Juli 2016 zog der Kläger aus dem gemeinsamen Haushalt in eine eigene Wohnung unter der oben genannten Anschrift. Dort zahlt er einen monatlichen kalten Mietzins in Höhe von 250 EUR, sowie Vorauszahlungen auf Heizkosten von 50 EUR und auf sonstige Nebenkosten von 30 EUR. Das Kindergeld in Höhe von 190 EUR wurde von seiner Mutter an ihn weiter gereicht. Der Beklagte bewilligte mit Bescheid vom 2.8.2016 auf den Antrag des Klägers hin, diesem Leistungen nach dem SGB II für den Zeitraum 1.8.2016 bis 31.1.2017.

Beweis: Bescheid vom 2.8.2016 – Anlage K1

Der Kläger besuchte ab August 2016 eine Berufsfachschule für Technik. Er beantragte Leistungen nach dem BAföG. Das zuständige Amt für Ausbildungsförderung bewilligte ihm BAföG-Leistungen mit Bescheid vom 20.7.2016 für die Zeit ab August 2016. Dabei legte es den monatlichen Bedarf nach § 12 Abs. 1 Nr. 1 BAföG zugrunde.

Beweis: Bescheid des Amtes für Ausbildungsförderung vom 20.7.2016 – Anlage K2

B. Besonderer Teil

Der Kläger legte diesen Bescheid unverzüglich dem Beklagten vor. Der Beklagte hob hieraufhin die Leistungen für den Kläger mit Bescheid vom 15.8.2016 ab 1.8.2016 auf. Er führte aus, dass der Kläger eine dem Grunde nach dem BAföG förderfähige Ausbildung aufgenommen habe, sodass er nach § 7 Abs. 5 SGB II von Leistungen ausgeschlossen sei.

Beweis: Aufhebungsbescheid vom 15.8.2016 – Anlage K3

Hiergegen hat der Kläger mit Schreiben vom 23.8.2016 Widerspruch erhoben. Er begründete ihn damit, dass er zwar eine förderfähige Ausbildung nach § 7 Abs. 5 SGB II begonnen habe, jedoch bemesse sich sein Bedarf nach § 12 Abs. 1 Nr. 1 BAföG, sodass er der Rückausnahme des § 7 Abs. 6 Nr. 2 SGB II unterfalle und eben gerade nicht von Leistungen nach dem SGB II ausgeschlossen sei.

Beweis: Widerspruch vom 23.8.2016 – Anlage K4

Der Beklagte wies den Widerspruch mit Widerspruchsbescheid vom 2.9.2016 zurück.

Beweis: Widerspruchsbescheid vom 2.9.2016 – Anlage K5

II.

Der Bescheid des Beklagten vom 15.8.2016 in der Gestalt des Widerspruchsbescheides vom 2.9.2016 ist rechtswidrig und verletzt den Kläger in seinen Rechten. Der Kläger hat dem Grunde nach Anspruch auf Leistungen nach dem SGB II.

Die Aufhebung richtet sich nach § 40 Abs. 1 Nr. 1 SGB II iVm § 330 Abs. 3 SGB III und 48 Abs. 1 SGB X. Danach ist ein Verwaltungsakt mit Dauerwirkung für die Zukunft aufzuheben, wenn in den tatsächlichen oder rechtlichen Verhältnissen, die bei Erlass des Verwaltungsaktes vorgelegen haben, eine wesentliche Änderung eingetreten ist.

Eine solche Änderung, welche die vollständige Aufhebung der Leistungen rechtfertigen würde, ist jedoch vorliegend nicht eingetreten. Der Kläger hatte nach wie vor Anspruch auf Leistungen nach dem SGB II.

Nach § 7 Abs. 1 SGB II erhalten Personen, die das 15. Lebensjahr vollendet haben, erwerbsfähig und hilfebedürftig sind sowie ihren gewöhnlichen Aufenthalt in der Bundesrepublik Deutschland haben, Leistungen nach diesem Buch. Diese Voraussetzungen erfüllt der Kläger, was auch von dem Beklagten bisher nicht in Abrede gestellt wurde. Insbesondere ist er hilfebedürftig, da er seinen Bedarf bestehend aus Regelbedarf nach § 20 SGB II und seinen Kosten der Unterkunft in Höhe von 330 EUR mit den Leistungen nach BAföG und dem an ihn weitergereichten Kindergeld (beides Einkommen nach § 11 SGB II) nicht decken kann und ihm kein die Freigrenzen des § 12 SGB II übersteigendes Vermögen zur Verfügung steht.

Auch ist der Kläger nicht nach § 7 Abs. 5 SGB II von Leistungen ausgeschlossen. Nach dieser Vorschrift haben Auszubildende, deren Ausbildung im Rahmen des BAföG dem Grunde nach förderungsfähig ist oder deren Bedarf sich nach § 61 Abs. 2 und 3, § 62 Abs. 3, § 123 Abs. 1 Nr. 2 und 3 sowie § 124 Abs. 1 Nr. 3 und Abs. 3 SGB III richtet, keinen Anspruch auf Leistungen zur Sicherung des Lebensunterhalts.

Hiervon wird jedoch in § 7 Abs. 6 Nr. 2 SGB II u.a. eine Ausnahme für Auszubildende gemacht, deren Bedarf sich nach §§ 12, 13 Abs. 1 iVm Abs. 2 Nr. 1 oder nach § 13 Abs. 1 Nr. 1 iVm Abs. 2 Nr. 2 BAföG bemisst und die Leistungen nach dem BAföG erhalten, oder nur wegen der Vorschriften zur Anrechnung von Einkommen oder Vermögen nicht erhalten.[398]

Diese Rückaufnahme greift zugunsten des Klägers ein.

Der Wortlaut der Vorschrift ist zunächst erfüllt. Der Bedarf des Klägers bemisst sich nach § 12 Abs. 1 Nr. 1 BAföG. Er besucht eine Berufsfachschule, die eine abgeschlossene Berufsausbildung nicht erfordert. Dementsprechend wurden ihm Leistungen nach dem BAföG gewährt.

Nach dem Willen des Gesetzgebers sollen Auszubildende in schulischen Ausbildungen in den Kreis der Anspruchsberechtigten aufgenommen werden, unter den in § 7 Abs. 6 Nr. 2 SGB II genannten Voraussetzungen. Mithin hat der Kläger einen Anspruch auf ergänzende Leistungen nach dem SGB II, da der Leistungsausschluss des § 7 Abs. 5 SGB II in seinem Fall nicht greift.

Nach alldem ist der Beklagte antragsgemäß zu verurteilen.

III.

Wie sich aus der beigefügten Erklärung zu den persönlichen und wirtschaftlichen Verhältnissen ergibt, kann der Kläger die Kosten der Prozessführung nicht aufbringen (§ 73 a SGG iVm § 114 ZPO). Da die Klage – wie ausgeführt – Aussicht auf Erfolg hat und nicht mutwillig ist, ist der Antrag auf Prozesskostenhilfe ebenfalls begründet.

(...)

Rechtsanwalt

3. Stationär Untergebrachte und Altersrentenbezieher

Nach § 7 Abs. 4 Satz 1 SGB II sind Personen von Leistungen ausgenommen, die in einer stationären Einrichtung untergebracht sind, Rente wegen Alters, Knappschaftsausgleichsleistungen oder ähnliche Leistungen öffentlich-rechtlicher Art beziehen. Nach Satz 2 werden Vollzugsanstalten stationären Einrichtungen gleichgestellt. Satz 3 regelt Rückausnahmen für Patienten, die weniger als sechs Monate stationär untergebracht sind oder bei einer Unterbringung in einer stationären Einrichtung, die keine Vollzugsanstalt ist (vgl. hierzu Rn. 522), mit mindestens 15 Stunden wöchentlicher Erwerbstätigkeit. 514

a) Stationäre Unterbringung und Krankenhausaufenthalt

Grund für den Ausschluss dieser Personen ist, dass der fordernde und fördernde Ansatz des SGB II bei ihnen nicht greifen kann.[399] Die betroffenen Personen sind dem Leistungssystem des SGB XII zugeordnet. 515

Für das Eingreifen des Leistungsausschlusses müssen nach Rechtsprechung des BSG[400] drei Voraussetzungen vorliegen: 516

---

398 Ein Anspruch auf Leistungen nach dem SGB II besteht auch dann, wenn Leistungen nach dem BAföG beantragt wurden, aber noch keine Entscheidung hierüber erfolgt ist, § 7 Abs. 6 Nr. 2 b SGB II. Wird sodann der Antrag abgelehnt (aus einem anderen Grund als wegen der Berücksichtigung von Einkommen und Vermögen), so greift der Leistungsausschluss nach § 7 Abs. 5 SGB II ab Beginn des auf die Ablehnung folgenden Monats.
399 Münder/*Korte/Thie* LPK-SGB II § 7 Rn. 106.
400 BSG 2.12.2014 – B 14 AS 35/13 R.

- In einem ersten Schritt ist zu prüfen, ob es sich, ausgehend vom sozialhilferechtlichen Begriffsverständnis des § 13 Abs. 2 SGB XII, um eine Leistungserbringung in einer Einrichtung handelt.
- In einem zweiten Schritt kommt es darauf an, ob Leistungen stationär erbracht werden; hierfür ist zur näheren Bestimmung auf § 13 Abs. 1 SGB XII Bezug zu nehmen.
- Dritte Voraussetzung ist die Unterbringung in der stationären Einrichtung. Es reicht nicht aus, dass die Einrichtung (auch) stationäre Leistungen erbringt, ferner genügt nicht bereits ein geringes Maß an Unterbringung im Sinne einer formellen Aufnahme. Von einer Unterbringung ist nur auszugehen, wenn der Träger der Einrichtung nach Maßgabe seines Konzeptes die Gesamtverantwortung für die tägliche Lebensführung und die Integration des Hilfebedürftigen übernimmt.

517 Sind die drei Voraussetzungen erfüllt, steht der Untergebrachte aufgrund der Gesamtverantwortung des Trägers der Einrichtung für dessen tägliche Lebensführung einer Integration[401] auf dem allgemeinen Arbeitsmarkt nicht zur Verfügung und ist deshalb dem Regelungsbereich des SGB XII zuzuordnen. Besteht keine derart umfassende Verantwortung des Einrichtungsträgers mit der Folge, dass der Leistungsberechtigte in den Arbeitsmarkt integriert werden kann, ist er – vorbehaltlich einer Leistungsberechtigung nach § 7 Abs. 1 SGB II – entsprechend dem mit dem SGB II verfolgten Leitbild einer auf dem Grundsatz der Eigenverantwortung beruhenden Eingliederung in den Arbeitsmarkt diesem Leistungssystem zuzuordnen.[402]

518 Eine Rückausnahme gilt für Personen, die in einer stationären Einrichtung untergebracht sind, jedoch mindestens 15 Stunden wöchentlich einer Erwerbstätigkeit nachgehen (Satz 3 Nr. 2). Nicht erfasst sind Arbeitsgelegenheiten nach § 16 Abs. 3 Satz 2 SGB II.[403]

519 Eine weitere Rückausnahme gilt für Patienten, die weniger als sechs Monate in einem Krankenhaus[404] untergebracht sind (Satz 3 Nr. 1). Ob diese Voraussetzung gegeben ist, beurteilt sich allein nach den Umständen bei der Aufnahme in das Krankenhaus. Zu berücksichtigen ist jedoch auch, ob sich der Betreffende auch vor der Aufnahme im Leistungssystem des SGB XII befand.[405] Die Ausnahmevorschrift erfasst durch ihren Verweis aus § 107 SGB V nach ihrem Sinn und Zweck auch Vorsorge- und Rehabilitationseinrichtungen.[406]

---

401 Vgl. auch BSG 5.6.2014 – B 4 AS 32/13 R.
402 BSG 2.12.2014 – B 14 AS 35/13 R.
403 S. *Knickrehm*, Kommentar zum Sozialrecht, SGB II § 7 Rn 26.
404 Erfasst sind Krankenhäuser iSd § 107 Abs. 1 SGB V und auch die in § 107 Abs. 2 SGB V aufgeführten Vorsorge- und Rehabilitationseinrichtungen (BSG 2.12.2014 – B 14 AS 66/13 R).
405 Vgl. BSG 12.11.2015 – B 14 AS 6/15 R: Ein Ausschluss von Leistungen nach dem SGB II besteht auch bei einer absehbar kurzzeitigen Krankenhausunterbringung, wenn der Antragsteller bereits unmittelbar zuvor in einer stationären Einrichtung untergebracht war und Leistungen nach dem SGB XII bezogen hatte.
406 LSG Baden-Württemberg 26.10.2006 – L 13 AS 4113/06 ER.

Zu beachten ist schließlich, dass eine Bedarfsgemeinschaft bei Eheleuten auch dann noch bestehen kann, wenn diese wegen des pflegebedingten Aufenthalts eines Ehegatten in einem Heim räumlich voneinander getrennt leben.[407]

520

Muster: Klage gegen Aufhebung von SGB II-Leistungen nach § 7 Abs. 4 SGB II (Unterbringung in einem Krankenhaus)

521

Rechtsanwalt

(...)

(Datum)

An das

Sozialgericht (...)

(Anschrift)

K L A G E

des (...),

(Anschrift)

– K l ä g e r –

Prozessbevollmächtigter: Rechtsanwalt (...)

g e g e n

Jobcenter (...)

(Anschrift)

vertreten durch den Geschäftsführer

– B e k l a g t e r –

wegen Leistungsausschluss nach § 7 Abs. 5 SGB II

Aufhebungsbescheid vom 4.3.2016

Namens und ausweislich der beigefügten Vollmacht erhebe ich Klage und werde beantragen:

Der Bescheid des Beklagten vom 4.3.2016 in der Gestalt des Widerspruchsbescheides vom 26.4.2016 wird aufgehoben.

Zur Geltendmachung der Rechte des Klägers beantrage ich ferner,

dem Kläger Prozesskostenhilfe ab Klageerhebung zu bewilligen und den Unterzeichner beizuordnen.

Begründung:

I.

Der Kläger begehrt dem Grunde nach Leistungen nach dem SGB II und wendet sich gegen die Aufhebung durch den Beklagten.

Der am 12.12.1963 geborene Kläger bezieht seit Mai 2006 laufend Leistungen nach dem SGB II von dem Beklagten.

---

407 Vgl. hierzu und den Besonderheiten des zustehenden Regelbedarfs, der Bedarfsberechnung und der KdUH BSG 16.4.2013 – B 14 AS 71/12 R.

Mit Bescheid vom 24.11.2015 bewilligte der Beklagte dem Kläger Leistungen nach dem SGB II in Höhe von monatlich 620 EUR für den Zeitraum vom 1.12.2015 bis 31.5.2016.

Beweis: Bescheid vom 24.11.2015 – Anlage K1

Der Kläger erlitt am 20.1.2016 einen schweren Glatteisunfall mit seinem Pkw. Hierbei erlitt er u.a. eine komplizierte Oberschenkelhalsfraktur sowie eine Schädelfraktur, diverse andere Frakturen, Prellungen und ein Schädel-Hirn-Trauma zweiten Grades. Er wurde in das St. Marien-Krankenhaus (…) aufgenommen.

Beweis: Befundbericht des behandelnden Unfallchirurgen Dr. (…) – Anlage K2

Trotz der Schwere der Verletzungen ist die Dauer seines Aufenthaltes auf allenfalls 4 Monate beschränkt. Die Oberschenkelhalsfraktur wird nicht konservativ behandelt, sondern durch Verschraubungen. Die Schädelfraktur wurde ebenfalls operativ behandelt. Auch das SHT 2. Grades wird ohne Folgen nach einigen Wochen ausheilen. Eine prognostische Beurteilung der Aufenthaltsdauer im Zeitpunkt seiner Einlieferung rechtfertigt allenfalls die Annahme eines Aufenthaltes von 4 Monaten.

Beweis: Sachverständigengutachten

Der Kläger teilte den Umstand seiner stationären Aufnahme zwei Wochen später mit.

Beweis: Schreiben des Klägers vom 4.2.2016 – Anlage K3

Nachdem der Beklagte erfuhr, dass der Kläger sich in stationärer Behandlung befand, hob er mit Bescheid vom 4.3.2016 die Leistungen des Klägers für den Zeitraum von 20.1.2016 bis 31.5.2016 auf und forderte von dem Kläger die Erstattung des Betrages für den Zeitraum 20.1.2016 bis 29.2.2016 in Höhe von 826,66 EUR. Er begründete dies damit, dass der Kläger sich in einer stationären Einrichtung nach § 7 Abs. 4 SGB II befinde und aufgrund seiner Verletzungen mit einer Entlassung vor Ablauf von 6 Monaten nicht zu rechnen sei, da diese besonders schwerwiegend seien. Daher greife die Rückausnahme des § 7 Abs. 4 Nr. 1 SGB II nicht ein.

Beweis: Aufhebungs- und Erstattungsbescheid vom 4.3.2016 – Anlage K4

Hiergegen erhob der Kläger am 16.3.2016 Widerspruch. Er begründete ihn damit, dass seine Unterbringung im Krankenhaus voraussichtlich keine 6 Monate in Anspruch nehmen werde.

Beweis: Widerspruch vom 16.3.2016 – Anlage K5

Zwischenzeitlich wurde der Kläger aus der stationären Behandlung entlassen. Der Beklagte wies den Widerspruch mit Widerspruchsbescheid vom 26.4.2016 zurück. Er begründete dies damit, dass der Kläger zwar mittlerweile aus der stationären Behandlung entlassen sei, dass es jedoch darauf nicht ankomme. Vielmehr sei zu prüfen, ob die prognostische Entscheidung des Beklagten zum Zeitpunkt des Bescheiderlasses zutreffend war. Dies sei der Fall gewesen, da die Verletzungen des Klägers nach Auskunft des medizinischen Dienstes der Bundesagentur für Arbeit den Schluss einer Unterbringung von mehr als 6 Monaten aus medizinischer Sicht gerechtfertigt erscheinen ließ.

Beweis: Widerspruchsbescheid vom 26.4.2016 – Anlage K6

II.

Gegenstand des Verfahrens ist der Bescheid des Beklagten vom 5.3.2012 in der Gestalt des Widerspruchsbescheides vom 26.4.2012. Der Bescheid ist rechtswidrig und verletzt den Kläger in seinen Rechten.

III. Leistungsausschlüsse

Ermächtigungsgrundlage für die Aufhebung von Leistungen ist § 40 Abs. 2 Nr. 3 SGB II iVm § 330 Abs. 3 SGB III und 48 Abs. 1 SGB X. Danach ist ein Verwaltungsakt mit Dauerwirkung für die Zukunft aufzuheben, wenn in den tatsächlichen oder rechtlichen Verhältnissen, die bei Erlass des Verwaltungsaktes vorgelegen haben, eine wesentliche Änderung eingetreten ist.

Im vorliegenden Fall kommt allenfalls eine Aufhebung nach § 48 Abs. 1 Nr. 2 SGB X in Betracht. Danach soll ein Verwaltungsakt mit Dauerwirkung vom Zeitpunkt der Änderung der Verhältnisse aufgehoben werden, soweit der Betroffene einer durch Rechtsvorschrift vorgeschriebenen Pflicht zur Mitteilung wesentlicher für ihn nachteiliger Änderungen der Verhältnisse vorsätzlich oder grob fahrlässig nicht nachgekommen ist.

Beide Vorschriften sind jedoch bereits deshalb nicht erfüllt, weil eine Änderung in den tatsächlichen oder rechtlichen Verhältnissen nicht eingetreten ist.

1. Nach § 7 Abs. 1 SGB II erhalten Personen, die das 15. Lebensjahr vollendet haben, erwerbsfähig und hilfebedürftig sind sowie ihren gewöhnlichen Aufenthalt in der Bundesrepublik Deutschland haben, Leistungen nach diesem Buch. Diese Voraussetzungen erfüllt der Kläger, was auch von dem Beklagten bisher nicht in Abrede gestellt wurde. Die Berechnungen des Beklagten aus dem Leistungsbescheid vom 24.11.2015 sind insoweit nicht zu beanstanden.

Der Kläger ist durch seine stationäre Aufnahme im St. Marien-Krankenhaus auch nicht von Leistungen nach § 7 Abs. 4 SGB II ausgeschlossen. Nach dieser Vorschrift erhält derjenige keine Leistungen nach dem SGB II, wer in einer stationären Einrichtung untergebracht ist, Rente wegen Alters oder Knappschaftsausgleichsleistung oder ähnliche Leistungen öffentlich-rechtlicher Art bezieht. Dem Aufenthalt in einer stationären Einrichtung ist der Aufenthalt in einer Einrichtung zum Vollzug richterlich angeordneter Freiheitsentziehung gleichgestellt. Abweichend hiervon erhält jedoch nach § 7 Abs. 4 Nr. 1 SGB II Leistungen nach diesem Buch, wer voraussichtlich für weniger als sechs Monate in einem Krankenhaus (§ 107 SGB V) untergebracht ist.

Für die Frage ob eine Leistungserbringung in einer Einrichtung vorliegt, ist vom sozialhilferechtlichen Begriffsverständnis des § 13 Abs. 2 SGB XII auszugehen. Danach sind Einrichtungen alle Einrichtungen, die der Pflege, der Behandlung oder sonstigem nach dem SGB XII zu deckendem Bedarf oder der Erziehung dienen. Erforderlich ist eine auf Dauer angelegten Kombination von sächlichen und personellen Mitteln, die zu einem besonderen Zweck und unter der Verantwortung eines Trägers zusammengefasst wird und die für einen größeren wechselnden Personenkreis bestimmt ist, wobei die Bindung an ein Gebäude gegeben sein muss (vgl. BSG 5.6.2014 – B 4 AS 32/13 R). Darüber hinaus muss die Leistung stationär erbracht werden und die Unterbringung muss in der stationären Einrichtung erfolgen (BSG aaO). Bei Krankenhäusern handelt es sich idR um stationäre Einrichtungen. In einem solchen war der Kläger zweifelsohne stationär untergebracht.

Jedoch greift zu seinen Gunsten die Ausnahme des § 7 Abs. 4 Nr. 1 SGB II, da der Kläger in einem Krankenhaus für weniger als sechs Monate untergebracht war. Der Begriff des Krankenhauses bestimmt sich dabei nach § 107 SGB V. Ob wegen Krankenhausunterbringung ein Ausschluss von Leistungen nach dem SGB II besteht, beurteilt sich nach den Umständen bei der Aufnahme ins Krankenhaus (BSG 2.12.2014 – B 14 AS 66/13 R). Die Entscheidung, ob jemand für weniger als sechs Monate untergebracht ist, erfordert eine Prognose. Maßgeblich ist dafür, ob die Unterbringung aus medizinischen Gesichtspunkten unter Einbeziehung aller erkennbaren Umstände weniger als sechs Monate andauern wird

(Korte/*Thie* LPK-SGB II § 7 Rn. 109). Dem Beklagten dürfte darin zuzustimmen sein, dass die Entlassung des Klägers vor Ablauf von sechs Monaten nicht bedeutet, dass die Aufhebung von Leistungen rechtswidrig war, da auf den Prognosezeitpunkt abzustellen und zu prüfen ist, ob die Prognose in diesem Zeitpunkt zutreffend war (Korte/*Thie* LPK-SGB II aaO). Dennoch war die von dem Beklagten unter Zuhilfenahme seines medizinischen Dienstes angestellte Prognose fehlerhaft. Bereits die Entlassung des Klägers nach ca. 4 Monaten ist hierfür indiziell. Auch ein einzuholendes Sachverständigengutachten wird dies bestätigen. Denn weder die Verletzungen des Klägers für sich genommen noch seine körperliche Verfassung und seine Heilungsfortschritte hätten eine Unterbringung von mehr als 6 Monaten gerechtfertigt.

2. Darüber hinaus ist auch eine Aufhebung für die Vergangenheit (§ 48 Abs. 1 Nr. 2 SGB X) und die entsprechende Erstattung (§ 50 SGB X) unabhängig von dem Vorgenannten nicht möglich, denn ein Verstoß gegen Mitteilungspflichten liegt nicht vor.

Mitteilungspflichten ergeben sich für den Kläger aus § 60 Abs. 1 Nr. 2 SGB I. Danach hat derjenige, der Sozialleistungen beantragt oder erhält, Änderungen in den Verhältnissen, die für die Leistung erheblich sind oder über die im Zusammenhang mit der Leistung Erklärungen abgegeben worden sind, unverzüglich mitzuteilen. Damit sind Leistungsempfänger verpflichtet, alle Umstände, die zu einer Änderung des Sachverhalts führen, mitzuteilen, und zwar unverzüglich, mithin ohne schuldhaftes Zögern (§ 121 Abs. 1 BGB) (Krahmer/*Reinhardt* SGB I § 60 Rn. 9). Vorliegend kam der Kläger dieser Pflicht nach zwei Wochen nach. Aufgrund des Umstandes, dass der Kläger sich schweren Operationen unterziehen musste und ihm eine Zeit erster Genesung und Regeneration zugebilligt werden muss, ist sicherlich eine Mitteilung an den Beklagten nach zwei Wochen nicht als schuldhaftes Zögern anzusehen. Somit liegen auch die Voraussetzungen für die Aufhebung von Leistungen für die Vergangenheit jedenfalls nicht vor, so dass der Beklagte vom Kläger auch keine Erstattung verlangen kann.

III.

Wie sich aus der beigefügten Erklärung zu den persönlichen und wirtschaftlichen Verhältnissen ergibt, kann der Kläger die Kosten der Prozessführung nicht aufbringen (§ 73 a SGG iVm § 114 ZPO). Da die Klage – wie ausgeführt – Aussicht auf Erfolg hat und nicht mutwillig ist, ist der Antrag auf Prozesskostenhilfe ebenfalls begründet.

(…)
Rechtsanwalt

b) Vollzugsinsassen

522 Für Vollzugsinsassen gilt der Leistungsausschluss nach § 7 Abs. 4 Satz 2 SGB II. Umfasst sind insbesondere Untersuchungs- und Strafhaft, Sicherungsverwahrung, Maßregelvollzug, Absonderung nach dem Infektionsschutz- und Geschlechtskrankheitengesetz sowie Unterbringungen nach öffentlich-rechtlichen Unterbringungsgesetzen der Länder und zivilrechtliche Unterbringung eines Kindes (§§ 1631 b, 1666, 1800 BGB) oder Betreuten (§ 1906 BGB).[408]

523 Personen in derartigen Einrichtungen sind vom Leistungsbezug nach dem SGB II ausgeschlossen. Die Zuordnung zu den Leistungssystemen erfolgt hier nicht an-

---

408 Münder/*Korte*/*Thie* LPK-SGB II § 7 Rn. 120.

hand der objektiven Struktur der Einrichtung im Einzelfall, sondern generalisierend für alle unter § 7 Abs. 4 Satz 2 SGB II fallenden Einrichtungen, deren Insassen durch den Freiheitsentzug in einem besonderen Maße vom allgemeinen Arbeitsmarkt ausgeschlossen sind.[409] Der Leistungsausschluss gilt auch für die Fälle der Verbüßung einer Ersatzfreiheitsstrafe.[410]

Das BSG hatte bislang eine Rückausnahme zugelassen, wenn dem Insassen die Aufnahme eine Beschäftigung konkret genehmigt wird.[411] Nunmehr hat der Gesetzgeber mit Wirkung zum 1.8.2016 jedoch klargestellt, dass die Rückausnahme nach § 7 Abs. 4 Satz 3 Nr. 2 SGB II nur für Einrichtungen nach Satz 1 und damit nicht auch die Einrichtungen nach Satz 2, also die Vollzugseinrichtungen gilt. Damit ist der Leistungsbezug von Personen, die sich in einer Einrichtung zum Vollzug richterlich angeordneter Freiheitsentziehungen aufhalten, ausgeschlossen. Sie sind auch dann nicht leistungsberechtigt, wenn sie als Freigänger einer Beschäftigung nachgehen.[412] 524

c) Altersrentenbezieher

Unter dem Begriff der Altersrente sind hier alle Altersrenten nach dem SGB VI zu verstehen (also nach §§ 35 bis 47, insbesondere Rente für langjährig Versicherte, Schwerbehinderte, Bergleute), unabhängig davon, ob sie mit Abschlägen gezahlt wird. Nicht ausreichend ist jedoch der Bezug von Altersteilzeitrenten ohne Altersrentenbezug.[413] 525

Auch der Bezug einer ausländischen Altersrente führt zum Ausschluss von Leistungen nach dem SGB II, sofern die ausländische Leistung durch einen öffentlichen Träger gewährt wird und sie an das Erreichen einer bestimmten Altersgrenze anknüpft sowie Lohnersatz nach einer im Allgemeinen den Lebensunterhalt sicherstellenden Gesamtkonzeption darstellt.[414] 526

Der Grundsicherungsträger ist berechtigt, für den Leistungsberechtigten nach § 5 Abs. 3 Satz 1 SGB II iVm § 12 a SGB II einen Antrag auf Altersrente beim Versicherungsträger zu stellen.[415] 527

Gleichgestellt sind Knappschaftsausgleichsleistungen nach § 239 SGB VI (Leistungen ab Vollendung des 55. Lebensjahres). Ferner stehen ähnliche Leistungen öffentlich-rechtlicher Art der Altersrente gleich. Hier kommen insbesondere Beamtenpensionen und Renten berufsständiger Versorgungssysteme in Betracht.[416] 528

Zu beachten ist, dass die oben genannten Rentenbezieher, wenn sie mit sonstigen Leistungsberechtigten in einer Bedarfsgemeinschaft leben, weiterhin Mitglieder der 529

---

409 BSG 24.2.2011 – B 14 AS 81/09 R; gilt auch für die Verbüßung einer Ersatzfreiheitsstrafe BSG 21.6.2011 – B 4 AS 128/10 R.
410 BSG 24.2.2011 – B 14 AS 81/09 R.
411 BSG 24.2.2011 – B 14 AS 81/09 R; 21.6.2011 – B 4 AS 128/10 R.
412 BT-Drs. 18/8909, S. 29.
413 Münder/*Korte/Thie* LPK-SGB II § 7 Rn. 116.
414 Vgl. BSG 16.5.2012 – B 4 AS 105/11 R.
415 Vgl. hierzu BSG 19.8.2015 – B 14 AS 1/15 R.
416 Münder/*Korte/Thie* LPK-SGB II § 7 Rn. 116.

Bedarfsgemeinschaft bleiben (sogenannte „gemischte BG").[417] Jedoch ist die übliche horizontale Einkommensanrechnung zu modifizieren.[418]

4. Nicht erreichbare Personen

530 Die Vorschrift des § 7 Abs. 4 a SGB II schließt Personen aus, die sich ohne Zustimmung des zuständigen Grundsicherungsträgers außerhalb des zeit- und ortsnahen Bereiches aufhalten. Die Vorschrift wurde zunächst durch das FortentwicklungsG vom 1.8.2006 (BGBl. I 1706) eingeführt. Zuvor konnte eine unerlaubte Abwesenheit nur durch Vereinbarungen in der Eingliederungsvereinbarung und dementsprechende Sanktionen nach § 31 SGB II entgegengewirkt werden, was vom Gesetzgeber als unbefriedigend angesehen wurde. Daher führte er diesen Leistungsausschluss ein. Während in der alten Fassung auf die Zustimmung des persönlichen Ansprechpartners und auf die Erreichbarkeits-Anordnung (EAO)[419] abgestellt wurde, wurde dieser Bezug nun entfernt und auf die Zustimmung des Grundsicherungsträgers abgestellt.

531 Für die Definition des „zeit- und ortsnahen Bereiches" ist nach wie vor auf die EAO zurückzugreifen, so dass zum Nahbereich alle Orte in der Umgebung des Grundsicherungsträgers gehören, von denen der Leistungsberechtigte in der Lage wäre ohne unzumutbaren Aufwand den Grundsicherungsträger zu erreichen.[420]

532 Zu berücksichtigen ist, dass, wenn eine ortsabwesende Person mit weiteren Personen eine Bedarfsgemeinschaft bildet, dieser für die Zeit der Ortsabwesenheit, die zu einem entsprechenden Leistungsausschluss nach § 7 Abs. 4, 4 a SGB II führt, die vollen KdUH zustehen. Es ist dem verbliebenen Partner einer Bedarfsgemeinschaft nach § 7 Abs. 3 Nr. 3 Buchst. a oder b SGB II, die trotz der Abwesenheit des Partners ausnahmsweise nicht aufgelöst wird, jedenfalls bei einer im Vorhinein auf bis zu sechs Monate beschränkten Abwesenheit des Partners nicht zumutbar, die KdUH vorübergehend zu senken.[421]

533 Zu beachten ist weiter, dass nach der Neufassung[422] des Gesetzes ausschließlich erwerbsfähige Leistungsberechtigte der Genehmigung zur Abwesenheit bedürfen. Dies war nach der alten Fassung des Gesetzes umstritten, da der Wortlaut eine entsprechende Einschränkung nicht hergab.

---

417 BSG 18.6.2007 – B 14 AS 55/07 R.
418 S. dazu BSG 15.4.2008 – B 14/7 b AS 58/06 R und unten Rn. 773 ff.
419 Erreichbarkeits-Anordnung vom 23.10.1997 (ANBA 1997, 1685), geändert durch die Anordnung vom 16.11.2001 (ANBA 2001, 1476).
420 Vgl. BSG 15.6.2016 – B 4 AS 45/15 R: § 7 Abs. 4 a SGB II aF (hier in der bis zum 31.12.2010 geltenden Fassung des Gesetzes zur Fortentwicklung der Grundsicherung für Arbeitsuchende vom 20.7.2006; BGBl. I 1706) findet nach § 77 Abs. 1 SGB II weiter Anwendung, weil das Bundesministerium für Arbeit und Soziales eine Rechtsverordnung nach § 13 Abs. 3 SGB II bislang nicht erlassen hat.
421 BSG 19.10.2010 – B 14 AS 50/10 R.
422 Diese gilt nach § 77 Abs. 1 SGB II aber erst, wenn das Bundesministerium für Arbeit und Soziales eine Rechtsverordnung nach § 13 Abs. 3 SGB II erlassen hat. Vgl. hierzu auch Fn. 420.

Muster: Klage gegen Aufhebung und Erstattung von Leistungen wegen Leistungsausschluss nach § 7 Abs. 4 a SGB II 534

Rechtsanwalt

(...)

(Datum)

An das

Sozialgericht (...)

(Anschrift)

K L A G E

des (...),

(Anschrift)

– K l ä g e r –

gesetzlich vertreten durch seine Mutter

(...), ebenda

und seinen Vater

(...), ebenda

Prozessbevollmächtigter: Rechtsanwalt (...)

g e g e n

Jobcenter (...)

(Anschrift)

vertreten durch den Geschäftsführer

– B e k l a g t e r –

wegen Ablehnung von Leistungen nach dem SGB II

Aufhebungs- und Erstattungsbescheid vom 4.9.2015

Namens und ausweislich der beigefügten Vollmacht erhebe ich Klage und werde beantragen:

Der Bescheid des Beklagten vom 4.9.2015 in der Gestalt des Widerspruchsbescheides vom 24.11.2015 wird aufgehoben.

Zur Geltendmachung der Rechte des Klägers beantrage ich ferner,

dem Kläger Prozesskostenhilfe ab Klageerhebung zu bewilligen und den Unterzeichner beizuordnen.

Begründung:

I.

Der Kläger wendet sich gegen die Aufhebung von Leistungen zur Sicherung des Lebensunterhaltes nach dem Zweiten Buch Sozialgesetzbuch und deren Erstattung.

Der am 17.1.2002 geborene 14-jährige Kläger bezieht zusammen mit seinen Eltern als Bedarfsgemeinschaft seit August 2009 laufend Leistungen zur Sicherung des Lebensunterhaltes nach dem SGB II von dem Beklagten. Sie bewohnen eine 60 m² große Wohnung

B. Besonderer Teil

für die sie Vorauszahlungen auf Heizkosten von 80 EUR, auf Nebenkosten von 40 EUR und einen kalten Mietzins von 380 EUR zahlen. Die Mutter des Klägers bezieht für diesen Kindergeld in Höhe von monatlich 184 EUR. Sonstige Einkünfte sind nicht vorhanden.

Der Beklagte bewilligte ihm und den weiteren Mitgliedern der Bedarfsgemeinschaft zuletzt mit Bescheid vom 22.6.2015 Leistungen für den Zeitraum vom 1.7.2015 bis 31.12.2015.

Beweis: Bewilligungsbescheid vom 22.6.2015 – Anlage K1

Der Kläger plante im August 2015 einen zweiwöchigen Campingaufenthalt mit Freunden an der Ostsee. Da er sich unsicher war, ob er diesen Urlaub bei dem Beklagten anzugeben habe, teilte er dies über seine Eltern zwei Wochen vor Reiseantritt dem Beklagten schriftlich mit.

Beweis: Schreiben an den Beklagten vom 15.7.2015 – Anlage K2

Der Antragsteller trat die Reise an. Am 4.9.2015 hob der Beklagte die Leistungen für den Kläger für den Zeitraum 15.8. bis 29.8.2015 in Höhe von 125,84 EUR auf und forderte ihn zur Erstattung dieses Betrages auf. Er begründete dies damit, dass sich dieser während der Zeit der Aufhebung ohne Zustimmung seines persönlichen Ansprechpartners außerhalb des zeit- und ortsnahen Bereiches aufgehalten habe, weshalb in dieser Zeit sein Anspruch auf Leistungen nach dem SGB II nach § 7 Abs. 4 a SGB II entfallen sei.

Beweis: Bescheid vom 4.9.2015 – Anlage K3

Hiergegen erhob der Kläger am 10.9.2015 Widerspruch, ohne nähere Begründung.

Beweis: Widerspruch vom 10.9.2015 – Anlage K4

Der Beklagte wies den Widerspruch mit Widerspruchsbescheid vom 24.11.2015 zurück. Er verwies im Wesentlichen auf die Begründung des Ausgangsbescheides und erläuterte, dass auch die Berechnung nicht zu beanstanden sei, da es sich um 14/30 des für den Monat August ursprünglich an den Kläger bewilligten Betrages handle.

Beweis: Widerspruchsbescheid vom 24.11.2015 – Anlage K5

II.

Gegenstand des Verfahrens ist der Aufhebungs- und Erstattungsbescheid des Beklagten vom 4.9.2015 in der Gestalt des Widerspruchsbescheides vom 24.11.2015, mit dem er Leistungen für den Zeitraum 15.8.2010 bis 29.8.2010 aufhob und den Kläger zur Erstattung von 125,84 EUR aufforderte. Der Bescheid ist rechtswidrig und verletzt den Kläger in seinen Rechten.

Ermächtigungsgrundlage für den Bescheid ist § 40 Abs. 2 Nr. 3 SGB II iVm § 330 Abs. 3 Satz 1 SGB III und § 48 Abs. 1 Satz 2 Nr. 4 SGB X. Danach ist ein Verwaltungsakt mit Dauerwirkung, soweit in den tatsächlichen oder rechtlichen Verhältnissen, die bei seinem Erlass vorgelegen haben, eine wesentliche Änderung eintritt, mit Wirkung für die Zukunft aufzuheben (Abs. 1 Satz 1). Nach Satz 2 Nr. 4 der Vorschrift ist der Verwaltungsakt mit Wirkung vom Zeitpunkt der Änderung der Verhältnisse aufzuheben, soweit der Betroffene wusste oder nicht wusste, weil er die erforderliche Sorgfalt in besonders schwerem Maße verletzt hat, dass der sich aus dem Verwaltungsakt ergebende Anspruch kraft Gesetzes zum Ruhen gekommen oder ganz oder teilweise weggefallen ist.

Die Voraussetzungen liegen nicht vor, da eine Änderung in den tatsächlichen oder rechtlichen Verhältnissen nicht gegeben ist. Die Ausschlussvorschrift des § 7 Abs. 4 a SGB II greift nicht zu Lasten des Klägers ein.

IV. Leistungen zur Sicherung des Lebensunterhaltes – Regelbedarf und Sonderbedarfe

Allein ihrem Wortlaut nach ist die Vorschrift zwar auch auf die Bezieher von Sozialgeld anzuwenden, da sie sich auf alle Leistungen nach dem SGB II bezieht. Gegen eine Anwendung der Norm auf Bezieher von Sozialgeld spricht aber Sinn und Zweck der Regelung, da bei diesen, anders als bei Beziehern von ALG II, das Vorliegen von Erwerbsfähigkeit keine Tatbestandsvoraussetzung für die Gewährung von Leistungen ist. Mit der Vorschrift, die die Regelung der Erreichbarkeit für Bezieher von Arbeitslosengeld nach dem SGB III auch für Bezieher von ALG II nach dem SGB II entsprechend für anwendbar erklärt, soll eine effektive Vermittlungstätigkeit sichergestellt werden. Es soll die Erreichbarkeit zwecks Arbeitseingliederung gewährleistet werden.[423] Diese arbeitsmarktpolitischen Zwecksetzungen gelten jedoch nicht für Bezieher von Sozialgeld.[424]

Der Kläger war mithin von dem Anwendungsbereich der Vorschrift auszunehmen. Auf eine entsprechende Genehmigung kam es also nicht an.

Der rechtswidrige Bescheid ist aufzuheben.

III.

Wie sich aus der beigefügten Erklärung zu den persönlichen und wirtschaftlichen Verhältnissen ergibt, kann der Kläger die Kosten der Prozessführung nicht aufbringen (§ 73 a SGG iVm § 114 ZPO). Da die Klage – wie ausgeführt – Aussicht auf Erfolg hat und nicht mutwillig ist, ist der Antrag auf Prozesskostenhilfe ebenfalls begründet.

(...)

Rechtsanwalt

IV. Leistungen zur Sicherung des Lebensunterhaltes – Regelbedarf und Sonderbedarfe

Die § 19 ff. SGB II regeln die Leistungen zur Sicherung des Lebensunterhaltes. Die Leistungen zur Sicherung des Lebensunterhaltes umfassen hiernach unter anderem das Arbeitslosengeld II (Regelbedarf, Mehrbedarf und Bedarfe für Unterkunft und Heizung), das Sozialgeld, Leistungen für Bildung und Teilhabe etc. 535

Nach § 19 Abs. 1 SGB II erhalten erwerbsfähige Leistungsberechtigte Arbeitslosengeld II und nichterwerbsfähige Leistungsberechtigte, die aber mit erwerbsfähigen Leistungsberechtigten in einer Bedarfsgemeinschaft leben, Sozialgeld. Letzteres gilt jedoch nur, soweit sie keinen Anspruch auf Leistungen der GSAE nach dem SGB XII (§§ 41 ff. SGB XII) haben. 536

Als Leistungen zur Sicherung des Lebensunterhalts sieht das SGB II folgende Bedarfe bzw. Leistungen vor:[425] 537

---

423 Münder/Korte/Thie LPK-SGB II § 7 Rn. 131; LSG Baden-Württemberg 14.7.2010 – L 3 AS 3552/09; LSG Berlin-Brandenburg 9.9.2011 – L 5 AS 1340/11 B ER.
424 Durch das Gesetz zur Ermittlung von Regelbedarfen und zur Änderung des Zweiten und Zwölften Buches Sozialgesetzbuch vom 24.3.2011 wurde § 7 Abs. 4 a SGB II mit Wirkung zum 1.4.2011 geändert. Die Geltung der Vorschrift ist jedoch vom Inkrafttreten einer auf Grundlage des § 13 Abs. 3 SGB II zu erlassenden Rechtsverordnung abhängig. Bis zum Erlass dieser Rechtsverordnung gilt § 7 Abs. 4 a SGB II in der ab 1.8.2006 bis zum 31.3.2011 geltenden Fassung weiter, § 77 Abs. 1 SGB II.
425 Diese einzelnen Bedarfe und Leistungen werden in der Folge noch genauer dargestellt (Rn. 539 ff.).

- Regelbedarf zur Sicherung des Lebensunterhaltes, § 20 SGB II,
- Mehrbedarfe, § 21 SGB II,
- Bedarfe für Unterkunft und Heizung, § 22 SGB II,
- abweichende Erbringung von Leistungen, § 24 Abs. 1 SGB II,
- einmaligen Hilfen, § 24 Abs. 3 SGB II,
- Leistungen bei medizinischer Rehabilitation der Rentenversicherung und bei Anspruch auf Verletztengeld aus der Unfallversicherung (Leistungen bei Arbeitsunfähigkeit), § 25 SGB II,
- Zuschüsse zu Beiträgen der Krankenversicherung und Pflegeversicherung, § 26 SGB II[426] und Bedarfe für Bildung und Teilhabe, § 28 SGB II.

538 Besonderheiten hinsichtlich der Leistungen zur Sicherung des Lebensunterhalts sieht das SGB II für zwei Personengruppen vor: Spezielle Regelungen gelten mit den Leistungen für Auszubildende nach § 27 SGB II für Auszubildende und mit der Bestimmung der Besonderheiten beim Sozialgeld nach § 23 SGB II für Sozialgeldempfänger (hierzu gleichsam später Rn. 593 ff. und 598 ff.).

1. Regelbedarf zur Sicherung des Lebensunterhaltes, § 20 SGB II

539 Die Begrifflichkeit des Regelbedarfes ist mit § 20 Abs. 1 Satz 1 SGB II ausdrücklich erläutert: Der Regelbedarf zur Sicherung des Lebensunterhalts umfasst insbesondere Ernährung, Kleidung, Körperpflege, Hausrat, Haushaltsenergie ohne die auf die Heizung und Erzeugung von Warmwasser entfallenden Anteile sowie persönliche Bedürfnisse des täglichen Lebens. Zu den persönlichen Bedürfnissen des täglichen Lebens gehört in vertretbarem Umfang eine Teilhabe am sozialen und kulturellen Leben in der Gemeinschaft.

540 Der Regelbedarf wird als monatlicher Pauschalbetrag gewährt. Dabei gilt zu beachten, dass von ihm neben den laufenden Bedarfen auch in unregelmäßigen bzw. in großen Abständen anfallende Bedarfe umfasst werden. Der Leistungsempfänger hat diese unregelmäßigen Bedarfe im Blick zu haben und sein Ausgabeverhalten hieran zu orientieren. Das Gesetz (§ 20 Abs. 1 Satz 4 SGB II) sagt hierzu: Über die Verwendung der zur Deckung des Regelbedarfs erbrachten Leistungen entscheiden die Leistungsberechtigten eigenverantwortlich; dabei haben sie das Eintreten unregelmäßig anfallender Bedarfe zu berücksichtigen.

541 Von der pauschalierten Leistungserbringung des Normalfalles kann (nur) in Ausnahmefällen abgesehen werden. Dies zB, wenn sich Leistungsberechtigte, insbesondere bei Drogen- oder Alkoholabhängigkeit sowie im Falle unwirtschaftlichen Verhaltens, als ungeeignet erweisen, mit den Leistungen für den Regelbedarf nach § 20 SGB II ihren Bedarf zu decken. In solchen Fällen kann dann ALG II bis zur Höhe des Regelbedarfs für den Lebensunterhalt in voller Höhe oder anteilig in Form von Sachleistungen erbracht werden.

---

426 IdF ab 1.1.2017.

IV. Leistungen zur Sicherung des Lebensunterhaltes – Regelbedarf und Sonderbedarfe

Die Regelsätze bemessen sich über § 20 Abs. 5 Satz 2 SGB II iVm § 28 SGB XII aus dem Gesetz zur Ermittlung des Regelbedarfs nach § 28 SGB XII (Regelbedarfs-Ermittlungsgesetz, RBEG).[427]

542

Der monatliche Regelbedarf beträgt aktuell:

543

Bedarf	ab 1.1.2017	Regelbedarfsstufe
Regelbedarf für Erwachsene alleine in einer Wohnung oder in einer WG, aber nicht in einer Partnerschaft / Alleinerziehende	409 EUR	1
Regelbedarf für volljährige Partner innerhalb einer Bedarfsgemeinschaft[428] (Partner in einer gemeinsamen Wohnung) / „neue Wohnformen" nach dem Bundesteilhabegesetz	368 EUR	2
Regelbedarf für U-25 im Haushalt der Eltern / ohne Zustimmung ausgezogene U-25 / Erwachsene Behinderte in stationären Einrichtungen (SGB XII)	327 EUR	3
Jugendliche ab 14 bis unter 18 Jahre	311 EUR	4
Regelbedarf für Kinder ab 6 bis unter 14 Jahre	291 EUR	5
Kinder von 0 bis unter 6 Jahre	237 EUR	6

2. Mehrbedarfe, § 21 SGB II

Bestimmten Personen (-gruppen) werden nach § 21 SGB II pauschal besondere Mehrbedarfe zugesprochen. Hintergrund ist, dass diese bestimmten Personen (-gruppen) mit dem Regelbedarf nicht auskommen können. Denn deren entsprechenden Mehrbedarfe wurden bei den Regelbedarfen nicht berücksichtigt. So bestimmt § 21 Abs. 1 SGB II konsequent, dass die Mehrbedarfe Bedarfe nach den Abs. 2 bis 6 umfassen, die nicht durch die Regelleistung abgedeckt sind.

544

§ 21 SGB II sieht – neben der „gruppenunabhängigen" Härtefallregelung (§ 21 Abs. 6 SGB II) – letztlich für fünf Personengruppen einen Mehrbedarf vor.

545

---

427 Vgl. hierzu, Berlit/Conradis/Sartorius/*Sartorius*, Existenzsicherungsrecht, Kap. 24 Rn. 27 ff. (48 ff.) und *Zimmermann*, Das Hartz-IV-Mandat, § 3 Rn. 34 ff.
428 Beachte aber BSG 6.10.2011 – B 14 AS 171/10 R: Bei SGB II-Leistungsberechtigten, die mit einem Partner zusammenleben, der Grundleistungen nach dem Asylbewerberleistungsgesetz bezieht, ist der ungekürzte Regelbedarf zu berücksichtigen – also Regelbedarfsstufe 1 statt Regelbedarfsstufe 2.

a) Werdende Mütter nach der 12. Schwangerschaftswoche

546 Nach § 21 Abs. 2 SGB II erhalten werdende Mütter nach der zwölften Schwangerschaftswoche einen monatlichen Mehrbedarf von 17 % des maßgebenden Regelbedarfs. Dahinter steht, dass mit der Schwangerschaft regelmäßig verschiedene Erschwernisse und zusätzliche Bedürfnisse einhergehen, die nicht im normalen Regelbedarf abgegolten sind (zB zusätzliche Ernährung, zusätzliche Körperpflege, kleinere Änderungen der Bekleidung, ggf. zusätzlich erforderliches Fahrgeld zum Frauenarzt). Von diesem Mehrbedarf jedoch nicht umfasst sind Mehrkosten für Schwangerschaftsbekleidung und die sog. Baby-Erstausstattung.[429]

b) Alleinerziehende

547 Nach § 21 Abs. 3 SGB II erhalten Alleinerziehende, also diejenigen, die mit einem oder mehreren minderjährigen Kindern zusammenleben und allein für deren Pflege und Erziehung sorgen, einen Mehrbedarf.

548 Eine alleinige Sorge für Pflege und Erziehung liegt vor, wenn der hilfebedürftige Elternteil während der Betreuungszeit von dem anderen Elternteil, Partner oder einer anderen Person nicht in einem Umfang unterstützt wird, der es rechtfertigt, von einer nachhaltigen Entlastung auszugehen. Entscheidend ist, ob eine andere Person in erheblichem Umfang bei der Pflege und Erziehung mitwirkt. Dabei ist allein auf die tatsächlichen Verhältnisse abzustellen. Auf die (potentielle) Möglichkeit des Rückgriffs auf andere Personen oder Einrichtungen kommt es nicht an.[430]

549 Die Höhe des Mehrbedarfes ist von dem Alter und der Anzahl der allein zu betreuenden Kinder abhängig:
- Ein Kind unter sieben Jahren oder zwei oder drei Kinder unter 16 Jahren: (insgesamt) 36 % des maßgebenden Regelbedarfs.
- Anderenfalls für jedes Kind 12 %, max. jedoch 60 % des maßgebenden Regelbedarfs (bspw. bei vier Kindern; ein Kind mit 8 Jahren).

550 Mit diesem Mehrbedarf sollen die Erschwernisse abgefangen werden, die sich durch die Alleinerziehung im Vergleich zu einer „intakten" Familie ergeben. Sofern die getrennten Eltern die Pflege und Erziehung des gemeinsamen Kindes teilen, kommt auch eine anteilige Zuerkennung des Mehrbedarfs für Alleinstehende in Betracht – dann aber müssen sie sich die Pflege und Erziehung nicht nur vorübergehend, sondern für einen längeren Zeitraum und insgesamt in etwa hälftig teilen.[431]

c) Erwerbsfähige Leistungsberechtigte mit Behinderung

551 Nach § 21 Abs. 4 SGB II erhalten erwerbsfähige Leistungsberechtigte mit Behinderung einen Mehrbedarf in Höhe von monatlich 35 % des maßgebenden Regelbedarfs. Voraussetzung sind insoweit erwerbsfähige behinderte Leistungsberechtigte, denen Leistungen zur Teilhabe am Arbeitsleben nach § 33 SGB IX mit Ausnahme der Leistungen nach § 33 Abs. 3 Nr. 2 und 4 SGB IX sowie sonstige Hilfen zur Erlangung eines geeigneten Platzes im Arbeitsleben oder Eingliederungshilfen nach § 54 Abs. 1 Satz 1 Nr. 1 bis Nr. 3 SGB XII erbracht werden. Wichtig ist dabei, dass

---

429 Hierbei handelt es sich um einen einmaligen Bedarf nach § 24 Abs. 3 Nr. 2 SGB II.
430 BSG 23.8.2012 – B 4 AS 167/11 R.
431 Vgl. BSG 11.2.2015 – B 4 AS 26/14 R sowie 12.11.2015 – B 14 AS 23/14 R.

IV. Leistungen zur Sicherung des Lebensunterhaltes – Regelbedarf und Sonderbedarfe

entsprechende Teilhabeleistungen auch tatsächlich gewährt werden. Ein Anspruch hierauf allein ist nicht ausreichend.

d) Personen mit kostenaufwändiger Ernährung

Wenn Leistungsberechtigte aus medizinischen Gründen einer kostenaufwändigeren Ernährung (zB Diät) bedürfen, erhalten sie einen Mehrbedarf nach § 21 Abs. 5 SGB II in angemessener Höhe. Eine entsprechende Höhe des Mehrbedarfes ist damit nicht normiert. Die Höhe des Mehrbedarfes richtet sich vielmehr an den Umständen des Einzelfalles. Der Einzelfall wiederum ist individuell zu ermitteln und – ggf. mittels Sachverständigengutachten – aufzuklären. Die zur kostenaufwändigen Ernährung ergangenen Empfehlungen des Deutschen Vereins können allenfalls als Anhaltspunkt, nicht jedoch als (antizipiertes) Sachverständigengutachten herangezogen werden.[432]

552

e) Dezentrale Warmwassererzeugung

Noch bis 31.12.2010 waren die Kosten für die Warmwasserbereitung Bestandteil des Regelbedarfes. Diese Kosten, die regelmäßig Bestandteil der Heizkosten waren, durften – zur Vermeidung einer Doppelberücksichtigung – nicht als Kosten der Unterkunft berücksichtigt werden und wurden daher aus den Heizkosten heraus gerechnet. Seit 1.1.2011 gilt nun aber, dass Kosten für die Warmwassererzeugung nicht im Regelsatz enthalten sind, vgl. § 20 Abs. 1 Satz 1 SGB II. Folglich bedarf es keines gesonderten Abzugs bei den Heizkosten mehr. Anders herum müssen jetzt jedoch diejenigen, deren Warmwasserbereitung separat von der Heizung, also zB per Strom, erfolgt, einen entsprechenden Ausgleich erhalten – daher der Mehrbedarf auch hinsichtlich dieser Kosten. So bestimmt § 21 Abs. 7 SGB II, dass bei Leistungsberechtigten ein Mehrbedarf anerkannt wird, soweit Warmwasser durch in der Unterkunft installierte Vorrichtungen erzeugt wird (dezentrale Warmwassererzeugung) und deshalb keine Bedarfe für zentral bereitgestelltes Warmwasser nach § 22 SGB II anerkannt werden. Der Mehrbedarf ist der Höhe nach pauschal definiert und beträgt für jede im Haushalt lebende leistungsberechtigte Person jeweils

553

- 2,3 % des aktuell geltenden Regelbedarfs von 409 EUR, 327 EUR und 368 EUR,[433]
- 1,4 % des aktuell geltenden Regelbedarfs von 311 EUR,[434]
- 1,2 % des aktuell geltenden Regelbedarfs von 291 EUR[435] oder
- 0,8 % des aktuell geltenden Regelbedarfs von 237 EUR.[436]

Soweit im Einzelfall ein von den Pauschalen abweichender Bedarf besteht, ist dieser zu berücksichtigen.

554

---

432 Vgl. BSG 22.11.2011 – B 4 AS 138/10 R.
433 Regelbedarf nach § 20 Abs. 2 Satz 1 oder Satz 2 Nr. 2, Abs. 3 oder 4 SGB II.
434 Regelbedarf nach § 20 Abs. 2 Satz 2 Nr. 1 SGB II oder § 23 Nr. 1 SGB II bei Leistungsberechtigten im 15. Lebensjahr.
435 Regelbedarf nach § 23 Nr. 1 SGB II bei Leistungsberechtigten vom Beginn des siebten bis zur Vollendung des 14. Lebensjahres.
436 Regelbedarf nach § 23 Nr. 1 SGB II bei Leistungsberechtigten bis zur Vollendung des sechsten Lebensjahres.

f) Härtefallregelung

555 Aufgrund des Urteils des BVerfG v. 9.2.2010[437] fügte der Gesetzgeber eine neue – „gruppenunabhängige" – Härtefallregelung ein.

556 Nach § 21 Abs. 6 SGB II wird bei Leistungsberechtigten ein Mehrbedarf anerkannt, soweit im Einzelfall ein unabweisbarer, laufender, nicht nur einmaliger besonderer Bedarf besteht. Dieser Mehrbedarf ist dann unabweisbar, wenn er insbesondere nicht durch die Zuwendungen Dritter sowie unter Berücksichtigung von Einsparmöglichkeiten der Leistungsberechtigten gedeckt ist und seiner Höhe nach erheblich von einem durchschnittlichen Bedarf abweicht. Dieser besondere Bedarf entsteht jedoch regelmäßig erst, wenn der Bedarf so erheblich ist, dass die Gesamtsumme der dem Leistungsberechtigten gewährten Leistungen – einschließlich der Leistungen Dritter und unter Berücksichtigung von Einsparmöglichkeiten des Leistungsberechtigten – das menschenwürdige Existenzminimum nicht mehr gewährleistet. Dieser zusätzliche Anspruch dürfte – so auch die ausdrücklichen Ausführungen des BVerfG – angesichts seiner engen und strikten Tatbestandsvoraussetzungen nur in seltenen Fällen entstehen.

557 **Muster: Klage auf atypischen Mehrbedarf (Hygienemehrbedarf bei HIV-Infektion)**

Rechtsanwalt

(...)

(Datum)

An das

Sozialgericht (...)

(Anschrift)

K L A G E

des (...),

(Anschrift)

– K l ä g e r –

Prozessbevollmächtigter: Rechtsanwalt (...)

g e g e n

Jobcenter (...)

(Anschrift)

– B e k l a g t e r –

Leistungen für den Zeitraum vom 1.4.2016 bis 30.9.2016[438]

Bescheid vom 28.3.2016

---

437 BVerfG 9.2.2010 – 1 BvL 1/09, 1 BvL 3/09, 1 BvL 4/09.
438 Es ist zu beachten, dass die Regelbedarfe zum 1.1.2017 erhöht wurden. Die Muster sind entsprechend dem im Klagezeitraum gültigen Regelsatz jeweilig anzupassen. Im Jahr 2016 betrug der Regelbedarf für einen Alleinstehenden/Alleinerziehenden 404 EUR, für Partner in einer Bedarfsgemeinschaft je 364 EUR, für Kinder ab dem 18. Lebensjahr bis einschließlich dem 24. Lebensjahr 324 EUR, für Kinder von 14 bis 17 Jahren 306 EUR, für Kinder zwischen 6 und 13 Jahren 270 EUR und für Kinder bis einschließlich 5 Jahren 237 EUR. Inhaltlich ergeben sich keine Änderungen.

IV. Leistungen zur Sicherung des Lebensunterhaltes – Regelbedarf und Sonderbedarfe

Namens und ausweislich der beigefügten Vollmacht des Klägers erhebe ich Klage und werde beantragen:

Der Bescheid des Beklagten vom 28.3.2016 in der Gestalt des Widerspruchsbescheides vom 25.6.2016 wird abgeändert und der Beklagte wird verurteilt, Leistungen zur Sicherung des Lebensunterhaltes einschließlich eines Mehrbedarfs zu zahlen.

Zur Geltendmachung der Rechte des Klägers beantrage ich ferner,

dem Kläger Prozesskostenhilfe ab Klageerhebung zu bewilligen und den Unterzeichner beizuordnen.

Begründung:

I.

Der Kläger begehrt einen Mehrbedarf für Hygiene aufgrund seiner HIV-Erkrankung.

Der am 4.6.1963 geborene Kläger bewohnt allein eine 38 m² große Wohnung. Er zahlt hierfür einen Mietzins in Höhe von 300 EUR sowie Vorauszahlungen auf Nebenkosten von 30 EUR, ferner Vorauszahlungen auf Heizkosten von weiteren 35 EUR.

Beweis:
- Mietvertrag – Anlage K1
- Heizkostenabrechnung – Anlage K2

Der Kläger erzielt kein Einkommen. Sein Vermögen beläuft sich auf ein Kontoguthaben von 346 EUR.

Beweis: Kontoauszug vom Juli 2016 – Anlage K3

Der Kläger ist an HIV erkrankt. Er beantragte erstmals am 4.1.2013 Leistungen zur Sicherung des Lebensunterhaltes. Er fügte dem Antrag eine Stellungnahme der Aidshilfe bei, woraus der typische, nicht durch die Regelleistung abgedeckte Bedarf von HIV-Infizierten ersichtlich wurde. Er leide krankheitsbedingt an verstärkter Schweißbildung, müsse sich häufiger duschen, mindestens zweimal täglich die Wäsche und alle ein bis zwei Tage die Bettwäsche wechseln. Zudem habe er einen vermehrten Bedarf an Toilettenpapier und müsse Medikamente einnehmen, die er bis zur Zuzahlungsgrenze selbst bezahlen müsse. Der Kläger hatte diesen Mehrbedarf mit 20,45 EUR monatlich beziffert.

Beweis: Antrag vom 4.1.2013 – Anlage K4

Die entsprechenden Mehrkosten fallen für den Kläger auch tatsächlich aufgrund der Erkrankung an.

Beweis: Sachverständigengutachten

Der Beklagte bewilligte dem Kläger Leistungen für den Zeitraum vom 1.4.2016 bis 30.9.2016 mit Bescheid vom 28.3.2016, ohne jedoch einen entsprechenden Mehrbedarf anzuerkennen.

Beweis: Bescheid vom 28.3.2016 – Anlage K5

Der vom Kläger hiergegen am 1.6.2012 erhobene Widerspruch wurde von dem Beklagten mit Widerspruchsbescheid vom 25.6.2012 als unbegründet zurückgewiesen.

Beweis:
- Widerspruch vom 1.6.2016 – Anlage K6
- Widerspruchsbescheid vom 25.6.2016 – Anlage K7

Hiergegen richtet sich die Klage.

II.

Der Bescheid des Beklagten vom 28.3.2016 in der Gestalt des Widerspruchsbescheides vom 24.6.2016, mit welchem dem Kläger Leistungen für den Zeitraum vom 1.4.2016 bis 30.9.2016 bewilligt wurden, ist rechtswidrig und verletzt den Kläger in seinen Rechten. Der Kläger hat einen Anspruch auf höhere Leistungen nach dem SGB II.

Nach § 7 Abs. 1 SGB II erhalten Personen, die das 15. Lebensjahr vollendet haben, erwerbsfähig und hilfebedürftig sind sowie ihren gewöhnlichen Aufenthalt in der Bundesrepublik Deutschland haben, Leistungen nach diesem Buch.

Der Kläger ist erwerbsfähig und hat seinen gewöhnlichen Aufenthalt in der Bundesrepublik. Ferner hat er das 15. Lebensjahr vollendet.

Auch ist er hilfebedürftig, da seinem Bedarf, bestehend aus Regelbedarf nach § 20 SGB II und den Kosten der Unterkunft nach § 22 SGB II (365 EUR) kein ausreichendes Einkommen nach § 11 SGB II und kein anrechenbares Vermögen nach § 12 SGB II gegenübersteht.

Der Kläger ist in höherem Umfang hilfebedürftig als von dem Beklagten angenommen, da sein Bedarf sich um einen Mehrbedarf nach § 21 Abs. 6 SGB II erhöht. Danach wird bei Leistungsberechtigten ein Mehrbedarf anerkannt, soweit im Einzelfall ein unabweisbarer, laufender, nicht nur einmaliger besonderer Bedarf besteht.

Mit § 21 Abs. 6 SGB II ist der Gesetzgeber den Vorgaben des BVerfG im Urt. v. 9.2.2010 – 1 BvL 1/09, 1 BvL 3/09, 1 BvL 4/09) nachgekommen. Durch diese Vorschrift soll gewährleistet werden, dass über die typisierten Mehrbedarfe nach § 21 Abs. 2 bis 5 SGB II hinaus und jenseits der Möglichkeit, vorübergehende Spitzen besonderen Bedarfs durch ein Darlehen aufzufangen, solche Bedarfe im System des SGB II gedeckt werden, die entweder der Art oder der Höhe nach bei der Bemessung des Regelbedarfs nicht berücksichtigt sind (BSG 20.1.2016 – B 14 AS 8/15 R). Dies ist vorliegend der Fall, da der Hygienebedarf quantitativ mit mehr als 20 EUR erheblich über dem üblichen Bedarf liegt. Die in Betracht kommenden Regelbedarfsanteile von Gesundheitspflege (17,36 EUR) und ggf. ein Teil des Bedarfs für Wohnen, Energie und Wohnungsinstandhaltung (377 EUR) reichen in ihren entsprechenden Bestandteilen nicht zu Deckung des Bedarfs.

Der Bedarf ist unabweisbar, wenn es sich um einen unaufschiebbaren Bedarf handelt, dessen Deckung erforderlich ist, um im konkreten Einzelfall das menschenwürdige, soziokulturelle Existenzminimum sicherzustellen (von Boetticher/*Münder* LPK-SGB II § 21 Rn. 36). Auch dies ist vorliegend gegeben, da die Körperhygiene des Klägers zu einem menschenwürdigen Dasein unzweifelhaft gehört.

Schließlich muss der Bedarf laufend und nicht nur einmalig sein. Hier findet eine Abgrenzung zu § 24 Abs. 1 SGB II statt. Der Bedarf muss wiederkehrend auftreten. Es darf sich nicht lediglich um eine einmalige Bedarfsspitze handeln (von Boetticher/*Münder* LPK-SGB II § 21 Rn. 42). Auch dies ist bei den Hygieneartikeln offensichtlich der Fall.

Insgesamt ist der Hygienemehrbedarf bei HIV-Erkrankung durch das BSG nach alter Rechtslage für den Auffangtatbestand des SGB XII anerkannt (BSG 19.8.2010 – B 14 AS 13/10 R) und in die Regelung des § 21 Abs. 6 SGB II zu übernehmen (von Boetticher/*Münder* LPK-SGB II § 21 Rn. 43).

Der Kläger hat einen entsprechenden Anspruch auf die Leistung. Der Bescheid ist dementsprechend abzuändern.

IV. Leistungen zur Sicherung des Lebensunterhaltes – Regelbedarf und Sonderbedarfe

> **III.**
> Wie sich aus der beigefügten Erklärung zu den persönlichen und wirtschaftlichen Verhältnissen ergibt, kann der Kläger die Kosten der Prozessführung nicht aufbringen (§ 73 a SGG iVm § 114 ZPO). Da die Klage – wie ausgeführt – Aussicht auf Erfolg hat und nicht mutwillig ist, ist der Antrag auf Prozesskostenhilfe ebenfalls begründet.
> (…)
> Rechtsanwalt

3. Abweichenden Erbringung von Leistungen, § 24 SGB II

Mit § 24 SGB II besteht die Möglichkeit der – vom Normalfall – abweichenden Leistungserbringung. Dies nämlich dann, wenn der Regelbedarf nicht ausreicht (Abs. 1) oder wenn die Gefahr besteht, dass Leistungen für den Regelbedarf nicht zur Bedarfsdeckung aufgewandt werden (Abs. 2). Konstellationen, bei denen zwar ein aktueller Bedarf besteht, jedoch noch im gleichen Monat mit einer Einnahme gerechnet werden kann oder dass kein sofort verwertbares Vermögen bzw. eine vorzeitig verbrauchte einmalige Einnahme[439] nicht mehr zur Verfügung steht, werden in den Abs. 4 bzw. 5 erfasst.   558

a) Regelleistung ist nicht ausreichend

Wenn im Einzelfall ein von dem Regelbedarf umfasster und nach den Umständen unabweisbarer Bedarf nicht gedeckt werden kann, erbringt die Agentur für Arbeit bei entsprechendem Nachweis den Bedarf als Sachleistung oder als Geldleistung durch Darlehensgewährung[440] (§ 24 Abs. 1 Satz 1 SGB II). Ein Bedarf ist dann unabweisbar idS, wenn er nicht aufschiebbar ist, etwa weil er zur Vermeidung einer akuten Notsituation unvermeidlich ist. Es darf dabei nicht die Erwartung bestehen, dass der Leistungsberechtigte diesen Bedarf mit der nächsten Zahlung des Regelbedarfes ausgleichen kann.   559

Das BVerfG hat mit seiner Entscheidung v. 23.7.2014[441] festgestellt, dass (u.a.) die Regelungen des § 24 SGB II über gesondert neben dem Regelbedarf zu erbringende einmalige Leistungen unter Umständen dahingehend verfassungskonform auszulegen ist, dass – trotz des andersartigen Gesetzeswortlautes – die Leistungen nicht als Darlehen, sondern als Zuschuss zu gewähren sind. Der damit entstehende Rechtsanspruch auf die gegenwärtig vom Regelbedarf nicht abgedeckten Positionen gilt (aber nur) für die Fälle, in denen es aufgrund der Regelbedarfs-Ermittlung an einer Deckung der existenzsichernden Bedarfe fehlt.[442] Hintergrund ist, dass auf ein nach § 24 Abs. 1 SGB II mögliches Anschaffungsdarlehen, mit dem zwingend eine Reduzierung der Fürsorgeleistung um 10 % durch Aufrechnung nach § 42 a Abs. 2 Satz 1 in Verbindung mit § 24 Abs. 1 SGB II ab dem Folgemonat der Auszahlung verbunden ist, nur verwiesen werden kann, wenn die Regelbe-   560

---

439 § 24 Abs. 4 Satz 2 SGB II mWv 1.1.2017.
440 Vgl. zu den Modalitäten und zur Rückzahlung § 42 a SGB II.
441 BVerfG 23.7.2014 – 1 BvL 10/12, 1 BvL 12/12, 1 BvR 1691/13.
442 BVerfG 23.7.2014 – 1 BvL 10/12, 1 BvL 12/12, 1 BvR 1691/13 – Rn. 116.

B. Besonderer Teil

darfsleistung so hoch bemessen ist, dass tatsächlich entsprechende Spielräume für Rückzahlungen bestehen.⁴⁴³

561 Aufgrund der Einkommens- und Verbrauchsstichprobe 2013 hat der Gesetzgeber die Regelbedarfe mit Wirkung zum 1.1.2017 neu gefasst.⁴⁴⁴ Nach Auffassung des Gesetzgebers hat er sich bei der Neubestimmung der Regelbedarfe vor allem auch an der Rechtsprechung des BVerfG – eben auch der Entscheidung v. 23.7.2014 – orientiert. Trifft dies vollumfänglich zu, dürfte es zu der vorgenannten Bedarfsunterdeckung wegen Mängeln bei der Regelbedarfs-Ermittlung nicht mehr kommen, so dass die vom BVerfG geforderte verfassungskonforme Auslegung des § 24 Abs. 1 SGB II dahingehend, dass entsprechende zusätzliche Leistungen zuschussweise und nicht darlehensweise zu gewähren sind, ab 1.1.2017 insoweit nicht mehr zu berücksichtigen ist. Es bleibt abzuwarten, wie sich das BSG bzw. gar das BVerfG zu der Bedarfsbestimmung der Bedarfe ab 1.1.2017 positionieren werden.

562 **Muster: Antrag auf einstweiligen Rechtsschutz – Darlehen zur Beschaffung einer neuen Waschmaschine**

Rechtsanwalt

(…)

(Datum)

An das

Sozialgericht (…)

(Anschrift)

Antrag auf einstweiligen Rechtsschutz

des (…),

(Anschrift)

– A n t r a g s t e l l e r –

Prozessbevollmächtigter: Rechtsanwalt (…)

g e g e n

Jobcenter (…)

(Anschrift)

vertreten durch den Geschäftsführer

– A n t r a g s g e g n e r –

Darlehen für eine Waschmaschine

Bescheid vom 29.8.2016.

Namens und ausweislich der beigefügten Vollmacht des Antragstellers erhebe ich Antrag auf einstweiligen Rechtsschutz und beantrage,

---

443 BVerfG 23.7.2014 – 1 BvL 10/12, 1 BvL 12/12, 1 BvR 1691/13 – Rn. 116.
444 Gesetz zur Ermittlung der Regelbedarfe nach § 28 des Zwölften Buches Sozialgesetzbuch (Regelbedarfs-Ermittlungsgesetz – RBEG) vom 22.12.2016 (BGBl. I 3159).

IV. Leistungen zur Sicherung des Lebensunterhaltes – Regelbedarf und Sonderbedarfe

den Antragsgegner im Wege des einstweiligen Rechtsschutzes zu verpflichten, dem Antragsteller ein Darlehen zur Beschaffung einer Waschmaschine zu gewähren.

Zur Geltendmachung der Rechte des Antragstellers beantrage ich ferner,

dem Antragsteller Prozesskostenhilfe ab Antragstellung zu bewilligen und den Unterzeichner beizuordnen.

Begründung:

I.

Der Antragsteller begehrt ein Darlehen für eine Waschmaschine.

Der am 4.6.1963 geborene Antragsteller bewohnt allein eine 38 m² große Wohnung. Er zahlt hierfür einen Mietzins in Höhe von 300 EUR sowie Vorauszahlungen auf Nebenkosten von 30 EUR, sowie Vorauszahlungen auf Heizkosten von weiteren 35 EUR.

Glaubhaftmachung:
- Mietvertrag – Anlage A1
- Heizkostenabrechnung – Anlage A2

Der Antragsteller erzielt kein Einkommen. Sein Vermögen beläuft sich auf ein Kontoguthaben von 36 EUR.

Glaubhaftmachung: Kontoauszug vom Oktober 2016 – Anlage A3

Die Waschmaschine des Antragstellers erlitt im August 2016 einen irreparablen Defekt.

Glaubhaftmachung: Bestätigung des Waschmaschinenmonteurs – Anlage A4

Da der Antragsteller nicht über Mittel verfügte, um sich eine Waschmaschine zu kaufen, beantragte er bei dem Antragsgegner ein entsprechendes Darlehen.

Glaubhaftmachung: Antrag vom 15.8.2016 – Anlage A5

Der Antragsgegner lehnte den Antrag mit Bescheid vom 29.8.2016 ab mit dem Hinweis darauf, dass der Kläger die Anschaffung aus dem Ansparbetrag des Regelbedarfs hätte ansparen können, da er bereits mehrere Jahre Leistungen zur Sicherung des Lebensunterhaltes beziehe.

Glaubhaftmachung: Bescheid vom 29.8.2016 – Anlage A6

Der vom Antragsteller hiergegen am 1.9.2016 erhobene Widerspruch wurde von dem Antragsgegner mit Widerspruchsbescheid vom 26.9.2016 als unbegründet zurückgewiesen.

Glaubhaftmachung:
- Widerspruch vom 1.9.2016. – Anlage A7
- Widerspruchsbescheid vom 26.9.2016. – Anlage A8

Hiergegen richtet sich der Antrag.

II.

Nach § 86 b Abs. 2 Satz 2 SGG kann das Gericht einstweilige Anordnungen zur Regelung eines vorläufigen Zustandes in Bezug auf ein streitiges Rechtsverhältnis treffen, wenn eine solche Regelung zur Abwendung wesentlicher Nachteile notwendig erscheint. Der Erlass einer solchen Regelungsanordnung setzt voraus, dass nach materiellem Recht ein Anspruch auf die begehrte Leistung besteht (Anordnungsanspruch) und dass die Regelungsanordnung zur Abwendung wesentlicher Nachteile notwendig ist (Anordnungsgrund). Sowohl der Anordnungsanspruch als auch der Anordnungsgrund sind gemäß

§ 920 Abs. 2 ZPO iVm § 86 b Abs. 2 Satz 4 SGG glaubhaft zu machen. Ist dem Gericht eine vollständige Aufklärung der Sach- und Rechtslage im Eilverfahren nicht möglich, so ist anhand einer Folgenabwägung zu entscheiden. Dabei sind die grundrechtlichen Belange des Antragstellers umfassend in die Abwägung einzustellen (BVerfG 12.5.2005– 1 BvR 569/05).

1.

Es besteht zunächst ein Anordnungsanspruch.

Nach § 7 Abs. 1 SGB II erhalten Personen, die das 15. Lebensjahr vollendet haben, erwerbsfähig und hilfebedürftig sind sowie ihren gewöhnlichen Aufenthalt in der Bundesrepublik Deutschland haben, Leistungen nach dem SGB II.

Der Antragsteller ist erwerbsfähig und hat seinen gewöhnlichen Aufenthalt in der Bundesrepublik. Ferner hat er das 15. Lebensjahr vollendet.

Auch ist er hilfebedürftig, da seinem Bedarf bestehend aus Regelbedarf nach § 20 SGB II und den Kosten der Unterkunft nach § 22 SGB II (365 EUR) kein ausreichendes Einkommen nach § 11 SGB II und kein anrechenbares Vermögen nach § 12 SGB II gegenübersteht.

Der Antragsteller hat einen Anspruch auf das Darlehen nach § 24 Abs. 1 SGB II. Wenn im Einzelfall ein von dem Regelbedarf umfasster und nach den Umständen unabweisbarer Bedarf nicht gedeckt werden kann, erbringt nach dieser Vorschrift die Agentur für Arbeit bei entsprechendem Nachweis den Bedarf als Sachleistung oder als Geldleistung durch Darlehensgewährung.

Es muss sich zunächst um einen vom Regelbedarf umfassten Bedarf handeln (von Boetticher/*Münder* LPK-SGB II § 24 Rn. 8). Dies ist vorliegend der Fall, da eine Waschmaschine im Bedarf für Haushaltsgeräte enthalten ist (vgl. von Boetticher/*Münder* LPK-SGB II § 24 Rn. 6).

Weiterhin muss der Bedarf nach den Umständen unabweisbar sein. Es muss sich insbesondere um eine einmalige Bedarfsspitze handeln und der Bedarf unaufschiebbar sein (von Boetticher/*Münder* LPK-SGB II § 24 Rn. 9). Dies ist vorliegend ebenfalls der Fall. Eine Waschmaschine ist unabdingbarer Bestandteil des täglichen Bedarfs zur Reinigung der Kleider. Die Kosten für die Beschaffung fallen einmalig an.

Schließlich darf der Bedarf weder durch das Vermögen nach § 12 Abs. 2 Nr. 4 SGB II noch auf anderer Weise gedeckt sein. Herangezogen werden darf jedoch nur tatsächlich vorhandenes Vermögen nach § 12 Abs. 2 Nr. 4 SGB II und nicht solches vom Grundfreibetrag nach § 12 Abs. 2 Nr. 1 SGB II geschütztes (von Boetticher/*Münder* LPK-SGB II § 24 Rn. 12). Der Antragsteller verfügt gerade nicht über solches Vermögen.

Ebenfalls kann, entgegen der Auffassung des Antragsgegners, der Antragsteller gerade nicht auf fiktive Ansparbeträge verwiesen werden (von Boetticher/*Münder* LPK-SGB II § 24 Rn. 12). Dies verbietet der Charakter der Norm, der einmalige Bedarfsspitzen ausgleichen soll und bei der Auslegung des Antragsgegners nur für Leistungsberechtigte in Betrachte käme, die erst seit kurzem Leistungen beziehen, jedoch über kein relevantes Vermögen verfügen. Der Verweis auf fiktive Ansparmöglichkeiten würde dem Charakter einer Unterstützung im Notfall nicht gerecht.

Die Leistung kann als Sach- oder Geldleistung erbracht werden. IdR hat jedoch die Geldleistung Vorrang (von Boetticher/*Münder* LPK-SGB II § 24 Rn. 16).

IV. Leistungen zur Sicherung des Lebensunterhaltes – Regelbedarf und Sonderbedarfe

2.
Auch ein Anordnungsgrund ist gegeben. Dieser liegt vor, wenn wesentliche Nachteile abzuwenden sind. Insbesondere, wenn dem Antragsteller ein Abwarten der Entscheidung in der Hauptsache nicht zuzumuten ist (in Lüdtke/Berchtold/*Binder* SGG § 86 b Rn. 46 mwN). Im Rahmen des Anspruchs auf Grundsicherung ist dies allenfalls der Fall, wenn Schonvermögen oder nicht anrechenbares Einkommen vorrangig einzusetzen wäre. Über ein solches verfügt der Antragsteller nicht mehr.

3.
Die Hauptsache wird durch die vorläufige Verpflichtung nicht vorweg genommen, da die Geldleistung rückzahlbar bleibt. Im Übrigen jedoch wäre eine Vorwegnahme im Hinblick auf Art. 19 Abs. 4 GG gerechtfertigt, da eine andere Entscheidung nicht möglich ist.

Dem Antrag ist nach all dem stattzugeben.

III.
Wie sich aus der beigefügten Erklärung zu den persönlichen und wirtschaftlichen Verhältnissen ergibt, kann der Antragsteller die Kosten der Prozessführung nicht aufbringen (§ 73 a SGG iVm § 114 ZPO). Da der Antrag – wie ausgeführt – Aussicht auf Erfolg hat und nicht mutwillig ist, ist der Antrag auf Prozesskostenhilfe ebenfalls begründet.

(...)

Rechtsanwalt

b) Regelleistung wird nicht zur Bedarfsdeckung aufgewandt

Wenn sich Leistungsberechtigte – insbesondere bei Drogen- oder Alkoholabhängigkeit[445] sowie im Falle unwirtschaftlichen Verhaltens[446] – als ungeeignet erweisen, mit den Leistungen für den Regelbedarf nach § 20 SGB II ihren Bedarf zu decken, kann das ALG II bis zur Höhe des Regelbedarfs für den Lebensunterhalt in voller Höhe oder anteilig in Form von Sachleistungen erbracht werden (§ 24 Abs. 2 SGB II). Voraussetzung einer solchen Bedarfsdeckung durch Sachleistung ist jedoch, dass es andernfalls zu einer Bedarfsunterdeckung kommen würde. Die Ungeeignetheit des Leistungsberechtigten, mit den Leistungen für den Regelbedarf seinen Bedarf zu decken, muss tatsächlich vorliegen. Der bloße Verdacht ist ebenso unzureichend wie eine stärkere Vermutung.

563

c) Leistungserbringung als Darlehen bei voraussichtlichen Einnahmen oder vorzeitigem Verbrauch einmaliger Einnahmen

Soweit in dem Monat, für den die SGB II-Leistungen erbracht werden, voraussichtlich Einnahmen anfallen,[447] können die Leistungen zur Sicherung des Lebensunterhalts als Darlehen erbracht werden (§ 24 Abs. 4 SGB II). D.h., dass trotz des

564

---

445 Eine ärztliche Bestätigung ist nicht erforderlich. Ausreichend ist, wenn der Leistungsträger Kenntnis von entsprechenden Umständen erhält, die auf solch eine Sucht o.Ä. hindeuten.
446 Ein solches ist bei einem vorwerfbaren Verhalten anzunehmen, das von einem verschwenderischen, sinnlosen und mit normalen Maßstäben überhaupt nicht zu vereinbaren Umgang mit den bereitgestellten Mitteln gekennzeichnet ist. Ein solches vorwerfbares Verhalten wird idR bei Krankheit und Sucht nicht anzunehmen sein.
447 Z.B. späterer Einkommenszufluss oder Vermögenszuwachs.

Vorliegens einer aktuellen Bedürftigkeit, die Leistung nicht als verlorener Zuschuss, sondern als Darlehen[448] erbracht wird.

565 Gleiches gilt mit Wirkung ab 1.1.2017 für den Fall, dass wenn einmalige Einnahmen i.S.d. § 11 Abs. 3 SGB II vorzeitig (vor Ablauf des Sechsmonatszeitraumes nach § 11 Abs. 3 Satz 4 SGB II)[449] von den Leistungsberechtigten verbraucht worden sind. Mit dieser Regelung reagiert der Gesetzgeber auf die Rechtsprechung des Bundessozialgerichts,[450] wonach Einmaleinkommen zwar einerseits vorrangig für den Lebensunterhalt statt zur Schuldentilgung eingesetzt werden muss, existenzsichernde Leistungen aber andererseits nicht verweigert werden dürfen, wenn das Einmaleinkommen nur noch hypothetisch, nicht aber mehr tatsächlich für die Bedarfsdeckung zur Verfügung steht.[451] Nach bisheriger Rechtslage waren die Jobcenter gezwungen, auch in diesen Fällen Leistungen als Zuschuss zu erbringen. Im Nachgang hatten die Jobcenter lediglich die Möglichkeit, den Verbrauch des Einmaleinkommens als Sozialwidrigkeit nach § 31 Abs. 2 SGB II zu sanktionieren oder einen Ersatz der Leistungen nach § 34 SGB II zu fordern. Beide Varianten sind an hohe Anforderungen, die eine Einzelfallprüfung zwingend erforderlich macht, geknüpft. Nun ergibt sich aber über § 42 a Abs. 2 SGB II eine automatische Rückerstattung dieser Leistungen.

d) Darlehensweise Leistungserbringung bei fehlender sofortiger Verwertbarkeit des Vermögens

566 Wenn Leistungsberechtigten der sofortige Verbrauch oder die sofortige Verwertung von zu berücksichtigendem Vermögen nicht möglich ist oder für sie eine besondere Härte bedeuten würde, sind Leistungen als Darlehen zu erbringen (§ 24 Abs. 5 SGB II). Dabei können die Leistungen davon abhängig gemacht werden, dass der Anspruch auf Rückzahlung dinglich oder in anderer Weise gesichert wird. Ob der sofortige Verbrauch bzw. die sofortige Verwertung tatsächlich nicht möglich ist, ist nach Rechtsprechung des BSG anhand einer Prognose für den Zeitraum, für den die Leistungen bewilligt werden, ab 1.8.2016 also regelmäßig den einjährigen Bewilligungszeitraum des § 41 Abs. 3 Satz 1 SGB II, festzustellen. Insoweit muss von vornherein eine Prognose getroffen werden, ob und welche Verwertungsmöglichkeiten in dem Bewilligungszeitraum bestehen, die geeignet sind, Hilfebedürftigkeit abzuwenden.

567 **Muster: Klage auf darlehensweise Leistungen wegen vorübergehender Unverwertbarkeit eines Grundstücks**

Rechtsanwalt

(...)

(Datum)

An das

Sozialgericht (...)

(Anschrift)

---

448 Vgl. zu den Modalitäten und zur Rückzahlung § 42 a SGB II.
449 Vgl. BT-Drs. 18/8041, S. 42.
450 BSG 12.12.2013 – B 14 AS 76/12 R.
451 Vgl. Münder/*von Boetticher* LPK-SGB II § 24 Rn. 43.

IV. Leistungen zur Sicherung des Lebensunterhaltes – Regelbedarf und Sonderbedarfe

KLAGE

des (...),
(Anschrift)

– Kläger –

Prozessbevollmächtigter: Rechtsanwalt (...)

gegen

Jobcenter (...)
(Anschrift)
vertreten durch den Geschäftsführer

– Beklagter –

Leistungen für den Zeitraum ab 1.3.2016
Bescheid vom 10.3.2016

Namens und ausweislich der beigefügten Vollmacht des Klägers erhebe ich Klage und werde beantragen:

Der Bescheid des Beklagten vom 10.3.2016 in der Gestalt des Widerspruchsbescheides vom 25.5.2016 wird aufgehoben und der Beklagte wird verurteilt, Leistungen zur Sicherung des Lebensunterhaltes als Darlehen zu zahlen.

Zur Geltendmachung der Rechte des Klägers beantrage ich ferner,

dem Kläger Prozesskostenhilfe ab Klageerhebung zu bewilligen und den Unterzeichner beizuordnen.

Begründung:

I.

Der Kläger begehrt darlehensweise Leistungen zur Sicherung des Lebensunterhaltes.

Der am 4.6.1983 geborene Kläger bewohnt allein eine 38 m² große Wohnung. Er zahlt hierfür einen Mietzins in Höhe von 300 EUR sowie Vorauszahlungen auf Nebenkosten von 80 EUR, ferner Vorauszahlungen auf Heizkosten von weiteren 50 EUR.

Beweis:
- Mietvertrag – Anlage K1
- Heizkostenabrechnung – Anlage K2

Der Kläger erzielt kein Einkommen. Er verfügt über ein Kontoguthaben von 346 EUR.

Beweis: Kontoauszug vom Juni 2016 – Anlage K3

Darüber hinaus verfügt der Kläger über ein unbebautes Grundstück in Stadtrandlage, welches er als Erbe seiner Eltern erhielt. Dieses ist bereits durch eine Hypothek beliehen.

Beweis: Grundbuchauszug – Anlage K4

Das Grundstück ist nicht vom Bebauungsplan der Stadt (...) erfasst.

Grds. ist das Grundstück veräußerbar. Da es jedoch vom Bebauungsplan nicht erfasst und der Immobilienmarkt derzeit angespannt ist, ist eine sofortige Veräußerung auch im Hinblick darauf, welche Gebäude auf dem Grundstück errichtet werden können, nicht möglich.

Beweis: Sachverständigengutachten

Der Kläger beantragte am 2.3.2016 erstmals Leistungen zur Sicherung des Lebensunterhaltes. Im Rahmen des Erstantrages gab er das Grundstück an.
Beweis: Antrag vom 2.3.2016 – Anlage K5
Der Beklagte lehnte mit Bescheid vom 10.3.2016 den Antrag des Klägers ab, da dieser nicht hilfebedürftig iSd § 9 SGB II sei. Er verfüge über verwertbares Vermögen, da er das Grundstück verkaufen oder beleihen könnte.
Beweis: Bescheid vom 10.3.2016 – Anlage K6
Hiergegen erhob der Kläger Widerspruch unter dem 15.3.2016. Dieser wurde mit Widerspruchsbescheid vom 25.5.2016 als unbegründet zurückgewiesen.
Beweis:
- Widerspruch vom 15.3.2016 – Anlage K7
- Widerspruchsbescheid vom 25.5.2016 – Anlage K8

Hiergegen richtet sich die Klage.

II.

Der Bescheid des Beklagten vom 10.3.2016 in der Gestalt des Widerspruchsbescheides vom 25.5.2016, mit welchem Leistungen für den Kläger ab dem 1.3.2016 abgelehnt wurden, ist rechtswidrig und verletzt den Kläger in seinen Rechten. Der Kläger hat einen Anspruch auf Leistungen zur Sicherung des Lebensunterhaltes als Darlehen nach §§ 7 und 19 ff. SGB II.

Nach § 7 Abs. 1 SGB II erhalten Personen, die das 15. Lebensjahr vollendet haben, erwerbsfähig und hilfebedürftig sind sowie ihren gewöhnlichen Aufenthalt in der Bundesrepublik Deutschland haben, Leistungen nach diesem Buch.

Der Kläger ist erwerbsfähig und hat seinen gewöhnlichen Aufenthalt in der Bundesrepublik. Ferner hat er das 15. Lebensjahr vollendet. Hilfebedürftig im Sinne der § 7 Abs. 1 S. 1 Nr. 3, §§ 9, 11, 12 SGB II ist, wer seinen Lebensunterhalt nicht oder nicht ausreichend aus eigenen Kräften und Mitteln, insbesondere zu berücksichtigendem Einkommen und Vermögen, sichern kann und die erforderliche Hilfe nicht von anderen erhält. Zwar ist nach § 9 Abs. 4 SGB II auch derjenige hilfebedürftig, dem der sofortige Verbrauch oder die sofortige Verwertung von zu berücksichtigendem Vermögen nicht möglich ist oder für den dies eine besondere Härte bedeuten würde, in diesem Fall sind die Leistungen als Darlehen zu erbringen (§ 24 Abs. 5 SGB II).

Der sofortigen Verwertung stehen objektive Hindernisse entgegen. Hindernisse müssen rechtlicher oder tatsächliche Art sein und der sofortigen Verwertung objektiv entgegenstehen (amtliche Gesetzesbegründung, BT-Drs. 15/1638, zu Art. 1 § 9, Seite 53). Das ist hier der Fall. Eine Verwertung durch Verkauf ist nicht sofort möglich. Denn selbst bei sofortigem Abschluss eines notariellen Kaufvertrages über die Gewerbeeinheit bedarf es vor Auskehrung des Kaufpreises an den Kläger der grundbuchrechtlichen Abwicklung des Kaufvertrages. Die technische Abwicklung eines Immobilienkaufvertrages begründet daher in aller Regel ein tatsächliches Hindernis im Sinne von § 9 Abs. 4 SGB II (*Eicher* SGB II § 9 Rn. 77). Dieses Hindernis liegt angesichts der allgemeinen Abwicklungszeiten eines notariellen Kaufvertrages auch in den nächsten sechs Monaten vor. Eine Verwertung durch Beleihung kommt angesichts der hohen Darlehenslasten grds. nicht in Betracht.

Damit sind dem Kläger jedenfalls darlehensweise Leistungen zu gewähren.

> **III.**
> Wie sich aus der beigefügten Erklärung zu den persönlichen und wirtschaftlichen Verhältnissen ergibt, kann der Kläger die Kosten der Prozessführung nicht aufbringen (§ 73 a SGG iVm § 114 ZPO). Da die Klage – wie ausgeführt – Aussicht auf Erfolg hat und nicht mutwillig ist, ist der Antrag auf Prozesskostenhilfe ebenfalls begründet.
>
> (...)
> Rechtsanwalt

Wenn der Leistungsberechtigte tatsächlich nicht in der Lage ist, die Verwertung innerhalb einer bei Antragstellung feststehenden Zeitspanne durch eigenes Handeln – autonom – herbeizuführen, liegt kein Fall des § 24 Abs. 5 SGB II, also der darlehensweisen Leistungserbringung bei fehlender sofortiger Verwertbarkeit oder besonderer Härte vor. Vielmehr kann dann gar keine Verwertbarkeit von Vermögen im Sinne des § 12 Abs. 1 SGB II angenommen werden, sondern es ist dann davon auszugehen, dass kein verwertbares Vermögen vorliegt.[452] Konsequenz dessen ist, dass sich ein regulärer Leistungsanspruch in Form eines Zuschusses ergibt. 568

Zur Klarstellung: Fallkonstellationen der nicht *sofortigen* Verwertbarkeit sind jedoch von der (gänzlich) *fehlenden* Verwertbarkeit nach § 12 SGB II (Verwertbarkeit innerhalb eines Prognosezeitraumes [= bevorstehender Bewilligungszeitraum] nicht möglich) abzugrenzen. Es ist zunächst zu prüfen, ob überhaupt eine grundsätzliche Verwertbarkeit gegeben ist – dazu gehört auch die Verwertbarkeitsprüfung nach § 12 Abs. 3 Nr. 6 SGB II (besondere Härte). Kommt man hier zum Schluss, dass eine Verwertbarkeit keine besondere Härte bedeutet, ist weiter zu prüfen, ob dann aber die sofortige Verwertung ggf. eine besondere Härte darstellen würde (zB aktuell sehr ungünstiger Marktwert). 569

4. Einmalige Hilfen, § 24 Abs. 3 SGB II

Mit § 24 Abs. 3 SGB II wird geregelt, dass bestimmte Leistungen nicht von dem Regelbedarf umfasst sind und gesondert erbracht werden. Es handelt sich hierbei zum einen um die sogenannten Erstausstattungsleistungen und zum anderen um orthopädische und therapeutische Mittel. 570

Umfasst sind spezielle Bedarfe, die der Höhe nach erheblich vom durchschnittlichen Bedarf abweichen[453] und deren zeitversetzte Deckung unter Einsatz des Ansparbetrages nach § 20 Abs. 1 Satz 4 Hs 2 SGB II dem Leistungsberechtigten nicht zugemutet werden kann.[454] 571

Anders als die Leistungen für orthopädische und therapeutische Mittel[455] können die Leistungen der Erstausstattung als Sachleistung oder Geldleistung, auch in 572

---

452 Bspw. wenn ein lebenslanges Nießbrauchsrecht für bestimmte Personen am Grundstück eingetragen ist – vgl. BSG 6.12.2007 – B 14/7 b AS 46/06 R.
453 Vgl. BSG 19.9.2008 – B 14 AS 64/07 R.
454 Vgl. Münder/*von Boetticher* LPK-SGB II § 24 Rn. 24.
455 Leistungen für orthopädische bzw. therapeutische Geräte sind in tatsächlicher Höhe zu übernehmen.

Form von Pauschalbeträgen, erbracht werden.⁴⁵⁶ Bei deren Bemessung sind jedoch geeignete Angaben über die erforderlichen Aufwendungen und nachvollziehbare Erfahrungswerte zu berücksichtigen.⁴⁵⁷

a) Erstausstattungen für die Wohnung einschließlich Haushaltsgeräten

573 Es handelt sich hierbei um bedarfsbezogene Leistungen für wohnraumbezogene Gegenstände, die für eine geordnete Haushaltsführung und ein an den herrschenden Lebensgewohnheiten orientiertes Wohnen erforderlich sind. Sie kommen auch dann in Betracht, wenn die Wohnung schon seit einiger Zeit bezogen ist, der Bedarf aber erst später entstanden ist.

574 **Muster: Klage auf Erstausstattung nach Auszug aus gemeinsamer Wohnung**

Rechtsanwalt

(...)

(Datum)

An das

Sozialgericht (...)

(Anschrift)

K L A G E

der (...),

(Anschrift)

— K l ä g e r i n —

Prozessbevollmächtigter: Rechtsanwalt (...)

g e g e n

Jobcenter (...)

(Anschrift)

vertreten durch den Geschäftsführer

— B e k l a g t e r —

Erstausstattungsleistungen

Bescheid vom 20.4.2016

Namens und ausweislich der beigefügten Vollmacht der Klägerin erhebe ich Klage und werde beantragen:

Der Bescheid des Beklagten vom 20.4.2016 in der Gestalt des Widerspruchsbescheides vom 15.6.2016 wird aufgehoben und der Beklagte verpflichtet, eine Erstausstattung der Wohnung zu gewähren.

Zur Geltendmachung der Rechte der Klägerin beantrage ich ferner,

---

456 Das Auswahlmessen des Grundsicherungsträgers hinsichtlich des „Wie" der Leistungserbringung ist jedoch auf Null reduziert ist, wenn er die Erstausstattung immer in einer bestimmten Form (z.B. als Geldleistung) erbringt (vgl. BSG 19.8.2010 – B 14 AS 10/09 R).
457 Vgl. BSG 13.4.2011 – B 14 AS 53/10 R.

IV. Leistungen zur Sicherung des Lebensunterhaltes – Regelbedarf und Sonderbedarfe

der Klägerin Prozesskostenhilfe ab Klageerhebung zu bewilligen und den Unterzeichner beizuordnen.

Begründung:

I.

Die Klägerin begehrt eine Wohnungserstausstattung.

Die am 2.6.1983 geborene Klägerin bewohnt eine 45 m² große Wohnung. Sie zahlt hierfür einen Mietzins in Höhe von 350 EUR sowie Vorauszahlungen auf Neben- und Heizkosten von 50 EUR.

Beweis: Mietvertrag – Anlage K1

Die Klägerin verfügt über kein Einkommen. Ihr Vermögen beläuft sich auf ein Kontoguthaben von 245 EUR.

Beweis: aktueller Kontoauszug – Anlage K2

Der Klägerin wurden erstmals mit Bescheid vom 8.3.2016 Leistungen für die Zeit vom 1.3.2016 bis 31.8.2016 bewilligt, nachdem sie aus dem gemeinsamen Haushalt mit ihrem damaligen Lebensgefährten auszog und die oben genannte Wohnung bezog.

Beweis: Bescheid vom 8.3.2016 – Anlage K3

Die Klägerin verfügt nur über sehr wenige Einrichtungsgegenstände. Sie zog damals zu ihrem Lebensgefährten aus dem Haushalt ihrer Eltern und nahm von dort nur einige Einrichtungsgegenstände mit. Im Übrigen nutzte sie die im Haushalt ihres Lebensgefährten vorhandenen Einrichtungsgegenstände.

Beweis: Zeugnis des ehemaligen Lebensgefährten ( ), (ladungsfähige Anschrift)

Die ihr selbst gehörige Einrichtungsgegenstände nahm die Klägerin mit in die neue Wohnung. Es handelt sich im Einzelnen um einen Kleiderschrank, einen Schreibtisch und um eine Couch.

Beweis: Lichtbilder der Wohnung der Klägerin – Anlage K4

Am 10.3.2016 beantragte die Klägerin eine Erstausstattung ihrer Wohnung. Sie benötigt im Einzelnen:
- Bett,
- Waschmaschine,
- Küche inklusive Herd und Kühlschrank.

Der Beklagte lehnte den Antrag mit Bescheid vom 20.4.2016 ab. Der Gesetzgeber habe Wechselfälle im Leben eines Menschen berücksichtigen wollen, die die fast komplette Ausstattung einer Wohnung mit Hausrat erforderlich machten. Keinesfalls könne man aus der Formulierung „Erstausstattungen" den Schluss ziehen, dass auch einzelne Bedarfe, wie etwa eine Waschmaschine, von der Vorschrift erfasst würden.

Beweis: Bescheid vom 20.4.2016 – Anlage K5

Hiergegen erhob die Klägerin unter dem 16.5.2016 Widerspruch, der mit Widerspruchsbescheid vom 15.6.2016 als unbegründet zurückgewiesen wurde.

Beweis:
- Widerspruch vom 16.5.2016 – Anlage K6
- Widerspruchsbescheid vom 15.6.2016 – Anlage K7

Hiergegen richtet sich die Klage.

II.

Gegenstand des Verfahrens ist der Bescheid des Beklagten vom 20.4.2016 in der Gestalt des Widerspruchsbescheides vom 15.6.2016, mit dem er die Erstausstattung der Wohnung ablehnte. Der Bescheid ist rechtswidrig und verletzt die Klägerin in ihren Rechten. Die Klägerin hat einen Anspruch auf die Erstausstattung nach § 24 Abs. 3 Nr. 1 SGB II.

Statthafte Klageart bei Ausstattungen, wie sie begehrt werden, ist die kombinierte Anfechtungs- und Verpflichtungsklage (BSG 6.8.2014 – B 4 AS 57/13 R), da ein gebundener Anspruch nur hinsichtlich des „Ob" besteht, der Beklagte jedoch ein Ermessen hinsichtlich des „Wie" hat. Hat der Beklagte – wie hier – sich durch Verwaltungsvorschriften intern in der Weise gebunden, dass die Ausstattung jeweils in Geld durch Pauschalbeträge erfolgt, die entsprechend der Bedarfslage für die jeweiligen Gegenstände gewährt werden, so besteht ein unmittelbarer Anspruch auf die Geldleistung in Höhe der Pauschale. Ob die Pauschale dabei angemessen ist, unterliegt der richterlichen Plausibilitätskontrolle (BSG 27.9.2011 – B 4 AS 202/10 R). Besteht ein solcher unmittelbarer Anspruch auf Geldleistung mangels verwaltungsinterner Bindung nicht, so kann sich ein Kostenerstattungsanspruch ergeben, wenn der Leistungsberechtigte sich die Ausstattung selbst besorgt hat und ein Eil- oder Notfall vorlag oder der Antrag rechtswidrig abgelehnt wurde (BSG 23.5.2013 – B 4 AS 79/36/09 R).

Die Klägerin ist zunächst anspruchsberechtigt. Nach § 7 Abs. 1 SGB II erhalten Personen, die das 15. Lebensjahr vollendet haben, erwerbsfähig und hilfebedürftig sind sowie ihren gewöhnlichen Aufenthalt in der Bundesrepublik Deutschland haben, Leistungen nach diesem Buch.

Die Klägerin ist erwerbsfähig und hat ihren gewöhnlichen Aufenthalt in der Bundesrepublik. Ferner hat sie das 15. Lebensjahr vollendet.

Auch ist sie hilfebedürftig, da ihrem Bedarf bestehend aus Regelbedarf nach § 20 SGB II und den Kosten der Unterkunft nach § 22 SGB II kein ausreichendes Einkommen nach § 11 SGB II und kein anrechenbares Vermögen nach § 12 SGB II gegenübersteht.

Nach § 24 Abs. 3 Nr. 1 SGB II werden Leistungen für die Bedarfe einer Erstausstattung einer Wohnung einschließlich Haushaltsgeräte gesondert erbracht. Wie das BSG mehrfach entschieden hat, sind Leistungen nach § 23 Abs. 3 Satz 1 Nr. 1 SGB II für die Ausstattung mit wohnraumbezogenen Gegenständen zu erbringen, die eine geordnete Haushaltsführung und ein an den herrschenden Lebensgewohnheiten orientiertes Wohnen ermöglichen sollen (BSG 19.9.2008 – B 14 AS 64/07 R). Die zu gewährende Erstausstattung muss eine angemessene Ausstattung berücksichtigen, die der Befriedigung von einfachen und grundlegenden Wohnbedürfnissen genügt (BSG 13.4.2011 – B 14 AS 53/10 R). Hierzu zählen zweifellos auch die von der Klägerin begehrten Gegenstände.

Im Übrigen wies das BSG darauf hin, dass ein Erstausstattungsanspruch auch und gerade dann entstehen kann, wenn der Leistungsberechtigte aus einem zuvor mit einem Lebenspartner gemeinsam geführten Haushalt auszieht. Ebenfalls kann sich der Anspruch auch gerade auf Einzelgegenstände richten, wenn der Bedarf im Übrigen gedeckt ist. Es ist nicht Anspruchsvoraussetzung, dass gerade eine (fast) vollständige Erstausstattung begehrt wird (BSG 19.9.2009 – B 14 AS 64/07). Zur Erstausstattung gehört im Übrigen auch eine Waschmaschine (BSG aaO).

Da die Beklagte ermessenslenkende Verwaltungsvorschriften hinsichtlich der Erstausstattung erlassen hat, nach der für die jeweiligen Einrichtungsgegenstände Geldleistungen

IV. Leistungen zur Sicherung des Lebensunterhaltes – Regelbedarf und Sonderbedarfe

zu gewähren sind und hierfür entsprechende Pauschalen vorgesehen sind, ist der Beklagte entsprechend dieser Verwaltungsvorschriften zu verpflichten, den jeweiligen Geldbetrag zu gewähren.

III.
Wie sich aus der beigefügten Erklärung zu den persönlichen und wirtschaftlichen Verhältnissen ergibt, kann die Klägerin die Kosten der Prozessführung nicht aufbringen (§ 73 a SGG iVm § 114 ZPO). Da die Klage – wie ausgeführt – Aussicht auf Erfolg hat und nicht mutwillig ist, ist der Antrag auf Prozesskostenhilfe ebenfalls begründet.

(...)
Rechtsanwalt

Muster: Unzureichende Höhe der Geldleistung für Einrichtungsgegenstände 575
Rechtsanwalt

(...)

(Datum)

An das

Sozialgericht (...)

(Anschrift)

K L A G E
der (...),
(Anschrift)

– Klägerin –

Prozessbevollmächtigter: Rechtsanwalt (...)

g e g e n

Jobcenter (...)

(Anschrift)

vertreten durch den Geschäftsführer

– Beklagter –

Erstausstattungsleistungen
Bescheid vom 20.4.2016

Namens und ausweislich der beigefügten Vollmacht der Klägerin erhebe ich Klage und werde beantragen:

Der Bescheid des Beklagten vom 20.4.2016 in der Gestalt des Widerspruchsbescheides vom 15.6.2016 wird aufgehoben und der Beklagte verpflichtet, die Klägerin unter Berücksichtigung der Rechtsauffassung des Gerichts neu zu bescheiden.

Zur Geltendmachung der Rechte der Klägerin beantrage ich ferner, der Klägerin Prozesskostenhilfe ab Klageerhebung zu bewilligen und den Unterzeichner beizuordnen.

Begründung:

I.

Die Klägerin begehrt eine Wohnungserstausstattung.

Die am 2.6.1983 geborene Klägerin bewohnt eine 45 m² große Wohnung. Sie zahlt hierfür einen Mietzins in Höhe von 350 EUR sowie Vorauszahlungen auf Neben- und Heizkosten von 50 EUR.

Beweis: Mietvertrag – Anlage K1

Die Klägerin verfügt über kein Einkommen. Ihr Vermögen beläuft sich auf ein Kontoguthaben von 245 EUR.

Beweis: aktueller Kontoauszug – Anlage K2

Der Klägerin wurden erstmals mit Bescheid vom 8.3.2016 Leistungen für die Zeit vom 1.3.2016 bis 31.8.2016 bewilligt, nachdem sie aus dem gemeinsamen Haushalt mit ihrem damaligen Lebensgefährten auszog und die oben genannte Wohnung bezog.

Beweis: Bescheid vom 8.3.2016 – Anlage K3

Die Klägerin verfügt über die notwendigsten Einrichtungsgegenstände, abgesehen von einer Küche. Die ihr selbst gehörenden Einrichtungsgegenstände nahm die Klägerin aus der bisherigen Wohnung mit in die neue Wohnung.

Beweis: Lichtbilder der Wohnung der Klägerin – Anlage K4

Am 10.3.2016 beantragte die Klägerin die Gewährung einer Erstausstattung ihrer Wohnung mit einer Küche einschließlich der entsprechenden Elektrogeräte und Kochgeschirr.

Beweis: Antrag vom 10.3.2016 – Anlage K5

Der Beklagte bewilligte mit Bescheid vom 20.4.2016 den Antrag in der Weise, dass der Klägerin zur Beschaffung einer Küche einschließlich Geräten und Kochgeschirr entsprechend den Verwaltungsvorschriften des Beklagten ein Betrag von 200 EUR zur Verfügung gestellt wurde.

Beweis: Bescheid vom 20.4.2016 – Anlage K6

Hiergegen erhob die Klägerin unter dem 16.5.2016 Widerspruch, der mit Widerspruchsbescheid vom 15.6.2016 als unbegründet zurückgewiesen wurde.

Beweis:
- Widerspruch vom 16.5.2016 – Anlage K7
- Widerspruchsbescheid vom 15.6.2016 – Anlage K8

Hiergegen richtet sich die Klage.

II.

Gegenstand des Verfahrens ist der Bescheid des Beklagten vom 20.4.2016 in der Gestalt des Widerspruchsbescheides vom 15.6.2016, mit dem er die Erstausstattung hinsichtlich einer Küche mit 200 EUR bewilligte. Der Bescheid ist rechtswidrig und verletzt die Klägerin in ihren Rechten. Die Klägerin hat einen Anspruch auf die Gewährung eines Betrages von mindestens 400 EUR für die Erstausstattung nach § 24 Abs. 3 Satz 1 Nr. 1 SGB II hinsichtlich der Küche.

IV. Leistungen zur Sicherung des Lebensunterhaltes – Regelbedarf und Sonderbedarfe

Statthafte Klageart bei Ausstattungen, wie sie begehrt werden, ist die kombinierte Anfechtungs- und Verpflichtungsklage (BSG 6.8.2014 – B 4 AS 57/13 R), da ein gebundener Anspruch nur hinsichtlich des „Ob" besteht, der Beklagte jedoch ein Ermessen hinsichtlich des „Wie" hat. Hat der Beklagte – wie hier – sich durch Verwaltungsvorschriften intern in der Weise gebunden, dass die Ausstattung jeweils in Geld durch Pauschalbeträge erfolgt, die entsprechend der Bedarfslage für die jeweiligen Gegenstände gewährt werden, so besteht ein unmittelbarer Anspruch auf die Geldleistung in Höhe der Pauschale. Ob die Pauschale dabei angemessen ist, unterliegt der richterlichen Plausibilitätskontrolle (BSG 27.9.2011 – B 4 AS 202/10 R). Besteht ein solcher unmittelbarer Anspruch auf Geldleistung mangels verwaltungsinterner Bindung nicht, so kann sich ein Kostenerstattungsanspruch ergeben, wenn der Leistungsberechtigte sich die Ausstattung selbst besorgt hat und ein Eil- oder Notfall vorlag oder der Antrag rechtswidrig abgelehnt wurde (BSG 23.5.2013 – B 4 AS 79/1236/ R).

Die Klägerin ist zunächst anspruchsberechtigt. Nach § 7 Abs. 1 SGB II erhalten Personen, die das 15. Lebensjahr vollendet haben, erwerbsfähig und hilfebedürftig sind sowie ihren gewöhnlichen Aufenthalt in der Bundesrepublik Deutschland haben, Leistungen nach diesem Buch.

Die Klägerin ist erwerbsfähig und hat ihren gewöhnlichen Aufenthalt in der Bundesrepublik. Ferner hat sie das 15. Lebensjahr vollendet.

Auch ist sie hilfebedürftig, da ihrem Bedarf bestehend aus Regelbedarf nach § 20 SGB II und den Kosten der Unterkunft nach § 22 SGB II kein ausreichendes Einkommen nach § 11 SGB II und kein anrechenbares Vermögen nach § 12 SGB II gegenübersteht.

Nach § 24 Abs. 3 Satz 1 Nr. 1 SGB II werden Leistungen für die Bedarfe einer Erstausstattung einer Wohnung einschließlich Haushaltsgeräten gesondert erbracht. Wie das BSG mehrfach entschied, sind Leistungen nach § 23 Abs. 3 Satz 1 Nr. 1 SGB II für die Ausstattung mit wohnraumbezogenen Gegenständen zu erbringen, die eine geordnete Haushaltsführung und ein an den herrschenden Lebensgewohnheiten orientiertes Wohnen ermöglichen sollen (BSG 6.8.2014 –B 4 AS 57/1364/ R). Die zu gewährende Erstausstattung muss –in Anlehnung an die Vorschrift des § 22 SGB II zur Unterkunft – nur eine angemessene Ausstattung berücksichtigen, die der Befriedigung von einfachen und grundlegenden Wohnbedürfnissen genügt (BSG 13.4.2011 – B 14 AS 53/10 R). Hierzu zählen zweifellos auch die von der Klägerin begehrten Gegenstände.

Im Übrigen wies das BSG darauf hin, dass ein Erstausstattungsanspruch auch und gerade dann entstehen kann, wenn der Leistungsberechtigte aus einem zuvor mit einem Lebenspartner gemeinsam geführten Haushalt auszieht. Ebenfalls kann sich der Anspruch auch gerade auf Einzelgegenstände richten, wenn der Bedarf im Übrigen gedeckt ist. Es ist nicht Anspruchsvoraussetzung, dass gerade eine (fast) vollständige Erstausstattung begehrt wird (BSG 19.9.2009 – B 14 AS 64/07).

Damit ist der Anspruch dem Grunde nach gegeben. Wie ausgeführt, unterliegt bei Gewährung von Geldleistungen im Rahmen von Verwaltungsvorschriften der entsprechende Betrag der gerichtlichen Plausibilitätskontrolle. In § 24 SGB II ist geregelt, dass die Leistungen zwar als Pauschalbeträge erbracht werden können, in diesem Fall jedoch bei deren Bemessung geeignete Angaben über die erforderlichen Aufwendungen und nachvollziehbare Erfahrungswerte zu berücksichtigen sind (§ 24 Abs. 3 Satz 6 SGB II). Dies hat der Beklagte offensichtlich nicht getan. Die Beschaffung einer kleinen Küche, auch wenn diese gebraucht ist, übersteigt, insbesondere wenn sie mindestens einen Kühlschrank und Herdplatten enthalten soll, den Preis von 200 EUR bei Weitem. Zudem wird darüber hinaus noch Kochgeschirr benötigt. Der Beklagte möge insoweit offenlegen, auf welchen Angaben und Erfahrungswerten er die Kosten von 200 EUR ermittelt hat. Diesseitig wird davon ausgegangen, dass es sich hierbei um eine mehr oder minder willkürliche Festsetzung handelt. Mehrere Anfragen im örtlichen Gebrauchtmöbelhaus ergaben, dass für eine Küche mindestens 350 EUR aufzuwenden sind. Einschließlich Kochgeschirr steht der Klägerin daher ein Betrag von mindestens 400 EUR zu. Da dem Beklagten hinsichtlich der Höhe dennoch ein Ermessen zusteht, ist sie unter Berücksichtigung der Rechtsauffassung des Gerichts zur Neubescheidung zu verurteilen.

III.

Wie sich aus der beigefügten Erklärung zu den persönlichen und wirtschaftlichen Verhältnissen ergibt, kann die Klägerin die Kosten der Prozessführung nicht aufbringen (§ 73 a SGG iVm § 114 ZPO). Da die Klage – wie ausgeführt – Aussicht auf Erfolg hat und nicht mutwillig ist, ist der Antrag auf Prozesskostenhilfe ebenfalls begründet.

(…)

Rechtsanwalt

b) Erstausstattungen für Bekleidung und Erstausstattungen bei Schwangerschaft und Geburt

576 Diese Erstausstattung ist bedarfsbezogen und nicht von einem gewissen Zeitpunkt abhängig. Umfasst werden nicht nur die Schwangerschafts- und Babybekleidung, sondern auch die sog. Baby-Erstausstattung.

577

Muster: Klage auf Erstausstattung bei Geburt

Rechtsanwalt

(…)

(Datum)

An das

Sozialgericht (…)

(Anschrift)

K L A G E

der (…),

(Anschrift)

— K l ä g e r i n —

Prozessbevollmächtigter: Rechtsanwalt (…)

gegen

Jobcenter (…)

(Anschrift)

vertreten durch den Geschäftsführer

— B e k l a g t e r —

IV. Leistungen zur Sicherung des Lebensunterhaltes – Regelbedarf und Sonderbedarfe

Erstausstattungsleistungen

Bescheid vom 20.5.2016

Namens und ausweislich der beigefügten Vollmacht der Klägerin erhebe ich Klage und werde beantragen:

Der Bescheid des Beklagten vom 20.5.2016 in der Gestalt des Widerspruchsbescheides vom 15.6.2016 wird aufgehoben und der Beklagte wird verpflichtet, eine Erstausstattung bei Geburt zu leisten.

Zur Geltendmachung der Rechte der Klägerin beantrage ich ferner,

der Klägerin Prozesskostenhilfe ab Klageerhebung zu bewilligen und den Unterzeichner beizuordnen.

Begründung:

I.

Die Klägerin begehrt Erstausstattung bei Geburt.

Die am 2.6.1983 geborene Klägerin bewohnt eine 45 m² große Wohnung. Sie zahlt hierfür einen Mietzins in Höhe von 350 EUR sowie Vorauszahlungen auf Neben- und Heizkosten von 50 EUR.

Beweis: Mietvertrag – Anlage K1

Die Klägerin verfügt über kein Einkommen. Ihr Vermögen beläuft sich auf ein Kontoguthaben von 245 EUR.

Beweis: aktueller Kontoauszug – Anlage K2

Der Klägerin wurden erstmals mit Bescheid vom 8.3.2016 Leistungen für die Zeit vom 1.3.2016 bis 31.8.2016 bewilligt, nachdem sie aus dem gemeinsamen Haushalt mit ihrem damaligen Lebensgefährten auszog und die oben genannte Wohnung bezog.

Beweis: Bescheid vom 8.3.2016 – Anlage K3

Die Klägerin ist im 8. Monat schwanger.

Beweis: Mutterpass – Anlage K4

Die Klägerin hat bereits ein gemeinsames Kind mit ihrem ehemaligen Lebensgefährten. Dieses verblieb jedoch nach Absprache mit diesem zunächst in dessen Haushalt. Das Kind ist derzeit 1 Jahr alt. Sämtliche Möbel für das Kinderzimmer sowie die entsprechende Ausstattung sind vom Lebensgefährten der Klägerin gekauft worden und werden in dessen Wohnung auch nach wie vor für das Kind benötigt.

Beweis: Zeugnis des ehemaligen Lebensgefährten (...), (ladungsfähige Anschrift)

Die Klägerin beantragte am 12.5.2016 die Erstausstattung mit Kinderzimmermöbeln für die anstehende Geburt ihres Kindes. Die Klägerin benötigt im Einzelnen:

- Laufstall,
- Kinderhochstuhl,
- Matratze,
- Kinderwagen mit Zubehör,
- Badewanne.

Beweis: Antrag auf Erstausstattung vom 12.5.2016 – Anlage K5

Der Beklagte lehnte den Antrag mit Bescheid vom 20.5.2016 mit der Begründung ab, dass die Klägerin im Haushalt mit ihrem ehemaligen Lebensgefährten über Kindermöbel verfügt habe. Die Gewährung einer Erstausstattung aus Anlass der Geburt des zweiten Kindes der Klägerin sei daher nicht möglich. Sie habe die Möbel mitnehmen können, was sie schlicht unterlassen habe.

Beweis: Bescheid vom 20.5.2016 – Anlage K6

Hiergegen erhob die Klägerin unter dem 27.5.2016 Widerspruch, der mit Widerspruchsbescheid vom 15.6.2016 als unbegründet zurückgewiesen wurde.

Beweis:
- Widerspruch vom 27.5.2016 – Anlage K7
- Widerspruchsbescheid vom 15.6.2016 – Anlage K8

Hiergegen richtet sich die Klage.

II.

Gegenstand des Verfahrens ist der Bescheid des Beklagten vom 20.5.2016 in der Gestalt des Widerspruchsbescheides vom 15.6.2016, mit dem er die Erstausstattung für die Geburt ablehnte. Der Bescheid ist rechtswidrig und verletzt die Klägerin in ihren Rechten. Die Klägerin hat einen Anspruch auf die Erstausstattung nach § 24 Abs. 3 Satz 1 Nr. 2 SGB II.

Statthafte Klageart bei Ausstattungen, wie sie begehrt werden, ist die kombinierte Anfechtungs- und Verpflichtungsklage (BSG 6.8.2014 – B 4 AS 57/13 R), da ein gebundener Anspruch nur hinsichtlich des „Ob" besteht, der Beklagte jedoch ein Ermessen hinsichtlich des „Wie" hat. Hat der Beklagte – wie hier – sich durch Verwaltungsvorschriften intern in der Weise gebunden, dass die Ausstattung jeweils in Geld durch Pauschalbeträge erfolgt, die entsprechend der Bedarfslage für die jeweiligen Gegenstände gewährt werden, so besteht ein unmittelbarer Anspruch auf die Geldleistung in Höhe der Pauschale. Ob die Pauschale dabei angemessen ist, unterliegt der richterlichen Plausibilitätskontrolle (BSG 27.9.2011 – B 4 AS 202/10 R). Besteht ein solcher unmittelbarer Anspruch auf Geldleistung mangels verwaltungsinterner Bindung nicht, so kann sich ein Kostenerstattungsanspruch ergeben, wenn der Leistungsberechtigte sich die Ausstattung selbst besorgt hat und ein Eil- oder Notfall vorlag oder der Antrag rechtswidrig abgelehnt wurde (BSG 23.5.2013 – B 4 AS 79/12 R).

Die Klägerin ist zunächst anspruchsberechtigt. Nach § 7 Abs. 1 SGB II erhalten Personen, die das 15. Lebensjahr vollendet haben, erwerbsfähig und hilfebedürftig sind sowie ihren gewöhnlichen Aufenthalt in der Bundesrepublik Deutschland haben, Leistungen nach diesem Buch.

Die Klägerin ist erwerbsfähig und hat ihren gewöhnlichen Aufenthalt in der Bundesrepublik. Ferner hat sie das 15. Lebensjahr vollendet.

Auch ist sie hilfebedürftig, da ihrem Bedarf bestehend aus Regelbedarf nach § 20 SGB II und den Kosten der Unterkunft nach § 22 SGB II kein ausreichendes Einkommen nach § 11 SGB II und kein anrechenbares Vermögen nach § 12 SGB II gegenübersteht.

Nach § 24 Abs. 3 Satz 1 Nr. 2 SGB II werden Leistungen für Bedarfe für Erstausstattung bei Geburt gesondert erbracht. Dabei umfasst die Erstausstattung bei Geburt den notwendigen Hausrat für das Kind wie bspw. Laufstall, Hochstuhl, Kinderwagen und Matratze (von Boetticher/*Münder* LPK-SGB II § 24 Rn. 34). Vorliegend ist der Bedarf auch gegeben, da die Klägerin gerade nicht über diese Gegenstände verfügt. Die Gegenstände aus dem ursprünglichen Haushalt stehen allesamt im Eigentum des Lebensgefährten der Klägerin.

IV. Leistungen zur Sicherung des Lebensunterhaltes – Regelbedarf und Sonderbedarfe

> Darüber hinaus werden sie dort auch benötigt. Der Beklagte ist daher antragsgemäß zu verpflichten.
>
> **III.**
>
> Wie sich aus der beigefügten Erklärung zu den persönlichen und wirtschaftlichen Verhältnissen ergibt, kann die Klägerin die Kosten der Prozessführung nicht aufbringen (§ 73 a SGG iVm § 114 ZPO). Da die Klage – wie ausgeführt – Aussicht auf Erfolg hat und nicht mutwillig ist, ist der Antrag auf Prozesskostenhilfe ebenfalls begründet.
>
> (…)
>
> Rechtsanwalt

c) Anschaffung und Reparaturen von orthopädischen Schuhen, Reparaturen von therapeutischen Geräten und Ausrüstungen sowie die Miete von therapeutischen Geräten

Die entsprechenden Bedarfe werden nicht mehr bei der Bemessung des Regelbedarfs berücksichtigt. Daher wurde dieser Sonderbedarf eingeführt, denn anders als bei typischen langlebigen Gebrauchsgütern[458] handelt es sich um sehr untypische Bedarfslagen. 578

5. Leistungen für Bildung und Teilhabe, § 28 SGB II

Die mit § 28 SGB II als Leistungen für Bildung und Teilhabe anerkannten Bedarfe sind zum Großteil Reaktionen des Gesetzgebers auf das Urteil des BVerfG v. 9.2.2010.[459] § 28 SGB II regelt, für welche Bedarfe Leistungen für Bildung und Teilhabe erbracht werden, mit denen das menschenwürdige Existenzminimum von Kindern und Jugendlichen sowie von Schülerinnen und Schülern im Bereich der gesellschaftlichen Teilhabe und Bildungsteilhabe sichergestellt wird. Diese Bedarfe werden dabei als eigenständige Bedarfe neben dem Regelbedarf anerkannt. 579

a) Schulausflüge und Klassenfahrten

Bei Schülerinnen und Schülern (sowie Kindern, die eine Tageseinrichtung besuchen oder für die Kindertagespflege geleistet wird) werden nach § 28 Abs. 2 SGB II die tatsächlichen Aufwendungen[460] anerkannt für 580

- (eintägige) Schulausflüge und
- mehrtägige Klassenfahrten im Rahmen der schulrechtlichen Bestimmungen.

Hierdurch sollen gesellschaftliche Ausgrenzungen vermieden und die gleichberechtigte Teilnahme aller Schülerinnen und Schüler an Schulausflügen und/oder Klassenfahrten ohne Rücksicht auf die wirtschaftliche Situation ihrer Eltern sichergestellt werden. 581

---

458 Wie zB Brillen, Waschmaschinen, Kühlschränke, Fahrräder.
459 BVerfG 9.2.2010 – 1 BvL 1/09, 1 BvL 3/09, 1 BvL 4/09.
460 Taschengelder für zusätzliche Ausgaben während der Klassenfahrten und Ausflüge sind nicht erfasst, sondern sind den Leistungen für den Regelbedarf zu entnehmen.

582 **Muster: Antrag auf Übernahme der Kosten einer Klassenfahrt**

Rechtsanwalt

(…)

(Datum)

An das

Sozialgericht (…)

(Anschrift)

Antrag auf einstweiligen Rechtsschutz

des (…),

(Anschrift)

– A n t r a g s t e l l e r –

Prozessbevollmächtigter: Rechtsanwalt (…)

g e g e n

Jobcenter (…)

(Anschrift)

vertreten durch den Geschäftsführer

– A n t r a g s g e g n e r –

Kostenübernahme Klassenfahrt

Bescheid vom 3.5.2016

Namens und ausweislich der beigefügten Vollmacht des Antragstellers erhebe ich Antrag auf einstweiligen Rechtsschutz und beantrage,

den Antragsgegner im Wege des einstweiligen Rechtsschutzes zu verpflichten, die Kosten für die Klassenfahrt zu tragen.

Zur Geltendmachung der Rechte des Antragstellers beantrage ich ferner,

dem Antragsteller Prozesskostenhilfe ab Antragstellung zu bewilligen und den Unterzeichner beizuordnen.

Begründung:

I.

Der am 2.2.1998 geborene Antragsteller lebt zusammen mit seiner Mutter in einem gemeinsamen Haushalt. Für die gemeinsame Wohnung von 60 m² fällt ein Mietzins von 550 EUR sowie Vorauszahlungen auf Neben- und Heizkosten von 80 EUR an.

Glaubhaftmachung: Mietvertrag – Anlage A1

Die Mutter des Antragstellers erhält lediglich das Kindergeld für den Antragsteller. Sonst verfügt der Haushalt über kein Einkommen. Das Vermögen beläuft sich auf ein Kontoguthaben des Antragstellers von 120 EUR.

Glaubhaftmachung: aktueller Kontoauszug – Anlage A2

Der Antragsteller besucht die 12. Klasse des örtlichen Gymnasiums und schließt diese demnächst mit dem Abitur ab. Nach den schriftlichen Abiturprüfungen im Mai 2016 ist eine Abschlussfahrt seines Leistungskurses Englisch nach Großbritannien geplant. Die

IV. Leistungen zur Sicherung des Lebensunterhaltes – Regelbedarf und Sonderbedarfe

Teilnahme ist freiwillig. Von den 20 Kursteilnehmern haben bislang 15 die Teilnahme zugesagt. Die Fahrt wird durch den Tutor und Kursleiter begleitet. Die Kosten des 8-tägigen Ausfluges betragen 850 EUR.

Glaubhaftmachung: Unterlagen der Schule zum geplanten Ausflug einschließlich des Angebots des Reiseveranstalters – Anlage A3

Der Antragsteller beantragte am 11.4.2016 die Übernahme der Kosten durch den Antragsgegner.

Glaubhaftmachung: Antrag vom 11.4.2016 – Anlage A4

Dieser lehnte den Antrag mit Bescheid vom 3.5.2016 ab und begründete dies damit, dass es sich bei dem Ausflug in erster Linie um eine touristische Reise handle und nicht um einen Schulausflug. Im Übrigen sei in den Verwaltungsvorschriften des Antragsgegners eine Erstattung von maximal 500 EUR vorgesehen.

Glaubhaftmachung: Bescheid vom 3.5.2016 – Anlage A5

Hiergegen hat der Antragsteller am 5.5.2016 Widerspruch erhoben. Dieser ist noch nicht beschieden.

Glaubhaftmachung: Widerspruch vom 5.5.2016

II.

Nach § 86 b Abs. 2 Satz 2 SGG kann das Gericht einstweilige Anordnungen zur Regelung eines vorläufigen Zustandes in Bezug auf ein streitiges Rechtsverhältnis treffen, wenn eine solche Regelung zur Abwendung wesentlicher Nachteile notwendig erscheint. Der Erlass einer solchen Regelungsanordnung setzt voraus, dass nach materiellem Recht ein Anspruch auf die begehrte Leistung besteht (Anordnungsanspruch) und dass die Regelungsanordnung zur Abwendung wesentlicher Nachteile notwendig ist (Anordnungsgrund). Sowohl der Anordnungsanspruch als auch der Anordnungsgrund sind gemäß § 920 Abs. 2 ZPO iVm § 86 b Abs. 2 Satz 4 SGG glaubhaft zu machen. Ist dem Gericht eine vollständige Aufklärung der Sach- und Rechtslage im Eilverfahren nicht möglich, so ist anhand einer Folgenabwägung zu entscheiden. Dabei sind die grundrechtlichen Belange des Antragstellers umfassend in die Abwägung einzustellen (BVerfG 12.5.2005 –1 BvR 569/05).

1. Es besteht zunächst ein Anordnungsanspruch. Nach § 7 Abs. 1 SGB II erhalten Personen, die das 15. Lebensjahr vollendet haben, erwerbsfähig und hilfebedürftig sind sowie ihren gewöhnlichen Aufenthalt in der Bundesrepublik Deutschland haben, Leistungen nach diesem Buch.

Der Antragsteller ist erwerbsfähig und hat seinen gewöhnlichen Aufenthalt in der Bundesrepublik. Ferner hat er das 15. Lebensjahr vollendet.

Auch ist er hilfebedürftig, da seinem Bedarf bestehend aus Regelbedarf nach § 20 SGB II und den Kosten der Unterkunft nach § 22 SGB II kein ausreichendes Einkommen nach § 11 SGB II und kein anrechenbares Vermögen nach § 12 SGB II gegenübersteht.

Bei Schülerinnen und Schülern werden nach § 28 Abs. 2 SGB II die tatsächlichen Aufwendungen anerkannt für (eintägige) Schulausflüge und mehrtägige Klassenfahrten im Rahmen der schulrechtlichen Bestimmungen.

Der Begriff der Klassenfahrt ist zunächst weit auszulegen. Erfasst sind von diesem auch Kursfahrten und insbesondere Abschlussfahrten (*Lenze* LPK-SGB II § 28 Rn. 7). Erforder-

B. Besonderer Teil

lich ist, dass die Fahrt in der Organisationshoheit der Schule liegt. Der vermeintliche touristische Charakter, den der Antragsgegner bemängelt, spielt daher vorliegend überhaupt keine Rolle.

Die Fahrten fanden auch jeweils im Rahmen der schulrechtlichen Bestimmungen statt. Die Regelung von Klassenfahrten im Schulgesetz des Landes Berlin beschränkt sich auf die Regelung nach § 76 Abs. 2 Nr. 8 des Schulgesetzes dahingehend, dass die Kompetenz zur Aufstellung der Grundsätze für Klassenfahrten in den einzelnen Schulen der Schulkonferenz (zur Entscheidung mit einfacher Mehrheit) zugewiesen wird. Eine entsprechende Entscheidung wurde getroffen. Im Übrigen ist auch nicht ersichtlich, dass die durchgeführten Klassenfahrten nicht in Einklang mit den von der Senatsverwaltung für Bildung Jugend und Wissenschaft erlassenen Ausführungsvorschriften zu Veranstaltungen der Schule, Ausführungsvorschrift vom 9.12.2013, (AV Veranstaltungen) standen.

Schließlich ist es auch unzulässig, die Kosten zu deckeln. Der Antragsgegner hat vielmehr die tatsächlichen Kosten der mehrtägigen Klassenfahrt ohne Beschränkung auf einen Höchstbetrag zu übernehmen, da die Veranstaltung im Rahmen der schulrechtlichen Bestimmungen stattfindet und das Schulrecht selbst keine Kostenobergrenze vorsieht (BSG 22.11.2011 – B 4 AS 204/10 R).

2. Auch ein Anordnungsgrund ist gegeben. Dieser liegt vor, wenn wesentliche Nachteile abzuwenden sind, insbesondere, wenn dem Antragsteller ein Abwarten der Entscheidung in der Hauptsache nicht zuzumuten ist (Lüdtke/Berchtold/*Binder* SGG § 86 b Rn. 46 mwN). Im Rahmen des Anspruchs auf Grundsicherung ist dies allenfalls der Fall, wenn Schonvermögen oder nicht anrechenbares Einkommen vorrangig einzusetzen wäre. Über ein solches verfügt der Antragsteller nicht mehr. Im Übrigen würde mit dem Abwarten einer Entscheidung in der Hauptsache die Klassenfahrt bereits ohne den Antragsteller stattgefunden haben.

3. Die Hauptsache wird durch die vorläufige Verpflichtung nicht vorweggenommen, da die Geldleistung rückzahlbar bleibt. Im Übrigen jedoch wäre eine Vorwegnahme im Hinblick auf Art. 19 Abs. 4 GG gerechtfertigt, da eine andere Entscheidung nicht möglich ist.

Dem Antrag ist nach all dem stattzugeben.

III.

Wie sich aus der beigefügten Erklärung zu den persönlichen und wirtschaftlichen Verhältnissen ergibt, kann der Antragsteller die Kosten der Prozessführung nicht aufbringen (§ 73 a SGG iVm § 114 ZPO). Da der Antrag – wie ausgeführt – Aussicht auf Erfolg hat und nicht mutwillig ist, ist der Antrag auf Prozesskostenhilfe ebenfalls begründet.

(...)

Rechtsanwalt

b) Bedarf für die persönliche Schulausstattung

583 Nach § 28 Abs. 3 SGB II werden für die Ausstattung mit persönlichem Schulbedarf bei Schülerinnen und Schülern 70 EUR zum 1.8. und 30 EUR zum 1.2. eines jeden Jahres berücksichtigt. Abweichend hiervon werden bei Schülerinnen und Schülern, die im jeweiligen Schuljahr nach genannten Stichtagen erstmalig oder aufgrund einer Unterbrechung ihres Schulbesuches erneut in eine Schule aufgenommen werden, für den Monat, in dem der erste Schultag liegt, 70 EUR berücksichtigt, wenn

dieser Tag in den Zeitraum von August bis Januar des Schuljahres fällt, oder 100 EUR berücksichtigt, wenn dieser Tag in den Zeitraum von Februar bis Juli des Schuljahres fällt.

Mit diesem Pauschbetrag werden alle mit der Schulausbildung in Zusammenhang stehenden Ausgaben abgegolten.[461] 584

c) Schülerbeförderung

Nach § 28 Abs. 4 SGB II werden bei Schülerinnen und Schülern, die für den Besuch der nächstgelegenen Schule des gewählten Bildungsgangs auf Schülerbeförderung angewiesen sind,[462] die dafür erforderlichen tatsächlichen Aufwendungen berücksichtigt, soweit sie nicht von Dritten übernommen werden und es der leistungsberechtigten Person nicht zugemutet werden kann, die Aufwendungen aus dem Regelbedarf zu bestreiten. 585

Muster: Klage auf Übernahme der Kosten der Schülerbeförderung

Rechtsanwalt

(...)

(Datum)

An das

Sozialgericht (...)

(Anschrift)

K L A G E

des (...),

(Anschrift)

– K l ä g e r –

gesetzlich vertreten durch seine Mutter

(...), ebenda

und seinen Vater

(...), ebenda

Prozessbevollmächtigter: Rechtsanwalt (...)

g e g e n

Jobcenter (...)

(Anschrift)

vertreten durch den Geschäftsführer

– B e k l a g t e r –

wegen Ablehnung der Übernahme der Schülerbeförderungskosten

Ablehnungsbescheid vom 14.9.2015

---

461 Der Betrag dient dem Erwerb von persönlichen Ausstattungsgegenständen für die Schule (zB Schulranzen, Turnzeug, Schulmaterialien aller Art, wie zB Schreib-, Rechen- und Zeichenmaterialien).

462 Zur Bestimmung der „nächstgelegenen Schule" und des „Angewiesenseins auf Schülerbeförderung" vgl. BSG 17.3.2016 – B 4 AS 39/15 R.

B. Besonderer Teil

Namens und ausweislich der beigefügten Vollmacht des Klägers erhebe ich Klage und werde beantragen:

Der Bescheid des Beklagten vom 14.9.2015 in der Gestalt des Widerspruchsbescheides vom 4.5.2016 wird aufgehoben und die Beklagte verurteilt, dem Kläger Kosten der Schülerbeförderung zu gewähren.

Zur Geltendmachung der Rechte des Klägers beantrage ich ferner,

dem Kläger Prozesskostenhilfe ab Klageerhebung zu bewilligen und den Unterzeichner beizuordnen.

Begründung:

I.

Der Kläger wendet sich gegen die Ablehnung der Übernahme der Kosten der Schülerbeförderung in Höhe von monatlich 65 EUR für den Zeitraum September 2015 bis einschließlich Juli 2016 durch den Beklagten.

Der am 17.1.2000 geborene Kläger bezieht zusammen mit seinen Eltern als Bedarfsgemeinschaft seit August 2009 laufend Leistungen zur Sicherung des Lebensunterhaltes nach dem SGB II von dem Beklagten. Sie bewohnen eine 60 m² große Wohnung, für die sie Vorauszahlungen auf Heizkosten von 80 EUR, auf Nebenkosten von 40 EUR und einen kalten Mietzins von 380 EUR zahlen. Die Mutter des Klägers bezieht für diesen Kindergeld in Höhe von monatlich 188 EUR. Sonstige Einkünfte sind nicht vorhanden.

Der Beklagte bewilligte ihm und den weiteren Mitgliedern der Bedarfsgemeinschaft zuletzt mit Bescheid vom 22.6.2015 Leistungen für den Zeitraum vom 1.7.2015 bis 31.12.2015.

Beweis: Bewilligungsbescheid vom 22.6.2015 – Anlage K1

Der Kläger besucht seit 2013 den Sportzweig des 15 km von seinem Wohnort entfernten Sportgymnasiums mit dem Schwerpunkt Leichtathletik. Am 20.8.2015 beantragte der Kläger die Übernahme der Kosten für eine Schülerfahrkarte von monatlich 65 EUR ab dem Beginn des neuen Schuljahres im September 2015.

Beweis: Antrag vom 20.8.2015 – Anlage K2

Mit Bescheid vom 14.9.2015 lehnte der Beklagte den Antrag des Klägers mit der Begründung ab, dass es sich bei dem Sportgymnasium nicht um die nächstgelegene Schule des gewählten Bildungsgangs handele. In der Nähe des Wohnortes des Klägers befänden sich zwei andere Gymnasien, die er fußläufig erreichen könnte.

Beweis: Bescheid vom 14.9.2015 – Anlage K3

Hiergegen erhob der Kläger am 16.9.2015 Widerspruch, der mit Widerspruchsbescheid vom 4.5.2016 unter Verweis auf die Begründung des Ausgangsbescheides zurückgewiesen wurde.

Beweis:
- Widerspruch vom 16.9.2015 – Anlage K4
- Widerspruchsbescheid vom 4.5.2016 – Anlage K5

Hiergegen richtet sich die Klage

II.

Gegenstand des Verfahrens ist der Bescheid vom 14.9.2015 in Gestalt des Widerspruchsbescheides vom 4.5.2016, mit dem der Beklagte die Übernahme der im Schuljahr

IV. Leistungen zur Sicherung des Lebensunterhaltes – Regelbedarf und Sonderbedarfe

2015/2016 anfallenden Schülerbeförderungskosten vollständig abgelehnt hat. Der Bescheid ist rechtswidrig und verletzt den Kläger in seinen Rechten.

Bei den Kosten der Schülerbeförderung für den Kläger handelt es sich um einen abtrennbaren Streitgegenstand, der isoliert und unabhängig von übrigen Grundsicherungsleistungen geltend gemacht werden kann (vgl. BSG 10.9.2013 – B 4 AS 12/13 R).

Nach § 7 Abs. 1 SGB II erhalten Personen, die das 15. Lebensjahr vollendet haben, erwerbsfähig und hilfebedürftig sind sowie ihren gewöhnlichen Aufenthalt in der Bundesrepublik Deutschland haben, Leistungen nach diesem Buch.

Der Kläger ist erwerbsfähig und hat seinen gewöhnlichen Aufenthalt in der Bundesrepublik. Ferner hat er das 15. Lebensjahr vollendet.

Auch ist er hilfebedürftig, da seinem Bedarf bestehend aus Regelbedarf nach § 20 SGB II und den Kosten der Unterkunft nach § 22 SGB II kein ausreichendes Einkommen nach § 11 SGB II und kein anrechenbares Vermögen nach § 12 SGB II gegenübersteht.

Nach § 28 Abs. 4 Satz 1 SGB II werden bei Schülerinnen und Schülern, die für den Besuch der nächstgelegenen Schule des gewählten Bildungsgangs auf Schülerbeförderung angewiesen sind, die dafür erforderlichen tatsächlichen Aufwendungen gewährt, soweit sie nicht von Dritten übernommen werden und es der leistungsberechtigten Person nicht zugemutet werden kann, die Aufwendungen aus dem Regelbedarf zu bestreiten. Zur Ausfüllung des Begriffs der „nächstgelegenen Schule des gewählten Bildungsgangs" ist bundeseinheitlich darauf abzustellen, ob es sich bei der besuchten Schule um eine solche handelt, die gegenüber den näher gelegenen Schulen einen eigenständigen Bildungsgang im Sinne eines eigenständigen Profils mit besonderer inhaltlicher Ausrichtung innerhalb der gewählten Schulart aufweist, sodass sie insoweit die „nächstgelegene" ist (BSG 17.3.2016 – B 4 AS 39/15 R). Maßstab ist die Gewährleistung des gleichberechtigten Zugangs zu Bildung im schulischen und außerschulischen Bereich für Kinder und Jugendliche aus besonders förderungsbedürftigen Haushalten (BT-Drucks 17/12036, S. 1). Dieser ist als erforderlich befunden worden, um die materielle Basis für Chancengerechtigkeit herzustellen. Insbesondere in der Bildung hat der Gesetzgeber dabei eine Schlüsselfunktion zur nachhaltigen Überwindung von Hilfebedürftigkeit und zur Schaffung von zukünftigen Lebenschancen erkannt (BR-Drucks 661/10, S. 168).

Der von dem Kläger besuchte Sportzweig des Gymnasiums ist in diesem Sinne ein Bildungsgang mit einem eigenständigen Profil, das eine besondere inhaltliche Ausgestaltung des Unterrichts mit sich bringt. Insoweit ist die organisatorische Struktur der vom Kläger besuchten Schule speziell auf die außerschulische Aktivität ausgerichtet. Der Unterricht wird zeitlich und organisatorisch an die außerschulische sportliche Aktivität zur Förderung des Klägers angepasst. Dies ist das prägende Profil der von dem Kläger besuchten Schule. Die vom Beklagten benannten beiden anderen Gymnasien verfügen über andere Schwerpunkte. Eines ist musisch orientiert und das Weitere naturwissenschaftlich-mathematisch. Das Sportgymnasium ist daher die nächstgelegene Schule des gewählten Bildungsgangs und die Beförderungskosten dorthin sind vom Beklagten zu übernehmen (vgl. Lenze LPK-SGB II § 28 Rn. 18 f.).

III.

Wie sich aus der beigefügten Erklärung zu den persönlichen und wirtschaftlichen Verhältnissen ergibt, kann der Kläger die Kosten der Prozessführung nicht aufbringen (§ 73 a

> SGG iVm § 114 ZPO). Da die Klage – wie ausgeführt – Aussicht auf Erfolg hat und nicht mutwillig ist, ist der Antrag auf Prozesskostenhilfe ebenfalls begründet.
>
> (▪▪▪)
> Rechtsanwalt

d) Lernförderung

586 Bei Schülerinnen und Schülern wird eine schulische Angebote ergänzende angemessene Lernförderung berücksichtigt, soweit diese geeignet und zusätzlich erforderlich ist, um die nach den schulrechtlichen Bestimmungen festgelegten wesentlichen Lernziele zu erreichen (§ 28 Abs. 5 SGB II).

587 Die unmittelbaren schulischen Angebote haben Vorrang und sollen durch diese Leistung nur ergänzt werden. Die außerschulische Lernförderung ist der Gesetzesbegründung zur Folge als Ausnahme zu betrachten: Ein entsprechender Mehrbedarf ist nur in Ausnahmefällen geeignet und erforderlich und damit notwendig.[463]

e) Gemeinsame Mittagsverpflegung

588 Bei Teilnahme an einer gemeinschaftlichen Mittagsverpflegung, die in schulischer Verantwortung angeboten wird, werden nach § 28 Abs. 6 SGB II die entstehenden Mehraufwendungen berücksichtigt für

- Schülerinnen und Schüler und
- Kinder, die eine Tageseinrichtung besuchen oder für die Kindertagespflege geleistet wird.

f) Bedarf zur Teilhabe am sozialen und kulturellen Leben

589 Bei Leistungsberechtigten bis zur Vollendung des 18. Lebensjahres wird nach § 28 Abs. 7 SGB II ein Bedarf zur Teilhabe am sozialen und kulturellen Leben in der Gemeinschaft in Höhe von 10 EUR monatlich berücksichtigt für

- Mitgliedsbeiträge in den Bereichen Sport, Spiel, Kultur und Geselligkeit,
- Unterricht in künstlerischen Fächern (zB Musikunterricht)[464] und vergleichbare angeleitete Aktivitäten der kulturellen Bildung[465] und
- die Teilnahme an Freizeiten.[466]

590 Nach § 28 Abs. 7 Satz 2 SGB II können auch weitere tatsächliche Aufwendungen berücksichtigt werden, wenn sie im Zusammenhang mit der Teilnahme entstehen und es dem Leistungsberechtigten im begründeten Ausnahmefall nicht zugemutet werden kann, diese aus dem Regelbedarf zu bestreiten. Mit seiner Entscheidung vom 23.7.2014 hat das BVerfG aber festgestellt, dass die Bildungs- und Teilhabeangebote für Kinder und Jugendliche auch tatsächlich ohne weitere Kosten erreichbar sein müssen. Aus diesem Grund ist die Ermessensvorschrift des § 28

---

463 Lernförderung soll vorübergehende Lernschwächen beheben. Sie ist nicht auf eine dauerhafte Lernunterstützung ausgerichtet und soll nicht eine Überlastungssituation einer Schülerin bzw. eines Schülers noch unterstützen.
464 Nicht umfasst sind Leihgebühren für ein Musikinstrument im Rahmen eines Musikunterrichts (vgl. BSG 10.9.2013 – B 4 AS 12/13 R).
465 Das sind insbesondere die Angebote von Volkshochschulen, Theaterworkshops und vergleichbare Gemeinschaftsveranstaltungen ebenso wie museumspädagogische Angebote und Aktivitäten zur Stärkung der Medienkompetenz.
466 Nicht umfasst sind die Kosten für Kinoveranstaltungen.

IV. Leistungen zur Sicherung des Lebensunterhaltes – Regelbedarf und Sonderbedarfe

Abs. 7 Satz 2 SGB II im Rahmen einer verfassungskonformen Auslegung so auszulegen, dass ein Rechtsanspruch auf Fahrkosten zu den Angeboten des Teilhabepaketes besteht.[467]

g) Erbringung der Leistungen für Bildung und Teilhabe

Die Leistungen zur Deckung der Bedarfe werden nach § 29 Abs. 1 Satz 1 SGB II bezüglich der

- Schulausflüge und Klassenfahrten (§ 28 Abs. 2 SGB II),
- Lernförderung (§ 28 Abs. 5 SGB II),
- gemeinschaftlichen Mittagsverpflegung (§ 28 Abs. 6 SGB II) und
- Teilhabe am sozialen und kulturellen Leben (§ 28 Abs. 7 SGB II)

durch Sach- und Dienstleistungen, insbesondere aber auch in Form von personalisierten Gutscheinen oder Direktzahlungen an Anbieter von Leistungen zur Deckung dieser Bedarfe erbracht.[468]

591

Nach § 29 Abs. 1 Satz 2 SGB II werden die Leistungen zur Deckung der Bedarfe bezüglich der

- persönlichen Schulausstattung (§ 28 Abs. 3 SGB II) und
- Schülerbeförderung (§ 28 Abs. 4 SGB II)

jeweils durch Geldleistungen gedeckt.[469]

592

6. Leistungen für Auszubildende, § 27 SGB II

§ 27 Abs. 1 SGB II bestimmt, dass Auszubildende im Sinne des § 7 Abs. 5 SGB II, also Auszubildende bzw. Studierende, deren Ausbildung bzw. Studium nach §§ 61 Abs. 2 und 3, 62 Abs. 3, 123 Abs. 1 Nr. 2 und 3 sowie 124 Abs. 1 Nr. 3 und Abs. 3 SGB III bzw. dem BAföG dem Grunde nach förderfähig ist, unter bestimmten Maßgaben ebenfalls Leistungen zur Sicherung des Lebensunterhalts erhalten, wobei diese Leistungen für Auszubildende nicht als Arbeitslosengeld II gelten.[470]

593

§ 27 Abs. 2 SGB II bestimmt insoweit, dass Leistungen in Höhe der Mehrbedarfe

- bei Schwangerschaft (§ 21 Abs. 2 SGB II),
- bei Alleinerziehung (§ 21 Abs. 3 SGB II),
- bei kostenaufwändiger Ernährung (§ 21 Abs. 5 SGB II),
- bei einem unabweisbaren, laufenden nicht nur einmaligen besonderen Bedarf (§ 21 Abs. 6 SGB II) und
- für Erstausstattung für Bekleidung und Erstausstattung bei Schwangerschaft und Geburt (§ 24 Abs. 3 Nr. 2 SGB II)

erbracht werden. Insoweit steht den Jobcentern kein Ermessen zu; die Leistungen werden jedoch nur erbracht, soweit die Mehrbedarfe nicht durch zu berücksichtigendes Einkommen oder Vermögen gedeckt sind.

594

---

467 Vgl. BVerfG 23.7.2014 – 1 BvL 10/12, 1 BvL 12/12, 1 BvR 1691/13 – Rn. 132. Für § 34 Abs. 7 Satz 2 SGB XII gilt nichts anderes.
468 Die kommunalen Träger bestimmen selbst, in welcher Form sie die Leistungen erbringen.
469 Die kommunalen Träger können mit den Anbietern auch pauschal abrechnen.
470 Hierdurch, wird klargestellt, dass durch die Leistungen keine Sozialversicherungspflicht eintritt. Es besteht mit der Leistungsgewährung kein Schutz der gesetzlichen Kranken- und Pflegeversicherung.

595 Nach § 27 Abs. 3 Satz 1 SGB II können darüber hinaus, Leistungen
- für Regelbedarfe,
- den Mehrbedarf nach § 21 Abs. 7 SGB II,
- Bedarfe für Unterkunft und Heizung,
- Bedarfe für Bildung und Teilhabe und
- notwendige Beiträge zur Kranken- und Pflegeversicherung

als Darlehen erbracht werden, sofern der Leistungsausschluss nach § 7 Abs. 5 SGB II eine besondere Härte bedeutet.

596 Ein „besonderer" Härtefall liegt jedoch erst dann vor, wenn im Einzelfall Umstände hinzutreten, die einen Ausschluss von der Ausbildungsförderung durch Hilfe zum Lebensunterhalt auch mit Rücksicht auf den Gesetzeszweck als übermäßig hart, d.h. als unzumutbar oder in hohem Maße unbillig, erscheinen lassen.[471] Ein Härtefall kann insbesondere dann angenommen werden, wenn wegen einer Ausbildungssituation Hilfebedarf entstanden ist, der nicht durch BAföG oder BAB gedeckt werden kann und deswegen begründeter Anlass für die Annahme bestehe, die vor dem Abschluss stehende Ausbildung werde nicht beendet und damit drohe das Risiko zukünftiger Erwerbslosigkeit. Es muss die durch objektive Gründe belegbare Aussicht bestehen, die Ausbildung werde mit den Leistungen zur Sicherung des Lebensunterhalts in absehbarer Zeit durch einen Abschluss zu Ende gebracht.[472] Vergleichbares gilt, wenn die bereits weit fortgeschrittene und bisher kontinuierlich betriebene Ausbildung aufgrund der konkreten Umstände des Einzelfalls wegen einer Behinderung oder Krankheit gefährdet ist.[473]

597 Nach § 27 Abs. 3 Satz 2 SGB II ist eine besondere Härte auch anzunehmen, wenn Auszubildenden, deren Bedarf sich nach §§ 12 oder 13 Abs. 1 Nr. 1 BAföG bemisst, aufgrund von § 10 Abs. 3 BAföG keine Leistungen zustehen, diese Ausbildung im Einzelfall für die Eingliederung des Auszubildenden in das Erwerbsleben zwingend erforderlich ist und ohne die Erbringung von Leistungen zum Lebensunterhalt der Abbruch der Ausbildung droht. Ist solch eine Konstellation gegeben, sind Leistungen als Zuschuss zu erbringen.[474]

7. Besonderheiten beim Sozialgeld, § 23 SGB II

598 Sozialgeld erhalten nach § 19 Abs. 1 Satz 2 SGB II nichterwerbsfähige Leistungsberechtigte, die mit erwerbsfähigen Leistungsberechtigten in einer Bedarfsgemeinschaft leben und soweit sie keinen Anspruch auf Leistungen der GSAE haben.

599 Das Sozialgeld umfasst nach § 19 Abs. 1 Satz 3 SGB II den Regelbedarf, die Mehrbedarfe und den Bedarf für Unterkunft und Heizung. Nach § 23 SGB II gelten dabei jedoch ergänzend besondere Maßgaben für den Regelbedarf der Kinder (Nr. 1) und den Mehrbedarf für behinderte Hilfebedürftige (Nr. 2 bis 4).

---

471 Vgl. BVerwG 14.10.1993 – 5 C 16/91 und BSG 1.7.2009 – B 4 AS 67/08 R sowie 2.4.2014 – B 4 AS 26/13 R.
472 Vgl. BSG 1.7.2009 – B 4 AS 67/08 R.
473 Vgl. BSG 6.9.2007 – B 14/7 b AS 28/06 R.
474 Dies gilt nur für Ausbildungen, die vor dem 31.12.2020 begonnen wurden (§ 27 Abs. 3 Satz 3 SGB II).

IV. Leistungen zur Sicherung des Lebensunterhaltes – Regelbedarf und Sonderbedarfe

8. Leistungsberechtigte in Gemeinschaftsunterkünften

Mit Wirkung ab 1.8.2016 gilt für Leistungsberechtigte, die in einer Gemeinschaftsunterkunft ohne Selbstversorgungsmöglichkeit untergebracht sind, eine Besonderheit. Nach § 65 Abs. 1 SGB II können bei ihnen der Anspruch auf Arbeitslosengeld II und Sozialgeld in Form von Sachleistungen erfüllt werden. Dies gilt sachlich jedoch nur soweit, wie sich der Leistungsanspruch auf Ernährung und Haushaltsenergie bezieht und ist zeitlich befristet bis zum Ablauf des 31.12.2018. 600

Der Wert der Sachleistung beträgt nach § 65 Abs. 1 Satz 2 SGB II 601
- bei Erwachsenen, bei denen der Regelbedarf für eine alleinstehende Person anerkannt wird, 170 EUR,
- bei den übrigen Erwachsenen 159 EUR,
- bei Kindern von 0 bis unter 6 Jahren 86 EUR,
- bei Kindern von 6 bis unter 14 Jahren 125 EUR und
- bei Jugendlichen von 14 bis unter 18 Jahren 158 EUR.

Die Agentur für Arbeit hat dem öffentlich-rechtlichen Träger bzw. dem privaten Betreiber der Gemeinschaftsunterkunft die Aufwendungen für die Verpflegung einschließlich Haushaltsstrom in Höhe der vorgenannten Beträge zu erstatten. 602

Bei Teilnahme von Kindern und Jugendlichen im Alter von 0 bis unter 18 Jahren an einer gemeinschaftlichen Mittagsverpflegung in schulischer Verantwortung, in einer Tageseinrichtung oder in der Kindertagespflege gilt § 28 Abs. 6 Satz 1 SGB II mit der Maßgabe, dass die entstehenden Aufwendungen berücksichtigt werden. 603

Schließlich gilt, dass, wenn die Sachleistung im Auftrag oder mit Zustimmung der Agentur für Arbeit durch einen anderen öffentlich-rechtlichen Träger oder einen privaten Dritten erbracht wird, dies als Leistung nach dem SGB II gilt. 604

In diesem Zusammenhang ist auch auf eine besondere Zuständigkeitsregel der Jobcenter hinzuweisen: Nach § 36 Abs. 2 SGB II gilt mit Wirkung ab 6.8.2016, dass für die jeweiligen SGB II-Leistungen der Träger zuständig ist, in dessen Gebiet die leistungsberechtigte Person nach § 12 a Abs. 1 bis 3 AufenthG ihren Wohnsitz zu nehmen hat. Sofern die leistungsberechtigte Person nach § 12 a Abs. 4 AufenthG verpflichtet ist, ihren Wohnsitz an einem bestimmten Ort nicht zu nehmen, kann eine Zuständigkeit der Träger in diesem Gebiet für die jeweiligen Leistungen nach diesem Buch nicht begründet werden. Bei der behördlichen Zuständigkeit für diese betroffenen leistungsberechtigten Personen kommt es daher auf den gewöhnlichen oder tatsächlichen Aufenthalt nicht an – es gilt vielmehr die ausschließliche örtliche Zuständigkeit der Agentur für Arbeit und des kommunalen Trägers am Ort eines nach § 12 a AufenthG zugewiesenen Wohnorts. Entsprechend können leistungsberechtigte Personen einen Antrag nach § 37 SGB II auf Leistungen nach dem SGB II nur bei dem Jobcenter, in dessen Gebiet die leistungsberechtigte Person ihren Wohnsitz zu nehmen hat, stellen und nur von dort Leistungen erhalten.[475] Diese Zuständigkeitsregelung macht aber nicht auch das tatsächliche Wohnen am festgelegten Ort zur Voraussetzung für eine Leistungsgewährung. 605

---

475 BT-Drs. 18/8615, S. 33 f.

9. Regelbedarf – Besonderheit im SGB XII

606 Mit § 27 a Abs. 2 Satz 1 SGB XII wird geregelt, dass der gesamte notwendige Lebensunterhalt[476] den monatlichen Regelbedarf ergibt, der nach § 27 a Abs. 3 SGB XII durch Regelsätze als Bedarf anerkannt wird.[477] Abgrenzend hiervon wird nach § 27 a Abs. 4 SGB XII in bestimmten Konstellationen ein individueller Bedarf festgelegt, wenn im Einzelfall ein Bedarf ganz oder teilweise anderweitig gedeckt ist oder unabweisbar seiner Höhe nach erheblich von einem durchschnittlichen Bedarf abweicht. Abzustellen ist im Rahmen einer erforderlichen Gesamtbetrachtung nur auf erheblich vom durchschnittlichen Bedarf abweichenden Bedarf von nicht nur unbedeutendem wirtschaftlichem Umfang sowie auf nicht nur möglicherweise eintretende Ersparnisse.[478] Während einerseits eine Kürzung sehr restriktiv zu handhaben ist und nur in Ausnahmefällen gerechtfertigt sein wird,[479] ist andererseits auch eine Erhöhung des Regelbedarfs nur wegen einer *atypischen Fallgestaltung* denkbar.

607 Sofern minderjährige Leistungsberechtigte in einer anderen Familie, insbesondere in einer Pflegefamilie, oder bei anderen Personen als bei ihren Eltern oder einem Elternteil untergebracht sind, wird idR der individuelle Bedarf abweichend von den Regelsätzen in Höhe der tatsächlichen Kosten der Unterbringung festgesetzt, sofern die Kosten einen angemessenen Umfang nicht übersteigen (§ 27 a Abs. 5 SGB XII).

608 **Muster: Regelbedarf im Bereich des SGB XII (hier GSAE) – Leistungserhöhung durch Betreuungspauschale**

Rechtsanwalt

(...)

(Datum)

An das

Sozialamt Landkreis (...)

(Anschrift)

Widerspruch

der (...),

(Anschrift)

Prozessbevollmächtigter: Rechtsanwalt (...)

gegen den Bescheid vom 20.12.2015

---

476 Mit Ausnahme der Bedarfe nach §§ 30 bis 36 SGB XII (zusätzliche Bedarfe, Bildung und Teilhabe und KdUH).
477 Besteht die Leistungsberechtigung für weniger als einen Monat, ist der Regelsatz anteilig als Bedarf anzuerkennen (Abs. 3 Satz 3).
478 BSG 11.12.2007 – B 8/9 b SO 21/06 R.
479 Vgl. hierzu BSG 11.12.2007 – B 8/9 b SO 21/06 R: Wird im Rahmen der Eingliederungshilfe in einer Werkstatt für behinderte Menschen nach dem SGB XII ein kostenloses Mittagessen gewährt, ist der Regelsatz der Sozialhilfe abweichend festzulegen, um die dort pauschal enthaltenen Kosten der Ernährung nicht mehrfach zu berücksichtigen. Eine weitere Absenkung des Regelsatzes wegen ersparter Aufwendungen für Kochenergie, Abwaschwasser und Wärme während des Aufenthaltes in der Wohnung ist nicht gerechtfertigt.

IV. Leistungen zur Sicherung des Lebensunterhaltes – Regelbedarf und Sonderbedarfe

Namens und ausweislich der beigefügten Vollmacht beantrage ich,

den Bescheid vom 20.12.2015 abzuändern und der Widerspruchsführerin Grundsicherung im Alter und bei Erwerbsminderung einschließlich der Betreuungspauschale von 9 EUR zu gewähren.

Begründung:

I.

Die 1950 geborene Widerspruchsführerin bezieht seit dem 9.4.2010 ergänzend zu ihrer Regelaltersrente Leistungen der Grundsicherung im Alter und bei Erwerbsminderung (Grundsicherungsleistungen) nach dem SGB XII. Sie wohnt in einer 42 m² großen Wohnung, für die sie zusätzlich zu Miete, Betriebs-, Heiz- und Aufzugskosten monatlich eine im Mietvertrag vereinbarte, vom Amt für Wohnungswesen des Sozialamtes genehmigte Vergütung für Seniorenbetreuung (im Folgenden: Betreuungspauschale) an die Vermieterin ab Januar 2012 in Höhe von 9 EUR zu zahlen hatte. Die Vermieterin ist aufgrund mit der Bewilligung von landesrechtlichen Fördermitteln verbundener Auflagen verpflichtet, eine allgemeine Betreuung sicherzustellen und vermietet deshalb nur an Personen, die sich im Mietvertrag zugleich auch zur Zahlung der Betreuungspauschale verpflichten. Das Betreuungsangebot umfasst die Möglichkeit der Kontaktaufnahme zu einem Betreuer sowie Hilfestellungen zur Erhaltung einer selbstständigen Haushalts- und Lebensführung in Form einer offenen Sprechstunde im Umfang von zwei Stunden pro Woche.

Beweis: Schreiben des Vermieters – Anlage W1

Der Landkreis bewilligte Grundsicherungsleistungen für die Zeit vom 1.1.2016 bis 30.6.2016 mit Bescheid vom 20.12.2015 ohne Berücksichtigung der Betreuungspauschale.

Hiergegen richtet sich der Widerspruch.

II.

Gegenstand des Verfahrens ist der Bescheid des Landkreises vom 20.12.2015 mit dem Leistungen der Grundsicherung im Alter und bei Erwerbsminderung ohne die Betreuungspauschale geleistet wurden. Der Bescheid ist rechtswidrig und verletzt die Widerspruchsführerin in ihren Rechten.

Die Leistungen der Grundsicherung im Alter und bei Erwerbsminderung umfassen gemäß § 42 Satz 1 SGB XII unter anderem die Aufwendungen für Unterkunft und Heizung entsprechend § 35 SGB XII. Dieser Bedarf wird in Höhe der tatsächlichen Aufwendungen erbracht, soweit diese angemessen sind. Zu den Kosten bei Mietwohnungen zählen zwar regelmäßig neben den tatsächlichen Mietkosten nur die Mietnebenkosten, wie sie sich aus dem Mietvertrag ergeben. Dem Grunde nach sind aber auch Betreuungspauschalen, wenn sie – wie hier – als einheitliches Rechtsgeschäft zwingend mit Begründung und Fortführung des Mietverhältnisses verbunden sind, geeignet, als Teil des Bedarfs für Unterkunft und Heizung nach § 35 Abs. 1 Satz 1 SGB XII angesehen zu werden (BSG 14.4.2011 – B 8 SO 19/09 R). Im vorliegenden Fall ist die Betreuungspauschale als in diesem Sinne für Erlangung und Erhalt der Wohnung unausweichlich anzusehen, da die Vermieterin Mietverträge nur abschließt, sofern die Betreuungspauschale vereinbart wird. Daher sind die Leistungen für die Widerspruchsführerin entsprechend zu erhöhen.

(…)

Rechtsanwalt

B. Besonderer Teil

609 **Muster: Regelbedarf im Bereich des SGB XII (hier GSAE) – kein Abzug wegen Möblierungspauschale**

Rechtsanwalt

(...)

(Datum)

An das

Sozialamt Landkreis (...)

(Anschrift)

Widerspruch

der (...),

(Anschrift)

<u>Prozessbevollmächtigter:</u> Rechtsanwalt (...)

gegen den Bescheid vom 20.2.2015

Namens und ausweislich der beigefügten Vollmacht beantrage ich,

den Bescheid vom 20.12.2015 abzuändern und der Widerspruchsführerin Grundsicherung im Alter und bei Erwerbsminderung ohne Abzug einer Möblierungspauschale zu gewähren.

Begründung:

I.

Die 1949 geborene Widerspruchsführerin ist einkommens- und vermögenslos und bezieht seit Jahren Leistungen der Grundsicherung im Alter und bei Erwerbsminderung.

Seit dem 1.10.2012 bewohnt sie ein möbliertes Zimmer. Mit dem Vermieter wurde im „Nutzungsvertrag" eine Inklusivmiete von 245,19 EUR vereinbart. Sie umfasst neben der Überlassung des Zimmers auch die Nutzung von Gemeinschaftsräumen sowie sämtliche Nebenkosten.

Beweis: Nutzungsvertrag – Anlage W1

Der Landkreis bewilligte mit Bescheid vom 20.12.2015 für die Zeit ab 1.12.2015 Grundsicherungsleistungen; den individuellen Bedarf legte er dabei abweichend vom Regelsatz in Höhe von 347 EUR u.a. unter Abzug einer Möblierungspauschale in Höhe von 27,76 EUR fest, weil als Kosten der Unterkunft (schon) die Höhe der Inklusivmiete von monatlich 245,19 EUR gewährt wurde.

Hiergegen richtet sich der Widerspruch.

II.

Gegenstand des Widerspruchs ist der Bescheid des Landkreises vom 20.12.2015, mit dem Leistungen unter Abzug einer Möblierungspauschale gezahlt wurden. Der Bescheid ist rechtswidrig und verletzt die Widerspruchsführerin in ihren Rechten.

Die Widerspruchsführerin hat einen Anspruch auf (höhere) Leistungen der Grundsicherung im Alter und bei Erwerbsminderung nach § 19 Abs. 2 SGB XII iVm § 41 SGB XII. Danach werden Personen mit gewöhnlichem Aufenthalt im Inland, die ihren Lebensunterhalt nicht aus Einkommen und Vermögen beschaffen können, auf Antrag Leistungen der

Grundsicherung im Alter und bei Erwerbsminderung nach dem Vierten Kapitel des SGB XII gewährt, wenn sie das 65. Lebensjahr bzw. die angehobene Altersgrenze vollendet oder das 18. Lebensjahr vollendet haben, unabhängig von der jeweiligen Arbeitsmarktlage voll erwerbsgemindert iSv § 43 SGB VI sind und bei ihnen unwahrscheinlich ist, dass die volle Erwerbsminderung behoben werden kann.

Diese Voraussetzungen liegen bei der Widerspruchsführerin vor. Sie war im streitbefangenen Zeitraum dauerhaft voll erwerbsgemindert, sowie einkommens- und vermögenslos. Für diesen Zeitraum steht ihr eine um 27,76 EUR höhere Regelsatzleistung zu, weil die Regelsatzleistung bei der Leistungsbewilligung zu Unrecht um diesen Betrag als „Möblierungspauschale" gekürzt wurde.

Eine abweichende Festlegung des Regelsatzes wegen der Möblierungspauschale – hier nach § 27 a Abs. 4 SGB XII[480] – ist nicht vorzunehmen. Die Vorschrift soll verhindern, dass Träger der Sozialhilfe im Rahmen der Sozialhilfeleistungen gegenüber dem Leistungsempfänger Leistungen doppelt erbringen. Der Anwendungsbereich dieser Norm ist deshalb zur Vermeidung solcher Doppelleistungen nur dann eröffnet, wenn es bei der Gewährung von Sozialhilfeleistungen zu Überschneidungen mit den durch den Regelsatz pauschal abgegoltenen tatsächlichen Bedarfen kommt (BSG 20.9.2012 – B 8 SO 4/11 R). Für eine Möblierungspauschale trifft dies nach der vorgenannten Entscheidung des BSG gerade nicht zu. In diesen Fällen ist bereits ungewiss, ob tatsächlich eine Ersparnis eintritt. Der Widerspruchsführerin steht es offen, weitere Einrichtungsgegenstände anzuschaffen. Solcherlei Ausgaben fallen jedoch nicht monatlich an, sondern müssen angespart werden. Da das „Ob", „Wie" und „Wann" weiterhin der Entscheidung der Widerspruchsführerin obliegt, kann eine Kürzung des Regelbedarfs nicht vorgenommen werden. Er ist ihr ungekürzt auszuzahlen.

(…)

Rechtsanwalt

V. Bedarfe für Unterkunft und Heizung, § 22 SGB II

Unterkunft iSd Gesetzes meint jedes feste Obdach (zB Obdachlosenunterkunft, auch Wohnwagen,[481] Zimmer in Beherbergungsbetrieben), das tatsächlich als Unterkunft genutzt wird.[482] Dabei kommt es grds. ebenso wenig auf die bauordnungsrechtliche wie die sonst öffentlich-rechtliche Zulässigkeit an. Entscheidend ist jedoch hingegen die Rechtmäßigkeit der Benutzung zum Vermieter/Eigentümer. Kosten der Unterkunft (KdU) werden daher bei zB Hausbesetzern oder beim Vorliegen eines vollstreckbaren Räumungsurteils nicht gewährt.[483]

610

Muster: Anerkennung Wohnwagen bzw. Wohnmobil als Unterkunft

611

Rechtsanwalt

(…)

(Datum)

---

480 § 27 a SGB XII ist zum 1.1.2017 auch hinsichtlich der abweichenden Bedarfsfestsetzung geändert worden. Diese Änderungen sind für die Beurteilung dieses Falls jedoch nicht von Relevanz.
481 Vgl. BSG 17.6.2010 – B 14 AS 79/09 R.
482 Vgl. Berlit/Conradis/Sartorius/*Berlit*, Existenzsicherungsrecht, Kap. 28 Rn. 1 ff.
483 Anders aber bei einem gerichtlich angeordnetem Räumungs- und Vollstreckungsschutz.

B. Besonderer Teil

An das
Sozialgericht (...)
(Anschrift)

K L A G E

des (...),
(Anschrift)

– K l ä g e r –

Prozessbevollmächtigter: Rechtsanwalt (...)

g e g e n

Jobcenter (...)
(Anschrift)
vertreten durch den Geschäftsführer

– B e k l a g t e r –

wegen Berücksichtigung Wohnwagen bzw. Wohnmobil als Unterkunft[484]

Namens und ausweislich der beigefügten Vollmacht des Klägers erhebe ich Klage und werde beantragen:

Der Bescheid des Beklagten vom 20.12.2015 in der Gestalt des Widerspruchsbescheides vom 15.2.2016 wird abgeändert und der Beklagte verurteilt, dem Kläger für die Zeit vom 1.1.2016 bis 30.6.2016 Leistungen für Unterkunft in tatsächlicher Höhe zu gewähren.

Zur Geltendmachung der Rechte des Klägers beantrage ich ferner,

dem Kläger Prozesskostenhilfe ab Klageerhebung zu bewilligen und den Unterzeichner beizuordnen.

Begründung:

I.

Der Kläger begehrt die Übernahme der laufenden Kosten für ein Wohnmobil als Kosten der Unterkunft im Sinne des § 22 SGB II.

Der am 1.5.1955 geborene Kläger lebt allein und ist seit dem Jahr 2007 arbeitslos. Er steht bei dem Beklagten seit dem Jahr 2009 im laufenden Leistungsbezug nach dem SGB II. Der Kläger bewohnt seit dem 1.12.2015 ein Wohnmobil, das er an wechselnden Standorten im Stadtbereich der Stadt B abstellt.

Am 6.12.2015 stellte der Kläger einen Antrag auf Fortzahlung von Leistungen nach dem SGB II und gab dabei an, seit dem 1.12.2015 in einem Wohnmobil zu leben, für das Kraftfahrzeugsteuer in Höhe von 15 EUR, Kraftfahrzeugversicherung in Höhe von 20 EUR sowie für Gas und Heizung in Höhe von 45 EUR monatlich anfielen und fügte entsprechende Belege bei.

Mit Bescheid vom 20.12.2015 bewilligte der Beklagte dem Kläger für den Zeitraum 1.1. bis 30.6.2016 ausschließlich die Regelleistung in Höhe von 404 EUR. Kosten der Unterkunft berücksichtigte der Beklagte nicht.

---

484 Der Fall wurde der Entscheidung des BSG 17.6.2010 – B 14 AS 79/09 R nachgebildet.

Beweis: Bescheid des Beklagten vom 20.12.2015 – Anlage K1

Der Kläger erhob hiergegen am 15.1.2016 Widerspruch.

Beweis: Widerspruchsschreiben vom 15.1.2016 – Anlage K2

Den Widerspruch wies der Beklagte mit Widerspruchsbescheid vom 15.2.2016 als unbegründet zurück. Der Beklagte begründete dies damit, dass die geltend gemachten Kosten keine Unterkunftskosten im Sinne des § 22 SGB II darstellten.

Beweis: Widerspruchsbescheid vom 15.2.2016 – Anlage K3

Hiergegen richtet sich die Klage.

II.

Der Bescheid des Beklagten vom 20.12.2015 in der Gestalt des Widerspruchsbescheides vom 15.2.2016 ist rechtswidrig und verletzt den Kläger in seinen Rechten.

Der Kläger hat einen Anspruch auf Übernahme seiner geltend gemachten Unterkunftskosten für Kraftfahrzeugsteuer, Kraftfahrzeugversicherung sowie für Gas und Heizung in Höhe von insgesamt 80 EUR pro Monat.

Gemäß § 22 Abs. 1 Satz 1 SGB II werden Leistungen für Unterkunft und Heizung in Höhe der tatsächlichen Aufwendungen erbracht, soweit diese angemessen sind.

Eine Unterkunft im Sinne des SGB II ist eine Einrichtung, die geeignet ist, vor den Unbilden des Wetters bzw. der Witterung zu schützen und eine gewisse Privatsphäre gewährleistet. Unter diesen Begriff fallen auch Wohnwagen (BSG 17.6.2010 – B 14 AS 79/9 R).

Dem Kläger stehen als Kosten der Unterkunft iSd § 22 Abs. 1 Satz 1 SGB II grds. die tatsächlich für den Wohnbedarf anfallenden Kosten zu, soweit diese angemessen sind. Aus einem Vergleich mit den Nebenkosten, die im Falle eines selbst genutzten Wohneigentums geltend gemacht werden können, ergibt sich, dass dem Kläger auch ein Anspruch auf Erstattung der Kraftfahrzeugsteuer und der Kosten für die Kraftfahrzeughaftpflichtversicherung zusteht (BSG aaO).

Die Angemessenheit der Kosten hat der Beklagte nicht in Abrede gestellt, so dass nach dem Vorgenannten die Kosten für Kraftfahrzeugsteuer, Kraftfahrzeugversicherung sowie für Gas und Heizung durch den Beklagten zu übernehmen sind.[485]

III.

Wie sich aus der beigefügten Erklärung zu den persönlichen und wirtschaftlichen Verhältnissen ergibt, kann der Kläger die Kosten der Prozessführung nicht aufbringen (§ 73 a SGG iVm § 114 ZPO). Da die Klage – wie ausgeführt – Aussicht auf Erfolg hat und nicht mutwillig ist, ist der Antrag auf Prozesskostenhilfe ebenfalls begründet.

(...)
Rechtsanwalt

1. KdUH bei mehreren Personen

Sofern die Kosten der Unterkunft und Heizung mehrere Personen betreffen, zB bei mehreren Mitgliedern der Bedarfs- oder auch Haushaltsgemeinschaft, werden die

612

---

[485] In seiner Entscheidung führte das BSG weiter aus, dass die dort darüber hinaus geltend gemachten Kosten für Pflege und Wartung sowie Dieselkraftstoff nicht zu den übernahmefähigen Kosten zählen, da diese Kosten aus der Regelleistung zu finanzieren seien.

Kosten grds. durch die Anzahl der Personen aufgeteilt (sog. Kopfteile). Eine individuelle Ermittlung (zB Quotelung anhand der jeweiligen genutzten Zimmergröße) erfolgt grds. nicht.[486] Gleichwohl sind Ausnahmen zum Kopfteilprinzip denkbar – zB wenn ein Mitglied einer (gemischten) Bedarfsgemeinschaft die Wohnung über einen Zeitraum nicht nutzt, der auch zu einem Ausschluss von Leistungen nach § 7 Abs. 4 bzw. 4 a SGB II führt, wenn in einer Haushaltsgemeinschaft eine tatsächliche Vereinbarung über die Kostenaufteilung besteht[487] oder im Falle einer vollen Sanktionierung eines Unter-25-Jährigen, so dass bei den übrigen Mitgliedern der BG eine Berücksichtigung der gesamten KdUH zu erfolgen hat.[488]

613
Muster: Abweichung vom Kopfteilprinzip, wenn der Unterkunftskostenanteil eines Mitglieds der Bedarfsgemeinschaft auf der Grundlage einer bestandskräftigen Sanktion gemäß § 31 iVm § 31 a Abs. 2 SGB II weggefallen ist

Rechtsanwalt

(...)

(Datum)

An das

Sozialgericht (...)

(Anschrift)

K L A G E

1. der (...), (Anschrift)

2. des (...), (Anschrift), gesetzlich vertreten durch die Klägerin zu 1)

– K l ä g e r –

Prozessbevollmächtigter: Rechtsanwalt (...)

g e g e n

Jobcenter (...)

(Anschrift)

vertreten durch den Geschäftsführer

– B e k l a g t e r –

wegen Höhe der Kosten der Unterkunft

Namens und ausweislich der beigefügten Vollmacht der Kläger erhebe ich Klage und werde beantragen:

Der Beklagte wird unter Abänderung des Bescheides vom 25.4.2016 in der Gestalt des Widerspruchsbescheides vom 23.6.2016 verurteilt, den Klägern vom 1.5.2016 bis 31.7.2016 weitere Leistungen für Kosten der Unterkunft in Höhe von 175,50 EUR monatlich zu gewähren.

Zur Geltendmachung der Rechte der Kläger beantrage ich ferner,

---

486 Vgl. *Zimmermann*, Das Hartz-IV-Mandat, § 3 Rn. 152 und Berlit/Conradis/Sartorius/*Berlit*, Existenzsicherungsrecht, Kap. 28 Rn. 33 f.
487 Vgl. BSG 29.11.2012 – B 14 AS 36/12 R.
488 Vgl. hierzu insgesamt ausführlicher und mwN Münder/*Berlit* LPK-SGB II § 22 Rn. 57 ff.

V. Bedarfe für Unterkunft und Heizung, § 22 SGB II

den Klägern Prozesskostenhilfe ab Klageerhebung zu bewilligen und den Unterzeichner beizuordnen.

Begründung:

I.

Mit der Klage begehren die Kläger die weitergehende Übernahme von Kosten der Unterkunft in monatlicher Höhe von 175,50 EUR für die Zeit vom 1.5.2016 bis 31.7.2016 nach dem SGB II von dem Beklagten.

Die 1970 geborene Klägerin zu 1) und ihr 1998 geborener Sohn, der Kläger zu 2), bilden zusammen mit der 1992 geborenen Tochter eine Bedarfsgemeinschaft und erhalten seit dem Jahr 2012 vom Beklagten Leistungen nach dem SGB II.

Sie bewohnen gemeinsam eine 75 m² große Wohnung. Hierfür zahlen sie eine Nettokaltmiete in Höhe von 406,50 EUR sowie Vorauszahlungen auf die Betriebs- und Heizkosten in monatlicher Höhe von 120 EUR. Die Kosten der Unterkunft werden durch den Beklagten direkt an den Vermieter gezahlt. Für den Kläger zu 2) erhält die Klägerin zu 1) Kindergeld in Höhe von 190 EUR monatlich. Weder die Klägerin zu 1) noch deren Tochter verfügen über Einkommen.

Beweis: Mietvertrag – Anlage K1

Mit Bewilligungsbescheid vom 15.3.2016 bewilligte der Beklagte den Mitgliedern der Bedarfsgemeinschaft Leistungen nach dem SGB II für die Zeit vom 1.4.2016 bis 30.9.2016. Er berücksichtigte hierbei die Kosten der Unterkunft in tatsächlicher Höhe, mithin für jedes Mitglied der Bedarfsgemeinschaft mit 1/3.

Beweis: Bewilligungsbescheid vom 15.3.2016 – Anlage K2

Mit Bescheid vom 4.4.2016 entzog der Beklagte nach vorangegangenen Sanktionen der Tochter gestützt auf § 31a Abs. 2 Satz 2 SGB II das ihr bewilligte Arbeitslosengeld II für die Monate Mai bis Juli 2016 vollständig. Der Bescheid ist bestandskräftig.

Mit Bescheid vom 25.4.2016 änderte der Beklagte seine Leistungsbewilligung für die Monate Mai bis Juli 2016 nochmals ab und berücksichtigte hierbei die auf die Tochter entfallene Sanktion dergestalt, dass er den Anteil der Kosten der Unterkunft der Tochter auf Null setzte und einen um ein Drittel gekürzten Betrag an den Vermieter überwies.

Beweis: Änderungsbescheid vom 25.4.2016 – Anlage K3

Gegen den Bescheid erhoben die Kläger am 28.4.2016 Widerspruch, den der Beklagte mit Widerspruchsbescheid vom 23.6.2016 als unbegründet zurückwies.

Beweis:
- Widerspruch vom 28.4.2016 – Anlage K4
- Widerspruchsbescheid vom 23.6.2016 – Anlage K5

Durch den Vermieter der Kläger wurde bereits der rückständige Teil der Miete angemahnt und bei Fortbestehen des Zahlungsausfalls mit fristloser Kündigung gedroht.

Beweis: Schreiben des Vermieters vom 12.7.2016 – Anlage K6

II.

Der Bescheid vom 25.4.2016 in der Gestalt des Widerspruchsbescheides vom 23.6.2016 ist rechtswidrig und verletzt die Kläger in ihren Rechten, § 54 Abs. 2 Satz 1 SGG.

Die Kläger machen allein höhere Ansprüche auf Kosten der Unterkunft für die Monate Mai bis Juli 2016 geltend.[489]

Die Kläger haben Anspruch auf Übernahme der KdU für die Zeit vom 1.5.2016 bis zum 31.7.2016 in der tatsächlichen Höhe ohne Abzug des auf die Tochter entfallenden Anteils nach § 22 Abs. 1 SGB II.

Die Kläger gehören zum leistungsberechtigten Personenkreis nach dem SGB II und haben dem Grunde nach Anspruch auf Übernahme der Unterkunftskosten, soweit diese tatsächlich anfallen und angemessen sind.

Anhaltspunkte, die gegen eine Angemessenheit sprechen, liegen nicht vor.

Das sog. Kopfteilprinzip ist auf die vorliegende Fallgestaltung nicht anwendbar. Insoweit ist in der Rechtsprechung anerkannt, dass für den Fall, dass bei einem Mitglied einer Bedarfsgemeinschaft aufgrund einer Sanktion die Leistungen für Unterkunft und Heizung weggefallen sind, eine Abweichung vom Kopfteilprinzip anzunehmen ist. Andernfalls kann ein menschenwürdiges Existenzminimum gemäß Art. 1 Abs. 1 GG iVm dem Sozialstaatsprinzip des Art. 20 Abs. 1 GG (vgl. BVerfG 9.2.2010 – 1 BvR 1/09 ua), zu dem auch die angemessenen Unterkunftskosten gehören, für die nicht von der Sanktion umfassenden Mitglieder der Bedarfsgemeinschaft nicht gewährleistet werden. Eine Art Mithaftung der weiteren Mitglieder der Bedarfsgemeinschaft für ein nach dem SGB II sanktioniertes Verhalten des Dritten ist im SGB II gerade nicht vorgesehen. Die Tochter verfügt über keinerlei Einkommen, mit dem sie die auf ihren Kopfteil entfallenden Unterkunftskosten decken könnte. Der Kopfteil der Tochter ist daher als ungedeckter Bedarf der Kläger für Unterkunftskosten zu gleichen Teilen deren Bedarf zuzurechnen.[490]

Der Bescheid ist daher abzuändern und den Klägern jeweils die hälftigen Kosten der Unterkunft zu gewähren.

III.

Wie sich aus der beigefügten Erklärung zu den persönlichen und wirtschaftlichen Verhältnissen ergibt, können die Kläger die Kosten der Prozessführung nicht aufbringen (§ 73 a SGG iVm § 114 ZPO). Da die Klage – wie ausgeführt – Aussicht auf Erfolg hat und nicht mutwillig ist, ist der Antrag auf Prozesskostenhilfe ebenfalls begründet.

(…)

Rechtsanwalt

2. Angemessenheit der Kosten der Unterkunft und Heizung

614 Die KdUH werden bedarfsbezogen berücksichtigt, also entsprechend der Fälligkeit der jeweiligen Forderung. Dies gilt auch bei Wohneigentümern. Eine Zusammen-

---

489 Bezüglich der Kosten der Unterkunft handelt es sich im streitigen Bescheid auch nicht um eine lediglich wiederholende Verfügung ohne Regelungscharakter, sondern um einen sog. Zweitbescheid. Die Prüfung des Beklagten bezog sich auf die Kosten der Unterkunft der gesamten Bedarfsgemeinschaft. Mit dem streitigen Bescheid sollte daher nicht allein die Sanktion für die Tochter umgesetzt werden, sondern der Ausfall der KdU wurde der gesamten Bedarfsgemeinschaft zugeordnet (vgl. BSG 23.5.2013 – B 4 AS 67/12 R).
490 BSG 2.12.2014 – B 14 AS 50/13 R.

rechnung der KdUH-Bedarfe auf das Jahr und eine dann entsprechende monatliche Aufteilung der Kosten verbietet sich.[491]

Nach bisheriger Rechtsprechung des BSG war die Angemessenheit der KdU einerseits und die der Heizkosten andererseits immer getrennt voneinander vorzunehmen. Die Bildung einer Gesamtangemessenheitsgrenze (Bruttowarmmiete) unter Berücksichtigung sowohl des Unterkunfts- als auch des Heizungsbedarfs bei der Prüfung der Aufwendungen für Unterkunft und Heizung auf ihre Angemessenheit war grds.[492] nicht zulässig.[493] Nunmehr hat der Gesetzgeber mit dem mit Wirkung zum 1.8.2016 neu eingefügten § 22 Abs. 10 SGB II die grundsätzliche Möglichkeit einer Gesamtangemessenheitsgrenze geschaffen. Festzuhalten bleibt aber, dass die bisherige getrennte Angemessenheitsprüfung (vgl. hierzu Rn. 630 ff. und Rn. 648 ff.) weiterhin zulässig ist bzw. diese als Zwischenschritte für die Gesamtangemessenheitsprüfung (vgl. hierzu Rn. 661 ff.) einbezogen werden kann (vgl. § 22 Abs. 10 Satz 2 SGB II). 615

a) Kosten der Unterkunft
aa) Allgemeines

Zu den KdU zählen neben den laufenden monatlichen Kosten (Mietkosten, Abschlagszahlungen, Betriebskostenvorauszahlung etc.) grds. auch einmalige Kosten für zB Umzüge, Kautionen und ggf. auch die Kosten einer Einzugsrenovierung.[494] 616

Als KdU sind grds. u.a. folgende Aufwendungen zu berücksichtigen: 617

- Schuldzinsen,
- Kaltmiete,
- Grundsteuern,
- Wasser- und Abwassergebühren,
- Gemeinschaftsbeleuchtung,[495]
- Nebenkostennachzahlung,[496]

---

491 Vgl. BSG 22.8.2013 – B 14 AS 78/12 R.
492 Eine Ausnahme galt schon seit jeher bei der sog. Satzungslösung (vgl. Rn. 628 f.), wonach mit § 22 b Abs. 1 Satz 3 SGG die Gesamtangemessenheitsprüfung ausdrücklich ermöglicht wurde. Zur Satzungslösung vgl. aber auch BSG 4.6.2014 – B 14 AS 53/13 R: Eine Satzung mit einer Gesamtangemessenheitsgrenze der Aufwendungen für die Unterkunft und Heizung nach dem SGB II erfordert die realitätsgerechte Abbildung des einfachen Standards auf dem örtlichen Wohnungsmarkt sowohl für die Unterkunftsaufwendungen als auch für die Heizaufwendungen.
493 Vgl. nur BSG 2.7.2009 – B 14 AS 36/08 R.
494 Dies gilt grds. aber nur dann, wenn die Einzugsrenovierung ortsüblich und erforderlich zur Herstellung des Wohnstandards im unteren Wohnsegment ist (BSG 16.12.2008 – B 4 AS 49/07 R).
495 Nicht als KdU zu berücksichtigen sind grds. Aufwendungen für Haushaltsstrom (BSG 19.2.2009 – B 4 AS 48/08 R).
496 Abzustellen ist laut BSG immer auf den Leistungsfall (Fälligkeit) und nicht auf den Zeitraum, für den die Nachforderung erfolgt. So kann es einerseits auch sein, dass auch für eine Zeit, in der keine Hilfebedürftigkeit vorlag, Nachzahlungen zu übernehmen sind. Andererseits ist es aber auch möglich, dass nach Wegfall der Hilfebedürftigkeit für einen Zeitraum in dem Hilfebedürftigkeit bestand, keine Erstattung erfolgt (ggf. wird der betreffende aber durch die Nachzahlung bedürftig). Nach der Rechtsprechung des BSG ist auch eine Erstattung für eine vorherige Wohnung möglich – zumindest wenn ein Umzug aufgrund Aufforderung des Leistungsträgers erfolgte. Nach BSG 25.6.2015 – B 14 AS 40/14 R sind jedoch Nebenkostennachforderungen für eine Wohnung, die erst fällig geworden sind, nachdem diese nicht mehr bewohnt wird, und deren tatsächliche Entstehung nicht auf Zeiten der Hilfebedürftigkeit zurückgeht, kein anzuerkennender Bedarf für Unterkunft und Heizung. Im Übrigen ist zu beachten, dass Guthaben oder

B. Besonderer Teil

- Gebäudeversicherung,
- uU auch Kabel-Gebühren (zumindest, sofern ein Kabelanschluss unabdingbarer Bestandteil des Mietvertrages ist) sowie
- Kosten für eine Kücheneinrichtung (wenn die Wohnung nur mit dem Küchenmöbelzuschlag angemietet werden kann).[497]

618 In nur ganz seltenen Ausnahmefällen können im Übrigen auch Tilgungsleistungen als KdU Berücksichtigung finden.[498] Insofern ist entscheidend, dass das Wohneigentum nicht während einer Leistungsberechtigung (SGB II-Leistungen oder auch Arbeitslosenhilfe) erworben wurde, die Finanzierung mit Beginn der Leistungsberechtigung weitestgehend abgeschlossen war und anderenfalls Verlust des Wohneigentums droht, der nicht auf andere Weise (zB Streckung oder Stundung der Tilgungsverpflichtung) abgewandt werden kann.

619 **Muster: Übernahme Kosten der Einzugsrenovierung**

Rechtsanwalt

(...)

(Datum)

An das

Sozialgericht (...)

(Anschrift)

KLAGE

der (...),

(Anschrift)

– K l ä g e r i n –

Prozessbevollmächtigter: Rechtsanwalt (...)

g e g e n

Jobcenter (...)

(Anschrift)

vertreten durch den Geschäftsführer

– B e k l a g t e r –

wegen Einzugsrenovierungskosten in Höhe von 300 EUR

Namens und ausweislich der beigefügten Vollmacht der Klägerin erhebe ich Klage und werde beantragen,

den Beklagten unter Aufhebung des Bescheides vom 1.7.2016 in der Gestalt des Widerspruchsbescheides vom 26.8.2016 zu verurteilen, Leistungen zur Einzugsrenovierung in Höhe von 300 EUR zu erbringen.

Rückzahlungen aus Betriebs- oder Heizkostenabrechnungen als Einkommen (vgl. BSG 22.3.2012 – B 4 AS 139/11 R und 16.5.2012 – B 4 AS 159/11 R) zu berücksichtigen sind und mit § 22 Abs. 3 SGB II die Einkommensanrechnung eine Modifikation der Gestalt erfährt, dass sich um den entsprechenden Rückzahlungs- bzw. Guthabenwert die KdU im Folgemonat mindern.
497 BSG 7.5.2009 – B 14 AS 14/08 R.
498 Vgl. insoweit BSG 7.7.2011 – B 14 AS 79/10 R, 4.6.2014 – B 14 AS 42/13 R und 3.12.2015 – B 4 AS 49/14 R.

V. Bedarfe für Unterkunft und Heizung, § 22 SGB II

Zur Geltendmachung der Rechte der Klägerin beantrage ich ferner,

der Klägerin Prozesskostenhilfe ab Klageerhebung zu bewilligen und den Unterzeichner beizuordnen.

Begründung:

I.

Die Klägerin begehrt die Gewährung der Kostenübernahme für eine Einzugsrenovierung in Höhe von 300 EUR im Rahmen der von ihr bezogenen Leistungen nach dem SGB II.

Die Klägerin zog zum 1.6.2016 in die in der Stadt S in der Mühlgasse 3 gelegene 1-Raumwohnung mit 45 m² Wohnfläche. Der Umzug in die Stadt S war erforderlich, weil die Klägerin bei dem dort ansässigen Unternehmen A die Chance hat, dauerhaft in ein Beschäftigungsverhältnis übernommen zu werden.

Am 7.6.2016 beantragte die Klägerin bei dem Beklagten die Übernahme der erforderlichen Einzugsrenovierungskosten in Höhe von 300 EUR. Die Wohnung befand sich bei Übergabe in einem nichtrenovierten Zustand. Alle Wände und die Decken bedurften einer vollständigen malermäßigen Instandsetzung, die Fußbodenbeläge waren zu erneuern. Es wurde mietvertraglich vereinbart, dass diese Arbeiten durch die Klägerin zu tätigen sind.

Beweis:
- Antrag vom 7.6.2016 mit Fotodokumentation – Anlage K1
- Kostenvoranschlag der Firma „Malerweiß" vom 3.6.2016 – Anlage K2
- Übergabeprotokoll vom 1.6.2016 in Kopie – Anlage K3

Mit Ablehnungsbescheid vom 1.7.2016 wies der Beklagte den Antrag zurück, woraufhin die Klägerin am 4.7.2016 Widerspruch eingelegt hat. Diesen Widerspruch wies der Beklagte mit Widerspruchsbescheid vom 27.8.2016 zurück, so dass nunmehr Klage geboten ist.

Beweis:
- Widerspruch vom 4.7.2016 – Anlage K4
- Widerspruchsbescheid vom 27.8.2016 – Anlage K5

II.

Die angefochtenen Bescheide sind rechtswidrig und verletzen die Klägerin in ihren Rechten. Die Klägerin hat einen Anspruch auf Übernahme der Renovierungskosten gemäß § 22 Abs. 1 SGB II.

Nach § 22 Abs. 1 SGB II sind die Unterkunftskosten umfassend, mithin in tatsächlicher Höhe zu erbringen. Hierzu gehören auch Einzugsrenovierungskosten, wenn sie wie hier mietvertraglich geschuldet und im Weiteren die Kosten angemessen im Sinne der Rechtsprechung sind.

Die Einzugsrenovierung war erforderlich, um die Bewohnbarkeit der Unterkunft herzustellen. In der Wohnung befanden sich keine Wand- und Fußbodenbeläge.

Im Weiteren war die Einzugsrenovierung ortsüblich, weil keine renovierten Wohnungen in nennenswerten Umfang in der Stadt S zur Verfügung stehen.

Aufgrund einer durchgeführten Recherche auf dem Internetportal www.123.de (Suchkriterien: 1 Zimmer, max. 45 m² Wohnfläche, 200 EUR Kaltmiete in der Stadt S) konnten nur 5 Wohnungen ermittelt werden, die dem Anforderungsprofil entsprochen haben. Eine

B. Besonderer Teil

Auswertung der Treffer ergab ausschließlich nichtrenovierte Wohnungen, so dass in der Stadt S davon auszugehen ist, dass Wohnungen idR nichtrenoviert übergeben werden.

Letztlich war die Einzugsrenovierung auch der Höhe nach erforderlich, um den Standard einer Wohnung im unteren Wohnsegment herzustellen. In dem von der Klägerin geltend gemachten Betrag sind die Kosten für Tapete, Farbe und Fußbodenbeläge enthalten, die insgesamt einem einfachen Standard genügen.

Nach dem Vorgenannten hat die Klägerin einen Anspruch auf die Übernahme der Renovierungskosten in Höhe von 300 EUR.

III.

Wie sich aus der beigefügten Erklärung zu den persönlichen und wirtschaftlichen Verhältnissen ergibt, kann die Klägerin die Kosten der Prozessführung nicht aufbringen (§ 73 a SGG iVm § 114 ZPO). Da die Klage – wie ausgeführt – Aussicht auf Erfolg hat und nicht mutwillig ist, ist der Antrag auf Prozesskostenhilfe ebenfalls begründet.

(...)

Rechtsanwalt

620 **Muster: Betriebskostennachforderung für nicht mehr bewohnten Wohnraum**[499]

Rechtsanwalt

(...)

(Datum)

An das

Sozialgericht (...)

(Anschrift)

KLAGE

der (...),

(Anschrift)

– Klägerin –

erg.: Prozessbevollmächtigter: Rechtsanwalt (...)

g e g e n

Jobcenter (...)

(Anschrift)

vertreten durch den Geschäftsführer

– Beklagter –

wegen Übernahme Betriebskostennachzahlung in Höhe von 500 EUR

Namens und ausweislich der beigefügten Vollmacht der Klägerin erhebe ich Klage und werde beantragen,

den Beklagten unter Aufhebung des Bescheides vom 11.4.2016 in der Gestalt des Widerspruchsbescheides vom 27.5.2016 zu verurteilen, die Nachforderung aus der

---

[499] Der Fall wurde der Entscheidung BSG 20.12.2011 – B 4 S 9/11 R nachgebildet.

Betriebskostenendabrechnung vom 23.3.2016 in Höhe von 500 EUR zu übernehmen.

Zur Geltendmachung der Rechte der Klägerin beantrage ich ferner,

der Klägerin Prozesskostenhilfe ab Klageerhebung zu bewilligen und den Unterzeichner beizuordnen.

Begründung:

I.

Die Klägerin begehrt die Übernahme der Kosten einer Betriebskostenendabrechnung für eine im Abrechnungszeitpunkt nicht mehr bewohnte Wohnung als einmalige Leistung der Kosten der Unterkunft im Sinne des § 22 Abs. 1 SGB II.

Die Klägerin steht im fortlaufenden Leistungsbezug bei dem Beklagten und bewohnte bis zum 31.12.2015 eine in der Wilhelm-Tell-Straße 1 in Stadt M gelegenen 1-Raumwohnung. Mit Schreiben vom 3.6.2015 forderte der Beklagte die Klägerin auf, ihre Kosten der Unterkunft bis zum 31.3.2016 zu senken. Die Obergrenze für eine angemessene Bruttokaltmiete betrage in der Stadt M 308 EUR, die Klägerin zahle derzeitig 345 EUR. Daraufhin zog die Klägerin zum 1.1.2016 in eine in der Franz-von-Assisi-Straße 33 gelegene 1-Raumwohnung mit einer Bruttokaltmiete in Höhe von 285 EUR um. Mit Bescheid vom 12.2.2016 bewilligte der Beklagte der Klägerin Leistungen nach dem SGB II für die Zeit vom 1.3.2016 bis 30.9.2016 unter Berücksichtigung von Kosten der Unterkunft in Höhe der Bruttokaltmiete in Höhe von 285 EUR zzgl. eines Heizkostenabschlags in Höhe von 60 EUR.

Beweis:

- Kostensenkungsaufforderung vom 3.6.2015 in Kopie – Anlage K1
- Mietvertrag vom 28.12.2015 Franz-von-Assisi-Straße 33 in Kopie – Anlage K2
- Bewilligungsbescheid vom 12.2.2016 in Kopie – Anlage K3

Mit Schreiben vom 23.3.2016 rechnete der ehemalige Vermieter der Klägerin die Betriebskosten für den Zeitraum 1.1. bis 31.12.2015 gegenüber der Klägerin ab. Die Abrechnung schloss mit einem Nachzahlbetrag in Höhe von 500 EUR, der zum 1.4.2016 fällig war.

Beweis: Betriebskostenabrechnung vom 23.3.2016 in Kopie – Anlage K4

Die Klägerin reichte die Abrechnung bei dem Beklagten am 26.3.2016 ein und beantragte die Übernahme des Nachzahlbetrages in Höhe von 500 EUR.

Die Übernahme lehnte der Beklagte mit Bescheid vom 11.4.2016 mit der Begründung ab, dass die Aufwendungen für die in der Wilhelm-Tell-Straße 1 gelegenen Wohnung unangemessen hoch gewesen seien, was nicht zuletzt durch das durchgeführte Kostensenkungsverfahren festgestellt worden sei.

Beweis: Bescheid vom 11.4.2016 in Kopie – Anlage K5

Den hiergegen am 16.4.2016 erhobenen Widerspruch wies der Beklagte mit Widerspruchsbescheid vom 27.5.2016 zurück. Zur Begründung führte er aus, dass die Nachforderung aus der Betriebskostenabrechnung vom 23.3.2016 keinen aktuellen Bedarf darstelle, da die Wohnung in der Wilhelm-Tell-Straße 1 nicht mehr bewohnt werde.

Beweis:
- Widerspruch vom 16.4.2016 in Kopie – Anlage K6
- Widerspruchsbescheid vom 27.5.2016 in Kopie – Anlage K7

Hiergegen richtet sich die Klage.

II.

Die Klägerin hat einen Anspruch auf Übernahme des Nachzahlbetrages aus der Betriebskostenabrechnung vom 23.3.2016 gegenüber dem Beklagten in Höhe von 500 EUR.

Entgegen der Auffassung des Beklagten stellt die Nachforderung aus der Betriebskostenendabrechnung auch für die im Fälligkeitszeitpunkt nicht mehr bewohnte Wohnung in der Wilhelm-Tell-Straße 1 einen aktuellen Bedarf der Klägerin nach § 22 Abs. 1 Satz 1 SGB II dar. Der Bescheid vom 11.4.2016 in der Gestalt des Widerspruchsbescheides vom 27.5.2016 ist rechtswidrig und verletzt die Klägerin in ihren Rechten. Von § 22 Abs. 1 Satz 1 SGB II werden nicht nur laufende Kosten, sondern auch einmalige Kosten erfasst. Hierunter zählen insbesondere Nachforderungen aus Betriebs- und Heizkostenendabrechnungen. Nachzahlungen sind Bedarf in dem Zeitpunkt, in dem sie anfallen, d.h. soweit eine Nachforderung in einer Summe fällig wird, ist sie als tatsächlicher, aktueller Bedarf im Zeitpunkt ihrer Fälligkeit zu berücksichtigen.

Der Beklagte hat der Klägerin mit Bescheid vom 12.2.2016 Leistungen für die Zeit vom 1.3.2016 bis 30.9.2016 bewilligt. Die Nachzahlung vom 1.4.2016 fällt zeitlich in diesen Bewilligungsabschnitt. Es ist auch keine anderweitige Bedarfsdeckung eingetreten.

Der Anspruch beurteilt sich dem Grunde und der Höhe nach ausschließlich nach den Verhältnissen im Jahr 2015, da auch Kostensenkungsmaßnahmen nur in dem Zeitpunkt realisiert werden können, in dem die Kosten entstehen.[500]

Entgegen der Auffassung des Beklagten kommt es auch nicht darauf an, dass die Klägerin die Wohnung, für die der Nachzahlbetrag anfällt, nicht mehr bewohnt. Mit dem Auszug aus der Wohnung in der Wilhelm-Tell-Straße 1 ist die Klägerin einzig ihrer Obliegenheit aus dem eingeleiteten Kostensenkungsverfahren nachgekommen. Bis zum Vollzug der Kostensenkungsaufforderung hatte die Klägerin die Kosten der Unterkunft für die Wohnung in der Wilhelm-Tell-Straße vollständig zu erbringen. Die Kosten stellen damit einen grundsicherungsrechtlichen Bedarf der Existenzsicherung dar und sind gerade keine Schulden im Sinne des § 22 Abs. 8 SGB II.

Der Nachzahlbetrag ist daher vollständig zu übernehmen und antragsgemäß zu entscheiden.[501]

III.

Wie sich aus der beigefügten Erklärung zu den persönlichen und wirtschaftlichen Verhältnissen ergibt, kann die Klägerin die Kosten der Prozessführung nicht aufbringen (§ 73 a

---

500 BSG 20.12.2011 – B 4 S 9/11 R.
501 Für den Fall, dass die Betriebskostennachforderung für eine nicht mehr bewohnte Wohnung während des Leistungsbezuges nach dem SGB II fällig wird und die Entstehung der Forderung auf Zeiten zurückgeht, in denen keine Hilfebedürftigkeit bestand, ist die Nachforderung kein Bedarf nach § 22 Abs. 1 SGB II. In dieser Konstellation besteht kein Anspruch gegen das Jobcenter (vgl. BSG 25.6.2015 – B 14 AS 40/14 R).

SGG iVm § 114 ZPO). Da die Klage – wie ausgeführt – Aussicht auf Erfolg hat und nicht mutwillig ist, ist der Antrag auf Prozesskostenhilfe ebenfalls begründet.

(…)

Rechtsanwalt

Muster: Guthabenanrechnung aus einer Nebenkostenabrechnung bei Verrechnung des Guthabens durch den Vermieter nach § 22 Abs. 3 SGB II 621

Rechtsanwalt

(…)

(Datum)

An das

Sozialgericht (…)

(Anschrift)

K L A G E

der (…),

(Anschrift)

– K l ä g e r i n –

Prozessbevollmächtigter: Rechtsanwalt (…)

g e g e n

Jobcenter (…)

(Anschrift)

vertreten durch den Geschäftsführer

– B e k l a g t e r –

wegen Anrechnung Betriebskostenguthaben

Namens und ausweislich der beigefügten Vollmacht der Klägerin erhebe ich Klage und werde beantragen:

Der Beklagte wird unter Abänderung des Bescheides vom 25.4.2016 in der Gestalt des Widerspruchsbescheides vom 23.6.2016 verurteilt, der Klägerin im Monat Mai 2016 weitere Leistungen für Kosten der Unterkunft in Höhe von 175,50 EUR zu gewähren.

Zur Geltendmachung der Rechte der Klägerin beantrage ich ferner,

der Klägerin Prozesskostenhilfe ab Klageerhebung zu bewilligen und den Unterzeichner beizuordnen.

Begründung:

I.

Die Klägerin steht bei dem Beklagten im fortlaufenden Leistungsbezug seit dem Jahr 2007 und zahlt für eine in der Stadt R gelegenen 1-Raumwohnung mit einer Wohnfläche von 42 m² eine Bruttokaltmiete in Höhe von 245 EUR und einen Heizkostenabschlag in monatlicher Höhe von 55 EUR, insgesamt 300 EUR.

B. Besonderer Teil

Die Klägerin reichte am 23.3.2016 bei dem Beklagten eine Betriebskostenendabrechnung vom 15.3.2016 für das Jahr 2015 ein, die mit einem Guthaben in Höhe von 175,50 EUR schloss. Das Guthaben verrechnete der Vermieter in voller Höhe mit den Mietzahlungen für den Monat Mai 2016.

Beweis: Betriebskostenabrechnung vom 15.3.2016 in Kopie – Anlage K1

Mit Bescheid vom 25.4.2016 bewilligte der Beklagte der Klägerin für den Zeitraum 1.5.2016 bis 31.10.2016 Leistungen nach dem SGB II und berücksichtigte im Mai 2016 abweichend unter Berücksichtigung des Guthabens in Höhe von 175,50 EUR aus der Betriebskostenabrechnung eine Bruttokaltmiete in Höhe von 69,50 EUR statt 245 EUR.

Beweis: Bewilligungsbescheid vom 25.4.2016 in Kopie – Anlage K2

Gegen den Bescheid erhob die Klägerin am 23.5.2016 Widerspruch, den der Beklagte mit Widerspruchsbescheid vom 23.6.2016 mit der Begründung zurückwies, dass im Mai 2016 abweichend die tatsächlichen Kosten der Unterkunft 69,50 EUR zzgl. Heizkostenabschlag betragen haben, eine weitergehende Berücksichtigung von Kosten der Unterkunft könne nicht erfolgen.

Beweis:
- Widerspruch vom 23.5.2016 in Kopie – Anlage K3
- Widerspruchsbescheid vom 23.6.2016 in Kopie – Anlage K4

Der Bescheid vom 25.4.2016 in der Gestalt des Widerspruchsbescheides vom 23.6.2016 ist rechtswidrig und verletzt die Klägerin in ihren Rechten, soweit der Beklagte das Guthaben aus der Betriebskostenabrechnung vom 15.3.2016 unter Verkennung von § 22 Abs. 3 SGB II im Monat Mai 2016 berücksichtigt.

Die Vorschrift bestimmt, dass Rückzahlungen und Guthaben, die den Kosten für Unterkunft und Heizung zuzuordnen sind, die nach dem Monat der Rückzahlung oder der Gutschrift entstehenden Aufwendungen mindern. Guthaben aus Betriebskostenabrechnungen sind bei der Berechnung des Arbeitslosengeldes II als Einkommen zu berücksichtigen, jedoch modifiziert im Hinblick auf den Zeitpunkt der Berücksichtigung.[502] Dies verkennt der Beklagte.

Entscheidend ist danach nicht der Monat des tatsächlichen „Zuflusses", hier die Verrechnung im Monat Mai 2016, sondern der folgende Monat, hier der Juni 2016. Nach § 22 Abs. 3 SGB II hat eine Anrechnung des Guthabens im Monat Juni 2016 zu erfolgen. Dem folgt auch folgende Überlegung: Die „Verrechnung" durch den Vermieter stellt eine einseitige Aufrechnungserklärung dar und betrifft die Erfüllungsebene des Mietvertrages. Die eigentliche schuldrechtliche Verpflichtung der Klägerin, die Miete in Höhe von 245 EUR zzgl. des Heizkostenabschlages zu zahlen, wird von einem einseitig ausgeübten Gestaltungsrecht zunächst nicht berührt.[503]

---

502 BSG 22.3.2012 – B 4 AS 139/11 R.
503 Für den Fall eines Betriebskostenguthaben, das vom Vermieter in voller Höhe gegen Mietrückstände aufgerechnet worden ist, hat das BSG 15.5.2012 – B 4 AS 132/11 R zur Vorgängerregelung des § 22 Abs. 1 Satz 1 SGB II a.F. entschieden, dass sich die Aufwendungen für den Folgemonat dann nicht mindern, wenn der Hilfeempfänger das Guthaben aus Rechtsgründen nicht realisieren kann. In diesem Zusammenhang hat das BSG ausgeführt: „Zwar sind Aufwendun-

V. Bedarfe für Unterkunft und Heizung, § 22 SGB II

Danach hat die Klägerin im Monat Mai 2016 einen weitergehenden Anspruch in Höhe von 175,50 EUR.

Der Beklagte ist antragsgemäß zu verurteilen.

III.

Wie sich aus der beigefügten Erklärung zu den persönlichen und wirtschaftlichen Verhältnissen ergibt, kann die Klägerin die Kosten der Prozessführung nicht aufbringen (§ 73 a SGG iVm § 114 ZPO). Da die Klage – wie ausgeführt – Aussicht auf Erfolg hat und nicht mutwillig ist, ist der Antrag auf Prozesskostenhilfe ebenfalls begründet.

(...)

Rechtsanwalt

Muster: Übernahme der Kabelanschlussgebühr als fester Bestandteil des Mietvertrages

622

Rechtsanwalt

(...)

(Datum)

An das

Sozialgericht (...)

(Anschrift)

K L A G E

der (...),

(Anschrift)

– K l ä g e r i n –

Prozessbevollmächtigter: Rechtsanwalt (...)

g e g e n

Jobcenter (...)

(Anschrift)

vertreten durch den Geschäftsführer

– B e k l a g t e r –

wegen Übernahme der Kabelanschlussgebühren für den Zeitraum 1.1.2016 bis 30.6.2016

Namens und ausweislich der beigefügten Vollmacht der Klägerin erhebe ich Klage und werde beantragen,

---

gen der Kosten der Unterkunft und Heizung von dem SGB II-Träger zu übernehmen, wenn sie auf einer mit dem Vermieter getroffenen Vereinbarung beruhen und tatsächlich gezahlt werden. (...) Der hier von dem Vermieter vorgenommenen Einbehaltung des Betriebskostenguthabens liegt jedoch keine Vereinbarung zwischen der Klägern und ihrem Vermieter zugrunde, sondern es ist als Aufrechnungserklärung iSd § 388 BGB die bloße Ausübung eines Gestaltungsrechts des Vermieters. Die ungeprüfte Akzeptanz des allein tatsächlichen Vermieterhandelns käme – so der Beklagte zu Recht – der im SGB II grds. nicht möglichen ‚freiwilligen' Schuldentilgung gleich. {...}(...) Besteht kein (zivilrechtlicher) Anspruch des Klägers gegen den früheren Vermieter auf Auszahlung des Guthabens an ihn oder ist dieser nicht ohne weiteres zu realisieren, kann der Bewilligungsbescheid vom {...}(...) nicht aus diesem Grund aufgehoben werden. {...}"

B. Besonderer Teil

den Bescheid vom 11.12.2015 in der Gestalt des Widerspruchsbescheides vom 2.2.2016 abzuändern und der Klägerin für den Zeitraum 1.1.2016 bis 30.6.2016 weitere Kosten der Unterkunft in Höhe von monatlich 7,16 EUR zu zahlen.

Zur Geltendmachung der Rechte der Klägerin beantrage ich ferner,

der Klägerin Prozesskostenhilfe ab Klageerhebung zu bewilligen und den Unterzeichner beizuordnen.

Begründung:

I.

Die Klägerin bewohnt eine in der Stadt B gelegene 1-Raumwohnung mit einer Wohnfläche von 35 m². Für die Wohnung zahlt die Klägerin eine Grundmiete in Höhe von 135 EUR sowie Vorauszahlungen auf die Betriebskosten in monatlicher Höhe von 35 EUR und einen Heizkostenabschlag in Höhe von 30 EUR pro Monat. Im Mietvertrag vom 27.3.2004 ist weiterhin geregelt, dass die Klägerin für die Bereitstellung eines Kabelanschlusses monatlich Kosten in Höhe von 7,16 EUR zu zahlen hat. Eine andere technische Möglichkeit durch eine Gemeinschaftsantenne o.Ä. für einen Fernsehempfang besteht nicht.

Beweis:
- Mietvertrag vom 27.3.2004 in Kopie – Anlage K1
- Schreiben des Digitalen Rundfunks der Stadt B vom 25.1.2012 in Kopie – Anlage K2

Mit Bescheid vom 11.12.2015 bewilligte der Beklagte der Klägerin für die Zeit vom 1.1.2016 bis 30.6.2016 Leistungen zur Sicherung des Lebensunterhaltes nach dem (SGB II und berücksichtigte im Rahmen der Berechnung Kosten der Unterkunft lediglich einen Betrag in Höhe von 200 EUR. Die Kosten für die Kabelanschlussgebühren wurden nicht als bewilligungsfähig anerkannt.

Den hiergegen am 20.12.2015 erhobenen Widerspruch wies der Beklagte mit Widerspruchsbescheid vom 2.2.2016 als unbegründet zurück. Zur Begründung führte der Beklagte im Wesentlichen aus, dass Aufwendungen für die Kabelanschlussgebühren den von der Regelleistung erfassten Bedarfen zuzurechnen sind.

Beweis:
- Widerspruch vom 20.12.2015 – Anlage K3
- Widerspruchsbescheid vom 2.2.2016 – Anlage K4

Hiergegen richtet sich die Klage.

II.

Der Bescheid vom 11.12.2015 in der Gestalt des Widerspruchsbescheides vom 2.2.2016 ist rechtswidrig und verletzt die Klägerin in ihren Rechten, soweit ihr nicht weitergehende Kosten der Unterkunft in Höhe von monatlich 7,16 EUR für den Zeitraum 1.1.2016 bis 30.6.2016 bewilligt werden.

Die Klägerin ist Berechtigte im Sinne des § 7 Abs. 1 SGB II. Sie ist insbesondere erwerbsfähig und hilfebedürftig. Für den Bedarf der Klägerin sind neben den in § 20 SGB II festgelegten und durch die Regelleistung abgedeckten, ferner die von ihr geltend gemachten tatsächlichen Aufwendungen für Unterkunft und Heizung nach § 22 Abs. 1 SGB II maßgeblich. Nach dessen Satz 1 werden Leistungen für Unterkunft und Heizung in Höhe der tatsächlichen Aufwendungen erbracht, soweit diese angemessen sind. Die Angemessenheit der Aufwendungen steht zwischen den Beteiligten nicht im Streit.

Zu den tatsächlichen Aufwendungen iSd § 22 Abs. 1 Satz 1 SGB II gehören auch die Nebenkosten, jedoch grds. nur, soweit es sich um die ihrer Art nach in § 2 BetrKV aufgeführten Betriebskosten handelt.[504] Die Aufwendungen für einen Kabelanschluss unterfallen § 2 BetrKV und sind mietvertraglich geschuldet.

Die Klägerin hat zudem keine Möglichkeit, anderweitig mit Fernsehen versorgt zu werden, da keine Gemeinschaftsantenne o.Ä. zugänglich ist. Eine Parabolantenne kann nicht montiert werden, ein terrestrischer Empfang des digitalen Rundfunks ist ausweislich des Schreibens des Digitalen Rundfunks der Stadt B vom 25.1.2012 nicht möglich.

Nach alledem ist antragsgemäß zu entscheiden.

III.

Wie sich aus der beigefügten Erklärung zu den persönlichen und wirtschaftlichen Verhältnissen ergibt, kann die Klägerin die Kosten der Prozessführung nicht aufbringen (§ 73 a SGG iVm § 114 ZPO). Da die Klage – wie ausgeführt – Aussicht auf Erfolg hat und nicht mutwillig ist, ist der Antrag auf Prozesskostenhilfe ebenfalls begründet.

(...)

Rechtsanwalt

Muster: Übernahme PKW-Stellplatzkosten, die zwingender Bestandteil des Mietvertrages sind 623

Rechtsanwalt

(...)

(Datum)

An das

Sozialgericht (...)

(Anschrift)

KLAGE

des (...),

(Anschrift)

— K l ä g e r —

Prozessbevollmächtigter: Rechtsanwalt (...)

g e g e n

Jobcenter (...)

(Anschrift)

vertreten durch den Geschäftsführer

— B e k l a g t e r —

wegen Übernahme der Kosten eines PKW-Stellplatzes für die Zeit vom 1.8.2015 bis 30.1.2016

---

504 Vgl. BSG 19.2.2009 – B 4 AS 48/8 R.

B. Besonderer Teil

Namens und ausweislich der beigefügten Vollmacht des Klägers erhebe ich Klage und werde beantragen,

den Bescheid vom 16.7.2015 in der Gestalt des Widerspruchsbescheides vom 2.12.2015 abzuändern und dem Kläger für den Zeitraum 1.8.2015 bis 30.1.2016 weitere Kosten der Unterkunft in Höhe von monatlich 10 EUR zu zahlen.

Zur Geltendmachung der Rechte des Klägers beantrage ich ferner,

dem Kläger Prozesskostenhilfe ab Klageerhebung zu bewilligen und den Unterzeichner beizuordnen.

Begründung:

I.

Der 35-jährige Kläger bezieht von dem Beklagten seit dem Jahr 2010 fortlaufend Leistungen zur Sicherung des Lebensunterhalts nach dem SGB II. Er bewohnt eine in M gelegene 1-Raumwohnung mit 30 m² Wohnfläche, für die er eine Grundmiete in Höhe von 120 EUR sowie Vorauszahlungen auf die Betriebskosten in monatlicher Höhe von 30 EUR und einen Heizkostenabschlag in Höhe von 20 EUR zu zahlen hat. Im Mietvertrag vom 10.3.2008 ist weiterhin geregelt, dass der Kläger für einen PKW-Stellplatz monatlich 10 EUR zu zahlen hat. Eine Untervermietung ist nach dem Mietvertrag ausgeschlossen. Die Wohnung kann weiter nach Auskunft einer Mitarbeiterin des Vermieters, der „SchönerWohnen GmbH", nicht ohne Stellplatz angemietet werden.

Beweis:
- Mietvertrag vom 10.3.2008 in Kopie – Anlage K1
- Frau XY, Mitarbeiterin der „SchönerWohnen GmbH", Kleine Straße 1, in M

Für die Zeit vom 1.8.2015 bis 30.1.2016 bewilligte der Beklagte mit Bescheid vom 16.7.2015 dem Kläger Leistungen nach dem SGB II unter Anerkennung monatlicher Kosten der Unterkunft in Höhe von 170 EUR.

Beweis: Bewilligungsbescheid vom 16.7.2015 in Kopie – Anlage K2

Gegen den Bescheid erhob der Kläger am 25.7.2015 Widerspruch, den der Beklagte mit Widerspruchsbescheid vom 2.12.2015 als unbegründet zurückwies. Übernahmefähig seien die anerkannten Kosten der Unterkunft in Höhe von 170 EUR. Eine Übernahme der Stellplatzkosten käme nicht in Betracht, da der Kläger überhaupt keinen PKW habe und folglich auch kein Stellplatz genutzt werden könne.

Beweis:
- Widerspruch vom 25.7.2015 in Kopie – Anlage K3
- Widerspruchsbescheid vom 2.12.2015 in Kopie – Anlage K4

Hiergegen richtet sich die Klage.

II.

Die angefochtenen Entscheidungen des Beklagten sind rechtswidrig und verletzten den Kläger in seinen Rechten. Er hat für die Zeit vom 1.8.2015 bis 30.1.2016 einen Anspruch auf höhere Leistungen für die Unterkunft und Heizung in monatlicher Höhe von 10 EUR, insgesamt 60 EUR.

V. Bedarfe für Unterkunft und Heizung, § 22 SGB II

Streitgegenstand sind ausschließlich die Kosten der Unterkunft im vorbezeichneten Zeitraum. Es liegt eine abtrennbare Verfügung vor (vgl. BSG 3.12.2015 – B 4 AS 49/14 R).

Gemäß § 22 Abs. 1 Satz 1 SGB II werden Leistungen zur Deckung des Bedarfes für die Unterkunft in Höhe der tatsächlichen Aufwendungen erbracht, soweit diese angemessen sind. Bei Mietwohnungen umfassen die tatsächlichen Aufwendungen die nach dem Mietvertrag für den bestimmungsgemäßen Gebrauch der Mietsache geschuldeten Kosten. Stellplatzkosten dienen zwar nicht unmittelbar dem Wohnen, sind aber dann unausweichliche und zu übernehmende Wohnnebenkosten, wenn (1.) die Wohnung ohne Stellplatz nicht anmietbar ist, (2.) der Mietpreis sich bei fehlender „Abtrennbarkeit" der Stellplätze noch innerhalb des Rahmens der Angemessenheit für den maßgeblichen Wohnort hält (vgl. BSG 7.11.2006 – B 7 b AS 10/06 R) und (3.) alle zumutbaren Möglichkeiten zur Vermeidung oder Verringerung dieser Kosten ausgeschöpft sind, mithin eine Untervermietung rechtlich oder tatsächlich nicht möglich ist.[505]

So verhält es sich hier. Nach dem vorgelegten Mietvertrag ist eine Untervermietung ausgeschlossen. Nach Auskunft des Vermieters kann die Wohnung des Klägers nur mit dem Stellplatz angemietet werden. Zudem hält sich die Miete auch unter weitergehender Berücksichtigung der Stellplatzkosten im Rahmen der Angemessenheitsgrenzen des Beklagten. Dem kann auch nicht entgegengehalten werden, dass der Kläger überhaupt kein Auto hat, da bereits die rechtliche Unmöglichkeit der Untervermietung eine weitere Kostensenkung verhindert. Dem Kläger steht in diesem Zusammenhang auch kein Sonderkündigungsrecht o.Ä. zur Verfügung, da die Anmietung nicht auf einer separaten Vereinbarung mit dem Vermieter beruht, sondern Bestandteil des Mietvertrages ist.

Nach alledem ist die Klage begründet, der Beklagte antragsgemäß zu verurteilen.[506]

III.

Wie sich aus der beigefügten Erklärung zu den persönlichen und wirtschaftlichen Verhältnissen ergibt, kann der Kläger die Kosten der Prozessführung nicht aufbringen (§ 73 a SGG iVm § 114 ZPO). Da die Klage – wie ausgeführt – Aussicht auf Erfolg hat und nicht mutwillig ist, ist der Antrag auf Prozesskostenhilfe ebenfalls begründet.

(...)

Rechtsanwalt

Muster: Übernahme Tilgungsleistung Eigenheim 624

Rechtsanwalt

(...)

(Datum)

An das

Sozialgericht (...)

(Anschrift)

---

505 Vgl. BSG 6.8.2014 – B 4 AS 37/13 R.
506 Sofern eine Untervermietung des Stellplatzes rechtlich möglich ist und die Unterkunftskosten unangemessen sind, kann der Leistungsberechtigte bezüglich einer Untervermietung zur Kostensenkung aufgefordert werden. Erfolgt eine Untervermietung, sind diese Einnahmen von den tatsächlichen Unterkunftskosten abzusetzen und nicht als Einkommen iSd § 11 SGB II zu berücksichtigen. (vgl. BSG 6.8.2014 – B 4 AS 37/13 R).

B. Besonderer Teil

KLAGE

des (⬛⬛⬛),

(Anschrift)

– Kläger –

Prozessbevollmächtigter: Rechtsanwalt (⬛⬛⬛)

g e g e n

Jobcenter (⬛⬛⬛)

(Anschrift)

vertreten durch den Geschäftsführer

– Beklagter –

wegen Übernahme der Tilgungsleistungen als Kosten der Unterkunft im Zeitraum 1.10.2015 bis 31.3.2016

Namens und ausweislich der beigefügten Vollmacht des Klägers erhebe ich Klage und werde beantragen,

den Bescheid vom 7.10.2015 in der Gestalt des Widerspruchsbescheides vom 20.2.2016 abzuändern und dem Kläger für den Zeitraum 1.10.2015 bis 31.3.2016 Kosten der Unterkunft in tatsächlicher Höhe unter weitergehender Berücksichtigung der monatlichen Tilgungsleistungen aus dem Darlehen bei der Sparkasse M zu gewähren.

Zur Geltendmachung der Rechte des Klägers beantrage ich ferner,

dem Kläger Prozesskostenhilfe ab Klageerhebung zu bewilligen und den Unterzeichner beizuordnen.

Begründung:

I.

Der Kläger begehrt die Gewährung höherer Leistungen zur Sicherung des Lebensunterhalts nach dem Zweiten Buch Sozialgesetzbuch (SGB II) für die Zeit vom 1.10.2015 bis 31.3.2016.

Der Kläger bewohnt allein ein ca. 146 m² großes, in der Stadt M gelegenes Grundstück, das mit einem Wohnhaus bebaut ist, wobei die Wohnfläche 80 m² beträgt. Das sanierungsbedürftige Wohnhaus wurde im Jahr 1900 errichtet. Der Kläger, der sich seit Oktober 2015 bei dem Beklagten im Leistungsbezug befindet, erwarb das Grundstück von den vormaligen Eigentümern im Jahr 2002 zu einem Kaufpreis von 45.000 EUR. Dies ist zwischen den Beteiligten unstreitig.

Der Kläger tilgt ein Darlehen bei der Sparkasse M in Höhe von 40.000 EUR mit einem monatlichen Festbetrag in Höhe von 220 EUR, der sich aus Zins- und Tilgungsleistungen zusammensetzt. Nach dem Jahreskontoauszug enthielt der Festbetrag im Jahr 2015 Zinsen in Höhe von 25,34 EUR bis 21,23 EUR monatlich, der übrige Betrag entfiel auf die Tilgung der Darlehenssumme. Die Restschuld aus dem Darlehen belief sich zum 31.12.2015 auf insgesamt 2.687,62 EUR. Zurzeit steht der Kläger mit Tilgungsleistungen dergestalt im Rückstand, dass die finanzierende Sparkasse M die Restsumme sofort fällig gestellt und die Einleitung von Zwangsvollstreckungsmaßnahmen angedroht hat. Die finanzierende Sparkasse M war auf Nachfrage des Unterzeichners nicht bereit, die noch of-

V. Bedarfe für Unterkunft und Heizung, § 22 SGB II

fenen Raten auszusetzen oder zu verringern bzw. auf den Zinsanteil des Festbetrages zu beschränken.

Beweis:
- Darlehensvertrag vom 3.6.2002 – Anlage K1
- Jahreskontoauszug 2015 – Anlage K2
- Schreiben der Sparkasse M vom 17.12.2015 – Anlage K3

Mit Bescheid vom 8.10.2015 bewilligte der Beklagte dem Kläger Leistungen zur Sicherung des Lebensunterhaltes für die Zeit vom 1.10.2015 bis 31.3.2016 unter Berücksichtigung von Kosten der Unterkunft in Gesamthöhe von monatlich 138,57 EUR. Im Rahmen der Berechnung berücksichtigte der Beklagte neben den monatlich anfallenden Abschlägen für Abwasser und Wasser, Gas zur Beheizung und der Gebäudehaftpflichtversicherung sowie Müllgebühren nach den durch den Klägern eingereichten Unterlagen die anfallenden Zinsen aus dem Darlehensvertrag mit der Sparkasse M. Nicht übernommen wurde dagegen der Anteil des Festbetrages, der auf die Tilgungsleistungen monatlich entfällt.

Beweis: Bewilligungsbescheid vom 8.10.2015 in Kopie – Anlage K4

Gegen den Bescheid vom 8.10.2015 wurde mit Schreiben vom 20.10.2015 Widerspruch erhoben, den der Beklagte mit Widerspruchsbescheid vom 20.2.2016 als unbegründet zurückwies. Eine Übernahme der Tilgungsleistungen käme nicht in Betracht, da Leistungen nach dem SGB II allein auf Existenzsicherung gerichtet seien, nicht auf Vermögensbildung.

Beweis:
- Widerspruch vom 20.10.2015 in Kopie – Anlage K5
- Widerspruchsbescheid vom 20.2.2016 in Kopie – Anlage K6

Hiergegen richtet sich die Klage.

II.

Die angefochtenen Entscheidungen des Beklagten sind rechtswidrig und verletzten den Kläger in seinen Rechten. Er hat für die Zeit vom 1.10.2015 bis 31.3.2016 einen Anspruch auf höhere Leistungen für die Unterkunft und Heizung unter Berücksichtigung der Zins- und Tilgungsleistungen in Höhe von monatlich 220 EUR aus dem Darlehen bei der Sparkasse M.

Dem Kläger stehen nach § 22 Abs. 1 Satz 1 SGB II höhere Kosten für Unterkunft und Heizung als vom Beklagten bewilligt zu. Danach werden Leistungen für Unterkunft und Heizung in Höhe der tatsächlichen Aufwendungen erbracht, soweit diese angemessen sind. Dabei ist die Angemessenheit der mit der Nutzung von Eigentum verbundenen Kosten an den Kosten zu messen, die für Mietwohnungen angemessen sind.

Dass Schuldzinsen zu den übernahmefähigen Kosten der Unterkunft zählen, ist zwischen den Beteiligten unstrittig. Tilgungsleistungen sind nach der zwischenzeitlich gefestigten Rechtsprechung des Bundessozialgerichts (vgl. etwa BSG 3.12.2015 – B 4 AS 49/14 R) dagegen nur bei Vorliegen eines besonderen Ausnahmefalls zu übernehmen, wenn es um die Erhaltung von Wohneigentum geht, dessen Finanzierung im Zeitpunkt des Bezugs von Grundsicherungsleistungen bereits weitgehend abgeschlossen ist und der Erwerb der Immobilie außerhalb des Leistungsbezugs erfolgt ist.

Hier liegt ein solcher Ausnahmefall vor. Die Finanzierung des Wohneigentums des Klägers war zum Zeitpunkt des erstmaligen Bezuges von Leistungen nach dem SGB II fast vollständig abgeschlossen. Von der ursprünglichen Darlehensschuld von 45.000 EUR sind noch 2.687,62 EUR offen, mithin weniger als 10 % der ursprünglichen Darlehensforderung. Die nunmehr noch ausstehenden Raten bestehen bis auf einen geringen Anteil vollständig aus Tilgungsleistungen. Die finanzierende Sparkasse M hat bereits jetzt angedroht, Vollstreckungsmaßnahmen einzuleiten, wenn keine weitere Tilgung des Darlehens erfolgt. Eine Tilgungsaussetzung oder -streckung ist nicht möglich. Die Zahlung der Tilgungsraten ist daher unverzichtbar, um das Wohneigentum des Klägers zu erhalten. Sofern die Tilgungsleistungen nicht gezahlt werden, droht für den Kläger ein Verlust seiner Wohnung. Die Berücksichtigung der Tilgungsleistungen führt auch nicht zur Unangemessenheit der Kosten der Unterkunft im Vergleich zu einer Mietwohnung. Die Wohnverhältnisse sind im Vergleich zu einer als angemessen zu bezeichnenden Mietwohnung, nicht zuletzt aufgrund des baulichen Zustandes des Wohnhauses des Klägers, als bescheiden zu bezeichnen. Dem Kläger ist es ebenso nicht möglich, die Kosten der Unterkunft, beispielsweise durch eine Untervermietung, zu verringern und die Tilgungsleistungen selbst zu erwirtschaften. Der bauliche Zustand des Hauses lässt – auch in Anbetracht der Größe von nur 80 m² – eine Aufteilung in zwei Wohneinheiten nicht zu. Insbesondere ist nur ein Badezimmer vorhanden, sodass schon dem Kläger nicht zugemutet werden kann, die von ihm genutzten Räume einer fremden Person zugänglich zu machen.

Bei Betrachtung der Gesamtumstände des vorliegenden Falles sind die Tilgungsleistungen als Kosten der Unterkunft zu berücksichtigen und der Beklagte ist antragsgemäß zu verurteilen.

III.

Wie sich aus der beigefügten Erklärung zu den persönlichen und wirtschaftlichen Verhältnissen ergibt, kann der Kläger die Kosten der Prozessführung nicht aufbringen (§ 73 a SGG iVm § 114 ZPO). Da die Klage – wie ausgeführt – Aussicht auf Erfolg hat und nicht mutwillig ist, ist der Antrag auf Prozesskostenhilfe ebenfalls begründet.

(...)

Rechtsanwalt

625 Muster: Übernahme der Kosten der Unterkunft nach Fälligkeit bei Eigenheimen

Rechtsanwalt

(...)

(Datum)

An das

Sozialgericht (...)

(Anschrift)

KLAGE

1. des (...),

(Anschrift)

2. der (...),

(Anschrift)

– K l ä g e r –

V. Bedarfe für Unterkunft und Heizung, § 22 SGB II

Prozessbevollmächtigter: Rechtsanwalt (...)

gegen

Jobcenter (...)

(Anschrift)

vertreten durch den Geschäftsführer

– B e k l a g t e r –

wegen Übernahme der Heizöllieferung als Kosten der Unterkunft im Dezember 2015

Namens und ausweislich der beigefügten Vollmacht der Kläger erhebe ich Klage und werde beantragen:

Der Beklagte wird unter Abänderung des Bescheides vom 11.12.2015 in der Gestalt des Widerspruchsbescheides vom 25.1.2016 verurteilt, den Klägern im Monat Dezember 2015 zusätzlich Kosten der Unterkunft in Höhe von 857,53 EUR für Heizöl zu bewilligen.

Zur Geltendmachung der Rechte der Kläger beantrage ich ferner,

den Klägern Prozesskostenhilfe ab Klageerhebung zu bewilligen und den Unterzeichner beizuordnen.

Begründung:

I.

Die Kläger begehren die Gewährung von Leistungen zur Sicherung des Lebensunterhalts nach dem SGB II für den Monat Dezember 2015 in Höhe von 857,53 EUR für eine Heizölrechnung, über die bereits bewilligten Leistungen hinaus.

Die Kläger stehen im fortlaufenden Leistungsbezug bei dem Beklagten und bewohnen ein in J gelegenes Eigenheim, über dessen Angemessenheit nach dem SGB II zwischen den Beteiligten kein Streit besteht.

Die Kläger reichten bei dem Beklagten eine Heizölrechnung vom 28.11.2015 mit einem Rechnungsbetrag in Höhe von 987,65 EUR ein, der am 10.12.2015 fällig geworden ist. Die Rechnung ging ausweislich Blatt 1635 der Leistungsakten bei dem Beklagten am 3.12.2015 ein.

Beweis: Heizölrechnung vom 28.11.2015 in Kopie – Anlage K1

Im Dezember 2015 hatten die Kläger folgende weitere tatsächlichen Aufwendungen, die Grundabgaben für das Grundstück betrafen: ein Wasser- und Abwasserabschlag in Höhe von 32 EUR, ein Abschlag auf die Gebäudehaftpflichtversicherung in Höhe von 15,34 EUR und einen Grundsteuerabschlag in Höhe von 28 EUR, insgesamt 75,34 EUR. Die Rechnungen liegen dem Beklagten nach der in Einsicht genommenen Leistungsakte allesamt vor.

Beweis:

- Wasser/Abwasserbescheid vom 2.1.2015 in Kopie – Anlage K2
- Gebäudehaftpflichtpolice vom 14.2.2015 in Kopie – Anlage K3
- Grundsteuerbescheid vom 25.11.2014 November in Kopie – Anlage K4

In der Gesamtschau hatten die Kläger daher insgesamt für Heiz- und Nebenkosten im Dezember 2015 einen Gesamtbetrag in Höhe von 1.062,99 EUR zu zahlen (987,65 EUR Heizöl und 75,34 EUR Grundabgaben).

Mit Bewilligungsbescheid vom 11.12.2015 bewilligte der Beklagte den Klägern für Kosten der Unterkunft einen Betrag in Höhe von insgesamt 205,46 EUR. Dabei berücksichtigte der Beklagte die Nebenkosten in vorbenannter Höhe vollständig, die Heizungskosten indes nur in Höhe von 130,12 EUR, die einen Durchschnittsbetrag aus vorangegangenen Rechnungen im Jahr 2015 darstellen.

Beweis: Bewilligungsbescheid vom 11.12.2015 in Kopie – Anlage K5

Gegen den Bescheid vom 11.12.2015 erhoben die Kläger am 21.12.2015 Widerspruch mit der Begründung, dass die Kosten der Unterkunft in tatsächlicher Höhe zu übernehmen sind, den der Beklagte mit Widerspruchsbescheid vom 25.1.2016 als unbegründet zurückwies.

Beweis:
- Widerspruch vom 21.12.2015 in Kopie – Anlage K6
- Widerspruchsbescheid vom 25.1.2016 in Kopie – Anlage K7

Hiergegen richtet sich die Klage.

II.

Die angefochtene Entscheidung vom 11.12.2015 in der Gestalt des Widerspruchsbescheides vom 25.1.2016 ist rechtswidrig und beschwert die Kläger in ihren Rechten. Sie haben einen weitergehenden Anspruch auf Leistungen nach dem SGB II in Höhe von 857,53 EUR im Dezember 2015.

Den Klägern stehen nach § 22 Abs. 1 Satz 1 SGB II höhere Kosten für Unterkunft und Heizung als vom Beklagten bewilligt zu. Danach werden Leistungen für Unterkunft und Heizung in Höhe der tatsächlichen Aufwendungen erbracht, soweit diese angemessen sind.

Die Angemessenheit der Kosten hat der Beklagte nicht in Abrede gestellt. Der Beklagte hat die angefallenen Kosten der Unterkunft jedoch nicht nach ihrem tatsächlichen Anfall, sondern mittels einer Durchschnittsberechnung für die Heizkosten bestimmt. Dies ist rechtswidrig. Die Bedarfe für Unterkunft und Heizung sind monatsweise zu ermitteln (vgl. etwa BSG 22.8.2013 – B 14 AS 78/12 R).

Daher haben die Kläger im Monat Dezember 2015 einen weitergehenden Anspruch auf Übernahme von Heizkosten in Höhe von 857,53 EUR, da der Beklagte bis dato lediglich einen Betrag in Höhe von 130,12 EUR auf die Heizkosten geleistet hat. Die Nebenkosten wurden dagegen vollständig übernommen. Die Heizkostenabrechnung war im Dezember 2015 fällig und folglich in diesem Monat vollständig zu übernehmen.[507]

Nach alledem ist die Klage begründet, der Beklagte antragsgemäß zu verurteilen.

---

507 Die Angemessenheit von mit der Nutzung von Eigentum verbundenen Kosten ist nach der Rechtsprechung des BSG an den Kosten zu messen, die für Mietwohnungen angemessen sind (grundlegend BSG 15.4.2008 – B14/7 b AS 34/6 R). Dabei ist ein Vergleich zwischen den Kosten für eine im örtlichen Vergleichsraum abstrakt angemessene Nettokaltmiete und den Kosten, die bei der Nutzung von Eigenheimen oder Eigentumswohnungen entstehen, an Hand der im Kalenderjahr anfallenden Kosten vorzunehmen. Denn üblicherweise fallen Betriebskosten für Eigenheime (etwa Grundsteuern, Beiträge zur Versicherungen, Wasser- und Abwassergebühren) nicht monatlich, sondern jährlich, halbjährlich oder vierteljährlich an. Um die regelmäßigen Kosten von Eigenheimen realistisch abzubilden, ist eine monatliche Betrachtungsweise bei der Angemessenheit damit nicht geeignet.

III.
Wie sich aus der beigefügten Erklärung zu den persönlichen und wirtschaftlichen Verhältnissen ergibt, können die Kläger die Kosten der Prozessführung nicht aufbringen (§ 73 a SGG iVm § 114 ZPO). Da die Klage – wie ausgeführt – Aussicht auf Erfolg hat und nicht mutwillig ist, ist der Antrag auf Prozesskostenhilfe ebenfalls begründet.

(...)
Rechtsanwalt

bb) Bestimmung der Angemessenheit

Nach dem Gesetz (§ 22 Abs. 1 SGB II) gilt, dass Bedarfe für Unterkunft in Höhe der tatsächlichen Aufwendungen anerkannt werden, soweit diese angemessen sind.[508] Soweit die Aufwendungen für die Unterkunft und Heizung jedoch den der Besonderheit des Einzelfalles angemessenen Umfang übersteigen, sind sie als Bedarf (nur) so lange anzuerkennen, wie es der oder dem alleinstehenden Leistungsberechtigten oder der Bedarfsgemeinschaft nicht möglich oder nicht zuzumuten ist, durch einen Wohnungswechsel, durch Vermieten oder auf andere Weise die Aufwendungen zu senken, idR jedoch längstens für sechs Monate.

626

Der durch den Gesetzgeber aufgestellte Grundsatz lautet damit, dass zunächst die tatsächlichen KdU zu berücksichtigen sind. Dieser „Tatsächlichkeits-Grundsatz" wird aber sodann durch die Bedingung der „Angemessenheit" eingeschränkt. Was genau aber angemessen ist, hat der Gesetzgeber auch mit der Reformierung des SGB II im Jahr 2011 und auch danach jedoch nicht konkret geregelt.

627

(1) Satzungslösung

Mit den Regelungen der §§ 22 a ff. SGB II, sog. Satzungslösung,[509] wird zumindest der gesetzliche Rahmen dafür geschaffen, dass die Kommunen die Frage nach den angemessenen Wohnkosten bzw. der angemessenen Wohnfläche individuell und verbindlich ausgestalten. Die Satzungslösung sieht vor, dass die Bundesländer die Möglichkeit haben, die Kreise und kreisfreien Städte zu ermächtigen oder zu verpflichten, durch Satzung zu bestimmen, in welcher Höhe Aufwendungen für Unterkunft und Heizung in ihrem Gebiet angemessen sind. Das Gesetz bestimmt dabei gewisse – in weiten Zügen auch der bisherigen BSG-Rechtsprechung entsprechende – Kriterien, denen die Satzung und deren Regelungen gerecht werden müssen.

628

Wenn eine solche KdU-Satzung – die im Übrigen nach § 55 a SGG durch ein Normkontrollverfahren direkt beim zuständigen LSG überprüfbar ist – zB aufgrund ihrer inhaltlichen Ausgestaltung oder wegen Fehlens einer (ausreichenden) Begründung rechtswidrig sein sollte oder aber von der Satzungsermächtigung auch gar kein Gebrauch gemacht wurde, bleibt es bei der bisherigen allgemeinen Angemessenheitsprüfung.

629

(2) Allgemeine Angemessenheitsprüfung

Die allgemeine Angemessenheitsprüfung bemisst sich sodann nach den Vorgaben, die das BSG in seiner ständigen Rechtsprechung aufgestellt hat. Hiernach ist die

630

---

508 Zur Angemessenheit vgl. auch ausführlich Berlit/Conradis/Sartorius/*Berlit*, Existenzsicherungsrecht, Kap. 28 Rn. 35 ff.
509 Vgl. hierzu Berlit/Conradis/Sartorius/*Berlit*, Existenzsicherungsrecht, Kap. 28 Rn. 62 ff.

Angemessenheit der Aufwendungen für die Kosten der Unterkunft in mehreren Schritten zu prüfen:

631 In einem ersten Schritt erfolgt die Bestimmung der abstrakt angemessenen Wohnungsgrößen und des Wohnungsstandards. Angemessen sind danach „Aufwendungen für eine Wohnung nur dann, wenn diese nach Ausstattung, Lage und Bausubstanz einfachen und grundlegenden Bedürfnissen genügt und keinen gehobenen Wohnstandard aufweist", es sich um eine „Wohnung mit bescheidenem Zuschnitt" handelt. Ausgangspunkt für die Berechnung der Wohnfläche ist dabei nach Rechtsprechung des BSG die Zahl der Mitglieder der Bedarfsgemeinschaft. Bei der Bestimmung der angemessenen Größe der Wohnung greift das BSG auf die landesrechtlichen Durchführungsvorschriften zu § 10 des Gesetzes über die soziale Wohnraumförderung (WoFG) iVm den entsprechenden landesrechtlichen Ausführungsbestimmungen zurück.[510]

632 In einem zweiten Schritt wird sodann festgelegt, auf welche konkreten räumlichen Gegebenheiten als räumlichen Vergleichsmaßstab für die weiteren Prüfungsschritte abzustellen ist. Das BSG geht dabei im Grundsatz vom Wohnort des Leistungsberechtigten als dem maßgeblichen räumlichen Vergleichsraum aus. Der Wohnort als solcher stellt aber keine absolute Grenze auf. Der Vergleichsraum lässt sich vielmehr dadurch beschreiben, welche ausreichend großen Räume (nicht bloße Orts- oder Stadtteile) der Wohnbebauung aufgrund ihrer räumlichen Nähe zueinander, ihrer Infrastruktur und insbesondere ihrer verkehrstechnischen Verbundenheit einen insgesamt betrachtet homogenen Lebens- und Wohnbereich bilden.

633 In dem anschließenden dritten Schritt ist sodann zu ermitteln, wie viel für eine nach Größe und Standard abstrakt als angemessen eingestufte Wohnung auf dem für den Leistungsberechtigten maßgeblichen Wohnungsmarkt aufzuwenden ist. Dabei ist nicht nur auf die tatsächlich am Markt angebotenen Wohnungen abzustellen, sondern auch auf vermietete Wohnungen. Der insoweit angemessene Quadratmeterpreis einer Wohnung ist mittels eines schlüssigen Konzepts für einen homogenen Lebensraum zu ermitteln. Im Übrigen gilt: Ein schlüssiges Konzept[511] liegt nach der BSG-Rechtsprechung[512] dann vor, wenn der Ersteller planmäßig vorgegangen ist im Sinne der systematischen Ermittlung und Bewertung genereller, wenngleich orts- und zeitbedingter Tatsachen im maßgeblichen Vergleichsraum sowie für sämtliche Anwendungsfälle und nicht nur punktuell im Einzelfall. Die Schlüssigkeitsanforderungen wurden wie folgt zusammengefasst:

- die Datenerhebung darf ausschließlich in dem genau eingegrenzten und muss über den gesamten Vergleichsraum erfolgen (keine Ghettobildung),
- es bedarf einer nachvollziehbaren Definition des Gegenstandes der Beobachtung, zB welche Art von Wohnungen – Differenzierung nach Standard der

---

510 Beachte bei temporären Bedarfsgemeinschaften folgendes: Höhere Wohnkosten, die einem umgangsberechtigten Elternteil wegen der Wahrnehmung des Umgangsrechts mit seinem Kind entstehen (hier: Kosten für eine größere Wohnung), stellen einen zusätzlichen Bedarf dieses Elternteils dar und sind nicht dem Wohnbedarf des Kindes zuzurechnen, wenn dieses seinen Lebensmittelpunkt bei dem anderen Elternteil hat (BSG 17.2.2016 – B 4 AS 2/15 R).
511 Hierbei kann zB auf einen (qualifizierten) Mietspiegel zurückgegriffen werden.
512 Vgl. nur BSG 17.12.2009 – B 4 AS 50/09 R.

V. Bedarfe für Unterkunft und Heizung, § 22 SGB II

Wohnungen, Brutto- und Nettomiete (Vergleichbarkeit), Differenzierung nach Wohnungsgröße,
- Angaben über den Beobachtungszeitraum,
- Festlegung der Art und Weise der Datenerhebung (Erkenntnisquellen, zB Mietspiegel),
- Repräsentativität des Umfangs der eingezogenen Daten,
- Validität der Datenerhebung,
- Einhaltung anerkannter mathematisch-statistischer Grundsätze der Datenauswertung und
- Angaben über die gezogenen Schlüsse (zB Spannoberwert oder Kappungsgrenze).

Das Fehlen eines schlüssigen Konzeptes des Grundsicherungsträgers zur Bestimmung des angemessenen Quadratmeterpreises kann im Endergebnis dazu führen, dass der tatsächliche Quadratmeterpreis zu Grunde zu legen ist. Dies bedeutet jedoch nicht, dass Unterkunftskosten in unbegrenzter Höhe zu übernehmen wären. Sie sind vielmehr nur bis zu Höhe der durch einen Zuschlag maßvoll erhöhten Tabellenwerte nach § 8 WoGG a.F. bzw. § 12 WoGG n.F. zu übernehmen. Das BSG hat dabei den von der Praxis angenommenen Aufschlag iSe „maßvollen Erhöhung" von 10 % bestätigt, dabei aber klargestellt, dass die KdU nur dann nach der Wohngeldtabelle unter Berücksichtigung eines Zuschlags in Höhe von 10 % festgesetzt werden dürfen, wenn ein Ausfall der Ermittlungsmöglichkeiten im Hinblick auf die abstrakt angemessenen Unterkunftskosten für den konkret bestimmten Vergleichsraum festgestellt worden ist.[513]

634

Muster: Unangemessene Unterkunftskosten – Angemessenheitsprüfung[514]

635

Rechtsanwalt

(...)

(Datum)

An das

Sozialgericht (...)

(Anschrift)

---

[513] BSG 22.3.2012 – B 4 AS 16/11 R und 12.12.13 – B 4 AS 87/12 R für die „maßvolle Erhöhung" auch bei den Werten nach § 12 WoGG n.F.
[514] Mit Einfügung des § 22 Abs. 10 SGB II zum 1.8.2016 kann nunmehr eine Gesamtangemessenheitsgrenze gebildet werden. Höhere Aufwendungen für die Bruttokaltmiete können damit durch geringere Heizkosten ausgeglichen werden. Gleiches gilt für den umgekehrten Fall. Wie die Werte für eine Gesamtangemessenheitsgrenze konkret zu bestimmen sind, lässt das Gesetz offen. Nach der Gesetzesbegründung soll die Gesamtangemessenheitsgrenze aus den Summanden „angemessene Aufwendungen für die Unterkunft" und „angemessene Aufwendungen für die Heizung" bestehen (BT Drs. 18/8041, S. 41). Die Heranziehung der bisher für die Beurteilung der Angemessenheit der Kosten der Heizung herangezogenen Grenzwerte (wohl kommunale und der bundesweite Heizkostenspiegel) soll künftig ausdrücklich zugelassen sein (BT-Drs. 18/8041, S. 42). In der Praxis dürfte daher auch künftig die Angemessenheit getrennt zu prüfen sein. Sofern entweder die Unterkunftskosten oder die Heizkosten angemessen sind, wird wohl die Gesamtangemessenheitsgrenze zur Anwendung gelangen können.

B. Besonderer Teil

KLAGE

des (•••),
(Anschrift)

– Kläger –

Prozessbevollmächtigter: Rechtsanwalt (•••)

gegen

Jobcenter (•••)
(Anschrift)
vertreten durch den Geschäftsführer

– Beklagter –

wegen Kosten der Unterkunft im Zeitraum 1.10.2015 bis 31.3.2016

Namens und ausweislich der beigefügten Vollmacht des Klägers erhebe ich Klage und werde beantragen:

Der Beklagte wird unter Abänderung des Bescheides vom 14.9.2015 in der Gestalt des Widerspruchsbescheides vom 22.1.2016 verurteilt, dem Kläger für den Zeitraum vom 1.10.2015 bis 31.3.2016 Kosten der Unterkunft in Höhe von monatlich 358 EUR unter Anrechnung der bereits erbrachten Leistungen zu gewähren.

Zur Geltendmachung der Rechte des Klägers beantrage ich ferner,

dem Kläger Prozesskostenhilfe ab Klageerhebung zu bewilligen und den Unterzeichner beizuordnen.

Begründung:

I.

Der Kläger begehrt die Gewährung höherer Leistungen zur Sicherung des Lebensunterhalts nach dem SGB II für die Zeit vom 1.10.2015 bis 31.3.2016.

Der Kläger steht bei dem Beklagten seit dem Jahr 2009 im fortlaufenden Leistungsbezug nach dem SGB II und bewohnt eine 42 m² große Wohnung in der Stadt S, für die er nach der letzten Betriebskostenabrechnung nachstehende Kosten monatlich aufzubringen hat: Grundmiete 233 EUR, Betriebskosten 75 EUR und Heizkosten 50 EUR. Einkommen erzielt der Kläger nicht.

Beweis: Betriebskostenabrechnung vom 11.3.2015 in Kopie – Anlage K1

Mit Schreiben vom 4.4.2015 wies der Beklagte den Kläger darauf hin, dass die Kosten der Unterkunft und Heizung für seine Wohnung unangemessen hoch seien und daher beabsichtigt sei, die Kosten für Unterkunft und Heizung ab dem 1.10.2015 nicht mehr in tatsächlicher Höhe zu erbringen. In dem Anhörungsschreiben heißt es auszugsweise:

„Eine Angemessenheit der Kosten der Unterkunft ist nach der derzeitig gültigen Unterkunftsrichtlinie des Landkreises insbesondere dann nicht gegeben, wenn die nachfolgend angeführten Bruttokaltmieten (Produkt aus angemessenen Quadratmetern x angemessene Grundmiete pro m² + kalte Betriebskosten pro m²) überschritten werden:

1 Person bis zu 275 EUR Bruttokaltmiete

In Ihrem Fall überschreitet die tatsächliche Bruttokaltmiete von 275 EUR den maßgeblichen Betrag um 33 EUR."

V. Bedarfe für Unterkunft und Heizung, § 22 SGB II

Beweis: Kostensenkungsaufforderungsschreiben vom 4.4.2015 in Kopie – Anlage K2

Der Kläger wurde in der Folgezeit bei den Großvermietern der Stadt S vorstellig und dort in die Wartelisten für Wohnraum mit einer Kaltmiete in Höhe bis 200 EUR eingetragen. Die Großvermieter bestätigten dem Kläger, dass derzeitig kein Wohnraum zur Verfügung stünde, der den Kriterien des Beklagten entspräche. Die Anfrage bei fünf weiteren Privatvermietern blieb erfolglos. Eine Untervermietung seiner derzeitigen Wohnung ist nicht möglich, diese ist vertraglich ausgeschlossen. Seine Bemühungen und die Antworten der Großvermieter teilte der Kläger dem Beklagten mit Schreiben vom 23.8.2015 mit.[515]

Beweis:
- Mietvertrag vom 12.1.2007 in Kopie – Anlage K3
- Schreiben der Großvermieter X, Y, Z in Kopie – Anlagen K4–6
- Schreiben der Privatvermieter A, B, C, D, E, F in Kopie – Anlagen K7–12

Mit Bescheid vom 14.9.2015 bewilligte der Beklagte dem Kläger für den Zeitraum 1.10.2015 bis 31.3.2016 neben dem vollen Regelsatz monatlich Kosten der Unterkunft in Gesamthöhe von 325 EUR unter Berücksichtigung einer aus Sicht des Beklagten angemessenen Grundmiete in Höhe von 200 EUR.

Beweis: Bewilligungsbescheid vom 14.9.2015 in Kopie – Anlage K13

Gegen den Bescheid erhob der Kläger am 25.9.2015 Widerspruch mit der Begründung, dass derzeit kein freier Wohnraum zur Verfügung stünde, der den Angemessenheitskriterien des Beklagten entspräche.

Beweis: Widerspruch vom 25.9.2015 in Kopie – Anlage K14

Den Widerspruch wies der Beklagte mit Widerspruchsbescheid vom 22.1.2016 als unbegründet zurück, da der Kläger nicht ausreichende Bemühungen nachgewiesen habe, die Kosten der Unterkunft zu senken.

Beweis: Widerspruchsbescheid vom 22.1.2016 in Kopie – Anlage K15

Auf Nachfrage des Unterzeichners teilte der Beklagte mit, dass die Ermittlung der Höhe der angemessenen Grundmiete für die Unterkunftsrichtlinie des Landkreises auf stichprobenartigen Anfragen über vermietete Wohnungen bei Vermietern in einzelnen Stadtteilen aus dem Jahr 2014 und einem qualifizierten Mietspiegel aus dem Jahr 2010 beruht.

II.

Der Bescheid vom 14.9.2015 in der Gestalt des Widerspruchsbescheids vom 22.1.2015 ist rechtswidrig und verletzt den Kläger in seinen Rechten.

Dem Kläger stehen nach § 22 Abs. 1 Satz 1 SGB II höhere Kosten für Unterkunft und Heizung als vom Beklagten bewilligt zu. Danach werden Leistungen für Unterkunft und Heizung in Höhe der tatsächlichen Aufwendungen erbracht, soweit diese angemessen sind.

Nach § 22 Abs. 1 Satz 3 SGB II sind auch unangemessene Kosten der Unterkunft und Heizung so lange zu berücksichtigen, wie es dem alleinstehenden Leistungsberechtigten oder der Bedarfsgemeinschaft nicht möglich oder nicht zuzumuten ist, durch einen Wohnungswechsel, durch Vermieten oder auf andere Weise die Aufwendungen zu senken, idR jedoch längstens für sechs Monate nach Aufforderung zur Kostensenkung. Nach dieser

---

515 Die objektive Unmöglichkeit der Unterkunftsalternative lässt sich nach BSG 19.2.2009 – B 4 AS 30/08 R nur in seltenen Ausnahmefällen begründen, da es in Deutschland von Ballungszentren abgesehen, so das BSG, keine allgemeine Wohnungsnot gebe.

"Schonfrist" sind die erstattungsfähigen Kosten der Höhe nach limitiert durch die Angemessenheit. Diese ist in mehreren Schritten zu prüfen. In einem ersten Schritt wird die abstrakt angemessene Wohnungsgröße und der Wohnungsstandard bestimmt sowie in einem zweiten Schritt festgelegt, auf welchen räumlichen Vergleichsmaßstab für die weiteren Prüfungsschritte abzustellen ist. In einem dritten Schritt ist weiter nach Maßgabe der Produkttheorie zu ermitteln, wie viel auf diesem Wohnungsmarkt für eine einfache Wohnung aufzuwenden ist (vgl. BSG 22.9.2009 – B 4 AS 18/09 R).

Die Wohnungsgröße des Klägers ist nicht zu beanstanden. Sie entspricht den landesrechtlichen Durchführungsvorschriften zu § 10 des Gesetzes über die soziale Wohnraumförderung (WoFG) iVm den entsprechenden landesrechtlichen Ausführungsbestimmungen.[516]

Der Beklagte hat darüber hinaus mit der Stadt S zutreffend den Vergleichsraum festgelegt.[517] Allerdings beruht die durch den Beklagten ermittelte Bruttokaltmiete mit 275 EUR nicht auf einem schlüssigen Konzept. Schlüssig ist ein Konzept nach der Rechtsprechung des Bundessozialgerichts (etwa BSG 16.6.2015 – B 4 AS 44/14 R) dann, wenn es mindestens folgenden Anforderungen entspricht:

- die Datenerhebung darf ausschließlich in dem genau eingegrenzten und muss über den gesamten Vergleichsraum erfolgen (keine Ghettobildung),
- es bedarf einer nachvollziehbaren Definition des Gegenstandes der Beobachtung, z.B. welche Art von Wohnungen – Differenzierung nach Standard der Wohnungen, Brutto- und Nettomiete (Vergleichbarkeit), Differenzierung nach Wohnungsgröße,
- Angaben über den Beobachtungszeitraum,
- Festlegung der Art und Weise der Datenerhebung (Erkenntnisquellen, z.B. Mietspiegel),
- Repräsentativität des Umfangs der eingezogenen Daten,
- Validität der Datenerhebung,
- Einhaltung anerkannter mathematisch-statistischer Grundsätze der Datenauswertung und
- Angaben über die gezogenen Schlüsse (z.B. Spannoberwert oder Kappungsgrenze).

An diesen Maßstäben gemessen hat der Beklagte für den hier streitigen Zeitraum den Bruttokaltmietpreis pro Quadratmeter nicht mittels eines schlüssigen Konzepts ermittelt, da die erhobenen Daten, die der Berechnung zugrunde gelegt worden sind, veraltet waren. Ein schlüssiges Konzept kann nur auf aktuellen Daten beruhen, da nur auf diesem Weg gewährleistet ist, dass die aktuellen Verhältnisse auf dem Wohnungsmarkt wiedergegeben werden (BSG 18.6.2008 – B 14/7 b AS 44/6 R). Bereits nach § 558 d Abs. 2 Satz 1 BGB ist ein qualifizierter Mietspiegel im Abstand von zwei Jahren der Marktentwicklung anzupassen. Der im Rahmen der Ermittlung berücksichtigte Mietspiegel aus dem Jahr 2010 ist daher keine taugliche Erkenntnisquelle. In derselben Weise ist auch die Erhebung des Beklagten nicht geeignet, tauglich im Sinne der vorgenannten Rechtsprechung

---

[516] Beachte: Bei Überschreitung der angemessenen Wohnungsfläche gilt nach BSG 17.12.2009 – B 4 AS 27/09 R: „(Die) Überschreitung der angemessenen Wohnungsgröße wäre nur grundsicherungsrechtlich unbeachtlich, wenn das Produkt, ausgedrückt in der Höhe des Mietzinses, gleichwohl angemessen iSd § 22 Abs. 1 Satz 1 SGB II wäre, etwa weil der Standard der Wohnung nach unten abweicht."

[517] Ausführlich zum räumlichen Vergleichsmaßstab bspw. BSG 13.4.2011 – B 14 AS 85/09 R.

V. Bedarfe für Unterkunft und Heizung, § 22 SGB II

zu sein. Diesem liegen nur Erhebungen für wenige Stadtteile zugrunde. Die einbezogenen Daten sind daher weder repräsentativ noch sind aus ihnen Rückschlüsse für die Höhe des Mietpreises bei Neuvermietungen zu ziehen. Bei der Festlegung der Angemessenheitsobergrenze müssen jedoch auch Angebotsmieten einbezogen werden.[518] Damit liegt der Unterkunftsrichtlinie keine ausreichende, insbesondere nachprüfbare Datenbasis zugrunde.

Die umfassende Ermittlung der Daten sowie die Auswertung im Sinne der Erstellung eines schlüssigen Konzepts ist Angelegenheit des Grundsicherungsträgers. Diese ist bereits für die sachgerechte Entscheidung im Verwaltungsverfahren notwendig. Entscheidet der Grundsicherungsträger ohne ein schlüssiges Konzept, ist er im Rahmen seiner prozessualen Mitwirkungspflicht nach § 103 SGG gehalten, dem Gericht eine zuverlässige Entscheidungsgrundlage zu verschaffen und ggf. eine unterbliebene Datenerhebung und -aufbereitung nachzuholen. Liegen aber keine Ermittlungsergebnisse vor, brauchen insbesondere für weit zurückliegende Zeiträume deshalb nicht unverhältnismäßig aufwändige Ermittlungen nachträglich durchgeführt zu werden, zumal vorliegend schon kein ausreichendes Datenmaterial vorhanden ist, welches für den streitigen Zeitraum ausgewertet werden könnte. Da es keine weiteren Erkenntnismöglichkeiten gibt, ist auf die Werte der rechten Spalte der Wohngeldtabelle zu § 12 WoGG in der seit 1.1.2009 geltenden Fassung zurückzugreifen.[519]

Unter Berücksichtigung der maximal angemessenen Werte der Tabelle zu § 12 WoGG unter weitergehender Berücksichtigung der Mietspiegelstufe II in der Stadt S von 308 EUR Bruttokaltmiete, ergibt sich eine volle Übernahmefähigkeit der Unterkunftskosten des Klägers. Die Bruttokaltmiete des Klägers beträgt 308 EUR zzgl. der monatlichen Kosten für Heizung in Höhe von 50 EUR, mithin ist durch den Beklagten eine Bruttowarmmiete in Höhe von 358 EUR zu übernehmen.

Der Klage ist daher antragsgemäß stattzugeben.

Abwandlung Begründungsteil: Fehlendes objektives Wohnungsangebot

Der Bescheid vom 14.9.2015 in der Gestalt des Widerspruchsbescheides vom 22.1. 2016 ist rechtswidrig und verletzt den Kläger in seinen Rechten.

Dem Kläger stehen nach § 22 Abs. 1 Satz 1 SGB II höhere Kosten für Unterkunft und Heizung als vom Beklagten bewilligt zu. Danach werden Leistungen für Unterkunft und Heizung in Höhe der tatsächlichen Aufwendungen erbracht, soweit diese angemessen sind.

Dem Kläger steht kein Alternativwohnraum zur Verfügung, der den Angemessenheitskriterien des Beklagten entspricht. Der Kläger ist bei allen auf dem Markt ansässigen Großvermietern und weiteren fünf Privatvermietern vorstellig geworden. Übereinstimmend haben alle Vermieter kundgetan, dass Wohnungen zu den als angemessen zu bewertenden Mietpreisen nicht vorhanden und dem Kläger daher auch nicht zugänglich sind. Weitere Recherchemöglichkeiten stehen dem Kläger nicht zur Verfügung. Der Beklagte hat selbst keine Alternativunterkunft für den Kläger aufgezeigt. Die von dem Kläger bewohnte Unterkunft ist die im räumlichen Umkreis und Bedarfszeitraum einzig ver-

---

518 Vgl. BSG 16.6.2015 – B 4 AS 45/14 R.
519 Bei einem Erkenntnisausfall hinsichtlich der angemessenen Unterkunftskosten hat bei der Bestimmung der Angemessenheitsgrenze iSd § 22 Abs. 1 SGB II eine Begrenzung auf die Tabellenwerte des § 12 WoGG zzgl. eines „Sicherheitszuschlags" (grundlegend BSG 12.12.2013 – B 4 AS 87/12 R) zu erfolgen.

> fügbare Wohnung. Daher sind die Aufwendungen als angemessene Kosten vollständig zu übernehmen.[520]
>
> Der Klage ist antragsgemäß stattzugegeben.
>
> **III.**
>
> Wie sich aus der beigefügten Erklärung zu den persönlichen und wirtschaftlichen Verhältnissen ergibt, kann der Kläger die Kosten der Prozessführung nicht aufbringen (§ 73 a SGG iVm § 114 ZPO). Da die Klage – wie ausgeführt – Aussicht auf Erfolg hat und nicht mutwillig ist, ist der Antrag auf Prozesskostenhilfe ebenfalls begründet.
>
> (…)
>
> Rechtsanwalt

(3) Weitere Prüfungskriterien

636 Auch wenn nach der allgemeinen Angemessenheitsprüfung generell-abstrakt die Unangemessenheit der KdU feststeht, führt dies nicht zwangsläufig dazu, dass die KdU nur noch in Höhe der so festgestellten Angemessenheit erbracht werden. Vielmehr müssen noch weitere Voraussetzungen erfüllt sein.

- **Tatsächliche Verfügbarkeit**

637 Bei einer festgestellten generell-abstrakten Unangemessenheit der KdU ist weiter zu prüfen, ob der Leistungsberechtigte auf dem für ihn maßgeblichen Wohnungsmarkt auch tatsächlich eine entsprechende Wohnung (konkret) anmieten kann (tatsächliche Verfügbarkeit). Bei der Frage, ob sich im streitgegenständlichen Zeitraum eine konkrete Unterkunftsalternative geboten hat, ist nicht nur auf den objektiven Wohnungsmarkt abzustellen, sondern auch darauf, ob die Wohnung auch tatsächlich an den Leistungsempfänger vermietet worden wäre.

- **Zumutbarkeit**

638 Auch wenn die Frage nach der tatsächlichen Verfügbarkeit positiv beantwortet werden kann und dem Leistungsberechtigten damit eine angemessene Wohnung zur Verfügung stehen sollte, ist weiter zu prüfen, ob denn auch ein Umzug überhaupt zumutbar wäre oder ob nicht einem zu respektierenden Recht des Leistungsberechtigten auf Verbleib in seinem sozialen Umfeld Rechnung zu tragen ist.

Es kommen nicht nur gesundheitliche Gründe in Betracht, wenn es um die Gründe für die „Unzumutbarkeit" von Kostensenkungsmaßnahmen (insbesondere durch Umzug) geht. Es können auch die besonderen Belange von Eltern und Kindern (zB soziales und schulisches Umfeld minderjähriger schulpflichtiger Kinder) solche beachtenswerte Gründe darstellen.[521] Ebenso ist die Situation von Alleinerziehenden dahin zu überprüfen, ob sie zur Betreuung ihrer Kinder auf eine besondere Infrastruktur angewiesen sind, die bei einem Wohnungswechsel in entferntere Ortsteile möglicherweise verlorenginge und im

---

520 Es sei nochmals darauf hingewiesen, dass die Anforderungen der Rechtsprechung für einen Nachweis, dass Wohnraum zu den als angemessen bewerteten Mietpreisen nicht zur Verfügung steht, sehr hoch sind. Der pauschale Verweis auf Internetbörsen ohne Angaben, nach welchen Parametern, in welchem Umkreis etc. gesucht worden ist, genügt beispielsweise nicht als Nachweis, dass kein kostengünstigerer Wohnraum zur Verfügung steht.
521 Vgl. BSG 22.8.2012 – B 14 AS 13/12 R.

neuen Wohnumfeld nicht ersetzt werden könnte.[522] Die Unzumutbarkeit einer bestehenden Kostensenkungsmöglichkeit kann sich auch aufgrund eines – auch wirtschaftlich – plausiblen Lebensplans ergeben – zB in absehbarer Zukunft ohnehin geplanter Auszug eines BG-Mitgliedes und damit für alle erforderliche Suche nach einer neuen Wohnung.[523]

Muster: Fehlende Zumutbarkeit Umzug

Rechtsanwalt

(…)

(Datum)

An das

Sozialgericht (…)

(Anschrift)

K L A G E

des (…),

(Anschrift)

– K l ä g e r –

Prozessbevollmächtigter: Rechtsanwalt (…)

g e g e n

Jobcenter (…)

(Anschrift)

vertreten durch den Geschäftsführer

– B e k l a g t e r –

wegen Kosten der Unterkunft im Zeitraum 1.10.2015 bis 31.3.2016

Namens und ausweislich der beigefügten Vollmacht des Klägers erhebe ich Klage und werde beantragen:

Der Beklagte wird unter Abänderung des Bescheides vom 14.9.2015 in der Gestalt des Widerspruchsbescheides vom 22.1.2016 verurteilt, dem Kläger für den Zeitraum vom 1.10.2015 bis 31.3.2016 Kosten der Unterkunft in Höhe von monatlich 358 EUR unter Anrechnung der bereits erbrachten Leistungen zu gewähren.

Zur Geltendmachung der Rechte des Klägers beantrage ich ferner,

dem Kläger Prozesskostenhilfe ab Klageerhebung zu bewilligen und den Unterzeichner beizuordnen.

Begründung:

I.

Der Kläger begehrt die Gewährung höherer Leistungen zur Sicherung des Lebensunterhalts nach dem SGB II für die Zeit vom 1.10.2015 bis 31.3.2016.

---

522 Vgl. BSG 19.2.2009 – B 4 AS 30/8 R.
523 Vgl. BSG 19.3.2008 – B 11 b AS 41/6 R.

Der Kläger steht bei dem Beklagten seit dem Jahr 2009 im fortlaufenden Leistungsbezug nach dem SGB II und bewohnt eine 55 m² große Wohnung in der Stadt S, für die er nach der letzten Betriebskostenabrechnung nachstehende Kosten monatlich aufzubringen hat: Grundmiete 233 EUR, Betriebskosten 75 EUR und Heizkosten 50 EUR. Der Kläger ist Allergiker und Asthmatiker. Nach dem ärztlichen Attest von Herrn Dr. med. Polle besteht eine Bereitschaft auf allergische Reaktionen auf Milben. In der Folge kann der Kläger keine Wohnung mit Teppich bewohnen. Seine Wohnung wurde durch den Vermieter mit Laminat ausgelegt.

Beweis:
- Betriebskostenabrechnung vom 11.3.2015 in Kopie – Anlage K1
- Ärztliches Attest Dr. med. Polle in Kopie – Anlage K2

Mit Schreiben von 4.4.2015 forderte der Beklagte den Kläger auf, bis zum 30.9.2015 die Unterkunftskosten durch einen Wohnungswechsel, durch Vermieten oder auf andere Weise auf einen Betrag zu senken, der die Miethöchstgrenze von 275 EUR monatlich nicht überschreite.

Beweis: Kostensenkungsaufforderungsschreiben vom 4.4.2015 in Kopie – Anlage K3

Mit Bescheid vom 14.9.2015 bewilligte der Beklagte dem Kläger für den Zeitraum 1.10.2015 bis 31.3.2016 neben dem vollen Regelsatz monatlich Kosten der Unterkunft in Gesamthöhe von 325 EUR unter Berücksichtigung einer aus Sicht des Beklagten angemessenen Bruttokaltmiete in Höhe von 200 EUR.

Beweis: Bewilligungsbescheid vom 14.9.2015 in Kopie – Anlage K4

Gegen den Bescheid erhob der Kläger am 25.9.2015 Widerspruch mit der Begründung, dass derzeitig kein freier Wohnraum zur Verfügung stünde, der den Angemessenheitskriterien des Beklagten entspräche, da er wegen seiner Asthmaerkrankungen keine Wohnung mit Teppich bewohnen könne. Dem Widerspruchsschreiben fügte er drei Schreiben von Großvermietern und fünf Privatvermietern bei, dass derzeitig keine Wohnungen zu den Kriterien des Beklagten zur Verfügung stünden, in denen kein Teppich verlegt sei.

Beweis: Widerspruch vom 25.9.2015 in Kopie – Anlage K5

Den Widerspruch wies der Beklagte mit Widerspruchsbescheid vom 22.1.2016 als unbegründet zurück, da der Kläger nicht ausreichende Bemühungen nachgewiesen habe, die Kosten der Unterkunft zu senken.

Beweis: Widerspruchsbescheid vom 22.1.2016 in Kopie – Anlage K6

Hiergegen richtet sich die Klage.

II.

Der Bescheid vom 14.9.2015 in der Gestalt des Widerspruchsbescheides vom 22.1.2016 ist rechtswidrig und verletzt den Kläger in seinen Rechten.

Dem Kläger stehen nach § 22 Abs. 1 Satz 1 SGB II höhere Kosten für Unterkunft und Heizung als vom Beklagten bewilligt zu. Danach werden Leistungen für Unterkunft und Heizung in Höhe der tatsächlichen Aufwendungen erbracht, soweit diese angemessen sind.

Die Angemessenheit ist in mehreren Schritten zu prüfen. In einem ersten Schritt wird die abstrakt angemessene Wohnungsgröße und der Wohnungsstandard bestimmt, sowie in einem zweiten Schritt festgelegt, auf welchen räumlichen Vergleichsmaßstab für die weiteren Prüfungsschritte abzustellen ist. In einem dritten Schritt ist weiter nach Maßgabe

V. Bedarfe für Unterkunft und Heizung, § 22 SGB II

der Produkttheorie zu ermitteln, wie viel auf diesem Wohnungsmarkt für eine einfache Wohnung aufzuwenden ist (vgl. BSG 22.9.2009 – B 4 AS 18/9 R).

Die Wohnungsgröße des Klägers mit 55 m² übersteigt zwar die in den landesrechtlichen Durchführungsvorschriften zu § 10 des Gesetzes über die soziale Wohnraumförderung (WoFG) iVm den entsprechenden landesrechtlichen Ausführungsbestimmungen bestimmte Größe von maximal 45 m² für eine Person.[524] Die Aufwendungen des Klägers sind jedoch nur dann unangemessen, wenn sie über denen für eine marktübliche Wohnungsmiete mit angemessener Wohnungsgröße liegen. Die Grenze, die als angemessen gilt, muss jedoch auch berücksichtigen, dass ein Hilfeempfänger jederzeit auf dem örtlichen Wohnungsmarkt eine unter Berücksichtigung der Besonderheiten des Einzelfalles kostenangemessene Unterkunft anmieten kann. Der Kläger hat hier durch Vorlage des ärztlichen Attests glaubhaft gemacht, dass er keine Wohnung mit Teppich bewohnen kann. Der Kläger hat zudem mittels der Schreiben der Wohnungsvermieter dargetan, dass derzeitig keine Wohnung für den Kläger zur Verfügung steht, die zu den Kriterien des Beklagten angemietet werden kann. Ein Umzug in eine andere Wohnung ist nach dem Vorgenannten nicht zumutbar, die Kosten der Unterkunft des Klägers vollständig zu übernehmen, da auch der Beklagte keine konkreten Unterkunftsalternativen vorgelegt hat.[525]

Nach alledem ist der Klage antragsgemäß stattzugeben.

III.

Wie sich aus der beigefügten Erklärung zu den persönlichen und wirtschaftlichen Verhältnissen ergibt, kann der Kläger die Kosten der Prozessführung nicht aufbringen (§ 73 a SGG iVm § 114 ZPO). Da die Klage – wie ausgeführt – Aussicht auf Erfolg hat und nicht mutwillig ist, ist der Antrag auf Prozesskostenhilfe ebenfalls begründet.

(...)
Rechtsanwalt

- **Kostensenkungsaufforderung**

    Grds. gilt, dass einem Leistungsberechtigten Kostensenkungsmaßnahmen jedoch nur dann subjektiv möglich im Sinne des § 22 Abs. 1 Satz 3 SGB II sind, wenn er auch tatsächlich Kenntnis davon hat, dass ihn die Obliegenheit trifft, derartige Maßnahmen zu ergreifen. Eine solche hinreichende Kenntnis von sei- 640

---

524 Die in den landesrechtlichen Durchführungsvorschriften zu § 10 des Gesetzes über die soziale Wohnraumförderung (WoFG) iVm den entsprechenden landesrechtlichen Ausführungsbestimmungen bestimmte Wohnungsgröße sind Maximalwerte.
525 Siehe auch BSG 19.3.2008 – B 11 b AS 41/6 R: „(...) Besteht eine konkrete Unterkunftsalternative und ist deshalb eine Übernahme der KdU nach § 22 Abs. 1 Satz 1 SGB II ausgeschlossen, stellt sich die weitere Frage, ob es der Klägerin im Übrigen möglich und zumutbar war, ihre Unterkunftskosten zum 1. Juli 2005 zu senken bzw. – trotz der durch die Kostensenkungsaufforderung dann zutreffend vermittelten Kenntnis der Rechtslage – weder eine Möglichkeit noch die Zumutbarkeit zur Kostensenkung bestand (§ 22 Abs. 1 Satz 2 SGB II). Falls erforderlich wird die Bereitschaft potentieller Vermieter zur Überlassung von Wohnraum an Hilfesuchende (hierzu *Link* in Eicher/Spellbrink, SGB II, 2. Aufl., § 22 Rn. 53 ff) zu prüfen und den anderen vom Gesetz genannten und der Hilfebedürftigen abverlangten Aktivitäten außerhalb eines Wohnungswechsels (‚durch Vermieten oder auf andere Weise') und darüber hinaus den Angaben der Klägerin im Verwaltungsverfahren zu einem ohnehin geplanten Auszug nach Eintritt der Volljährigkeit der Tochter nachzugehen sein. Erst wenn feststeht, dass im vorgegebenen Zeitraum entweder keine Kostensenkungsmöglichkeit bestand oder aber eine bestehende Kostensenkungsmöglichkeit aufgrund eines – auch wirtschaftlich – plausiblen Lebensplans unzumutbar war, kommen ausnahmsweise Leistungen für eine unangemessene Unterkunft in Betracht."

ner Obliegenheit hat ein Leistungsberechtigter aber nur dann, wenn er auf die unangemessenen Unterkunftskosten hingewiesen wird und die Kostensenkungsaufforderung den aus Sicht des Leistungsträgers angemessenen Mietpreis benennt.

641 Unzutreffende Angaben des Grundsicherungsträgers zur Angemessenheit des Wohnraums können einen Anspruch auch auf Übernahme zu hoher KdU begründen, wenn diese unzutreffenden Angaben zur Unmöglichkeit von Kostensenkungsmaßnahmen führen.

642 Im Übrigen gilt, dass die 6-Monats-Frist nach § 22 Abs. 1 Satz 3 SGB II, in der der Leistungsberechtigte Anstrengungen zur Kostensenkung unternehmen soll und in der regelmäßig die tatsächlichen – wenn auch unangemessenen – KdU gezahlt werden, erst dann zu laufen beginnt, wenn eine ordnungsgemäße Kostensenkungsaufforderung erfolgte.

643 **Muster: Irreführende Kostensenkungsaufforderung**[526] **und Kappung der KdU vor Ablauf der Schonfrist**

Rechtsanwalt

(...)

(Datum)

An das

Sozialgericht (...)

(Anschrift)

K L A G E

des (...),

(Anschrift)

– K l ä g e r –

Prozessbevollmächtigter: Rechtsanwalt (...)

g e g e n

Jobcenter (...)

(Anschrift)

vertreten durch den Geschäftsführer

– B e k l a g t e r –

wegen Kosten der Unterkunft im Zeitraum 1.8.2015 bis 31.1.2016

---

[526] Sofern eine Kostensenkungsaufforderung erfolgt ist und noch keine tatsächliche Absenkung der Unterkunftskosten vorgenommen wurde, kann u.U. eine Feststellungsklage, gerichtet auf die Feststellung des Nichtbestehens einer Kostensenkungsobliegenheit, erhoben werden. Da im Kern existenzsichernde Leistungen im Streit stehen, ist es dem Kläger nicht zumutbar, abzuwarten, ob und wann der Beklagte eine Kostensenkung vornimmt. Eine Kostensenkungsaufforderung ist nach der bisherigen Rechtsprechung des BSG nicht als Verwaltungsakt anzusehen. Die auf eine Kostensenkungsobliegenheit gerichtete Feststellungsklage ist jedoch nur dann zulässig, wenn durch sie eine Klärung des Streites im Ganzen ermöglicht wird. Sie ist zugleich ultima ratio und kann nicht mit der allgemeinen Behauptung begründet werden, der Beklagte habe der Kostensenkungsaufforderung eine unzutreffende Angemessenheitsgrenze zugrunde gelegt. Ein Feststellungsinteresse besteht nur dann, wenn eine Unzumutbarkeit oder Unmöglichkeit der Kostensenkung geltend gemacht wird (BSG 15.6.2016 – B 4 AS 36/15 R).

Namens und ausweislich der beigefügten Vollmacht des Klägers erhebe ich Klage und werde beantragen:

Der Beklagte wird unter Abänderung des Bescheides vom 25.7.2015 in der Gestalt des Widerspruchsbescheides vom 25.9.2015 verurteilt, dem Kläger für den Zeitraum vom 1.8.2015 bis 31.1.2016 Kosten der Unterkunft in Höhe von monatlich 358 EUR unter Anrechnung der bereits erbrachten Leistungen zu gewähren.

Zur Geltendmachung der Rechte des Klägers beantrage ich ferner,

dem Kläger Prozesskostenhilfe ab Klageerhebung zu bewilligen und den Unterzeichner beizuordnen.

Begründung:

I.

Der Kläger begehrt die Gewährung höherer Leistungen zur Sicherung des Lebensunterhalts nach dem SGB II für die Zeit vom 1.8.2015 bis 31.1.2016.

Der Kläger steht bei dem Beklagten seit dem Jahr 2009 im fortlaufenden Leistungsbezug nach dem SGB II und bewohnt eine 52 m² große Wohnung in der Stadt S, für die er nach der letzten Betriebskostenabrechnung nachstehende Kosten monatlich aufzubringen hat: Grundmiete 233 EUR, Betriebskosten 75 EUR und Heizkosten 50 EUR.

Beweis: Betriebskostenabrechnung vom 11.3.2015 in Kopie – Anlage K1

Mit Schreiben vom 4.4.2015 forderte der Beklagte den Kläger auf, binnen 4 Monaten bis zum 31.7.2015 die Unterkunftskosten durch einen Wohnungswechsel, durch Vermieten oder auf andere Weise auf einen Betrag zu senken, der die Miethöchstgrenze von 4,60 EUR Kaltmiete zuzüglich 2,10 EUR Betriebskosten pro Quadratmeter monatlich nicht überschreite. Angemessen für einen 1-Personenhaushalt sei zudem eine maximale Wohnungsfläche von 35 m². Der Kläger hat daraufhin verschiedene Vermieter angeschrieben und sich nach freien Wohnungen erkundigt, die den Vorgaben des Beklagten entsprechen. Derartige Wohnungen waren nicht verfügbar.

Beweis: Kostensenkungsaufforderungsschreiben vom 4.4.2015 in Kopie – Anlage K2

Mit Bescheid vom 25.7.2015 bewilligte der Beklagte dem Kläger für den Zeitraum 1.8.2015 bis 31.1.2016 neben dem vollen Regelsatz monatlich Kosten der Unterkunft in Gesamthöhe von 286 EUR unter Verweis auf die Maximalfläche und den angegebenen Maximalwerten der Kostensenkungsaufforderung.

Beweis: Bewilligungsbescheid vom 25.7.2015 in Kopie – Anlage K3

Gegen den Bescheid erhob der Kläger am 20.8.2015 Widerspruch mit der Begründung, dass die Frist zur Senkung der Unterkunftskosten unangemessen kurz bemessen sei und zudem nicht nachvollzogen werden könne, dass dem Kläger lediglich 35 m² als Maximalwohnfläche zur Verfügung stünden. Es seien derzeit keine Wohnungen verfügbar, die max. eine Größe von 35 m² hätten und den Angemessenheitskriterien des Beklagten entsprechen würden. Dem Widerspruchsschreiben fügte er drei Schreiben von Großvermietern und fünf Privatvermietern bei, dass derzeitig keine Wohnungen bis zu einer Größe von 35 m² zu den Kriterien des Beklagten zur Verfügung stünden.

Beweis: Widerspruch vom 20.8.2015 in Kopie – Anlage K4

Den Widerspruch wies der Beklagte mit Widerspruchsbescheid vom 25.9.2015 als unbegründet zurück, da der Kläger nicht ausreichende Bemühungen nachgewiesen habe, die Kosten der Unterkunft zu senken.

Beweis: Widerspruchsbescheid vom 25.9.2015 in Kopie – Anlage K5

Hiergegen richtet sich die Klage.

II.

Der Bescheid vom 25.7.2015 in der Gestalt des Widerspruchsbescheides vom 25.9.2015 ist rechtswidrig und verletzt den Kläger in seinen Rechten.

Dem Kläger stehen nach § 22 Abs. 1 Satz 1 SGB II höhere Kosten für Unterkunft und Heizung als vom Beklagten bewilligt zu. Danach werden Leistungen für Unterkunft und Heizung in Höhe der tatsächlichen Aufwendungen erbracht, soweit diese angemessen sind.

Nach § 22 Abs. 1 Satz 3 SGB II sind auch unangemessene Kosten der Unterkunft und Heizung so lange zu berücksichtigen, wie es dem alleinstehenden Leistungsberechtigten oder der Bedarfsgemeinschaft nicht möglich oder nicht zuzumuten ist, durch einen Wohnungswechsel, durch Vermieten oder auf andere Weise die Aufwendungen zu senken, idR jedoch längstens für sechs Monate nach Aufforderung zur Kostensenkung. Nach dieser „Schonfrist" sind die erstattungsfähigen Kosten der Höhe nach limitiert durch die Angemessenheit.

Dabei ist es zunächst fehlerhaft, dass der Beklagte dem Kläger lediglich eine Übergangsfrist von 4 Monaten zur Kostensenkung eingeräumt hat. Die Sechsmonatsfrist ist zwar kein starrer Zeitraum, vielmehr sind Abweichungen nach oben und nach unten zulässig. Gründe für die erfolgte Abweichung hat der Beklagte jedoch weder vorgetragen, noch sind solche sonst ersichtlich.[527] Damit war dem Kläger zumindest eine Frist von 6 Monaten für die Umsetzung der Kostensenkung zu gewähren, mit der Folge, dass in dieser Zeit die tatsächlichen Unterkunftskosten zu gewähren sind.

Darüber hinaus sind die Kosten der Unterkunft auch in den weitergehenden streitigen Monaten zu übernehmen. Insoweit war die Kostensenkungsaufforderung des Beklagten fehlerhaft. Dem Kläger war es unmöglich, seine Unterkunftskosten durch Anmietung einer neuen Wohnung zu senken, da keine den Vorgaben des Beklagten entsprechenden Wohnungen verfügbar sind.

Der Beklagte hat schon die für den Kläger als angemessen geltende Wohnungsfläche unzutreffend angegeben. Die Kostensenkungsaufforderung ist insoweit bereits irreführend. Ihr kommt eine Aufklärungs- und Warnfunktion zu. Der Hilfebedürftige soll Klarheit über die aus Sicht des Leistungsträgers angemessenen Aufwendungen für die Unterkunft erhalten (vgl. BSG 19.3.2008 – B 11 b AS 41/6 R). Hier hat der Beklagte falsche Angaben zu den angemessenen Unterkunftskosten gegenüber dem Kläger getätigt.[528] Diese unzutreffenden Angaben haben dazu geführt, dass der Kläger keine Wohnung mit den vom Beklagten benannten Parametern finden konnte. Dies und die unternommenen Bemühungen des Klägers werden durch die Auskünfte der Vermieter bestätigt. Mithin ist der Beklagte zur Übernahme der tatsächlichen Kosten der Unterkunft im gesamten streitigen Zeitraum verpflichtet. Der Klage ist antragsgemäß stattzugegeben.

---

527 Vgl. BSG 16.4.2013 – B 14 AS 28/12 R.
528 Vgl. BSG 19.2.2009 – B 4 AS 30/8 R.

III.
Wie sich aus der beigefügten Erklärung zu den persönlichen und wirtschaftlichen Verhältnissen ergibt, kann der Kläger die Kosten der Prozessführung nicht aufbringen (§ 73 a SGG iVm § 114 ZPO). Da die Klage – wie ausgeführt – Aussicht auf Erfolg hat und nicht mutwillig ist, ist der Antrag auf Prozesskostenhilfe ebenfalls begründet.

(...)

Rechtsanwalt

b) Heizkosten

Unter Heizkosten fallen neben den normalen monatlichen Abschlagszahlungen für Gas, Fernwärme und ggf. Strom auch einmalige Heizkosten für Öl, Gas oder feste Brennstoffe. Ebenfalls als Heizkosten zählen die Kosten des Betriebsstroms der Heizungsanlage.[529] Bei Abschlagszahlungen ist dabei grds. auf die entsprechende (miet-)vertragliche Zahlungsverpflichtung abzustellen.

644

Muster: Übernahme der Stromkosten für den Betrieb einer Heizungsanlage

645

Rechtsanwalt

(...)

An das

Jobcenter (...)

(Anschrift)

(Datum)

Widerspruch

der (...),

(Anschrift)

Prozessbevollmächtigter: Rechtsanwalt (...)

gegen den Bescheid vom 27.7.2016, mit denen Leistungen für den Zeitraum vom 1.8.2016 bis 31.1.2017 bewilligt wurden.

Namens und ausweislich der beigefügten Vollmacht beantrage ich:

unter Abänderung des Bescheides vom 27.7.2016, die Kosten für den Betrieb der Heizungsanlage in Höhe von mindestens 3,58 EUR monatlich zu gewähren.

Begründung:
I.
Die Widerspruchsführerin begehrt weitere Leistungen nach dem SGB II für den Betriebsstrom ihrer Gastherme.

Die am 14.3.1991 geborene Widerspruchsführerin bewohnt eine 40 m² große Wohnung, für die sie einen Mietzins von 300 EUR sowie Vorauszahlungen auf Neben- und Heizkosten von 80 EUR zahlt. Die Wohnung wird mit einer in ihrer Wohnung befindlichen Gastherme beheizt. Die Gastherme wird über den Stromanschluss der Widerspruchsführe-

---

529 Vgl. hierzu und zur möglichen Bestimmung dieser Kosten vgl. BSG 3.12.2015 – B 4 AS 47/14 R.

rin betreiben. Die Heizkosten der Klägerin betrugen für das Jahr 2015 860 EUR, die Abrechnung der Heizkosten erfolgt direkt mit dem Versorger.

Beweis:
- Mietvertrag – Anlage W1
- Heizkostenabrechnung 2015 – Anlage W2

Sie bezieht kein Einkommen. Ihr Vermögen beläuft sich auf ein Kontoguthaben von 320 EUR.

Beweis: aktueller Kontoauszug – Anlage W3

Eine Kostensenkungsaufforderung erging an die Widerspruchsführerin zu keinem Zeitpunkt, im Übrigen sind ihre Kosten der Unterkunft angemessen und wurden vom Jobcenter bisher vollständig übernommen.

Mit Bescheid vom 27.7.2016 bewilligte der Beklagte weiter Leistungen zur Sicherung des Lebensunterhaltes für den Zeitraum vom 1.8.2016 bis 31.1.2017. Die Kosten der Unterkunft wurden hierbei in tatsächlicher Höhe berücksichtigt, mit Ausnahme der Stromkosten für den Betrieb der Heizungsanlage.

Beweis: Bescheid vom 27.7.2016 – Anlage W4

Hiergegen richtet sich der Widerspruch.

II.

Gegenstand des Widerspruchs ist der Bescheid des Jobcenters vom 27.7.2016, mit dem Leistungen für den Zeitraum vom 1.8.2016 bis 31.1.2017 bewilligt wurden. Der Bescheid ist rechtswidrig und verletzt die Widerspruchsführerin in ihren Rechten. Sie hat Anspruch auf Übernahme der Kosten für den Betriebsstrom ihrer Gastherme nach § 22 SGB II.

Nach § 7 Abs. 1 SGB II erhalten Personen, die das 15. Lebensjahr vollendet haben, erwerbsfähig und hilfebedürftig sind sowie ihren gewöhnlichen Aufenthalt in der Bundesrepublik Deutschland haben, Leistungen nach diesem Buch.

Die Widerspruchsführerin ist erwerbsfähig und hat ihren gewöhnlichen Aufenthalt in der Bundesrepublik. Ferner hat sie das 15. Lebensjahr vollendet.

Auch ist sie hilfebedürftig, da ihrem Bedarf, bestehend aus Regelbedarf nach § 20 SGB II und den Kosten der Unterkunft nach § 22 SGB II, kein Einkommen nach § 11 SGB II und kein anrechenbares Vermögen nach § 12 SGB II gegenübersteht.

Nach § 22 SGB werden Bedarfe für Unterkunft und Heizung in der tatsächlichen Höhe anerkannt, soweit diese angemessen sind. Der Betrieb der Heizungspumpe ist untrennbar mit dem Betrieb der Heizung als solcher verbunden, sodass die Übernahme entsprechender Kosten grds. in die Berechnung der angemessenen Heizkosten einzustellen ist.

Da die für den Betrieb der Heizungsanlage aufzuwendenden Stromkosten nicht separat erfasst werden, sind diese unter Anwendung von § 202 SGG, § 287 Abs. 2 ZPO zu schätzen. Schätzungen müssen eine realistische Grundlage haben, sowie in sich schlüssig und wirtschaftlich nachvollziehbar sein. Anknüpfungspunkte für die Schätzung kann dabei der geschätzte Anteil (üblicherweise 4–10 %) der Brennstoffkosten sein, oder der geschätzte Stromverbrauch der Heizungsanlage während der ebenfalls geschätzten durchschnittlichen Betriebsstunden ihrer wesentlichen elektrischen Vorrichtungen.[530]

Die Widerspruchsführerin würde sich mit der Übernahme von 5 % ihrer Brennstoffkosten einverstanden erklären. Dies würde bei Heizkosten von 860 EUR für das letzte Abrechnungsjahr 2015 einem Betrag von 43 EUR jährlich, mithin 3,58 EUR monatlich entsprechen.[531]

(…)

Rechtsanwalt

Hinsichtlich der Heizkosten bestimmt das Gesetz mit § 22 Abs. 1 SGB II zunächst ebenfalls wie zu den KdU, dass Leistungen hierfür grds. in tatsächlicher Höhe erbracht werden. Eingeschränkt wird dieser Grundsatz – wie auch bei den Unterkunftskosten – sodann wiederum dahingehend, dass auch die Leistungen nur für Heizkosten erbracht werden, soweit diese angemessen sind.[532] 646

aa) Satzungslösung

Ebenso wie bei den Kosten für die Unterkunft enthält das SGB II auch hinsichtlich der Heizkosten keine Definition für die Angemessenheit bereit. Die Satzungslösung nach § 22 a ff. SGB II ermöglicht es den Kommunen – bei entsprechender Ermächtigung bzw. Verpflichtung durch die Bundesländer (vgl. hierzu bereits die Ausführungen zu den KdU Rn. 628 f.) – jedoch, auch hinsichtlich der Heizkosten nähere Bestimmungen zu treffen. Solang und soweit durch die Kommunen aber keine Regelungen zur Bestimmung der Angemessenheit der Heizkosten getroffen wurden, werden die Leistungen für Heizung in Höhe der tatsächlich angefallenen Aufwendungen erbracht, soweit sie angemessen sind. Die Bestimmung der Angemessenheit erfolgt sodann anhand der Rechtsprechung des BSG.[533] 647

bb) Allgemeine Angemessenheitsprüfung

Zu bedenken ist zunächst, dass die vom BSG vorgesehene, am Einzelfall orientierte Angemessenheitsprüfung für die Heizkosten grds. getrennt von der Prüfung der Angemessenheit der Unterkunftskosten zu erfolgen hat. Mit § 22 Abs. 10 SGB II hat der Gesetzgeber nunmehr aber auch die Möglichkeit geschaffen, eine Gesamtangemessenheitsprüfung durchzuführen (vgl. hierzu oben Rn. 615 und unten Rn. 661). 648

Da auch die Heizkosten unter dem Leistungsvorbehalt der „Angemessenheit" stehen, gilt sodann, dass – auch nach Rechtsprechung des BSG – eklatant kostspieliges oder unwirtschaftliches Heizen nicht zu finanzieren ist. 649

Nach der Rechtsprechung des BSG können sich Anhaltspunkte dafür, dass die Heizkosten unangemessen hoch sind, insbesondere daraus ergeben, dass die tat- 650

---

530 Vgl. zur Problematik BSG 3.12.2015 – B 4 AS 47/14 R (hier Betriebsstrom einer Heizungsanlage bei Eigentümern).
531 Eine Entscheidung, wie die Schätzung richtigerweise zu erfolgen hat, liegt noch nicht vor. Wie die Kosten des Betriebsstroms im Einzelfall ermittelt werden, obliegt daher zunächst den Leistungsträgern und im Streitfall den Gerichten.
532 Vgl. hierzu ausführlicher Berlit/Conradis/Sartorius/*Berlit*, Existenzsicherungsrecht, Kap. 28 Rn. 125 ff.
533 Vgl. BSG 2.7.2009 – B 14 AS 36/08 R.

sächlich anfallenden Kosten die durchschnittlich aufgewandten Kosten aller Verbraucher für eine Wohnung der den abstrakten Angemessenheitskriterien entsprechenden Größe signifikant überschreiten. Zur Bestimmung eines solchen Grenzwertes ist sodann im Regelfall einer mit Öl, Erdgas oder Fernwärme beheizten Wohnung, der „Kommunale Heizspiegel" bzw. – soweit dieser für das maßgebliche Gebiet fehlt – der „Bundesweite Heizspiegel" heranzuziehen.[534] Abzustellen ist dabei auf den Heizspiegel, der zum Zeitpunkt der behördlichen Entscheidung veröffentlicht war.[535] Ohne dass es im konkreten Fall darauf angekommen wäre, hat das BSG ausgeführt, dass es nahe liege, den Heizspiegel auch für Energieträger, die im Heizspiegel nicht gesondert aufgeführt sind (Strom, Holz, Solarenergie o.Ä.), heranzuziehen. Dabei seien die jeweils kostenaufwändigsten Energieträger des Heizspiegels vergleichend zugrunde zu legen.[536]

651 Der Ober-Grenzwert, den das BSG zu Grunde legt, ist das Produkt aus dem Wert, der auf „zu hohe" Heizkosten bezogen auf den jeweiligen Energieträger und die Größe der Wohnanlage hindeutet (rechte Spalte), und dem Wert, der sich für den Haushalt des Leistungsberechtigten als abstrakt angemessene Wohnfläche nach den Ausführungsbestimmungen der Länder zu § 10 Abs. 1 WoFG (vgl. hierzu bereits oben bei der allgemeinen Angemessenheitsprüfung der KdU, Rn. 631) ergibt.[537]

652 Wenn dann die tatsächlichen Heizkosten den entsprechend des Heizspiegels ermittelten Grenzwert überschreiten, kann grds. angenommen werden, dass die tatsächlichen Heizkosten unangemessen hoch sind. Dann sind auch von einem Leistungsberechtigten Maßnahmen zu erwarten, die zur Senkung der Heizkosten führen. Allerdings ist zu berücksichtigen, dass ein Wohnungswechsel als Kostensenkungsmaßnahme wegen unangemessen hoher Aufwendungen für Heizung nur dann zumutbar ist, wenn in einer alternativ zu beziehenden Wohnung insgesamt niedrigere Bruttowarmkosten entstehen.[538]

---

534 Es ist der Heizspiegel heranzuziehen, der zum Zeitpunkt der behördlichen Entscheidung veröffentlicht war (BSG 12.6.2013 – B 14 AS 60/12 R).
535 Vgl. BSG 12.6.2013 – B 14 AS 60/12 R.
536 Vgl. BSG 12.6.2013 – B 14 AS 60/12 R.
537 Vgl. BSG 2.7.2009 – B 14 AS 36/08 R.
538 So BSG 12.6.2013 – B 14 AS 60/12 R.

Muster: Angemessene Heizkosten[539]

Rechtsanwalt

(...)

(Datum)

An das

Sozialgericht (...)

(Anschrift)

K L A G E

des (...),

(Anschrift)

— K l ä g e r —

Prozessbevollmächtigter: Rechtsanwalt (...)

g e g e n

Jobcenter (...)

(Anschrift)

vertreten durch den Geschäftsführer

— B e k l a g t e r —

wegen Kosten der Unterkunft im Zeitraum 1.8.2015 bis 31.1.2016

Namens und ausweislich der beigefügten Vollmacht des Klägers erhebe ich Klage und werde beantragen:

Der Beklagte wird unter Abänderung des Bescheides vom 25.7.2015 in der Gestalt des Widerspruchsbescheides vom 25.9.2015 verurteilt, dem Kläger für den Zeitraum vom 1.8.2015 bis 31.1.2016 weitere Kosten der Unterkunft in Höhe von monatlich 20 EUR zu gewähren.

Zur Geltendmachung der Rechte des Klägers beantrage ich ferner,

dem Kläger Prozesskostenhilfe ab Klageerhebung zu bewilligen und den Unterzeichner beizuordnen.

---

[539] Mit Einfügung des § 22 Abs. 10 SGB II zum 1.8.2016 kann nunmehr eine Gesamtangemessenheitsgrenze gebildet werden. Höhere Aufwendungen für die Bruttokaltmiete können damit durch geringere Heizkosten ausgeglichen werden. Gleiches gilt für den umgekehrten Fall. Wie die Werte für eine Gesamtangemessenheitsgrenze konkret zu bestimmen sind, lässt das Gesetz offen. Nach der Gesetzesbegründung soll die Gesamtangemessenheitsgrenze aus den Summanden „angemessene Aufwendungen für die Unterkunft" und „angemessene Aufwendungen für die Heizung" bestehen (BT-Drs. 18/8041, S. 41). Die Heranziehung der bisher bei der Beurteilung der Angemessenheit der Kosten der Heizung herangezogenen Grenzwerte (wohl der kommunale und der bundesweite Heizkostenspiegel) soll künftig ausdrücklich zugelassen sein (BT-Drs. 18/8041, S. 42). In der Praxis dürfte daher auch künftig die Angemessenheit getrennt zu prüfen sein. Sofern entweder die Unterkunftskosten oder die Heizkosten angemessen sind, wird wohl die Gesamtangemessenheitsgrenze zur Anwendung gelangen können.

B. Besonderer Teil

Begründung:

I.

Der Kläger begehrt die Gewährung höherer Leistungen zur Sicherung des Lebensunterhalts nach dem Zweiten Buch Sozialgesetzbuch (SGB II) für die Zeit vom 1.8.2015 bis 31.1.2016.

Der 1956 geborene Kläger ist alleinstehend und lebt in einer 30 m² großen Wohnung, in einem ca. 1975 errichteten Haus in der Stadt S mit einer Gesamtwohnfläche von 750 m². Im oben genannten Leistungszeitraum hatte der Kläger ausweislich der letzten Betriebskostenabrechnung einen monatlichen Heizkostenabschlag in Höhe von 55 EUR zu zahlen und eine Bruttokaltmiete in Höhe von 250 EUR. Das Gebäude wird mit Fernwärme beheizt.

Beweis: Betriebskostenabrechnung vom 11.3.2015 in Kopie – Anlage K1

Mit Bescheid vom 25.7.2015 bewilligte der Beklagte dem Kläger für den Zeitraum 1.8.2015 bis 31.1.2016 nach einem Kostensenkungsverfahren neben dem vollen Regelsatz Kosten der Unterkunft in Gesamthöhe von 285 EUR und berücksichtigte hierbei die Bruttokaltmiete in Höhe von 250 EUR sowie für Heizkosten einen Betrag in Höhe von 35 EUR.

Beweis: Bewilligungsbescheid vom 25.7.2015 in Kopie – Anlage K2

Zur Begründung führte der Beklagte aus, dass sich bei den Heizkosten des Klägers unter Berücksichtigung der Wohnungsgröße von 30 m² und dem von den Stadtwerken S mitgeteilten durchschnittlichen Jahresverbrauch ein maximal übernahmefähiger Betrag in Höhe von 35 EUR monatlich errechne.

Gegen den Bescheid vom 25.7.2015 erhob der Kläger am 11.8.2015 Widerspruch mit der Begründung, dass die Kürzung der Heizkosten rechtswidrig sei. Den Widerspruch wies der Beklagte mit Widerspruchsbescheid vom 25.9.2015 als unbegründet zurück.

Beweis:
- Widerspruch vom 11.8.2015 in Kopie – Anlage K3
- Widerspruchsbescheid vom 25.9.2015 in Kopie – Anlage K4

Hiergegen richtet sich die Klage.

II.

Der Kläger hat einen weitergehenden Anspruch auf Kosten der Unterkunft in monatlicher Höhe von 20 EUR. Der Bescheid vom 25.7.2015 in der Gestalt des Widerspruchsbescheides vom 25.9.2015 ist rechtswidrig und verletzt den Kläger in seinen Rechten, soweit der Beklagte die monatlichen Kosten für den Heizkostenabschlag auf einen Betrag in Höhe von 35 EUR reduziert.

Dem Kläger stehen nach § 22 Abs. 1 Satz 1 SGB II höhere Kosten für Unterkunft und Heizung als vom Beklagten bewilligt zu. Danach werden Leistungen für Unterkunft und Heizung in Höhe der tatsächlichen Aufwendungen erbracht, soweit diese angemessen sind.

Die einzelnen Positionen der Unterkunftskosten sind hinsichtlich der Angemessenheit zu überprüfen. Der Beklagte hat die Angemessenheit der Bruttokaltmiete nicht bestritten.

Entgegen der Auffassung des Beklagten liegen auch keine unangemessenen Heizkosten beim Kläger vor. Zur Bestimmung der Angemessenheitsgrenze ist zunächst auf einen kommunalen Heizspiegel, existiert ein solcher nicht, auf den bundesweiten Heizspiegel zurückzugreifen. Der maßgebliche Grenzwert ergibt sich sodann unter Berücksichtigung des als Produkt ermittelten Betrages aus dem Wert der rechten Spalte für extrem hohe Heizkosten und dem Wert, der sich als abstrakt angemessene Wohnfläche für den Haushalt des Leistungsempfängers ergibt (BSG 16.6.2015 – B 4 AS 44/14 R).

Da für S kein kommunaler Heizkostenspiegel existiert, ist auf den bundesweiten Heizkostenspiegel für das Jahr 2015 zurückzugreifen.[540]

Für Fernwärmeheizungen in Gebäuden wie jenem, in dem sich die Wohnung des Klägers befindet, mit einer Grundfläche von 750 m² liegt der Maximalwert bei 20,70 EUR/m²/Jahr.

Dieser Wert ist mit dem anerkannten maximalen Grenzwert für angemessene Wohnungsgrößen nach den landesrechtlichen Durchführungsvorschriften zu § 10 des Gesetzes über die soziale Wohnraumförderung (WoFG) iVm den entsprechenden landesrechtlichen Ausführungsbestimmungen bestimmten Größe für eine Person von maximal 45 m² zu multiplizieren und der so ermittelte Jahreswert (20,70 EUR/m² x 45 m² = 931,50 = EUR) ist anschließend durch 12 Monate zu dividieren. Damit ergibt sich ein Grenzwert in Höhe von 77,63 EUR. Dieser wird durch den Kläger mit einem monatlichen Heizkostenabschlag in Höhe von 55 EUR nicht überschritten.

Nach alledem ist die Klage begründet. Weiterer Sach- und Rechtsvortrag bleibt vorbehalten.

III.

Wie sich aus der beigefügten Erklärung zu den persönlichen und wirtschaftlichen Verhältnissen ergibt, kann der Kläger die Kosten der Prozessführung nicht aufbringen (§ 73 a SGG iVm § 114 ZPO). Da die Klage – wie ausgeführt – Aussicht auf Erfolg hat und nicht mutwillig ist, ist der Antrag auf Prozesskostenhilfe ebenfalls begründet.

(...)
Rechtsanwalt

cc) Besonderheiten des Einzelfalls

Ist der Leistungsberechtigte dennoch der Auffassung, sein Heizverhalten sei wirtschaftlich und nicht verschwenderisch, liegt es bei ihm, substantiiert vorzutragen, warum seine Aufwendungen für die Heizung über dem Grenzwert liegen und weshalb sie in seinem konkreten Einzelfall gleichwohl noch als angemessen anzusehen sind. Allerdings ist zu berücksichtigen, dass ein Wohnungswechsel als Kostensenkungsmaßnahme wegen unangemessen hoher Aufwendungen für Heizung nur

654

---

540 Maßgeblich ist der Heizkostenspiegel, der zum Zeitpunkt der behördlichen Entscheidung veröffentlicht war. Da eine Absenkung auch bei Überschreiten des Grenzwertes nur aufgrund einer Angemessenheitsprüfung im Einzelfall erfolgen kann und sich die in Folge dieser Einzelfallprüfung zu zahlenden Heizkosten nach der Rechtsprechung des BSG nicht aus dem Heizspiegel (im Sinne eines abstrakt angemessenen Quadratmeterhöchstwerts) ergeben, kommt den Werten des Heizkostenspiegels aus späteren Jahren keine Bedeutung zu. (BSG 12.6.2013 – B 14 AS 60/12 R)

dann zumutbar ist, wenn in einer alternativ zu beziehenden Wohnung insgesamt niedrigere Bruttowarmkosten entstehen.[541]

655 **Muster: Gesamtangemessenheitsgrenze, wenn die Heizkosten über dem bundesweiten Heizkostenspiegel liegen – Unzumutbarkeit der Kostensenkung**

Rechtsanwalt

(…)

(Datum)

An das

Sozialgericht (…)

(Anschrift)

K L A G E

des (…),

(Anschrift)

– K l ä g e r –

Prozessbevollmächtigter: Rechtsanwalt (…)

g e g e n

Jobcenter (…)

(Anschrift)

vertreten durch den Geschäftsführer

– B e k l a g t e r –

wegen Kosten der Unterkunft im Zeitraum 1.8.2016 bis 31.1.2017

Namens und ausweislich der beigefügten Vollmacht des Klägers erhebe ich Klage und werde beantragen:

Der Beklagte wird unter Abänderung des Bescheides vom 25.7.2016 in der Gestalt des Widerspruchsbescheides vom 22.9.2016 verurteilt, dem Kläger für den Zeitraum vom 1.8.2016 bis 31.1.2017 weitere Kosten der Unterkunft in Höhe von monatlich 7,37 EUR zu gewähren.

Zur Geltendmachung der Rechte des Klägers beantrage ich ferner,

dem Kläger Prozesskostenhilfe ab Klageerhebung zu bewilligen und den Unterzeichner beizuordnen.

Begründung:

I.

Der Kläger begehrt die Gewährung höherer Leistungen zur Sicherung des Lebensunterhalts nach dem SGB II für die Zeit vom 1.8.2015 bis 31.1.2016.

Der 1956 geborene Kläger ist alleinstehend und lebt in einer 40 m² großen Wohnung, in einem ca. 1875 errichteten Haus mit einer Gesamtwohnfläche von 750 m². Der Wohnort liegt im oberen Mittelgebirge, das Gebäude wurde aufgrund denkmalschutzrechtlicher

---

541 So BSG 12.6.2013 – B 14 AS 60/12 R.

V. Bedarfe für Unterkunft und Heizung, § 22 SGB II

Auflagen nicht wärmegedämmt und verfügt noch immer über die Originalverglasung. In der Wohnung wird eine maximale Raumtemperatur von 20 Grad erreicht. Wärmeisolierende Maßnahmen sind durch den Vermieter nicht beabsichtigt. Im oben genannten Leistungszeitraum hatte der Kläger ausweislich der letzten Betriebskostenabrechnung einen monatlichen Heizkostenabschlag in Höhe von 85 EUR zu zahlen und eine Bruttokaltmiete in Höhe von 150 EUR. Das Gebäude wird nach Umbauarbeiten im Jahr 1980 mit Fernwärme beheizt. Aus einem vermieterseits eingeholten Wärmecontracting-Gutachten ergibt sich, dass für das Gebäude ein erhöhter Wärmebedarf besteht.

Beweis:
- Betriebskostenabrechnung vom 11.1.2016 in Kopie – Anlage K1
- Wäremcontracting-Gutachten vom 9.11.2014 in Kopie – Anlage K2

Mit Schreiben vom 25.1.2016 wies der Beklagte den Kläger darauf hin, dass die Prüfung der Heizkosten ergeben habe, dass diese mit einem Jahresverbrauch in Höhe von 268 kWh/m^2 unangemessen hoch seien. Es sei beabsichtigt, die Heizkosten ab dem 1.8.2016 nur noch die als angemessen angesehenen Kosten für einen jährlichen Verbrauch von 210 kWh/m^2 zu übernehmen.

Beweis: Kostensenkungsaufforderungsschreiben vom 25.1.2016 in Kopie – Anlage K3

Mit Bescheid vom 25.7.2016 bewilligte der Beklagte dem Kläger für den Zeitraum vom 1.8.2016 bis 31.1.2017 neben dem vollen Regelsatz Kosten der Unterkunft und berücksichtigte hierbei die Bruttokaltmiete in Höhe von 150 EUR sowie für Heizkosten einen Betrag in Höhe von 77,63 EUR.

Beweis: Bewilligungsbescheid vom 25.7.2016 in Kopie – Anlage K4

Zur Begründung führte der Beklagte aus, dass sich unter Berücksichtigung der Maximalwerte des bundesweiten Heizkostenspiegels und der maximalen Wohnungsfläche für eine Person von 45 m^2 nach den landesrechtlichen Durchführungsvorschriften zu § 10 des Gesetzes über die soziale Wohnraumförderung (WoFG) iVm den entsprechenden landesrechtlichen Ausführungsbestimmungen ein Grenzwert in Höhe von 77,63 EUR ergebe.

Gegen den Bescheid vom 25.7.2016 erhob der Kläger am 11.8.2016 Widerspruch mit der Begründung, dass die Kürzung der Heizkosten rechtswidrig sei. Den Widerspruch wies der Beklagte mit Widerspruchsbescheid vom 22.9.2016 als unbegründet zurück.

Beweis:
- Widerspruch vom 11.8.2016 in Kopie – Anlage K5
- Widerspruchsbescheid vom 22.9.2016 in Kopie – Anlage K6

Hiergegen richtet sich die Klage.

II.

Der Kläger hat einen weitergehenden Anspruch auf Kosten der Unterkunft in monatlicher Höhe von 7,37 EUR. Der Bescheid vom 25.7.2016 in der Gestalt des Widerspruchsbescheides vom 22.9.2016 ist rechtswidrig und verletzt den Kläger in seinen Rechten, soweit der Beklagte die monatlichen Kosten für den Heizkostenabschlag auf einen Betrag in Höhe von 77,63 EUR reduziert.

Dem Kläger stehen nach § 22 Abs. 1 Satz 1 SGB II höhere Kosten für Unterkunft und Heizung als vom Beklagten bewilligt zu. Danach werden Leistungen für Unterkunft und Heizung in Höhe der tatsächlichen Aufwendungen erbracht, soweit diese angemessen sind.

Die einzelnen Positionen der Unterkunftskosten sind zunächst auf ihre Angemessenheit zu prüfen. Der Beklagte hat die Angemessenheit der Bruttokaltmiete nicht bestritten.

Die Heizkosten des Klägers übersteigen zwar den vorgegebenen Grenzwert des bundesweiten Heizkostenspiegels für Fernwärme von 77,63 EUR. Hingegen sind die Gesamtunterkunftskosten des Klägers als angemessen einzustufen. Nach § 22 Abs. 10 SGB II kann eine Gesamtangemessenheitsgrenze gebildet werden. Höhere Aufwendungen für die Bruttokaltmiete können damit durch geringere Heizkosten ausgeglichen werden. Gleiches gilt für den umgekehrten Fall. Die Unterkunftsrichtlinie des Beklagten sieht bei einer für den Kläger angemessenen Wohnungsgröße von 45 m² eine angemessene Bruttokaltmiete von 275 EUR vor. Darüber hinaus werden von dem Beklagten regelmäßig für die Bestimmung der angemessenen Heizkosten die Werte des bundesweiten Heizkostenspiegels herangezogen. Mithin ergäbe sich hier eine angemessene Gesamtmiete von 352,63 EUR. Die tatsächlichen Unterkunftskosten des Klägers belaufen sich auf einen Betrag von nur 235 EUR. Mithin sind die Kosten der Unterkunft insgesamt als angemessen zu beurteilen, sodass schon eine Kostensenkung nicht in Betracht kommt.

Darüber hinaus wird nur hilfsweise darauf hingewiesen, dass die Überschreitung des Grenzwertes nur ein Indiz für ein unwirtschaftliches Heizverhalten ist. Der auf diesem Wege ermittelte Grenzwert dient in erster Linie der Verwaltungsvereinfachung, um den Energieverbrauch von SGB II-Empfängern zu ermitteln. Wird der Grenzwert überschritten, folgt hieraus zunächst nur eine Beweislastumkehr; d.h. dem Leistungsempfänger obliegt nunmehr der Nachweis, weshalb die Heizungskosten über dem Grenzwert liegen und dennoch angemessen sind (BSG 12.6.2013 – B 14 AS 60/12 R).

So liegt der Fall hier. Aufgrund der ungünstigen baulichen und örtlichen Gegebenheiten – altes Fachwerk mit einfach verglasten Fenstern in einer oberen Lage des Mittelgebirges – bedarf der Kläger höherer Heizkosten. Das Wärmecontracting-Gutachten bestätigt zudem, dass der Kläger die Heizkosten nicht durch sein individuelles Heizverhalten nachhaltig ändern kann.[542]

Aus der Überschreitung des sich aus dem bundesweiten Heizkostenspiegel ergebenden Grenzwertes ergibt sich für den Kläger jedoch nicht die Pflicht zur Kostensenkung, die hier nur durch einen Wohnungswechsel zu erreichen wäre. Eine Zumutbarkeit des Wohnungswechsels als Kostensenkungsmaßnahme wegen überhöhter Heizkosten ist insoweit nur gegeben, wenn in einer alternativ zu beziehenden Wohnung insgesamt keine höheren Kosten als bisher anfallen, vgl. § 22 Abs. 1 Satz 4 SGB II. Ein Wohnungswechsel, der zwar zu niedrigeren Heizkosten, nicht aber zu niedrigeren Gesamtkosten führt, wäre seinerseits unwirtschaftlich und deshalb nicht zumutbar. Der Kläger zahlt für seine Wohnung lediglich eine Bruttokaltmiete von 150 EUR. Für vergleichbare Wohnungen im heranzuziehenden Vergleichsraum ist bereits eine Grundmiete in mindestens dieser Höhe zu zahlen, ohne die Nebenkostenvorauszahlungen. Die Unterkunftsrichtlinie des Beklagten sieht bei einer für den Kläger angemessenen Wohnungsgröße von 45 m² eine angemessene Bruttokaltmiete von 275 EUR vor. Die Gesamtaufwendungen für die Kosten der Unterkunft wür-

---

542 Der ungünstige energetische Standard einer Wohnung ist für sich genommen kein Grund im Einzelfall, den Träger der Grundsicherung zur dauerhaften Übernahme von hohen Heizkosten als „angemessene" Aufwendungen zu verpflichten. Eine Pflicht zur Kostensenkung besteht nicht nur dann, wenn „unvernünftiges", objektiv nicht begründbares Verhalten des hilfebedürftigen Leistungsempfängers vorliegt, sondern auch dann, wenn unangemessen hohe Heizkosten, die der hilfebedürftige Leistungsempfänger nicht beeinflussen kann – wie der bauliche Zustand einer Wohnung –, vorliegen (BSG 12.6.2013 – B 14 AS 60/12 R).

den sich daher durch einen Umzug des Klägers erhöhen. Daher ist ihm eine Kostensenkung nicht zumutbar.

Nach alledem sind die Heizkosten des Klägers vollständig zu übernehmen. Der Klage ist antragsgemäß stattzugeben.

III.

Wie sich aus der beigefügten Erklärung zu den persönlichen und wirtschaftlichen Verhältnissen ergibt, kann der Kläger die Kosten der Prozessführung nicht aufbringen (§ 73 a SGG iVm § 114 ZPO). Da die Klage – wie ausgeführt – Aussicht auf Erfolg hat und nicht mutwillig ist, ist der Antrag auf Prozesskostenhilfe ebenfalls begründet.

(...)

Rechtsanwalt

Muster: Heizkosten liegen aufgrund persönlicher Umstände über dem bundesweiten Heizkostenspiegel

Rechtsanwalt

(...)

(Datum)

An das

Sozialgericht (...)

(Anschrift)

K L A G E

des (...),

(Anschrift)

– Kläger –

Prozessbevollmächtigter: Rechtsanwalt (...)

gegen

Jobcenter (...)

(Anschrift)

vertreten durch den Geschäftsführer

– Beklagter –

wegen Kosten der Unterkunft im Zeitraum 1.8.2015 bis 31.1.2016

Namens und ausweislich der beigefügten Vollmacht des Klägers erhebe ich Klage und werde beantragen:

Der Beklagte wird unter Abänderung des Bescheides vom 25.7.2015 in der Gestalt des Widerspruchsbescheides vom 22.9.2015 verurteilt, dem Kläger für den Zeitraum vom 1.8.2015 bis 31.1.2016 weitere Kosten der Unterkunft in Höhe von monatlich 7,37 EUR zu gewähren.

B. Besonderer Teil

Zur Geltendmachung der Rechte des Klägers beantrage ich ferner,

dem Kläger Prozesskostenhilfe ab Klageerhebung zu bewilligen und den Unterzeichner beizuordnen.

Begründung:

I.

Der Kläger begehrt die Gewährung höherer Leistungen zur Sicherung des Lebensunterhalts nach dem Zweiten Buch Sozialgesetzbuch (SGB II) für die Zeit vom 1.8.2015 bis 31.1.2016.

Der 1965 geborene Kläger lebt gemeinsam mit seiner 1940 geborenen, pflegebedürftigen Mutter in einer 80 m² großen Wohnung. Das Haus, in der sich die Wohnung befindet, hat eine Gesamtwohnfläche von 750 m². Die Mutter des Klägers ist nicht mehr in der Lage, sich selbstständig fortzubewegen und verbringt den überwiegenden Teil des Tages in ihrem Bett oder in ihrem Rollstuhl. Sie bezieht eine Rente in Höhe von 650 EUR. Aufgrund ihrer stark eingeschränkten Mobilität, ist es nach den Angaben ihres behandelnden Arztes erforderlich, dauerhaft eine Raumtemperatur von mindestens 24 Grad sicherzustellen, um eine Unterkühlung zu verhindern. Andernfalls bestünde die Gefahr einer Verschlechterung ihres gesundheitlichen Zustandes.

Beweis:

ärztliches Attest des Dr. L vom 9.7.2015 – Anlage K1

Im oben genannten Leistungszeitraum war ausweislich der letzten Betriebskostenabrechnung ein monatlicher Heizkostenabschlag in Höhe von 170 EUR zu zahlen und eine Bruttokaltmiete in Höhe von 350 EUR. Das Gebäude wird mit Fernwärme beheizt. Die Kosten der Wohnung zahlen der Kläger und seine Mutter jeweils zur Hälfte.

Beweis: Betriebskostenabrechnung vom 11.1.2015 in Kopie – Anlage K2

Mit Schreiben von 25.1.2015 wies der Beklagte den Kläger darauf hin, dass die Prüfung der Heizkosten ergeben habe, dass diese mit einem Jahresverbrauch in Höhe von 286 kWh/m² für den Kläger unangemessen hoch seien. Es sei beabsichtigt, die Heizkosten ab dem 1.8.2015 nur noch in der Höhe der als angemessen angesehenen Kosten für einen jährlichen Verbrauch von 210 kWh/m² zu übernehmen.

Beweis: Kostensenkungsaufforderungsschreiben vom 25.1.2015 in Kopie – Anlage K3

Mit Bescheid vom 25.7.2015 bewilligte der Beklagte dem Kläger für den Zeitraum 1.8.2015 bis 31.1.2016 neben dem vollen Regelsatz Kosten der Unterkunft und berücksichtige hierbei die Bruttokaltmiete in Höhe von 175 EUR sowie für Heizkosten einen Betrag in Höhe von 77,63 EUR.

Beweis: Bewilligungsbescheid vom 25.7.2015 in Kopie –Anlage K4

Zur Begründung führte der Beklagte aus, dass sich unter Berücksichtigung der Maximalwerte des bundesweiten Heizkostenspiegels und der maximalen Wohnungsfläche für eine Person von 45 m² nach den landesrechtlichen Durchführungsvorschriften zu § 10 des Gesetzes über die soziale Wohnraumförderung (WoFG) iVm den entsprechenden landesrechtlichen Ausführungsbestimmungen sich ein Grenzwert in Höhe von 77,63 EUR ergebe.

Gegen den Bescheid vom 25.7.2015 erhob der Kläger am 11.8.2015 Widerspruch mit der Begründung, dass die Kürzung der Heizkosten rechtswidrig sei. Den Widerspruch wies der Beklagte mit Widerspruchsbescheid vom 22.9.2015 als unbegründet zurück.

Beweis:
- Widerspruch vom 11.8.2015 in Kopie – Anlage K5
- Widerspruchsbescheid vom 22.9.2015 in Kopie – Anlage K6

Hiergegen richtet sich die Klage.

II.

Der Kläger hat einen weitergehenden Anspruch auf Kosten der Unterkunft in monatlicher Höhe von 7,37 EUR. Der Bescheid vom 25.7.2015 in der Gestalt des Widerspruchsbescheides vom 22.9.2015 ist rechtswidrig und verletzt den Kläger in seinen Rechten, soweit der Beklagte die monatlichen Kosten für den Heizkostenabschlag auf einen Betrag in Höhe von 77,63 EUR reduziert.

Dem Kläger stehen nach § 22 Abs. 1 Satz 1 SGB II höhere Kosten für Unterkunft und Heizung als vom Beklagten bewilligt zu. Danach werden Leistungen für Unterkunft und Heizung in Höhe der tatsächlichen Aufwendungen erbracht, soweit diese angemessen sind.

Die einzelnen Positionen der Unterkunftskosten – idR Nettokaltmiete, kalte Betriebs- und Heizkosten – können dabei nicht im Sinne einer weiten Produkttheorie auf ihre Angemessenheit geprüft werden, die die gesamten Kosten der Unterkunft in einem Schritt berücksichtigt, sondern jede Einzelposition ist gesondert einer Angemessenheitsprüfung zu unterziehen (BSG 16.6.2015 – B 4 AS 44/14 R). Der Beklagte hat die Angemessenheit der Bruttokaltmiete nicht bestritten.

Die Heizkosten des Klägers übersteigen zwar den vorgegebenen Grenzwert des bundesweiten Heizkostenspiegels von 77,63 EUR. Die Überschreitung des Grenzwertes ist indes nur ein Indiz für unangemessene Heizkosten. Der auf diesem Wege ermittelte Grenzwert dient in erster Linie der Verwaltungsvereinfachung, um den Energieverbrauch von SGB II-Empfängern zu ermitteln. Wird der Grenzwert überschritten, folgt hieraus zunächst nur eine Beweislastumkehr; d.h. dem Leistungsempfänger obliegt nunmehr der Nachweis, weshalb die Heizungskosten über dem Grenzwert liegen und dennoch angemessen sind (BSG 12.6.2013 – B 14 AS 60/12 R).

So liegt der Fall hier. Die Mutter des Klägers, die mit diesem eine Haushaltsgemeinschaft bildet, ist kaum in der Lage sich zu bewegen. Aus diesem Grund ist eine höhere Raumtemperatur erforderlich, um zu verhindern, dass sie unterkühlt. Sofern die Raumtemperatur nicht bei mindestens 23 Grad liegt, steht zu befürchten, dass sich dies negativ auf ihren gesundheitlichen Zustand auswirkt. Daher ist ein dauerhaftes Beheizen der Wohnung unumgänglich. Dies erklärt die erhöhten Heizkosten. Es ist dem Kläger aufgrund der vorliegenden Umstände jedoch nicht zuzumuten, die Raumtemperatur dauerhaft zu senken, um so die Heizkosten zu reduzieren.

Nach alledem sind die Heizkosten des Klägers als angemessen zu betrachten und vollständig zu übernehmen. Der Klage ist antragsgemäß stattzugeben.[543]

---

543 Vgl. hierzu BSG 12.6.2013 – B 14 AS 60/12 R. Auch andere persönliche Umstände, wie beispielsweise die Zugehörigkeit kleiner Kinder zur Bedarfsgemeinschaft, können die Angemessenheit der Heizkosten, trotz Überschreitens des Wertes aus dem bundesweiten Heizkostenspiegel, begründen. Abzustellen ist jeweils auf den konkreten Einzelfall. Bauliche Besonderheiten, wie eine schlechte Isolierung o.Ä., reichen regelmäßig nicht aus, um begründen zu können, dass noch eine Angemessenheit vorliegt.

B. Besonderer Teil

> **III.**
> Wie sich aus der beigefügten Erklärung zu den persönlichen und wirtschaftlichen Verhältnissen ergibt, kann der Kläger die Kosten der Prozessführung nicht aufbringen (§ 73 a SGG iVm § 114 ZPO). Da die Klage – wie ausgeführt – Aussicht auf Erfolg hat und nicht mutwillig ist, ist der Antrag auf Prozesskostenhilfe ebenfalls begründet.
>
> (…)
> Rechtsanwalt

dd) Kostensenkungsaufforderung

657 Eine nach den vorgenannten Kriterien festgestellte Unangemessenheit führt aber – wie auch schon bei den KdU – bei den Heizkosten nicht per se dazu, dass die Übernahme in Höhe der Angemessenheit begrenzt ist. Auch hinsichtlich der Heizkosten muss der Leistungsträger den Leistungsberechtigten auf seine Obliegenheit zur Senkung der Heizkosten hinweisen (Kostensenkungsaufforderung, vgl. hierzu oben Rn. 640 ff.).

658 Unterlässt der Leistungsträger eine entsprechende Kostensenkungsaufforderung, können dem Leistungsberechtigten Kostensenkungsmaßnahmen subjektiv unmöglich sein, mit der Folge, dass die tatsächlichen Heizkosten zu erstatten sind.

659 Im Übrigen gilt, dass die 6-Monats-Frist nach § 22 Abs. 1 Satz 3 SGB II, in der der Leistungsberechtigte Anstrengungen zur Kostensenkung unternehmen soll und in der regelmäßig die tatsächlichen – wenn auch unangemessenen – Heizkosten gezahlt werden, erst dann zu laufen beginnt, wenn eine ordnungsgemäße Kostensenkungsaufforderung erfolgte.

660 **Muster: Irreführende Kostensenkungsaufforderung und Kappung der Heizkosten vor Ablauf der Schonfrist**

Rechtsanwalt

(…)

(Datum)

An das

Sozialgericht (…)

(Anschrift)

K L A G E

des (…),
(Anschrift)

– K l ä g e r –

Prozessbevollmächtigter: Rechtsanwalt (…)

g e g e n

Jobcenter (…)

(Anschrift)

vertreten durch den Geschäftsführer

– B e k l a g t e r –

wegen Kosten der Unterkunft im Zeitraum 1.8.2015 bis 31.1.2016

Namens und ausweislich der beigefügten Vollmacht des Klägers erhebe ich Klage und werde beantragen:

Der Beklagte wird unter Abänderung des Bescheides vom 25.7.2015 in der Gestalt des Widerspruchsbescheides vom 22.9.2015 verurteilt, dem Kläger für den Zeitraum vom 1.8.2015 bis 31.1.2016 Kosten der Unterkunft in Höhe von monatlich 310 EUR unter Anrechnung der bereits erbrachten Leistungen zu gewähren.

Zur Geltendmachung der Rechte des Klägers beantrage ich ferner,

dem Kläger Prozesskostenhilfe ab Klageerhebung zu bewilligen und den Unterzeichner beizuordnen.

Begründung:

I.

Der Kläger begehrt die Gewährung höherer Leistungen zur Sicherung des Lebensunterhalts nach dem SGB II für die Zeit vom 1.8.2015 bis 31.1.2016.

Der Kläger steht bei dem Beklagten seit dem Jahr 2009 im fortlaufenden Leistungsbezug nach dem SGB II und bewohnt eine 45 m² große Wohnung in einem 1980 errichteten und fernwärmebeheizten Gebäude mit einer Gesamtfläche von 750 m² in der Stadt S, für die er nach der letzten Betriebskostenabrechnung nachstehende Kosten monatlich aufzubringen hat: Grundmiete 200 EUR, Betriebskosten 40 EUR und Heizkosten 90 EUR.

Beweis: Betriebskostenabrechnung vom 11.3.2015 in Kopie – Anlage K1

Mit Schreiben von 4.3.2014 forderte der Beklagte den Kläger auf, binnen 4 Monaten bis zum 31.7.2014 die Unterkunftskosten durch einen Wohnungswechsel, durch Vermieten oder auf andere Weise auf einen Betrag zu senken, der die Grenzwerte von 70 EUR für Heizkosten nach dem bundesweiten Heizkostenspiegel nicht übersteige.

Beweis: Kostensenkungsaufforderungsschreiben vom 4.3.2014 in Kopie – Anlage K2

In der weiteren Folge zahlte der Beklagte dem Kläger trotz der Kostensenkungsaufforderung, auch über den 31.7.2014 hinaus weiter die tatsächlichen Kosten der Unterkunft. Mit Schreiben vom 5.7.2015 wies der Beklagte den Kläger darauf hin, dass die Heizkosten weiterhin unangemessen seien und nunmehr nur noch angemessene Heizkosten in Höhe von 70 EUR übernommen würden.

Mit Bescheid vom 25.7.2015 bewilligte der Beklagte dem Kläger für den Zeitraum 1.8.2015 bis 31.1.2016 neben dem vollen Regelsatz monatlich Kosten der Unterkunft in Gesamthöhe von 310 EUR unter Verweis auf den angegebenen Maximalwert für Heizkosten in der Kostensenkungsaufforderung.

Beweis:
- Kostensenkungsaufforderungsschreiben vom 5.7.2015 in Kopie – Anlage K3
- Bewilligungsbescheid vom 25.7.2015 in Kopie – Anlage K4

Gegen den Bescheid erhob der Kläger am 20.8.2015 Widerspruch mit der Begründung, dass die Frist zur Senkung der Unterkunftskosten unangemessen kurz bemessen sei und zudem nicht nachvollzogen werden könne, wie nach dem bundesweiten Heizkostenspiegel ein maximaler Grenzwert von 70 EUR ermittelt worden sei.

Beweis: Widerspruch vom 20.8.2016 in Kopie – Anlage K5

B. Besonderer Teil

Den Widerspruch wies der Beklagte mit Widerspruchsbescheid vom 22.9.2015 als unbegründet zurück, da der Kläger nicht ausreichende Bemühungen nachgewiesen habe, die Heizkosten zu senken.

Beweis: Widerspruchsbescheid vom 22.9.2015 in Kopie – Anlage K6

Hiergegen richtet sich die Klage.

II.

Der Bescheid vom 25.7.2015 in der Gestalt des Widerspruchsbescheids vom 22.9.2015 ist rechtswidrig und verletzt den Kläger in seinen Rechten.

Dem Kläger stehen nach § 22 Abs. 1 Satz 1 SGB II höhere Kosten für Unterkunft und Heizung als vom Beklagten bewilligt zu. Danach werden Leistungen für Unterkunft und Heizung in Höhe der tatsächlichen Aufwendungen erbracht, soweit diese angemessen sind.

Nach § 22 Abs. 1 Satz 3 SGB II sind auch unangemessene Kosten der Unterkunft und Heizung so lange zu berücksichtigen, wie es dem alleinstehenden Leistungsberechtigten oder der Bedarfsgemeinschaft nicht möglich oder nicht zuzumuten ist, durch einen Wohnungswechsel, durch Vermieten oder auf andere Weise die Aufwendungen zu senken, idR jedoch längstens für sechs Monate nach Aufforderung zur Kostensenkung. Nach dieser „Schonfrist" sind die erstattungsfähigen Kosten der Höhe nach limitiert durch die Angemessenheit.

Der Kläger hat im streitigen Zeitraum einen Anspruch auf die Gewährung der tatsächlichen Heizkosten.

Da für S kein kommunaler Heizkostenspiegel existiert, ist auf den bundesweiten Heizkostenspiegel für das Jahr 2015 zurückzugreifen. Für Fernwärmeheizungen in Gebäuden wie dem des Klägers mit einer Grundfläche von 750 m² liegt der Maximalwert bei 20,70 EUR pro m²/Jahr.

Dieser Wert ist mit dem anerkannten maximalen Grenzwert für angemessene Wohnungsgrößen nach den landesrechtlichen Durchführungsvorschriften zu § 10 des Gesetzes über die soziale Wohnraumförderung (WoFG) iVm der den entsprechenden landesrechtlichen Ausführungsbestimmungen bestimmten Größe für eine Person von maximal 45 m² zu multiplizieren und der so ermittelte Jahreswert (20,70 EUR/m² x 45 m² = 931,50 EUR) ist anschließend durch 12 Monate zu dividieren. Damit ergibt sich ein Grenzwert in Höhe von 77,63 EUR, nicht wie von dem Beklagten angenommen 70 EUR.

Die Aufforderung ist insoweit bereits irreführend.

Darüber hinaus war das einer Kostensenkung durch den Beklagten vorausgehende Kostensenkungsverfahren erst mit dem 1.2.2016 abgeschlossen. Während der streitigen Monate war dem Kläger die Möglichkeit einzuräumen, die Kosten entsprechend den Vorgaben im Schreiben vom 5.7.2015 zu senken. In dieser Zeit waren die tatsächlichen Kosten zu zahlen. Frühestens nach Ablauf dieses Zeitraumes kann der Beklagte die Kosten auf die angemessene Höhe senken. Die Absenkung auf die nach Ansicht des Beklagten angemessenen Kosten setzt insoweit ein Kostensenkungsverfahren voraus, als dass es den Hilfebedürftigen in die Lage versetzt, diesen Kostensenkungsobliegenheiten nachzukommen.

Die am 4.3.2014 ausgesprochene Aufforderung zur Senkung der Kosten kann für die vorliegend streitige Absenkung nicht herangezogen werden. Dies liegt schon deshalb nahe, weil eine Kostensenkung vorrangig durch Energieeinsparungen – bei jährlicher Abrechnung der entsprechenden Kosten durch ein Energieversorgungsunternehmen – nicht innerhalb von 6 Monaten, und schon gar nicht innerhalb von 4 Monaten, realisierbar ist. Darüber hinaus hat der Beklagte die Kostensenkung tatsächlich nicht vollzogen und dem Kläger weiterhin die tatsächlichen Heizkosten gewährt. Da auf die erste Kostensenkungsaufforderung hin über längere Zeit hinweg gleichwohl die Kosten der Unterkunft und Heizung vollständig übernommen worden sind, durfte allein auf Grundlage dieser Kostensenkungsaufforderung eine Absenkung nicht mehr erfolgen (BSG 22.11.2011 – B 4 AS 219/10 R).

Allenfalls die Kostensenkungsaufforderung vom 5.7.2015 setzt die Frist zur Senkung der Heizkosten innerhalb der folgenden sechs Monate in Gang. Es sind keine Gesichtspunkte erkennbar, weshalb die mit der erneuten Kostensenkung ausgelöste Frist vorliegend nur verkürzt gelten sollte.

Nach alledem besteht die Verpflichtung des Beklagten, die Kosten der Unterkunft im maßgeblichen Leistungszeitraum vollständig zu übernehmen. Der Klage ist antragsgemäß stattzugeben.

III.

Wie sich aus der beigefügten Erklärung zu den persönlichen und wirtschaftlichen Verhältnissen ergibt, kann der Kläger die Kosten der Prozessführung nicht aufbringen (§ 73 a SGG iVm § 114 ZPO). Da die Klage – wie ausgeführt – Aussicht auf Erfolg hat und nicht mutwillig ist, ist der Antrag auf Prozesskostenhilfe ebenfalls begründet.

(...)
Rechtsanwalt

c) Gesamtangemessenheitsgrenze

Mit Wirkung zum 1.8.2016 besteht mit § 22 Abs. 10 SGB II entgegen der bisherigen Rechtsprechung des BSG die Möglichkeit, die Angemessenheit der KdU einerseits und die der Heizkosten andererseits nicht getrennt voneinander vorzunehmen, sondern durch eine Gesamtangemessenheitsprüfung zu ersetzen. Der kommunale Träger kann insoweit nun eine Gesamtangemessenheitsgrenze festsetzen. 661

Der Gesetzgeber geht davon aus, dass die Beurteilung der Angemessenheit der Aufwendungen für Unterkunft und Heizung im Rahmen einer Gesamtangemessenheitsgrenze im Zuständigkeitsbereich einiger kommunaler Träger eine deutliche Vereinfachung bedeuten kann. Insbesondere stünden dadurch insgesamt mehr angemessene Wohnungen zur Verfügung, weil höhere Aufwendungen für die Unterkunft durch geringere Aufwendungen für die Heizung ausgeglichen werden können und umgekehrt.[544] 662

Nach § 22 Abs. 10 Satz 2 SGB II besteht die Möglichkeit, die Gesamtangemessenheitsgrenze entsprechend der bisherigen individuellen Angemessenheitsgrenze zu bilden: Eine Gesamtangemessenheitsgrenze besteht aus den Summanden „angemessene Aufwendungen für die Unterkunft" und „angemessene Aufwendungen 663

---
544 Vgl. BT-Drs. 18/8041, S. 41.

für die Heizung".⁵⁴⁵ Dabei lässt Satz 2 künftig die Heranziehung des in der Praxis von Behörden und Gerichten für die Beurteilung der Angemessenheit der Aufwendungen für Heizung bereits herangezogenen Grenzwertes auch für die Bildung einer Gesamtangemessenheitsgrenze ausdrücklich zu.⁵⁴⁶

664 Problematisch erscheint insofern jedoch, dass das BSG zu einer Gesamtangemessenheitsgrenze nach § 22 b Abs. 1 Satz 3 SGB II entschieden hat, dass die Heranziehung des aus den „Kommunalen Heizspiegeln" bzw. dem „Bundesweiten Heizspiegel" entwickelten Grenzwerts als Summand für eine abstrakte Gesamtangemessenheitsgrenze als ungeeignet gilt, weil die Überschreitung des Grenzwerts nur im Einzelfall indiziere, dass Aufwendungen für die Heizung unangemessen sind, und die Heranziehung die Leistungsberechtigten begünstige.⁵⁴⁷ Es bleibt abzuwarten, wie sich das BSG zum nunmehr klar entgegenstehenden gesetzgeberischen Willen positioniert.

665 Auch bei einer Gesamtangemessenheitsgrenze muss im Übrigen eine Kostensenkung möglich und zumutbar sein (vgl. § 22 Abs. 10 Satz 3 SGB II).

d) Verzicht des Leistungsträgers auf Kostensenkungsbemühungen

666 Mit der seit April 2011 geltenden Rechtslage kann der SGB II-Leistungsträger auch darauf verzichten, Kostensenkungen für eine unangemessene Unterkunft zu fordern. Diese Verzichtsmöglichkeit gilt nach § 22 Abs. 1 Satz 4 SGB II dann, wenn eine Absenkung der unangemessenen Aufwendungen unter Berücksichtigung der bei einem Wohnungswechsel zu erbringenden Leistungen unwirtschaftlich wäre, also wenn die Berücksichtigung der unangemessen hohen Aufwendungen für Unterkunft und Heizung als Bedarf kostengünstiger wäre als die Kosten für einen Wohnungswechsel.⁵⁴⁸ Nach der Gesetzesbegründung sollen dies regelmäßig Konstellationen sein, in denen absehbar ist, dass die leistungsberechtigte Person in naher Zukunft aus dem Leistungsbezug ausscheiden wird, weil zB eine Arbeit aufgenommen wird oder der Rentenbezug unmittelbar bevorsteht.

3. Instandhaltung und Reparatur bei selbst bewohntem Wohneigentum

667 Leistungsberechtigten, die ein Eigenheim besitzen wurden entsprechend der BSG-Rechtsprechung und werden nunmehr auch mit § 22 Abs. 2 SGB II als KdU auch die tatsächlichen Aufwendungen zuerkannt, die für eine Instandsetzung oder Instandhaltung des Wohneigentums aufgebracht werden. Dies gilt aber nur soweit es nicht zu einer Verbesserung des Standards des selbstgenutzten Eigenheims kommt und die Aufwendungen insgesamt angemessen sind. Weitere Voraussetzung ist, dass die Aufwendungen unabweisbar⁵⁴⁹ sind. Die Gewährung einer Instandhaltungskosten- oder Erhaltungsaufwandspauschale, die unabhängig einer tatsächlichen Investition monatlich eben pauschal gewährt wird, zählt nicht zu den berück-

---

545 Vgl. BT-Drs. 18/8041, S. 41.
546 Vgl. BT-Drs. 18/8041, S. 42.
547 BSG 4.6.2014 – B 14 AS 53/13 R.
548 Zu diesen Kosten gehören u.a. die Mietkaution, Kosten für Transport, Hilfskräfte, erforderliche Versicherungen, Benzin, Verpackungsmaterial und ggf. auch die Kosten für eine Einzugsrenovierung, vgl. BSG 16.12.2008 – B 4 AS 49/07 R.
549 Der Gesetzesbegründung zur Folge ist davon nur bei zeitlich besonders dringlichen Aufwendungen, die absolut unerlässlich sind, auszugehen.

sichtigungsfähigen Unterkunftsaufwendungen nach § 22 Abs. 1 SGB II und ist (weiterhin) unzulässig.⁵⁵⁰

Zur Beurteilung ihrer Angemessenheit sind die Aufwendungen im Vergleich zu den berücksichtigungsfähigen Unterkunftskosten bei Mietern zu sehen. Hinter diesem Beurteilungsmaßstab steht der – auch vom BSG in ständiger Rechtsprechung getragene – Gedanke, dass Eigentümer und Mieter bei der Beurteilung der Angemessenheit der Aufwendungen für Unterkunft und Heizung nach den gleichen Grundsätzen behandelt werden müssen. Eben aus diesem Grund können Aufwendungen für Instandhaltung und Reparatur bei selbst bewohntem Wohneigentum auch nicht unendlich gewährt werden. Das Gesetz begrenzt sie daher in Höhe der innerhalb von zwölf Monaten insgesamt als angemessen übernahmefähigen Unterkunftskosten, die auch bei Mietern berücksichtigt werden könnten. 668

Aufwendungen, die diesen Betrag übersteigen, werden – trotz ihrer Unabweisbarkeit – nicht als Zuschuss erbracht. In Betracht kommt insoweit allenfalls eine darlehensweise Leistungsgewährung.⁵⁵¹ 669

Muster: Übernahme Instandhaltungskosten für eine Eigentumswohnung 670
Rechtsanwalt

(…)

(Datum)

An das

Sozialgericht (…)

(Anschrift)

K L A G E

des (…),

(Anschrift)

– K l ä g e r –

Prozessbevollmächtigter: Rechtsanwalt (…)

g e g e n

Jobcenter (…)

(Anschrift)

vertreten durch den Geschäftsführer

– B e k l a g t e r –

wegen Übernahme der Instandhaltungskosten als Kosten der Unterkunft für Februar 2016

Namens und ausweislich der beigefügten Vollmacht des Klägers erhebe ich Klage und werde beantragen:

Der Beklagte wird unter Abänderung des Bescheides vom 11.2.2016 in der Gestalt des Widerspruchsbescheides vom 25.7.2016 verurteilt, dem Kläger im Monat Februar

---

550 Vgl. BSG 3.3.2009 – B 4 AS 38/08 R.
551 Das Darlehen soll dann aber dinglich gesichert werden.

2016 zusätzlich Kosten der Unterkunft in Höhe von 1850 EUR für eine Sonderumlage an die Wohnungseigentümergemeinschaft zu bewilligen.

Zur Geltendmachung der Rechte des Klägers beantrage ich ferner,

dem Kläger Prozesskostenhilfe ab Klageerhebung zu bewilligen und den Unterzeichner beizuordnen.

Begründung:

I.

Der Kläger begehrt die Gewährung höherer Leistungen zur Sicherung des Lebensunterhalts nach dem SGB II für Februar 2016 unter Berücksichtigung einer Sonderumlage an die Wohnungseigentümergemeinschaft.

Der Kläger steht im laufenden Leistungsbezug bei dem Beklagten. Er bewohnt allein eine ca. 46 m² große Eigentumswohnung in der Stadt M, welche von der Hausverwaltung W betreut wird. Zu dem Wohnobjekt gehören 9 weitere Wohneinheiten.

Am 20.12.2015 beschloss die Mehrheit der Wohnungseigentümer des Wohnobjekts einen Neuanstrich eines Teils der Fassade zu finanzieren aus der Instandhaltungsrücklage, sowie die Sanierung von vier, nicht zur Wohnung des Klägers gehörenden, Balkonen. Die Balkone weisen erhebliche Schäden auf und sind aktuell nicht gefahrlos nutzbar. Die Balkonsanierung soll laut Beschluss durch eine bis zum 29.2.2016 zahlbare Sonderumlage finanziert werden. Mit Schreiben vom 15.1.2016 wurde der Kläger von der Hausverwaltung aufgefordert, den auf ihn entfallenden Anteil der Balkonumlage in Höhe von 1850 EUR bis zum 29.2.2016 auf das Hausgeldkonto der Wohnungseigentümergemeinschaft zu überweisen.

Beweis:

- Beschluss der Wohnungseigentümergemeinschaft vom 20.12.2015 in Kopie – Anlage K1
- Schreiben der Hausverwaltung vom 15.1.2016 – Anlage K2

Mit Bescheid vom 25.1.2016 bewilligte der Beklagte dem Kläger Leistungen zur Sicherung des Lebensunterhaltes für die Zeit vom 1.2.2016 bis 31.7.2016 unter Berücksichtigung von Kosten der Unterkunft in Gesamthöhe von monatlich 138,57 EUR. Im Rahmen der Berechnung berücksichtigte der Beklagte neben den monatlich anfallenden Abschlägen für Abwasser und Wasser, Gas zur Beheizung und der Gebäudehaftpflichtversicherung, Müllgebühren sowie die Instandhaltungsrücklage nach den durch den Kläger eingereichten Unterlagen. Nicht übernommen wurde dagegen die Sonderumlage für die Balkonsanierung.

Beweis: Bewilligungsbescheid vom 25.1.2016 in Kopie – Anlage K3

Gegen den Bescheid vom 25.1.2016 wurde mit Schreiben vom 29.1.2016 Widerspruch erhoben, den der Beklagte mit Widerspruchsbescheid vom 25.7.2016 als unbegründet zurückwies. Eine Übernahme der Sonderumlage käme nicht in Betracht, da im Rahmen des SGB II lediglich regelmäßig anfallende Aufwendungen für Kleinreparaturen, Wartungsarbeiten, kleinere Schönheitsreparaturen und Ausbesserungsarbeiten übernommen werden könnten, größere seien bereits über die Instandhaltungsrücklage abgegolten.

Beweis:

- Widerspruch vom 29.1.2016 in Kopie – Anlage K4
- Widerspruchsbescheid vom 25.7.2016 in Kopie – Anlage K5

Hiergegen richtet sich die Klage.

V. Bedarfe für Unterkunft und Heizung, § 22 SGB II

II.

Die angefochtenen Entscheidungen des Beklagten sind rechtswidrig und verletzen den Kläger in seinen Rechten. Er hat einen weitergehenden Anspruch auf Leistungen nach dem SGB II in Höhe von 1850 EUR im Februar 2016.

Der Kläger ist zunächst Berechtigter iSd § 7 SGB II. Die Hilfebedürftigkeit des Klägers nach § 7 Abs. 1 Satz 1 Nr. 3 iVm § 9 SGB II scheitert nicht daran, dass er Eigentümer einer selbst genutzten Eigentumswohnung ist. Diese ist nach § 12 Abs. 3 Satz 1 Nr. 4 SGB II nicht als Vermögen zu berücksichtigen, da sie mit einer Wohnfläche von ca. 46 m² die angemessene Größe von 80 m² nicht überschreitet.[552]

Dem Kläger stehen nach § 22 SGB II höhere Kosten für Unterkunft und Heizung als vom Beklagten bewilligt zu. Danach werden Leistungen für Unterkunft und Heizung in Höhe der tatsächlichen Aufwendungen erbracht, soweit diese angemessen sind. Die Angemessenheit der Kosten hat der Beklagte nicht in Abrede gestellt. Zu den Aufwendungen für die Unterkunft gehören bei Leistungsberechtigten, die in einem Haus oder einer Eigentumswohnung wohnen, das oder die in ihrem Eigentum steht, auch die mit der Nutzung der Immobilie unmittelbar verbundenen Lasten. Hierzu gehören nach § 22 Abs. 2 Satz 1 SGB II auch Zahlungen für eine Instandsetzung oder Instandhaltung, soweit sie nicht zu einer Verbesserung des Standards der selbst genutzten Immobilie führen. Instandhaltung bedeutet nach der zivilrechtlichen Rechtsprechung, der sich das BSG angeschlossen hat (vgl. BSG 19.3.2008 – B 11 b AS 31/06 R), die Erhaltung des vertrags- und ordnungsgemäßen Zustandes des Wohnobjekts, also die Beseitigung der durch Abnutzung, Alter und Witterungseinwirkungen entstehenden baulichen und sonstigen Mängel. Bei den Instandhaltungskosten handelt es sich idR um Kosten aus Reparatur und Wiederbeschaffung. Instandsetzung und Instandhaltung betreffen deshalb Mängel an der baulichen Substanz der Immobilie oder ihrer Teile.[553]

So liegt der Fall hier. Die Balkonsanierung ist zur Wiederherstellung der Substanz der Balkone und damit ihrer Gebrauchsmöglichkeit zwingend erforderlich. Der Kläger kann sich der Zahlungspflicht bzgl. der Sonderumlage auch nicht entziehen, da sich diese aus dem Beschluss der Eigentümergemeinschaft ergibt.

Eine Unangemessenheit der Unterkunftskosten ist durch die Sonderumlage nicht gegeben.[554] Im Übrigen ist eine Kostensenkungsaufforderung nicht erfolgt, sodass in jedem Fall die tatsächlichen Unterkunftskosten zu übernehmen sind.

Nach alledem ist antragsgemäß zu entscheiden.

---

552 Vgl. zur Angemessenheit einer selbst genutzten Eigentumswohnung: BSG 7.11.2006 – B 7 b AS 2/05.
553 BSG 18.9.2014 – B 14 AS 43/13 R.
554 Bei Instandhaltungskosten als einmalige Aufwendungen ist die Angemessenheitsgrenze zu beachten. Dabei sind die Kosten mit den angemessenen Mietkosten bezogen auf ein Jahr zu vergleichen (vgl. § 22 Abs. 2 Satz 1 SGB II; BSG 19.9.2014 – B 14 AS 48/13 R zu § 22 Abs. 1 a.F.). Sofern eine Unangemessenheit der unabweisbaren Aufwendungen anzunehmen ist, können die über die angemessenen Aufwendungen hinausgehenden Kosten als Darlehen erbracht werden, § 22 Abs. 2 Satz 2 SGB II. Nicht erfasst von den Kosten der Unterkunft sind hingegen Instandhaltungspauschalen (BSG 3.3.2009 – B 4 AS 38/08 R).

B. Besonderer Teil

III.
Wie sich aus der beigefügten Erklärung zu den persönlichen und wirtschaftlichen Verhältnissen ergibt, kann der Kläger die Kosten der Prozessführung nicht aufbringen (§ 73 a SGG iVm § 114 ZPO). Da die Klage – wie ausgeführt – Aussicht auf Erfolg hat und nicht mutwillig ist, ist der Antrag auf Prozesskostenhilfe ebenfalls begründet.
(...)
Rechtsanwalt

671 **Muster: KdU für Eigenheim – zB Reparatur der Elektroanlage**
Rechtsanwalt
(...)
(Datum)
An das
Sozialgericht (...)
(Anschrift)

K L A G E
1. des (...), (Anschrift)
2. der (...), (Anschrift)

– K l ä g e r –

Prozessbevollmächtigter: Rechtsanwalt (...)
g e g e n
Jobcenter (...)
(Anschrift)
vertreten durch den Geschäftsführer

– B e k l a g t e r –

wegen Übernahme der Kosten der Erneuerung der Elektroanlage in Höhe von 2.500 EUR
Namens und ausweislich der beigefügten Vollmacht der Kläger erhebe ich Klage und werde beantragen:

Der Beklagte wird unter Aufhebung des Bescheides vom 11.7.2016 in der Gestalt des Widerspruchsbescheides vom 22.9.2016 verurteilt, an die Kläger zur Erneuerung der Elektroanlage 2.500 EUR zu zahlen.
Zur Geltendmachung der Rechte der Kläger beantrage ich ferner,
den Klägern Prozesskostenhilfe ab Klageerhebung zu bewilligen und den Unterzeichner beizuordnen.

Begründung:
I.
Die Kläger begehren die Übernahme der Kosten für eine Reparatur der Elektroanlage in Höhe von 2.500 EUR.
Die Kläger stehen bei dem Beklagten seit dem Jahr 2010 im Leistungsbezug und bewohnen ein Einfamilienhaus mit einer Wohnfläche von 70 m² auf einem Grundstück von

400 m². Das Grundstück haben die Kläger mit notariellem Vertrag im Jahr 2003 zu einem Preis von 30.000 EUR erworben. Das Haus ist im Jahr 1950 erbaut worden und entspricht dem technischen Standard des Erbauungszeitraums. Dies ist zwischen den Beteiligten unstrittig.

Am 1.6.2016 beantragten die Kläger die Übernahme der Kosten für die Reparatur bzw. Erneuerung der Elektroanlage für 2.500 EUR für die Küche und das Wohnzimmer bei dem Beklagten. Durch einen Kabelbrand ist die Elektroversorgung in der Küche und im Wohnzimmer ausgefallen. Aufgrund des Alters der Elektroanlage ist mit weiteren Stromausfällen zu rechnen. Der hinzu gerufene Elektriker hat wegen des veralteten Zustandes der Anlage dringend eine Erneuerung angeraten. Eine Reparatur ist nicht möglich, da entsprechende Ersatzteile nicht mehr hergestellt werden. Die Gebäudehaftpflichtversicherung hat die Regulierung des Schadens abgelehnt. Die Kläger haben drei Angebote eingeholt; das Angebot der Firma Kurzschluss in Höhe von 2.500 EUR war das günstigste.

Beweis:
- Antrag vom 1.6.2016 in Kopie – Anlage K1
- Schreiben des Elektrikermeisters X vom 23.5.2016 in Kopie – Anlage K2
- Kostenangebote der Firmen A, B und Kurzschluss vom 23.5.2016, 25.5.2016 und 26.5.2016 in Kopie – Anlagen K3–5
- Ablehnungsschreiben der Gebäudehaftpflichtversicherung vom 24.5.2016 – Anlage K6

Der Beklagte hat den Klägern unstrittig bis dato im Jahr 2016 insgesamt 424,99 EUR Betriebskosten bewilligt. Der angemessene Jahresaufwand nach der KdU-Richtlinie des Landkreises beträgt 3.850 EUR.

Den Antrag lehnte der Beklagte mit Bescheid vom 11.7.2016 ab und führte zur Begründung aus, dass Erneuerungs- und Modernisierungsaufwendungen nicht von § 22 Abs. 2 SGB II umfasst seien. Zudem führe die Erneuerung der Elektroanlage zu einer Wertsteigerung des Objekts.

Beweis: Ablehnungsbescheid vom 11.7.2016 in Kopie – Anlage K7

Den hiergegen am 8.8.2016 erhobenen Widerspruch wies der Beklagte mit Widerspruchsbescheid vom 22.9.2016 als unbegründet zurück.

Beweis:
- Widerspruch vom 8.8.2016 in Kopie – Anlage K8
- Widerspruchsbescheid vom 22.9.2016 in Kopie – Anlage K9

Hiergegen richtet sich die Klage.

II.

Die Klage ist begründet. Die Kläger haben einen Anspruch auf Übernahme der Kosten für die Erneuerung bzw. Reparatur der Elektroanlage in Höhe von 2.500 EUR.

Die Kläger haben als erwerbsfähige Leistungsberechtigte nach § 7 Abs. 1 Satz 1 iVm § 19 Abs. 1 Satz 1 SGB II unstreitig Anspruch auf Leistungen nach dem SGB II. Als Unterkunftsbedarf werden nach § 22 Abs. 2 SGB II auch unabweisbare Aufwendungen für Instandhaltung und Reparatur von selbst bewohntem Wohneigentum iSv § 12 Abs. 3 Satz 1 Nr. 4 SGB II erfasst, soweit diese unter Berücksichtigung der im laufenden sowie in den darauf folgenden elf Kalendermonaten anfallenden Aufwendungen insgesamt angemessen sind. Mit der Begrenzung auf „angemessene unabweisbare Aufwendungen" wird sichergestellt, dass Mieter und Eigentümer gleichbehandelt werden. Die Aufwendungen müssen zugleich geeignet und erforderlich sein, um das Wohneigentum zu Wohnzwecken zu erhalten.[555]

Von § 22 Abs. 2 SGB II werden Erhaltungsaufwendungen und Instandhaltungsmaßnahmen erfasst, die nicht wertsteigernd sind. Die Erhaltungsaufwendungen müssen in jedem Fall notwendig sein, um die Bewohnbarkeit der selbstbewohnten Immobilie zu erhalten. Aus diesem Grund sind nur die Maßnahmen erfasst, die unmittelbar drohende oder schon entstandene Schäden an der selbstgenutzten Immobilie mit daraus folgenden unzumutbaren Beeinträchtigungen der Wohnqualität verhindern oder beseitigen sollen. Die Bewohnbarkeit der Immobilien muss erhalten bleiben.[556] Dabei ist zu berücksichtigen, dass mit jeder Erneuerung oder Reparatur nach neuestem technischen Standard zugleich eine Wertsteigerung verbunden ist, die nicht per se zum Ausschluss der Übernahme entsprechender Kosten führen kann, da sonst § 22 Abs. 2 SGB II sinnentleert ist. Dies jedenfalls dann, wenn keine Alternative zur Verfügung steht, um den ursprünglichen Zustand wiederherzustellen, sei es, dass beispielsweise Ersatzteile nicht mehr hergestellt werden können oder ein vergleichbares Modell nicht mehr produziert wird.

So verhält es sich hier. Das Grundstück der Kläger ist vermögensgeschützt und angemessen im Sinne des SGB II. Eine funktionierende Stromversorgung gehört zu den Grundbedürfnissen des Wohnens und stellt erst die Brauchbarkeit zu Wohnzwecken her. Der nunmehr eingetretene Zustand der Wohnung der Kläger ist unzumutbar, eine Reparatur ist aufgrund der veralteten Technik nicht mehr möglich. Die Aufwendungen sind zudem unabweisbar, da der eingetretene Schaden zu unzumutbaren Wohnverhältnissen führt. Weitergehende Reparaturen sind nicht zu erwarten. Mit der Übernahme der Kosten ist auch keine erhebliche Vermögensmehrung verbunden. Im Übrigen begrenzt bereits § 22 Abs. 2 SGB II die übernahmefähigen Kosten. Für die Berechnung der übernahmefähigen Aufwendungen iSv § 22 Abs. 2 SGB II sind die für das Eigenheim innerhalb von zwölf Monaten voraussichtlich anfallenden laufenden und einmaligen Aufwendungen zu ermitteln. Danach verhält es sich hier so, dass der Beklagte im Jahr 2016 bis dato insgesamt Betriebskosten in Gesamthöhe von 424,99 EUR übernommen hat, hochgerechnet auf das Jahr 2016 ergeben sich Betriebskosten in Höhe von 850 EUR. Unter weitergehender Berücksichtigung der Elektroanlagenerneuerungskosten von 2.500 EUR ergibt sich ein Betrag in Höhe von 3.350 EUR, der noch unter dem angemessenen Jahresaufwand des Beklagten nach der KdU-Richtlinie des Landkreises von 3.850 EUR liegt, unabhängig davon, ob der dort ermittelte Wert der Rechtsprechung des BSG zum schlüssigen Konzept entspricht.

Danach ist der Klage antragsgemäß stattzugegeben.

III.

Wie sich aus der beigefügten Erklärung zu den persönlichen und wirtschaftlichen Verhältnissen ergibt, können die Kläger die Kosten der Prozessführung nicht aufbringen (§ 73 a SGG iVm § 114 ZPO). Da die Klage – wie ausgeführt – Aussicht auf Erfolg hat und nicht mutwillig ist, ist der Antrag auf Prozesskostenhilfe ebenfalls begründet.

(...)

Rechtsanwalt

---

555 Vgl. BSG 18.9.2014 – B 14 AS 43/13 R.
556 Vgl. BSG 18.2.2010 – B 4 AS 28/09 R.

4. Umzug in eine andere Wohnung

Während die (Abwicklungs-)Modalitäten bei einem Umzug in § 22 Abs. 4 SGB II geregelt sind,[557] ist die Berücksichtigungsfähigkeit der mit einem Umzug einhergehenden Kosten in § 22 Abs. 6 SGB II geregelt.[558] 672

a) Umzug allgemein
aa) Zusicherungserfordernis

Nach § 22 Abs. 4 SGB II soll der Leistungsberechtigte den für die neue Unterkunft zuständigen SGB II-Leistungsträger vor dem Umzug über die Konditionen des neuen Mietverhältnisses in Kenntnis setzen und eine Zusicherung (iSd § 34 SGB X) zur Berücksichtigung der Aufwendungen für die neue Unterkunft einholen. Diese Norm gilt von vornherein nur für Umzüge von Leistungsberechtigten, die auch tatsächlich bereits im Leistungsbezug sind. Eine Ausweitung des Regelungsregimes auf Personen, die keine Hilfeempfänger sind, kommt nach Rechtsprechung des BSG nicht in Betracht.[559] 673

Muster: Begrenzung der Kosten der Unterkunft wegen Umzuges, obwohl vor Umzug gar keine Hilfebedürftigkeit bestand 674

Rechtsanwalt

(...)

(Datum)

An das

Sozialgericht (...)

(Anschrift)

K L A G E

des (...),

(Anschrift)

— K l ä g e r —

Prozessbevollmächtigter: Rechtsanwalt (...)

g e g e n

Jobcenter (...)

(Anschrift)

vertreten durch den Geschäftsführer

— B e k l a g t e r —

wegen Kosten der Unterkunft im Zeitraum 1.8.2015 bis 31.1.2016

---

557 Vgl. hierzu Berlit/Conradis/Sartorius/*Berlit*, Existenzsicherungsrecht, Kap. 28 Rn. 105 ff.
558 Vgl. hierzu Berlit/Conradis/Sartorius/*Berlit*, Existenzsicherungsrecht, Kap. 28 Rn. 110 ff.
559 Hilfebedürftigkeit muss zum Zeitpunkt des Mietvertragsabschlusses vorgelegen haben (vgl. BSG 30.8.2010 – B 4 AS 10/10 R). Dabei ist es ausreichend, wenn der Mietvertrag in einem Monat geschlossen wird, in dem die Leistungsberechtigung im laufenden Leistungsbezug für einen Monat zB durch eigenes Erwerbseinkommen überwunden worden ist.

B. Besonderer Teil

Namens und ausweislich der beigefügten Vollmacht des Klägers erhebe ich Klage und werde beantragen:

Der Beklagte wird unter Abänderung des Bescheides vom 25.8.2015 in der Gestalt des Widerspruchsbescheides vom 22.10.2015 verurteilt, dem Kläger für den Zeitraum vom 1.8.2015 bis 31.1.2016 weitere Kosten der Unterkunft in Höhe von 80 EUR pro Monat zu bewilligen.

Zur Geltendmachung der Rechte des Klägers beantrage ich ferner,

dem Kläger Prozesskostenhilfe ab Klageerhebung zu bewilligen und den Unterzeichner beizuordnen.

Begründung:

I.

Der Kläger begehrt die Gewährung höherer Leistungen zur Sicherung des Lebensunterhalts nach dem SGB II für die Zeit vom 1.8.2015 bis 31.1.2016.

Der Kläger bezog zuletzt wegen Arbeitslosigkeit infolge Kündigung Arbeitslosengeld I in monatlicher Höhe von 850 EUR bis einschließlich 31.7.2015. Am 1.4.2015 schloss er einen Mietvertrag über die in der Stadt M gelegene, 45 m² große 1-Raumwohnung ab, für die er eine Grundmiete in Höhe von 300 EUR, Betriebskosten in Höhe von 50 EUR und Heizkostenvorauszahlungen in monatlicher Höhe von 80 EUR zu leisten hatte.

Beweis:
- ALG I-Bescheid vom 15.7.2014 in Kopie – Anlage K1
- Mietvertrag vom 1.4.2015 in Kopie – Anlage K2

Auf Antrag des Klägers vom 12.8.2015 zur Gewährung von Leistungen zur Sicherung des Lebensunterhalts nach dem SGB II bewilligte der Beklagte ihm für die Zeit vom 1.8.2015 bis 31.1.2016 mit Bescheid vom 25.8.2015 neben der vollen Regelleistung monatlich 350 EUR an Unterkunftskosten begrenzt auf die Angemessenheitsgrenze nach der KdU-Richtlinie des Landkreises mit der Begründung, dass der Kläger bereits bei der Anmietung der Wohnung wusste, dass sein ALG I-Anspruch zeitnah ausläuft und er die Wohnung aus eigenen finanziellen Mitteln nicht halten kann. Eine Zusicherung zum Umzug bei dem Beklagten wurde nicht eingeholt.

Beweis: Bewilligungsbescheid vom 25.8.2015 in Kopie – Anlage K3

Den gegen den Bescheid vom 25.8.2015 erhobenen Widerspruch vom 27.8.2015 begründete der Kläger damit, dass nicht abzusehen war, dass er Leistungen nach dem SGB II beantragen musste und eine Zusicherung nur eine Obliegenheit eines bereits im Leistungsbezug Stehenden ist. Dieser wurde durch den Beklagten mit Widerspruchsbescheid vom 22.10.2015 als unbegründet zurückgewiesen.

Beweis:
- Widerspruch vom 25.8.2015 in Kopie – Anlage K4
- Widerspruchsbescheid vom 22.10.2015 in Kopie – Anlage K5

Hiergegen richtet sich die Klage.

II.

Der Kläger hat einen weitergehenden Anspruch auf Leistungen nach dem SGB II in monatlicher Höhe von 80 EUR gegenüber dem Beklagten im Zeitraum 1.8.2015 bis 31.1.2016.

Der Kläger hat als erwerbsfähiger Leistungsberechtigte nach § 7 Abs. 1 Satz 1 iVm § 19 Abs. 1 SGB II unstreitig Anspruch auf Leistungen nach dem SGB II.

Der Kläger hat zudem einen Anspruch auf Übernahme der Kosten der Unterkunft in tatsächlicher Höhe von insgesamt 430 EUR nach § 22 Abs. 1 Satz 1 SGB II. Danach werden Leistungen für Unterkunft und Heizung in Höhe der tatsächlichen Aufwendungen erbracht, soweit diese angemessen sind.

Dabei kommt es vorliegend nicht darauf an, ob die Mietkosten des Klägers das angemessene Maß überschreiten, da sie jedenfalls im Rahmen der Schonfrist des § 22 Abs. 1 Satz 3 SGB II von dem Beklagten vollständig zu übernehmen sind. Die Anwendung des § 22 Abs. 1 Satz 3 SGB II ist auch nicht dadurch ausgeschlossen, dass der Kläger vor Einzug in seine Wohnung keine Zusicherung des Beklagten eingeholt hat. Diese Obliegenheit trifft nur bereits im Leistungsbezug Stehende, nicht Personen, die bedarfsdeckendes Einkommen oder ALG beziehen.

In diesem Zusammenhang wird zugleich auf die Ausführungen des Bundessozialgerichts (BSG) in seiner Entscheidung v. 30.8.2010 – B 4 AS 10/10 R verwiesen. Danach gelten die vorgenannten Grundsätze selbst dann, wenn ein Wiedereintritt, nicht Neueintritt in die Hilfebedürftigkeit vorliegt: „(...) Die Obliegenheit des Hilfebedürftigen zur Einholung einer Zusicherung und die hiermit korrespondierende Zusicherungsverpflichtung des Trägers der Grundsicherung für Arbeitsuchende setzen jedoch eine Hilfebedürftigkeit bereits bei Eingehen des Mietverhältnisses voraus. (...) Nur für den Ausnahmefall, dass jemand bösgläubig, also zurechenbar sowohl in Kenntnis des zu erwartenden SGB II-Leistungsbezugs als auch unangemessener tatsächlicher KdU einen Mietvertrag über eine „Luxuswohnung" abschließt, brauchen die unangemessenen Kosten je nach Lage des Einzelfalls nicht oder jedenfalls nicht für sechs Monate vom Grundsicherungsträger übernommen zu werden . Einen geringeren „Bestandsschutz" braucht ein erst zu einem späteren Zeitpunkt (erneut) Hilfebedürftiger, der – ohne hilfebedürftig zu sein –, eine neue Wohnung anmietet, die zwar teurer als die alte ist, sich aber ggf. noch im Bereich der Angemessenheit iSd § 22 Abs. 1 Satz 1 SGB II hält, nicht hinzunehmen. Erweist sich die Wohnung bei Wiedereintritt der Hilfebedürftigkeit nach näherer Prüfung durch den Grundsicherungsträger als nicht angemessen iSd § 22 Abs. 1 Satz 1 SGB II, bleibt es für eine Begrenzung der Übernahme der KdU durch den Grundsicherungsträger bei dem Erfordernis der Kostensenkungsaufforderung bzw. anderweitiger Kenntnis des Hilfebedürftigen von der Unangemessenheit der Kosten für Unterkunft und Heizung im maßgeblichen Vergleichsraum. (...)".

Nach alledem ist die Klage begründet, der Beklagte antragsgemäß zu verurteilen.

III.

Wie sich aus der beigefügten Erklärung zu den persönlichen und wirtschaftlichen Verhältnissen ergibt, kann der Kläger die Kosten der Prozessführung nicht aufbringen (§ 73 a SGG iVm § 114 ZPO). Da die Klage – wie ausgeführt – Aussicht auf Erfolg hat und nicht mutwillig ist, ist der Antrag auf Prozesskostenhilfe ebenfalls begründet.

(...)
Rechtsanwalt

Der Leistungsberechtigte hat einen Anspruch auf Zusicherung, d.h. die Zusicherung ist zu erteilen, wenn die Aufwendungen für die neue Unterkunft angemessen

675

sind. Nach Rechtslage bis zum 31.7.2016 musste der Umzug zudem noch erforderlich sein. Dieses Kriterium ist mit Wirkung ab 1.8.2016 nicht mehr Tatbestandsvoraussetzung. Eine fehlende Erforderlichkeit des Umzuges wirkt sich nunmehr nur bei der Anwendung des § 22 Abs. 1 Satz 2 SGB II aus, der nur für Umzüge innerhalb des Zuständigkeitsbereichs eines kommunalen Trägers Rechtswirkung entfaltet. Zudem ist die Erforderlichkeit des Umzuges Anspruchsvoraussetzung für die Zusicherung der Übernahme von Wohnungsbeschaffungskosten und Umzugskosten nach § 22 Abs. 6 SGB II, die ohnehin von dem für die bisherige Unterkunft örtlich zuständigen kommunalen Träger getragen werden.

676 Zu den Rechtsfolgen eines Umzugs bei fehlender Zusicherung bestimmt § 22 Abs. 1 Satz 2 SGB II, dass, wenn sich die Unterkunftskosten nach einem nicht erforderlichen[560] Umzug erhöhen, nur der bisherige Bedarf anerkannt wird. Dabei muss der bisherige Bedarf aber der Rechtsprechung des BSG entsprechen und darf nicht selbst schon – wegen zB etwaiger Unangemessenheit der KdU – unzulässig gekürzt worden sein bzw. wenn zutreffend ermittelte Angemessenheitsgrenzen für die Unterkunfts- und Heizkosten bestehen.[561]

677 Zu beachten ist in diesem Zusammenhang auch, dass bei einem Umzug über die Grenzen des kommunalen Vergleichsraums[562] hinaus die Leistungen für Unterkunft und Heizung nicht auf die Aufwendungen am bisherigen Wohnort zu begrenzen sind, sondern Maßstab zur Angemessenheitsbeurteilung die Umstände des zukünftigen Wohnortes sind; § 22 Abs. 1 Satz 2 SGB II gilt dann also nicht.[563] Dies folgt aus dem allgemeinen Gleichheitssatz des Art. 3 Abs. 1 GG in Verbindung mit der durch Art. 11 GG gewährleisteten Freizügigkeit. Schließlich gilt, dass die Begrenzung der Leistungen für Unterkunft und Heizung bei einem nicht erforderlichen Umzug nach einer mit der Unterbrechung des Leistungsbezugs von mindestens einem Kalendermonat verbundenen Überwindung der Hilfebedürftigkeit jedenfalls durch Erzielung bedarfsdeckenden Einkommens keine Wirkung mehr entfaltet (BSG 9.4.2014 – B 14 AS 23/13 R).

678 **Muster: Erforderlichkeit des Umzuges – Dynamisierung der Unterkunftskosten nach einem nicht erforderlichen Umzug**

Rechtsanwalt

(…)

(Datum)

An das

Sozialgericht (…)

(Anschrift)

---

560 Diese „Erforderlichkeit" kann sich aus verschiedenen objektiven wie subjektiven Gründen ergeben.
561 Vgl. BSG 29.4.2015 – B 14 AS 6/14 R und 17.2.2016 – B 4 AS 12/15 R. Es bleibt abzuwarten, ob das BSG mit der Änderung des § 22 Abs. 1 Satz 2 SGB II mit Wirkung zum 1.8.2016 (Streichung des Wortes „angemessenen") an seiner Rechtsprechung festhält.
562 Zu den Grenzen des Vergleichsraums im Sinne der Rechtsprechung des BSG vgl. BSG 19.2.2009 – B 4 AS 30/08 R. Vgl. auch oben die Ausführungen im Rahmen der allgemeinen Angemessenheit der KdU Rn. 632.
563 Vgl. BSG 1.6.2010 – B 4 AS 60/09 R.

V. Bedarfe für Unterkunft und Heizung, § 22 SGB II

KLAGE

des (...),

(Anschrift)

– Kläger –

Prozessbevollmächtigter: Rechtsanwalt (...)

gegen

Jobcenter (...)

(Anschrift)

vertreten durch den Geschäftsführer

– Beklagter –

wegen Kosten der Unterkunft im Zeitraum 1.8.2016 bis 31.1.2017

Namens und ausweislich der beigefügten Vollmacht des Klägers erhebe ich Klage und werde beantragen:

Der Beklagte wird unter Abänderung des Bescheides vom 25.8.2016 in der Gestalt des Widerspruchsbescheides vom 22.10.2016 verurteilt, dem Kläger für den Zeitraum vom 1.8.2016 bis 31.1.2017 weitere Kosten der Unterkunft in Höhe von 42 EUR pro Monat zu bewilligen.

Zur Geltendmachung der Rechte des Klägers beantrage ich ferner,

Dem Kläger Prozesskostenhilfe ab Klageerhebung zu bewilligen und den Unterzeichner beizuordnen.

Begründung:

I.

Der Kläger begehrt die Gewährung höherer Leistungen zur Sicherung des Lebensunterhalts nach dem SGB II für die Zeit vom 1.8.2016 bis 31.1.2017.

Der Kläger steht bei dem Beklagten seit dem Jahr 2009 im fortlaufenden Leistungsbezug nach dem SGB II und bewohnte zuletzt eine 45 m² große Wohnung in der XY-Straße in der Stadt S, für die er nach der letzten Betriebskostenabrechnung nachstehende Kosten monatlich aufzubringen hat: Grundmiete 233 EUR, Betriebskosten 75 EUR und Heizkosten 50 EUR. Der Kläger ist Allergiker und Asthmatiker. Nach dem ärztlichen Attest von Herrn Dr. med. Polle besteht eine allergische Reaktion auf Milben. In der Folge kann der Kläger keine Wohnung mit Teppich bewohnen, da dies die Symptomatik bei ihm verstärkt. Im Weiteren wurde der Kläger durch einen Nachbarn beständig tyrannisiert. Die Situation eskalierte bereits mehrfach, so dass er polizeiliche Hilfe in Anspruch nehmen musste. In der Folge traute sich der Kläger zunehmend nicht mehr allein vor die Haustür. Einkäufe, Arztbesuche u.Ä. wurden durch ihn auf das notwendige Maß beschränkt, um dem Nachbarn nicht begegnen zu müssen. Auch das vermieterseits eingeschaltete Sozialmanagement konnte nicht zu einer Beruhigung der angespannten Situation beitragen.

Beweis:

- Betriebskostenabrechnung vom 11.3.2016 in Kopie – Anlage K1
- Ärztliches Attest Dr. med. Polle in Kopie – Anlage K2
- Schreiben des Vermieters vom 20.2.2016 in Kopie – Anlage K3

B. Besonderer Teil

Am 1.3.2016 sprach der Kläger bei dem Beklagten vor und bat um Gewährung der Zusicherung zum Umzug in die in der Max-Mustermann-Straße 1, in der Stadt S, 1. Stock links gelegenen 42 m² großen Wohnung, für die eine Grundmiete in Höhe von 300 EUR, Betriebs- und Heizkosten in Höhe von je 50 EUR zu zahlen ist. Die Wohnung ist vollständig mit Laminat und Fliesen ausgelegt und befindet sich in einem anderen Stadtbezirk, so dass eine räumliche Distanz zum jetzigen Nachbarn hergestellt werden kann. Der Beklagte wies den Kläger darauf hin, dass der Umzug nach seiner Ansicht nicht notwendig sei, auch wenn die Wohnung den Angemessenheitskriterien entspreche.

Beweis: Verbis Vermerk des Beklagten – Anlage K4

Der Kläger unterzeichnete dennoch den Mietvertrag für die Wohnung in der Max-Mustermann-Straße 1 und zog zum 1.8.2016 dort ein.

Beweis: Mietvertrag vom 1.5.2016 in Kopie – Anlage K5

Auf den Weiterbewilligungsantrag des Klägers vom 12.7.2016 bewilligte der Beklagte ihm für die Zeit vom 1.8.2016 bis 31.1.2017 mit Bescheid vom 25.7.2016 neben der vollen Regelleistung monatlich 358 EUR an Unterkunftskosten – begrenzt auf die bisherigen Unterkunftskosten.

Beweis: Bewilligungsbescheid vom 25.7.2016 – Anlage K6

Den hiergegen erhobenen Widerspruch vom 27.8.2016 begründete er damit, dass der Umzug erforderlich gewesen sei und es im Übrigen nicht rechtmäßig sei, seinen Leistungsanspruch dauerhaft auf die vorherigen Unterkunftskosten zu beschränken. Dieser wurde durch den Beklagten mit Widerspruchsbescheid vom 22.10.2016 als unbegründet zurückgewiesen.

Beweis:
- Widerspruch vom 25.8.2016 in Kopie – Anlage K7
- Widerspruchsbescheid vom 22.10.2016 in Kopie – Anlage K8

Hiergegen richtet sich die Klage.

II.

Der Kläger hat einen weitergehenden Anspruch auf Leistungen nach dem SGB II in monatlicher Höhe von 42 EUR gegenüber dem Beklagten im Zeitraum 1.8.2016 bis 31.1.2017.

Der Kläger hat als erwerbsfähiger Leistungsberechtigter nach § 7 Abs. 1 Satz 1 iVm § 19 Abs. 1 SGB II unstreitig Anspruch auf Leistungen nach dem SGB II.

Der Kläger hat zudem einen Anspruch auf Übernahme der Kosten der Unterkunft in tatsächlicher Höhe von insgesamt 400 EUR nach § 22 Abs. 1 Satz 1 SGB II. Danach werden Leistungen für Unterkunft und Heizung in Höhe der tatsächlichen Aufwendungen erbracht, soweit diese angemessen sind. Nach Satz 2[564] wird nach einem nicht erforderlichen Umzug nur der bisherige Bedarf anerkannt, wenn sich die Aufwendungen für Unterkunft und Heizung erhöhen.

---

564 Die Regelung des § 22 Abs. 1 Satz 2 SGB II gilt nur für Umzüge innerhalb des örtlichen Vergleichsraums (vgl. BSG 1.6.2010 – B 4 AS 60/9 R). Zieht der Leistungsberechtigte an einen anderen Wohnort, gilt dort eine andere Angemessenheitsgrenze und der Leistungsberechtigte kann nicht auf die Angemessenheitsgrenze des bisherigen Wohnortes verwiesen werden. Nur der bereits vor dem Umzug zuständige Leistungsträger soll davor geschützt werden, dass ohne Notwendigkeit die geltende Angemessenheitsgrenze voll ausgenutzt wird.

Der Umzug des Klägers war jedoch erforderlich. Die Prüfung der Erforderlichkeit eines Umzugs ist in zwei Schritten daran zu messen, ob der Auszug aus der bisherigen Wohnung notwendig oder aus sonstigen Gründen erforderlich ist. In einem weiteren Schritt ist zu prüfen, ob sich die Kosten gerade der von dem Hilfebedürftigen gewählten neuen Wohnung in Ansehung der Erforderlichkeit eines Umzugs als angemessen darstellen. Die Erforderlichkeit für einen Umzug ist gegeben, wenn ein plausibler und nachvollziehbarer Grund vorliegt, der auch einen Nichthilfebedürftigen veranlasst hätte, umzuziehen.[565]

Durch die verstärkte Milbenbelastung in den Teppichen seiner bisherigen Wohnung wird die asthmatische Krankheit des Klägers verstärkt. Ohne Teppiche in der Wohnung verbesserte sich der Gesundheitszustand des Klägers erheblich. In gleicher Weise wurde durch den Umzug gewährleistet, dass sein gestörtes Verhältnis zur Nachbarschaft aufgelöst wird und er nicht fortlaufend tyrannisiert wird.

Die Kosten der neuen Wohnung sind auch angemessen. Die Angemessenheit der Kosten hat der Beklagte zudem nicht in Abrede gestellt.

Sofern das Gericht entgegen der Auffassung des Klägers nicht davon ausgehen sollte, dass der Umzug erforderlich ist, so sind die Unterkunftskosten dennoch in tatsächlicher Höhe zu übernehmen, zumindest aber sind sie zu dynamisieren.

Eine Deckelung der Leistungen für Unterkunft und Heizung nach einem nicht erforderlichen Umzug auf die bis dahin zu tragenden Aufwendungen ist nur zulässig, wenn zutreffend ermittelte Angemessenheitsgrenzen für die Unterkunfts- und Heizkosten bestehen. Neben der fehlenden Erforderlichkeit des Umzugs ist mithin auch das Bestehen einer abstrakten Angemessenheitsgrenze im örtlichen Vergleichsraum Voraussetzung für eine Begrenzung der zu übernehmenden Unterkunftskosten.[566] Über ein solches schlüssiges Konzept verfügt der Beklagte nicht. Er hat schlicht eigene Erfahrungswerte durch Auswertung der Daten von Empfängern von SGB II- und SGB XII-Leistungen, sowie Wohngeldempfängern, für die Ermittlung seiner Angemessenheitsgrenzen zugrunde gelegt. Damit ist eine Deckelung der Unterkunftskosten nach § 22 Abs. 1 Satz 2 SGB II schon nicht möglich.

Selbst wenn der Beklagte zum Zeitpunkt des Umzugs über ein schlüssiges Konzept zur Ermittlung der Angemessenheitsgrenzen verfügt hätte, so wären die Unterkunftskosten des Klägers zumindest zu dynamisieren. Maßstab insoweit ist die Dynamisierung der nach dem schlüssigen Konzept ermittelten Angemessenheitsgrenzen. Diese Steigerungen sind, da nach einem schlüssigen Konzept festgelegt, Maßstab für die Abbildung der realen Dynamik auf dem Mietwohnungsmarkt des Vergleichsraums. An diesem Maßstab hätten sich die dem Kläger zu gewährenden Unterkunftskosten zu orientieren.[567]

Nach alledem ist die Klage begründet, der Beklagte antragsgemäß zu verurteilen.

---

565 Vgl. BSG 24.11.2011 – B 14 AS 107/10 R.
566 Zum 1.8.2016 wurde das Wort „angemessen" aus Satz 2 des § 22 Abs. 1 SGB II gestrichen. Dies führt nach unserer Auffassung nicht zu einer geänderten Beurteilung in Bezug auf die bisherige Rechtslage. Die Streichung erfolgte vor dem Hintergrund, dass klargestellt werden sollte, dass der Bedarf auch dann nur in Höhe der bisherigen Aufwendungen anerkannt wird, wenn ein Umzug innerhalb eines Wohnungsmarktes ohne Zusicherung von einer angemessenen in eine unangemessene Wohnung erfolgt (BT-Drucks. 18/8041, S. 40). Die Angemessenheit ist immer noch in die Vorschrift hineinzulesen, da andernfalls schon der Maßstab für die Dynamisierung nicht zu ermitteln wäre.
567 Vgl. zur Problematik BSG 17.2.2016 – B 4 AS 12/15 R und 29.4.2015 – B 14 AS 6/14 R.

B. Besonderer Teil

III.

Wie sich aus der beigefügten Erklärung zu den persönlichen und wirtschaftlichen Verhältnissen ergibt, kann der Kläger die Kosten der Prozessführung nicht aufbringen (§ 73 a SGG iVm § 114 ZPO). Da die Klage – wie ausgeführt – Aussicht auf Erfolg hat und nicht mutwillig ist, ist der Antrag auf Prozesskostenhilfe ebenfalls begründet.

(...)

Rechtsanwalt

bb) Unter 25-Jährige

679 Hinsichtlich des Umzugs unter 25-Jähriger ergeben sich Besonderheiten (vgl. § 22 Abs. 5 SGB II).[568] KdUH werden hier nach einem Umzug generell nur dann anerkannt (also nicht nur auf die vorherige Höhe beschränkt), wenn der kommunale Träger dies vor Abschluss des Vertrages über die Unterkunft auch zugesichert hat. Fehlt es an einer entsprechenden Zusicherung, werden gar keine KdUH erbracht.

680 Das Gesetz bestimmt aber, wann der kommunale Träger zur Zusicherung verpflichtet ist, d.h. also wann der unter 25-Jährige einen Anspruch auf Zusicherung hat. Dies ist der Fall, wenn

- die oder der Betroffene aus schwerwiegenden sozialen Gründen nicht auf die Wohnung der Eltern oder eines Elternteils verwiesen werden kann,
- der Bezug der Unterkunft zur Eingliederung in den Arbeitsmarkt erforderlich ist oder
- ein sonstiger, ähnlich schwerwiegender Grund vorliegt.

681

Muster: Antrag im einstweiligen Rechtsschutzverfahren auf Zusicherung – Eingliederung in den Arbeitsmarkt[569]

Rechtsanwalt

(...)

(Datum)

An das

Sozialgericht (...)

(Anschrift)

Antrag auf Erlass einer einstweiligen Anordnung

des (...),

(Anschrift)

– A n t r a g s t e l l e r –

Prozessbevollmächtigter: Rechtsanwalt (...)

gegen

---

568 Vgl. hierzu ausführlicher Berlit/Conradis/Sartorius/*Berlit*, Existenzsicherungsrecht, Kap. 28 Rn. 132 ff.
569 Der Fall wurde der Entscheidung des LSG Sachsen-Anhalt 11.9.2012 – L 5 AS 461/11 B nachgebildet.

V. Bedarfe für Unterkunft und Heizung, § 22 SGB II

Jobcenter (...)
(Anschrift)
vertreten durch den Geschäftsführer

– Antragsgegner –

wegen Zustimmung zum Umzug

Namens und ausweislich der beigefügten Vollmacht des Antragstellers erhebe ich Antrag im einstweiligen Rechtsschutzverfahren und werde beantragen:

Der Antragsgegner wird im Wege des einstweiligen Rechtsschutzes verpflichtet, dem Antragsteller vorläufig die Zusicherung zum Umzug in die Wohnung Max-Mustermann-Straße 1, 1. Stock links, Stadt S zu erteilen.

Zur Geltendmachung der Rechte des Antragstellers beantrage ich ferner,

dem Antragsteller Prozesskostenhilfe ab Antragstellung zu bewilligen und den Unterzeichner beizuordnen.

Begründung:

I.

Der Antragsteller begehrt im einstweiligen Rechtsschutzverfahren die vorläufige Zusicherung des Antragsgegners zum Umzug in die Wohnung Max-Mustermann-Straße 1, 1. Stock links, Stadt S.

Der 22-jährige Antragsteller ist Auszubildender im 2. Lehrjahr bei der ABC Motorenwerke GmbH in M. Er arbeitet dort im Schichtsystem mit Früh- und Spätschichteinsatz. Derzeitig lebt er mit seinen Eltern in der Stadt S. Zwischen der Stadt S und der Ausbildungsstätte in M liegen 75 km (einfache Fahrt). Aufgrund der ungünstigen Zugverbindungen, der Entfernung der elterlichen Wohnung vom Bahnhof und der Lage der Ausbildungsstelle vom Bahnhof der Stadt M benötigt der Antragsteller ca. 3 h täglich um zwischen der Wohnung seiner Eltern und der Ausbildungsstelle zu pendeln.

Glaubhaftmachung:
- Ausbildungsvertrag vom 1.1.2015 in Kopie – Anlage A 1
- Schichtplan für den Monat März 2016 in Kopie – Anlage A 2
- Fahrplan zwischen Stadt S und Stadt M in Kopie – Anlage A 3
- Zeitplanaufstellung des Antragstellers über Pendelfahrten – Anlage A 4

Mit Schreiben vom 1.3.2016 beantragte der Antragsteller bei dem Antragsgegner die Zusicherung zum Umzug in die in der Max-Mustermann-Straße 1, in der Stadt M, 1. Stock links gelegenen 42 m² großen Wohnung, für die eine Grundmiete in Höhe von 200 EUR, Betriebs- und Heizkosten in Höhe von je 50 EUR zu zahlen ist. Die Wohnung ist für den Antragsteller bis zum 1.4.2016 reserviert und liegt im Zuständigkeitsbereich des Antragsgegners.

Glaubhaftmachung:
- Antrag vom 1.3.2016 in Kopie – Anlage A 5
- Reservierungsbestätigung Vermieter vom 1.3.2016 – Anlage A 6

Der Antragsgegner lehnte den Antrag mit Bescheid vom 23.3.2016 ab. Der Umzug sei nicht erforderlich, da dem Antragsteller das Pendeln zuzumuten sei. Dagegen richtete sich der taggleich erhobene Widerspruch des Antragstellers vom 23.3.2016. Der Widerspruch wurde durch den Antragsgegner noch nicht beschieden.

Glaubhaftmachung:
- Ablehnungsbescheid vom 23.3.2016 – Anlage A 7
- Widerspruch vom 23.3.2016 – Anlage A 8

II.

Der Antragteller hat einen Anspruch auf Zusicherung der Mietkostenübernahme für die Wohnung Max-Mustermann-Straße 1, 1. Stock links in der Stadt S. Anordnungsanspruch und Anordnungsgrund liegen vor.

Nach § 86 b Abs. 2 Satz 2 Sozialgerichtsgesetz (SGG) können die Gerichte auf Antrag, der gemäß § 86 b Abs. 3 SGG bereits vor Klageerhebung zulässig ist, zur Regelung eines vorläufigen Zustands in Bezug auf ein streitiges Rechtsverhältnis eine einstweilige Anordnung erlassen, wenn die Regelung zur Abwendung wesentlicher Nachteile nötig erscheint. Nach § 86 b Abs. 2 Satz 4 SGG ist § 929 Zivilprozessordnung (ZPO) entsprechend anzuwenden.

Der Anordnungsanspruch ergibt sich aus § 22 Abs. 5 Satz 2 SGB II. Danach ist der kommunale Träger zur Zusicherung verpflichtet, wenn

1. der Betroffene aus schwerwiegenden sozialen Gründen nicht auf die Wohnung der Eltern oder eines Elternteils verwiesen werden kann,
2. der Bezug der Unterkunft zur Eingliederung in den Arbeitsmarkt erforderlich ist oder
3. ein sonstiger, ähnlich schwerwiegender Grund vorliegt.

Hier ist der Umzug zur Eingliederung in den Arbeitsmarkt erforderlich. Die täglichen Pendelzeiten sind unzumutbar. Bereits im Rahmen der Rechtsprechung zu § 2 Abs. 1 a Nr. 1 BAföG ist anerkannt, dass es einem Auszubildenden nur dann zuzumuten ist, zu Hause wohnen zu bleiben, wenn er an mindestens drei Wochentagen für die Bestreitung des Hin- und Rückweges nicht mehr als insgesamt 2 h aufbringen muss (BVerwG 17.2.1993 – 11 C 10/92). Selbst nach § 121 Abs. 4 SGB III sind nur Pendelzeiten bis 2 ½ h zumutbar, wenn es um eine Arbeitsaufnahme einer zumutbaren Tätigkeit geht. Der Antragsteller pendelt hier täglich 3 h, somit mehr als selbst der Gesetzgeber bei der Arbeitsaufnahme für zumutbar erachtet.

Im Weiteren liegt auch ein Anordnungsgrund vor. Ein solcher besteht, wenn der Betroffene bei Abwarten bis zur Entscheidung der Hauptsache Gefahr laufen würde, seine Rechte nicht mehr realisieren zu können, oder gegenwärtige schwere unzumutbare rechtliche oder wirtschaftliche Nachteile erlitte.[570] Das Wohnungsangebot besteht nur noch bis 1.4.2016. Bis zum Abschluss eines Hauptsachverfahrens in ca. 2 Jahren steht die Wohnung bei der angespannten Wohnungssituation in der Stadt S nicht mehr zur Verfügung.[571] Dem Antragsteller ist es daher nicht zuzumuten, eine Entscheidung im Hauptsacheverfahren abzuwarten.

Die Vorwegnahme der Hauptsache wird durch die Vorläufigkeit der Zusicherung vermieden.

III.

Wie sich aus der beigefügten Erklärung zu den persönlichen und wirtschaftlichen Verhältnissen ergibt, kann der Antragsteller die Kosten der Prozessführung nicht aufbringen

---

570 Vgl. Lüdtke/Berchtold/*Binder* SGG § 86 b Rn. 36.
571 Wird der Wohnungswechsel vollzogen, entfällt ein Rechtsschutzbedürfnis für eine Zusicherung, BSG 6.4.2011 – B 4 AS 5/10 R.

(§ 73 a SGG iVm § 114 ZPO). Da der Antrag – wie ausgeführt – Aussicht auf Erfolg hat und nicht mutwillig ist, ist der Antrag auf Prozesskostenhilfe ebenfalls begründet.

(…)

Rechtsanwalt

Zieht der unter 25-Jährige ohne vorherige Zusicherung um und war die Zusicherung nicht ausnahmsweise entbehrlich,[572] dann werden – bis zur Vollendung des 25. Lebensjahres – gar keine Bedarfe für die Unterkunft und Heizung anerkannt. Ebenso wird ein Regelbedarf nicht wie sonst bei Alleinstehenden in Höhe von 409 EUR, sondern lediglich in Höhe von 327 EUR anerkannt (vgl. § 20 Abs. 3 SGB II). Darüber hinaus erhält der unter 25-Jährige für seinen neuen Hausstand bzw. seine neue Wohnung keine Erstausstattungsleistungen nach § 24 Abs. 3 Satz 1 Nr. 1 SGB II. 682

Schließlich werden Bedarfe für Unterkunft und Heizung für unter 25-Jährige auch dann nicht anerkannt, wenn diese vor Beantragung von Leistungen in eine Unterkunft in der Absicht umziehen, die Voraussetzungen für die Gewährung der Leistung herbeizuführen (Missbrauchsklausel des § 22 Abs. 5 Satz 4 SGB II). 683

b) Wohnungsbeschaffungskosten, Mietkautionen und Umzugskosten
aa) Allgemeines

Wohnungsbeschaffungskosten und Umzugskosten[573] können nach § 22 Abs. 6 SGB II bei vorheriger Zusicherung durch den bis zum Umzug örtlich zuständigen kommunalen Träger als Bedarf anerkannt und entsprechend erstattet werden; auch eine Mietkaution oder Genossenschaftsanteile können bei vorheriger Zusicherung durch den am Ort der neuen Unterkunft zuständigen kommunalen Träger als Bedarf anerkannt werden. 684

Veranlasst der Leistungsträger den Umzug zB durch eine Kostensenkungsaufforderung, so hat er im Regelfall die angemessenen Kosten des Umzugs zu übernehmen (vgl. § 22 Abs. 6 Satz 2 SGB II). Eine vorherige Zusicherung der Umzugskosten ist aber auch dann nicht erforderlich, wenn die fristgerechte mögliche Entscheidung vom Leistungsträger treuwidrig verzögert worden ist, d.h. der Leistungsberechtigte mit dem Umzug nicht weiter zuwarten kann und trotz rechtzeitiger Antragstellung keine Entscheidung der Behörde vorliegt.[574] 685

Darüber hinaus soll die Zusicherung erteilt werden, wenn der Umzug – neben Kostensenkungsgründen – aus anderen Gründen notwendig ist und wenn ohne die Zusicherung eine Unterkunft in einem angemessenen Zeitraum nicht gefunden werden kann. Die Beurteilung der Notwendigkeit richtet sich nach den konkreten Umständen des Einzelfalles. 686

Für die Zusicherung nennt § 22 Abs. 6 Satz 2 SGB II die beiden o.g. Regelfälle (Veranlassung des Umzugs durch den Leistungsträger sowie Notwendigkeit des Umzugs). Daneben besteht aber auch die Möglichkeit eine Zusicherung aus ande- 687

---

572 Eine Zusicherung kann ausnahmsweise entbehrlich sein, wenn einer der Gründe nach § 22 Abs. 5 Satz 2 Nr. 1 bis 3 SGB II zwar grds. vorliegt, aber der betroffene unter 25-Jährige wegen eines wichtigen Grundes die Zusicherung nicht einholen konnte.
573 Vgl. hierzu Berlit/Conradis/Sartorius/*Berlit*, Existenzsicherungsrecht, Kap. 28 Rn. 110 ff.
574 Vgl. BSG 6.5.2010 – B 14 AS 7/09 R.

ren Gründen bei pflichtgemäßer Ermessensausübung des Leistungsträgers nach § 22 Abs. 6 Satz 1 SGB II zu erhalten.[575] In der Praxis wird dies von den Jobcentern nicht selten übersehen und stattdessen lediglich die Veranlassung bzw. die Notwendigkeit des Umzugs geprüft. Regelmäßig liegt dann ein Ermessensfehler (meist iSe Ermessensausfalles) vor, so dass ein entsprechender Bescheid schon deswegen aufzuheben und das Jobcenter zur Neubescheidung zu verpflichten ist.

bb) Wohnungsbeschaffungskosten

688 Wohnungsbeschaffungskosten iSd § 22 Abs. 6 SGB II sind nur die Aufwendungen, die tatsächlich (nur) mit dem Finden und Anmieten der Wohnung verbunden sind.[576] Hierzu zählen u.a. Kosten für Zeitungsinserate, Fahrtkosten für Wohnungsbesichtigung, Maklercourtage, Genossenschaftsanteile etc.

cc) Umzugskosten

689 Die **Umzugskosten** iSd § 22 Abs. 6 SGB II sind – in Abgrenzung zu den KdU nach § 22 Abs. 1 Satz 1 SGB II – auf die eigentlichen Kosten des Umzugs begrenzt. Hierunter zählen insbesondere: Kosten für den Transport, Hilfskräfte, erforderliche Versicherungen, Benzin, Verpackungsmaterial usw.[577] Insoweit gilt, dass der Leistungsberechtigte grds. gehalten ist, die Kosten eines Umzugs im Wege der zumutbaren Selbsthilfe zu minimieren. Daher ist der Leistungsberechtigte ggf. auch auf die Inanspruchnahme von Freunden bzw. Studenten und die Nutzung eines Transporters statt auf die professionelle Hilfe eines Umzugsunternehmens zu verweisen.[578]

dd) Mietkaution und Genossenschaftsanteile

690 Anders als die Umzugskosten und Wohnungsbeschaffungskosten, die als Zuschuss geleistet werden, sollen Aufwendungen für eine Mietkaution oder für Genossenschaftsanteile als Darlehen erbracht werden. Die Tilgung dieses Darlehens erfolgt durch monatliche Aufrechnung in Höhe von 10 % des maßgebenden Regelbedarfs.[579] Im Übrigen wird der Rückzahlungsanspruch mit Rückzahlung der Kaution durch den Vermieter (in Höhe des noch nicht getilgten Darlehensbetrages) sofort fällig, § 42 a Abs. 2 Satz 1 und Abs. 3 Satz 1 SGB II.

5. Mietzahlung direkt an den Vermieter

691 Der Leistungsberechtigte hat grds. Anspruch auf Zahlung der Leistung (gemeint sind neben laufenden Mietzahlungen auch einmalige Leistungen wie Mietsicherheiten oder Umzugskosten) an sich selbst, es sei denn, er hat die Zahlung an den Vermieter beantragt (§ 22 Abs. 7 Satz 1 SGB II) oder die zweckentsprechende Ver-

---

575 BSG 6.8.2014 – B 4 AS 37/13 R.
576 Vgl. BSG 16.12.2008 – B 4 AS 49/07 R.
577 Vgl. BSG 16.12.2008 – B 4 AS 49/07 R. BSG 10.8.2016 – B 14 AS 58/15 R: Bei einem als notwendig anerkannten Umzug mit einer entsprechenden Zusicherung hinsichtlich der Umzugskosten gehören zu den als Bedarf zu berücksichtigenden Umzugskosten auch die Kosten für einen Telefon- und Internetanschluss sowie die für einen Nachsendeantrag.
578 Vgl. BSG 16.12.2008 – B 4 AS 49/07 R.
579 Beachte aber BSG 25.6.2015 – B 14 AS 28/14 R: Die im SGB II zum 1.4.2011 eingeführte Aufrechnungsregelung für Darlehen gilt jedenfalls nicht für Mietkautionsdarlehen, die vor diesem Zeitpunkt ausgezahlt wurden.

V. Bedarfe für Unterkunft und Heizung, § 22 SGB II

wendung der Unterkunftskosten ist durch ihn nicht sichergestellt (§ 22 Abs. 7 Satz 2 SGB II).[580]

Einerseits ausdrücklich, andererseits aber nicht abschließend ist mit dem Katalog des § 22 Abs. 7 Satz 3 SGB II geregelt, wann davon ausgegangen werden kann, dass die zwecksprechende Verwendung durch den Leistungsberechtigten nicht sichergestellt ist. Dies ist insbesondere immer dann der Fall, wenn

- Mietrückstände bestehen, die zu einer außerordentlichen Kündigung des Mietverhältnisses berechtigen,
- Energiekostenrückstände bestehen, die zu einer Unterbrechung der Energieversorgung berechtigen,
- konkrete Anhaltspunkte für ein krankheits- oder suchtbedingtes Unvermögen der leistungsberechtigten Person bestehen, die Mittel zwecksprechend zu verwenden,[581] oder
- konkrete Anhaltspunkte dafür bestehen, dass die im Schuldnerverzeichnis eingetragene leistungsberechtigte Person die Mittel nicht zwecksprechend verwendet.[582]

692

Liegt kein Antrag des Leistungsberechtigten vor und kann auch nicht davon ausgegangen werden, dass beim Leistungsberechtigten keine zwecksprechende Verwendung der Unterkunftskosten sichergestellt ist, ist der Bedarf für Unterkunft und Heizung unmittelbar an den Leistungsberechtigten zu leisten. Werden die Leistungen – ohne Vorliegen der o.g. Gründe – direkt an den Vermieter oder einen Dritten geleistet, so hat der Leistungsträger gegenüber dem Leistungsberechtigten nicht mit befreiender Wirkung geleistet und den Leistungsanspruch des Leistungsberechtigten insoweit noch nicht erfüllt.[583]

693

Muster: Anspruch auf Zahlung der KdU, weil Voraussetzungen für Zahlung an Dritten nicht vorliegen

694

Rechtsanwalt

(…)

(Datum)

An das

Sozialgericht (…)

(Anschrift)

Antrag auf einstweiligen Rechtsschutz

des (…),
(Anschrift)

– A n t r a g s t e l l e r –

---

580 Vgl. hierzu Berlit/Conradis/Sartorius/*Berlit*, Existenzsicherungsrecht, Kap. 28 Rn. 141 ff.
581 Hiervon kann erst dann ausgegangen werden, wenn Leistungsberechtigte in der Vergangenheit ALG II, das für Bedarfe für Unterkunft und Heizung geleistet wurde, nicht zwecksprechend verwendet haben.
582 Eine entsprechende Annahme ergibt sich, wenn Leistungsberechtigte im Schuldnerverzeichnis eingetragen sind (§ 915 ZPO) und in der Vergangenheit ALG II, das für den Bedarf für Unterkunft und Heizung geleistet wurde, nicht zwecksprechend verwendet haben.
583 Vgl. BSG 19.5.2009 – B 8 SO 35/07 R.

B. Besonderer Teil

Prozessbevollmächtigter: Rechtsanwalt (...)

g e g e n

Jobcenter (...)

(Anschrift)

vertreten durch den Geschäftsführer

– A n t r a g s g e g n e r –

wegen Direktzahlung der KdU an Vermieter

Namens und ausweislich der beigefügten Vollmacht des Antragstellers erhebe ich Antrag im einstweiligen Rechtsschutzverfahren und werde beantragen:

Es wird festgestellt, dass die Klage vor dem Sozialgericht XYZ zum Aktenzeichen S 5 AS 160/16 gegen den Bescheid vom 26.1.2016 in der Gestalt des Widerspruchsbescheides vom 21.2.2016 aufschiebende Wirkung hat.

Zur Geltendmachung der Rechte des Antragstellers beantrage ich ferner,

dem Antragsteller Prozesskostenhilfe ab Antragstellung zu bewilligen und den Unterzeichner beizuordnen.

Der Antragsteller wendet sich gegen die Direktzahlung seiner Kosten der Unterkunft an den Vermieter im Wege der rechtswidrigen Missachtung der aufschiebenden Wirkung der Klage zum Aktenzeichen S 5 AS 160/16.

Der Antragsteller ist alleinstehend und bezieht von dem Antragsgegner seit dem Jahr 2009 fortlaufend Leistungen zur Sicherung des Lebensunterhalts nach dem SGB II. Über Einkommen oder Vermögen verfügt der Antragsteller nicht.

Er bewohnt eine in der Stadt S gelegene Wohnung mit 45 m², für die er eine Grundmiete in Höhe von 200 EUR, Betriebskosten in Höhe von 45 EUR und Heizkosten in monatlicher Höhe von 55 EUR zu zahlen hat. Der Antragsteller zahlt die Miete an die städtische Wohnungsbaugenossenschaft „Schöner Wohnen" durch Überweisung. Eine Abtretungserklärung zugunsten des Antragsgegners liegt nicht vor. Dies ist zwischen den Beteiligten unstrittig.

Mit Bescheid vom 26.1.2016 bewilligte der Antragsgegner Leistungen zur Sicherung des Lebensunterhaltes für die Zeit ab März 2016 und entschied, dass die Kosten der Unterkunft in Höhe von 300 EUR ab März 2016 direkt an den Vermieter überwiesen werden. Zur Begründung teilte der Antragsgegner mit, dass durch eine anonyme Anzeige dem Antragsgegner zur Kenntnis gelangt ist, dass der Antragsteller alkoholkrank ist und zu befürchten steht, dass der Antragsteller die für ihn bereit gestellten Mittel für seine Sucht verwendet.

Glaubhaftmachung: Bewilligungsbescheid vom 26.1.2016 in Kopie – Anlage A 1

Der hiergegen am 28.1.2016 erhobene Widerspruch wurde durch den Antragsgegner mit Widerspruchsbescheid vom 21.2.2016 als unbegründet zurückgewiesen. Dabei wiederholte der Antragsgegner nochmals die Ausführungen im Bescheid vom 26.3.2016 und stellte fest, dass eine Direktzahlung ab März 2016 erfolgen wird. Im Widerspruchsverfahren legte der Antragsteller dem Antragsgegner u.a. ein ärztliches Attest vor, in dem bestätigt worden ist, dass der Antragsteller nicht alkoholabhängig ist und auch keine Anzeichen dafür bestehen.

V. Bedarfe für Unterkunft und Heizung, § 22 SGB II

Glaubhaftmachung:
- Widerspruch vom 28.1.2016 in Kopie – Anlage A 2
- Widerspruchsbescheid vom 21.2.2016 in Kopie – Anlage A 3
- Ärztliches Attest vom 28.1.2016 in Kopie – Anlage K4

Im Wege der (isolierten) Anfechtungsklage hat der Antragsteller am 1.3.2016 Klage vor dem Sozialgericht XYZ zum Aktenzeichen S 5 AS 160/16 erhoben und die Aufhebung des Bescheides vom 26.1.2016 in der Gestalt des Widerspruchsbescheides vom 21.2.2016 bezüglich der Direktzahlung der Kosten der Unterkunft begehrt. Eine Entscheidung in der Sache liegt (noch) nicht vor. Der Antragsgegner zahlt seit März 2016 dem Antragsteller lediglich die Regelleistung in voller Höhe aus. Kosten der Unterkunft werden direkt an den Vermieter gezahlt.

Glaubhaftmachung:
- Klage S 5 AS 160/16 in Kopie – Anlage K5
- Kontoauszug des Antragstellers vom 24.3.2016 in Kopie – Anlage K6

Dies machte den vorliegenden Antrag notwendig.

II.

Der Antragsgegner missachtet in rechtswidriger Weise die aufschiebende Wirkung der Klage S 5 AS 160/16.

Gemäß § 86 b Abs. 1 Satz 1 Nr. 2 SGG kann das Gericht der Hauptsache auf Antrag in den Fällen, in denen Widerspruch oder Anfechtungsklage keine aufschiebende Wirkung haben, die aufschiebende Wirkung ganz oder teilweise anordnen. Die Regelung ist entsprechend anzuwenden, wenn die Verwaltung die aufschiebende Wirkung eines Widerspruchs oder einer Klage nicht beachtet.[584]

So verhält es sich hier. Gemäß § 39 SGB II haben keine aufschiebende Wirkung Widerspruch und Anfechtungsklage gegen einen Verwaltungsakt, der Leistungen der Grundsicherung für Arbeitsuchende aufhebt, zurücknimmt, widerruft, entzieht, die Pflichtverletzung und die Minderung des Auszahlungsanspruchs feststellt oder Leistungen zur Eingliederung in Arbeit oder Pflichten erwerbsfähiger Leistungsberechtigter bei der Eingliederung in Arbeit regelt, mit dem zur Beantragung einer vorrangigen Leistung aufgefordert wird oder mit dem nach § 59 in Verbindung mit § 309 SGB III zur persönlichen Meldung bei der Agentur für Arbeit aufgefordert wird. Keine der genannten Alternativen gelangt vorliegend zur Anwendung, sodass die Klage gegen die Direktzahlung aufschiebende Wirkung hat.

Dem kann auch nicht entgegengehalten werden, dass nach § 22 Abs. 7 Satz 4 SGB II im Falle einer Direktzahlung an den Vermieter lediglich eine schriftliche Unterrichtung der leistungsberechtigten Person zu erfolgen hat. Spätestens mit dem Erlass des Widerspruchsbescheides vom 21.2.2016 hat der Antragsgegner formal durch Verwaltungsakt über die Direktzahlung entschieden. Die sofortige Vollziehbarkeit des Bewilligungsbescheides hat der Antragsgegner nicht angeordnet.

Die Vollziehung des Bescheids des Antragsgegners vom 26.1.2016 in der Gestalt des Widerspruchsbescheides vom 21.2.2016 hat – unabhängig des Vorausgeführten – für den Antragsteller zudem eine unbillige, nicht durch überwiegende öffentliche Interessen gebotene Härte zur Folge. Dies umso mehr, als der Antragssteller bereits im Widerspruchsverfahren durch Vorlage eines ärztlichen Attest bestätigt hat, dass er an keiner Suchter-

---

584 Lüdtke/Berchtold/*Binder* SGG § 86 b Rn. 5 ff.

krankung leidet. Die Voraussetzungen des § 22 Abs. 7 Satz 4 SGB II liegen nicht vor – gleichwohl dies im Hinblick auf die hier vorliegende prozessuale Situation nicht mehr entscheidungserheblich ist, war es der Vollständigkeit halber aber auszuführen. Nach alledem ist antragsgemäß zu entscheiden.

III.

Wie sich aus der beigefügten Erklärung zu den persönlichen und wirtschaftlichen Verhältnissen ergibt, kann der Antragsteller die Kosten der Prozessführung nicht aufbringen (§ 73 a SGG iVm § 114 ZPO). Da der Antrag – wie ausgeführt – Aussicht auf Erfolg hat und nicht mutwillig ist, ist der Antrag auf Prozesskostenhilfe ebenfalls begründet.

(…)

Rechtsanwalt

6. Mietschulden

695 Mit § 22 Abs. 8 SGB II erfolgt eine Ausnahme von dem Grundsatz, dass durch Leistungen nach dem SGB II grds. keine Schulden übernommen werden.[585] Mit dieser Ausnahmeregelung können Schulden übernommen werden, wenn dies zur Sicherung der Unterkunft[586] oder zur Behebung einer vergleichbaren Notlage[587] gerechtfertigt ist. Schulden sollen übernommen werden, wenn dies gerechtfertigt und notwendig ist und sonst Wohnungslosigkeit einzutreten droht. Voraussetzung einer solchen Schuldenübernahme ist aber jedenfalls, dass Leistungen für Unterkunft und Heizung aktuell, d.h. zum Zeitpunkt der Geltendmachung der Schulden als Bedarf, tatsächlich erbracht werden.[588] Weiter wird bestimmt, dass etwaiges Schonvermögen vorrangig einzusetzen ist und – im Falle einer Geldleistung – die Schuldenübernahme darlehensweise erfolgen soll. Eine Leistung für Mietschulden ist nur in einem atypischen Fall – zB, wenn die Verwaltung durch ihr fehlerhaftes Verhalten wesentlich an der Entstehung der Mietschulden mitgewirkt hat – vom Grundsicherungsträger als Zuschuss zu übernehmen.[589]

696 **Muster: Schuldenübernahme – z.B. Stromschulden**

Rechtsanwalt

(…)

(Datum)

An das

Sozialgericht (…)

(Anschrift)

---

585 Vgl. hierzu Berlit/Conradis/Sartorius/*Berlit*, Existenzsicherungsrecht, Kap. 28 Rn. 144 ff.
586 Z.B. auch während eines kurzen Haftaufenthalts. Beachte iÜ auch die Mitteilungspflicht der Zivilgerichte bei Räumungsklagen (§ 22 Abs. 9 SGB II): Der örtlich zuständige SGB II-Leistungsträger ist sofort zu informieren, wenn eine Klage auf Räumung von Wohnraum wegen Zahlungsverzuges eingeht. Hierdurch soll sichergestellt werden, dass der SGB II-Leistungsträger frühzeitig Kenntnis einer möglichen Notlage/Obdachlosigkeit erhält, um so noch rechtzeitig eingreifen zu können.
587 Z.B. Sperre der Strom- und/oder Heizungsversorgung.
588 Werden keine Leistungen für Unterkunft und Heizung erbracht, kann sich ggf. ein Anspruch aus § 36 Abs. 1 SGB XII ergeben.
589 BSG 18.11.2014 – B 4 AS 3/14 R.

Antrag auf Erlass einer einstweiligen Anordnung
des (...),
(Anschrift)

– Antragsteller –

Prozessbevollmächtigter: Rechtsanwalt (...)

gegen

Jobcenter (...)
(Anschrift)
vertreten durch den Geschäftsführer

– Antragsgegner –

wegen Zusicherung der Mietkostenübernahme

Namens und ausweislich der beigefügten Vollmacht des Antragstellers stelle ich Antrag auf Erlass einer einstweiligen Anordnung im einstweiligen Rechtsschutzverfahren und werde beantragen:

Der Antragsgegner wird verpflichtet, dem Antragsteller hinsichtlich der Stromkostennachforderung Leistungen in Höhe von 1.000 EUR als Darlehen zu gewähren.

Zur Geltendmachung der Rechte des Antragstellers beantrage ich ferner,

dem Antragsteller Prozesskostenhilfe ab Antragstellung zu bewilligen und den Unterzeichner beizuordnen.

Begründung:

I.

Der Antragsteller begehrt im einstweiligen Rechtsschutzverfahren die Bewilligung eines Darlehens zur Begleichung von Stromschulden in Höhe von 1.000 EUR.

Der alleinstehende Antragsteller ohne Einkommen und Vermögenswerte steht bei dem Antragsgegner im fortlaufenden Leistungsbezug. Infolge von Rückständen bei den Abschlagszahlungen in Höhe von 1.000 EUR liegt seit dem 1.3.2016 eine Stromsperre des Energielieferanten vor. Bereits im Schreiben vom 15.2.2016 hat der Energielieferant über die Stromsperr-Ankündigung zum 1.3.2016 mitgeteilt, dass bei Begleichung der Forderung die Versorgung fortgesetzt wird.

Glaubhaftmachung:
– Aufstellung Forderungskonto des Energielieferanten – Anlage A 1
– Schreiben des Energielieferanten vom 24.2.2016 – Anlage A 2

Aufgrund seiner desolaten finanziellen Lage ist es dem Antragsteller nicht möglich, einen Bankkredit zu erhalten. Freunde, die ihm ein Darlehen zur Verfügung stellen könnten und würden, hat der Antragsteller nicht. Eine Ratenzahlung hat der Energieversorger abgelehnt.

Glaubhaftmachung: eidesstattliche Versicherung des Antragstellers vom 15.2.2016 – Anlage A 3

Die Übernahme der Stromschulden in Höhe von 1.000 EUR hat der Antragsteller bei dem Antragsgegner am 17.2.2016 beantragt. Den Antrag lehnte der Antragsgegner mit Bescheid vom 20.2.2016 ab.

Glaubhaftmachung:
- Antrag vom 17.2.2016 in Kopie – Anlage A 4
- Ablehnungsbescheid vom 20.2.2016 in Kopie – Anlage A 5

Der gegen den Bescheid vom 20.2.2016 taggleich erhobene Widerspruch wurde noch nicht beschieden.

Glaubhaftmachung: Widerspruch vom 20.2.2016 in Kopie – Anlage A 6

Hiernach war der Antrag notwendig.

II.

Der Antragteller hat einen Anspruch auf darlehensweise Übernahme der Stromschulden in Höhe von 1.000 EUR. Anordnungsanspruch und Anordnungsgrund liegen vor.

Nach § 86 b Abs. 2 Satz 2 SGG können die Gerichte auf Antrag, der gemäß § 86 b Abs. 3 SGG bereits vor Klageerhebung zulässig ist, zur Regelung eines vorläufigen Zustands in Bezug auf ein streitiges Rechtsverhältnis eine einstweilige Anordnung erlassen, wenn die Regelung zur Abwendung wesentlicher Nachteile nötig erscheint. Nach § 86 b Abs. 2 Satz 4 SGG ist § 929 ZPO entsprechend anzuwenden. Der Erlass einer solchen Regelungsanordnung setzt voraus, dass nach materiellem Recht ein Anspruch auf die begehrte Leistung besteht (Anordnungsanspruch) und dass die Regelungsanordnung zur Abwendung wesentlicher Nachteile notwendig ist (Anordnungsgrund). Scheidet eine vollständige Aufklärung der Sach- und Rechtslage im Eilverfahren aus, ist auf der Grundlage einer an der Gewährung eines effektiven Rechtsschutzes orientierten Folgenabwägung zu entscheiden (BVerfG 12.5. 2005 – 1 BvR 569/05).

Der Anordnungsanspruch folgt aus § 22 Abs. 8 SGB II. Danach können, sofern Leistungen für Unterkunft und Heizung erbracht werden, auch Schulden übernommen werden, soweit dies zur Sicherung der Unterkunft oder Behebung einer vergleichbaren Notlage gerechtfertigt ist. Sie sollen übernommen werden, wenn dies gerechtfertigt und notwendig ist und sonst Wohnungslosigkeit einzutreten droht. Geldleistungen sollen als Darlehen erbracht werden. Darunter zählen auch Kosten, die bereits in der Regelleistung enthalten sind, insbesondere Stromschulden. Dies gilt vor allem dann, wenn eine Entscheidung dazu führen würde, dass die Wohnung unbewohnbar würde (*Berlit* LPK-SGB II § 22 Rn. 255 ff.).

Die Wohnung des Antragstellers ist existenziell, der Strom wurde bereits abgeschaltet. Die Wohnung ist damit unbewohnbar. Zumutbare Selbsthilfemöglichkeiten liegen nicht vor. Schonvermögen im Sinne des § 22 Abs. 8 Satz 3 SGB II hat der Antragsteller nicht, ein Bankkredit wird dem Antragsteller aufgrund seiner finanziell angespannten Situation nicht gewährt. Eine Ratenzahlung lehnte der Energieversorger ab. Der Antragssteller kann auch nicht auf einen Zivilrechtsstreit mit dem Energieversorger verwiesen werden (§ 19 Abs. 2 Satz 2 StromGVV). Dies erfordert konsequente Beratung und Unterstützung durch den Antragsgegner (*Berlit*, aaO), die hier zu keinem Zeitpunkt erfolgt ist. Durch die Schuldübernahme kann auch sichergestellt werden, dass die Stromversorgung fortgesetzt wird.

Da die Stromsperre bereits seit dem 1.3.2016 besteht, liegt auch ein Anordnungsgrund vor.

Nach alledem ist antragsgemäß zu entscheiden.

III.

Wie sich aus der beigefügten Erklärung zu den persönlichen und wirtschaftlichen Verhältnissen ergibt, kann der Antragsteller die Kosten der Prozessführung nicht aufbringen (§ 73 a SGG iVm § 114 ZPO). Da der Antrag – wie ausgeführt – Aussicht auf Erfolg hat und nicht mutwillig ist, ist der Antrag auf Prozesskostenhilfe ebenfalls begründet.

(…)

Rechtsanwalt

Eine „Notwendigkeit" idS ist regelmäßig zu verneinen, wenn eine Wohnungslosigkeit zusätzlich auch aus anderen Gründen (zB Kündigung wegen mehrfachen Verstoßes gegen Hausordnung, unzulässige Untervermietung etc.) droht. Denn dann kann die drohende Hilfebedürftigkeit durch die Schuldübernahme gar nicht abgewandt werden. 697

Bei der Prüfung, ob eine Schuldenübernahme „gerechtfertigt" ist, sind zunächst die Selbsthilfemöglichkeiten, die wirtschaftliche Situation und die Vermögensverhältnisse zu prüfen und zu berücksichtigen. Nicht unerheblich ist dabei auch die Frage, wie es zur Gefährdung der Unterkunft oder zur anderweitigen Notlage gekommen ist. Denn eine Übernahme der Schulden kann zB dann nicht gerechtfertigt sein, wenn die Leistung „als positiver Verstärker nicht erwünschten Verhaltens" wirken würde. 698

Die Übernahme von Mietschulden ist nach Rechtsprechung des BSG[590] schließlich nur dann gerechtfertigt, wenn die Kosten für die konkret bewohnte Unterkunft abstrakt angemessen sind und der Verlust dieser konkreten Unterkunft droht. 699

Ist jedoch eine neue angemessene Unterkunft konkret verfügbar bzw. anmietbar und sind die Schulden durch unwirtschaftliches Verhalten des Hilfebedürftigen bzw. zweckwidrige Verwendung der KdU-Leistungen entstanden, liegt das Tatbestandsmerkmal der drohenden Wohnungslosigkeit nicht vor und vom Hilfebedürftigen ist zu fordern, die an sich angemessene Unterkunft zu verlassen. 700

7. Ausländische Leistungsberechtigte mit Wohnsitzauflage

Aufgrund Art. 2 Nr. 1 des Integrationsgesetzes (InteG)[591] wurde mit Wirkung zum 6.8.2016 § 22 Abs. 1 a SGB II neu eingefügt. Diese Norm bestimmt, dass bei leistungsberechtigten Personen, die einer Wohnsitzregelung nach § 12 a Abs. 2 und 3 AufenthG unterliegen, sich die Angemessenheit der Aufwendungen für Unterkunft und Heizung nach dem Ort richtet, an dem die leistungsberechtigte Person ihren Wohnsitz zu nehmen hat. 701

Mit dieser Norm soll sichergestellt sein, dass die am Ort des zugewiesenen Wohnsitzes zuständigen kommunalen Träger die Angemessenheit der Aufwendungen für Unterkunft und Heizung nach den Verhältnissen an diesem Ort zu beurteilen haben und dieses selbst dann gilt, wenn sich die leistungsberechtigte Person tatsächlich – gegebenenfalls erlaubt – überwiegend an einem anderen Ort aufhält.[592] 702

---

590 BSG 17.6.2010 – B 14 AS 58/09 R.
591 G. v. 31.7.2016 (BGBl. I S. 1939).
592 Vgl. BT-Drs. 18/8615, S. 33.

703 In diesem Zusammenhang ist auch auf eine besondere Zuständigkeitsregel der Jobcenter hinzuweisen: Nach § 36 Abs. 2 SGB II gilt mit Wirkung ab 6.8.2016, dass für die jeweiligen SGB II-Leistungen der Träger zuständig ist, in dessen Gebiet die leistungsberechtigte Person nach § 12 a Abs. 1 bis 3 AufenthG ihren Wohnsitz zu nehmen hat. Sofern die leistungsberechtigte Person nach § 12 a Abs. 4 AufenthG verpflichtet ist, ihren Wohnsitz an einem bestimmten Ort nicht zu nehmen, kann eine Zuständigkeit der Träger in diesem Gebiet für die jeweiligen Leistungen nach diesem Buch nicht begründet werden. Bei der behördlichen Zuständigkeit für diese betroffenen leistungsberechtigten Personen kommt es daher auf den gewöhnlichen oder tatsächlichen Aufenthalt nicht an – es gilt vielmehr die ausschließliche örtliche Zuständigkeit der Agentur für Arbeit und des kommunalen Trägers am Ort eines nach § 12 a AufenthG zugewiesenen Wohnorts. Entsprechend können leistungsberechtigte Personen einen Antrag nach § 37 SGB II auf Leistungen nach dem SGB II nur beim Jobcenter, in dessen Gebiet die leistungsberechtigte Person ihren Wohnsitz zu nehmen hat, stellen und nur dort Leistungen erhalten.[593] Diese Zuständigkeitsregelung macht aber nicht auch das tatsächliche Wohnen am festgelegten Ort zur Voraussetzung für eine Leistungsgewährung.

VI. Einkommen

704 Bei der Einkommensanrechnung[594] handelt es sich, neben der korrekten Ermittlung der Kosten der Unterkunft, um den kompliziertesten Teil der Leistungsberechnung, weshalb er eine der häufigsten Fehlerquellen in SGB II-Bescheiden darstellt und häufig Gegenstand gerichtlicher Streitigkeiten ist.

705 Welche Bedeutung das Einkommen zur Leistungsberechnung hat, zeigt § 9 SGB II. Dieser regelt die bedeutendste Voraussetzung für die Leistungsberechtigung (vgl. § 7 SGB II), nämlich die Hilfebedürftigkeit. Sie ist Kern des Leistungsrechts und ihre korrekte Ermittlung kann im Einzelfall äußerst schwierig sein.

1. Bedeutung des Einkommen und allgemeine Berechnungsgrundsätze

706 Vereinfacht ausgedrückt schreibt § 9 SGB II vor, dass die Hilfebedürftigkeit in der Höhe gegeben ist, die sich aus der Summe aus Regelbedarf (§ 20 SGB II) bzw. Sozialgeld (§ 23 SGB II) sowie eventuellen Mehrbedarfen (§ 21 SGB II), den Teilhabeleistungen (§ 28 SGB II) und den ermittelten Kosten der Unterkunft (§ 22 SGB II) (sog. Gesamtbedarf) abzüglich des bereinigten Einkommens, ergibt.

707 Zur überschlägigen Prüfung der korrekten Leistungshöhe kann daher folgende Faustformel herangezogen werden:

Regelbedarf (bzw. Sozialgeld) aller Mitglieder der BG + evtl. Mehrbedarfe + evtl. Teilhabeleistungen + KdU – bereinigtes Einkommen = Leistungshöhe für die BG.

708 Diese Prüfung ist für jeden einzelnen Leistungsmonat vorzunehmen. Nur wenn sich ein positiver Betrag ergibt, liegt Hilfebedürftigkeit iSd § 9 SGB II vor.

709 Aufgrund der weitergehenden Regelung in § 9 SGB II ist jedoch die Ermittlung des individuellen Leistungsanspruches jedes einzelnen Mitgliedes der Bedarfsgemein-

---

593 BT-Drs. 18/8615, S. 33 f.
594 Vgl. hierzu Berlit/Conradis/Sartorius/*Meßling/Sartorius*, Existenzsicherungsrecht, Kap. 20.

schaft wesentlich komplizierter, insbesondere dann, wenn Eltern mit Kindern eine Bedarfsgemeinschaft bilden. Handelt es sich lediglich um zwei erwachsene erwerbsfähige Leistungsberechtigte, ist die Prüfung einfacher, da hier das Einkommen lediglich jeweils in gleicher Höhe (also hälftig) bei den Mitgliedern der Bedarfsgemeinschaft anzurechnen ist. Eine Ausnahme gilt nur dann, wenn einer von beiden einen Mehrbedarf erhält.

Die in § 9 Abs. 2 Satz 3 SGB II vorgesehene sog. „horizontale Berechnungsweise" wurde verschiedentlich vom BSG gebilligt.[595] Danach ist jede Person der Bedarfsgemeinschaft im Verhältnis ihres Bedarfs zum Gesamtbedarf hilfebedürftig. Dies führt zu einer „Zwangsbeglückung" der BG-Mitglieder, die durch ihr eigenes Einkommen (oder Vermögen) ihren eigenen Bedarf eigentlich decken würden. Wären sie mithin nicht Mitglied der BG, wären sie nicht hilfebedürftig. Allein der Umstand ihrer Einbeziehung in die Bedarfsgemeinschaft macht sie hilfebedürftig im Sinne des Gesetzes. Gänzlich anders, nämlich vertikal, wird die Berechnung im SGB XII vorgenommen. Dieser Berechnungsmethode hat sich das BSG auch im SGB II für die besondere sog. „gemischte Bedarfsgemeinschaft" angeschlossen (s. unten Rn. 772 ff.), in der nicht leistungsberechtigte Mitglieder (häufig wegen eines Ausschlusses nach § 7 Abs. 4 SGB II) mit leistungsberechtigten Mitgliedern eine BG bilden.

710

Der Grundsatz der horizontalen Berechnungsmethode ist ebenfalls für Minderjährige durch das Gesetz selbst durchbrochen. Denn nach § 9 Abs. 2 Satz 2 SGB II darf Einkommen Minderjähriger nicht den sonstigen Mitgliedern der BG angerechnet werden. Sie sind also isoliert zu betrachten und ihr Einkommen (Kindergeld, Unterhalt ggf. auch Erwerbseinkommen) ist ihnen vertikal anzurechnen. Ihr Einkommen mindert daher den Bedarf unmittelbar, sie nehmen an der restlichen Einkommensverteilung nur mit dem um ihr Einkommen bereinigten Bedarf teil. Ihr Bedarfsanteil am Gesamtbedarf (und auch der Gesamtbedarf selbst) ist also erst *nach* Anrechnung ihres Einkommens zu ermitteln.[596] Die einzige Rückausnahme bildet das Kindergeld. Deckt der Minderjährige seinen Bedarf mit seinem Einkommen, so ist der Teil des Kindergeldes, der vom Minderjährigen zur Bedarfsdeckung nicht benötigt wird, wieder dem Kindergeldberechtigten (§ 62 EStG) als Einkommen anzurechnen (§ 11 Abs. 1 Satz 4 und 5 SGB II).[597]

711

Diese (vermeintliche) Ausnahme zu § 9 Abs. 2 Satz 2 SGB II ergibt sich daraus, dass die Anrechnung des Kindergeldes beim Kind selbst auf einer Ausnahmeregelung in § 11 Abs. 1 Satz 5 SGB II beruht, die in den eben geschilderten Fällen nur zur Regel zurückkehrt.

712

Bei größeren Bedarfsgemeinschaften führt diese „horizontal-vertikale" Berechnungsweise dazu, dass der individuelle Leistungsanspruch praktisch nur sehr schwierig berechnet werden kann, ohne dass ein entsprechendes Berechnungsprogramm der Grundsicherungsträger zur Verfügung steht. An einem – gerade noch überschaubaren – Beispiel soll dies jedoch erläutert werden.

713

---

595 BSG 7.11.2006 – B 7 b AS 8/06 R, 15.4.2008 – B 14/7 b AS 8/06 R und 18.6.2008 – B 14 AS 55/07 R.
596 BSG 12.6.2008 – B 14 AS 55/07 R.
597 BSG 7.1.2006 – B 7 b AS 18/06 R.

B. Besonderer Teil

714 Die Eltern A und B leben zusammen mit ihrem zehnjährigen Kind C in einem gemeinsamen Haushalt. Die Mutter (B) bezieht für das Kind (C) Kindergeld in Höhe von 190 EUR. Der Vater (A) erzielt ein monatliches (bereits nach § 11 b SGB II bereinigtes Einkommen) von 400 EUR. Für ihre Wohnung zahlen sie monatlich inkl. Nebenkostenvorauszahlungen 400 EUR. C erhält nach § 28 Abs. 4 SGB II Beförderungskosten von monatlich 30 EUR. B ist schwanger jenseits der zwölften Schwangerschaftswoche und erhält daher einen Mehrbedarf nach § 21 Abs. 2 SGB II.

715 Damit ergibt sich zunächst folgende Bedarfsermittlung:

	Summe	A	B	C
Regelbedarf/ Sozialgeld	945 EUR	368 EUR	368 EUR	291 EUR
Mehrbedarfe	62,56 EUR		62,56 EUR	
Teilhabeleistungen	30 EUR			30 EUR
KdU	400 EUR	133,33 EUR	133,33 EUR	133,33 EUR
Gesamtbedarf	1.519,55 EUR (1.489,55 EUR ohne Teilhabeleistung) nach Abzug EK Kind: 1.299,55 EUR	501,33 EUR	563,89 EUR	454,33 EUR abzüglich des bedarfsmindernden Einkommens (190 EUR) = 264,33 abzüglich der Teilhabeleistung von 30 EUR = 234,33 EUR

716 Nunmehr ist der Anteil des jeweiligen Teilbedarfs des Mitgliedes am Gesamtbedarf zu ermitteln. Hierbei ist jedoch die Besonderheit des § 9 Abs. 2 Satz 3 SGB II zu berücksichtigen. Es sind mithin die Teilhabeleistungen bei dieser Berechnung nicht zu berücksichtigen. Sie bilden damit zwar einen Teil des Bedarfs, um (abzüglich des bereinigten Einkommens) zu prüfen, ob die BG insgesamt hilfebedürftig und damit leistungsberechtigt ist. Bei der Ermittlung des individuellen Leistungsanspruches hat sie jedoch außer Betracht zu bleiben. Wenn die BG insgesamt nur noch aufgrund der Teilhabeleistungen hilfebedürftig ist, ist das übersteigende Einkommen in der Weise, wie sie in § 19 Abs. 3 SGB II vorgeschrieben wird, auf die Teilhabeleistungen anzurechnen.

	Summe	A	B	C
Bedarfsanteile ohne Teilhabeleistungen	1299,55 EUR = 100 %	501,33 EUR = 38,58 %	563,89 EUR = 43,39 %	234,33 EUR = 18,03 %

Nunmehr ist das Einkommen zu verteilen. Das Kindergeld bleibt dabei außer Betracht, da es bereits bedarfsmindernd oben angerechnet wurde. 717

	Summe	A	B	C
Erwerbseinkommen	400 EUR	400 EUR		
Kindergeld	(190 EUR)			(190 EUR)
Summe	400 EUR			

Nun ist die Summe des Einkommens auf die Mitglieder der BG zu verteilen. Eine Ausnahme gilt jedoch für das Einkommen der Kinder (s.o.). 718

Das verteilungsfähige Einkommen (hier also das Erwerbseinkommen in Höhe von 400 EUR) ist mithin nunmehr entsprechend der Bedarfsanteile am Gesamtbedarf aufzuteilen. 719

	Summe	A	B	C
Anrechenbares Einkommen	400 EUR	154,32 EUR (38,58 % von 400 EUR)	173,56 EUR (43,39 % von 400 EUR)	72,12 EUR (18,03 % von 400 EUR)

Dieser so ermittelte individuelle Abzugsbetrag ist nun zunächst von dem Regelbedarf bzw. dem Sozialgeld und den Mehrbedarfen abzuziehen. Erst wenn dann noch Überschüsse vorhanden sind, sind sie von den Kosten der Unterkunft abzusetzen. Erst wenn Regelbedarf inkl. Mehrbedarfen und KdUH gedeckt sind, ist weiteres Einkommen von den Teilhabeleistungen abzuziehen (vgl. § 19 Abs. 3 SGB II). 720

	A	B	C
RB/SozialG/MB	368 EUR	368 EUR + 62,56 EUR	291 EUR
abzüglich Einkommensanteil	−154,32 EUR	−173,56 EUR	−72,12 EUR −190 EUR
Einkommensüberhang	0 EUR	0 EUR	0 EUR
KdU	+ 133,33 EUR	+ 133,33 EUR	+ 133,33 EUR

	A	B	C
abzüglich evtl. Einkommensüberhang			
Leistungsanspruch	347,01 EUR	390,33 EUR	162,21 EUR zzgl. 30 EUR Teilhabeleistung = 192,21 EUR

721 Allein dieses Beispiel zeigt die Bedeutung der korrekten Ermittlung des bereinigten Einkommens für die Leistungsberechnung. Bereits geringe Fehler führen hier zu falschen Leistungshöhen. In den folgenden Beispielen ist – um die Übersichtlichkeit zu wahren – idR von nur einem oder maximal zwei Leistungsberechtigten ausgegangen worden, um die jeweilige Rechtsproblematik in den Vordergrund zu stellen.

2. Differenzierung von Einkommen und Vermögen – Zuflussprinzip

722 Einer Hilfebedürftigkeit nach § 9 SGB II kann neben dem Einkommen auch Vermögen entgegenstehen. Die Unterscheidung beider Tatbestände erfolgt anhand des Zeitpunktes des Erstantrages. Das BSG folgte in seinen maßgeblichen Urteilen hierzu[598] damit der Zuflusstheorie des Bundesverwaltungsgerichts.[599] Auch bereits zur ehemaligen Arbeitslosenhilfe vertrat es diese Auffassung.[600] Einkommen sind mithin alle Zuflüsse an Geld oder Geldeswert,[601] die während des Bedarfszeitraumes zufließen. Mittel, die dem Leistungsberechtigten vor der Antragstellung zugeflossen waren, sind mithin Vermögen iSd § 12 SGB II. Diese Abgrenzung ist aufgrund der großzügigen Freibeträge in § 12 SGB II von erheblicher Bedeutung. Auch wird zugeflossenes Einkommen nicht im folgenden Bewilligungsabschnitt nach dem Weiterbewilligungsantrag zu Vermögen, sondern es bleibt Einkommen. Wann das Einkommen erarbeitet wurde oder für welchen Zeitraum es gezahlt wird, ist unerheblich. So ist eine Steuerrückzahlung Einkommen im Zuflussmonat.[602] Es kommt einzig auf den Zuflusszeitpunkt an. Zu berücksichtigen ist auch, dass der Erstantrag auf Leistungen nach dem SGB II nach § 37 Abs. 2 Satz 2 SGB II der Antrag auf den ersten des Monats zurück wirkt. Mithin sind auch Zuflüsse zwischen dem ersten des Monats und der eigentlichen Antragsstellung als Einkommen iSd § 11 SGB II zu behandeln.

---

598 BSG 30.7.2008 – B 14 AS 26/07 R, B 14 AS 43/07 R, B 14/7 b AS 12/07 R.
599 BVerwG 18.2.1999 – 5 C 35/97 und 22.4.2004 – 5 C 68/03.
600 BSG 12.12.1996 – 11 RAr 57/96.
601 Mit der Neuregelung zum 1.8.2016 sind Zuflüsse in Geldeswert aber nun grundsätzlich kein Einkommen iSd SGB II mehr – vgl. hierzu Rn. 724.
602 BSG 30.7.2008 – B 14/7 b AS 12/07 und 30.9.2008 – B 4 AS 29/07 R.

Muster: Klage gegen Aufhebung von Leistungen nach vermeintlichem Einkommenszufluss 723

Rechtsanwalt

(...)

(Datum)

An das

Sozialgericht (...)

(Anschrift)

K L A G E

des (...),

(Anschrift)

– K l ä g e r –

Prozessbevollmächtigter: Rechtsanwalt (...)

g e g e n

Jobcenter (...)

(Anschrift)

vertreten durch den Geschäftsführer

– B e k l a g t e r –

wegen Aufhebung und Erstattung von Leistungen für den Zeitraum 1.3.2016 bis 31.5.2016[603]

Namens und ausweislich der beigefügten Vollmacht des Klägers erhebe ich Klage und werde beantragen:

Der Bescheid des Beklagten vom 11.3.2016 in der Gestalt des Widerspruchsbescheides vom 6.6.2016 wird aufgehoben.

Zur Geltendmachung der Rechte des Klägers beantrage ich ferner,

dem Kläger Prozesskostenhilfe ab Klageerhebung zu bewilligen und den Unterzeichner beizuordnen.

Begründung:

I.

Der Kläger wendet sich gegen die Aufhebung und Erstattung von Leistungen zur Sicherung des Lebensunterhaltes.

---

603 Der Beklagte dürfte im hier geschilderten Fall den Weiterbewilligungsantrag für Juni bis einschließlich August 2016 ablehnen und erst ab September 2016 Leistungen nach dem SGB II bewilligen, da das Einkommen für die vorangehenden Monate – jedenfalls nach der insoweit falschen Auffassung des Beklagten – nach § 11 Abs. 3 Satz SGB II anzurechnen wäre. Hier wäre sodann eine kombinierte Anfechtungs- und Leistungsklage zu erheben. Ob sie mit dieser Anfechtungsklage im Wege der Klagehäufung gemeinsam zu erheben ist, ist dem Prozessbevollmächtigten überlassen. Erfahrungsgemäß werden in einem solchen Fall getrennt erhobene Klagen durch die Gerichte nicht verbunden. Uns erscheint in diesem Fall eine getrennte Erhebung ebenfalls übersichtlicher.

B. Besonderer Teil

Der am 2.3.1957 geborene Kläger bewohnt eine Wohnung mit einer Größe von 40 m². Er zahlt hierfür einen Mietzins von 300 EUR, sowie Vorauszahlungen auf Heiz- und Nebenkosten von 50 EUR. Er verfügt über kein laufendes Einkommen.

Der Kläger war bis November 2015 als Maler und Lackierer tätig. Am 4.11.2015 verstarb der Vater des Klägers. Der Kläger ist als einziges Kind seines Vaters, dessen Ehegattin bereits vorverstorben war, gesetzlicher Alleinerbe. Insoweit wird auf den anliegenden Erbschein vom 18.1.2016 – Anlage K1

verwiesen. Zum Zeitpunkt des Erbfalls hatte der Kläger von diesem keine Kenntnis. Er hatte bereits seit mehreren Jahren keinen Kontakt zu seinem Vater. Erst mit Schreiben des Nachlassgerichts vom 4.1.2016 erlangte der Kläger vom Erbfall Kenntnis.

Beweis:
- Schreiben des Nachlassgerichts vom 4.1.2016 – Anlage K2
- Zeugnis der Tante des Klägers, Frau ( ), (Anschrift)

Der Kläger beantragte am 18.12.2015 erstmals Leistungen zur Sicherung des Lebensunterhaltes nach dem SGB II. Der Beklagte bewilligte ihm diese mit Bescheid vom 22.12.2015 für den Zeitraum vom 18.12.2015 bis 31.5.2016.

Beweis: Bescheid vom 22.12.2015 – Anlage K3

Nachdem der Kläger von der Erbschaft erfuhr, legte er das Schreiben des Nachlassgerichts bei dem Beklagten am 6.1.2016 vor.

Dem Kläger wurde die Erbmasse, die lediglich aus einem Sparvermögen von 6.243 EUR bestand, im Übrigen nur aus wertlosem Hausrat, am 10.2.2016 auf sein Konto überwiesen. Auch dies teilte der Kläger dem Beklagten unverzüglich am 12.2.2016 mit.

Beweis: Schreiben des Klägers vom 12.2.2016 – Anlage K4

Hieraufhin hörte der Beklagte den Kläger zur Aufhebung und Erstattung seiner Leistungen nach §§ 40 Abs. 2 SGB II iVm § 330 SGB III und § 48 SGB X mit Schreiben vom 15.2.2016 an. Mit Bescheid vom 11.3.2012 hob der Beklagte die Leistungen des Klägers für die Zeit vom 1.3.2016 bis 31.5.2016 unter Berücksichtigung der Vorschrift des § 40 Abs. 9 SGB II auf.

Beweis: Bescheid des Beklagten vom 11.3.2016 – Anlage K5

Der Kläger erhob hiergegen am 21.3.2016 Widerspruch. Er begründete ihn damit, dass es sich bei der Erbschaft nicht um Einkommen iSd § 11 SGB II, sondern vielmehr um Vermögen iSd § 12 SGB II handelt. Dieses Vermögen überschreite seine Freigrenzen nicht, so dass der Leistungsanspruch nicht entfiele.

Beweis: Widerspruch vom 21.3.2016 – Anlage K6

Der Beklagte wies den Widerspruch mit Widerspruchsbescheid vom 6.6.2016 als unbegründet zurück. Er begründete dies damit, dass die Erbschaft dem Kläger im Februar 2016 ausgezahlt worden sei und damit als Einkommen zu werten sei, da sie ihm nach Antragstellung zugeflossen sei. Somit sei sie nach § 11 Abs. 3 Satz 4 SGB II auf einen Zeitraum von sechs Monaten zu verteilen. Nach § 11 Abs. 3 Satz 3 SGB II sei der erste Monat dabei der Monat nach Zufluss des Einkommens. Damit lägen die Voraussetzungen von § 48 Abs. 1 Satz 2 Nr. 3 SGB X vor. Die Leistungen seien aufzuheben gewesen, da der Kläger durch die Anrechnung des Einkommens nicht mehr hilfebedürftig sei.

Beweis: Widerspruchsbescheid vom 6.6.2016 – Anlage K7

II.

Der Bescheid des Beklagten vom 11.3.2016 in der Gestalt des Widerspruchsbescheids vom 6.6.2016 ist rechtswidrig und verletzt den Kläger in seinen Rechten.

1. Ermächtigungsgrundlage für die Aufhebung der Leistungen ist § 40 Abs. 1 Nr. 3 SGB II iVm § 330 Abs. 3 Satz 1 SGB III und § 48 Abs. 1 Nr. 3 SGB X. Danach ist ein Verwaltungsakt mit Wirkung für die Zukunft aufzuheben, soweit in den tatsächlichen und rechtlichen Verhältnissen, die bei Erlass eines Verwaltungsaktes mit Dauerwirkung vorgelegen haben, eine wesentliche Änderung eintritt. Der Verwaltungsakt ist (§ 330 Abs. 3 Satz 1 SGB III) mit Wirkung vom Zeitpunkt der Änderung der Verhältnisse aufzuheben, soweit nach Antragstellung oder Erlass des Verwaltungsaktes Einkommen oder Vermögen erzielt worden ist, das zum Wegfall oder zur Minderung des Anspruchs geführt haben würde.

Eine solche Änderung der Verhältnisse durch Einkommenserzielung liegt jedoch gerade nicht vor. Die Abgrenzung zwischen Einkommen und Vermögen nimmt das SGB II selbst nicht vor. Wie die für das SGB II zuständigen Senate des BSG bereits entschieden haben, ist Einkommen iSd § 11 Abs. 1 SGB II grds. alles das, was jemand nach Antragstellung wertmäßig dazu erhält, und Vermögen das, was er vor Antragstellung bereits hatte (vgl. nur BSG 29.4.2015 – B 14 AS 10/14/07 R). Auszugehen ist vom tatsächlichen Zufluss, es sei denn, rechtlich wird ein anderer Zufluss als maßgeblich bestimmt. Ein solcher rechtlich maßgeblicher anderer Zufluss ergibt sich bei einem Erbfall aus § 1922 BGB, nach dem mit dem Tode einer Person deren Vermögen als Ganzes auf den oder die Erben übergeht. Ist die Erbschaft vor der (ersten) Antragstellung eingetreten, so ist das Erbe als Vermögen zu qualifizieren (vgl. BSG, aaO).[604]

Da der Vater des Klägers bereits im November 2015 verstarb, die erstmalige Antragstellung jedoch im Dezember 2015 erfolgte, ist der dem Kläger zugeflossene Betrag von 6.243 EUR als Vermögen iSd § 12 SGB II zu qualifizieren.

2. Der Beklagte kann seinen Bescheid auch nicht nachträglich nach § 45 SGB X (über § 40 Abs. 2 SGB II und § 330 SGB III) aufrechterhalten. Der Bewilligungsbescheid ist nicht ursprünglich rechtswidrig. Das als Vermögen anzurechnende Erbe übersteigt seine Freibeträge aus § 12 Abs. 1 Nr. 1 und 3 SGB II nicht. Danach steht ihm ein Freibetrag von 9.450 EUR zu (58 Lebensjahre x 150 EUR + 750 EUR). Dieser ist bei weitem nicht erreicht. Die ursprüngliche Bewilligung war damit rechtmäßig.

Die Voraussetzungen für eine Aufhebung liegen mithin nicht vor. Dementsprechend fehlen auch die Voraussetzungen für eine Erstattung nach § 50 SGB X.

III.

Wie sich aus der beigefügten Erklärung zu den persönlichen und wirtschaftlichen Verhältnissen ergibt, kann der Kläger die Kosten der Prozessführung nicht aufbringen (§ 73 a

---

[604] Sofern der Erbfall nach der Antragstellung eingetreten ist, so ist das Erbe als Einkommen zu qualifizieren. Von der Frage der rechtlichen Einordnung des Erbes ist jedoch die Frage des Zuflusses zu trennen. Die Erbschaft ist dem Bedarf als Einkommen erst in dem Zeitpunkt gegenüberzustellen, in dem sie dem Hilfebedürftigen tatsächlich als bereites Mittel zur Deckung seines Bedarfs zur Verfügung steht. Maßgeblich ist damit nicht der Erbfall, sondern der Zeitpunkt, in dem der Hilfebedürftige tatsächlich über das Erbe verfügen kann. Andernfalls würde eine fiktive Deckung des Bedarfs unterstellt, obwohl offensichtlich der Lebensunterhalt des Hilfebedürftigen, mangels Verfügungsmöglichkeit über das Erbe, nicht gedeckt werden kann.

> SGG iVm § 114 ZPO). Da die Klage – wie ausgeführt – Aussicht auf Erfolg hat und nicht mutwillig ist, ist der Antrag auf Prozesskostenhilfe ebenfalls begründet.
>
> (…)
>
> Rechtsanwalt

3. Einkommensbegriff

724 Das Gesetz spricht bei Einkommen zunächst lediglich von Einnahmen in Geld. Mit Wirkung ab 1.8.2016 sind durch entsprechende Streichung des Begriffs „Geldeswert" Einnahmen in Geldeswert grds. kein Einkommen mehr (vgl. § 11 Abs. 1 Satz 1 SGB II).[605] Einnahmen in Geldeswert liegen vor, wenn ihnen ein wirtschaftlicher Wert zukommt. Mit der Neufassung des § 11 Abs. 1 SGB II mit Wirkung zum 1.8.2016 werden aber nur noch Einnahmen in Geldeswert (zB Erwerbseinkommen durch Sachleistungen) als Einkommen berücksichtigt, die im Rahmen von Erwerbstätigkeit, Bundesfreiwilligendienst oder Jugendfreiwilligendienst zufließen.

725 Besondere Bedeutung hat diese Gesetzesänderung vor allem für Fälle, in denen während eines Leistungsbezugs eine Erbschaft einer Immobilie erfolgte. Eine solche Erbschaft ist ab dem Ersten des Monats, der auf den Monat des Zuflusses folgt, dem Vermögen der Leistungsberechtigten zuzuordnen.[606]

726 Die iÜ recht weitgehende Legaldefinition des Begriffs Einkommen hat jedoch kaum Einschränkungen erfahren, was wohl auch dem gesetzgeberischen Willen entspricht. Die einzigen Einschränkungen hat der Gesetzgeber selbst ins Gesetz aufgenommen (vgl. §§ 11 a und 11 b SGB II). Einnahmen in Geld sind nicht nur Bareinnahmen, sondern auch unbare Zahlungen wie Schecks und Überweisungen. Zinsen stellen nach Antragstellung stets Einkommen dar, auch wenn sie aus Sparguthaben stammen, welches bereits vor Antragstellung vorhanden war und daher als Vermögen nach § 12 SGB II einzuordnen ist.[607] Wird jedoch bereits vorhandenes Vermögen iSd § 12 SGB II lediglich versilbert, handelt es sich dabei weiterhin um Vermögen und nicht um Einkommen.[608] Schulden sind bei der Einkommensermittlung generell nicht zu berücksichtigen.[609] Auch Krankenhaustagegeld aus

---

605 Die Streichung geldeswerter Einnahmen gilt nur für den Bereich des SGB II – im SGB XII gab es keine derartige Änderung (vgl. § 82 Abs. 1 Satz 1 SGB XII).
606 BT-Drs. 18/8041, S. 32: Erforderlich ist daher insoweit eine Prüfung, ob das neu erworbene Vermögen zu berücksichtigen ist. In vielen Fällen wird es sich dabei um Vermögen handeln, das nicht zu berücksichtigen ist (zum Beispiel angemessener Hausrat, § 12 Abs. 3 Satz 1 Nr. 1 SGB II, aber auch die Erbschaft einer bereits zum Zeitpunkt der Erbschaft selbst bewohnten Immobilie). Ist das neu erworbene Vermögen hingegen zu berücksichtigen (zum Beispiel die Erbschaft einer nicht selbst bewohnten Immobilie), ist diese nach den allgemeinen Regeln des § 12 Abs. 4 SGB II mit ihrem Verkehrswert als Vermögen zu berücksichtigen. Nach § 12 Abs. 4 Satz 2 SGB II gilt dabei für die Bewertung der Zeitpunkt des Erwerbs. Ist die sofortige Verwertung des zu berücksichtigenden Vermögens nicht möglich, sind Leistungen nach § 24 Abs. 5 SGB II zu erbringen.
607 BSG 30.9.2008 – B 4 AS 57/7 R. Abzugrenzen sind Fälle der Auszahlung einer vor Leistungsbezug abgeschlossenen Lebensversicherung mit Überschussbeteiligung, vgl. BSG 10.8.2016 – B 14 AS 51/15 R.
608 BSG 30.9.2008 – B 4 AS 57/7 R.
609 BSG 19.9.2008 – B 14/7 b AS 10/7 R.

einer privaten Versicherung stellt stets Einkommen dar, wurde die Versicherung auch aus Eigenleistung finanziert.[610]

Das BSG hat ausdrücklich für die Bezüge als Bürgermeister und Stadtrat festgestellt, dass es sich um Einkommen handelt. Ob es sich hinsichtlich der fehlenden Weisungsgebundenheit eines Stadtrates jedoch um Einkommen aus abhängiger Beschäftigung handelt, ließ es offen, äußerte jedoch erhebliche Zweifel.[611] 727

Zuwendungen Dritter sind grds. Einkommen. Ausnahmen gelten nur dann, wenn es sich um Darlehen handelt, die mit einer Rückzahlungsverpflichtung im Sinne des BGB belastet sind (dazu unten Rn. 734 ff.), oder Zuwendungen Dritter die eine vom Leistungsträger rechtswidrig abgelehnte Leistung eben wegen der Ablehnung bis zur Herstellung des rechtmäßigen Zustandes substituieren sollen.[612] Eine bedeutende Einnahme ist jedoch diejenige der Vollverpflegung. 728

Es ist bislang unklar, ob die Regelungen zur Anrechnung von Vollverpflegung, welche die ALG II-V nunmehr ausdrücklich für bestimmte Arten der Vollversorgung vorsieht (vgl. die detaillierte Regelung in § 2 Abs. 5 iVm § 4 ALG II-V) eine ermächtigungskonforme Regelung des Verordnungsgebers ist. Das BSG äußerte hieran Zweifel, lies die Frage jedoch im Ergebnis offen.[613] 729

Eine wesentliche Änderung ergibt sich mit Wirkung ab 1.8.2016 auch für Nachzahlungen (Arbeitsentgelt oder Sozialleistungen)[614]. So bestimmt nun § 11 Abs. 3 Satz 2 SGB II, dass als Nachzahlung zufließende Einnahmen, die nicht für den Monat des Zuflusses erbracht werden, auch zu den einmaligen Einnahmen gehören. Insofern ist hier die Anrechnungsmodalität nach § 11 Abs. 3 Satz 4 SGB II, der eine Aufteilung auf sechs Monate vorsieht, wenn die Einmaleinnahme im Zuflussmonat zum Wegfall des Leistungsanspruches führen würde. Diese Gesetzesänderung richtet sich konkret gegen die insofern für die Leistungsberechtigten günstigere Rechtsprechung des BSG, dass zwar auch bei Nachzahlungen auf den Zuflussmonat abgestellt hat, diese aber weiter als laufende Leistungen behandelt hat.[615] 730

4. Kindergeld als Einkommen

Eine besondere Regelung trifft § 11 Abs. 1 Satz 4 und 5 SGB II. Danach wird gesetzlich angeordnet, dass das Kindergeld nicht demjenigen als Einkommen zuzuordnen ist, dem es als nach § 62 EStG Berechtigten zufließt (idR einem Elternteil), sondern dem jeweiligen Kind, für das es gezahlt wird. Gleiches gilt für den Kinderzuschlag. Die Regelung zum Kinderzuschlag scheint aber kaum sinnvoll, da dieser nur gezahlt wird, wenn ein Anspruch auf SGB II-Leistungen dadurch vermieden wird (§ 6 a Abs. 1 Nr. 4 BKKG), so dass eine Einkommensanrechnung im Grunde nie stattfinden wird. Einzig denkbare Fälle sind die der rechtswidrig begünstigenden Bewilligung von Kinderzuschlag oder der Nachzahlung von Kinderzuschlag für vergangene Zeiträume, nachdem die Hilfebedürftigkeit wieder eingetreten ist. 731

---

610 BSG 18.1.2011 – B 4 AS 90/10 R.
611 BSG 26.5.2011 – B 14 AS 93/10 R.
612 BSG 20.12.2011 – B 4 AS 46/11 R.
613 BSG 18.6.2008 – B 14 AS 22/7 R.
614 BT-Drs. 18/8041, S. 33.
615 BSG 16.5.2012 – B 4 AS 154/11 R: Die einmalige Erbringung einer an sich laufenden Leistung ändert deren grundsätzliche Qualifizierung nicht. Vgl. auch BSG 24.4.2015 – B 4 AS 32/14 R.

B. Besonderer Teil

732 Das Kindergeld ist nur dann dem Berechtigten anzurechnen, wenn das Kind seinen Bedarf aufgrund anderen Einkommens (idR Unterhaltszahlungen) bereits decken kann.[616] Lebt das volljährige Kind nicht im Haushalt der Eltern und wird das Kindergeld an dieses nachweislich weitergeleitet, so ist nach § 1 Abs. 1 Nr. 8 ALG II-V das Kindergeld dem Kind, nicht jedoch bei den Eltern als Einkommen anzurechnen. Ungeregelt ist der Fall, in dem das Kind zwar im Haushalt lebt, jedoch nicht zur Bedarfsgemeinschaft gehört. Da § 11 Abs. 1 Satz 5 SGB II jedoch nur von „zur Bedarfsgemeinschaft gehörenden" Kindern spricht, wird man argumentum e contratio wohl davon ausgehen müssen, dass es dem Berechtigten (§ 62 EStG) auch dann als Einkommen anzurechnen ist, wenn er es weiter reicht. Einzig eine Abzweigung nach § 74 EStG kann in diesen Fällen dafür sorgen, dass das Kindergeld nicht mehr dem Berechtigten als Einkommen angerechnet wird. Einen weiteren ungeregelten Fall des Kindergeldes zeigt der folgende Widerspruch.

733

Muster: Widerspruch gegen Anrechnung von Kindergeld als Einkommen

An das

Jobcenter (…)

(Anschrift)

(Datum)

Widerspruch

des (…),

(Anschrift)

Prozessbevollmächtigter: Rechtsanwalt (…)

gegen den Bescheid vom 27.7.2016, mit dem Leistungen für den Zeitraum vom 1.8.2016 bis 31.1.2017 bewilligt wurden.

Namens und ausweislich der beigefügten Vollmacht beantrage ich,

unter Abänderung des Bescheides vom 27.7.2016 der Widerspruchsführerin Leistungen zur Sicherung des Lebensunterhaltes ohne Anrechnung von Kindergeld zu zahlen.

Begründung:

I.

Die Widerspruchsführerin wendet sich gegen die Anrechnung von Kindergeld als Einkommen auf ihre Leistungen.

Die am 5.12.1997 geborene Widerspruchsführerin bewohnte zunächst zusammen mit ihrer Mutter einen gemeinsamen Haushalt. Beide bezogen seit Februar 2011 laufend Leistungen zur Sicherung des Lebensunterhaltes nach dem SGB II.

Die Widerspruchsführerin zog am 10.6.2016 aus der gemeinsamen Wohnung aus, um eine überbetriebliche Ausbildung als Bankkauffrau in Frankfurt a.M. zu beginnen. Dies teilte die Mutter der Widerspruchsführerin dem Jobcenter mit Schreiben und Veränderungsmitteilung vom 13.6.2016 mit.

---

616 BSG 7.1.2006 – B 7 b AS 18/6 R.

Beweis:
- Meldebestätigung – Anlage W1
- Veränderungsmitteilung – Anlage W2

Die Widerspruchsführerin bewohnt eine 25 m² große Wohnung und zahlt hierfür einen Mietzins von 350 EUR. Weiterhin zahlt sie weitere Vorauszahlungen von 60 EUR aus Neben- und Heizkosten.

Beweis: Mietvertrag – Anlage W3

Die Widerspruchsführerin verfügt derzeit noch über kein Einkommen. Insbesondere wird ihr das Kindergeld durch ihre Mutter nicht überwiesen. Sie verfügt über ein Kontoguthaben von 550 EUR. Weiteres Vermögen steht ihr nicht zur Verfügung.

Beweis: Kontoauszug von Juli 2016 – Anlage W4

Mit Bewilligungsbescheid vom 27.7.2016 bewilligte das Jobcenter der Widerspruchsführerin Leistungen zur Sicherung des Lebensunterhaltes nach dem SGB II. Sie berücksichtigte bedarfsmindernd jedoch Kindergeld.

II.

Der Bescheid ist rechtswidrig und verletzt die Widerspruchsführerin in ihren Rechten.

Nach § 7 Abs. 1 SGB II erhalten Personen, die das 15. Lebensjahr vollendet haben, erwerbsfähig und hilfebedürftig sind sowie ihren gewöhnlichen Aufenthalt in der Bundesrepublik Deutschland haben, Leistungen nach diesem Buch.

Die Widerspruchsführerin ist erwerbsfähig und hat ihren gewöhnlichen Aufenthalt in der Bundesrepublik. Ferner hat sie das 15. Lebensjahr vollendet.

Auch ist sie hilfebedürftig, da ihrem Bedarf, bestehend aus Regelbedarf nach § 20 SGB II und den Kosten der Unterkunft nach § 22 SGB II, kein Einkommen nach § 11 SGB II und kein anrechenbares Vermögen nach § 12 SGB II gegenübersteht.

Insbesondere kann ihr das Kindergeld nicht als Einkommen nach § 11 SGB II angerechnet werden. Nach § 11 Abs. 1 Satz 3 und 4 SGB II ist Kinderzuschlag nach § 6 a des Bundeskindergeldgesetzes als Einkommen dem jeweiligen Kind zuzurechnen. Dies gilt auch für das Kindergeld zur Bedarfsgemeinschaft gehörender Kinder, soweit es bei dem jeweiligen Kind zur Sicherung des Lebensunterhalts, mit Ausnahme der Bedarfe nach § 28 SGB II, benötigt wird.

Der Verordnungsgeber hat vorliegend lediglich eine konkretisierende Regelung in § 1 Abs. 1 Nr. 8 ALG II-V getroffen. Danach kann Kindergeld nicht bei dem hilfebedürftigen Elternteil angerechnet werden, wenn es an das nicht im Haushalt lebende Kind nachweislich weitergereicht wird.

Hier liegt der umgekehrte Fall zugrunde. Eine Anrechnung von Kindergeld bei dem nicht im Haushalt lebenden Kind muss jedoch ausscheiden, wenn dieses tatsächlich *nicht* an das Kind weitergereicht wird. In diesem Fall darf das Kindergeld gerade nicht dem Kind, sondern muss weiter dem Berechtigten als Einkommen angerechnet werden (*Geiger* LPK-SGB II § 11 Rn. 54). Die Anrechnung erfolgte daher rechtswidrig. Die um die Anrechnung des Kindergeldes gekürzten Leistungen sind an die Widerspruchsführerin auszuzahlen.

(...)
Rechtsanwalt

5. Einkommen als „bereite Mittel" – insbesondere Darlehenszahlungen durch Dritte

734 Einkommen kann nur dann gegeben sein, wenn es sich um „bereite Mittel"[617] handelt. Dies erfordert, dass sie dem Leistungsberechtigten aktuell und nicht nur fiktiv zur Verfügung stehen. In einigen Fällen bereitet dies Probleme.

735 Probleme bereitete Einkommen aus einer Erbschaft. Zwar ist für die Frage ob es sich bei dieser um Einkommen oder Vermögen handelt, streng auf den Zeitpunkt des Erbfalls abzustellen (bzw. darauf, ob dieser vor oder nach der Erstantragstellung liegt). Jedoch ist hinsichtlich des Anrechnungszeitpunktes bei dem Erbe in einer Erbengemeinschaft auf den Zeitpunkt der erfolgten Erbauseinandersetzung abzustellen.[618] Mit der Gesetzesänderung zum 1.8.2016 hat sich diese Problematik entschärft: Immobilienerbschaften oder sonstige Erbschaften (lediglich) in Geldeswert sind kein Einkommen mehr. Einnahmen in Geldeswert bleiben daher künftig grds. anrechnungsfrei und sind somit ab dem Ersten des Monats, der auf den Monat des Zuflusses folgt, dem Vermögen der Leistungsberechtigten zuzuordnen (vgl. hierzu mwN Rn. 724).

736 Ebenfalls problematisch ist der Verbrauch zugeflossenen Einkommens. Das Einkommen wäre zwar grds. bedarfsmindernd zu berücksichtigen, doch wenn der Einsatz des Einkommens wegen Verbrauchs (gleich welcher Art – zB Schuldentilgung, unwirtschaftliche oder verschwenderische Lebensführung etc.) tatsächlich nicht möglich ist, steht das Einkommen als bereites Mittel nicht zur Verfügung und ist nicht geeignet, den konkreten Bedarf im jeweiligen Monat zu decken. Eine fiktive Einkommensanrechnung verbietet sich, so dass zur Vermeidung einer Bedarfsunterdeckung ein Leistungsanspruch ohne Einkommensanrechnung besteht. Dem Verbrauch des Einkommens kann ggf. mit einem Ersatzanspruch nach § 34 SGB II oder einer Sanktion nach § 31 Abs. 2 Nr. 3 SGB II begegnet werden.

737 Dieselbe Problematik ergab sich für einmalige Einnahmen. Hierzu hat das BSG festgehalten, dass ein Empfänger von SGB II-Leistungen der Grundsicherung für Arbeitsuchende bei Zufluss einer einmaligen Einnahme grds. gehalten ist, das Geld zB nicht zur Schuldentilgung zu verwenden, sondern über den Verteilzeitraum (§ 11 Abs. 3 SGB II) hinweg zur Sicherung des Lebensunterhalts einzusetzen hat. Sollte die einmalige Einnahme gleichwohl vorzeitig verbraucht worden sein, hat das BSG weiter ausgeführt, dass eine einmalige Einnahme aber auch über einen Verteilzeitraum hinweg nur bedarfsmindernd berücksichtigt werden darf, soweit sie als bereites Mittel geeignet ist, den konkreten Bedarf im jeweiligen Monat zu decken. Steht sie jedoch tatsächlich nicht (mehr) uneingeschränkt zur Verfügung, ist ein Leistungsanspruch – bei Vorliegen der weiteren Voraussetzungen – gegeben.[619]

738 Dieser Rechtsprechung tritt der Gesetzgeber durch § 24 Abs. 4 Satz 2 SGB II mit Wirkung ab 1.1.2017 entgegen: Für den Fall, dass einmalige Einnahmen i.S.d. § 11 Abs. 3 SGB II vorzeitig (vor Ablauf des Sechsmonatszeitraumes nach § 11

---

617 Vgl. hierzu BSG 29.11.2012 – B 14 AS 33/12 R.
618 BSG 25.1.2012 – B 14 AS 101/11 R. Die Auffassung des BSG ist jedoch problematisch, wenn die Erben willentlich in ungeteilter Erbengemeinschaft verbleiben. In dem Fall besteht zwar ein messbarer Wertzuwachs, aber eine Anrechnung bliebe generell ausgeschlossen. Gerade bei Grundstücken von beträchtlichem Wert ist diese Auffassung daher abzulehnen.
619 BSG 12.12.2013 – B 14 AS 76/12 R.

Abs. 3 Satz 4 SGB II)[620] von den Leistungsberechtigten verbraucht worden sind, kommt nun nur eine darlehnsweise Leistungsgewährung – mit Rückerstattungsverpflichtung nach § 42 a Abs. 2 SGB II – in Betracht (vgl. hierzu oben Rn. 10 ff.).

Muster: Keine Einkommensanrechnung bei vorzeitigem Verbrauch[621]   739

An das

Jobcenter (...)

(Anschrift)

(Datum)

Widerspruch

des (...),

(Anschrift)

Prozessbevollmächtigter: Rechtsanwalt (...)

wegen Ablehnung der Bewilligung von Leistungen nach dem SGB II ab dem 1.9.2015

Namens und ausweislich der beigefügten Vollmacht beantrage ich:

Den Bescheid vom 20.9.2015 abzuändern und dem Widerspruchsführer vom 1.9.2015 bis zum 31.1.2016 Leistungen nach dem SGB II ohne Anrechnung von Einkommen zu zahlen.

Begründung:

I.

Der Widerspruchführer wendet sich gegen die Anrechnung von Einkommen.

Der am 2.3.1969 geborene Widerspruchsführer bewohnt eine 34 m² große Wohnung. Er zahlt hierfür einen Mietzins von 230 EUR, sowie Vorauszahlungen auf Heiz- und Nebenkosten von 80 EUR.

Beweis: Mietvertrag – Anlage W1

Er verfügt über keinerlei Einkommen. Sein Vermögen beschränkt sich auf ein Kontoguthaben von 588 EUR.

Beweis: aktueller Kontoauszug – Anlage W2

---

620 Vgl. BT-Drs. 18/8041, S. 42.
621 Mit Wirkung zum 1.1.2017 trat § 24 Abs. 4 S. 2 SGB II in Kraft. Danach können Leistungen zur Sicherung des Lebensunterhaltes als Darlehen erbracht werden, soweit Leistungsberechtigte einmalige Einnahmen nach § 11 Abs. 3 Satz 4 SGB II vorzeitig verbrauchen. Ist dies der Fall, ist das pflichtgemäße Ermessen eröffnet (§ 39 Abs. 1 SGB I, § 54 Abs. 2 Satz 2 SGG), in das die gesetzlichen Wertungen des SGB II einfließen müssen. Die neue Vorschrift soll die Prüfung von Ersatzansprüchen nach § 34 SGB II im Falle einer erneuten zuschussweisen Bewilligung entfallen lassen (BT-Drucks. 18/8041, S. 42). Wie dieses Ermessen im Einzelfall auszuüben ist und ob die Voraussetzungen bzw. Wertungen des § 34 SGB II mit einbezogen werden müssen, bleibt abzuwarten. Eine wichtige Folge der darlehensweisen Leistungsgewährung ist, dass keine Pflichtversicherung in der Kranken-, Pflege- und Rentenversicherung besteht. In den Fällen des § 24 Abs. 4 Satz 1 SGB II war dies zumeist nicht dramatisch, da es sich häufig um aufzustockende Einnahmen handelte, die für sich genommen Versicherungsschutz begründeten (bspw. Erwerbseinkommen, Rente, ALG I). Bei dem vorzeitigen Verbrauch einer einmaligen Einnahme wird, sofern die Leistungen als Darlehen erbracht werden, häufig der über das SGB II vermittelte Versicherungsschutz entfallen.

B. Besonderer Teil

Der Widerspruchsführer bezieht seit Januar 2013 laufend Leistungen zur Sicherung des Lebensunterhaltes nach dem SGB II. Mit Bescheid vom 23.2.2015 wurden dem Widerspruchsführer Leistungen für den Zeitraum vom 1.3.2015 bis 31.8.2015 bewilligt.

Beweis: Bescheid vom 23.2.2016 – Anlage W3

Am 21.5.2015 verstarb der Onkel des Widerspruchsführers, wobei er gemäß dem Testament Erbe zu einem Viertel wurde. Das Vermögen des Onkels bestand, neben wertlosem Hausrat, der gänzlich entsorgt wurde, aus einem Guthaben auf dessen Sparbuch in Höhe von 20.000 EUR. Der Anteil des Widerspruchsführers, mithin 5.000 EUR, wurde seinem Konto am 8.7.2015 gutgeschrieben.

Beweis: Kontoauszug von Juli 2015 – Anlage W4

Dies teilte er dem Widerspruchsgegner ordnungsgemäß mit, woraufhin die Leistungsbewilligung ab dem 1.8.2015 vollständig aufgehoben wurde. Die Einnahme aus der Erbschaft wurde dabei auf einen Zeitraum von 6 Monaten aufgeteilt und auf den Leistungsanspruch des Widerspruchsführers angerechnet.

Beweis: Bescheid vom 25.7.2015 – Anlage W5

Der Widerspruchsführer erwarb mit dem aus der Erbschaft zugeflossenen Betrag zu einem Preis von 1.000 EUR ein neues Bett, nebst orthopädischer Matratze, da er unter Rückenproblemen leidet und sein altes Bett teilweise defekt und die Matratze durchgelegen war. Zudem kaufte er zu einem Preis von 1.500 EUR einen Laptop, sowie für 500 EUR einen Fernseher. Weitere 1.500 EUR investierte er in die Anschaffung eines 10 Jahre alten gebrauchten Fiat 500. Den übrigen Betrag aus der Erbschaft verbrauchte der Widerspruchsführer für seinen Lebensunterhalt im August 2015.

Beweis: Kaufbelege vom 9.7.2015, 14.7.2015 und 21.8.2015 – Anlagenkonvolut W6-8

Am 5.9.2015 beantragte der Widerspruchsführer erneut die Gewährung von Leistungen nach dem Verteilzeitraum (§ 11 Abs. 3 SGB II). Dies lehnte der Widerspruchsgegner mit Bescheid vom 20.9.2015 mit der Begründung ab, dass ein Anspruch auch dann nicht bestehe, wenn die Mittel aus der Erbschaft vollständig verbraucht sind.

Beweis: Bescheid vom 20.9.2015 – Anlage W9

Hiergegen richtet sich der Widerspruch.

II.

Der Bescheid vom 20.9.2015, mit dem die Gewährung von Leistungen nach dem SGB II für den Zeitraum ab September 2015 abgelehnt wurde, ist rechtswidrig und verletzt den Widerspruchsführer in seinen Rechten.

Nach § 7 Abs. 1 SGB II erhalten Personen, die das 15. Lebensjahr vollendet haben, erwerbsfähig und hilfebedürftig sind sowie ihren gewöhnlichen Aufenthalt in der Bundesrepublik Deutschland haben, Leistungen nach diesem Buch.

Der Kläger ist erwerbsfähig und hat seinen gewöhnlichen Aufenthalt in der Bundesrepublik. Ferner hat er das 15. Lebensjahr vollendet.

Auch ist er hilfebedürftig, da kein weiteres Einkommen seinem Bedarf gegenüberstand (§ 9 SGB II).

Einkommen nach § 11 SGB sind Einnahmen in Geld.

Dabei sind Einnahmen iSd § 11 Abs. 1 SGB II grds. alles das, was jemand nach Antragstellung wertmäßig dazu erhält, und Vermögen das, was er vor Antragstellung bereits hatte.[622]

Zutreffend geht der Widerspruchsgegner davon aus, dass sich die einmalige Einnahme aus der Erbschaft im Zeitpunkt des Zuflusses im Juli 2016 als Einkommen darstellte. Bei Berücksichtigung einer Einnahme als Einkommen in einem abschließenden Prüfungsschritt kommt es jedoch darauf an, ob zugeflossenes Einkommen als „bereites Mittel" geeignet ist, den konkreten Bedarf im jeweiligen Monat zu decken. Dies gilt auch bei Berücksichtigung einer einmaligen Einnahme über einen Verteilzeitraum hinweg ohne Einschränkungen.[623] Durch die getätigten Anschaffungen des Widerspruchsführers stand die Erbschaft schon zu Beginn des Bewilligungszeitraums nicht mehr zur Sicherung des Lebensunterhalts zur Verfügung. Mithin ist eine Berücksichtigung des Einkommens aus der Erbschaft nicht möglich.

Dem Widerspruchsführer sind die Leistungen nach dem SGB II antragsgemäß zu gewähren.

(...)

Rechtsanwalt

Eine weitere, besonders praxisrelevante Ausnahme, sind Darlehenszahlungen. Diese führen nicht selten zu schwierigen Abgrenzungsfragen. Nicht als ein solches problematisches Darlehen wird jedoch die Leistung nach § 10 Abs. 2 AFBG (Gesetz zur Förderung der beruflichen Aufstiegsfortbildung – sogenanntes „Meister-BAföG") angesehen.[624]

Zu den problematischen Fällen privater Darlehen folgendes Klageformular:

Muster: Klage gegen Aufhebung und Erstattung wegen Anrechnung eines Darlehens als Einkommen

Rechtsanwalt

(...)

(Datum)

An das

Sozialgericht (...)

(Anschrift)

K L A G E

des (...),

(Anschrift)

– Kläger –

Prozessbevollmächtigter: Rechtsanwalt (...)

gegen

---

622 Vgl. nur BSG 30.7.2008 – B 14 AS 26/7 R.
623 BSG 29.11.2012 – B 14 AS 33/12 R und 12.12.2013 – B 14 AS 76/12 R
624 BSG 16.2.2012 – B 4 AS 94/11 R.

B. Besonderer Teil

Jobcenter (...)
(Anschrift)
vertreten durch den Geschäftsführer

– Beklagter –

wegen Aufhebung und Erstattung von Leistungen für den Zeitraum 1.6.2015 bis 31.11.2015
Bescheid vom 10.12.2015

Namens und ausweislich der beigefügten Vollmacht des Klägers erhebe ich Klage und werde beantragen:

Der Bescheid des Beklagten vom 10.12.2015 in der Gestalt des Widerspruchsbescheides vom 23.2.2016 wird aufgehoben.

Zur Geltendmachung der Rechte des Klägers beantrage ich ferner,

dem Kläger Prozesskostenhilfe ab Klageerhebung zu bewilligen und den Unterzeichner beizuordnen.

Begründung:

I.

Der Kläger wendet sich gegen die Aufhebung und Erstattung von Leistungen zur Sicherung des Lebensunterhaltes.

Der am 8.3.1979 geborene Kläger bewohnt allein eine Wohnung mit einer Größe von 38 m². Er zahlt hierfür einen Mietzins von 320 EUR sowie Vorauszahlungen auf Nebenkosten von 30 EUR sowie auf Heizkosten von 40 EUR.

Beweis:
– Mietvertrag – Anlage K1
– Heizkostenabrechnung 2011 – Anlage K2

Der Kläger verfügt über kein laufendes Einkommen. Sein Vermögen beschränkt sich auf das an ihn gezahlte streitgegenständliche Darlehen in Höhe von 1.000 EUR.

Beweis: Kontoauszug – Anlage K3

Der Kläger bezieht seit Februar 2010 laufend Leistungen zur Sicherung des Lebensunterhaltes nach dem SGB II von dem Beklagten. Am 27.4.2015 bewilligte der Beklagte dem Kläger zuletzt Leistungen für den Zeitraum vom 1.6.2015 bis 30.11.2015.

Beweis: Bescheid vom 27.5.2015 – Anlage K4

Der Kläger beabsichtigte, eine Reise nach Griechenland zu unternehmen, um seine dort lebenden Eltern zu besuchen. Hierfür benötigte er finanzielle Unterstützung. Sein Onkel, der Zeuge Herr (...) sicherte ihm diese in Form eines Darlehens zu. Der Kläger und der Zeuge schlossen daraufhin am 20.5.2015 einen Darlehensvertrag über 1.000 EUR. Dieser enthielt folgenden Wortlaut:

„Hiermit leihe ich meinem Neffen, Herrn (...) 1.000 EUR, damit er nach Griechenland reisen kann. Er zahlt sie mir in Raten von monatlich 50 EUR zurück.

(Unterschrift Zeuge) (Unterschrift Kläger)"

VI. Einkommen

Beweis:
- Darlehensvertrag vom 20.5.2015 – Anlage K5
- Zeugnis des Herrn (...) (Anschrift)

Der Zeuge zahlte dem Kläger die Summe sodann noch im Mai 2015 auf dessen Girokonto. Die Überweisung wurde vom Zeugen mit der Bemerkung „Reisedarlehen" versehen.

Beweis: Kontoauszug für Mai 2015 – Anlage K6

Der Kläger zahlte sodann ab Juni 2015 monatlich 50 EUR auf das Konto des Zeugen zurück. Er führt die Raten nach wie vor an den Zeugen ab.

Beweis:
- Dauerauftrag vom 4.6.2015 – Anlage K7
- Kontoauszüge Juni bis September 2015 – Anlage K8
- Zeugnis des Herrn (...), b.b.

Im Rahmen des Weiterbewilligungsantrages, den der Kläger im November 2015 stellte, legte er unter anderem auch Kontoauszüge für Juni 2015 vor, aus denen sich die Überweisung des Darlehens ergab. Daraufhin hörte der Beklagte den Kläger mit Schreiben vom 19.10.2015 zur Aufhebung von Leistungen nach § 40 Abs. 1 Nr. 1 SGB II iVm § 330 SGB III, § 45 Abs. 2 Nr. 2 SGB X an. Er zog von den 1.000 EUR die Versicherungspauschale von 30 EUR ab und verteilte sodann die 970 EUR auf einen Zeitraum von 6 Monaten. Der Beklagte hob die Leistungen mit Bescheid vom 10.12.2015 für den Zeitraum vom 1.6.2015 bis 30.11.2015 in Höhe von insgesamt 970 EUR auf.

Beweis: Bescheid vom 10.12.2015 – Anlage K9

Hiergegen erhob der Kläger mit Schreiben vom 20.12.2015 Widerspruch. Er begründete ihn damit, dass das Geld seines Onkels ein Darlehen gewesen sei, was er zurückzahlen müsse. Er könne es nicht behalten und zur Lebensführung einsetzen. Den Urlaub habe er ferner nunmehr im Oktober 2015 gebucht.

Beweis: Widerspruch vom 20.12.2015 – Anlage K10

Der Beklagte wies den Widerspruch mit Widerspruchsbescheid vom 23.2.2016 zurück. Er begründete dies damit, dass der Kläger die Zahlung auch zur Lebensführung hätte einsetzen können. Sie stand ihm zur freien Verfügung. Die Reise war nicht notwendig. Im Übrigen habe der Kläger die Buchung und den zweckentsprechenden Einsatz des Darlehens nicht nachgewiesen. Die Berechnung sei im Übrigen korrekt. Der Betrag ist um die Versicherungspauschale nach § 11 b Abs. 1 Satz 1 Nr. 3 Satz 2 SGB II iVm § 6 Abs. 1 Nr. 1 ALG II-V um die Versicherungspauschale von 30 EUR zu bereinigen. Da die Anrechnung im Zuflussmonat die Leistungen vollständig entfallen ließen, ist das Einkommen nach § 11 Abs. 3 Satz 4 SGB II auf sechs Monate aufzuteilen. Der Bescheid sei nach § 45 Abs. 1 Nr. 2 SGB X aufzuheben, da er ursprünglich bereits bei Erlass rechtswidrig war und der Kläger nach § 60 SGB I die Pflicht gehabt habe, den Einkommenszufluss mitzuteilen, was er jedoch nicht tat. Damit könne er sich nach § 45 Abs. 1 Nr. 2 SGB X nicht auf Vertrauensschutz berufen.

Beweis: Widerspruchsbescheid vom 23.2.2016

II.

Der Bescheid vom 10.12.2015 in der Gestalt des Widerspruchsbescheides vom 23.2.2016, mit dem Leistungen für den Zeitraum vom 1.6.2015 bis 30.11.2015 aufgehoben wurden, ist rechtswidrig und verletzt den Kläger in seinen Rechten.

Ermächtigungsgrundlage für die Aufhebung ist § 40 Abs. 2 Nr. 3 SGB II iVm § 330 SGB III und § 45 Abs. 1 SGB X. Danach ist (§ 330 SGB III) ein rechtswidriger Verwaltungsakt, der ein Recht oder einen rechtlich erheblichen Vorteil begründet oder bestätigt (begünstigender Verwaltungsakt) unter den Einschränkungen des § 45 Abs. 2 bis 4 SGB X, auch nachdem er unanfechtbar ist, für die Vergangenheit zurückzunehmen.

Vorliegend war der Verwaltungsakt, der dem Kläger die Leistungen zur Sicherung des Lebensunterhaltes bewilligte, jedoch nicht rechtswidrig.

Nach § 7 Abs. 1 SGB II erhalten Personen, die das 15. Lebensjahr vollendet haben, erwerbsfähig und hilfebedürftig sind sowie ihren gewöhnlichen Aufenthalt in der Bundesrepublik Deutschland haben, Leistungen nach diesem Buch.

Der Kläger ist erwerbsfähig und hat seinen gewöhnlichen Aufenthalt in der Bundesrepublik. Ferner hat er das 15. Lebensjahr vollendet.

Auch ist er hilfebedürftig im ursprünglich festgestellten Umfang, da kein weiteres Einkommen seinem Bedarf gegenüberstand (§ 9 SGB II).

Nach § 11 Abs. 1 SGB II sind als Einkommen zu berücksichtigen Einnahmen in Geld.[625] Einkommen iSd § 11 Abs. 1 SGB II ist grds. alles das, was jemand nach Antragstellung wertmäßig dazu erhält und Vermögen das, was er vor Antragstellung bereits hatte (vgl. nur BSG 29.4.2015 – B 14 AS 10/14 R). Nur ein tatsächlicher wertmäßiger Zuwachs kann als Einkommen berücksichtigt werden. Dieser Zuwachs muss dem Hilfebedürftigen zur endgültigen Verwendung verbleiben, denn nur dann lässt er seine Hilfebedürftigkeit dauerhaft entfallen. Ein Darlehen, das an den Darlehensgeber zurückzuzahlen ist, stellt damit als nur vorübergehend zur Verfügung gestellte Leistung kein Einkommen dar, auch wenn es als „bereites Mittel" zunächst zur Deckung des Lebensunterhalts verwandt werden könnte (BSG 17.6.2010 – B 14 AS 46/9 R). Entscheidend für die Abgrenzung zwischen einkommensgleicher Unterhaltsunterstützung oder Schenkung und eines Darlehens mit Rückzahlungspflicht ist, ob ein Darlehensvertrag gem. § 488 BGB wirksam abgeschlossen wurde. Bei der Gewährung von Darlehen unter Verwandten sind an die Ernstlichkeit der Darlehensgewährung und die Wirksamkeit des Vertragsschlusses erhöhte Anforderungen zu stellen. Dies ist notwendig, um Darlehen von verschleierten Schenkungen oder verdeckten Unterhaltsleistungen abzugrenzen. Bei der vorzunehmenden Prüfung, ob ein wirksamer Darlehensvertrag geschlossen worden ist, können die Kriterien des sog. Fremdvergleichs herangezogen werden.

So liegt der Fall hier. Der Kläger hat mit seinem Onkel einen Vertrag abgeschlossen, wonach dieser ihm ein Darlehen iHv 1.000 EUR zur Verfügung stellt. Dass die Beteiligten übereinstimmend in dem Vertrag von einer „Leihe" sprechen, ist unschädlich (falsa demonstratio non nocet), da sie – wie schon aus dem Inhalt der Vereinbarung hervorgeht – übereinstimmend von einem Darlehen ausgingen. Es sind im Vertrag die für ein Darlehen üblichen Gegenstände geregelt, nämlich die Darlehenssumme sowie die Rückzahlungsmo-

---

625 Einnahmen in Geldeswert unterfallen seit dem 1.8.2016 nicht mehr dem § 11 SGB II. Die Änderung dient vor allem der Verwaltungsvereinfachung, da die Prüfung, mit welchem Wert ein Sachbezug anzusetzen war, oft aufwändig war, während eine Anrechnung wegen des Unterschreitens der Bagatellgrenze im Ergebnis häufig unterblieb (BT-Drs. 18/8041, S. 32). Zu prüfen bleibt allerdings eine Berücksichtigung als neu erworbenes Vermögen. Eine Ausnahme von der Anrechnungsfreiheit gilt gemäß § 11 Abs. 1 Satz 2 SGB II für Einnahmen in Geldeswert, die im Rahmen von Erwerbstätigkeit, Bundesfreiwilligendienst oder Jugendfreiwilligendienst zufließen, da es nicht gerechtfertigt wäre, Arbeitsentgelte je nach der Erbringungsform als Geldbetrag oder Sachleistung unterschiedlich zu behandeln (BT-Drs. 18/8041, S. 32).

dalitäten. Zwar fehlt eine Vereinbarung über die Fälligkeit der ersten Rate, jedoch gingen die Vertragsparteien offensichtlich übereinstimmend davon aus, dass die Rückzahlung mit dem ersten Monat auf die Auszahlung hin erfolgen solle, da der Kläger die Rückzahlungen unwidersprochen zu diesem Zeitpunkt aufnahm. Auch wurde die Überweisung des Geldes durch den Zeugen eindeutig mit der Zweckbestimmung des „Reisedarlehens" versehen. Damit kann ausgeschlossen werden, dass die Vereinbarung erst nachträglich zur Verschleierung einer Schenkung aufgesetzt wurde. Weiterhin spricht auch gerade die unverzügliche und regelmäßige Rückzahlung dafür, dass zwischen den Beteiligten ein Darlehen iSd § 488 BGB vereinbart wurde und gewollt war. Auch ist ein nachvollziehbarer Grund für die Darlehensgewährung gegeben und sowohl im Darlehensvertrag als auch in der Überweisung ausdrücklich genannt. Die Reise hatte im Übrigen nicht nur touristischen Charakter, sondern diente dem Kläger auch zum Besuch bei seinen Eltern. Damit entspricht der abgeschlossene Vertrag durchaus dem unter Fremden üblichen. Dass keine Zinsabrede getroffen wurde, steht dieser Annahme nicht entgegen, da ein solcher Vertrag gerade nicht einem solchen mit einem Kreditinstitut entsprechen muss.

Damit steht fest, dass das gewährte Darlehen nicht als Einkommen gewertet werden darf. Der Verwaltungsakt ist damit nicht ursprünglich rechtswidrig. Die Voraussetzungen des § 45 Abs. 1 SGB X liegen nicht vor. Demgemäß fehlt es auch an einer Grundlage für eine Erstattung nach § 50 SGB X.

III.

Wie sich aus der beigefügten Erklärung zu den persönlichen und wirtschaftlichen Verhältnissen ergibt, kann der Kläger die Kosten der Prozessführung nicht aufbringen (§ 73 a SGG iVm § 114 ZPO). Da die Klage – wie ausgeführt – Aussicht auf Erfolg hat und nicht mutwillig ist, ist der Antrag auf Prozesskostenhilfe ebenfalls begründet.

(…)
Rechtsanwalt

6. Einkommensbereinigung

Das Gesetz sieht vor, dass erzieltes Einkommen die Hilfebedürftigkeit verringert (§ 9 SGB II). Jedoch ist das erzielte Einkommen nicht in voller Höhe auf den Bedarf anzurechnen. Es ist vielmehr zuvor entsprechend der Vorschrift des § 11 b SGB II ergänzt durch bzw. unter Berücksichtigung von §§ 3 ff. ALG II-V zu bereinigen. Die Systematik der Reglung zur Einkommensbereinigung wurde zwar mit der letzten Gesetzesneufassung etwas übersichtlicher, erschließt sich dennoch nicht auf den ersten Blick. 742

Eine erschöpfende Darstellung der Auslegung der einzelnen Tatbestände ist an dieser Stelle nicht möglich.[626] Dies ist aber auch nicht nötig, da nur eine geringe Anzahl von Absetzungsbeträgen und Auslegungsproblemen wirklich praxisrelevant sind. Daher hier nur einige Hinweise zu den einzelnen Tatbeständen: 743

a) Die Vorschrift des § 11 b Abs. 1 Nr. 1 und 2 SGB II sehen die Absetzung von auf das Einkommen entrichteten Steuern und Beiträgen zu den Sozialversicherungen vor. Diese Tatbestände werfen keine Probleme auf. Es kann zur Verein-

---

[626] Siehe hierzu bspw. Münder/*Geiger* LPK-SGB II § 11 b Rn. 2 ff.

fachung idR auf den Nettobetrag der Lohnabrechnung zurückgegriffen werden, da dieser den entsprechen Einkommensbetrag unter Abzug der vorgenannten Absetzungsbeträge enthält.

b) Nach § 11 b Abs. 1 Nr. 3 SGB II sind sodann Beiträge zu Versicherungen, soweit sie gesetzlich vorgeschrieben sind, oder dem Grund und der Höhe nach angemessen sind, abzusetzen. Der Gesetzgeber nennt hierbei insbesondere private Kranken-, Pflege-, und Rentenversicherung für Personen, die nicht versicherungspflichtig in den jeweiligen gesetzlichen Versicherungen sind. Zu berücksichtigen sind nur Versicherungen, die einen spezifischen Bezug zu den Zielen des SGB II aufweisen.[627] Als gesetzlich vorgeschriebene Versicherung kommt insbesondere die Kfz-Haftpflichtversicherung in Betracht (§ 1 Pflichtversicherungsgesetz).[628] Sonstige Versicherungen müssen dem Grund und der Höhe nach angemessen sein. Zur Erleichterung der Massenverwaltung hat der Verordnungsgeber in § 6 Abs. 1 Nr. 1 ALG II-V ermächtigungskonform[629] einen pauschalen Absetzungsbetrag von 30 EUR für die privaten Versicherungen angeordnet. Dies hat unabhängig davon zu geschehen, ob solcherlei Versicherungen tatsächlich abgeschlossen worden oder nicht.[630] Hervorzuheben ist, dass die Pauschale nur für volljährige Leistungsberechtigte gilt. Da § 11 Abs. 1 Satz 3 SGB II gezahltes Kindergeld zum Einkommen des jeweiligen Kindes anordnet, kann, soweit kein anderes Einkommen des volljährigen Leistungsberechtigten gegeben ist, hiervon jedenfalls nicht nach § 6 Abs. 1 Nr. 1 ALG II-V die Pauschale abgesetzt werden.[631] Die Pauschale ist jedoch dann wieder abzusetzen, wenn aufgrund der sonstigen Deckung des Bedarfs des Minderjährigen das Kindergeld sodann wieder beim Berechtigten als Einkommen anzurechnen ist (vgl. oben Rn. 731 ff.). Für den Minderjährigen selbst kann nach § 6 Abs. 1 Nr. 2 SGB II die Versicherungspauschale abgesetzt werden, wenn der Minderjährige eine dem Grunde und der Höhe nach angemessene Versicherung abgeschlossen hat. Es ist nicht notwendig, dass das Kind selbst die Versicherung abgeschlossen hat. Es genügt, wenn es diese finanzieren muss.[632] Welche Versicherungen dem Grunde und der Höhe nach angemessen sind, ist danach zu beurteilen, für welche Lebensrisiken (Grund) und in welchem Umfang (Höhe) Bezieher von Einkommen knapp oberhalb der Grundsicherungsgrenze üblicherweise Vorsorgeaufwendungen zu tätigen pflegen und andererseits, welche individuellen Lebensverhältnisse die Situation des Hilfebedürftigen prägen.[633]

---

627 Vgl. BSG 8.2.2017 – B 14 AS 10/16 R wonach vom Einkommen abgesetzt werden können: Die Gebäudebrandversicherung dient zB dem Bedarf Wohnen, die Kfz-Haftpflichtversicherung dient vermittels des Kfz der Mobilität zur Aufnahme einer Erwerbstätigkeit. Für eine private Tierhaltung ist ein derartiger Bezug zur Existenzsicherung oder Aufnahme einer Erwerbstätigkeit nicht gegeben. Beiträge zu einer durch ein Landeshundegesetz gesetzlich vorgeschriebenen Hundehaftpflichtversicherung sind daher nicht als Versicherungsbeiträge nach § 11 b Abs 1 Satz 1 Nr. 3 SGB II vom zu berücksichtigenden Einkommen abzuziehen.
628 BSG 18.3.2008 – B 8/9 SO 11/6 R.
629 BSG 18.6.2008 – B 14 AS 55/7 R.
630 BSG 19.9.2008 – B 14 AS 56/7 R.
631 BSG 7.11.2006 – B 7 b AS 18/6 R.
632 BSG 10.5.2011 – B 4 AS 139/10 R.
633 BSG 9.11.2010 – B 4 AS 7/10 R; zweifelnd für eine Unfallversicherung zugunsten des Minderjährigen: BSG 10.5.2011 – B 4 AS 139/10; zu weiteren Einzelheiten Münder/*Geiger* LPK-SGB II § 11 b Rn. 7.

VI. Einkommen

c) Mit Wirkung zum 1.8.2016 wurde auch § 6 ALG II-V geändert. Insofern wurde die Berücksichtigung der gesetzlich vorgeschriebenen Versicherungen nach § 11 b Abs. 1 Satz 1 Nr. 3 SGB II mit § 6 Abs. 1 Nr. 3 ALG II-V derart bestimmt, dass von dem Einkommen Leistungsberechtigter monatlich ein Betrag in Höhe eines Zwölftels der zum Zeitpunkt der Entscheidung über den Leistungsantrag nachgewiesenen Jahresbeiträge als Pauschbetrag zu berücksichtigen ist.[634] Es handelt sich hierbei um eine nicht unerhebliche Abweichung von der bisherigen Rechtslage und Praxis. Gerade das Abstellen auf den Nachweis zum Zeitpunkt der Entscheidung dürfte zu Problemen in der Praxis führen, wo bislang entsprechende Unterlagen nachgereicht werden konnten und die Bewilligungen überprüft wurden. Um Nachteile für die Leistungsberechtigten abzuwenden, wird durch die Jobcenter ggf. eine entsprechende Aufklärung zu der geänderten Rechtslage erfolgen müssen. Sofern eine entsprechende Aufklärungspflicht ausbleibt, kann ggf. ein sozialrechtlicher Herstellungsanspruch in Betracht kommen.[635]

d) Nach § 11 b Abs. 1 Nr. 4 SGB II sind geförderte Altersvorsorgebeiträge nach § 82 EStG, soweit sie den Mindesteigenbeitrag nach § 86 EStG nicht überschreiten, abzusetzen. Hierbei handelt es sich um zertifizierte Altersvorsorgebeiträge, der sog. „Riester-Rente", soweit sie den Mindesteigenbetrag (§ 86 EStG) nicht übersteigen. Letzteres ist jedoch in der Praxis kaum ein Problem.[636] Nicht erfasst sind „Rürup-Renten", da diese nicht zertifiziert sind. Nach dem mit Wirkung zum 1.8.2016 neugefassten § 6 Abs. 1 Nr. 4 ALG II-V ist für die zu einem geförderten Altersvorsorgevertrag entrichteten Beiträge nach § 11 b Abs. 1 Satz 1 Nr. 4 SGB II von dem Einkommen Leistungsberechtigter ein Betrag in Höhe von 3 % des Einkommens, mindestens 5 Euro, abzuziehen, wobei sich der Prozentwert um 1,5 Prozentpunkte je zulageberechtigtem Kind im Haushalt der oder des Leistungsberechtigten mindert.

e) Ein weiterer bedeutender Absetzungsbetrag ist der nach § 11 b Abs. 1 Nr. 5 SGB II, nämlich der mit der Erzielung des Einkommens notwendig verbundenen Ausgaben. Die ALG II-V hatte hierzu bis 31.7.2016 in § 6 Abs. 1 Nr. 3 bestimmt, dass grds. 15,33 EUR vom Erwerbseinkommen aus unselbstständiger Arbeit abzusetzen sind; zudem waren bei Benutzung eines Kfz 0,20 EUR für jeden gefahrenen Kilometer der kürzesten Verbindung zwischen Wohnung und Arbeitsstätte abzusetzen. Mit Wirkung zum 1.8.2016 wurde die Auslagen-Pauschale von 15,33 EUR gestrichen. Nun gilt mit § 6 Abs. 1 Nr. 5 ALG II-V nur noch, dass bei Benutzung eines Kfz 0,20 EUR für jeden gefahrenen Kilometer der kürzesten Verbindung zwischen Wohnung und Arbeitsstätte abzusetzen sind, wenn nicht höhere Kosten nachgewiesen sind. Zu berücksichtigen ist also nur die einfache Fahrtstrecke. Dabei werden bei einer 5-Tage-Woche von den Grundsicherungsträgern 19 Tage im Monat angerechnet. Da die Vorschrift zur

---

634 Die – meist geringfügige – Beitragsänderung während des Bewilligungszeitraumes soll damit keine Änderung in den Verhältnissen darstellen. Die Änderungen sind erst im folgenden Bewilligungszeitraum zu berücksichtigen (so die Verordnungsbegründung, S. 7). Vgl. auch Münder/*Geiger* LPK-SGB II § 11 b Rn. 6.
635 Vgl. BSG 18.1.2011 – B 4 AS 29/10 R und B 4 AS 99/10 R.
636 Zu den Einzelheiten vgl. Münder/*Geiger* LPK-SGB II § 11 b Rn. 12.

Bewältigung der Massenverwaltung und Bewilligungsvereinfachung geschaffen wurde, halten wir es für korrekt, die Zahl grds. zugrunde zu legen. Sofern im Einzelfall auch in bestimmten Monaten mehr Tage gearbeitet worden sein sollte, sind die tatsächlich nachgewiesenen Arbeitstage zugrunde zu legen. In § 6 Abs. 2 ALG II-V ist vorgesehen, dass die Kosten für ein öffentliches Verkehrsmittel alternativ dann abzusetzen sind, wenn die Kosten für die Kfz-Nutzung unangemessen hoch sind und die Benutzung des öffentlichen Verkehrsmittels zumutbar ist.[637] Die Verordnung lässt es ausdrücklich zu, dass höhere Werbungskosten geltend gemacht werden können. In Betracht können ggf. Kinderbetreuungskosten kommen,[638] ggf. auch Kosten der doppelten Haushaltsführung.[639] Für Verpflegungsmehraufwendungen, wurde in § 6 Abs. 3 ALG II-V eine gesonderte Regelung getroffen. Für Mehraufwendungen für Verpflegung ist, wenn die erwerbsfähige leistungsberechtigte Person vorübergehend von ihrer Wohnung und dem Mittelpunkt ihrer dauerhaft angelegten Erwerbstätigkeit entfernt erwerbstätig ist, für jeden Kalendertag, an dem die erwerbsfähige leistungsberechtigte Person wegen dieser vorübergehenden Tätigkeit von ihrer Wohnung und dem Tätigkeitsmittelpunkt mindestens zwölf Stunden abwesend ist, ein Pauschbetrag in Höhe von 6 EUR abzusetzen. Diese Regelung kommt in der Praxis vorwiegend für Leistungsberechtigte in Betracht, die „auf Montage" arbeiten oder als Fernfahrer tätig sind. Unabhängig von dieser Pauschale können tatsächliche und notwendige nachgewiesene Verpflegungsmehraufwendungen vom Einkommen eines SGB II-Aufstockers aber insgesamt bis zu den Sätzen des Bundesreisekostengesetzes abgesetzt werden.[640] Nicht als Werbungskosten im Sinne dieser Vorschrift gelten Kosten für Friseur oder Kleidung, mag die Beschäftigung auch gehobene Anforderungen hieran stellen.[641]

f) Bei Erwerbseinkommen ist ein Betrag nach § 11 b Abs. 1 Nr. 6 iVm Abs. 3 SGB II abzusetzen. Für die Einzelheiten dazu vgl. sogleich (Rn. 745 f.). Nicht als Erwerbseinkommen im Sinne der Vorschrift (und daher auch nicht nach dieser zu bereinigen) zählt jedoch durch die Krankenkassen gewährtes Krankengeld.[642] Als Erwerbseinkommen gilt hingegen Kurzarbeitergeld nach dem SGB III.[643]

g) Weiterhin können Unterhaltszahlungen nach § 11 b Abs. 1 Nr. 7 SGB II abgesetzt werden, soweit ein Unterhaltstitel hierfür vorhanden ist.[644] Jedoch nur in der tatsächlich gezahlten Höhe und maximal bis zu der im Titel genannten Höhe. Es muss sich um eine gesetzliche Unterhaltspflicht (also insbesondere Ehegatten- bzw. Lebenspartnerunterhalt nach §§ 1361, 1569 ff BGB; §§ 12, 15 LPartG) oder Verwandtenunterhalt nach §§ 1601 ff. BGB handeln. Als Titel

---

637 Was wohl insbesondere bei Nacht- und Schichtarbeit nicht der Fall sein dürfte – OLG Bremen 7.4.2008 – 9 UF 77/08.
638 BSG v. 10.7.2003 – B 11 AL 71/02 R, Vorrang haben jedoch Leistungen der SGB VIII-Träger.
639 LSG Thüringen 8.3.2005 – L 7 AS 112/05 ER; mit weitgehenden Beispielen Münder/*Geiger* LPK-SGB II § 11 b Rn. 16.
640 Vgl. hierzu BSG 11.12.2012 – B 4 AS 27/12 R.
641 BSG 19.6.2012 – B 4 AS 163/11 R.
642 BSG 27.9.2011 – B 4 AS 180/10 R.
643 BSG 14.3.2012 – B 14 AS 18/11 R.
644 Vgl. hierzu zuletzt BSG 8.2.2017 – B 14 AS 22/16 R.

kommen Unterhaltsurteile, -vergleiche oder vollstreckbare Urkunden des Jugendamtes (§§ 60, 59 Abs. 1 Satz 1 Nr. 3 und 4 SGB VIII) in Betracht.
h) Schließlich sieht § 11 b Abs. 1 Nr. 8 SGB II vor, dass bei erwerbsfähigen Leistungsberechtigten, deren Einkommen nach dem Vierten Abschnitt des BAföG oder nach § 71 oder § 108 des SGB III bei der Berechnung der Leistungen der Ausbildungsförderung für mindestens ein Kind berücksichtigt wird, der nach den Vorschriften der Ausbildungsförderung berücksichtigte Betrag abzusetzen ist. Diese Vorschrift ist eher selten praxisrelevant.

Zu berücksichtigen ist, dass bei Erwerbseinkommen bis zu 400 EUR die Beträge nach § 11 b Abs. 1 Nr. 3 bis 5 SGB II (hier vorstehend a) bis e)) nur in Höhe von pauschal 100 EUR abzuziehen sind. Bei höherem Erwerbseinkommen sind mehr als pauschal 100 EUR nur dann abzuziehen, wenn die tatsächlichen Zahlungen dieser Beträge in der Summe 100 EUR übersteigen. Dann ist der konkrete Betrag der entsprechenden Abzüge zu berücksichtigen (§ 11 b Abs. 2 SGB II). Bei der Berücksichtigung von BAB oder BAföG-Leistungen ist § 11 b Abs. 2 Satz 5 SGB II zu beachten. Bei Einmaleinkommen ist vor der Verteilung auf mehrere Leistungsmonate (vgl. § 11 Abs. 3 Satz 4 SGB II) eine einmalige Bereinigung nach den Nummern 1, 2, 5 und 6 vorzunehmen, mithin also nicht für jeden Monat, auf den das Einkommen fiktiv verteilt wird, erneut (§ 11 b Abs. 1 Satz 2 SGB II). 744

Für den häufigsten Fall des Erwerbseinkommens aus unselbstständiger Arbeit kann daher folgende grundsätzliche Berechnungsmethode herangezogen werden: 745
1. Feststellung des Bruttoeinkommens
2. Feststellung des Nettoeinkommens
3. Abzug von 100 EUR
4. Ausnahme: Wenn das Einkommen über 400 EUR liegt und die Summe aus
   + Versicherungspauschale von 30 EUR
   + ggf. Kfz-Haftpflichtversicherungsbeitrag (mtl. Aufteilung)
   + Fahrtkosten zum Arbeitsplatz (19 Tage x 0,20 EUR x einfache kürzeste Fahrtstrecke)
   + ggf. Riesterrentenversicherungsbeitrag
   mehr als 100 EUR ergibt, ist dieser konkrete Betrag abzusetzen. Beträgt die Summe weniger als 100 EUR, sind lediglich pauschal 100 EUR abzusetzen.
5. Abzug von 20 % des Betrages des Bruttoeinkommens zwischen 100 EUR und 1.000 EUR (maximal also 180 EUR bei einem Einkommen von 1.000 EUR oder mehr)
6. Abzug 10 % des Betrages des Bruttoeinkommens zwischen 1.000 EUR und 1.200 EUR (maximal also 20 EUR bei einem Bruttoeinkommen von 1.200 EUR oder mehr). Lebt ein minderjähriges Kind in der BG, tritt an die Stelle des Betrages von 1.200 EUR ein solcher von 1.500 EUR (maximal also 50 EUR bei einem Einkommen von 1.500 EUR oder mehr)

Ziffer 5. und 6. setzen die Freibeträge nach § 11 b Abs. 1 Nr. 6 iVm Abs. 3 SGB II um.

Diese Berechnung ist für jeden Monat neu vorzunehmen, wenn unterschiedlich hohes Einkommen zufließt.

746 Diese Berechnung ist stark vereinfacht und behandelt nur die regelmäßig vorkommenden Umstände. Selbstverständlich wären neben der Kfz-Versicherung noch weitere Beiträge abzuziehen, soweit eine weitere Versicherung gesetzlich vorgeschrieben wäre (§ 11 b Abs. 1 Nr. 3 SGB II). Und es wären auch generell weitere Werbungskosten zu berücksichtigen, soweit diese für den Einkommensbezieher tatsächlich anfallen.

747 **Beispiel:** Das Einkommen des A, der mit einem minderjährigen Kind in einer Bedarfsgemeinschaft lebt, beträgt 2.000 EUR brutto und 1.300 EUR netto. Er zahlt auf die Kfz-Versicherung einen monatlichen Beitrag von 40 EUR. Er legt täglich einen Weg zur Arbeitsstätte von 12 km zurück (welche auch die kürzeste Verbindung darstellt).
1. Bruttoeinkommen 2.000 EUR
2. Nettoeinkommen 1.300 EUR
3. - 100 EUR oder höheren Abzug:
4. ggf. weiterer Abzug?
   30 EUR Versicherungspauschale
   + 40 EUR Kfz-Versicherungsbeitrag
   + 19 Arbeitstage x 0,20 EUR x 12 km = 45,60 EUR
   Summe: 115,60 EUR > 100 EUR => mithin ist dieser konkrete Betrag abzusetzen
   also - 115,60 EUR statt - 100 EUR
5. - 180 EUR (20 % des Betrages zwischen 100 EUR und 1.000 EUR vom Bruttoeinkommen)
6. - 50 EUR (10 % des Betrages zwischen 1.000 EUR und 1.500 EUR vom Bruttoeinkommen. Ohne das minderjährige Kind in der BG würde der Betrag 20 EUR betragen [10 % des Betrages zwischen 1.000 EUR und 1.200 EUR])

Bereinigtes Einkommen: 954,40 EUR

748 Zur weiteren Verdeutlichung folgendes Klageformular:

Muster: Klage auf höhere Leistungen nach dem SGB II aufgrund fehlerhafter Einkommensbereinigung[645]

Rechtsanwalt

(...)

(Datum)

An das

Sozialgericht (...)

(Anschrift)

KLAGE

des (...),
(Anschrift)

— Kläger —

Prozessbevollmächtigter: Rechtsanwalt (...)

---

[645] Die ALG II-V wurde, insbesondere im Hinblick auf die Berechnung des bedarfsmindernd zu berücksichtigenden Einkommens bei Erwerbstätigen, zum 1.8.2016 geändert. § 6 Abs. 1 Nr. 3 und 4 der ALG II-V ist erstmals für Bewilligungszeiträume anzuwenden, die nach dem 31.7.2016 begonnen haben.

gegen

Jobcenter (...)

(Anschrift)

vertreten durch den Geschäftsführer

– Beklagter –

wegen höheren Leistungen nach dem SGB II für den Zeitraum vom 1.8.2016 bis 31.1.2017.

Namens und ausweislich der beigefügten Vollmacht des Klägers erhebe ich Klage und werde beantragen,

den Bescheid vom 20.7.2016 in der Fassung der Änderungsbescheide vom 15.8.2016, 20.9.2016, 16.10.2016, 13.11.2016 und 20.1.2017 in der Gestalt des Widerspruchsbescheides vom 21.1.2017 abzuändern und den Beklagten zu verurteilen, an den Kläger weitere 693,60 EUR zu zahlen.

Zur Geltendmachung der Rechte des Klägers beantrage ich ferner,

dem Kläger Prozesskostenhilfe ab Klageerhebung zu bewilligen und den Unterzeichner beizuordnen.

Begründung:

I.

Der Kläger begehrt höhere Leistungen nach dem SGB II.

Der am 24.9.1975 geborene Kläger ist Lagerist und bewohnt eine 35 m² große Wohnung, für die er einen Mietzins von 300 EUR zahlt sowie Vorauszahlungen auf Neben- und Heizkosten von 90 EUR.

Beweis:
- Mietvertrag – Anlage K1
- Nebenkostenabrechnung 2015 – Anlage K2

Er ist mit 15 Stunden wöchentlich bei dem Unternehmen (...) als Lagerist angestellt. Er bezieht monatlich wechselnd hohes Einkommen. Das Arbeitsentgelt wird ihm jeweils am 15. des Folgemonats auf sein Girokonto überwiesen.[646]

Beweis: Arbeitsvertrag vom 1.3.2015 – Anlage K3

Der Kläger legt zu seiner Arbeitsstätte täglich mit dem Pkw die kürzeste Strecke von 42 km zurück. Er zahlt einen monatlichen Beitrag zur Kfz-Haftpflichtversicherung von 26 EUR. Dies hat der Kläger auch im Fortzahlungsantrag vom 17.7.2016 angegeben.

Beweis: Fortzahlungsantrag vom 17.7.2016 – Verwaltungsakte Bl. 176 ff.

Sein Einkommen schwankt, bewegt sich jedoch monatlich über einem Betrag von 400 EUR.

---

646 Dies sind besonders relevante Informationen (wechselndes Einkommen, Zuflusszeitpunkt). Hier kann das Verfahren beschleunigt werden, wenn dem Gericht überflüssige Rückfragen erspart werden.

Beweis: Gehaltsabrechnungen für die Monate Juli 2016 bis Dezember 2016 – Anlage K4 a bis K4 f[647]

Der Kläger verfügt über ein Vermögen in Form von Kontoguthaben über 1.243 EUR.

Beweis: aktueller Kontoauszug – Anlage K5

Ferner verfügt der Kläger über ein Kfz, Typ Peugeot 206, Bj. 1998. Dieses erreicht augenscheinlich den in der Rechtsprechung zugrunde gelegten Grenzwert von 7.500 EUR für die Angemessenheit eines Kraftfahrzeugs nicht.

Der Beklagte bewilligte dem Kläger vorläufig Leistungen zur Sicherung des Lebensunterhaltes mit Bescheid vom 20.7.2016 für den Zeitraum 1.8.2016 bis 31.1.2017. Die Vorläufigkeit beruhte auf dem schwankenden und damit für den einzelnen Monat unbekannten Einkommen. Der Beklagte setzte dabei von dem bis dahin noch fiktiven Einkommen jeweils den Pauschalbetrag von 100 EUR nach § 11 b Abs. 2 SGB II ab.

Beweis: Bescheid vom 20.7.2016 – Anlage K7

Hiergegen erhob der Kläger mit Schreiben vom 25.7.2016 Widerspruch. Er begründete dies damit, dass die Einkommensbereinigung zu niedrig ausgefallen sei. Man habe wohl insbesondere seine Fahrtkosten nicht berücksichtigt.

Beweis: Widerspruch vom 25.7.2016 – Anlage K8

Mit weiteren Änderungsbescheiden änderte der Beklagte nach Vorlage der jeweiligen Gehaltsabrechnungen die Leistungen jeweils für den einzelnen Monat ab. Im Einzelnen:
- Änderungsbescheid vom 15.8.2016 – Änderung und endgültige Festsetzung für August 2016 – Anlage K10
- Änderungsbescheid vom 20.9.2016 – Änderung und endgültige Festsetzung für September 2016 – Anlage K11
- Änderungsbescheid vom 16.10.20165 – Änderung und endgültige Festsetzung für Oktober 2016 – Anlage K12
- Änderungsbescheid vom 13.6.2016 – Änderung und endgültige Festsetzung für November 2016 – Anlage K13
- Änderungsbescheid vom 20.1.2017 – Änderung und endgültige Festsetzung für Dezember 2016 und Januar 2017 – Anlage K14

In allen Bescheiden legte sie zwar das korrekte Brutto- bzw. Nettoeinkommen zugrunde, jedoch bereinigte sie es in der oben genannten Weise lediglich um die Pauschale von 100 EUR nach § 11 b Abs. 2 SGB II, sowie darüber hinaus um die Beträge nach § 11 b Abs. 3 SGB II.

Der Beklagte wies den Widerspruch zurück mit Widerspruchsbescheid vom 21.1.2017, mit dem lapidaren Hinweis, er habe die Einkommensanrechnung überprüft und für richtig befunden.

Beweis: Widerspruchsbescheid vom 21.1.2017 – Anlage K15

---

647 Auch dies sichert eine zügige Verfahrensbearbeitung, da Lohnnachweise in den Verwaltungsakten häufig nur teilweise zu finden sind und dies überflüssige Rückfragen provoziert. Zu berücksichtigen ist weiter, dass bei Einkommenszufluss im Folgemonat jeweils auch die Abrechnung für den Monat vor dem Bewilligungszeitraum einzureichen ist, da sich hieraus eben der Zufluss für den ersten Bewilligungsmonat ergibt.

II.

Der Bescheid vom 20.7.2016 in der Fassung der Änderungsbescheide vom 15.8.2016, 20.9.2016, 16.10.2016, 13.11.2016 und 20.1.2017 in der Gestalt des Widerspruchsbescheides vom 21.1.2017 ist rechtswidrig und verletzt den Kläger in seinen Rechten. Der Kläger hat Anspruch auf höhere Leistungen nach §§ 7, 9, 11 ff. SGB II.

Die Klage ist zunächst zulässig, obwohl ein gesondertes Vorverfahren hinsichtlich der Änderungsbescheide nicht durchgeführt wurde. Die Änderungsbescheide sind insoweit nach § 86 SGG Gegenstand des Widerspruchsverfahrens geworden.

Nach § 7 Abs. 1 SGB II erhalten Personen, die das 15. Lebensjahr vollendet haben, erwerbsfähig und hilfebedürftig sind sowie ihren gewöhnlichen Aufenthalt in der Bundesrepublik Deutschland haben, Leistungen nach diesem Buch.

Der Kläger ist erwerbsfähig und hat seinen gewöhnlichen Aufenthalt in der Bundesrepublik. Ferner hat er das 15. Lebensjahr vollendet.

Auch ist der Kläger nach § 9 SGB II hilfebedürftig, jedoch in höherem Umfang als von dem Beklagten berechnet. Nach dieser Vorschrift ist hilfebedürftig, wer seinen Lebensunterhalt nicht oder nicht ausreichend aus dem zu berücksichtigenden Einkommen oder Vermögen sichern kann und die erforderliche Hilfe nicht von anderen, insbesondere von Angehörigen oder von Trägern anderer Sozialleistungen, erhält.

Das von dem Beklagten berechnete Einkommen ist jedoch fehlerhaft. Er legte zwar die richtigen Werte zugrunde, jedoch bereinigte er das Einkommen falsch. Nach § 11 b Abs. 1 SGB II sind vom Einkommen abzusetzen u.a. gezahlte Steuern, Beiträge zur Sozialversicherung und zur Arbeitsförderung, Beiträge zu gesetzlichen vorgeschriebenen oder dem Grunde und der Höhe nach notwendigen sonstigen Versicherungen sowie Werbungskosten. Zu den gesetzlich vorgeschrieben Versicherungen gehört insbesondere die Kfz-Haftpflichtversicherung (*Geiger* LPK-SGB II § 11 b Rn. 5). Nach § 11 b Abs. 2 SGB II ist für die Abzugsbeträge nach Abs. 1 Nr. 3 bis 5, also insbesondere hinsichtlich der Versicherungen und der Werbungskosten, ein Betrag von 100 EUR zu berücksichtigen, es sei denn der Leistungsberechtigte erzielt ein monatliches Einkommen von über 400 EUR und weist nach, dass die Summe dieser Beträge 100 EUR überschreitet.

Die Absetzbeträge wurden durch den Verordnungsgeber in § 6 ALG II-V konkretisiert. So sind bspw. nach § 6 Abs. 1 Nr. 1 ALG II-V 30 EUR für private Versicherungen anzusetzen. Nach § 6 Abs. 1 Nr. 3 ALG II-V ferner ein Zwölftel des Jahresbeitrages[648] zu der gesetzlich vorgeschriebenen Versicherung gem. § 11 b Abs. 1 Satz 1 Nr. 3 SGB II, sowie 0,20 EUR für jeden Kilometer der kürzesten Verbindung zwischen Wohnort und Arbeitsstätte.[649]

Überschreitet die Summe der in § 11 b Abs. 1 Satz 3 Nr. 3-5 SGB II aufgeführten Positionen bei einem Einkommen über 400 EUR den Betrag von 100 EUR, so ist dieser konkrete Betrag abzusetzen. Beim Kläger ist dies der Fall:

---

648 Maßgeblich sind die zum Zeitpunkt der Entscheidung über den Leistungsanspruch nachgewiesenen Jahresbeiträge. Spätere Änderungen der Beitragshöhe sind erst bei einer Weiterbewilligung zu berücksichtigen.
649 Die Pauschale für allgemeine Werbungskosten iHv 15,33 EUR ist mit der Neuregelung zum 1.8.2016 weggefallen.

B. Besonderer Teil

Versicherungspauschale 30 EUR,

+ Kfz-Haftpflichtversicherung 26 EUR,

+ Fahrtkosten 0,20 EUR x 42 km x 19 Tage (Durchschnitt bei einer 5-Tage-Woche nach DH-BA 11.83)

= 215,60 EUR.

Da dieser Betrag höher ist als 100 EUR, ist er in dieser konkreten Höhe abzusetzen. Die Differenz zu den bereits abgesetzten 100 EUR beträgt 115,60 EUR. Auf sechs Monate ergibt dies einen nachzuzahlenden Betrag von 693,60 EUR.

III.

Wie sich aus der beigefügten Erklärung zu den persönlichen und wirtschaftlichen Verhältnissen ergibt, kann der Kläger die Kosten der Prozessführung nicht aufbringen (§ 73 a SGG iVm § 114 ZPO). Da die Klage – wie ausgeführt – Aussicht auf Erfolg hat und nicht mutwillig ist, ist der Antrag auf Prozesskostenhilfe ebenfalls begründet.

(...)

Rechtsanwalt

749 Eine abgeänderte Einkommensbereinigung hat der Gesetzgeber für Einkommen aus ehrenamtlicher Tätigkeit (Einnahmen, die nach § 3 Nr. 12, 26, 26 a oder 26 b EStG steuerfrei sind) mit § 11 b Abs. 2 Satz 3 SGB II normiert, um dieses zu privilegieren. Hierzu folgendes Klageformular:

750 **Muster: Klage gegen zu hohe Berücksichtigung einer Einnahme aus einer ehrenamtlichen Tätigkeit als Einkommen**[650]

Rechtsanwalt

(...)

(Datum)

An das

Sozialgericht (...)

(Anschrift)

K L A G E

1. des (...),

(Anschrift)

– K l ä g e r zu 1) –

2. der (...), ebenda

– K l ä g e r i n zu 2) –

Prozessbevollmächtigter: Rechtsanwalt (...)

gegen

---

[650] Durch die zum 1.8.2016 geänderte Fassung des § 11 b Abs. 2 SGB II wird klargestellt, dass der Absetzbetrag von 100 EUR nur bei Einkommen aus Erwerbstätigkeit gilt. Zudem ist bei steuerlich privilegierten Tätigkeiten ein erhöhter Freibetrag zu berücksichtigen.

Jobcenter (...)
(Anschrift)
vertreten durch den Geschäftsführer

– B e k l a g t e r –

Leistungen für den Zeitraum vom 1.8.2016 bis 31.1.2017

Namens und ausweislich der beigefügten Vollmacht der Kläger erhebe ich Klage und werde beantragen:

Der Bescheid des Beklagten vom 3.7.2016 in der Gestalt des Widerspruchsbescheides vom 20.9.2016 wird abgeändert und der Beklagte verurteilt, an den Kläger zu 1) und an die Klägerin zu 2) jeweils weitere 300 EUR zu zahlen.

Zur Geltendmachung der Rechte der Kläger beantrage ich ferner,

den Klägern Prozesskostenhilfe ab Klageerhebung zu bewilligen und den Unterzeichner beizuordnen.

Begründung:

I.

Die Kläger begehren höhere Leistungen zur Sicherung des Lebensunterhaltes nach dem SGB II.

Der am 13.2.1977 geborene Kläger bewohnt gemeinsam mit seiner am 18.6.1978 geborenen Lebensgefährtin einen gemeinsamen Haushalt. Die von ihnen genutzte Wohnung hat eine Größe von 60 m². Sie zahlen hierfür einen Mietzins von 400 EUR. Weiterhin zahlen sie Vorauszahlungen auf Neben- und Heizkosten von 120 EUR.

Beweis:
- Mietvertrag – Anlage K1
- Nebenkostenabrechnung 2016 – Anlage K2

Die Kläger verfügen über ein gemeinsames Konto mit einem Guthaben von 1.200 EUR. Die Klägerin zu 2) verfügt über kein Einkommen. Der Kläger zu 1) ist seit August 2016 ehrenamtlich beim Stadtsportbund (...) tätig. Er ist dort für die Instandhaltung von Sportstätten und Sportgeräten verantwortlich. Er erhält hierfür eine monatliche Aufwandsentschädigung von 100 EUR, die im laufenden Monat an ihn überwiesen wird. Weiterhin ist er seit 2014 als Zeitungsausträger geringfügig beschäftigt und erhält hierfür monatlich ein Entgelt von 350 EUR. Über weiteres Einkommen verfügen die Kläger nicht.

Beweis: Kontoauszüge August 2016 bis Januar 2017 – Anlage K3

Auf ihren Weiterbewilligungsantrag bewilligte der Beklagte den Klägern als Bedarfsgemeinschaft mit Bescheid vom 3.7.2016. Leistungen zur Sicherung des Lebensunterhaltes für den Zeitraum vom 1.8.2016 bis 31.1.2017. Bei der Bewilligung wurde als Einkommen sowohl das dem Kläger zu 1) gezahlte Erwerbseinkommen, wie auch die Entschädigung von 100 EUR monatlich berücksichtigt und insgesamt um den Grundfreibetrag von 100 EUR sowie die Beträge nach § 11 b Abs. 3 SGB II bereinigt.

Beweis: Bescheid vom 3.7.2016 – Anlage K4

Hiergegen erhoben die Kläger Widerspruch mit Schreiben vom 15.7.2016. Sie begründeten diesen damit, dass die Berücksichtigung der Aufwandsentschädigung in der von dem Beklagten angenommen Höhe nicht gerechtfertigt sei, da diese nicht für den Lebensunterhalt gezahlt werde.

Beweis: Widerspruch vom 15.7.2016 – Anlage K5

Der Beklagte wies den Widerspruch mit Widerspruchsbescheid vom 20.9.2016 zurück. Er begründete seine Entscheidung damit, dass auch die Aufwandsentschädigung zum Lebensunterhalt zur Verfügung stehe und genutzt werden könne. Sie sei an keinen bestimmten Zweck gebunden und damit Einkommen iSd § 11 SGB II.

Beweis: Widerspruchsbescheid vom 20.9.2016 – Anlage K6

II.

Der Bescheid des Beklagten vom 3.7.2016 in der Gestalt des Widerspruchsbescheides vom 20.9.2016 ist rechtswidrig und verletzt die Kläger in ihren Rechten. Die Kläger haben Anspruch auf höhere Leistungen nach dem SGB II.

Nach § 7 Abs. 1 SGB II erhalten Personen, die das 15. Lebensjahr vollendet haben, erwerbsfähig und hilfebedürftig sind sowie ihren gewöhnlichen Aufenthalt in der Bundesrepublik Deutschland haben, Leistungen nach diesem Buch.

Der Kläger ist erwerbsfähig und hat seinen gewöhnlichen Aufenthalt in der Bundesrepublik. Ferner hat er das 15. Lebensjahr vollendet.

Auch sind die Kläger nach § 9 SGB II hilfebedürftig, jedoch in höherem Umfang als von dem Beklagten berechnet. Nach dieser Vorschrift ist hilfebedürftig, wer seinen Lebensunterhalt nicht oder nicht ausreichend aus dem zu berücksichtigenden Einkommen oder Vermögen sichern kann und die erforderliche Hilfe nicht von anderen, insbesondere von Angehörigen oder von Trägern anderer Sozialleistungen, erhält. Bei Personen, die in einer Bedarfsgemeinschaft leben, ist auch das Einkommen und Vermögen des Partners zu berücksichtigen. Ist in einer Bedarfsgemeinschaft nicht der gesamte Bedarf aus eigenen Kräften und Mitteln gedeckt, gilt jede Person der Bedarfsgemeinschaft im Verhältnis des eigenen Bedarfs zum Gesamtbedarf als hilfebedürftig.

Der Kläger zu 1) erzielt über das geringfügige Erwerbseinkommen hinaus Einkommen aus einer ehrenamtlichen Tätigkeit. Der Beklagte bereinigte das Einkommen allein wie Einkommen aus einer Erwerbstätigkeit nach § 11 b SGB II.

Einkommen iSd § 11 Abs. 1 SGB II sind Einnahmen in Geld. Als privilegiertes Einkommen ist jedoch der Zufluss aus einer ehrenamtlichen Tätigkeit nach § 11 h Abs. 2 Satz 3 SGB II anders zu bereinigen. Erhält eine leistungsberechtigte Person mindestens aus einer Tätigkeit Bezüge oder Einnahmen, die nach § 3 Nr. 12, 26, 26 a oder 26 b des Einkommensteuergesetzes steuerfrei sind, gelten die Sätze 1 und 2 mit den Maßgaben, dass jeweils an die Stelle des Betrages von 100 EUR monatlich der Betrag von 200 EUR monatlich, höchstens jedoch der Betrag, der sich aus der Summe von 100 EUR und dem Betrag der steuerfreien Bezüge oder Einnahmen ergibt,[651] und an die Stelle des Betrages von 400 EUR der Betrag, der sich nach Nr. 1 ergibt. § 11 a Abs. 3 bleibt unberührt.

Bei der Zahlung, die der Kläger von der Kommune für seine ehrenamtliche Tätigkeit beim Stadtsportbund erhält, handelt es sich um solch eine Zahlung nach § 3 Nr. 12 EStG. Mithin ist das gesamte Einkommen des Klägers um einen Grundfreibetrag von 200 EUR zu bereinigen. Von dem Einkommen des Klägers ist vorliegend ein weiterer Betrag von 100 EUR für den Grundfreibetrag monatlich abzusetzen. Die sich ergebende Differenz von monatlich 50 EUR für jeden Kläger ist an diesen auszuzahlen.

---

651 Der erhöhte Freibetrag ist zu begrenzen, wenn das Einkommen aus ehrenamtlicher Tätigkeit nicht mind. 100 EUR beträgt. Andernfalls würde anderes Erwerbseinkommen begünstigt.

III.

Wie sich aus der beigefügten Erklärung zu den persönlichen und wirtschaftlichen Verhältnissen ergibt, können die Kläger die Kosten der Prozessführung nicht aufbringen (§ 73 a SGG iVm § 114 ZPO). Da die Klage – wie ausgeführt – Aussicht auf Erfolg hat und nicht mutwillig ist, ist der Antrag auf Prozesskostenhilfe ebenfalls begründet.

(...)

Rechtsanwalt

Zum Problem der Verpflegungsmehraufwendungen folgendes Widerspruchsformular: 751

Muster: Widerspruch gegen die Einkommensbereinigung (Nichtberücksichtigung von § 6 Abs. 3 ALG II-V) 752

An das

Jobcenter (...)

(Anschrift)

Widerspruch

1. des (...),

(Anschrift)

2. der (...), ebenda

3. des minderjährigen Kindes (...), vertreten durch die Widerspruchführer zu 1) und 2), ebenda

4. des minderjährigen Kindes (...), vertreten durch die Widerspruchführer zu 1) und 2), ebenda

Prozessbevollmächtigter: Rechtsanwalt (...)

gegen den Bescheid vom 20.2.2017, mit dem Leistungen für den Zeitraum vom 1.2.2017 bis 28.2.2017 endgültig bewilligt wurden.

Namens und ausweislich der beigefügten Vollmacht beantrage ich:

unter Abänderung des Bescheides vom 20.2.2017 ein bereinigtes Erwerbseinkommen des Widerspruchführers zu 1) von 938 EUR zugrunde zu legen.

Begründung:
I.

Die Widerspruchführer begehren die Berücksichtigung von Verpflegungsmehraufwendungen bei der Einkommensanrechnung.

Der am 14.5.1973 geborene Widerspruchführer zu 1) und die am 3.4.1970 geborene Widerspruchführerin zu 2) leben zusammen mit ihren Kindern, dem am 9.6.2001 geborenen Widerspruchführer zu 3) und dem am 25.8.2000 geborenen Widerspruchführer zu 4) in einem gemeinsamen Haushalt.

Sie bewohnen gemeinsam eine Wohnung von 70 m². Sie zahlen hierfür einen Mietzins von 480 EUR sowie Vorauszahlungen auf Neben- und Heizkosten von insgesamt 150 EUR.

Beweis:
- Mietvertrag – Anlage W1
- Nebenkostenabrechnung 2016 – Anlage W2

Der Widerspruchsführer zu 1) ist als Elektriker bei dem Unternehmen (...) tätig und arbeitet regelmäßig in ganz Deutschland „auf Montage". Er bezieht wechselnd hohes Einkommen, welches jeweils im Folgemonat ausgezahlt wird. Der Transport zur jeweiligen Arbeitsstätte wird durch den Arbeitgeber organisiert und durchgeführt.

Weiterhin bezieht die Widerspruchsführerin zu 2) für die Widerspruchsführer zu 3) und 4) Kindergeld. Über weiteres Einkommen verfügt der Haushalt nicht.

Die Widerspruchsführer verfügen über ein gemeinsames Konto. Dies weist derzeit kein Guthaben aus. Über weiteres Vermögen verfügen die Widerspruchsführer nicht.

Beweis: aktueller Kontoauszug – Anlage W3

Mit Bescheid vom 23.1.2017 wurden den Widerspruchsführern als Bedarfsgemeinschaft Leistungen zur Sicherung des Lebensunterhaltes vorläufig für den Zeitraum vom 1.2.2017 bis 31.7.2017 bewilligt.

Beweis: Bescheid vom 23.1.2017 – Anlage W4

Mit Vorlage der Lohnabrechnung für Januar 2017, die einen Bruttolohn von 1.850 EUR und einen Nettolohn von 1.300 EUR auswies, beantragte der Widerspruchsführer eine abschließende Entscheidung über den Leistungsanspruch nach dem SGB II unter Berücksichtigung seines tatsächlich erzielten Einkommens.[652] Daraufhin wurden die Leistungen für Februar 2017 mit Bescheid vom 20.2.2017 endgültig festgesetzt. Dabei wurde der Nettolohn um die Absetzungsbeträge nach § 11 b Abs. 2 und 3 SGB II bereinigt. Es ergab sich demgemäß ein Betrag von 1.010 EUR (1.300 EUR - 100 EUR - 140 EUR - 50 EUR). Dies wurde, neben dem Kindergeld als Einkommen zugrunde gelegt. Es errechnete sich eine Überzahlung von 270 EUR, deren Erstattung durch den Bescheid von den Widerspruchsführern, entsprechend ihrer jeweiligen Anteile, gefordert wird.

Beweis: Bescheid vom 20.2.2017 – Anlage W5

Hiergegen richtet sich der Widerspruch.

Der Widerspruchsführer zu 1) war im Januar 2017 an 12 Tagen aufgrund seiner Montagetätigkeit länger als 12 Stunden von seiner Wohnung und dem Mittelpunkt seiner auf Dauer angelegten Erwerbstätigkeit entfernt.

Beweis: Stundenzettel Januar 2017 – Anlage W6

Dies wurde nicht berücksichtigt.

II.

Der Bescheid vom 20.2.2017 ist rechtswidrig und verletzt die Widerspruchsführer in ihren Rechten. Die Widerspruchsführer haben Anspruch auf höhere Leistungen nach §§ 7, 9, 11 ff., 22 SGB II.

---

652 Zum 1.8.2016 ist § 41 a SGB II eingeführt worden. Damit ist im SGB II nunmehr eine eigenständige Regelung zur vorläufigen Entscheidung enthalten. Die Vorschrift ist für alle vorläufigen Bewilligungen anzuwenden, die vor dem 1.8.2016 noch nicht beendet waren. Nach Abs. 4 dieser Vorschrift ist im Grundsatz ein monatliches Durchschnittseinkommen bei der abschließenden Entscheidung zu Grunde zu legen, es sei denn die in Nr. 1 bis 3 enthaltenen Ausnahmen kommen zur Anwendung. So ist, wenn der Leistungsberichtigte dies **vor** der abschließenden Entscheidung beantragt, das tatsächliche monatliche Einkommen zu berücksichtigen.

Die endgültige Festsetzung erfolgte nach § 41 a SGB II und war aufgrund des Antrags des Widerspruchsführers zu 1 auf Grundlage des tatsächlichen Einkommens vorzunehmen.[653]

Nach § 7 Abs. 1 SGB II erhalten Personen, die das 15. Lebensjahr vollendet haben, erwerbsfähig und hilfebedürftig sind sowie ihren gewöhnlichen Aufenthalt in der Bundesrepublik Deutschland haben, Leistungen nach diesem Buch.

Die Widerspruchsführer zu 1) und 2) sind erwerbsfähig und haben ihren gewöhnlichen Aufenthalt in der Bundesrepublik. Ferner haben sie das 15. Lebensjahr vollendet. Die Widerspruchsführer zu 3) und 4) sind als Kinder der Widerspruchsführer zu 1) und 2) nach § 7 Abs. 2 SGB II leistungsberechtigt, da sie mit ihren leistungsberechtigten Eltern eine Bedarfsgemeinschaft bilden.

Auch sind die Widerspruchsführer nach § 9 SGB II hilfebedürftig, jedoch in höherem Umfang als berechnet. Nach dieser Vorschrift ist hilfebedürftig, wer seinen Lebensunterhalt nicht oder nicht ausreichend aus dem zu berücksichtigenden Einkommen oder Vermögen sichern kann und die erforderliche Hilfe nicht von anderen, insbesondere von Angehörigen oder von Trägern anderer Sozialleistungen, erhält. Bei Personen, die in einer Bedarfsgemeinschaft leben, ist auch das Einkommen und Vermögen des Partners zu berücksichtigen. Ist in einer Bedarfsgemeinschaft nicht der gesamte Bedarf aus eigenen Kräften und Mitteln gedeckt, gilt jede Person der Bedarfsgemeinschaft im Verhältnis des eigenen Bedarfs zum Gesamtbedarf als hilfebedürftig.

Das berechnete Einkommen ist jedoch fehlerhaft. Zwar wurden die richtigen Werte zugrunde gelegt, jedoch fehlt die Berücksichtigung von § 6 Abs. 3 ALG II-V. Nach § 11 b Abs. 1 SGB II sind vom Einkommen abzusetzen u.a. gezahlte Steuern, Beiträge zur Sozialversicherung und zur Arbeitsförderung, Beiträge zu gesetzlichen vorgeschriebenen oder dem Grunde und der Höhe nach notwendigen sonstigen Versicherungen, sowie Werbungskosten. Hinsichtlich der Absetzungsbeträge, insbesondere der Werbungskosten, hat der Verordnungsgeber in § 6 ALG II-V Pauschalen geregelt. Nach § 6 Abs. 3 ALG II-V wird für Mehraufwendungen für Verpflegung, wenn die erwerbsfähige leistungsberechtigte Person vorübergehend von ihrer Wohnung und dem Mittelpunkt ihrer dauerhaft angelegten Erwerbstätigkeit entfernt erwerbstätig ist, für jeden Kalendertag, an dem die erwerbsfähige leistungsberechtigte Person wegen dieser vorübergehenden Tätigkeit von ihrer Wohnung und dem Tätigkeitsmittelpunkt mindestens zwölf Stunden abwesend ist, ein Pauschbetrag in Höhe von 6 EUR abgesetzt.

Dies wurde bei der Leistungsberechnung verkannt. Somit ist von dem Einkommen des Widerspruchsführers zu 1) neben den bisherigen Absetzungsbeträgen ein weiterer Betrag von 12 x 6 EUR, mithin 72 EUR abzusetzen. Um diesen Betrag ist auch die Erstattung anteilig zu vermindern.

(…)

Rechtsanwalt

---

653 Durch die Einführung des § 41 a SGB II ist die endgültige Festsetzung künftig nicht mehr nach § 40 Abs. 2 Nr. 2 SGB II iVm § 328 SGB III vorzunehmen. Es gilt jedoch auch in „Altfällen" den § 41 a Abs. 5 SGB II zu beachten. Danach gelten die vorläufig bewilligten Leistungen als endgültig festgesetzt, wenn innerhalb eines Jahres keine abschließende Entscheidung ergeht. **Bei Leistungszeiträumen, die vor dem 1.8.2016 beendet waren, beginnt die Jahresfrist am 1.8.2016 zu laufen, § 80 Abs. 2 Nr. 2 SGB II.**

B. Besonderer Teil

7. Nicht zu berücksichtigende Einnahmen

753 Neben der Einkommensbereinigung, sind bestimmte Zuflüsse nicht als Einkommen zu behandeln. Dies regelt § 11 a SGB II, der durch § 1 ALG II-V ergänzt wird.

754 Nach Abs. 1 der Vorschrift sind zunächst Leistungen nach dem SGB II anrechnungsfrei. Ferner Renten nach dem BVG und Gesetzen, die eine entsprechende Anwendung des BVG vorsehen.[654] Dies hat kaum Praxisrelevanz. Wesentlich relevanter war die ungeregelte Frage, ob Verletztenrente bzw. Unfallrente nach dem SGB VII als Einkommen zu berücksichtigen ist. Dies ist zwischenzeitlich geklärt: Eine Anrechnung als Einkommen ist gerechtfertigt.[655] Das Bundesverfassungsgericht[656] bestätigte die Entscheidung des BSG. Eine teilweise Rückausnahme hiervon hat der Verordnungsgeber in § 1 Abs. 3 ALG II-V geregelt.

755 Weiter regelt § 11 a Abs. 2 SGB II, dass Schmerzensgeldzahlungen (§ 253 Abs. 2 BGB) nicht als Einkommen zu berücksichtigen sind. Ebenso sind nach Abs. 3 Satz 2 bestimmte Anteile des Pflegegeldes nach SGB VIII nicht als Einkommen anzurechnen. Auch hierbei handelt es sich um wenig praxisrelevante Vorschriften.[657]

756 Nach § 11 a Abs. 3 Satz 1 SGB II sind Leistungen, die aufgrund öffentlich-rechtlicher Vorschriften zu einem ausdrücklich genannten Zweck erbracht werden, nur so weit als Einkommen zu berücksichtigen, als die Leistungen nach diesem Buch im Einzelfall demselben Zweck dienen. Mit der Neufassung des Gesetzes wurden diese sog. zweckbestimmten Einnahmen auf Leistungen nach öffentlich-rechtlichen Vorschriften beschränkt und somit ein Teil von Zweifelsfragen obsolet.

757 Nach § 11 a Abs. 3 Satz 2 Nr. 3 und 4 SGB II sind mit Wirkung ab 1.8.2016 BAföG-Leistungen und die Berufsausbildungsbeihilfe grds. vollständig anzurechnen und u.a. unter Berücksichtigung des § 11 b Abs. 2 Satz 5 SGB II zu bereinigen. Eine Ausnahme gilt nur für den Kinderbetreuungszuschlag nach § 14 b Abs. 1 BAföG bzw. für die Kinderbetreuungskosten nach § 64 Abs. 3 Satz 1 SGB III – diese sind anrechnungsfrei, werden also nicht bedarfsmindernd berücksichtigt (§ 11 a Abs. 3 Satz 2 Nr. 3 und 4 SGB II).

758 Bis zum 31.7.2016 galt eine teilweise Anrechnungsfreiheit bei BAföG-Zahlungen, da diese teilweise zweckbestimmt sind. So hatte das BSG entschieden, dass Leistungen der Ausbildungsförderung in Höhe von 20 % des Betrags, der nach dem BAföG insgesamt als bedarfsdeckend angesehen wird, zweckbestimmte Einnahmen sind.[658] Diese Rechtsprechung ist für die Rechtslage ab 1.8.2016 obsolet.

759 Auch eine Besonderheit bei der Berufsausbildungsbeihilfe ist nunmehr obsolet: Bis zum 31.7.2016 war u.a. der enthaltene Fahrtkostenanteil als zweckbestimmt berücksichtigungsfrei (vgl. § 1 Abs. 1 Nr. 10 ALG II-V in der bis zum 31.7.2016 geltenden Fassung). Mit der Gesetzesänderung zum 1.8.2016 erfolgt die Anerkennung/Berücksichtigung von Fahrtkosten bei Auszubildenden, die ergänzendes Arbeitslosengeld II erhalten, weitgehend einheitlich – die Privilegierung für die Fahrt-

---

654 Einzelheiten siehe Münder/*Geiger* LPK-SGB II § 11 a Rn. 2 f.
655 BSG 6.12.2007 – B 14/7 b AS 62/06 R.
656 BVerfG 16.3.2011 – 1 BvR 591/08, 1 BvR 593/08.
657 Einzelheiten bei Münder/*Geiger* LPK-SGB II § 11 a Rn. 5 und 11 ff.; zum Pflegegeld und seiner Anrechnung BSG 23.5.2012 – B 14 AS 148/11 R (die Anrechnung mit einem Durchschnittsbetrag pro Kind ist rechtmäßig).
658 BSG 17.3.2009 – B 14 AS 63/7 R.

kosten gilt nun nicht mehr (§ 1 Abs. 1 Nr. 10 ALG II-V a.F. wurde gestrichen). Der Abzug von Fahrtkosten richtet sich daher künftig bei der Absetzung vom Einkommen systematisch nach § 11 b SGB II und in Bezug auf die Höhe nach den für das SGB II geltenden Regelungen (§ 6 ALG II-V). Bei Auszubildenden mit Anspruch auf Berufsausbildungsbeihilfe sind damit die bei Arbeitnehmern im SGB II üblichen Fahrtkosten von der Ausbildungsvergütung abzusetzen. Dies gilt vereinfachend auch für Bezieher von Berufsausbildungsbeihilfe in berufsvorbereitenden Bildungsmaßnahmen sowie für Bezieher von Ausbildungsgeld in Ausbildungen zur Teilhabe am Arbeitsleben.[659]

Nach § 11 a Abs. 4 SGB II sind Zuwendungen der freien Wohlfahrtspflege nicht als Einkommen zu berücksichtigen, soweit sie die Lage der Empfängerinnen und Empfänger nicht so günstig beeinflussen, dass daneben Leistungen nach dem SGB II nicht gerechtfertigt wären. In Betracht kommen Leistungen der Tafeln, Kleiderkammern und ähnlichen. Es scheinen sowohl zweckidentische Zuwendungen, die also der Sicherung des Lebensunterhaltes dienen, als auch anderweitig zweckbestimmte Zuwendungen erfasst zu sein. Die Rückausnahme der „so günstigen Beeinflussung" (sog. Gerechtfertigkeitsprüfung) wird bei Leistungen der freien Wohlfahrtspflege wohl kaum jemals in Betracht kommen.[660] 760

Nach § 11 a Abs. 5 SGB II sind Zuwendungen, die ein anderer erbringt, ohne hierzu eine rechtliche oder sittliche Pflicht zu haben, nicht als Einkommen zu berücksichtigen, soweit 761
1. ihre Berücksichtigung für die Leistungsberechtigten grob unbillig wäre oder
2. sie die Lage der Leistungsberechtigten nicht so günstig beeinflussen, dass daneben Leistungen nach diesem Buch nicht gerechtfertigt wären. Diese Vorschrift löst die frühere Regelung ab, nach der zweckbestimmte Einnahmen nicht als Einkommen berücksichtigt werden durften und schränkt ihren Anwendungsbereich gleichzeitig erheblich ein.

Eine rechtliche Pflicht – welche die Berücksichtigungsfähigkeit nach sich zieht – kann sich aus Vertrag, Gesetz oder Gewohnheitsrecht ergeben (bspw. die betriebliche Übung für Zahlung von Weihnachtsgeld). Eine sittliche Pflicht ergibt sich aus den allgemeinen Gepflogenheiten und unter Berücksichtigung der Verhältnisse im Einzelfall. So zB Zuwendungen nicht unterhaltsverpflichteter naher Angehöriger.[661] 762

Die Berücksichtigung ist grob unbillig, wenn sie insbesondere auf einer Vor- oder Gegenleistung des Leistungsempfängers beruht. Sie ist unter Abwägung aller Gesichtspunkte insbesondere der Situation des Empfängers (nicht jedoch der des Leistenden) zu beurteilen und unterliegt der vollen gerichtlichen Kontrolle.[662] 763

Neben dem Bezug von SGB II-Leistungen nicht gerechtfertigt ist die Anrechnung, wenn nach einem Vergleich mit anderen Hilfebedürftigen unter Beachtung des fiskalischen öffentlichen Interesses ungekürzte Leistungen nach dem SGB II noch als 764

---

659 BT-Drs. 18/8041, S. 33.
660 Münder/*Geiger* LPK-SGB II § 11 a Rn. 15.
661 Münder/*Geiger* LPK-SGB II § 11 a Rn. 17.
662 Münder/*Geiger* LPK-SGB II § 11 a Rn. 18.

gerechtfertigt erscheinen.[663] Der Begriff unterliegt ebenfalls der vollen gerichtlichen Kontrolle.[664]

765 Schließlich bestimmt der mit Wirkung zum 1.8.2016 eingefügte § 11 a Abs. 5 SGB II, dass das Überbrückungsgeld nach § 51 Strafvollzuggesetz oder vergleichbare Leistungen nach landesrechtlichen Bestimmungen nicht als Einkommen zu berücksichtigen sind.

766 **Muster: Widerspruch gegen zu hohe Anrechnung von BAföG**

An das

Jobcenter (...)

(Anschrift)

Widerspruch

1. des (...),

(Anschrift)

2. der (...), ebenda

Prozessbevollmächtigter: Rechtsanwalt (...)

gegen den Bescheid vom 24.9.2016, mit dem Leistungen für den Zeitraum vom 1.10.2016 bis 31.3.2017 bewilligt wurden.

Namens und ausweislich der beigefügten Vollmacht beantrage ich,

unter Abänderung des Bescheides vom 24.9.2016 den Widerspruchsführern weitere Leistungen zur Sicherung des Lebensunterhaltes in Höhe von 115,60 EUR monatlich zu zahlen.

Begründung:

I.

Die Widerspruchsführer begehren höhere Leistungen nach dem SGB II.

Der am 6.10.1995 geborene Widerspruchsführer zu 1) und dessen am 2.5.1965 geborene Mutter, die Widerspruchsführerin zu 2), bewohnen einen gemeinsamen Haushalt in einer Wohnung mit einer Größe von 45 m². Hierfür fällt ein Mietzins von 400 EUR sowie Vorauszahlungen auf Neben- und Heizkosten von 100 EUR an.

Beweis:
- Mietvertrag – Anlage W1
- Nebenkostenabrechnung 2015 – Anlage W2

Die Widerspruchsführer beziehen als Bedarfsgemeinschaft seit Mai 2011 laufend Leistungen zur Sicherung des Lebensunterhaltes nach dem SGB II. Der Widerspruchsführer zu 1) besucht seit Oktober 2014 eine Berufsfachschule in S. Er legt zu seiner Ausbildungsstätte täglich mit dem Pkw die kürzeste Strecke von 42 km zurück. Er zahlt einen monatlichen Beitrag zur Kfz-Haftpflichtversicherung von 26 EUR. Ihm wurde auf seinen Antrag hin BAföG nach § 12 Abs. 1 Nr. 1 BAföG in Höhe von monatlich 216 EUR bewilligt.

Beweis: Bescheid vom 12.8.2015 – Anlage W3

---

663 Münder/*Geiger* LPK-SGB II § 11 a Rn. 19.
664 Zu Einzelfällen Münder/*Geiger* LPK-SGB II § 11 a Rn. 19.

VI. Einkommen

Als weiteres Einkommen verfügt der Widerspruchsführer zu 1) über Kindergeld.

Mit Bescheid vom 24.9.2016 wurden den Klägern Leistungen nach dem SGB II für den Zeitraum vom 1.10.2016 bis 31.3.2017 bewilligt. Dabei wurde das BAföG des Widerspruchsführers zu 1) mit einem Betrag von 100 EUR gem. § 11 b Abs. 2 SGB II bereinigt.

Beweis: Bescheid vom 24.9.2016 – Anlage W4

II.

Der Bescheid vom 24.9.2016 ist rechtswidrig und verletzt die Widerspruchsführer in ihren Rechten. Die Widerspruchsführer haben Anspruch auf höhere Leistungen nach dem SGB II.

Nach § 7 Abs. 1 SGB II erhalten Personen, die das 15. Lebensjahr vollendet haben, erwerbsfähig und hilfebedürftig sind sowie ihren gewöhnlichen Aufenthalt in der Bundesrepublik Deutschland haben, Leistungen nach diesem Buch.

Die Widerspruchsführer sind erwerbsfähig und haben ihren gewöhnlichen Aufenthalt in der Bundesrepublik. Ferner haben sie das 15. Lebensjahr vollendet.

Insbesondere war der Widerspruchsführer zu 1) auch nicht von Leistungen nach § 7 Abs. 5 SGB II ausgeschlossen, da sich sein Bedarf nach § 12 Abs. 1 Nr. 1 BAföG richtet und er damit unter die Rückausnahme des § 7 Abs. 6 Satz 1 Nr. 2 SGB II fällt.

Auch sind die Widerspruchsführer nach § 9 SGB II hilfebedürftig, jedoch in höherem Umfang als von dem Beklagten berechnet. Nach dieser Vorschrift ist hilfebedürftig, wer seinen Lebensunterhalt nicht oder nicht ausreichend aus dem zu berücksichtigenden Einkommen oder Vermögen sichern kann und die erforderliche Hilfe nicht von anderen, insbesondere von Angehörigen oder von Trägern anderer Sozialleistungen, erhält. Bei Personen, die in einer Bedarfsgemeinschaft leben, ist auch das Einkommen und Vermögen des Partners zu berücksichtigen. Ist in einer Bedarfsgemeinschaft nicht der gesamte Bedarf aus eigenen Kräften und Mitteln gedeckt, gilt jede Person der Bedarfsgemeinschaft im Verhältnis des eigenen Bedarfs zum Gesamtbedarf als hilfebedürftig.

Das BAföG des Widerspruchsführers zu 1) ist in größerem Umfang zu bereinigen.

Entsprechend § 11 a Abs. 3 Satz 2 Nr. 3 SGB II sind Leistungen nach dem BAföG als Einkommen zu berücksichtigen, unabhängig davon, ob Teile dieser Leistungen für einen bestimmten Zweck gewährt werden.[665] Nach § 11 b Abs. 1 SGB II sind vom Einkommen abzusetzen u.a. gezahlte Steuern, Beiträge zur Sozialversicherung und zur Arbeitsförderung, Beiträge zu gesetzlichen vorgeschriebenen oder dem Grunde und der Höhe nach notwendigen sonstigen Versicherungen, sowie Werbungskosten. Zu den gesetzlich vorgeschriebenen Versicherungen gehört insbesondere die Kfz-Haftpflichtversicherung (*Geiger* LPK-SGB II § 11 b Rn. 5). Nach § 11 b Abs. 2 Satz 5 SGB II ist von den in § 11 a Abs. 3 Satz 2 Nr. 3 bis 5 SGB II genannten Leistungen für die Abzugsbeträge nach Abs. 1 Satz 1 Nr. 3 bis 5, also insbesondere hinsichtlich der Versicherungen und der Werbungskosten, ein Betrag von mindestens 100 EUR zu berücksichtigen. Sofern höhere Kosten nachgewiesen sind, sind diese abzusetzen.[666]

Die Absetzbeträge wurden durch den Verordnungsgeber in § 6 ALG II-V konkretisiert. So sind bspw. nach § 6 Abs. 1 Nr. 1 ALG II-V 30 EUR für private Versicherungen abzusetzen.

---

665 Vgl. BT-Drs. 18/8041, S. 33 f.
666 Vgl. BT-Drs. 18/8041, S. 36.

B. Besonderer Teil

> Nach § 6 Abs. 1 Nr. 3 ALG II-V ferner ein Zwölftel des Jahresbeitrages[667] zu den gesetzlichen vorgeschriebenen Versicherungen gem. § 11 b Abs. 1 Satz 1 Nr. 3 SGB II, sowie 0,20 EUR für jeden Kilometer der kürzesten Verbindung zwischen Wohnort und Arbeitsstätte.[668]
>
> Überschreitet die Summe der in § 11 Abs. 1 Satz 3 Nr. 3-5 SGB II aufgeführten den Betrag von 100 EUR, so ist dieser konkrete Betrag abzusetzen. Beim Widerspruchsführer ist dies der Fall:
>
> Versicherungspauschale 30 EUR,
>
> + Kfz-Haftpflichtversicherung 26 EUR,
>
> + Fahrtkosten 0,20 EUR x 42 km x 19 Tage (Durchschnitt bei einer 5-Tage-Woche nach DH-BA 11.83)
>
> = 215,60 EUR.
>
> Da dieser Betrag höher ist als 100 EUR, ist er in dieser konkreten Höhe abzusetzen. Die Differenz zu den bereits abgesetzten 100 EUR beträgt 115,60 EUR. Auf sechs Monate ergibt dies einen nachzuzahlenden Betrag von 693,60 EUR.[669]
>
> (...)
>
> Rechtsanwalt

767 Weitere Einnahmen, die nicht zu berücksichtigen sind, sind vom Verordnungsgeber in § 1 ALG II-V geregelt worden. Praxisrelevant sind hierbei die Nr. 1, die Bagatellbeträge bis zu 10 EUR monatlich unberücksichtigt lässt. Seit 1.8.2016 sind zudem Einnahmen aus Kapitalvermögen, soweit sie 100 EUR kalenderjährlich nicht übersteigen, anrechnungsfrei (§ 1 Nr. 3 ALG II-V).

768 Nach § 1 Nr. 4 ALG II-V ist sog. weitergegebenes Pflegegeld nicht als Einkommen zu berücksichtigen, wenn es – nach § 3 Nr. 36 EStG – nicht steuerlich zu berücksichtigen ist. Dies ist der Fall, wenn es die Höhe des Pflegegeldes nach § 37 SGB XI nicht übersteigt und die Pflege von Angehörigen, oder Dritten aus einer sittlichen Pflicht heraus erbracht wird.

769 Nach § 1 Nr. 7 ALG II-V bleibt die Eigenheimzulage unberücksichtigt, wenn sie zur Finanzierung einer nicht als Vermögen zu qualifizierenden Immobilie (selbst genutztes Eigenheim – § 12 Abs. 3 Satz 1 Nr. 4 SGB II) verwendet wird. „Finanzierung" ist dabei weit auszulegen und umfasst auch die Beschaffung von Baumateri-

---

667 Maßgeblich sind die zum Zeitpunkt der Entscheidung über den Leistungsanspruch nachgewiesenen Jahresbeiträge. Spätere Änderungen der Beitragshöhe sind erst bei einer Weiterbewilligung zu berücksichtigen.
668 Die Pauschale für allgemeine Werbungskosten iHv 15,33 EUR ist mit der Neuregelung zum 1.8.2016 weggefallen.
669 Nach alter Rechtslage war das Einkommen aus BAföG um die zweckbestimmten Anteile zu bereinigen. Dieser Anteil konnte mit 20 % des „großen BAföG", also dem Betrag der sich aus § 12 Abs. 2 Nr. 1 BAföG ergibt, angesetzt werden. Mit der Neufassung der §§ 11 ff. SGB II wurde klargestellt, dass nunmehr auch BAföG (wie auch andere Förderleistungen zur Berufsausbildung), ungeachtet der Zweckbestimmung einzelner Bestandteile, als Einkommen zu berücksichtigen sind. Von diesem Einkommen ist gem. § 11 b SGB II eine Pauschale von 100 EUR abzusetzen entsprechend den Regelungen für Erwerbseinkommen, sofern nicht höhere Kosten nachgewiesen werden.

al oder die Bezahlung von Handwerkern.[670] Im Einzelfall wird jedoch hier ein Nachweisproblem bestehen.[671] Unproblematisch und klar umfasst sind die typischen Fälle der Abtretung an eine Bank zur Minderung von Zinszahlungen. Die Begleichung von laufenden Steuern und Gebühren genügt nicht.[672]

Nach Nr. 11 ist die Vollverpflegung – mit Ausnahme bei nichtselbstständiger und selbstständiger Tätigkeit oder bei Wehr-, Ersatz oder Freiwilligendienstverhältnissen[673] – anrechnungsfrei. Mithin ist die Berücksichtigung von Vollverpflegung im Krankenhaus, in sonstigen Anstalten und Einrichtungen usw. anrechnungsfrei.[674]   770

§ 1 Abs. 4 ALG II-V regelt die Anrechnung von Einkommen aus Ferienarbeit. Danach sind Einnahmen von Schülerinnen und Schülern allgemein- oder berufsbildender Schulen, die das 25. Lebensjahr noch nicht vollendet haben, aus Erwerbstätigkeiten, die in den Schulferien für höchstens vier Wochen je Kalenderjahr ausgeübt werden, soweit diese einen Betrag in Höhe von 1.200 EUR kalenderjährlich nicht überschreiten, nicht zu berücksichtigen. Für die Bemessung des 4-Wochen-Zeitraums bleiben in den Schulferien ausgeübte Erwerbstätigkeiten mit einem Einkommen, das monatlich den in § 11 b Abs. 2 Satz 1 SGB II oder in § 1 Abs. 1 Nr. 9 ALG II-V genannten monatlichen Betrag nicht übersteigt, außer Betracht. Dies gilt nicht für Schülerinnen und Schüler, die einen Anspruch auf Ausbildungsvergütung haben.   771

8. Die „gemischte Bedarfsgemeinschaft"

Bei der sog. „gemischten Bedarfsgemeinschaft" handelt es sich um diejenigen Fälle, bei denen ein Leistungsberichtigter mit einer nicht leistungsberechtigten Person eine Bedarfsgemeinschaft bildet, insbesondere wenn diese ihren eigenen Bedarf aus eignen Mitteln decken kann. Diese Fälle treten insbesondere bei Ehegatten auf, bei denen einer von beiden eine Altersrente bezieht (Ausschluss nach § 7 Abs. 4 SGB II) während der andere das Altersrentenalter noch nicht erreicht hat und hilfebedürftig ist. Trotz § 7 Abs. 2 SGB II gehören hier auch die Fälle hin, in den ein Mitglied der Bedarfsgemeinschaft erwerbsunfähig ist und deshalb eine Erwerbsunfähigkeitsrente bezieht, während (mindestens) ein weiteres Mitglied erwerbsfähig ist.[675] Ebenfalls zu den gemischten Bedarfsgemeinschaften gehören Fälle, in denen ein SGB II-Leistungsberechtigter mit einem volljährigen Bezieher von Grundleistungen nach dem AsylbLG zusammenlebt.[676] In diesen Fällen ist zwar die Zugehörigkeit der ausgeschlossenen Personen zur Bedarfsgemeinschaft nicht in Frage gestellt, jedoch erfolgt hier eine besondere Art der Einkommensanrechnung.[677] In   772

---

670 Münder/*Geiger* LPK-SGB II § 11 a Rn. 29.
671 Zur Problematik BSG 30.9.2008 – B 4 AS 19/07.
672 BSG 3.3.2009 – B 4 AS 38/08 R.
673 Vgl. aber § 11 Abs. 1 SGB II, wonach Einnahmen in Geldeswert nur dann als Einkommen zu berücksichtigen sind, wenn sie im Rahmen einer Erwerbstätigkeit, eines Bundesfreiwilligendienstes oder eines Jugendfreiwilligendienstes zufließen.
674 Münder/*Geiger* LPK-SGB II § 11 a Rn. 32.
675 LSG Baden-Württemberg 6.6.2011 – L 1 AS 4393/10.
676 Vgl. BSG 6.10.2011 – B 14 AS 171/10 R: Bei SGB II-Leistungsberechtigten, die mit einem Partner zusammenleben, der Grundleistungen nach dem Asylbewerberleistungsgesetz bezieht, ist der ungekürzte Regelbedarf (also Regelbedarfsstufe 1 statt Regelbedarfsstufe 2) zu berücksichtigen.
677 BSG 15.4.2008 – B 14/7 b AS 58/06. Zur Besonderheit bei der Vermögensberücksichtigung vgl. Rn. 838.

diesen Fällen ist – so das BSG – die Regelung zur Hilfebedürftigkeit verfassungskonform einschränkend dahingehend auszulegen, dass als Gesamtbedarf nur der Bedarf der hilfebedürftigen Mitglieder der SGB II-Bedarfsgemeinschaft anzusehen ist.[678] Der Bedarf und die Einkommensanrechnung der grds. nicht Leistungsberechtigten ist jedoch weiterhin am SGB II und nicht am SGB XII zu messen.[679]

773 Eine Ausnahme gilt bei einer gemischten Bedarfsgemeinschaft mit einem nichterwerbsfähigen Hilfebedürftigen: Erzielt im Rahmen einer gemischten Bedarfsgemeinschaft jedoch das nicht erwerbsfähige (und damit von SGB II-Leistungen ausgeschlossene, jedoch nach den SGB II-Vorschriften zu behandelnde) Mitglied Einkommen aus Erwerbstätigkeit, so ist nach der Auffassung des BSG dieses Erwerbseinkommen nach § 82 Abs. 3 SGB XII analog um die dortigen Freibeträge zu bereinigen.[680] Sofern ein SGB XII-Leistungsberechtigter einen Ehegatten/Lebenspartner hat, der SGB II-Leistungen bezieht, ist diese SGB II-Leistung beim SGB XII-Leistungsberechtigten nicht nach § 43 Abs. 1 Satz 2 SGB XII anzurechnen. Es bleibt vielmehr anrechnungsfrei – auch wenn es in § 82 Abs. 1 Satz 1 SGB XII nicht explizit ausgeschlossen wird.[681]

774 Im Übrigen gilt jedoch grds., dass auch bei einer gemischten Bedarfsgemeinschaft die Bedarfsberechnung und auch die Einkommensbereinigung nach den Regeln des SGB II erfolgt: Das bedeutet, dass der Bedarf des von den Leistungen ausgeschlossenen Mitglieds zunächst für dieses *isoliert und fiktiv* nach dem SGB II zu bestimmen ist und sodann auch sein Einkommen nach SGB II-Vorschriften zu bereinigen und anzurechnen ist. Es ist also so zu behandeln als sei es das einzige Mitglied der Bedarfsgemeinschaft. Besteht sodann noch ein Einkommensüberhang, so ist dieser sodann auf die restlichen leistungsberechtigten Mitglieder der BG entsprechend der üblichen Verteilungsregelung des § 9 SGB II zu verteilen.[682] Hierzu folgendes Klageformular:

775 **Muster: Klage gegen fehlerhafte Einkommensanrechnung in „gemischter Bedarfsgemeinschaft"**

Rechtsanwalt

(...)

(Datum)

An das

Sozialgericht (...)

(Anschrift)

K L A G E

des (...),

(Anschrift)

– K l ä g e r –

---

678 BSG 15.4.2008 – B 14/7 b AS 58/06.
679 BSG 15.4.2008 – B 14/7 b AS 58/06.
680 BSG 16.4.2013 – B 14 AS 71/12 R und 24.11.2011 – B 14 AS 201/10 R.
681 BSG 9.6.2011 – B 8 SO 20/09 R.
682 Siehe für ein Berechnungsbeispiel Münder/*Schoch* LPK-SGB II § 9 Rn. 46 ff.

Prozessbevollmächtigter: Rechtsanwalt (...)
gegen
Jobcenter (...)
(Anschrift)
vertreten durch den Geschäftsführer

– Beklagter –

wegen höheren Leistungen nach dem SGB II für den Zeitraum vom 1.8.2016 bis 31.12.2016
Bescheid vom 23.6.2016
Namens und ausweislich der beigefügten Vollmacht des Klägers erhebe ich Klage und werde beantragen,

den Bescheid des Beklagten vom 23.6.2016 in der Gestalt des Widerspruchsbescheides vom 10.8.2016 abzuändern und den Beklagten zu verurteilen, an den Kläger weitere 1.587,50 EUR zu zahlen.

Zur Geltendmachung der Rechte des Klägers beantrage ich ferner,

dem Kläger Prozesskostenhilfe ab Klageerhebung zu bewilligen und den Unterzeichner beizuordnen.

Begründung:
I.
Der Kläger begehrt höhere Leistungen nach dem SGB II. Die Klage wird beschränkt auf den Zeitraum vom 1.8.2016 bis 31.12.2016.
Der am 7.8.1956 geborene Kläger und dessen am 14.6.1951 geborene Ehegattin leben in einem gemeinsamen Haushalt. Sie bewohnen eine Wohnung von 43 m² und zahlen hierfür einen Mietzins von 420 EUR sowie Vorauszahlungen auf Neben- und Heizkosten von 90 EUR.
Beweis:
– Mietvertrag – Anlage K1
– Nebenkostenabrechnung 2015 – Anlage K2
Der Kläger verfügt über kein Einkommen. Seine Ehegattin bezieht sei 1.8.2016 Altersrente in Höhe von monatlich 665 EUR.
Beweis: Rentenbescheid vom 6.6.2011 – Anlage K3
Die Kläger bezogen seit März 2010 als Bedarfsgemeinschaft laufend Leistungen zur Sicherung des Lebensunterhaltes nach dem SGB II von dem Beklagten. Der Beklagte bewilligte mit Bescheid vom 23.6.2016 Leistungen zur Sicherung des Lebensunterhaltes für den Zeitraum vom 1.7.2016 bis 31.12.2016. Dabei berücksichtigte er zwar die Altersrente der Ehegattin des Klägers, bereinigte diese ordnungsgemäß nach § 11 b SGB II, jedoch behandelte sie die Ehegattin des Klägers als Mitglied der Bedarfsgemeinschaft und verteilte das Einkommen entsprechend § 9 SGB II gleichmäßig auf beide.
Beweis: Bescheid vom 23.6.2016 – Anlage K4
Hiergegen erhob der Kläger erfolglos mit Schreiben vom 10.7.2016 Widerspruch. Der Beklagte wies den Widerspruch mit Widerspruchsbescheid vom 10.8.2016 und der Begründung zurück, dass es auf die Berechnungsweise nicht ankomme.

B. Besonderer Teil

Beweis:
- Widerspruch vom 10.7.2016 – Anlage K5
- Widerspruchsbescheid vom 10.8.2016 – Anlage K6

II.

Der Bescheid des Beklagten vom 23.6.2016 in der Gestalt des Widerspruchsbescheides vom 10.8.2016 ist rechtswidrig und verletzt den Kläger in seinen Rechten. Der Kläger hat Anspruch auf höhere Leistungen nach dem SGB II nach §§ 7, 9, 11 ff., 22 SGB II.

Nach § 7 Abs. 1 SGB II erhalten Personen, die das 15. Lebensjahr vollendet haben, erwerbsfähig und hilfebedürftig sind sowie ihren gewöhnlichen Aufenthalt in der Bundesrepublik Deutschland haben, Leistungen nach diesem Buch.

Der Kläger ist erwerbsfähig und hat seinen gewöhnlichen Aufenthalt in der Bundesrepublik. Ferner hat er das 15. Lebensjahr vollendet.

Die Ehegattin des Klägers ist ab August 2016 nicht mehr berechtigt nach § 7 SGB II. Als Empfängerin von Altersrente ist sie von Leistungen nach dem SGB II nach § 7 Abs. 4 SGB II ausgeschlossen. Sie kann daher auch nicht für diesen Zeitraum als Klägerin auftreten, sie dürfte jedoch beizuladen sein. Ferner zählt sie auch als Mitglied der Bedarfsgemeinschaft (BSG 15.4.2008 – B 14/7 b AS 58/06 R).

Die Leistungen des Klägers sind fehlerhaft berechnet. Grds. richtet sich seine Hilfebedürftigkeit nach § 9 SGB II. Nach dieser Vorschrift ist hilfebedürftig, wer seinen Lebensunterhalt nicht oder nicht ausreichend aus dem zu berücksichtigenden Einkommen oder Vermögen sichern kann und die erforderliche Hilfe nicht von anderen, insbesondere von Angehörigen oder von Trägern anderer Sozialleistungen, erhält. Bei Personen, die in einer Bedarfsgemeinschaft leben, ist auch das Einkommen und Vermögen des Partners zu berücksichtigen. Ist in einer Bedarfsgemeinschaft nicht der gesamte Bedarf aus eigenen Kräften und Mitteln gedeckt, gilt jede Person der Bedarfsgemeinschaft im Verhältnis des eigenen Bedarfs zum Gesamtbedarf als hilfebedürftig.

Dieser Grundsatz ist jedoch im Falle „gemischter Bedarfsgemeinschaften", also in denen ein leistungsberechtigtes und ein nicht leistungsberechtigtes Mitglied zusammen wirtschaften, abzuändern. Dort ist durch verfassungskonforme Auslegung bei der Prüfung der Hilfebedürftigkeit von dem Einkommen des nicht leistungsberechtigten Mitglieds (hier eines Altersrentners) dessen eigener Bedarf nach dem SGB II abzuziehen. Der ungedeckte Gesamtbedarf wächst entgegen der Verteilungsregel in § 9 Abs. 2 Satz 3 SGB II allein dem leistungsberechtigten Mitglied der Bedarfsgemeinschaft zu (BSG 15.4.2008 – B 14/7 b AS 58/06 R).

Mithin ist die Altersrente der Ehegattin des Klägers zunächst vollständig ihrem Bedarf gegenüberzustellen. Ein eventueller Überhang ist dem Kläger als Einkommen anzurechnen und dort zu bereinigen.

Damit ergibt sich folgendes:

	Ehegattin	Kläger
Regelbedarf[683]	364 EUR	364 EUR
KdU (jeweils ½)	255 EUR	255 EUR
Einkommen	665 EUR Rente	16 EUR
Bereinigung (§ 11 b SGB II)	- 30 EUR (§ 11 b Abs. 1 SGB II)	- 30 EUR (§ 11 b Abs. 1 SGB II)
Bereinigtes Einkommen	635 EUR	
Regelbedarf zzgl. KdU abzgl. bereinigtes Einkommen (= Leistung)	16 EUR übersteigendes Einkommen (Überhang, der als Einkommen beim Kläger anzurechnen ist)[684]	619 EUR

Dem Kläger steht daher eine Leistung von 619 EUR zu. Der Beklagte hatte das bereinigte Einkommen von 635 EUR nach § 9 SGB II gleichmäßig auf beide aufgeteilt, so dass er für den Kläger (und entsprechend auch seine Ehegattin) Leistungen von 301,50 EUR bewilligte. Die Differenz beträgt mithin 317,50 EUR monatlich, für fünf Monate also 1.587,50 EUR, die an den Kläger noch zu leisten sind.[685]

III.

Wie sich aus der beigefügten Erklärung zu den persönlichen und wirtschaftlichen Verhältnissen ergibt, kann der Kläger die Kosten der Prozessführung nicht aufbringen (§ 73 a SGG iVm § 114 ZPO). Da die Klage – wie ausgeführt – Aussicht auf Erfolg hat und nicht mutwillig ist, ist der Antrag auf Prozesskostenhilfe ebenfalls begründet.

(...)
Rechtsanwalt

9. Erwerbseinkommen

Für das Erwerbseinkommen halten das Gesetz und insbesondere die ALG II-V einige gesonderte Regelungen bereit.

a) Einkommen aus unselbstständiger Tätigkeit

Für das Einkommen aus unselbstständiger Tätigkeit ergeben sich dabei hinsichtlich der üblichen Einkommensanrechnung kaum Besonderheiten. Hierzu hat der

---

683 Eine gemischte Bedarfsgemeinschaft ist auch bei einem Partner anzunehmen, der Leistungen nach dem Asylbewerberleistungsgesetz bezieht. In diesem Fall nimmt das BSG (Urt. v. 6.11.2011 – B 14 AS 171/10 R) – im Gegensatz zu einer gemischten Bedarfsgemeinschaft mit einer Altersrentner – an, dass ein ungekürzter Regelbedarf zusteht.
684 Sofern der Bedarf der Ehefrau durch ihr Einkommen nicht gedeckt wäre, dürfte hinsichtlich dieser Bedarfslücke ein Anspruch für sie nach dem SGB XII bestehen.
685 Streng genommen steht der Ehegattin des Klägers natürlich der monatlich bewilligte Betrag nicht zu. Dieser kann aber von ihr nur unter den Voraussetzungen des § 45 SGB X zurückgefordert werden, da ein ursprünglich rechtswidriger Verwaltungsakt vorliegt. Sie wird sich hier wohl auf Vertrauensschutz berufen können. Ein Ausschluss kommt allenfalls nach § 45 Abs. 2 Nr. 3 SGB X in Betracht. Dies ist eine Frage des Einzelfalls, jedoch relativ unwahrscheinlich, da die komplizierte Rechtslage und damit die Fehlerhaftigkeit der Bewilligung wohl kaum erkannt werden konnte (oder gar erkannt wurde).

Verordnungsgeber in § 2 ALG II-V einige Regelungen getroffen. Als Einkommen aus unselbstständiger Arbeit hat er dabei die Legaldefinition des § 14 Abs. 1 SGB IV herangezogen.

778 Nicht als Erwerbseinkommen zählt das durch die Krankenkassen gewährte Krankengeld.[686] Ebenso sind die vom Arbeitnehmer gezahlten Beiträge zu vermögenswirksamen Leistungen nicht als Einkommen zu behandeln.[687] Als Einkommen aus Erwerbstätigkeit wird hingegen Kurzarbeitergeld nach dem SGB III behandelt.[688]

779 Erwerbseinkommen ist selbstverständlich in dem Monat zu berücksichtigen in dem es zufließt.[689] Fließt monatlich unterschiedlich hohes Einkommen zu, hat der Grundsicherungsträger nach § 41 a SGB II vorläufig zu entscheiden (vgl. hierzu Rn. 10 ff.).

780 Für Einmaleinkommen hat der Gesetzgeber nunmehr eine deutliche Regelung in § 11 Abs. 3 SGB II getroffen. Danach sind einmalige Einnahmen – entsprechend des Zuflussprinzips – im Zuflussmonat zu berücksichtigen. Wurden bereits für diesen Monat Leistungen erbracht, sind sie im Folgemonat anzurechnen. Würde die Leistungsberechtigung in dem Anrechnungsmonat entfallen, so sind sie auf die folgenden sechs Monate mit einem entsprechenden Teilbetrag anzurechnen. Ergänzt wird die Regelung durch § 11 b Abs. 1 Satz 2 SGB II. Danach sind vor der Aufteilung auf sechs Monate die Beträge nach § 11 b Abs. 1 Nr. 1, 2, 5 und 6 SGB II abzusetzen. Sie kommen daher nicht in jedem der Aufteilungsmonate erneut zur Absetzung.

781 Den einmaligen Einnahmen werden mit Wirkung zum 1.8.2016 durch § 11 Abs. 3 Satz 2 SGB II auch als Nachzahlung zufließende Einnahmen, die nicht für den Monat des Zuflusses erbracht werden, erfasst. Mit der Ergänzung wird klargestellt, dass Nachzahlungen von Arbeitsentgelt oder Sozialleistungen wie einmalige Einnahmen auf das Arbeitslosengeld II anzurechnen sind.[690]

782 Diese grds. Regelung (§ 11 Abs. 3 SGB II) schafft einige der Unklarheiten und Unsicherheiten, die hinsichtlich Einmaleinkommens herrschten,[691] ab.

783 Jedoch geht insbesondere die Anrechnung im Folgemonat bei bereits erbrachter Leistung an den Bewilligungsrealitäten vorbei. Diese Regelung sollte der Vereinfachung dienen, da so von einer Aufhebung und Erstattung abgesehen werden könnte und lediglich ein Änderungsbescheid mit entsprechend geänderter Auszahlung notwendig wäre. In der Praxis ist jedoch nicht zu erwarten, dass zum einen die Kenntnis der Jobcenter so zeitnah zum Zufluss erfolgt. Zum anderen ist schwerlich zu erwarten, dass diese eine solch zügige Anrechnung vornehmen, wo doch die Leistungen ohnehin schon im Voraus ausgekehrt werden. Im Ergebnis bleibt es in der Praxis regelmäßig dabei, dass dann doch wieder eine Aufhebung und Erstattung erforderlich wird. Nicht ganz nachvollziehbar ist iÜ, weshalb nur die Bereinigung nach § 11 b Abs. 1 Nr. 1, 2, 5 und 6 SGB II vor der Verteilung erfolgen soll und der Abzug der Versicherungspauschale und einer eventuellen Riester-Rente

---

686 BSG 27.9.2011 – B 4 AS 180/10 R.
687 BSG 19.6.2012 – B 4 AS 163/11 R.
688 BSG 14.3.2012 – B 14 AS 18/11 R.
689 BSG 30.7.2008 – B 14 AS 26/7 R.
690 BT-Drs. 18/8041, S. 33. Vgl. hierzu auch Rn. 730.
691 Vgl. zur alten Rechtslage Münder/*Brühl* LPK-SGB II, 3. Aufl., § 11 Rn. 94.

nach Nr. 3 und 4 (iVm § 6 Abs. 1 Nr. 1 und 3 ALG II-V) dann doch bei den monatlichen Teilbeträgen erfolgt.

Weiterhin regelt die ALG II-V in § 2 Abs. 5 die Anrechnung von im Rahmen der unselbstständigen Tätigkeit zur Verfügung gestellten Vollverpflegung. § 2 Abs. 6 ALG II-V bestimmt, dass sonstige Einnahmen in Geldeswert mit ihrem Verkehrswert als Einkommen anzusetzen sind. Unter bestimmten Voraussetzungen kann das Einkommen des Leistungsberechtigten nach Abs. 7 geschätzt werden. Diese Möglichkeit hat in der Praxis jedoch einen sehr geringen Anwendungsbereich. 784

b) Einkommen aus selbstständiger Tätigkeit

Komplizierter gestaltet sich die Anrechnung von Einkommen aus selbstständiger Tätigkeit. Dies wird in der ALG II-V durch § 3 geregelt. 785

Hier hat der Verordnungsgeber eine relativ komplizierte Berechnungsweise vorgegeben. Er verabschiedete sich bereits im Jahre 2008 von der wesentlich übersichtlicheren Berechnung auf Grundlage des Steuerbescheides. Auch wenn diese frühere Berechnungsvariante zu großzügigeren Leistungsbewilligungen geführt hat, verursacht die nunmehr erforderliche Berechnung einen wohl absolut unverhältnismäßigen Verwaltungsaufwand der Jobcenter und einen überflüssigen Prüfungsaufwand der Gerichte. 786

Bei der Berechnung ist zunächst von den Betriebseinnahmen auszugehen. Dazu gehören Forderungseingänge, Vorschusszahlungen, Kreditzuflüsse, erstattete Umsatzsteuer, Zinseinnahmen sowie alle sonstigen Einnahmen.[692] Problematisch und fraglich sind Einnahmen aus Schadensersatzleistungen wegen Betriebsverlusten und Privateinlagen.[693] Die Einnahmen können nach § 3 Abs. 3 Satz 2 ALG II-V bei der Berechnung angemessen erhöht werden, wenn anzunehmen ist, dass die nachgewiesene Höhe der Einnahmen offensichtlich nicht den tatsächlichen Einnahmen entspricht.[694] Zum Beispiel bei berechtigtem Verdacht auf verdeckte Privatentnahmen. Hier werden die Jobcenter jedoch auf Nachweisprobleme stoßen. 787

Den Einnahmen sind die Betriebsausgaben gegenüber zu stellen. Diese müssen nach § 3 Abs. 2 und 3 ALG II-V „notwendig" sein. Hierzu zählen Existenzgründungs-, Fahrzeug-, Fortbildungs-, Investitions-, Personal-, Raum-, Repräsentations-, Steuerberatungskosten sowie Steuerschulden, ebenso alle sonstigen betriebsbedingten Ausgaben.[695] Ob die Absetzung der Betriebsausgaben von den Betriebseinnahmen zu einem ermittelten Gewinneinkommen führt, das sodann nach § 11 b SGB II iVm der ALG II-V zu bereinigen ist (so die Praxis der Grundsicherungsträger) oder ob die Betriebsausgaben als notwendige Ausgaben iSd § 11 b Abs. 1 Nr. 5 SGB II anzusehen sind, die entsprechend der Vorgaben des § 6 ALG II-V abzusetzen sind, ist umstritten, dürfte jedoch selten zu unterschiedlichen Ergebnissen führen. Es scheint der Wortlaut des § 3 Abs. 2 ALG II-V eher die Praxis der Grundsicherungsträger zu bestätigen, während in der Tat der Absetzungsbetrag des § 11 b Abs. 1 Nr. 5 SGB II (Werbungskosten), für den der Pauschbetrag aus § 6 ALG II-V bei selbstständiger Arbeit nicht gilt, neben der Berücksichtigung der Be- 788

---

692 Hierzu ausführlich Münder/*Geiger* LPK-SGB II § 11 Rn. 80 ff.
693 Zu Recht zu den Einnahmen zählend *Geiger*, ZFSH/SGB 2009, 9 ff.
694 Zweifel an der Ermächtigungskonformität *Schwarzlos/Siebel-Huffmann*, info also 2008, 51 ff.
695 Hierzu ausführlich Münder/*Geiger* LPK-SGB II § 11 Rn. 84.

triebsausgaben wenig Sinn hat. Welche Werbungskosten sollen anfallen, die keine Betriebsausgaben sind? Für Kfz hält § 3 Abs. 7 ALG II-V eine Regelung bereit. Danach sind bei einem überwiegend betrieblich genutzten Kfz sämtliche Ausgaben dafür Betriebsausgaben. Private Fahrten sind davon mit 0,10 EUR pro gefahrenem km abzuziehen. Wird das Kfz überwiegend privat genutzt, sind Ausgaben dafür nicht als Betriebsausgaben absetzbar. Jedoch sind betriebliche Fahrten mit dem privaten Kfz mit 0,10 EUR abzusetzen, es sei denn höhere Kraftstoffkosten werden nachgewiesen. Ein Kfz gilt als überwiegend betrieblich genutzt, wenn es mindestens zu 50 % betrieblich genutzt wird. Von den tatsächlichen Betriebsausgaben können Abschläge gemacht werden, wenn diese nicht entsprechend § 3 Abs. 3 Satz 1 ALG II-V den Lebensumständen während des SGB II-Leistungsbezugs nicht entsprechen oder vermeidbar waren (bspw. die Anschaffung eines Hochleistungscomputers, um lediglich Abrechnungen zu erstellen). Nach Abs. 3 Satz 3 sind ferner solche Betriebsausgaben nicht zu berücksichtigen die in einem auffälligen Missverhältnis zu den Erträgen stehen. Hier wird eine großzügige Anwendung angezeigt sein, da nicht verlangt werden kann, dass jedes Einzelgeschäft mit Gewinnmaximierung abgeschlossen wird.[696] Ausgaben sind ferner nicht abzusetzen, soweit für sie Darlehen oder Zuschüsse nach dem SGB II erbracht oder betriebliche Darlehen aufgenommen worden sind. Dies gilt auch für Ausgaben, soweit zu deren Finanzierung andere Darlehen verwandt werden (Abs. 3 Satz 4).

789 Der so ermittelte Gewinn ist sodann nach § 3 Abs. 4 ALG II-V zu addieren und durch die Anzahl der Monate des Bewilligungszeitraumes zu dividieren (bzw. soweit die Selbstständigkeit nur in einem Teil der Monate des Abschnitts ausgeübt wurde, durch die Anzahl dieser Monate). Der so ermittelte Gewinn ist sodann um die Beträge nach § 11 b Abs. 1 SGB II zu bereinigen.

790 Eine gesonderte Regelung für Saisonbetriebe (zB Eisdielen) galt nach § 6 Abs. 5 ALG II-V. Diese Regelung wurde mit Wirkung ab 1.8.2016 aufgehoben. Eine Berücksichtigung der Besonderheiten bei Saisonbetrieben kann ab 1.8.2016 aber (nur noch) dadurch erfolgen, dass der Bewilligungszeitraum nicht ein Jahr umfasst, sondern auf (zB) sechs Monate verkürzt wird (vgl. § 41 Abs. 3 Satz 2 SGB II).

791 Eine besondere Bedeutung kommt bei Selbstständigen der vorläufigen Bewilligung zu. Die Leistungen für die Leistungsberechtigten sind idR vorläufig zu bewilligen, da der genaue Einkommenszufluss (und damit die Leistungshöhe) zum Bewilligungszeitpunkt gerade nicht klar ist (vgl. zur vorläufigen Bewilligung Rn. 10 ff.).

792 Zum Ganzen folgendes Widerspruchsformular:

793
Muster: Widerspruch bei Einkommen aus selbstständiger Tätigkeit (Nichtanerkennung einer Betriebsausgabe)

(Datum)

An das

Jobcenter (...)

(Anschrift)

---

[696] Vgl. hierzu auch Münder/*Geiger* LPK-SGB II § 11 Rn. 87.

Widerspruch

der (▪▪▪),

(Anschrift)

<u>Prozessbevollmächtigter:</u> Rechtsanwalt (▪▪▪)

gegen den Bescheid vom 23.9.2016, mit dem Leistungen für den Zeitraum vom 1.3.2016 bis 31.8.2016 bewilligt wurden.

Namens und ausweislich der beigefügten Vollmacht beantrage ich,

unter Abänderung des Bescheides vom 23.9.2016 der Widerspruchsführerin Leistungen zur Sicherung des Lebensunterhaltes zu zahlen und hierbei
- **die Betriebsausgabe im März 2016 in Höhe von 1.200 EUR als notwendig anzuerkennen und**
- **den Durchschnittsgewinn des Bewilligungszeitraums als Einkommen zugrunde zu legen.**

Begründung:

I.

Die Widerspruchsführerin begehrt höhere Leistungen zur Sicherung des Lebensunterhaltes nach dem SGB II und wendet sich gegen die Einkommensanrechnung aus ihrer selbstständigen Tätigkeit.

Die am 16.9.1972 geborene Widerspruchsführerin bewohnt eine 34 m² große Wohnung. Sie zahlt hierfür einen Mietzins von 320 EUR sowie Vorauszahlungen auf Neben- und Heizkosten von 80 EUR.

Beweis:
- Mietvertrag – Anlage W1
- Nebenkostenabrechnung 2015 – Anlage W2

Die Widerspruchsführerin ist selbstständig als Schneiderin tätig. Sie verfügt über monatlich wechselndes Einkommen. Sie verfügt derzeit über ein Kontoguthaben von 1.674 EUR, sonst über keinerlei Vermögen.

Beweis: aktueller Kontoauszug – Anlage W3

Nachdem die Widerspruchsführerin ihre für die Monate März 2016 bis August 2016 vorläufige betriebswirtschaftliche Auswertung mit dem voraussichtlich zu erwartenden Gewinn von 750 EUR vorlegte, wurden ihr Leistungen zur Sicherung des Lebensunterhaltes für den Zeitraum 1.3.2016 bis 30.8.2016 mit Bescheid vom 23.2.2016 bewilligt und der von ihr selbst ermittelte Gewinn als Einkommen zugrunde gelegt.

Beweis: Bescheid vom 23.2.2016 – Anlage W4

Im September 2016 legte sie sodann die endgültige betriebswirtschaftliche Auswertung für die Monate März 2016 bis August 2016 vor. Die tatsächlichen Gewinne entsprachen im Wesentlichen den vorläufig ermittelten. Die Widerspruchsführerin hatte jedoch im März 2016 eine Betriebsausgabe zum Erwerb einer 2/3-Nadel-Doppelkappnaht-Maschine – armabwärts – für röhrenförmige Nähte, in Höhe von 1.200 EUR getätigt. Dies wurde als notwendige Ausgabe nicht anerkannt. Ferner erfolgte auch keine monatliche Durchschnittsberechnung. Ihr wurden mit endgültigem Bescheid vom 23.9.2016 Leistungen für den Zeitraum vom 1.3.2016 bis 31.8.2016 unter den vorgenannten Einschränkungen bewilligt.

Beweis: Bescheid vom 23.9.2016 – Anlage W5

Hiergegen richtet sich der Widerspruch.

II.

Der Bescheid vom 23.9.2016 ist rechtswidrig und verletzt die Widerspruchsführerin in ihren Rechten. Sie hat Anspruch auf höhere Leistungen nach dem SGB II.

Nach § 7 Abs. 1 SGB II erhalten Personen, die das 15. Lebensjahr vollendet haben, erwerbsfähig und hilfebedürftig sind sowie ihren gewöhnlichen Aufenthalt in der Bundesrepublik Deutschland haben, Leistungen nach diesem Buch.

Die Widerspruchsführerin ist erwerbsfähig und hat ihren gewöhnlichen Aufenthalt in der Bundesrepublik. Ferner hat sie das 15. Lebensjahr vollendet.

Auch war die Widerspruchführerin hilfebedürftig nach § 9 SGB II, jedoch in höherem Umfang als durch den Bescheid berechnet. Die Hilfebedürftigkeit richtet sich nach § 9 SGB II. Nach dieser Vorschrift ist hilfebedürftig, wer seinen Lebensunterhalt nicht oder nicht ausreichend aus dem zu berücksichtigenden Einkommen oder Vermögen sichern kann und die erforderliche Hilfe nicht von anderen, insbesondere von Angehörigen oder von Trägern anderer Sozialleistungen, erhält.

Das anzurechnende Einkommen richtet sich nach §§ 11 ff. SGB II. Für Einkommen aus selbstständiger Arbeit hat der Verordnungsgeber in § 3 ALG II-V eine konkretere Ausgestaltung der Einkommensvorschriften geschaffen. Danach ist nach § 3 Abs. 1 ALG II-V zunächst von den Betriebseinnahmen auszugehen. Diese sind vorliegend unstreitig. Hiernach sind nach § 3 Abs. 2 und 3 ALG II-V zur Berechnung des Einkommens von den Betriebseinnahmen die im Bewilligungszeitraum tatsächlich geleisteten notwendigen Ausgaben mit Ausnahme der nach § 11 b SGB II abzusetzenden Beträge ohne Rücksicht auf steuerrechtliche Vorschriften abzusetzen. Tatsächliche Ausgaben sollen nicht abgesetzt werden, soweit diese ganz oder teilweise vermeidbar sind oder offensichtlich nicht den Lebensumständen während des Bezuges der Leistungen zur Grundsicherung für Arbeitsuchende entsprechen.

Die Nichtanerkennung der Betriebsausgabe der Widerspruchsführerin ist rechtswidrig. Die Ausgabe war weder ganz noch teilweise vermeidbar. Nachdem die Widerspruchsführerin den Umfang ihrer Aufträge im letzten Jahr erheblich ausbauen konnte, erhielt sie in letzter Zeit häufig Aufträge, die sie nicht annehmen konnte oder jedenfalls nicht vollständig bearbeiten konnte, da ihr die angeschaffte Nähmaschine bis dahin fehlte. Sie konnte vielmehr nur Aufträge im Bereich der Änderungsschneiderei annehmen, nicht jedoch die vollständige Anfertigung von Kleidungsstücken. Der Hinweis, dass die Widerspruchsführerin bereits eine Nähmaschine besitze, ist richtig, jedoch ist diese eben gerade nicht geeignet, um die notwendigen Arbeiten vollständig auszuführen. Die Anschaffung stellt keine Luxusanschaffung dar und dient nicht bloß der Vereinfachung von Arbeitsabläufen, sondern vielmehr bereits deren Ermöglichung. Auch hat die Widerspruchsführerin gerade eine gebrauchte Maschine angeschafft und so die Betriebsausgaben möglichst gering gehalten. Darüber hinaus steht die Anschaffung auch in keinerlei Missverhältnis zu den Einnahmen der Widerspruchsführerin.

Schließlich wurden bei der Bewilligung jeweils die konkreten Betriebseinnahmen und Betriebsausgaben im jeweiligen Monat gegenübergestellt und der so ermittelte Gewinn als Einkommen des entsprechenden Monats zugrunde gelegt. Hier wurde übersehen, dass nach § 3 Abs. 4 ALG II-V der Durchschnittsgewinn im Bewilligungszeitraum als Einkommen zugrunde zu legen ist.

(...)
Rechtsanwalt

Muster: Widerspruch bei Einkommen aus selbstständiger Tätigkeit (jährliche Betrachtung der Einnahmen und Ausgaben)

(Datum)

An das

Jobcenter (...)

(Anschrift)

Widerspruch

des (...),

(Anschrift)

Prozessbevollmächtigter: Rechtsanwalt (...)

gegen den Bescheid vom 23.3.2017, mit dem Leistungen für den Zeitraum vom 1.4.2017 bis 30.9.2017 bewilligt wurden.

Namens und ausweislich der beigefügten Vollmacht beantrage ich,

unter Abänderung des Bescheides vom 23.3.2017 der Widerspruchsführerin Leistungen zur Sicherung des Lebensunterhaltes für insgesamt 1 Jahr unter Anrechnung eines Einkommens von 70 EUR zu zahlen.

Begründung:

I.

Die Widerspruchsführerin begehrt die Festlegung des Bewilligungszeitraumes auf 1 Jahr sowie höhere Leistungen zur Sicherung des Lebensunterhaltes nach dem SGB II aufgrund der unzutreffenden Einkommensanrechnung aus ihrer selbstständigen Tätigkeit.

Die am 16.9.1972 geborene Widerspruchsführerin bewohnt eine 34 m² große Wohnung. Sie zahlt hierfür einen Mietzins von 320 EUR, sowie Vorauszahlungen auf Neben- und Heizkosten von 80 EUR.

Beweis:
- Mietvertrag – Anlage W1
- Nebenkostenabrechnung 2016 – Anlage W2

Die Widerspruchsführerin ist selbstständig tätig und betreibt seit 2013 einen Kiosk im örtlichen Freibad. Das Freibad wird von April bis September eines Jahres betrieben. Dementsprechend ist der Widerspruchsführerin auch nur in diesem Zeitraum der Betrieb ihres Kiosks möglich. Um den Kiosk ab April betreiben zu können, ist es erforderlich, dass sie bereits ab März Einkäufe tätigt, um einen ausreichenden Warenbestand zur Verfügung zu haben. Hierfür fallen regelmäßig Betriebskosten iHv 500 EUR an. Darüber hinaus werden

Abrechnungen, bspw. mit dem Energieversorger nach Abschluss der Schwimmbadsaison, erstellt. Diese werden sich voraussichtlich auf einen Betrag von 250 EUR belaufen. Diesen Ausgaben kann sie in den konkreten Monaten keine Einnahmen gegenüberstellen. Die Einkommenshöhe der Klägerin ist während des Betriebs des Kiosks monatlich wechselnd. Ihr Kontoguthaben beläuft sich auf 1.674 EUR, sonst verfügt sie über keinerlei Vermögen.

Beweis: aktueller Kontoauszug – Anlage W3

Die Widerspruchsführerin legte im März 2017 ihre vorläufige betriebswirtschaftliche Auswertung für die Monate April bis September 2017 vor, mit dem voraussichtlich zu erwartenden Gewinn von 3.000 EUR. Gleichzeitig wies sie darauf hin, dass sie in den Monaten Januar bis März und Oktober bis Dezember jeweils über keinerlei Einnahmen verfüge. Daher sei eine jahresweise Betrachtung ihrer Einnahmen und Ausgaben vorzunehmen.

Dennoch bewilligte der Beklagte ihr mit Bescheid vom 23.3.2017 Leistungen zur Sicherung des Lebensunterhaltes für den Zeitraum 1.4.2017 bis 30.9.2017. Dabei legte er den von ihr selbst ermittelten Gewinn als Einkommen zugrunde und teilte diesen auf sechs Monate auf.

Beweis: Bescheid vom 23.3.2017 – Anlage W4

Hiergegen richtet sich der Widerspruch.

II.

Der Bescheid vom 23.3.2017 ist rechtswidrig und verletzt die Widerspruchsführerin in ihren Rechten. Sie hat Anspruch auf höhere Leistungen nach dem SGB II.

Nach § 7 Abs. 1 SGB II erhalten Personen, die das 15. Lebensjahr vollendet haben, erwerbsfähig und hilfebedürftig sind sowie ihren gewöhnlichen Aufenthalt in der Bundesrepublik Deutschland haben, Leistungen nach diesem Buch.

Die Widerspruchsführerin ist erwerbsfähig und hat ihren gewöhnlichen Aufenthalt in der Bundesrepublik. Ferner hat sie das 15. Lebensjahr vollendet.

Auch war die Widerspruchsführerin hilfebedürftig nach § 9 SGB II, jedoch in höherem Umfang als durch den Bescheid berechnet. Die Hilfebedürftigkeit richtet sich nach § 9 SGB II. Nach dieser Vorschrift ist hilfebedürftig, wer seinen Lebensunterhalt nicht oder nicht ausreichend aus dem zu berücksichtigenden Einkommen oder Vermögen sichern kann und die erforderliche Hilfe nicht von anderen, insbesondere von Angehörigen oder von Trägern anderer Sozialleistungen, erhält.

Das anzurechnende Einkommen richtet sich nach §§ 11 ff. SGB II. Für Einkommen aus selbstständiger Arbeit hat der Verordnungsgeber in § 3 ALG II-V eine konkretere Ausgestaltung der Einkommensvorschriften geschaffen. Danach ist nach § 3 Abs. 1 ALG II-V zunächst von den Betriebseinnahmen auszugehen. Diese sind vorliegend unstreitig. Hiernach sind nach § 3 Abs. 2 und 3 ALG II-V zur Berechnung des Einkommens von den Betriebseinnahmen die im Bewilligungszeitraum tatsächlich geleisteten notwendigen Ausgaben mit Ausnahme der nach § 11 b SGB II abzusetzenden Beträge ohne Rücksicht auf steuerrechtliche Vorschriften abzusetzen.

Gemäß § 41 a Abs. 1 SGB II ist über den Leistungsanspruch vorläufig zu entscheiden, wenn zur Feststellung der Voraussetzungen des Anspruchs oder zur Feststellung von dessen Höhe voraussichtlich längere Zeit erforderlich ist. Da das Einkommen der Widerspruchsführerin erst nach Ablauf des Bewilligungszeitraumes feststeht, ist die vorläufige Bewilligung insoweit nicht zu beanstanden.

Hier ist jedoch der Bewilligungszeitraum auf 1 Jahr festzusetzen. Nach § 41 Abs. 3 SGB II ist über den Leistungsanspruch idR für ein Jahr zu entscheiden. Der Bewilligungszeitraum soll u.a. dann auf sechs Monate verkürzt werden, wenn über den Leistungsanspruch vorläufig entschieden wird. Entsprechend der Regelung ist eine Ermessensentscheidung erforderlich, um insbesondere in atypischen Fällen von der Verkürzung des Bewilligungszeitraumes absehen zu können. In Betracht kommt dies z.B. dann, wenn wegen der Eigenart der selbstständigen Tätigkeit eine jahresbezogene Betrachtung des Einkommens aus dieser Tätigkeit erforderlich ist.[697]

Schon bzgl. der Regelung in § 3 Abs. 5 ALG II-V a.F.[698] wurde eine jährliche Berechnung des Einkommens aus selbstständiger Tätigkeit bei Saisonbetrieben vorgenommen, aber auch bei solchen Betrieben, bei denen nach der Eigenart der Erwerbstätigkeit eine jahresbezogene Betrachtung erforderlich ist, weil üblicherweise im Laufe des Jahres stark schwankende Einnahmen zu verzeichnen sind. Dann soll auch solches Einkommen ergänzend Berücksichtigung finden, das in der Saisonzeit auch oberhalb der Bedarfsgrenze zur Verfügung stand, also bei jährlicher Berechnung zu berücksichtigen gewesen wäre.[699]

Zweifelsohne handelt es sich bei dem Betrieb der Widerspruchsführerin um einen Saisonbetrieb. Sie hat auch in Monaten Ausgaben zu tätigen, in denen keine Einnahmen zu verzeichnen sind, um den Kioskbetrieb ausüben zu können. Bei einer Gesamtschau der Umstände der von der Widerspruchsführerin ausgeübten selbstständigen Erwerbstätigkeit ist mithin das Ermessen nach § 41 Abs. 3 SGB II dahingehend auszuüben, dass eine Festlegung des Bewilligungszeitraumes auf 1 Jahr erfolgt. Von dem voraussichtlichen Gewinn von 3.000 EUR für die Monate April bis September 2017 sind noch die weiteren Ausgaben von voraussichtlich 750 EUR in Abzug zu bringen, sodass sich der zu erwartende Gewinn bei einer jahresweisen Betrachtung auf 2.250 EUR beläuft. Dies entspricht einem durchschnittlichen Monatseinkommen von 187,50 EUR.

Schließlich wurden bei der Bewilligung jeweils die konkreten Betriebseinnahmen und Betriebsausgaben im jeweiligen Monat gegenübergestellt und der so ermittelte Gewinn als Einkommen des entsprechenden Monats zugrunde gelegt. Hier wurde übersehen, dass nach § 3 Abs. 4 ALG II-V der Durchschnittsgewinn im Bewilligungszeitraum als Einkommen zugrunde zu legen ist. Nach Absetzung der Freibeträge nach § 11 b Abs. 2 und 3 SGB II (100 EUR + 17,50 EUR), ergibt sich ein bei der vorläufigen Bewilligung zu berücksichtigendes Einkommen von monatlich 70 EUR.

(...)
Rechtsanwalt

10. Wohngeldanrechnung/andere Sozialleistungen

Probleme bereitet in der Praxis nicht selten die Anrechnung anderer Sozialleistungen, insbesondere ALG[700] und Wohngeld. Die jeweiligen Bescheide enthalten oft Bewilligungszeiträume, die als Zuflusszeitpunkt zugrunde gelegt werden, obwohl

795

---

697 BT Drs. 18/8041, S. 51.
698 Diese wurde mit Wirkung zum 1.8.2016 aufgehoben.
699 Vgl. LSG Rheinland-Pfalz 19.12. 2012 – L 6 AS 611/11.
700 ALG ist Einkommen iSd SGB II: BSG 23.8.2011 – B 14 AS 165/10 R.

sie tatsächlich verzögert ausgezahlt wurden und damit erst zu einem späteren Zeitpunkt zuflossen. Es kommt natürlich für die Anrechnung als Einkommen auf den Zuflusszeitpunkt an, so dass die Bescheide insoweit fehlerhaft sind. Etwas anderes gilt nur dann, wenn die Erfüllungsfiktion des § 107 SGB X eingreift. In diesem Fall ist nicht auf den Zuflusszeitpunkt abzustellen, sondern auf den Zeitpunkt, für den das Wohngeld oder das ALG (oder sonstige Sozialleistungen) bewilligt wurden. Voraussetzung ist dafür, dass ein Erfüllungsanspruch (idR nach §§ 103, 104 SGB X) bestand. Dies ist, neben weiteren Voraussetzungen, nur dann der Fall, wenn der andere Leistungsträger geleistet hat, bevor er vom SGB II-Bezug und damit vom Bestehen eines Erstattungsanspruchs Kenntnis hatte.[701]

796 Werden andere Sozialleistungen (wie Wohngeld) rückwirkend bewilligt, ist der Nachzahlbetrag nach § 11 Abs. 3 Satz 2 SGB II als einmalige Einnahme zu berücksichtigen, so dass insbesondere §§ 11 Abs. 3 und 11 b Abs. 1 Satz 2 SGB II zu berücksichtigen sind (vgl. hierzu Rn. 743 ff.).

797 **Muster: Widerspruch wegen fehlerhafter Anrechnung von Einkommen entgegen dem Zuflussprinzip (hier Wohngeld)**

An das

Jobcenter (...)

(Anschrift)

(Datum)

Widerspruch

1. des (...),

(Anschrift)

2. der (...), ebenda

3. des minderjährigen Kindes (...), vertreten durch die Widerspruchsführer zu 1) und 2), ebenda

4. des minderjährigen Kindes (...), vertreten durch die Widerspruchsführer zu 1) und 2), ebenda

Prozessbevollmächtigter: Rechtsanwalt (...)

gegen den Bescheid vom 23.5.2016 in der Fassung des Bescheides vom 13.9.2016, mit dem Leistungen für den Zeitraum vom 1.6.2016 bis 30.11.2016 bewilligt wurden

Namens und ausweislich der beigefügten Vollmacht beantrage ich,

den Bescheid vom 23.5.2016 in der Fassung des Bescheides vom 13.9.2016 abzuändern und den Widerspruchsführern zu 3) und 4) Leistungen zur Sicherung des Lebensunterhaltes ohne Anrechnung von Wohngeld auszuzahlen.

Begründung:

I.

Die Widerspruchsführer begehren höhere Leistungen nach dem SGB II.

---

701 BSG 20.12.2011 – B 4 AS 203/10 R.

Die Widerspruchsführer leben in einem gemeinsamen Haushalt. Sie bewohnen eine Wohnung von 85 m². Sie zahlen einen Mietzins von 470 EUR sowie Vorauszahlungen auf Neben- und Heizkosten von 200 EUR. Sie beziehen laufend Leistungen zur Sicherung des Lebensunterhaltes nach dem SGB II.

Beweis:
- Mietvertrag – Anlage W1
- Nebenkostenabrechnung 2012 – Anlage W2

Die Widerspruchsführerin zu 1) ist als Reinigungskraft beschäftigt und bezieht monatlich gleich hohes Einkommen von 1.000 EUR brutto, bzw. 800 EUR netto. Der Widerspruchsführer zu 2) ist geringfügig beschäftigt und bezieht monatlich 1.100 EUR brutto bzw. 900 EUR netto. Ferner bezieht die Widerspruchsführerin zu 1) Kindergeld von jeweils 190 EUR für die Widerspruchsführer zu 3) und 4).

Beweis:
- Lohnabrechnung Widerspruchsführerin zu 1) – Anlage W2
- Lohnabrechnung Widerspruchsführer zu 2) – Ablage W3

Die Widerspruchsführer zu 1) und 2) verfügen über ein gemeinsames Konto mit einem derzeitigen Guthaben von 1.243 EUR.

Beweis: Aktueller Kontoauszug – Anlage W4

Sie besitzen ferner ein Kfz VW Golf II. Der in der Rechtsprechung zugrunde gelegte Grenzwert von 7.500 EUR für die Angemessenheit eines Kraftfahrzeugs ist augenscheinlich nicht überschritten.

Den Widerspruchsführern sind als Bedarfsgemeinschaft Leistungen zur Sicherung des Lebensunterhaltes nach dem SGB II zuletzt mit Bescheid vom 23.5.2016 für den Zeitraum vom 1.6.2016 bis 30.11.2016 bewilligt worden.

Beweis: Bescheid vom 23.5.2016 – Anlage W5

Die Widerspruchsführer zu 1) und 2) beantragten für die Widerspruchsführer zu 3) und 4) Wohngeld. Dieses wurde mit Bescheid vom 3.8.2016 für den Zeitraum vom 1.6.2016 bis 31.5.2017 für die Widerspruchsführer zu 3) und 4) in Höhe von monatlich jeweils 100 EUR bewilligt.

Beweis: Wohngeldbescheid vom 3.8.2016 – Anlage W6

Die Widerspruchsführer erhielten eine Nachzahlung für die Monate Juni und Juli zusammen mit der Zahlung für August 2016 am 10.8.2016.

Beweis: Kontoauszug für August 2016 – Anlage W7

Nachdem dem Jobcenter der Wohngeldbescheid übersandt wurde, erteilte dieses am 13.9.2016 einen Änderungsbescheid. Es wurde für den Zeitraum des Bewilligungsbescheides, mithin für die Zeit vom 1.6.2016 bis 30.11.2016 das Wohngeld als Einkommen bei den Widerspruchsführern zu 3) und 4) in voller Höhe angerechnet.

Beweis: Änderungsbescheid vom 13.9.2016 – Anlage W8

Gegen diesen Bescheid richtet sich der Widerspruch.

II.

Der Bescheid vom 23.5.2016 in der Fassung des Änderungsbescheides vom 13.9.2016 ist rechtswidrig und verletzt die Widerspruchsführer in ihren Rechten. Die Widerspruchsführer zu 3) und 4) haben Anspruch auf höhere Leistungen nach dem SGB II für die Monate Juni und Juli 2016.

Nach § 7 Abs. 1 SGB II erhalten Personen, die das 15. Lebensjahr vollendet haben, erwerbsfähig und hilfebedürftig sind sowie ihren gewöhnlichen Aufenthalt in der Bundesrepublik Deutschland haben, Leistungen nach diesem Buch.

Die Widerspruchsführer zu 1) und 2) sind erwerbsfähig und haben ihren gewöhnlichen Aufenthalt in der Bundesrepublik. Ferner haben sie das 15. Lebensjahr vollendet. Die Widerspruchsführer zu 3) und 4) sind als Kinder der Widerspruchsführer zu 1) und 2) nach § 7 Abs. 2 SGB II leistungsberechtigt, da sie mit ihren leistungsberechtigten Eltern eine Bedarfsgemeinschaft bilden.

Auch sind die Widerspruchsführer nach § 9 SGB II hilfebedürftig, jedoch in höherem Umfang als berechnet. Nach dieser Vorschrift ist hilfebedürftig, wer seinen Lebensunterhalt nicht oder nicht ausreichend aus dem zu berücksichtigenden Einkommen oder Vermögen sichern kann und die erforderliche Hilfe nicht von anderen, insbesondere von Angehörigen oder von Trägern anderer Sozialleistungen, erhält. Bei Personen, die in einer Bedarfsgemeinschaft leben, ist auch das Einkommen und Vermögen des Partners zu berücksichtigen. Ist in einer Bedarfsgemeinschaft nicht der gesamte Bedarf aus eigenen Kräften und Mitteln gedeckt, gilt jede Person der Bedarfsgemeinschaft im Verhältnis des eigenen Bedarfs zum Gesamtbedarf als hilfebedürftig.

Das berechnete Einkommen ist jedoch fehlerhaft. Einkommen iSd § 11 SGB II sind Einnahmen in Geld. Entscheidend ist darüber hinaus der tatsächliche Zufluss und ob die Mittel tatsächlich zum Bestreiten des Lebensunterhaltes eingesetzt werden können. Aufgrund des dem SGB II zugrunde liegenden Bedarfsdeckungsprinzips kann Einkommen nicht für die Vergangenheit angerechnet werden. Das Wohngeld ist jedoch nicht über den Zeitraum seiner Bewilligung als Einkommen anzurechnen. Eine Auszahlung erfolgte erstmals im August 2016. Erst ab diesem Zeitpunkt ist es als Einkommen zu berücksichtigen. In den Monaten Juni und Juli 2016 hätte daher keinerlei weiteres Einkommen angerechnet werden können.

(…)

Rechtsanwalt

11. Einkommen – Besonderheiten beim SGB XII

798 Die Bestimmung des zu berücksichtigenden Einkommens oder der Anrechnungsfreiheit erfolgt mit den §§ 82 ff. SGB XII iVm der Verordnung zur Durchführung des § 82 des Zwölften Buches Sozialgesetzbuch (DVO zu § 82 SGB XII).[702] Die Definition des Einkommens entspricht der im Bereich des SGB II[703] grds., wobei nach § 11 Abs. 1 SGB II der Begriff „Geldeswert" mit Wirkung ab 1.8.2016 gestrichen wurde und damit im SGB II ein engerer Einkommensbegriff anzusetzen ist.

799 Die Anrechnung des grds. zu berücksichtigenden Nettoeinkommens erfolgt nach dessen Bereinigung entsprechend der sozialhilferechtlichen Vorschriften: § 82 Abs. 2 SGB XII und DVO zu § 82 SGB XII.

---

702 Vgl. hierzu Berlit/Conradis/Sartorius/*Meßling/Sartorius*, Existenzsicherungsrecht, Kap. 20.
703 Vgl. BSG 19.5.2009 – B 8 SO 35/07 R.

Für Erwerbstätige bestimmt § 82 Abs. 3 SGB XII im Bereich der Hilfe zum Lebensunterhalt (HzL) und der Grundsicherung im Alter oder bei Erwerbsminderung (GSAE) einen sozialhilferechtlichen Freibetrag, der vom bereinigten Nettoarbeitskommen abzuziehen ist. Die Höhe dieses zusätzlichen Freibetrags bemisst sich nach der Höhe des jeweiligen Bruttoentgeltes: Er beträgt 30 %[704] des Einkommens aus selbstständiger und nichtselbstständiger Tätigkeit der Leistungsberechtigten; höchstens jedoch 50 % der Regelbedarfsstufe 1 nach Anlage zu § 28 SGB XII. Bei einer Beschäftigung in einer Werkstatt für behinderte Menschen (WfbM) gilt abweichend hiervon, dass von dem Entgelt ein Achtel der Regelbedarfsstufe 1 nach Anlage zu § 28 SGB XII zuzüglich 50 % des diesen Betrag übersteigenden Entgelts abzusetzen ist. Mit dem Bundesteilhabegesetz (BTHG) gilt seit 1.1.2017 über § 82 Abs. 3 a SGB XII für Personen, die Leistungen der Hilfe zur Pflege (§§ 61 ff. SGB XII) erhalten, dass von ihrem Einkommen aus selbstständiger und nichtselbstständiger Tätigkeit ein Betrag in Höhe von 40 %, höchstens jedoch 65 % der Regelbedarfsstufe 1 nach der Anlage zu § 28 SGB XII, abzusetzen ist. Dies gilt bis zum 31.12.2019 auch für Personen, die Leistungen der Eingliederungshilfe für behinderte Menschen (§ 53 ff. SGB XII) erhalten.

800

Eine Besonderheit gilt nach § 85 SGB XII bei Bedarfen der sonstigen Hilfe in besonderen Lebenssituationen[705] nach dem Fünften bis Neunten Kapitel. Da es sich bei diesen Hilfen nicht um die Grundversorgung, also den laufenden Lebensunterhalt, handelt, sondern um besondere und atypische Situationen, erfolgt eine großzügigere Einkommensanrechnung (und Vermögensanrechnung):[706] Grds. anrechenbares Einkommen wird nicht in vollständiger Höhe von der zustehenden Sozialhilfe in Abzug gebracht, sondern es ist eine (individuelle) Einkommensgrenze entsprechend der Bestimmungen des § 85 SGB XII zu ermitteln.

801

Hiernach (§ 85 Abs. 1 SGB XII) ist der nachfragenden Person und ihrem nicht getrennt lebenden Ehegatten oder Lebenspartner die Aufbringung der entsprechenden Mittel nicht zuzumuten, wenn während der Dauer des Bedarfs ihr monatliches Einkommen zusammen eine Einkommensgrenze nicht übersteigt, die sich ergibt aus

802

1. einem Grundbetrag in Höhe des Zweifachen der Regelbedarfsstufe 1 nach der Anlage zu § 28,
2. den Aufwendungen für die Unterkunft, soweit diese den der Besonderheit des Einzelfalles angemessenen Umfang nicht übersteigen und
3. einem Familienzuschlag in Höhe des auf volle EUR aufgerundeten Betrages von 70 vom Hundert der Regelbedarfsstufe 1 nach der Anlage zu § 28 für den nicht getrennt lebenden Ehegatten oder Lebenspartner und für jede Person, die von der nachfragenden Person, ihrem nicht getrennt lebenden Ehegatten oder

---

704 Nach § 82 Abs. 3 Satz 3 SGB XII kann in begründeten Fällen ein anderer höherer Betrag vom Einkommen abgesetzt werden.
705 §§ 47 bis 74 SGB XII: Hilfen zur Gesundheit (§§ 47 bis 52), Eingliederungshilfe für behinderte Menschen (§§ 53 bis 60), Hilfe zur Pflege (§§ 61 bis 66), Hilfe zur Überwindung besonderer sozialer Schwierigkeiten (§§ 67 bis 69), Hilfe in anderen Lebenslagen (§§ 70 bis 74).
706 Der sozialhilferechtliche Freibetrag nach § 82 Abs. 3 SGB XII ist jedoch nur bei Leistungen der Hilfe zur Pflege und Leistungen der Eingliederungshilfe für behinderte Menschen in Abzug zu bringen.

B. Besonderer Teil

Lebenspartner überwiegend unterhalten worden ist oder für die sie nach der Entscheidung über die Erbringung der Sozialhilfe unterhaltspflichtig werden.

803 Wenn die nachfragende Person minderjährig und unverheiratet ist, so ist – nach § 85 Abs. 2 SGB XII – ihr und ihren Eltern die Aufbringung der Mittel nicht zuzumuten, wenn während der Dauer des Bedarfs das monatliche Einkommen der nachfragenden Person und ihrer Eltern zusammen eine Einkommensgrenze nicht übersteigt, die sich ergibt aus

1. einem Grundbetrag in Höhe des Zweifachen der Regelbedarfsstufe 1 nach der Anlage zu § 28,
2. den Aufwendungen für die Unterkunft, soweit diese den der Besonderheit des Einzelfalles angemessenen Umfang nicht übersteigen und
3. einem Familienzuschlag in Höhe des auf volle EUR aufgerundeten Betrages von 70 vom Hundert der Regelbedarfsstufe 1 nach der Anlage zu § 28 für einen Elternteil, wenn die Eltern zusammenleben, sowie für die nachfragende Person und für jede Person, die von den Eltern oder der nachfragenden Person überwiegend unterhalten worden ist oder für die sie nach der Entscheidung über die Erbringung der Sozialhilfe unterhaltspflichtig werden.

804 Wenn nun das Einkommen unterhalb der so nach § 85 SGB XII konkret individuell ermittelten Einkommensgrenze liegt, wird die entsprechende Sozialhilfe nach §§ 47 bis 74 SGB XII ohne Abzug gewährt.[707]

805 **Muster: Bsp. Einkommen unter Freibetrag**

M ist gehbehindert und benötigt neben hauswirtschaftlicher Versorgung Hilfe beim An- und Auskleiden (ca. 2 h täglich). Leistungen aus der Pflegeversicherung werden nicht bezogen. Das Sozialamt will ein Pflegegeld von mtl. 316 EUR zahlen. M ist mit F verheiratet. F erzielt ein Nettoeinkommen iHv 850 EUR. Die gemeinsame Wohnung kostet mtl. angemessene 400 EUR warm.

Einkommensgrenze nach § 85 Abs. 1 SGB XII:

2 x Regelbedarfsstufe 1: (2 x 409 EUR)	818,00 EUR
KdU	400,00 EUR
Familienzuschlag (70 % der Regelbedarfsstufe 1)	286,30 EUR
Die Einkommensgrenze liegt bei:	1504,30 EUR

Das Nettoeinkommen iHv 850 EUR liegt unter dieser Freigrenze, so dass die beabsichtigte Pflegehilfe voll zu leisten ist.[708]

806 Wenn das Einkommen aber über dieser Einkommensgrenze liegt, ist die Aufbringung der Mittel in angemessenem Umfang zuzumuten (§ 87 Abs. 1 Sätze 1 und 2 SGB XII). Bei dieser Zumutbarkeitsbeurteilung sind insbesondere die Art des Bedarfs, die Art oder Schwere der Behinderung oder der Pflegebedürftigkeit, die Dauer und Höhe der erforderlichen Aufwendungen sowie besondere Belastungen der nachfragenden Person und ihrer unterhaltsberechtigten Angehörigen zu berücksichtigen.

---

707 Aber auch der Einsatz von Einkommen unterhalb der Einkommensgrenze kann unter den Voraussetzungen des § 88 SGB XII zumutbar sein.
708 Nach *Herbst*, Existenzsicherung durch Grundsicherung für Arbeitssuchende und Sozialhilfe, S. 211.

Für die Zumutbarkeitsbeurteilung bei *Pflegebedürftigen der Pflegegrade 4 und 5* 807
(vgl. § 61 b Abs. 1 Nr. 4 und 5 SGB XII) und *blinden Menschen* nach § 72 SGB XII
enthält § 87 Abs. 1 Satz 3 SGB XII eine weitere Besonderheit. Hiernach gilt, dass
ein Einsatz des Einkommens über der Einkommensgrenze in Höhe von mindestens
60 % nicht zuzumuten ist. D.h., 60 % des Einkommens über der Einkommensgrenze sind nicht zu berücksichtigen.[709]

> **Muster: Bsp. bei Pflegebedürftigen der Pflegegrade 4 und 5 oder blinden Menschen, § 87 Abs. 1 Satz 3 SGB XII** 808
>
> M ist Pflegebedürftiger des Pflegegrades 4. Leistungen aus der Pflegeversicherung werden nicht bezogen. Das Sozialamt will ein Pflegegeld von mtl. 728 EUR zahlen. M ist mit F verheiratet. F erzielt ein Nettoeinkommen iHv 2.750 EUR. Die gemeinsame Wohnung kostet mtl. angemessene 400 EUR warm.
>
> **Einkommensgrenze nach § 85 Abs. 1 SGB XII:**
>
> | | |
> |---|---:|
> | 2 x Regelbedarfsstufe 1: (2 x 409 EUR) | 818,00 EUR |
> | KdU | 400,00 EUR |
> | Familienzuschlag (70 % der Regelbedarfsstufe 1) | 286,30 EUR |
> | Die Einkommensgrenze liegt bei: | 1.504,30 EUR |
>
> Das Nettoeinkommen iHv 2.750 EUR liegt 1.245,70 EUR über dieser Freigrenze. Damit übersteigt das Einkommen die Einkommensgrenze um 1.245,70 EUR, so dass grds. der Bedarf von 728 EUR durch eigenes Einkommen gedeckt ist und Sozialhilfe nicht in Betracht käme.
>
> Nach § 87 Abs. 1 Satz 3 SGB XII ist jedoch die Anrechnung von 60 % des übersteigenden Einkommens nicht zumutbar: 60 % von 1.245,70 EUR = 747,42 EUR. Lediglich die Anrechnung der verbleibenden 40 % aus 1.245,70 EUR (= 498,28 EUR) ist zumutbar. Damit besteht ein Anspruch auf Sozialhilfe iHv 229,72 EUR (Bedarf iHv 728 EUR abzgl. eines „Eigenanteils" von 498,28 EUR).
>
> Ggf. ist im Rahmen der Ermessensausübung auch zu dem Ergebnis zu kommen, dass auch die Anrechnung von 40 % des übersteigenden Einkommens nicht zumutbar ist.[710]

Auch bei stationären Leistungen gilt – wie bei der HzL bzw. der GSAE für Beschäftigte in einer WfbM nach § 82 Abs. 3 Satz 2 SGB XII – nach § 88 Abs. 2 809
SGB XII eine Besonderheit bei der Anrechnung des übersteigenden Einkommens:
Von dem Einkommen, das der Leistungsberechtigte aus einer entgeltlichen Beschäftigung erzielt, kann die Aufbringung der Mittel in Höhe von einem Achtel
der Regelbedarfsstufe 1 nach der Anlage zu § 28 SGB XII zuzüglich 50 % des diesen Betrag übersteigenden Einkommens aus der Beschäftigung nicht verlangt werden. Mit Wirkung zum 1.1.2017 bestimmt § 88 Abs. 2 Satz 2 SGB XII, dass der
sozialhilferechtliche Erwerbsbeitrag nach § 82 Abs. 3, 3 a SGB XII (vgl. hierzu
Rn. 800) nicht gilt.

---

709 Ggf. kann auch der Einsatz darüber hinausgehenden Einkommens unzumutbar sein. Aber auch der Einsatz von Einkommen unterhalb der Einkommensgrenze kann unter den Voraussetzungen des § 88 SGB XII zumutbar sein.
710 Nach *Herbst*, Existenzsicherung durch Grundsicherung für Arbeitssuchende und Sozialhilfe, S. 212.

VII. Vermögen

810 Vermögensfragen stellen eher selten Grundlage für Streitigkeiten dar. Im Wesentlichen geht es hier meist um Verwertungsfragen.[711]

1. Vermögensbegriff

811 Zur Abgrenzung von Einkommen und Vermögen gilt das bereits oben Gesagte. Danach ist Vermögen all das, was der Leistungsberechtigte bereits vor Antragstellung (bzw. seiner Rückwirkung nach § 37 Abs. 2 SGB II) hatte, Einkommen das, was er nach Antragstellung dazu erlangt.[712] Nach der Änderung im § 11 SGB II zum 1.8.2016 (vgl. hierzu Rn. 724) sind nunmehr Geldwerte grds., unabhängig vom Zuflusszeitpunkt, kein Einkommen, sondern Vermögen. Das betrifft insbesondere Immobilienerbschaften und Erbschaften von Hausrat.

812 Als Vermögen sind alle messbaren Güter zu berücksichtigen, mithin also Geld, Guthaben, Immobilien, Schmuck, Möbel sowie Forderungen. Als letztere kommen insbesondere Rückforderungsansprüche des verarmten Schenkers in Betracht (§ 528 BGB).[713] Es ist der Verkehrswert maßgebend (§ 12 Abs. 4 SGB II). Wird Vermögen ausgegeben, kann sein Fortbestand nicht fingiert werden, selbst dann, wenn es verschwendet wird.[714] Zu berücksichtigen sind dann lediglich der vorgenannte Rückforderungsanspruch und die Möglichkeit des § 31 Abs. 2 Nr. 1 SGB II.

813 Das Gesetz schränkt jedoch in § 12 Abs. 1 SGB II das Vermögen sogleich auf „verwertbares" Vermögen ein. Verwertbar ist Vermögen dann, wenn seine Gegenstände verbraucht, übertragen oder belastet werden können.[715] Hieran fehlt es, wenn ein gesetzlicher Verwertungsausschluss vorliegt, insbesondere bei Versicherungen (§ 168 Abs. 3 Satz 1 und 2 VVG) sowie Eigentum und Rechte Dritter. Bei einer verdeckten Treuhand, also der nicht offengelegten Vermögensverwaltung für einen Dritten, muss sich der Treuhänder das Vermögen nicht per se als sein eigenes anrechnen lassen. Es ist im Einzelnen zu prüfen, welche Vereinbarung zwischen Treuhänder und Treugeber getroffen wurden.[716] Rechtlich verwertbar ist jedoch ein Miterbenanteil, das Anwartschaftsrecht eines Nacherben, der Rückkaufswert einer Lebensversicherung, sofern die Verwertung nicht vertraglich ausgeschlossen ist (§ 165 Abs. 3 VVG). Aber auch wenn eine Sache rechtlich verwertbar ist, kann sie jedoch dennoch wirtschaftlich unverwertbar. Dies ist gegeben, wenn in absehbarer Zeit eine „Versilberung" des Vermögens nicht möglich ist. Ob eine Verwertbarkeit möglich ist, erfordert eine Prognoseentscheidung. Für diese Prognose ist auf den bevorstehenden Bewilligungszeitraum abzustellen; eine Festlegung für darüber hinausgehende Zeiträume ist demgegenüber nicht erforderlich und wegen der Unsicherheiten, die mit einer langfristigen Prognose verbunden sind, auch nicht geboten.[717]

---

711 Zum Einsatz von Vermögen vgl. Berlit/Conradis/Sartorius/*Meßling/Sartorius*, Existenzsicherungsrecht, Kap. 21.
712 BSG 30.7.2008 – B 14 AS 26/07 R, B 14 AS 43/07 R und B 14/7 b AS 12/07 R.
713 Dazu LSG Niedersachsen-Bremen 11.3.2008 – L 7 AS 143/07.
714 BSG 4.9.1979 – 7 Ar 63/78.
715 BSG 6.12.2007 – B 14/7 b AS 46/06 R.
716 BSG 28.8.2007 – B 14/7 a AL 10/06 R.
717 BSG 18.9.2014 – B 14 AS 58/13 R.

Folge fehlender Verwertbarkeit ist, dass Leistungen als Zuschuss zu erbringen sind. Das ist der elementare Unterschied zu der Konstellation, dass die Verwertung zwar grds. möglich ist, nur eben nicht sofort, sondern eine gewisse Zeit – kürzer als ein Bewilligungszeitraum – in Anspruch nimmt. In derartigen Konstellationen werden Leistungen als Darlehen bewilligt (§ 24 Abs. 5 SGB II). 814

Die Frage der Verwertbarkeit ist insbesondere bei Grundstücken, welche in Miteigentum stehen oder die durch eine Erbengemeinschaft erlangt wurden, häufig Gegenstand von Auseinandersetzungen. Das BSG hat hierzu eine grundlegende Entscheidung getroffen,[718] welches anhand des folgenden Klageformulars dargestellt wird. 815

Muster: Grundstück als nicht verwertbares Vermögen 816

Rechtsanwalt

(...)

(Datum)

An das

Sozialgericht (...)

(Anschrift)

K L A G E

des (...),

(Anschrift)

— K l ä g e r —

Prozessbevollmächtigter: Rechtsanwalt (...)

g e g e n

Jobcenter (...)

(Anschrift)

vertreten durch den Geschäftsführer

— B e k l a g t e r —

Ablehnung von Leistungen ab dem 1.6.2016

Bescheid vom 20.6.2016

Namens und ausweislich der beigefügten Vollmacht des Klägers erhebe ich Klage und werde beantragen:

Der Bescheid des Beklagten vom 20.6.2016 in der Gestalt des Widerspruchsbescheides vom 15.8.2016 wird aufgehoben und der Beklagte verurteilt, an den Kläger Leistungen zur Sicherung des Lebensunterhaltes nach dem SGB II ab dem 1.6.2016 zu zahlen.

Zur Geltendmachung der Rechte des Klägers beantrage ich ferner,

dem Kläger Prozesskostenhilfe ab Klageerhebung zu bewilligen und den Unterzeichner beizuordnen.

---

718 BSG 27.1.2009 – B 14 AS 42/07 R.

B. Besonderer Teil

Begründung:

I.

Die Beteiligten streiten über der Hilfebedürftigkeit entgegenstehendes Vermögen.

Der am 23.4.1957 geborene Kläger bewohnt eine 40m² große Wohnung. Für diese zahlt er einen Mietzins von 280 EUR sowie Vorauszahlungen auf Neben- und Heizkosten von 80 EUR.

Beweis: Mietvertrag – Anlage K1

Der Kläger verfügt über ein geringfügiges Einkommen für das Austragen von Zeitungen in Höhe von monatlich 100 EUR.

Beweis: Lohnabrechnungen Juni–August 2016 – Anlage K2

Über sonstige Einkünfte verfügt er nicht.

Sein einziges Konto weist ein Guthaben von 1.200 EUR auf.

Beweis: aktueller Kontoauszug – Anlage K3

Der Vater des Klägers verstarb am 20.1.2016. Der Kläger ist zusammen mit seinen beiden Brüdern zu gleichen Teilen gesetzlicher Erbe. Ihm wurde auf Antrag durch das Nachlassgericht ein entsprechender Erbschein ausgestellt.

Beweis: Erbschein – Anlage K4

Neben einem Kontoguthaben des Vaters von 2.253 EUR war Gegenstand der Erbschaft ein mit einem Wohnhaus bebautes Grundstück (Anschrift und Flurstücknummer). Dieses erwarben die Eltern des Klägers im Jahre 1993 zu einem Kaufpreis von damals 125.000 DM.

Beweis: notarieller Kaufvertrag mit Auflassung vom 20.4.1993 – Anlage K5

Das Grundstück ist nach Abzahlung des Kredites durch die Eltern des Klägers lastenfrei. Das Grundbuch weist keine Belastungen mehr aus.

Beweis: Grundbuchauszug – Anlage K6

Die Erben liegen über die Erbauseinandersetzung in – bislang außergerichtlichem – Streit. Eine einvernehmliche Veräußerung des Grundstückes ist nicht möglich, da die Miterben hierzu derzeit nicht bereit sind. Auch sind sie nicht bereit, ihm seinen Erbanteil abzukaufen bzw. einer Beleihung zuzustimmen.

Beweis:
- anwaltliche Schreiben an die Miterben vom 3.2.2016, 4.4.2016 und 6.5.2016 mit entsprechenden Antworten – Anlagenkonvolut K7
- Zeugnis des Bruders (…) (Anschrift)
- Zeugnis des Bruders (…) (Anschrift)

Das Grundstück befindet sich in einem ländlichen Bereich, das Haus ist sanierungsbedürftig. Der von dem Beklagten angesetzte Wert für das Grundstück ist daher völlig überhöht. Erfahrungsgemäß finden sich in diesem Bereich kaum Käufer für solch eine Immobilie. So werde nach Auskunft der Immobilienmakler D, K und S aktuell in der Region, in der sich das Grundstück befindet, eine Vielzahl von Immobilien angeboten, die sofort bewohnbar wären, für die sich seit über einem Jahr kein Käufer findet. Diese Immobilien werden im Schnitt zu einem Preis von 30.000 EUR angeboten. Nach Einschätzung der Makler wird auf nicht absehbare Zeit kein Käufer für die geerbte Immobilie zu einem angemessenen Preis zu finden sein.

VII. Vermögen

Beweis:
- Sachverständigengutachten
- Schreiben der Makler D, K und S vom 25.5.2016, 7.6.2016 und 8.6.2016

Der Kläger beantragte am 1.6.2016 Leistungen zur Sicherung des Lebensunterhaltes. Der Beklagte lehnte den Antrag wegen übersteigenden Vermögens ab. Er legte den damaligen Kaufpreis von 125.000 DM zugrunde, teilte diesen durch drei und rechnete ihn in EUR um. Mithin stünde dem Kläger ein Vermögen von 21.303,83 EUR zur Verfügung. Nach Abzug des Freibetrages von 8.850 EUR nach § 12 Abs. 2 Nr. 1 SGB II, sowie von 750 EUR nach § 12 Abs. 2 Nr. 5 SGB II verbliebe ein Betrag von 11.708,83 EUR. Hinzu trete sein Kontoguthaben sowie 1/3 des Sparguthabens des Vaters des Klägers. Mithin sei er nicht leistungsberechtigt, da er nicht hilfebedürftig sei.

Beweis: Bescheid vom 20.6.2016 – Anlage K8

Hiergegen erhob der Kläger Widerspruch unter dem 25.6.2016.

Beweis: Widerspruch vom 25.6.2016 – Anlage K9

Der Beklagte wies den Widerspruch mit Widerspruchsbescheid vom 15.8.2016 als unbegründet zurück. Das Grundstück sei verwertbar und daher als Vermögen anzurechnen.

Beweis: Widerspruchsbescheid vom 15.8.2016 – Anlage K10

II.

Der Bescheid des Beklagten vom 20.6.2016 in der Gestalt des Widerspruchsbescheides vom 15.8.2016, mit dem Leistungen für den Kläger ab dem 1.6.2016 abgelehnt wurden, ist rechtswidrig und verletzt den Kläger in seinen Rechten.

Nach § 7 Abs. 1 SGB II erhalten Personen, die das 15. Lebensjahr vollendet haben, erwerbsfähig und hilfebedürftig sind sowie ihren gewöhnlichen Aufenthalt in der Bundesrepublik Deutschland haben, Leistungen nach diesem Buch.

Der Kläger ist erwerbsfähig und hat seinen gewöhnlichen Aufenthalt in der Bundesrepublik. Ferner hat er das 15. Lebensjahr vollendet.

Auch ist er hilfebedürftig, da seinem Bedarf, bestehend aus Regelleistung (404 EUR)[719] nach § 20 SGB II und den Kosten der Unterkunft nach § 22 SGB II (360 EUR), kein ausreichendes Einkommen nach § 11 SGB II und kein anrechenbares Vermögen nach § 12 SGB II gegenübersteht.

Das geringfügige Einkommen des Klägers ist bereits mit der Bereinigung nach § 11 b Abs. 1 SGB II nicht mehr zu berücksichtigen.

Das Vermögen des Klägers überschreitet die Freigrenzen des § 12 SGB II nicht. Insbesondere handelt es sich bei dem Miteigentumsanteil in Erbengemeinschaft an dem in Rede stehenden Grundstück nicht um verwertbares Vermögen im Rechtssinne. Nach § 12 SGB II sind als Vermögen alle verwertbaren Vermögensgegenstände zu berücksichtigen. Dazu können bewegliche Sachen ebenso gehören wie Immobilien und Forderungen. Zu den Vermögensgegenständen, die vorliegend in die Prüfung der Hilfebedürftigkeit nach §§ 9,12 SGB II einzubeziehen sind, gehören der Anteil an dem Nachlass, über den der Kläger nach § 2033 Abs. 1 Satz 1 BGB verfügen kann und der Anspruch auf Auseinandersetzung der Erbengemeinschaft nach §§ 2042 ff. BGB.

---

[719] Seit dem 1.1.2017 beträgt der Regelbedarf 409 EUR für Alleinstehende.

Tatsächlich nicht verwertbar sind Vermögensgegenstände, für die in absehbarer Zeit kein Käufer zu finden sein wird, etwa weil Gegenstände dieser Art nicht (mehr) marktgängig sind oder weil sie, wie Grundstücke infolge sinkender Immobilienpreise, über den Marktwert hinaus belastet sind (BSG 27.1.2009 – B 14 AS 42/7 R).

So liegt der Fall hier. Nach den Bestätigungen der vom Kläger befragten Makler finden sich schon für bewohnbare Immobilien in einem Zeitraum von einem Jahr keine Käufer. Die geerbte Immobilie ist unsaniert und bedürfte umfangreichen Instandsetzungsarbeiten, bevor diese zu Wohnzwecken genutzt werden könnte. Es ist insoweit nicht davon auszugehen, dass sich in einem Zeitraum von einem Jahr ein Käufer für die Immobilien findet oder dass im Rahmen einer zwangsweisen Auseinandersetzung eine Zwangsversteigerung tatsächlich binnen sechs Monaten zu einem Erfolg führen kann.

Mangels der hinreichenden Aussicht auf einen erfolgreichen Verkauf der Immobilien ist jedenfalls nicht davon auszugehen, dass der Miteigentumsanteil des Klägers isoliert irgendeinen Käufer findet.

Es ist nicht ersichtlich, dass jemand einen solchen Anteil erwerben wird. Die Erbengemeinschaft befindet sich in Streit. Es dürfte eine gerichtlich zwangsweise Auseinandersetzung erfolgen müssen. Dies ist zeit- und kostenintensiv. Der Erfolg ist nicht ohne weiteres abzusehen. Das Grundstück befindet sich in einer unattraktiven Lage. Es ist daher davon auszugehen, dass der Erbschaftsanteil oder Miteigentumsanteil isoliert betrachtet praktisch wertlos ist.

Eine einvernehmliche Auseinandersetzung ist – wie dargelegt – nicht möglich. Dem Kläger steht daher kein wirtschaftlich verwertbares Vermögen zur Verfügung. Er ist hilfebedürftig. Ihm sind daher Leistungen ab dem 1.6.2016 zu gewähren."[720]

III.

Wie sich aus der beigefügten Erklärung zu den persönlichen und wirtschaftlichen Verhältnissen ergibt, kann der Kläger die Kosten der Prozessführung nicht aufbringen (§ 73 a SGG iVm § 114 ZPO). Da die Klage – wie ausgeführt – Aussicht auf Erfolg hat und nicht mutwillig ist, ist der Antrag auf Prozesskostenhilfe ebenfalls begründet.

(…)
Rechtsanwalt

817 Hinzuweisen ist ferner darauf, dass Vermögen, welches tatsächlich „versilbert" wird, weiterhin Vermögen bleibt und nicht zu Einkommen wird. Ein ggf. zuvor vorhandener besonderer Schutz (bspw. selbst genutztes Eigenheim – § 12 Abs. 3 Nr. 4 SGB II) wirkt an dem so erlangten Geld jedoch nicht fort.

---

720 An die Glaubhaftmachung der Unverwertbarkeit werden in der Rechtsprechung hohe Anforderungen gestellt. Der pauschale Hinweis darauf, dass die Immobilie bzw. der Miteigentumsanteil nicht zu veräußern ist, reicht in jedem Fall nicht aus. Hier ist konkret vorzutragen, mit entsprechenden Nachweisen. Dabei ist zu beachten, dass die familiäre Rücksichtnahme die Unverwertbarkeit des Grundstückes nicht begründen kann. Sofern doch von einer Verwertbarkeit der Immobilie auszugehen ist, ist gem. § 24 Abs. 5 SGB II zu prüfen, ob der sofortige Verbrauch oder die sofortige Verwertung des Vermögens nicht möglich ist oder für den Hilfebedürftigen eine besondere Härte darstellen würde. In diesem Fall wären die Leistungen nach dem SGB II als Darlehen zu erbringen.

VII. Vermögen

Muster: Keine Einkommen bei „versilbertem" Vermögen

An das

Jobcenter (...)

(Anschrift)

(Datum)

Widerspruch

des (...),

(Anschrift)

Prozessbevollmächtigter: Rechtsanwalt (...)

gegen den Bescheid vom 20.8.2016, mit dem die Leistungsbewilligung für den Zeitraum vom 1.5.2016 bis 31.5.2016 aufgehoben und ein Betrag von 620 EUR von dem Kläger erstattet verlangt wird.

Namens und ausweislich der beigefügten Vollmacht beantrage ich,

den Bescheid vom 20.8.2016 aufzuheben.

Der 1977 geborene Widerspruchsführer bewohnt eine 34 m² große Wohnung. Er zahlt hierfür einen Mietzins von 230 EUR, sowie Vorauszahlungen auf Heiz- und Nebenkosten von 80 EUR.

Beweis: Mietvertrag – Anlage W1

Er verfügt über keinerlei Einkommen. Sein Vermögen beschränkt sich auf ein Kontoguthaben von 588 EUR.

Beweis: aktueller Kontoauszug – Anlage W2

Der Widerspruchsführer bezieht seit Januar 2013 laufend Leistungen zur Sicherung des Lebensunterhaltes nach dem SGB II. Mit Bescheid vom 23.2.2016 wurden dem Widerspruchsführer Leistungen für den Zeitraum vom 1.3.2016 bis 31.8.2016 bewilligt.

Beweis: Bescheid vom 23.2.2016 – Anlage W3

Der Widerspruchsführer war vor Erstantragstellung im Januar 2013 bereits Eigentümer einer Golduhr, welche er von seinem Großvater erbte.

Beweis: Erstantrag mit Angaben zur Uhr – Anlage W4

Diese Uhr veräußerte er am 12.5.2016 bei einem Juwelier. Er erhielt hierfür 650 EUR. Diese wurden ihm auf sein Konto überwiesen.

Beweis:
– Kontoauszug Mai 2016 – Anlage W5
– Ankaufbeleg des Juweliers – Anlage W6

Wohl im Rahmen des Weiterbewilligungsantrages erfuhr der Grundsicherungsträger von diesem „Zufluss". Er hörte den Widerspruchsführer hieraufhin mit Schreiben vom 22.7.2016 zur teilweisen Aufhebung und Erstattung von Leistungen für Mai 2016 an. Er hob sodann die Leistungen für Mai 2016 mit Bescheid vom 20.8.2016 teilweise auf und forderte den Widerspruchsführer zur Erstattung auf. Er rechnete die 650 EUR nach Bereinigung um die Versicherungspauschale als Einkommen an.

Beweis: Aufhebungs- und Erstattungsbescheid vom 20.8.2016 – Anlage W7

Hiergegen richtet sich der Widerspruch.

II.

Der Bescheid vom 20.8.2016, mit dem Leistungen für Mai 2016 teilweise aufgehoben wurden, ist rechtswidrig und verletzt den Widerspruchsführer in seinen Rechten.

Ermächtigungsgrundlage für die Aufhebung ist § 40 Abs. 2 Nr. 3 SGB II iVm § 330 SGB III und § 45 Abs. 1 SGB X. Danach ist ein rechtswidriger Verwaltungsakt, der ein Recht oder einen rechtlich erheblichen Vorteil begründet oder bestätigt (begünstigender Verwaltungsakt) unter den Einschränkungen des § 45 Abs. 2 bis 4 SGB X, auch nachdem er unanfechtbar ist, für die Vergangenheit zurück zu nehmen.

Vorliegend war der Verwaltungsakt, der dem Widerspruchsführer die Leistungen zur Sicherung des Lebensunterhaltes bewilligte, jedoch nicht rechtswidrig.

Nach § 7 Abs. 1 SGB II erhalten Personen, die das 15. Lebensjahr vollendet haben, erwerbsfähig und hilfebedürftig sind sowie ihren gewöhnlichen Aufenthalt in der Bundesrepublik Deutschland haben, Leistungen nach diesem Buch.

Der Widerspruchsführer ist erwerbsfähig und hat seinen gewöhnlichen Aufenthalt in der Bundesrepublik. Ferner hat er das 15. Lebensjahr vollendet.

Auch ist er hilfebedürftig im ursprünglich festgestellten Umfang, da kein weiteres Einkommen seinem Bedarf gegenüberstand (§ 9 SGB II).

Einkommen nach § 11 SGB sind Einnahmen in Geld.

Allerdings handelt es sich bei der „Versilberung" von Vermögen nicht um Einkommen. Es bleibt weiterhin Vermögen. Da die Uhr sich bereits vor Stellung des Erstantrages sich im Eigentum des Widerspruchsführers befand, war sie als Vermögen zu qualifizieren (BSG 30.7.2008 – B 14 AS 26/07 R; B 14 AS 43/07 R; B 14/7 b AS 12/07 R). Diese Rechtsqualität verlor sie durch die Veräußerung nicht. Das erlangte Geld ist ebenfalls Vermögen. Da die Freigrenzen des § 12 Abs. 2 SGB II nach wie vor offensichtlich nicht überschritten sind, liegt keine ursprünglich rechtswidrige Bewilligung vor. Die Voraussetzungen des § 45 SGB X sind nicht gegeben.

Mithin liegen auch die Voraussetzungen des § 50 SGB X nicht vor.

(...)

Rechtsanwalt

2. Freibeträge

819 Die abzusetzenden Freibeträge ergeben sich, je nach Vermögensart, aus § 12 Abs. 2 SGB II. Die Vorschrift ist aus sich heraus gut verständlich. Die Vermögensfreibeträge der Mitglieder der Bedarfsgemeinschaft können addiert und vom Gesamtvermögen abgezogen werden. Hinzuweisen ist jedoch darauf, dass ein vom Kind nach § 12 Abs. 2 Nr. 1 a SGB II nicht ausgeschöpfter Betrag nicht auf die Eltern übertragen werden kann.[721]

820 Bei Altersvorsorge iSd § 12 Abs. 2 Nr. 2 SGB II handelt es sich um sog. Riester-Renten, einschließlich seiner Erträge. Es muss sich um ein zertifiziertes Produkt handeln (vgl. Gesetz über die Zertifizierung von Altersvorsorge- und Basisrenten-

---

721 BSG 13.5.2009 – B 4 AS 58/08 R.

verträgen – Altersvorsorgeverträge-Zertifizierungsgesetz – AltZertG). Wird der Vertrag vorzeitig gekündigt, entfällt der besondere Schutz. Der Zufluss ist als Vermögen zu werten.

Ein sonstiges der Altersvorsorge dienendes Vermögen nach Nr. 3 ist berücksichtigungsfrei, soweit die Inhaberin oder der Inhaber sie vor dem Eintritt in den Ruhestand aufgrund einer unwiderruflichen vertraglichen Vereinbarung nicht verwerten kann und der Wert der geldwerten Ansprüche 750 EUR je vollendetem Lebensjahr der erwerbsfähigen leistungsberechtigten Person und deren Partnerin oder Partner, höchstens jedoch jeweils den nach § 12 Abs. 2 Satz 2 SGB II maßgebenden Höchstbetrag nicht übersteigt. Voraussetzung ist also eine vertragliche Vereinbarung, dass das Vermögen vor Eintritt in den Ruhestand nicht angegriffen werden darf. Es ist also insbesondere bei Versicherungen ein entsprechender Verwertungsausschluss nach § 165 Abs. 3 VVG zu vereinbaren.[722] 821

Das BSG hat entschieden, dass über den sozialrechtlichen Herstellungsanspruch eine rückwirkende Vereinbarung eines solchen Verwertungsausschlusses nicht fingiert werden kann, nur weil ein entsprechender Hinweis des Grundsicherungsträgers unterblieb.[723] 822

3. Nicht zu berücksichtigendes Vermögen

In § 12 Abs. 3 SGB II ist geregelt, welches Vermögen außer Betracht bleibt. Hier gibt es selten Streitigkeiten, weshalb wir uns auf einige Hinweise beschränken. 823

Nach § 12 Abs. 3 Nr. 1 SGB II bleibt angemessener Hausrat außer Betracht. Die Angemessenheit bestimmt sich ausweislich Abs. 3 Satz 2 auf die Lebensumstände während des Bezugs der Leistungen zur Grundsicherung für Arbeitsuchende und damit nicht auf die vorherigen Lebensumstände.[724] 824

Nach § 12 Abs. 3 Nr. 2 SGB II ist für jedes Mitglied der BG ein angemessenes Kraftfahrzeug berücksichtigungsfrei. Das BSG entwickelte hierfür eine starre Grenze von 7.500 EUR.[725] 825

Nach § 12 Abs. 3 Nr. 3 SGB II sind als für die Altersvorsorge bestimmt bezeichnete Vermögensgegenstände in angemessenem Umfang berücksichtigungsfrei, wenn die erwerbsfähige leistungsberechtigte Person oder deren Partnerin oder Partner von der Versicherungspflicht in der gesetzlichen Rentenversicherung befreit ist. Es muss sich zunächst um tatsächlich von der Rentenversicherungspflicht befreite handeln und nicht um von vornherein nicht versicherungspflichtige Personen (§§ 6 und 231 SGB VI). Die Vermögensgegenstände müssen ausdrücklich für die Altersvorsorge bestimmt sein. Dafür muss der Zugriff vor dem Ruhestand zumindest erheblich erschwert sein.[726] 826

Nach § 12 Abs. 3 Nr. 4 SGB II unbeachtlich ist ein selbst genutztes Hausgrundstück oder eine entsprechende Eigentumswohnung in angemessener Größe. Ange- 827

---

722 Näher Münder/*Geiger* LPK-SGB II § 12 Rn. 59 ff.
723 BSG 31.10.2007 – B 14/11 b AS 63/6.
724 Näheres Münder/*Geiger* LPK-SGB II § 12 Rn. 50 f.
725 BSG 20.9.2009 – B 14 AS 41/8 R. Im Bereich des SGB XII werden Kfz grds. nicht geschützt und sind dort voll berücksichtigungsfähig.
726 Münder/*Geiger* LPK-SGB II § 12 Rn. 61; dort ebenfalls zu „Angemessenheit" unter Rn. 62.

messen ist für eine vierköpfige Familie ein Hausgrundstück von 130 m² und eine Eigentumswohnung von 120 m². Bei mehr als vier Personen sind für jede Person weitere 20 m² angemessen. Bei einem Einpersonenhaushalt sind 80 m² noch angemessen.[727] Zu berücksichtigen ist bei der Angemessenheitsprüfung stets das gesamte Grundstück und nicht nur ein ggf. kleinerer selbst genutzter Teil.[728]

828 Nach § 12 Abs. 3 Nr. 5 SGB II unbeachtlich bleibt Vermögen, solange es nachweislich zur baldigen Beschaffung oder Erhaltung eines Hausgrundstücks von angemessener Größe bestimmt ist, soweit dieses zu Wohnzwecken behinderter oder pflegebedürftiger Menschen dient oder dienen soll und dieser Zweck durch den Einsatz oder die Verwertung des Vermögens gefährdet würde.

829 Endlich enthält § 12 Abs. 3 Nr. 6 SGB II einen Auffangtatbestand: Sachen und Rechte, deren Verwertung unwirtschaftlich ist oder eine besondere Härte darstellen, sind ebenfalls nicht als Vermögen anzurechnen.[729] Eine offensichtliche Unwirtschaftlichkeit liegt vor, wenn der zu erzielende Veräußerungswert weit hinter dem Substanzwert liegt. Das BSG hat bisher keine eindeutige Grenze definiert, jedoch bei Lebensversicherungen einen Wert, der 12,9 % hinter den eingezahlten Beiträgen zurück bleibt, für eine offensichtliche Unwirtschaftlichkeit nicht genügen lassen.[730] Bausparverträge sind trotz Verlust der Bausparprämie einzusetzen.[731] Eine besondere Härte liegt vor, wenn die Umstände ein größeres Opfer abverlangen als eine einfache Härte und erst recht die mit einer Vermögensverwertung stets verbundenen Eingriffe.[732]

830 Im Übrigen ist § 7 Abs. 1 ALG II-V zu beachten. Hier heißt es, dass neben den in § 12 Abs. 3 SGB II genannten Vermögen solche Vermögensgegenstände, die zur Aufnahme oder Fortsetzung der Berufsausbildung oder der Erwerbstätigkeit unentbehrlich sind, ebenfalls nicht als Vermögen zu berücksichtigen sind.

831 Nach § 24 Abs. 5 SGB II sind in den Fällen, in denen bei grds. zu berücksichtigenden Vermögen ein sofortiger Verbrauch oder eine sofortige Verwertung nicht möglich ist oder dies eine besondere Härte bedeuten würde, Leistungen als Darlehen zu erbringen. Die Leistungen können von der dinglichen oder sonstigen Sicherung des Rückzahlungsanspruches abhängig gemacht werden. Fälle der nicht *sofortigen* Verwertbarkeit sind jedoch von der *fehlenden* Verwertbarkeit nach § 12 Abs. 1 SGB II (Verwertbarkeit innerhalb eines Prognosezeitraums [= bevorstehender Bewilligungszeitraum] nicht möglich) abzugrenzen (vgl. hierzu oben Rn. 566 ff.).

4. Vermögen – Besonderheiten beim SGB XII

832 Die Bestimmung des zu berücksichtigenden Vermögens oder der Anrechnungsfreiheit erfolgt mit den § 90 SGB XII iVm der Verordnung zur Durchführung des § 90

---

[727] Zum Ganzen BSG 7.11.2006 – B 7 b AS 2/5 R.
[728] BSG 12.7.2012 – B 12 AS 158/11 R.
[729] Sehr ausführlich dazu BSG 23.5.2012 – B 14 AS 100/11 R.
[730] BSG 6.9.2007 – B 14/7 b AS 66/06 R; zur weiteren Problematik bei Lebensversicherungen Münder/*Geiger*, LPK-SGB II § 12 Rn. 78.
[731] Münder/*Geiger* LPK-SGB II § 12 Rn. 77.
[732] BSG 15.4.2008 – B 14/7 b AS 58/06 R; weitere Einzelheiten bei Münder/*Geiger* LPK-SGB II § 12 Rn. 81 ff.

VII. Vermögen

Abs. 2 Nr. 9 des Zwölften Buches Sozialgesetzbuch (DVO zu § 90 Abs. 2 Nr. 9 SGB XII).[733] Die Definition des Vermögens entspricht der im Bereich des SGB II.[734] Schonvermögen, also das, was nicht als Vermögen zu berücksichtigen ist, ist in § 90 Abs. 2 und 3 SGB XII definiert und wird hinsichtlich „kleinerer Barbeträge oder sonstiger Geldwerte" durch die DVO zu § 90 Abs. 2 Nr. 9 SGB XII konkretisiert. Mit der Zweiten Änderungsverordnung zur DVO zu § 90 SGB XII vom 22.3.2017 (BGBl. I 519) ist es bei der Bestimmung kleinerer Barbeträge oder sonstiger Geldwerte iSd § 90 Abs. 2 Nr. 9 SGB XII mit Wirkung zum 1.4.2017 zu gravierenden Änderungen gekommen: Zum einen wurden einheitliche Vermögensfreibeträge geschaffen und zum anderen wurden diese Freibeträge im Vergleich zu vorher erheblich erhöht. Für alle volljährigen Personen, deren Einkommen und Vermögen bei der Gewährung von Sozialhilfe zu berücksichtigen bzw. die zu einer sozialhilferechtlichen Einstandsgemeinschaft nach §§ 19 Abs. 3 bzw. 27 Abs. 1 und 2, 41 und 43 Abs. 1 Satz 2 SGB XII gehören, sowie für alleinstehende minderjährige Personen, gelten nunmehr 5.000 EUR einheitlich als Freibetrag für kleinere Barbeträge oder sonstige Geldwerte, von deren Einsatz und Verwertung die Sozialhilfe nicht abhängig gemacht werden darf. Hinzukommen weitere 500 EUR für jede Person, die von einer in der Einstandsgemeinschaft lebenden volljährigen Person und deren Partnerin oder Partner überwiegend unterhalten wird (also insbesondere Kinder in Einstandsgemeinschaften). Die Erhöhung der Vermögensschongrenzen gilt für alle Leistungsberechtigten im SGB XII unabhängig von der Art ihres Berufes (BR-Drs. 50/17, S. 3). Aus der Systematik der Vermögensheranziehung ergeben sich daher für folgende Fallkonstellationen die entsprechenden Freibeträge für kleinere Barbeträge oder sonstige Geldwerte (vgl. BR-Drs. 50/17, S. 4):

833

- einzelne nachfragende Personen = 5.000 EUR;
- nachfragende Personen und deren Ehegatte und Lebenspartner bzw. einer weiteren Person in eheähnlicher Gemeinschaft zusammen = 10.000 EUR (jeweils 5.000 EUR);
- für Personen, die von der nachfragenden Person oder seinem Ehegatten/Lebenspartner oder den Eltern oder des Elternteils überwiegend unterhalten werden, zusätzlich 500 EUR;
- nachfragende Person minderjährig, unverheiratet und Sozialhilfe auch vom Vermögen der Eltern abhängig = 10.500 EUR;
- nachfragende Person minderjährig, unverheiratet und Sozialhilfe auch von einem Elternteil abhängig = 5.500 EUR.

Darüber hinaus wurde durch das BTHG mit Wirkung zum 1.1.2017 mit §§ 60 a, 66 a SGB XII für Leistungsberechtigte der Eingliederungshilfen für behinderte Menschen (§§ 53 ff. SGB XII) und Leistungsberechtigte der Hilfe zur Pflege (§§ 61 ff. SGB XII) ein Vermögensfreibetrag iSd § 90 Abs. 3 Satz 2 SGB XII in Höhe von zusätzlich 25.500 EUR beziffert, von dessen Einsatz oder Verwertung die Sozialhilfe nicht abhängig gemacht werden darf. Bei der Hilfe zur Pflege gilt dies aber nur, sofern dieser Betrag ganz oder überwiegend als Einkommen aus selbst-

---

733 Vgl. hierzu Berlit/Conradis/Sartorius/*Meßling*/Sartorius, Existenzsicherungsrecht, Kap. 21.
734 Vgl. BSG 19.5.2009 – B 8 SO 35/07 R.

ständiger und nichtselbstständiger Tätigkeit der Leistungsberechtigten während des Leistungsbezugs erworben wird.

834 Bis zum 31.3.2017 waren die Freigrenzen für die kleineren Barbeträge oder sonstigen Geldwerte durch die DVO zu § 90 Abs. 2 Nr. 9 SGB XII diffiziler geregelt; so ergaben sich insbesondere Besonderheiten (Erhöhung der Barbeträge) hinsichtlich der sonstigen Hilfen in besonderen Lebenslagen – dort v.a. bei der Blindenhilfe und der Hilfe für Schwerstpflegebedürftige. Die einzelnen früheren Freibeträge soll die nachfolgende Tabelle darstellen:[735]

Sozialhilfe abhängig vom Vermögen	Hilfe zum Lebensunterhalt (HzL)	HzL bei über 60-Jährigen und voll Erwerbsgeminderten (iSd § 43 Abs. 2 Satz 2 SGB VI) sowie in besonderen Lebenslagen	bei der Blindenhilfe und dem Pflegegeld für Pflegebedürftige der Pflegegrade 4 und 5	
			allgemein	wenn beide Partner (oder Elternteile) blind oder pflegebedürftig sind
a) der nachfragenden Person allein:				
Grundbetrag	1.600 EUR	2.600 EUR	2.600 EUR	-
für jede Person, die von der nachfragenden Person überwiegend unterhalten wird	je 256 EUR	je 256 EUR	je 256 EUR	-
b) der nachfragenden Person und ihres nicht getrennt lebenden Ehegatten oder Partners:				
Grundbetrag	1.600 EUR	2.600 EUR	2.600 EUR	2.600 EUR
nicht getrennt lebender Ehegatte oder Partner	614 EUR	614 EUR	614 EUR	1.534 EUR
für jede Person, die von der nachfragenden Person oder ihres nicht getrennt lebenden Ehegatten oder ihrem Partner überwiegend unterhalten wird	je 256 EUR	je 256 EUR	je 256 EUR	je 256 EUR

---

735 Nach *Herbst*, Existenzsicherung durch Grundsicherung für Arbeitssuchende und Sozialhilfe, S. 219 f.

VII. Vermögen

Sozialhilfe abhängig vom Vermögen	Hilfe zum Lebensunterhalt (HzL)	HzL bei über 60-Jährigen und voll Erwerbsgeminderten (iSd § 43 Abs. 2 Satz 2 SGB VI) sowie in besonderen Lebenslagen	bei der Blindenhilfe und dem Pflegegeld für Pflegebedürftige der Pflegegrade 4 und 5	
			allgemein	wenn beide Partner (oder Elternteile) blind oder pflegebedürftig sind
c) einer minderjährigen unverheirateten nachfragenden Person:				
Grundfreibetrag	1.600 EUR	2.600 EUR	2.600 EUR	2.600 EUR
ein Elternteil	614 EUR	614 EUR	614 EUR	1.534 EUR
nachfragende Person	256 EUR	256 EUR	256 EUR	256 EUR
für jede Person, die von der nachfragenden Person oder ihren Eltern überwiegend unterhalten wird	je 256 EUR	je 256 EUR	je 256 EUR	je 256 EUR
d) einer minderjährigen unverheirateten nachfragenden Person und deren Elternteil, bei dem sie lebt, wenn die Eltern nicht zusammenleben:				
Grundbetrag	1.600 EUR	2.600 EUR	2.600 EUR	-
nachfragende Person	256 EUR	256 EUR	256 EUR	-
für jede Person, die von der nachfragenden Person oder einem Elternteil überwiegend unterhalten wird	je 256 EUR	je 256 EUR	je 256 EUR	-

Sozialhilfe darf aber auch dann nicht vom Einsatz oder von der Verwertung eines Vermögens abhängig gemacht werden, wenn dieser Einsatz für den Leistungsberechtigten und für seine unterhaltsberechtigten Angehörigen eine Härte bedeuten würde, § 90 Abs. 3 Satz 1 SGB XII. § 90 Abs. 3 Satz 2 SGB XII bestimmt, dass bei Leistung für sonstige Hilfen in besonderen Lebenssituationen (Leistungen nach dem Fünften bis Neunten Kapitel) von einer Härte insbesondere dann auszugehen ist, soweit eine angemessene Lebensführung oder die Aufrechterhaltung einer angemessenen Alterssicherung wesentlich erschwert würde. Hinsichtlich der Eingliederungshilfe für behinderte Menschen und der Hilfe zur Pflege vgl. schon Rn. 833. 835

836 Das BSG erkennt eine solche Härte im Übrigen an, wenn aufgrund besonderer Umstände des Einzelfalles, wie zB die Art, Schwere und Dauer der Hilfe, das Alter, der Familienstand oder die sonstigen Belastungen des Vermögensinhabers und seiner Angehörigen eine typische Vermögenslage deshalb zu einer besonderen Situation wird, weil die soziale Stellung des Hilfesuchenden insbesondere wegen einer Behinderung, Krankheit oder Pflegebedürftigkeit nachhaltig beeinträchtigt ist.[736]

837 **Muster: Keine Anrechnung von angespartem anrechnungsfreiem Einkommen als Vermögen**

Rechtsanwalt

(...)

(Datum)

An das

Sozialamt Landkreis (...)

(Anschrift)

Widerspruch

des (...),

(Anschrift)

Prozessbevollmächtigter: Rechtsanwalt (...)

gegen den Bescheid vom 13.4.2016

Namens und ausweislich der beigefügten Vollmacht beantrage ich,

den Bescheid vom 13.4.2016 aufzuheben und dem Widerspruchsführer Hilfe zum Lebensunterhalt zu gewähren.

Begründung:

I.

Der am 5.4.1994 geborene Widerspruchsführer ist erwerbsunfähig und bewohnt eine Wohnung mit einer Fläche von 40 m². Er zahlt hierfür einen Mietzins von 350 EUR sowie Vorauszahlungen auf Nebenkosten von 50 EUR.

Beweis: Mietvertrag – Anlage W1

Der Widerspruchsführer verfügt über Einkommen aus Landes-Blindengeld. Aus diesem Einkommen hat er ein Vermögen in Höhe von 5.000 EUR angespart. Das Konto, auf dem die Ansparung erfolge, verfügt über keine anderen Zahlungseingänge.

Beweis: Kontoauszug – Anlage W2

Der Widerspruchsführer beantrage Leistungen zur Sicherung des Lebensunterhaltes nach SGB XII beim Landkreis mit Antrag vom 20.3.2016 und gab hierbei auch das Vermögen und dessen Herkunft an.

Beweis: Antrag vom 20.3.2016 – Anlage W3

Der Landkreis lehnte den Antrag mit Bescheid vom 13.4.2016 ab. Er begründete dies damit, dass der Kläger über Vermögen verfüge, welches seine Freibeträge übersteige.

---

[736] Vgl. BSG 11.12.2007 – B 8/9 b SO 20/06 R.

Beweis: Bescheid vom 13.4.2016

Gegenstand des Widerspruchs ist der Bescheid vom 13.4.2016, mit dem der Landkreis Hilfe zum Lebensunterhalt für den Widerspruchsführer ablehnte. Der Bescheid ist rechtswidrig und verletzt den Widerspruchsführer in seinen Rechten. Der Widerspruchsführer verfügt nicht über übersteigendes Vermögen.

Das aus dem Blindengeld angesparte Guthaben des Widerspruchsführers ist nicht als verwertbares oder einzusetzendes Vermögen nach § 19 Abs. 1 SGB XII iVm §§ 27 ff., 90 SGB XII bei der Gewährung von Hilfe zum Lebensunterhalt zu berücksichtigen. Der Einsatz oder die Verwertung des angesparten Blindengeldes kann von dem Widerspruchsführer aber nicht erwartet oder verlangt werden, weil dies für ihn eine Härte bedeuten würde (§ 90 Abs. 3 Satz 1 SGB XII). Eine besondere Härte liegt danach vor, wenn aufgrund besonderer Umstände des Einzelfalles, wie zB die Art, Schwere und Dauer der Hilfe, das Alter, der Familienstand oder die sonstigen Belastungen des Vermögensinhabers und seiner Angehörigen eine typische Vermögenslage deshalb zu einer besonderen wird, weil die soziale Stellung des Hilfesuchenden insbesondere wegen einer Behinderung, Krankheit oder Pflegebedürftigkeit nachhaltig beeinträchtigt ist . Dies hat die Rechtsprechung insbesondere in Fällen angenommen, in denen anrechnungsfreies Einkommen angespart wurde oder aus entsprechenden Nachzahlungen resultierte. Das BSG entschied gerade für Ansparungen aus dem Blindengeld, dass diese nicht als Vermögen zu berücksichtigen sind (BSG 11.12.2007 – B 8/9 b SO 20/06 R).

Dem Widerspruchsführer ist daher Sozialhilfe zu gewähren.

(…)

Rechtsanwalt

Besonderheiten ergeben sich auch bei einer sog. „gemischten Bedarfsgemeinschaft" (vgl. hierzu auch Rn. 773 ff.), wenn ein Bezieher von Leistungen nach dem SGB II mit einem Bezieher von Sozialhilfe-Leistungen zusammenwohnt. Insoweit hat das BSG entschieden: Bei der Gewährung von Sozialhilfe an Mitglieder einer gemischten Bedarfsgemeinschaft ist über den kleinen Barbetrag hinaus im Wege des gesetzlichen Härtefalls ein gemeinsamer Vermögensfreibetrag geschützt, der sich aus dem für den Sozialhilfebezieher maßgeblichen Barbetragsanteil und dem für den Bezieher von SGB II-Leistungen nach den dort geltenden Vorschriften bemessenen Freibetragsanteil errechnet.[737] Im Übrigen gilt auch, dass ein SGB II-Leistungsberechtigter sein angemessenes Kfz, das Schonvermögen nach den Regelungen des SGB II ist, nicht für seine Ehefrau verwerten muss, bevor diese Sozialhilfe nach dem SGB XII erhalten kann.[738] 838

Eine Einschränkung der Vermögensanrechnung erfolgt schließlich mit den §§ 92 und 92 a SGB XII hinsichtlich behinderten Bedürftigen und bei (teil-)stationärem Aufenthalt. 839

VIII. Eingliederungsleistungen

Neben den „Passivleistungen" zur Sicherung des Lebensunterhaltes, enthält das SGB II eine Reihe von bedeutenden sog. „Aktivleistungen", nämlich solchen zur 840

---

737 BSG 20.9.2012 – B 8 SO 13/11 R.
738 BSG 18.3.2008 – B 8/9 b SO 11/6 R.

Eingliederung nach § 14 ff. SGB II. Diese Leistungen stellen den eigentlichen Teil des „Förderns" aus dem ursprünglichen gesetzgeberischen Konzept des „Forderns und Förderns" dar. In der Praxis jedoch muss man feststellen, dass ihre Bedeutung hinter der der Leistungen zur Sicherung des Lebensunterhaltes weit zurück tritt. So findet man deutlich weniger höchstrichterliche Rechtsprechung zu diesen Leistungsarten. Auch die Jobcenter müssen viel mehr Verwaltungsaufwand in die Passivleistungen und deren Berechnung investieren als in die Bewilligung von Aktivleistungen. Nicht selten umfassen die Verwaltungsakten zu den Leistungen (Leistungsakten) zur Sicherung des Lebensunterhaltes mehrere Bände, während die sog. Vermittlungsakte bezüglich der Eingliederungsleistungen aus wenigen Blättern besteht.

1. Grundsatz des Förderns

841 In § 14 SGB II wurde der Grundsatz des Förderns niedergelegt, der dem Grundsatz des Forderns aus § 2 SGB II gegenübersteht. Aus der Vorschrift selbst können keine Rechte des Leistungsempfängers abgeleitet werden. Sie verpflichtet die Träger aus § 6 SGB II lediglich objektiv-rechtlich zur Unterstützung.[739] Die Vorschrift darf ebenfalls nicht als Ermächtigungsgrundlage für sonst nicht vorgesehene Eingliederungsleistungen herangezogen werden. Zu unterstützen sind die in § 7 SGB II genannten Personen und auch diejenigen, die nach § 7 Abs. 5 SGB II von Leistungen ausgeschlossen sind. Der Zweck der Vorschrift ist insbesondere darin zu sehen, dass sie zur Ausübung von Ermessen und der Ausfüllung unbestimmter Rechtsbegriffe herangezogen werden kann.

842 Das BSG stellte klar, dass es keinen Anspruch auf Benennung eines in § 14 Abs. 3 SGB II geregelten persönlichen Ansprechpartners gibt.[740] Auch stellte es klar, dass eine Auswechslung des persönlichen Ansprechpartner nur bedingt über § 17 SGB X (Befangenheit) möglich ist, da die Vorschrift lediglich dafür sorgt, dass ein Bescheid formell rechtswidrig wird, wenn ein befangener persönlicher Ansprechpartner mitgewirkt hat. Ein Anspruch auf Auswechslung besteht daher nicht unmittelbar.[741]

843 Dass die Leistungen nach dem Grundsatz von Wirtschaftlichkeit und Sparsamkeit zu erbringen sind, ist als ermessenslenkende Direktive nur auf der Ebene des „Wie" der Leistung und nicht des „Ob" der Leistung heranzuziehen.

844 **Muster: Widerspruch gegen Ablehnung von Eingliederungsleistungen**

Rechtsanwalt

(...)

(Datum)

An das

Jobcenter (...)

(Anschrift)

---

[739] Vgl. Eicher/*Greiser* SGB II § 14 Rn. 5.
[740] BSG 22.9.2009 – B 4 AS 13/09 R zu § 14 Satz 2 SGB II aF.
[741] BSG 22.9.2009 – B 4 AS 13/09 R.

VIII. Eingliederungsleistungen

Widerspruch

des (...),

(Anschrift)

Prozessbevollmächtigter: Rechtsanwalt (...)

gegen den Bescheid vom 12.9.2016

Namens und ausweislich der beigefügten Vollmacht beantrage ich,

unter Aufhebung des Bescheides vom 12.9.2016 den Widerspruchsführer ermessensfehlerfrei zu bescheiden.

Begründung:

I.

Der Widerspruchsführer begehrt Eingliederungsleistungen nach § 16 Abs. 1 iVm § 45 SGB III in Form von Reisekosten zu einem Bewerbungsgespräch.

Der am 5.8.1983 geborene erwerbsfähige Widerspruchsführer ist gelernter Automechaniker und bezog seit Dezember 2010 laufend Leistungen zur Sicherung des Lebensunterhaltes nach dem SGB II. Er verfügt über kein Einkommen und über ein Vermögen in Höhe von 1.000 EUR in Form eines Girokontos. Er suchte sich eigeninitiativ ein Stellenangebot in einer Kfz-Werkstatt, welche sich ca. 100 km von seinem Wohnort entfernt befindet. Nach Einreichung seiner Bewerbungsunterlagen wurde er dort für den 2.5.2016 zum Vorstellungsgespräch eingeladen. Bei der in Aussicht genommenen Tätigkeit handelte es sich um eine sozialversicherungspflichtige Vollzeitbeschäftigung.

Beweis: Schreiben der Kfz-Werkstatt vom 2.3.2016 – Anlage W1

Hieraufhin beantrage er beim Jobcenter mit Antrag vom 5.3.2016 die Kostenübernahme für die Anreise zu diesem Bewerbungsgespräch in Höhe von 49 EUR für ein Zugticket der Deutschen Bahn.

Beweis: Antrag vom 5.3.2016 – Anlage W2

Das Jobcenter lehnte diesen Antrag mit Bescheid vom 12.3.2016 ab. Es begründete dies damit, dass es die Leistungen nach § 14 SGB II nach den Grundsätzen der Wirtschaftlichkeit und Sparsamkeit zu vergeben habe und die Haushaltsmittel für Leistungen dieser Art praktisch aufgebraucht wären. Dem Widerspruchsführer sei es aufgrund des eher geringen Umfanges der Kosten zuzumuten, diese selbst zu tragen.

Beweis: Bescheid vom 12.3.2016 – Anlage W3

II.

Der Bescheid vom 12.3.2016 ist rechtswidrig und verletzt den Widerspruchsführer in seinen Rechten. Der Widerspruchsführer hat Anspruch auf eine ermessensfehlerfreie Entscheidung.

Der Widerspruchsführer erfüllt die Leistungsvoraussetzungen des § 7 Abs. 1 SGB II, insbesondere ist er hilfebedürftig, da er seine Regelleistung und seine Kosten der Unterkunft nach §§ 20, 22 SGB II nicht entsprechend § 9 SGB II durch Einkommen (§§ 11 ff. SGB II) decken könnte. Auch verfügt er nicht über ein die Freigrenzen übersteigendes Vermögen nach § 12 SGB II.

Bei den in § 16 Abs. 1 SGB II genannten Leistungen handelt es sich um Rechtsgrundverweisungen. Die Voraussetzungen der jeweils genannten Leistungsarten des SGB III müssen daher ebenfalls vorliegen. Eine geforderte „Arbeitslosigkeit" wird insoweit jedoch durch „Beschäftigungslosigkeit" ersetzt.

Die Voraussetzungen liegen auch vor. Der Widerspruchsführer war beschäftigungslos im Sinne des § 45 SGB III (§ 16 Abs. 1 SGB II), da er keiner Tätigkeit nachging. Auch war die in Aussicht genommene Tätigkeit sozialversicherungspflichtig, da die Voraussetzungen des § 2 SGB IV gegeben sind und insbesondere eine Entgeltgeringfügigkeit oder eine Zeitgeringfügigkeit iSd § 8 SGB IV nicht gegeben sind. Damit sind die Voraussetzungen erfüllt.

Dem Widerspruchsgegner steht auf Rechtsfolgenseite ein Ermessen zu (vgl. Wortlaut § 16 Abs. 1 Satz 2 SGB II: „kann"). Damit steht ihm ein Ermessen sowohl auf der Ebene des „Ob" (Entschließungsermessen) als auch auf der Ebene des „Wie" (Auswahlermessen) zu.

Die Gerichte sind bezüglich der Überprüfung von Ermessensentscheidungen eines Leistungsträgers gemäß § 54 Abs. 2 Satz 2 SGG darauf beschränkt, zu kontrollieren, ob dieser (1.) seiner Pflicht zur Ermessensbetätigung nachgekommen ist (Ermessensnichtgebrauch), er (2.) mit seiner Entscheidung die gesetzlichen Grenzen des Ermessens überschritten hat, d.h. eine nach dem Gesetz nicht zugelassene Rechtsfolge gesetzt hat (Ermessensüberschreitung), oder (3.) von dem Ermessen in einer dem Zweck der Ermächtigung nicht entsprechenden Weise Gebrauch gemacht hat (Abwägungsdefizit und Ermessensfehlgebrauch). Bei der Überprüfung darf das Gericht nicht eigene Ermessenserwägungen an die Stelle derjenigen des Leistungsträgers setzen. Die Prüfung hat sich auf die Frage zu beschränken, ob die dargelegten Ermessenserwägungen den Rahmen der §§ 39 Abs. 1 SGB I, 54 Abs. 2 Satz 2 SGG überschreiten.

Vorliegend liegt ein Ermessensfehlgebrauch vor. Das Jobcenter hat das Ermessen nicht entsprechend dem Zweck der Ermächtigungsgrundlage ausgeübt. Das Abstellen auf erschöpfte Haushaltsmittel, stellt eine sachfremde Erwägung im Rahmen des Entschließungsermessens dar (BSG 25.10.1990 – 7 RAr 14/90). Der Umstand der Erschöpfung der Haushaltsmittel darf dem sachlichen Recht nicht vorgezogen werden im Rahmen von Ermessenserwägungen. So führt das BSG in seiner Entscheidung v. 25.10.1990 – 7 RAr 14/90 aus:

„So liegt etwa auf der Hand, dass sich ein Sozialleistungsträger wie die BA der ihr durch Gesetz übertragenen Aufgabe, Leistungen bestimmter Art zu erbringen, auf die ein Rechtsanspruch nicht besteht, nicht dadurch entziehen kann, dass sie im Haushaltsplan für diese Aufgabe keine Mittel ausweist. Fehlt es an Mitteln, muss vielmehr der Gesetzgeber oder, soweit Leistungsrecht der Rechtsetzungsbefugnis der BA obliegt, ggf. der Satzungsgeber das Außenrecht ändern, wie dies zB durch Haushaltssicherungs-, Haushaltsstruktur- und Haushaltsbegleitgesetze und ähnliche zu geschehen pflegt. Das alles entspricht gesicherter Erkenntnis allgemeinen Haushaltsrechts (vgl. für viele *Stein*, Staatsrecht, Bd II S. 1200 ff., insbesondere S. 1208 f.)."

Auch bietet § 14 SGB II keine Grundlage für die rechtmäßige Einbeziehung der Haushaltslage in die Ermessensentscheidung. Es handelt sich zwar um eine ermessenslenkende Direktive, jedoch ist die Anwendung der „Wirtschaftlichkeit und Sparsamkeit" als Ermessenskriterium auf der Ebene des Entschließungsermessens nicht zulässig. Sie kann allenfalls auf der Ebene Auswahlermessens geltend gemacht werden (Gagel/*Kothe* SGB II/ SGB III § 14 Rn. 26 f.). Damit dürfen allenfalls Art und Umfang der Leistung an dieser Direktive ausgerichtet werden, nicht jedoch die Frage der Gewährung selbst.

Es wird um eine zeitnahe Entscheidung gebeten, um ein einstweiliges Rechtsschutzverfahren zu vermeiden.

(...)

Rechtsanwalt

2. Eingliederungsvereinbarung

In § 15 SGB II sind Einzelheiten zur Eingliederungsvereinbarung geregelt. Diese spielt zunehmend nicht nur im Rahmen der Sanktionen (§§ 31 ff. SGB II) eine praktische Rolle, sondern Eingliederungsvereinbarungen sind nunmehr auch isoliert Gegenstand rechtlicher Auseinandersetzungen. 845

Zwischenzeitlich hat das BSG klargestellt, dass Eingliederungsvereinbarungen ihrer Rechtsqualität nach öffentlich-rechtliche Verträge in der Form des subordinationsrechtlichen Austauschvertrags nach §§ 53 Abs. 1 Satz 2 und 55 SGB X sind. Eine Eingliederungsvereinbarung ist daher wirksam, wenn sie nicht nichtig ist. Sie ist über die Prüfung, ob Nichtigkeitsgründe vorliegen, hinaus nicht auch darauf hin zu prüfen, ob sie rechtswidrig ist.[742] 846

Muster: Klage gegen Sanktion – Nichterfüllung von Pflichten aus der Eingliederungsvereinbarung 847

Rechtsanwalt

(...)

(Datum)

An das

Sozialgericht (...)

(Anschrift)

K L A G E

des (...),

(Anschrift)

– K l ä g e r –

Prozessbevollmächtigter: Rechtsanwalt (...)

g e g e n

Jobcenter (...)

(Anschrift)

vertreten durch den Geschäftsführer

– B e k l a g t e r –

wegen Sanktion für den Zeitraum 1.4.2016 bis 30.6.2016

Bescheid vom 13.3.2016

---

742 BSG 23.6.2016 – B 14 AS 30/15 R.

B. Besonderer Teil

Namens und ausweislich der beigefügten Vollmacht des Klägers erhebe ich Klage und werde beantragen:

Der Bescheid des Beklagten vom 13.3.2016 in der Gestalt des Widerspruchsbescheides vom 20.4.2016 wird aufgehoben.

Zur Geltendmachung der Rechte des Klägers beantrage ich ferner,

dem Kläger Prozesskostenhilfe ab Klageerhebung zu bewilligen und den Unterzeichner beizuordnen.

Begründung:

I.

Der am 2.12.1989 geborene Kläger bezieht laufend Leistungen zur Sicherung des Lebensunterhaltes von dem Beklagten.

Zuletzt bewilligte der Beklagte dem Kläger Leistungen für den Zeitraum vom 1.1.2016 bis 31.5.2016 mit Bescheid vom 23.12.2015.

Beweis: Bescheid vom 23.12.2015 – Anlage K1

Am 20.12.2015 schloss der Kläger mit dem Beklagten erneut eine Eingliederungsvereinbarung. Nach deren Ziffer 2 hatte er als Eigenbemühungen zur Eingliederung in Arbeit vom 21.12.2015 bis 20.5.2016 mindestens zehn Bewerbungsbemühungen pro Monat um sozialversicherungspflichtige Beschäftigungsverhältnisse zu unternehmen und diese bis zum 21. eines jeden Monats, durch Kopien der schriftlichen Bewerbungen und/oder durch Antwortschreiben der Arbeitgeber, unaufgefordert vorzulegen. Der Beklagte bot dem Kläger in Ziffer 1 der Eingliederungsvereinbarung als Unterstützungsleistungen zur Aufnahme einer sozialversicherungspflichtigen Beschäftigung „Mobilitätshilfen, weitere Leistungen, ESG" an, sofern die gesetzlichen Voraussetzungen erfüllt sind und zuvor eine gesonderte Antragstellung erfolgt. Weitere Verpflichtungen des Beklagten enthielt die Eingliederungsvereinbarung nicht. In der Rechtsfolgenbelehrung wurde darauf hingewiesen, dass jeder Pflichtverstoß des Klägers gegen die Eingliederungsvereinbarung zur Folge habe, dass das Arbeitslosengeld II um 30 % des für ihn maßgebenden Regelbedarfes abgesenkt werde.

Beweis: Eingliederungsvereinbarung vom 20.12.2016 – Anlage K2

Nachdem der Kläger bis zum 21.1.2016 keine Bewerbungsbemühungen gegenüber dem Beklagten nachgewiesen hatte, hörte der Beklagte diesen zur beabsichtigten Sanktion an und stellte mit Bescheid vom 13.3.2016 fest, dass der Kläger gegen seine Pflicht zum Nachweis von Bewerbungsbemühungen verstoßen habe, und dass ab 1.4.2016 bis 30.6.2016 die Leistungen um monatlich 30 % des maßgeblichen Regelbedarfes gemindert werden.

Beweis: Bescheid vom 13.3.2016 – Anlage K3

Der hiergegen vom Kläger am 20.3.2016 erhobene Widerspruch wurde von dem Beklagten mit Widerspruchsbescheid vom 20.4.2016 als unbegründet zurückgewiesen.

Beweis:
- Widerspruch vom 20.3.2016 – Anlage K4
- Widerspruchsbescheid vom 20.4.2016 – Anlage K5

Hiergegen richtet sich die Klage.

II.

Gegenstand der Klage ist der Bescheid des Beklagten vom 13.3.2016 in der Gestalt des Widerspruchsbescheides vom 20.4.2016, mit dem der Beklagte Leistungen für den Zeitraum vom 1.4.2016 bis 30.6.2016 um monatlich 30 % des maßgeblichen Regelbedarfes gemindert hat. Der Bescheid ist rechtswidrig und verletzt den Kläger in seinen Rechten.

Nach § 31 Abs. 1 Nr. 2 SGB II verletzen erwerbsfähige Leistungsberechtigte ihre Pflichten, wenn sie trotz schriftlicher Belehrung über die Rechtsfolgen oder deren Kenntnis sich weigern, in der Eingliederungsvereinbarung oder in dem diese ersetzenden Verwaltungsakt nach § 15 Abs. 3 Satz 3 SGB II festgelegte Pflichten zu erfüllen, insbesondere in ausreichendem Umfang Eigenbemühungen nachzuweisen.

Es liegt bereits die Nichtigkeit der Eingliederungsvereinbarung vor, weil sich der Beklagte entgegen dem sog. Koppelungsverbot nach § 58 Abs. 2 Nr. 4 SGB X vom Kläger eine unzulässige Gegenleistung iSd § 55 SGB X hat versprechen lassen. Die sanktionsbewehrte Obliegenheit des Klägers zu den in der Eingliederungsvereinbarung bestimmten Bewerbungsbemühungen ist iSd § 55 Abs. 1 SGB X unangemessen im Verhältnis zu den vom Beklagten insoweit übernommenen Leistungsverpflichtungen. Denn die Eingliederungsvereinbarung sieht keine Regelung zu individuellen, konkreten und verbindlichen Unterstützungsleistungen für die in ihr bestimmten individuellen, konkreten und verbindlichen Bewerbungsbemühungen des Klägers vor.[743]

Darüber hinaus soll Ausgangspunkt des gesamten Eingliederungsprozesses die individuell festgestellten Kompetenzen der erwerbsfähigen leistungsberechtigten Person sein. In Anlehnung an das aus dem Arbeitsförderungsrecht bekannte Instrument der Potenzialanalyse wird hierzu eine individuelle Einschätzung durchgeführt, die die Grundlage der Integrationsprognose für die Vermittlung und Beratung sowie den Einsatz von Eingliederungsleistungen bildet. Obliegenheiten bzw. Pflichten sind entsprechend der festgestellten Fähigkeiten und Kompetenzen der erwerbsfähigen leistungsberechtigten Person zu bestimmen. Insbesondere bei Langzeitleistungsbeziehenden muss berücksichtigt werden, dass Maßnahmen auch motivationsfördernde Elemente enthalten können. Der Bezug zu den festgestellten Potenzialen der leistungsberechtigten Person wird in der Eingliederungsvereinbarung auch dadurch hergestellt, dass die Vermittlungsbereiche (Branchen, Tätigkeitsfelder) benannt werden, in denen die Eingliederung vorrangig erfolgen und für die Vermittlungsvorschläge unterbreitet werden sollen.[744]

Die Eingliederungsvereinbarung lässt in keiner Weise erkennen, dass sie dem gesetzgeberreichen Willen entspricht. Aus ihr wird in keiner Weise deutlich, dass eine kritische Überprüfung der Eignung der für die berufliche Eingliederung des Klägers eingesetzten Mittel erfolgt ist, noch dass sie auf den konkreten Fall des Klägers abgestimmt ist. Eine hinreichende Betreuung des Klägers im Sinne einer „maßgeschneiderten Ausrichtung" der Eingliederungsleistungen auf den Leistungsberechtigten, bei der aufbauend auf die „konkrete Bedarfslage" ein „individuelles Angebot" unter aktiver Mitarbeit des Leistungsberechtigten geplant und gesteuert wird,[745] ist nicht ersichtlich.

Im Übrigen ist die Vereinbarung von Eigenbemühungen, insbesondere von individuell bestimmten und sanktionsbewehrten Bewerbungsbemühungen, nur angemessen, wenn de-

---

743 Vgl. BSG 23.6.2016 – B 14 AS 30/15 R.
744 BT-Drucks. 18/8041, S. 37.
745 Vgl. BT-Drucks 15/1516, S. 44.

ren Unterstützung durch Leistungen des Jobcenters, insbesondere durch die Übernahme von Bewerbungskosten, in der Eingliederungsvereinbarung konkret und verbindlich bestimmt ist. Dies ist hier nicht erfolgt.[746]

Aufgrund der Nichtigkeit der Eingliederungsvereinbarung liegt schon ein Pflichtverstoß nach § 31 Abs. 1 Satz 1 Nr. 1 SGB II nicht vor.

Der Bescheid ist aufzuheben.

III.

Wie sich aus der beigefügten Erklärung zu den persönlichen und wirtschaftlichen Verhältnissen ergibt, kann der Kläger die Kosten der Prozessführung nicht aufbringen (§ 73 a SGG iVm § 114 ZPO). Da die Klage – wie ausgeführt – Aussicht auf Erfolg hat und nicht mutwillig ist, ist der Antrag auf Prozesskostenhilfe ebenfalls begründet.

(…)

Rechtsanwalt

848 Das BSG geht davon aus, dass der Leistungsempfänger keinen Anspruch auf Abschluss einer Eingliederungsvereinbarung hat.[747] Das Initiativrecht stünde auf Seiten der Arbeitsagentur. Sie könne – entgegen dem, was der Wortlaut nahe lege – von Anfang an entscheiden, ob sie eine Eingliederungsvereinbarung abschließe oder diese als Verwaltungsakt erlasse.[748] Ob diese Rechtsprechung (also kein Anspruch des Leistungsberechtigten und Wahlrecht des Jobcenters) mit der Neufassung und Neuregelung zur Eingliederungsvereinbarung durch § 15 SGB II mit Wirkung ab 1.8.2016 noch gilt, ist fraglich. Die gesetzgeberischen Motive lassen erahnen, dass die Eingliederungsvereinbarung der Grundsatz ist und ein entsprechender Eingliederungs-Verwaltungsakt nur bei entsprechender Erforderlichkeit einer verbindlichen Regelung erfolgen soll: „Es ist angemessen, die Inhalte der Vereinbarung hoheitlich festzusetzen, wenn im Integrationsprozess eine einverständliche Regelung über Leistungen und Pflichten nicht gelingt, aber eine verbindliche Festlegung erforderlich ist."[749]

849 Zu betonen ist, dass von der Regelung in der Eingliederungsvereinbarung Leistungen zur Sicherung des Lebensunterhaltes ausgenommen sind.[750] Wichtig ist weiterhin, dass die beiderseitigen Leistungen hinreichend konkret bestimmt sein müssen, da das Fordern und Fördern sich nach dem Willen des Gesetzgebers gleichrangig gegenüberstehen.[751] Nicht selten lassen Eingliederungsvereinbarungen eine hinreichend konkrete Bestimmung der Leistungen des Jobcenters vermissen, während diejenigen des Leistungsberechtigten detailliert bestimmt werden.[752] Dies kann ebenso wie das Außerachtlassen der Eignung und individuellen Lebenssituation

---

746 Vgl. BSG 23.6.2016 – B 14 AS 30/15 R.
747 BSG 22.9.2009 – B 4 AS 13/09 R.
748 BSG 22.9.2009 – B 4 AS 13/09 R.
749 Vgl. BT-Drs. 18/8041, S. 37.
750 Eine Eingliederungsvereinbarung ist nichtig, wenn sie die Gewährung von Leistungen zur Sicherung des Lebensunterhalts regelt (BSG 2.4.2014 – B 4 AS 26/13 R).
751 Münder/*Berlit* LPK-SGB II § 15 Rn. 22.
752 Fehlen Regelungen zu individuellen, konkreten und verbindlichen Unterstützungsleistungen für die in der Eingliederungsvereinbarung bestimmten individuellen, konkreten und verbindlichen Bewerbungsbemühungen des Leistungsberechtigten, ist diese nichtig (BSG 23.6.2016 – B 14 AS 30/15 R).

des Leistungsberechtigten zur Nichtigkeit einer Eingliederungsvereinbarung führen.[753]

Um u.a. die Eignung und individuelle Lebenssituation des Leistungsberechtigten festzustellen, soll die Agentur für Arbeit mit Wirkung ab 1.8.2016 nach § 15 Abs. 1 SGB II eine Potenzialanalyse durchführen. Im Übrigen gilt, dass die Eingliederungsvereinbarung regelmäßig, spätestens jedoch nach sechs Monaten überprüft und fortgeschrieben werden soll und dabei die bisher gewonnenen Erfahrungen zu berücksichtigen sind (§ 15 Abs. 3 Satz 1 und 2 SGB II). 850

Die häufig festgelegte Anzahl von Bewerbungen, die der Leistungsempfänger nachzuweisen hat, ist ebenfalls individuell festzulegen. Eine schematische Festlegung einer Mindestzahl ist dabei verfehlt.[754] Auch darf keine unverhältnismäßig hohe Anzahl verlangt werden.[755] 851

Die Möglichkeiten des Rechtsschutzes gegen die Vereinbarungen aus der Eingliederungsvereinbarung ist insofern problematisch, als dass bei einem öffentlich-rechtlichem Vertrag ein (direkter) Rechtsschutz nicht gegeben ist. Indirekt ergibt sich der Rechtsschutz dann aber daraus, dass eine Sanktionsentscheidung wegen Verletzung der Pflichten aus der Eingliederungsvereinbarung angreifbar und gerichtlich überprüfbar ist und im Rahmen solcher Verfahren die unzureichende Bestimmtheit einer Eingliederungsfestlegung ebenfalls geltend gemacht werden kann.[756] 852

3. Eingliederungsvereinbarung ersetzender Verwaltungsakt

Nach § 15 Abs. 3 Satz 3 SGB II gilt, dass, wenn eine Eingliederungsvereinbarung mit dem Leistungsberechtigten nicht zustande kommt, eine entsprechende Regelung durch Verwaltungsakt getroffen werden soll. Es handelt sich dann um einen die Eingliederungsvereinbarung ersetzenden Verwaltungsakt bzw. Eingliederungs-Verwaltungsakt.[757] 853

Hinsichtlich der inhaltlichen Ausgestaltung, also v.a. der Berücksichtigung bisher gewonnener Erfahrungen, Eignung und individuellen Lebenssituation des Leistungsberechtigten und einer Ausgewogenheit der Zugestandenen und Abverlangten muss der Eingliederungs-Verwaltungsakt den gleichen Ansprüchen genügen wie die Eingliederungsvereinbarung selbst. 854

Rechtsschutz gegen einen Eingliederungs-Verwaltungsakt besteht grds. in Form einer Anfechtungsklage. Es ist jedoch zu beachten, dass ein Eingliederungs-Verwaltungsakt grds. zeitlich befristet ist.[758] Mit Ablauf der zeitlichen Befristung wird die 855

---

753 BSG 23.6.2016 – B 14 AS 30/15 R.
754 SG Berlin 12.5.2006 – S 37 AS 11713/05.
755 LSG Berlin-Brandenburg 28.8.2007 – L 25 B 1024/07 AS PKH.
756 BSG 23.6.2016 – B 14 AS 30/15 R. Vgl. zum Rechtsschutz gegen einen die Eingliederungsvereinbarung ersetzenden Verwaltungsakt: BSG 14.2.2013 – B 14 AS 195/11 R.
757 So auch BSG 15.6.2016 – B 4 AS 45/15 R.
758 Daran dürfte sich auch durch die Neufassung des § 15 SGB II mWz 1.8.2016 nichts Wesentliches geändert haben – auch wenn § 15 Abs. 3 SGB II keine klare Befristung, sondern nur eine Überprüfung und Fortschreibung nach sechs Monaten vorsieht (vgl. hierzu auch die Gesetzesbegründung BT-Drs. 18/8041, S. 37: Anders als bisher ist die Laufzeit der Eingliederungsvereinbarung nicht mehr regelhaft auf sechs Monate festgelegt, sondern im Interesse eines kontinuierlichen Eingliederungsprozesses der späteste Zeitpunkt für eine Überprüfung und Aktualisierung der Vereinbarung).

Anfechtungsklage unzulässig, so dass eine Überprüfung nur noch mit einer Fortsetzungsfeststellungsklage erfolgen kann.⁷⁵⁹ Für eine solche Fortsetzungsfeststellungklage bedarf es eines berechtigten Interesses an der Feststellung der Rechtswidrigkeit eines zurückgenommenen oder auf andere Weise erledigten Verwaltungsaktes. Ein solches Fortsetzungsfeststellungsinteresse kann unter dem Gesichtspunkt der Präjudizialität und der Wiederholungsgefahr bestehen. Wiederholungsgefahr ist anzunehmen, wenn die hinreichend bestimmte (konkrete) Gefahr besteht, dass unter im Wesentlichen unveränderten tatsächlichen und rechtlichen Umständen eine gleichartige Entscheidung ergeht.⁷⁶⁰ Nicht ausreichend ist dafür, wenn sich das Rechtsschutzbegehren gegen allgemeine Hinweise innerhalb des Eingliederungs-Verwaltungsaktes richtet, die selbst keine hoheitliche Regelungen der Behörde mit Außenwirkung im Einzelfall sind (§ 31 Satz 1 SGB X), sondern schlicht Erläuterungen zur Rechtslage.⁷⁶¹

4. Leistungen zur Eingliederung (§ 16 SGB II)

856 Die Vorschrift ist die zentrale Norm der Eingliederungsleistungen. Diese Leistungen sollen gewährleisten, dass der Leistungsberechtigte zügig in den Arbeitsmarkt integriert wird, um seine Hilfebedürftigkeit zu beseitigen oder zu verringern.⁷⁶² Zur Erreichung dieses Ziels wurden zahlreiche Eingliederungsleistungen aus dem SGB III in das SGB II übernommen. Die Vorschrift des § 16 SGB II bildet insoweit die grundlegende Verweisungsnorm. Sollte der Leistungsberechtigte daneben auch die Voraussetzungen für Leistungen aus dem SGB III erfüllen, können diese ebenfalls erbracht werden.

857 Leistungsberechtigt sind grds. alle in § 7 SGB II genannten Personen. Erwerbsunfähige erhalten unter den Einschränkungen von § 7 Abs. 2 SGB II Eingliederungsleistungen.⁷⁶³

858 Bei den Verweisungen auf das SGB III handelt es sich um Rechtsgrundverweisungen, so dass die Voraussetzungen des SGB III jeweils – wenn auch modifiziert – vorliegen müssen.

859 Die Rechtsfolgen sind ebenfalls dem SGB III zu entnehmen. Eine Ausnahme gilt jedoch für gebundene Ansprüche. Sie werden durch § 16 Abs. 1 Satz 2 SGB II zu Ermessensleistungen. Ferner gilt die Verordnungsermächtigung des § 47 SGB III und die Anordnungsermächtigung der BA nicht.

860 Als Leistungen sind insbesondere hervorzuheben die Vermittlung (§§ 35 ff. SGB III) sowie Berufsberatung (§§ 29–31 SGB III), Eignungsfeststellung (§ 32 SGB III) und Berufsorientierung (§ 33 SGB III).

861 Weiterhin besonders bedeutsam sind Leistungen aus dem Vermittlungsbudget (§ 44 SGB III)⁷⁶⁴, dessen Anwendungsbereich durch § 16 Abs. 3 SGB II erweitert

---

759 BSG 15.6.2016 – B 4 AS 45/15 R.
760 BSG 14.2.2013 – B 14 AS 195/11 R.
761 BSG 15.6.2016 – B 4 AS 45/15 R.
762 BT-Drs. 16/10810, Nr. 5 zu Art. 2 § 16.
763 *Eicher/Stölting* SGB II § 16 Rn. 35.
764 Zum Vermittlungsbudget vgl. *Herbst* in: Schlegel/Voelzke, jurisPK-SGB III, 1. Aufl. 2014, § 44 SGB III (1. Überarbeitung).

wird. Zu berücksichtigen ist jedoch, dass diese Leistungen aus dem Vermittlungsbudget nach § 16 Abs. 2 Satz 2 SGB II Leistungen nach dem SGB II weder aufstocken noch ersetzen sollen. Ferner dürfen auch andere Instrumente hierdurch nicht aufgestockt oder ersetzt werden. Insbesondere darf nicht im Falle des Nichtvorliegens ihrer Voraussetzungen durch Rückgriff auf das Vermittlungsbudget ihre Tatbestandvoraussetzungen umgangen werden.[765]

Maßnahmen zur Aktivierung und beruflichen Eingliederung (§ 45 SGB III)[766] sind ebenfalls hervorzuheben, darüber hinaus Weiterbildungsförderung durch Kostenübernahme von Weiterbildungsmaßnahmen (§§ 81 ff. III). Der frühere Verweis auf Vermittlungsgutscheine in § 421 g SGB III a.F. ist ersetzt durch Leistungen von Aktivierungs- und Vermittlungsgutscheinen über § 45 Abs. 4 SGB III.

862

Der Anwendungsbereich der Leistungen aus dem Vermittlungsbudget nach § 16 Abs. 1 Satz 2 SGB II iVm § 44 SGB III wird durch § 16 Abs. 3 SGB II erweitert. Danach können Leistungen aus dem Vermittlungsbudget nicht nur zur Anbahnung oder Aufnahme von sozialversicherungspflichtigen Tätigkeiten, sondern auch zur Anbahnung und Aufnahme einer schulischen Berufsausbildung geleistet werden. Der Anwendungsbereich dürfte jedoch zu eng gefasst sein.

863

Muster: Antrag auf einstweiligen Rechtsschutz bezüglich Eingliederungsleistungen

864

Rechtsanwalt

(...)

(Datum)

An das

Sozialgericht (...)

(Anschrift)

Antrag auf einstweiligen Rechtsschutz

des (...),

(Anschrift)

– A n t r a g s t e l l e r –

g e g e n

Jobcenter (...)

(Anschrift)

vertreten durch den Geschäftsführer

– A n t r a g s g e g n e r –

wegen Ablehnung von Leistungen nach § 16 SGB II

Bescheid vom 20.6.2016

Namens und ausweislich der beigefügten Vollmacht des Antragstellers erhebe ich Antrag auf einstweiligen Rechtsschutz und beantrage:

---

765 Münder/*Thie* LPK-SGB II Anh. zu § 16 Rn. 12.
766 Vgl. hierzu *Herbst* in: Schlegel/Voelzke, jurisPK-SGB III, 1. Aufl. 2014, § 45 SGB III (1. Überarbeitung).

B. Besonderer Teil

Der Antragsgegner wird im Wege der einstweiligen Anordnung verpflichtet, dem Antragsteller vorläufig Leistungen zur Eingliederung in Höhe von 100 EUR zu zahlen.

Zur Geltendmachung der Rechte des Antragstellers beantrage ich ferner,

dem Antragsteller Prozesskostenhilfe ab Antragsstellung zu bewilligen und den Unterzeichner beizuordnen.

Begründung:

I.

Der Antragsteller begehrt Leistungen zur Eingliederung in Form von Reisekosten zu einem Einstellungstest.

Der am 23.2.1993 geborene erwerbsfähige Antragsteller bewohnt mit seiner Mutter einen gemeinsamen Haushalt. Beide beziehen als Bedarfsgemeinschaft seit März 2010 laufend Leistungen zur Sicherung des Lebensunterhaltes. Zuletzt bewilligte der Antragsgegner Leistungen zur Sicherung des Lebensunterhaltes mit Bescheid vom 23.6.2016 für den Zeitraum vom 1.7.2016 bis 31.12.2016.

Glaubhaftmachung: Bescheid vom 23.6.2016

Die Mutter des Antragstellers verfügt über ein Vermögen von 1.500 EUR als Guthaben auf ihrem Girokonto. Sie bezieht als Einkommen lediglich das Kindergeld für den Antragsteller.

Glaubhaftmachung: Kontoauszug – Anlage A1

Der Antragsteller und seine Mutter zahlen für eine 60 m² große Wohnung einen kalten Mietzins von 400 EUR sowie Vorauszahlungen auf Betriebskosten sowie Heizkosten in Höhe von insgesamt 100 EUR.

Glaubhaftmachung: Mietvertrag – Anlage A2

Der Antragsteller ist Abiturient und möchte ein Studium der Musik aufnehmen. Er ist derzeit beschäftigungslos. Er bewarb sich hierfür an mehreren Universitäten. Zur Aufnahme eines Studiums der Musik ist idR die Absolvierung einer Aufnahmeprüfung notwendig. Zu einer solchen wurde der Antragsteller durch Schreiben der Bauhausuniversität Weimar vom 22.5.2016 eingeladen. Der Termin soll am 14.8.2016 stattfinden.

Glaubhaftmachung: Einladungsschreiben der Bauhausuniversität Weimar vom 22.5.2016 – Anlage A3

Zur Wahrnehmung dieses Einstellungstests muss der Antragsteller eine Strecke von 300 km zurücklegen. Er beantragte daher unter dem 2.6.2016 bei dem Antragsgegner die Übernahme von Kosten in Höhe von 100 EUR für ein entsprechendes Bahnticket.

Glaubhaftmachung: Antrag vom 2.6.2016 – Anlage A4

Der Antragsgegner lehnte den Antrag mit Bescheid vom 20.6.2016 ab. Er begründete dies damit, dass der Antragsteller weder eine versicherungspflichtige Tätigkeit aufnehmen wolle, noch, dass er eine schulische Berufsausbildung wahrnehmen wolle, weshalb die Voraussetzungen der § 16 Abs. 1 und Abs. 3 SGB II iVm § 45 SGB III nicht vorlägen.

Glaubhaftmachung: Bescheid vom 20.6.2016 – Anlage A5

II.

Der Ablehnungsbescheid ist rechtswidrig und verletzt den Antragsteller in seinen Rechten. Der Antragsteller hat im einstweiligen Rechtsschutzverfahren einen Anspruch auf

VIII. Eingliederungsleistungen

Übernahme der Reisekosten nach § 16 Abs. 1 Satz 2, Abs. 3 analog, § 45 SGB III. Es besteht ein gebundener Anspruch.

Nach § 86 b Abs. 2 Satz 2 SGG kann das Gericht einstweilige Anordnungen zur Regelung eines vorläufigen Zustandes in Bezug auf ein streitiges Rechtsverhältnis treffen, wenn eine solche Regelung zur Abwendung wesentlicher Nachteile notwendig erscheint. Der Erlass einer solchen Regelungsanordnung setzt voraus, dass nach materiellem Recht ein Anspruch auf die begehrte Leistung besteht (Anordnungsanspruch) und dass die Regelungsanordnung zur Abwendung wesentlicher Nachteile notwendig ist (Anordnungsgrund). Sowohl der Anordnungsanspruch als auch der Anordnungsgrund sind gemäß § 920 Abs. 2 ZPO iVm § 86 b Abs. 2 Satz 4 SGG glaubhaft zu machen. Ist dem Gericht eine vollständige Aufklärung der Sach- und Rechtslage im Eilverfahren nicht möglich, so ist anhand einer Folgenabwägung zu entscheiden. Dabei sind die grundrechtlichen Belange des Antragstellers umfassend in die Abwägung einzustellen (BVerfG 12.5.2005 – 1 BvR 569/05).

1. Der Anordnungsanspruch ergibt sich aus § 16 Abs. 1 Satz 2, Abs. 3 SGB II iVm § 45 SGB III. Danach kann die Arbeitsagentur zur Eingliederung unter anderem Leistungen nach § 45 SGB III erbringen. Nach dieser Vorschrift können Ausbildungssuchende, Arbeitslose und von Arbeitslosigkeit bedrohte Arbeitssuchende zur Anbahnung oder Aufnahme einer versicherungspflichtigen Beschäftigung gefördert werden, wenn dies für die berufliche Eingliederung notwendig ist. Sie sollen insbesondere bei der Erreichung der in der Eingliederungsvereinbarung festgelegten Eingliederungsziele unterstützt werden. Die Förderung umfasst die Übernahme der angemessenen Kosten, soweit der Arbeitgeber gleichartige Leistungen nicht oder voraussichtlich nicht erbringen wird. Dies wird durch § 16 Abs. 3 SGB II dahingehen modifiziert, dass abweichend von § 45 Abs. 1 Satz 1 SGB III Leistungen auch für die Anbahnung und Aufnahme einer schulischen Berufsausbildung erbracht werden können.

2. Der Antragsteller erfüllt zunächst die Leistungsvoraussetzungen des § 7 Abs. 1 SGB II, insbesondere ist er hilfebedürftig, da er seine Regelleistung und seine Kosten der Unterkunft nach §§ 20, 22 SGB II nicht entsprechend § 9 SGB II durch Einkommen (§ 11 SGB II) decken könnte. Auch verfügt er nicht über ein die Freigrenzen übersteigendes Vermögen nach § 12 SGB II.

Bei den in § 16 Abs. 1 SGB II genannten Leistungen handelt es sich um Rechtsgrundverweisungen. Die Voraussetzungen der jeweils genannten Leistungsarten des SGB III müssen daher ebenfalls vorliegen. Eine geforderte „Arbeitslosigkeit" wird insoweit jedoch durch „Beschäftigungslosigkeit" ersetzt.

Die Voraussetzungen liegen auch vor. Der Antragsteller war beschäftigungslos im Sinne des § 45 SGB III (§ 16 Abs. 1 SGB II), da er keiner Tätigkeit nachging.

Unstreitig will der Antragsteller keine sozialversicherungspflichtige Tätigkeit aufnehmen. Ebenfalls will er keine schulische Berufsausbildung im Sinne des § 16 Abs. 3 SGB II aufnehmen. Vielmehr handelt es sich in seinem Fall um ein in Aussicht genommenes Hochschulstudium. Die Vorschrift des § 16 Abs. 3 SGB II ist hierauf jedoch analog anzuwenden.[767] Die Vorschrift des § 16 Abs. 3 SGB II wurde durch den Gesetzgeber aufgenommen, um dem weitgehenden Integrationsansatz des SGB II gerecht zu werden, dem gerade nicht der Versicherungsgedanke des SGB III zugrunde liege. Es soll insbesondere die Entstehung bzw. Verfestigung von Jugendarbeitslosigkeit verhindert werden (BT-Drs. 16/10.810 Nr. 5 zu Art. 2 § 16 Abs. 3). Folgt man dieser Auffassung, bleibt es freilich das Geheimnis des Gesetzgebers, warum lediglich schulische Berufsausbildungen in die Vorschrift aufgenommen wurden. Es scheint vor dem Hintergrund seiner Gesetzesbegründung angebracht, die Vorschrift analog auch auf ein Hochschulstudium anzuwenden. Dass hierfür an den Jugendlichen ggf. BAföG-Leistungen zu zahlen sein werden, kann kein Grund für den Ausschluss gewesen sein, da die vom Gesetzgeber ins Auge gefassten schulischen Berufsausbildungen idR durch ähnlich hohe Leistungen der Berufsausbildungsbeihilfe nach §§ 59 ff. SGB III gefördert werden.

3. Auf Rechtsfolgenseite steht dem Antragsgegner grds. ein Ermessen zu (vgl. Wortlaut § 16 Abs. 1 SGB II: „kann").

Das Ermessen ist jedoch bei Eingliederungsleistungen an Jugendliche im Rahmen des Auswahlermessens auf Null reduziert. Vor dem Hintergrund der besonderen Verpflichtung aus § 3 Abs. 2 Satz 1 SGB II[768] und den verschärften Sanktionsmöglichkeiten aus § 31 a Abs. 2 S SGB II scheint es ferner erforderlich, ein intendiertes Ermessen bei Leistungen an Jugendliche bis zum vollendeten 25. Lebensjahr anzunehmen, sodass eine Leistungsablehnung bei ihnen nur in atypischen Fällen in Betracht kommt.

Ein Auswahlermessen besteht hinsichtlich der Übernahme von Reisekosten offensichtlich nicht.

Mithin ist ein gebundener Anspruch gegeben.

4. Ein Anordnungsgrund ist ebenfalls gegeben. Dieser liegt vor, wenn wesentliche Nachteile abzuwenden sind. Insbesondere, wenn dem Antragsteller ein Abwarten der Entscheidung in der Hauptsache nicht zuzumuten ist (Lüdtke/Berchtold/*Binder* SGG § 86 b Rn. 36 mwN). Im Rahmen des Anspruchs auf Grundsicherung ist dies allenfalls der Fall, wenn Schonvermögen oder nicht anrechenbares Einkommen vorrangig einzusetzen wäre. Über ein solches verfügt der Antragsteller nicht. Ein Abwarten der Hauptsache ist unzumutbar, da eine Entscheidung vor dem Termin des Einstellungstests nicht zu erwarten ist.

Die Vorwegnahme der Entscheidung der Hauptsache wird durch die Vorläufigkeit der Zahlung vermieden. Im Übrigen jedoch ist zur Gewährung effektiven Rechtsschutzes (Art. 19 Abs. 4 GG) in diesem Fall eine Ausnahme möglich, da eine Entscheidung auf andere Weise nicht möglich ist um Interessen im einstweiligen Rechtsschutz zu wahren.

---

767 Eine analoge Anwendung wurde für den § 16 SGB II iVm § 53 SGB III in Bezug auf die Gewährung von Mobilitätshilfen durch das BSG ausdrücklich abgelehnt. Die Tatbestandsvoraussetzung der Aufnahme einer versicherungspflichtigen Beschäftigung könne nicht auf der Grundlage einer Auslegung des einfachen Rechts bereits nach Sinn und Zweck der Eingliederungsleistungen nach dem SGB II als systemwidrig und deshalb unbeachtlich angesehen werden (BSG 12.12.2013 – B 4 AS 7/13 R). Ob dies auch für eine analoge Anwendung bzgl. des § 16 Abs. 3 SGB II gilt, ist noch nicht entschieden worden.

768 Zum 1.8.2016 erfolgte eine Neufassung des § 3 Abs. 2 SGB II. Dabei ist insbesondere das für unter 25-Jährige geltende Sofortangebot mit dem ebenfalls bis dahin geltenden Gebot der unverzüglichen Arbeitsvermittlung für über 58-Jährige verallgemeinernd zusammengeführt worden. Vgl. *Münder* LPK-SGB II § 3 Rn. 12.

III.

Wie sich aus der beigefügten Erklärung zu den persönlichen und wirtschaftlichen Verhältnissen ergibt, kann der Antragsteller die Kosten der Prozessführung nicht aufbringen (§ 73 a SGG iVm § 114 ZPO). Da der Antrag – wie ausgeführt – Aussicht auf Erfolg hat und nicht mutwillig ist, ist der Antrag auf Prozesskostenhilfe ebenfalls begründet.

(...)

Rechtsanwalt

5. Kommunale Eingliederungsleistungen (§ 16 a SGB II)

Voraussetzung für alle Leistungen ist ein ursächlicher Zusammenhang mit den Leistungen zur Eingliederung. Es darf also nicht nur zu einer Unterstützung der Lebensführung kommen. Weiterhin muss die Leistung zur Eingliederung erforderlich sein. Dies ist gegeben, wenn ein Eingliederungserfolg (Arbeitsaufnahme, Selbstständigkeit oder Beibehaltung der ausgeübten Erwerbstätigkeit) mit hinreichender Sicherheit vorhergesagt werden kann,[769] was anhand einer Plausibilitätsprüfung zu prüfen ist.[770]

865

Leistungen zur Pflege (§ 16 a Nr. 1 SGB II) sollen verhindern, dass die Aufnahme einer Tätigkeit an der Pflegebedürftigkeit eines Haushaltsmitglieds scheitert. Leistungen nach SGB XI sind vorrangig. Die Struktur der Leistung lässt es zu, dass diese auch nach Wegfall der Hilfebedürftigkeit noch geleistet wird.[771] Bei Kinderbetreuungskosten sind Doppelleistungen im Hinblick auf die Absetzbarkeit nach § 11 Abs. 5 SGB II zu vermeiden.

866

Leistungen zur Schuldnerberatung (§ 16 a Nr. 2 SGB II) können erst nach Eintritt der Hilfebedürftigkeit geleistet werden und müssen insbesondere ein spezifisches Vermittlungshemmnis darstellen.

867

Für die psychosoziale Betreuung (§ 16 a Nr. 3 SGB II) kann auf den Katalog des § 33 Abs. 6 SGB IX zurückgegriffen werden. Es handelt sich nicht um psychotherapeutische oder sonstige medizinische Behandlung iSd SGB V.

868

869

Muster: Antrag auf einstweiligen Rechtsschutz zur Leistung von kommunalen Eingliederungsleistungen

Rechtsanwalt

(...)

(Datum)

An das

Sozialgericht (...)

(Anschrift)

---

769 BSG 23.11.2006 – B 11 b AS 3/05 R.
770 BSG 23.11.2006 – B 11 b AS 3/05 R.
771 BT-Drs. 16/10810, S. 79.

B. Besonderer Teil

Antrag auf einstweiligen Rechtsschutz

der (...),

(Anschrift)

– A n t r a g s t e l l e r i n –

Prozessbevollmächtigter: Rechtsanwalt (...)

g e g e n

Jobcenter (...)

(Anschrift)

vertreten durch den Geschäftsführer

– A n t r a g s g e g n e r –

wegen Ablehnung von Leistungen nach § 16 a Nr. 1 SGB II

Bescheid vom 10.8.2016

Namens und ausweislich der beigefügten Vollmacht der Antragstellerin erhebe ich Antrag auf einstweiligen Rechtsschutz und beantrage:

den Antragsgegner im Wege der einstweiligen Anordnung vorläufig zu verpflichten, der Antragstellerin kommunale Eingliederungsleistung in Form von Kinderbetreuung ab dem 1.9.2016 zu gewähren.

Zur Geltendmachung der Rechte der Antragstellerin beantrage ich ferner,

der Antragstellerin Prozesskostenhilfe ab Antragsstellung zu bewilligen und den Unterzeichner beizuordnen.

Begründung:

I.

Die am 3.4.1981 geborene Antragstellerin und ihre am 5.8.2012 geborene Tochter leben gemeinsam in einem Haushalt und beziehen seit März 2013 als Bedarfsgemeinschaft laufend Leistungen nach dem SGB II. Zuletzt wurden der Antragstellerin und ihrer Tochter durch den Antragsgegner Leistungen zur Sicherung des Lebensunterhaltes mit Bescheid vom 28.6.2016 für den Zeitraum vom 1.7.2016 bis 31.12.2016 bewilligt.

Glaubhaftmachung: Bescheid vom 28.6.2016 – Anlage A1

Die Widerspruchsführerin bewohnt mit ihrer Tochter eine 55 m² große Wohnung, für die sie monatlich einen Mietzins von 350 EUR zahlt. Hinzu treten Vorauszahlungen auf Nebenkosten und Heizkosten von derzeit monatlich 60 EUR.

Glaubhaftmachung:
- Mietvertrag vom 12.3.2001 – Anlage A2
- Nebenkostenabrechnung vom 3.5.2016 – Anlage A3

Die Widerspruchsführerin verfügt lediglich über Kindergeld in Höhe von monatlich 190 EUR, welches sie für ihre Tochter bezieht. Sonst über keinerlei Einkommen. Sie verfügt ferner über 830 EUR Guthaben auf ihrem Girokonto. Sonst über kein Vermögen.

Glaubhaftmachung: Kontoauszüge – Anlage A4

Die Antragstellerin ist alleinerziehend und hat keine weiteren Angehörigen an ihrem Wohnort.

Glaubhaftmachung: Eidesstattliche Versicherung – Anlage A5

Die Antragstellerin ist gelernte Bürokauffrau. Sie schloss ihre Ausbildung mit guten bis sehr guten Ergebnissen ab. Sie bewarb sich bei verschiedenen Unternehmen. Nach mehreren Vorstellungsgesprächen erhielt sie am 10.7.2016 vom Unternehmen ( ) das Angebot einer befristeten Vollzeitstelle ab dem 1.9.2016. Bisher hat die Antragstellerin den Arbeitsvertrag nicht unterzeichnet.

Glaubhaftmachung:
- Arbeitsvertrag – Anlage A6
- Eidesstattliche Versicherung – Anlage A7

Die Antragstellerin bemühte sich unverzüglich um eine Betreuung ihrer Tochter durch eine Kinderkrippe oder eine Tagesmutter. Sie konnte jedoch bislang eine solche nicht finden. Weitere Angehörige, die eine Betreuung übernehmen könnten, hat die Klägerin hier nicht. Eine Betreuung im Betrieb der in Aussicht genommenen Stelle ist ebenfalls nicht möglich. Ohne eine adäquate Kinderbetreuung ist es der Antragstellerin nicht möglich, die angebotene Stelle anzunehmen und auszuüben.

Glaubhaftmachung: Eidesstattliche Versicherung – Anlage A8

Die Antragstellerin beantragte daher die Beschaffung und Finanzierung einer Kinderbetreuung mit Antrag vom 25.7.2016.

Glaubhaftmachung: Antrag vom 25.7.2016 – Anlage A9

Der Antragsgegner lehnte den Antrag mit Bescheid vom 10.8.2016 ab. Er begründete dies damit, dass die Antragstellerin zunächst auf andere Angebote der Kinderbetreuung zurückzugreifen habe. Ferner handle es sich um eine befristete Stelle, sodass die Aufwendungen für eine Kinderbetreuung insoweit nicht im Verhältnis zu der Dauer der Beseitigung der Hilfebedürftigkeit stünden. Der Antragsgegner habe aber nach den Grundsätzen der Wirtschaftlichkeit und Sparsamkeit zu handeln (§ 14 Abs. 4 SGB II).

Glaubhaftmachung: Bescheid vom 10.8.2016 – Anlage A10

II.

Der Bescheid des Antragsgegners vom 10.8.2016 ist rechtswidrig und verletzt die Antragstellerin in ihren Rechten. Die Antragstellerin hat im Rahmen einer einstweiligen Anordnung Anspruch auf vorläufige Bewilligung einer Kinderbetreuung nach § 16 a Nr. 1 SGB II. Nach § 86 b Abs. 2 Satz 2 SGG kann das Gericht einstweilige Anordnungen zur Regelung eines vorläufigen Zustandes in Bezug auf ein streitiges Rechtsverhältnis treffen, wenn eine solche Regelung zur Abwendung wesentlicher Nachteile notwendig erscheint. Der Erlass einer solchen Regelungsanordnung setzt voraus, dass nach materiellem Recht ein Anspruch auf die begehrte Leistung besteht (Anordnungsanspruch) und dass die Regelungsanordnung zur Abwendung wesentlicher Nachteile notwendig ist (Anordnungsgrund). Sowohl der Anordnungsanspruch als auch der Anordnungsgrund sind gemäß § 920 Abs. 2 ZPO iVm § 86 b Abs. 2 Satz 4 SGG glaubhaft zu machen. Ist dem Gericht eine vollständige Aufklärung der Sach- und Rechtslage im Eilverfahren nicht möglich, so ist anhand einer Folgenabwägung zu entscheiden. Dabei sind die grundrechtlichen Belange des Antragstellers umfassend in die Abwägung einzustellen (BVerfG 12.5.2005 – 1 BvR 569/05).

1. Ein Anordnungsanspruch ergibt sich aus § 16 a Nr. 1 SGB II. Nach dieser Vorschrift kann zur Verwirklichung einer ganzheitlichen und umfassenden Betreuung und Unterstützung bei der Eingliederung in Arbeit für die Eingliederung des erwerbsfähigen Leistungs-

berechtigten in das Erwerbsleben Leistungen wie die Betreuung minderjähriger Kinder erbracht werden, wenn sie erforderlich sind.

Voraussetzung ist zunächst, dass ein Zusammenhang mit der Eingliederung in Arbeit besteht und nicht lediglich eine Unterstützung der Lebensführung stattfindet (*Thie* LPK-SGB II § 16 a Rn. 2). Dies ist vorliegend gegeben, da die Leistung in unmittelbarem Zusammenhang mit der Arbeitsaufnahme steht.

Weiterhin muss eine Leistung zur Eingliederung erforderlich sein. Dies ist gegeben, wenn ein Eingliederungserfolg (Arbeitsaufnahme) mit hinreichender Sicherheit vorhergesagt werden kann, was anhand einer Plausibilitätsprüfung zu prüfen ist (BSG 23.11.2006 – B 11 b AS 3/05 R). Vorliegend ist die Arbeitsaufnahme nur durch Sicherstellung der Kinderbetreuung möglich. Ein Scheitern der Eingliederung in Arbeit aus anderen Gründen ist nicht ersichtlich. Insbesondere hat die Antragstellerin ihre Ausbildung mit guten bis sehr guten Ergebnissen abgeschlossen und sich im Bewerbungsverfahren gegen andere Bewerber durchgesetzt. Ein Arbeitsvertrag liegt ihr bereits vor. Lediglich die offene Frage der Kinderbetreuung hindert den endgültigen Abschluss des Vertrages.

Grds. ist ferner Erwerbsfähigkeit und Hilfebedürftigkeit nach § 7 Abs. 1 SGB II Voraussetzung der Leistung (BSG 23.11.2006 – B 11 b AS 3/05 R). Beides ist gegeben. Es gibt keine Anhaltspunkte für Erwerbsunfähigkeit der Antragstellerin. Ferner liegt Hilfebedürftigkeit vor. Irrelevant ist, dass die Hilfebedürftigkeit nach Zufluss der ersten Lohnzahlung ggf. wegfällt, da die Struktur der Vorschrift auch eine Leistungserbringung vorübergehend nach Wegfall der Hilfebedürftigkeit zulässt (BT-Drs. 16/10810, S. 79).

Auf Rechtsfolgenseite steht dem Antragsgegner zwar ein Ermessen zu, jedoch ist dieses idR hinsichtlich des Entschließungsermessens auf Null reduziert, da die Prüfung der Erforderlichkeit auf Tatbestandseite alle relevanten Prüfungskriterien enthält (*Thie* LPK-SGB II § 16 a Rn. 3). So liegt der Fall auch hier. Anhaltspunkte, die für einen atypischen Fall sprechen, liegen nicht vor. Insbesondere tragen die Argumente des Antragsgegners nicht. Die angebliche Unverhältnismäßigkeit lässt sich mit den Zielen des § 14 SGB II nicht in Übereinstimmung bringen. Eine dauerhafte Beseitigung der Hilfebedürftigkeit ist nicht gefordert. Eine erfolgreiche Eingliederung in Arbeit liegt auch bei einer befristeten Arbeitsstelle vor. Insbesondere ist es absolut nicht ausgeschlossen, dass sich eine weitere Befristung anschließt oder gar ein unbefristetes Arbeitsverhältnis hieraus entsteht. Die Argumentation des Antragsgegners geht an der Lebenswirklichkeit vorbei, da eine sofortige unbefristete Vollzeitstelle eine Ausnahme darstellt. Eingliederungsleistungen können nicht lediglich für diesen Fall bereitgestellt werden.

Auch bietet § 14 SGB II keine Grundlage für die rechtmäßige Einbeziehung der Haushaltslage in die Ermessensentscheidung. Es handelt sich zwar um eine ermessenslenkende Direktive, jedoch ist die Anwendung der „Wirtschaftlichkeit und Sparsamkeit" als Ermessenskriterium auf der Ebene des Entschließungsermessens nicht zulässig. Sie kann allenfalls auf der Ebene Auswahlermessens geltend gemacht werden (Gagel/*Kothe* SGB II/SGB III § 14 Rn. 26 f.). Damit dürfen allenfalls Art und Umfang der Leistung an dieser Direktive ausgerichtet werden, nicht jedoch die Frage der Gewährung selbst.

2. Ein Anordnungsgrund ist ebenfalls gegeben. Dieser liegt vor, wenn wesentliche Nachteile abzuwenden sind. Insbesondere, wenn dem Antragsteller ein Abwarten der Entscheidung in der Hauptsache nicht zuzumuten ist (Lüdtke/Berchtold/*Binder* SGG § 86 b Rn. 36 mwN). Im Rahmen des Anspruchs auf Grundsicherung ist dies allenfalls der Fall, wenn Schonvermögen oder nicht anrechenbares Einkommen vorrangig einzusetzen wäre.

Dies ist vorliegend jedoch weder möglich noch würde es die begehrte Leistung ermöglichen. Ein Abwarten der Hauptsache ist unzumutbar, da das Angebot des Arbeitsvertrages durch das Unternehmen nicht bis dahin aufrechterhalten wird und eine anderweitige – auch nur vorübergehende – Kinderbetreuung nicht möglich ist.

Die Vorwegnahme der Entscheidung der Hauptsache wird durch die Vorläufigkeit vermieden. Im Übrigen jedoch ist zur Gewährung effektiven Rechtsschutzes (Art. 19 Abs. 4 GG) in diesem Fall eine Ausnahme möglich, da eine Entscheidung auf andere Weise nicht möglich ist, um Interessen im einstweiligen Rechtsschutz zu wahren.

III.

Wie sich aus der beigefügten Erklärung zu den persönlichen und wirtschaftlichen Verhältnissen ergibt, kann die Antragstellerin die Kosten der Prozessführung nicht aufbringen (§ 73 a SGG iVm § 114 ZPO). Da der Antrag – wie ausgeführt – Aussicht auf Erfolg hat und nicht mutwillig ist, ist der Antrag auf Prozesskostenhilfe ebenfalls begründet.

(...)
Rechtsanwalt

6. Einstiegsgeld und Leistungen zur Eingliederung Selbstständiger (§§ 16 b und 16 c SGB II)

Besondere Hilfen für Selbstständige und teilweise auch abhängig Beschäftigte hat der Gesetzgeber in §§ 16 b und 16 c SGB II geregelt.

Für Leistungen nach § 16 b SGB II gilt, dass die aufgenommene Tätigkeit keine geringfügige sein darf und daher mit einem Entgelt von mehr als 450 EUR entlohnt werden muss (§ 8 Abs. 1 Satz 1 Nr. 1 SGB IV). Eine aufgenommene selbstständige Tätigkeit muss nicht sozialversicherungspflichtig sein. Zur Abgrenzung kann auf § 7 Abs. 1 SGB IV zurückgegriffen werden.[772] Die Tätigkeit darf ferner noch nicht aufgenommen worden sein.[773] Erforderlichkeit zur Eingliederung in den allgemeinen Arbeitsmarkt liegt vor, wenn es kein milderes Mittel gibt und keine andere Maßnahme denkbar ist, um das Ziel der Integration zu erreichen.[774] Zur Höhe hat sich in der Praxis die Handhabung herausgebildet, 50 % der Regelleistung des Leistungsempfängers zu zahlen, der die Tätigkeit aufnimmt. Für jedes weitere Mitglied der BG werden weitere 10 % gezahlt, maximal jedoch 100 % der Regelleistung. Bei längerfristiger Förderung ist eine stufenweise Kürzung üblich. Auf diese Anteile besteht aber kein Anspruch. Grds. ist im Einzelfall zu entscheiden oder auf eine pauschalierte Bemessung abzustellen.[775]

Muster: Verpflichtungsklage auf Einstiegsgeld mit Hilfsantrag auf Leistung

Rechtsanwalt

(...)

(Datum)

---

772 Hierzu bspw. BSG 24.1.2007 – B 12 KR 31/06 R.
773 BSG 23.11.2006 – B 11 b AS 3/05 R.
774 Eicher/Stölting SGB II § 16 b Rn. 22.
775 Vgl. SGB II – Fachliche Hinweise zu Einstiegsgeld nach § 16 b SGB II (Stand: März 2013) Ziff. 4.5 (4.5.1 und 4.5.2.). Vgl. auch die Verordnung zur Bemessung von Einstiegsgeld (Einstiegsgeld-Verordnung) vom 29.7.2009 (BGBl. I S. 2342).

B. Besonderer Teil

An das

Sozialgericht (...)

(Anschrift)

KLAGE

der (...),

(Anschrift)

— Klägerin —

Prozessbevollmächtigter: Rechtsanwalt (...)

gegen

Jobcenter (...)

(Anschrift)

vertreten durch den Geschäftsführer

— Beklagter —

wegen Ablehnung von Leistungen nach § 16 b SGB II

Bescheid vom 10.5.2016

Namens und ausweislich der beigefügten Vollmacht der Klägerin erhebe ich Klage und werde beantragen:

Der Bescheid des Beklagten vom 10.5.2016 in der Gestalt des Widerspruchsbescheides vom 20.6.2016 wird aufgehoben und der Beklagte verurteilt, an die Klägerin Einstiegsgeld in Höhe von 60 % der Regelleistung ab Aufnahme ihrer Selbstständigkeit für 6 Monate zu zahlen.

Hilfsweise:

Der Bescheid des Beklagten vom 10.5.2016 in der Gestalt des Widerspruchsbescheides vom 20.6.2016 wird aufgehoben und der Beklagte verpflichtet, die Klägerin unter Berücksichtigung der Rechtsauffassung des Gerichts neu zu bescheiden.

Zur Geltendmachung der Rechte der Klägerin beantrage ich ferner,

der Klägerin Prozesskostenhilfe ab Klageerhebung zu bewilligen und den Unterzeichner beizuordnen.

Begründung:

I.

Die Klägerin begehrt Einstiegsgeld nach § 16 b SGB II.

Die am 17.8.1973 geborene erwerbsfähige Klägerin und ihre am 5.12.1992 geborene Tochter leben in einem gemeinsamen Haushalt. Sie beziehen sei Januar 2015 laufend Leistungen zur Sicherung des Lebensunterhaltes nach dem SGB II von dem Beklagten. Zuletzt bewilligte der Beklagte der Klägerin und ihrer Tochter Leistungen mit Bescheid vom 22.2.2016 für den Zeitraum vom 1.3.2016 bis 31.8.2016.

Beweis: Bescheid vom 22.2.2016 – Anlage K1

Ferner ist die Klägerin auch seit 4.1.2015 arbeitslos gemeldet.

Beweis: Arbeitslosmeldung – Anlage K2

Die Klägerin verfügt lediglich über Einkommen in Form von Kindergeld für ihre Tochter. Sie verfügt über ein Vermögen von 830 EUR in Form eines Kontoguthabens.

Beweis: Kontoauszug – Anlage K3

Sie zahlt für ihre 60 m² große Wohnung einen Mietzins von 380 EUR und Vorauszahlungen auf Nebenkosten sowie Heizkosten von insgesamt 70 EUR.

Beweis:
- Mietvertrag vom 2.6.2010 – Anlage K4
- Nebenkostenabrechnung vom 2.5.2015 – Anklage K5

Die Klägerin ist gelernte Schneiderin. Sie beabsichtigt sich als solche selbstständig zu machen. Hierzu nahm sie an verschiedenen Existenzgründerseminaren der IHK teil. Sie erstellte ein Konzept zu ihrer in Aussicht genommenen Tätigkeit. Aus diesem ergibt sich, dass binnen vier Monaten die Betriebseinnahmen die Betriebsausgaben übersteigen. Binnen vier Monaten ist mithin ihre Hilfebedürftigkeit beseitigt. Der Gewinn beträgt voraussichtlich monatlich zunächst 700 EUR, später bis zu 1.000 EUR. Insbesondere aufgrund eines Rahmenvertrages mit einer örtlichen Filiale einer Kleidungskette, für die sie Änderungsarbeiten durchführen wird, ist die Klägerin in der Lage, mittelfristig ausreichend Gewinne zu erzielen. Es liegt ferner eine von dem Beklagten eingeholte Beurteilung der Handwerkskammer vor, die eine wirtschaftliche Tragfähigkeit bescheinigt.

Beweis: Gutachten der Handwerkskammer – Anlage K6

Die Klägerin beantragte daher, unter Darlegung des Vorgenannten, die Zahlung von Einstiegsgeld mit Antrag vom 6.4.2016.

Beweis: Antrag vom 6.4.2016 – Anlage K7

Der Beklagte lehnte den Antrag mit Bescheid vom 10.5.2016 ab. Er begründete dies damit, dass die Klägerin bereits eine Selbstständigkeit als Schneiderin ausübte, die gescheitert sei. Ferner habe der Beklagte die Grundsätze der Wirtschaftlichkeit und Sparsamkeit zu berücksichtigen (§ 14 SGB II). Die Mittel für Eingliederungsleistungen seien nahezu erschöpft. Eine Bewilligung komme daher nicht in Betracht.

Beweis: Bescheid vom 10.5.2016 – Anlage K8

Die Klägerin erhob hiergegen mit Schreiben vom 16.5.2016 Widerspruch. Sie begründete ihn damit, dass sie zwar bereits eine Selbstständigkeit ausgeübt habe, jedoch habe sie damals ihre Tochter entbunden. Da sie alleinerziehend war, sei es ihr nicht möglich gewesen, die Selbstständigkeit weiter aufrecht zu erhalten. Mit der wirtschaftlichen Tragfähigkeit des Konzeptes habe sich der Beklagte nicht auseinandergesetzt. Ferner könne ihr Anspruch nicht von dem Vorhandensein von Haushaltsmitteln abhängen.

Beweis: Widerspruch vom 16.5.2016 – Anlage K9

Der Beklagte wies den Widerspruch mit Widerspruchsbescheid vom 20.6.2016 zurück. Er wiederholte im Wesentlichen sein Vorbringen aus dem Ausgangsbescheid.

Beweis: Widerspruchsbescheid vom 20.6.2016 – Anlage K10

II.

Der Bescheid des Beklagten vom 10.5.2016 in der Gestalt des Widerspruchsbescheides vom 20.6.2016, mit dem der Beklagte die Zahlung von Einstiegsgeld ablehnte, ist rechtswidrig und verletzt die Klägerin in ihren Rechten. Die Klägerin hat jedenfalls einen Anspruch auf einen ermessensfehlerfreien Bescheid. Ggf. steht ihr ein unmittelbarer Anspruch auf Zahlung des Einstiegsgeldes nach § 16 b SGB II zu.

Voraussetzung ist zunächst, dass die Klägerin erwerbsfähig und hilfebedürftig nach § 7 Abs. 1 SGB II ist. Dies ist vorliegend gegeben. Die Klägerin unterliegt keinen gesundheitlichen Einschränkungen. Ferner ist sie hilfebedürftig, da sie ihre Regelleistung und die Kosten der Unterkunft nicht durch Einkommen decken kann und nicht über Vermögen im Sinne des § 12 SGB II verfügt, welches ihre Vermögensfreigrenzen übersteigt.

Nach § 16 Abs. 1 Satz 1 SGB II kann erwerbsfähigen Hilfebedürftigen zur Überwindung von Hilfebedürftigkeit bei Aufnahme einer sozialversicherungspflichtigen oder selbstständigen Erwerbstätigkeit ein Einstiegsgeld erbracht werden, wenn dies zur Eingliederung in den allgemeinen Arbeitsmarkt erforderlich ist.

Die Klägerin will offensichtlich eine selbstständige Tätigkeit im Sinne der Vorschrift aufnehmen.

Der Beklagte hat die Überwindung der Hilfebedürftigkeit durch die Aufnahme der sozialversicherungspflichtigen oder tragfähigen selbstständigen Erwerbstätigkeit und deren Förderung durch das Einstiegsgeld unter Berücksichtigung der Erforderlichkeit zur Eingliederung in den allgemeinen Arbeitsmarkt prognostisch zu beurteilen. Es handelt sich um unbestimmte Rechtsbegriffe, die der Behörde keinen Ermessens- oder Beurteilungsspielraum eröffnen. Die Voraussetzungen sind anhand einer Prognose zu beurteilen, wobei auf den Zeitpunkt der letzten Verwaltungsentscheidung abzustellen ist.[776]

Von einer Überwindung der Hilfebedürftigkeit ist nur dann auszugehen, wenn die beabsichtigte Tätigkeit die Prognose erlaubt, dass der Lebensunterhalt langfristig durch diese Erwerbstätigkeit finanziert werden kann. Es ist auf die Umstände des Einzelfalls abzustellen, also insbesondere auf die beabsichtigte Tätigkeit, die Entwicklungsmöglichkeiten, die Kompetenzen des Antragstellers und den in Frage kommenden Markt samt Verdienstmöglichkeiten.

Das Konzept der Klägerin bietet jedoch offenbar ausreichend Anhaltspunkte für eine Tragfähigkeit und für Aussicht auf wirtschaftlichen Erfolg. Dies wurde durch eine fachkundige Stelle iSd § 16 c SGB II iVm § 53 SGB III (Handwerkskammer) bestätigt. Zudem war die Klägerin bereits erfolgreich als Schneiderin tätig. Während ihrer vergangenen selbstständigen Tätigkeit war sie in der Lage, ihren Lebensunterhalt ohne existenzsichernde Leistungen sicherzustellen. Allein durch die Schwangerschaft und die Betreuung ihres Kindes in den ersten Lebensjahren war sie an der Ausübung dieser Tätigkeit gehindert. Nunmehr ist sie wieder in der Lage, den Bedürfnissen der selbstständigen Tätigkeit gerecht zu werden. Sie hat bereits einen Rahmenvertrag mit einer örtlichen Filiale einer Kleidungskette in Aussicht, der ein dauerhaftes Auftragsvolumen sichert, sodass die Klägerin dauerhaft über ein Einkommen verfügen wird, welches ihre Hilfebedürftigkeit entfallen lässt.

Auch ist die Leistung erforderlich zur Eingliederung gerade in den ersten Arbeitsmarkt, da kein milderes Mittel und keine andere Leistung denkbar ist, die einen Integrationserfolg ebenfalls sichert (vgl. Eicher/*Stölting* SGB II § 16 b Rn. 22). Die Klägerin benötigt zum Aufbau der in Aussicht genommenen Tätigkeit gerade zu Anfang eine Unterstützung durch weiteres Kapital. Eine Finanzierung aus der Regelleistung ist nicht denkbar. Das

---

[776] BSG 5.8.2015 – B 4 AS 46/14 R.

VIII. Eingliederungsleistungen

Anmieten von Geschäftsräumen, das Besorgen von Arbeitsmitteln sowie die Kundenakquise sind kostenaufwendig. Die Betriebseinnahmen der ersten Monate genügen hierfür nicht. Die Einzelheiten ergeben sich aus dem von der Klägerin aufgestellten Konzept. Eine Erforderlichkeit ist daher gegeben.

5. Auf Rechtsfolgenseite steht dem Beklagten ein Ermessen zu (vgl. Wortlaut „kann").

Das Entschließungsermessen („Ob" der Leistung) ist nach zutreffender Ansicht reduziert, wenn die Einkünfte aus der abhängigen Beschäftigung auf dem ersten Arbeitsmarkt oder der selbstständigen Tätigkeit die Höhe der auf die leistungsberechtigte Person entfallenden Bedarfe, die der Berechnung des ALG II für die Bedarfsgemeinschaft zugrunde liegen, voraussichtlich um höchstens 10 % übersteigen. (vgl. *Thie* LPK-SGB II § 16 b Rn. 12). Dies ist vorliegend der Fall. Ein atypischer Sachverhalt, der ein Abweichen rechtfertigen würde, liegt nicht vor.

Selbst wenn man davon ausgeht, dass solch eine Reduzierung nicht vorliegt, sind die Ermessenserwägungen des Beklagten fehlerhaft.

Die Gerichte sind bezüglich der Überprüfung von Ermessensentscheidungen eines Leistungsträgers gemäß § 54 Abs. 2 Satz 2 SGG darauf beschränkt zu kontrollieren, ob dieser (1.) seiner Pflicht zur Ermessensbetätigung nachgekommen ist (Ermessensnichtgebrauch), er (2.) mit seiner Entscheidung die gesetzlichen Grenzen des Ermessens überschritten hat, d.h. eine nach dem Gesetz nicht zugelassene Rechtsfolge gesetzt hat (Ermessensüberschreitung), oder (3.) von dem Ermessen in einer dem Zweck der Ermächtigung nicht entsprechenden Weise Gebrauch gemacht hat (Abwägungsdefizit und Ermessensfehlgebrauch). Bei der Überprüfung darf das Gericht nicht eigene Ermessenserwägungen an die Stelle derjenigen des Leistungsträgers setzen. Die Prüfung hat sich auf die Frage zu beschränken, ob die dargelegten Ermessenserwägungen den Rahmen der §§ 39 Abs. 1 SGB I, 54 Abs. 2 Satz 2 SGG überschreiten.

Vorliegend ist ein Ermessensfehlgebrauch gegeben. Der Umstand, dass die Klägerin bereits eine Selbstständigkeit aufgab, stellt eine sachfremde Erwägung dar. Die Aufgabe erfolgte nicht aus wirtschaftlichen Gründen oder weil sie erfolglos geblieben wäre, sondern weil sie ihre Tochter zur Welt brachte und allein aufziehen musste. Die Vorschrift des § 16 b SGB II will ersichtlich lediglich wirtschaftliche Erwägungen in die Dauerhaftigkeit und Tragfähigkeit des Konzeptes einbeziehen. Persönliche Umstände des Leistungsberechtigten können nach dem Sinn der Vorschrift nur dann in die Ermessenserwägungen einbezogen werden, wenn sie erkennbaren Einfluss auf die Tragfähigkeit des Konzeptes und die Beseitigung der Hilfebedürftigkeit haben. Hier liegen jedoch keine Umstände in der Persönlichkeit der Klägerin, die den Erfolg ihrer angestrebten Tätigkeit gefährden würden.

Ferner bietet § 14 SGB II keine Grundlage für die rechtmäßige Einbeziehung der Haushaltslage in die Ermessensentscheidung. Es handelt sich zwar um eine ermessenslenkende Direktive, jedoch ist die Anwendung der „Wirtschaftlichkeit und Sparsamkeit" als Ermessenskriterium auf der Ebene des Entschließungsermessens nicht zulässig. Sie kann allenfalls auf der Ebene des Auswahlermessens geltend gemacht werden (Gagel/*Kothe* SGB II/SGB III § 14 Rn. 26 f.). Damit dürfen allenfalls Art und Umfang der Leistung an dieser Direktive ausgerichtet werden, nicht jedoch die Frage der Gewährung selbst.

Hinsichtlich des Auswahlermessens liegt wohl eine Selbstbindung des Beklagten vor. In der Anwendungspraxis des Beklagten hat sich hinsichtlich der Höhe des Einstiegsgeldes das Vorgehen herausgebildet, 50 % der Regelleistung des Leistungsempfängers zu zahlen, der die Tätigkeit aufnimmt. Für jedes weitere Mitglied der BG werden weitere 10 % gezahlt, maximal jedoch 100 % der Regelleistung. Insoweit dürfte sich ein Anspruch aus Art. 3 GG iVm dem Grundsatz der Selbstbindung der Verwaltung ergeben.

Hinsichtlich der Dauer gibt das Gesetz eine Maximalgrenze von 24 Monaten vor. Die Größe der Bedarfsgemeinschaft und die Dauer der Arbeitslosigkeit sind zu berücksichtigen. Vorliegend ist für die Klägerin eine sechsmonatige Förderung ausreichend.

III.

Wie sich aus der beigefügten Erklärung zu den persönlichen und wirtschaftlichen Verhältnissen ergibt, kann die Klägerin die Kosten der Prozessführung nicht aufbringen (§ 73 a SGG iVm § 114 ZPO). Da die Klage – wie ausgeführt – Aussicht auf Erfolg hat und nicht mutwillig ist, ist der Antrag auf Prozesskostenhilfe ebenfalls begründet.

(...)

Rechtsanwalt

873 Leistungen nach § 16 c SGB II können auch selbstständige „Aufstocker" erhalten. Der Tatbestand ist in Abs. 3 geregelt, während Abs. 1 und 2 die Rechtsfolgen enthalten. Die „wirtschaftliche Tragfähigkeit" ist anzunehmen, wenn die Betriebseinnahme die Betriebsausgaben decken.[777]

874 Leistungen nach § 16 c Abs. 1 SGB II sollen den Nachteil von selbstständigen Aufstockern oder Existenzgründern ausgleichen, den sie durch geringe Rücklagen und geringe Kreditwürdigkeit erleiden.[778] Notwendig sind nur solche Sachmittel, ohne die der Betrieb nicht ausgeübt oder fortgeführt werden kann. Die Angemessenheit schränkt dies weiter auf einen Bedarfskern des SGB II ein.

875 § 16 c Abs. 2 SGB II ergänzt die auf die Beschaffung von Sachgütern beschränkte Förderung mit Darlehen und Zuschüssen um die Möglichkeit, leistungsberechtigte Selbstständige im Hinblick auf die Erhaltung oder Neuausrichtung ihrer selbstständigen Tätigkeit zu beraten und durch die Vermittlung von Kenntnissen und Fertigkeiten zu unterstützen, wenn dies für die weitere Ausübung der selbstständigen Tätigkeit erforderlich ist. Berufliche Kenntnisse sind von der Vermittlungsmöglichkeit nicht umfasst.

876 **Muster: Leistungsklage auf Leistungen nach § 16 c SGB II mit Hilfsantrag auf Verpflichtung**

Rechtsanwalt

(...)

(Datum)

An das

Sozialgericht (...)

(Anschrift)

---

[777] Münder/*Thie* LPK-SGB II § 16 c Rn. 5.
[778] Münder/*Thie* LPK-SGB II § 16 c Rn. 2.

KLAGE

der (...),
(Anschrift)

– Klägerin –

Prozessbevollmächtigter: Rechtsanwalt (...)

gegen

Jobcenter (...)
(Anschrift)
vertreten durch den Geschäftsführer

– Beklagter –

wegen Ablehnung von Leistungen nach § 16 c SGB II
Bescheid vom 10.5.2016

Namens und ausweislich der beigefügten Vollmacht der Klägerin erhebe ich Klage und werde beantragen:

Der Bescheid des Beklagten vom 10.5.2016 in der Gestalt des Widerspruchsbescheides vom 20.6.2016 wird aufgehoben und der Beklagte wird verurteilt, an die Klägerin 900 EUR als Darlehen zu zahlen.

Hilfsweise:

Der Bescheid des Beklagten vom 10.5.2016 in der Gestalt des Widerspruchsbescheides vom 20.6.2016 wird aufgehoben und der Beklagte verpflichtet, die Klägerin unter Berücksichtigung der Rechtsauffassung des Gerichts neu zu bescheiden.

Zur Geltendmachung der Rechte der Klägerin beantrage ich ferner,

der Klägerin Prozesskostenhilfe ab Klageerhebung zu bewilligen und den Unterzeichner beizuordnen.

Begründung:

I.

Die Klägerin begehrt Leistungen zur Eingliederung Selbstständiger nach § 16 c SGB II.

Die am 17.8.1973 geborene erwerbsfähige Klägerin und ihre am 5.12.1992 geborene Tochter leben in einem gemeinsamen Haushalt. Sie beziehen sei Januar 2015 laufend Leistungen zur Sicherung des Lebensunterhaltes nach dem SGB II von dem Beklagten. Zuletzt bewilligte der Beklagte der Klägerin und ihrer Tochter Leistungen mit Bescheid vom 22.2.2016 für den Zeitraum vom 1.3.2016 bis 31.8.2016.

Beweis: Bescheid vom 22.2.2016 – Anlage K1

Ferner ist die Klägerin auch sei 4.1.2015 arbeitslos gemeldet.

Beweis: Arbeitslosmeldung – Anlage K2

Die Klägerin verfügt lediglich über Einkommen in Form von Kindergeld für ihre Tochter. Sie verfügt über ein Vermögen von 830 EUR in Form eines Kontoguthabens.

Beweis: Kontoauszug – Anlage K3

Sie zahlt für ihre 60 m² große Wohnung einen Mietzins von 380 EUR und Vorauszahlungen auf Nebenkosten sowie Heizkosten von insgesamt 70 EUR.

Beweis:
- Mietvertrag vom 2.6.2010 – Anlage K4
- Nebenkostenabrechnung vom 2.5.2015 – Anklage K5

Die Klägerin ist gelernte Schneiderin. Sie beabsichtigt, sich als solche selbstständig zu machen. Hierzu nahm sie an verschiedenen Existenzgründerseminaren der IHK teil. Sie erstellte ein Konzept zu ihrer in Aussicht genommenen Tätigkeit. Aus diesem ergibt sich, dass binnen vier Monaten die Betriebseinnahmen die Betriebsausgaben übersteigen. Binnen vier Monaten ist ihre Hilfebedürftigkeit beseitigt. Der Gewinn beträgt voraussichtlich monatlich zunächst 700 EUR, später bis zu 1.000 EUR. Sie wird die Tätigkeit vollschichtig ausüben. Insbesondere aufgrund eines Rahmenvertrages mit einer örtlichen Filiale einer Kleidungskette, für die sie Änderungsarbeiten durchführen wird, ist die Klägerin in der Lage, mittelfristig ausreichend Gewinne zu erzielen. Es liegt ferner ein von dem Beklagten eingeholte Beurteilung der Handwerkskammer vor, die eine wirtschaftliche Tragfähigkeit bescheinigt.

Beweis: Gutachten der Handwerkskammer – Anlage K6

Zum Aufbau ihrer Selbstständigkeit benötigt die Klägerin insbesondere eine professionelle gewerbliche Nähmaschine Typ ( ). Der Klägerin liegt ein Angebot für solch eine Maschine zu einem Preis von 900 EUR vor. Die Klägerin beantragte daher, unter Darlegung des Vorgenannten, die Zahlung von 900 EUR als Darlehen zur Finanzierung dieser Anschaffung mit Antrag vom 14.4.2016.

Beweis: Antrag vom 14.4.2016 – Anlage K7

Der Beklagte lehnte den Antrag mit Bescheid vom 10.5.2016 ab. Er begründete dies damit, dass die Klägerin bereits eine Selbstständigkeit als Schneiderin ausübte, die gescheitert sei. Ferner habe der Beklagte die Grundsätze der Wirtschaftlichkeit und Sparsamkeit zu berücksichtigen (§ 14 SGB II). Die Mittel für Eingliederungsleistungen seien nahezu erschöpft. Eine Bewilligung komme daher nicht in Betracht.

Beweis: Bescheid vom 10.5.2016 – Anlage K8

Die Klägerin erhob hiergegen mit Schreiben vom 16.5.2016 Widerspruch. Sie begründete ihn damit, dass sie zwar bereits eine Selbstständigkeit ausgeübt habe, jedoch habe sie damals ihre Tochter entbunden. Da sie alleinerziehend war, sei es ihr nicht möglich gewesen, die Selbstständigkeit weiter aufrecht zu erhalten. Mit der wirtschaftlichen Tragfähigkeit des Konzeptes habe sich der Beklagte nicht auseinandergesetzt. Ferner könne ihr Anspruch nicht von dem Vorhandensein von Haushaltsmitteln abhängen.

Beweis: Widerspruch vom 16.5.2016 – Anlage K9

Der Beklagte wies den Widerspruch mit Widerspruchsbescheid vom 20.6.2016 zurück. Er wiederholte im Wesentlichen sein Vorbringen aus dem Ausgangsbescheid.

Beweis: Widerspruchsbescheid vom 20.6.2016 – Anlage K10

II.

Der Bescheid des Beklagten vom 10.5.2016 in der Gestalt des Widerspruchsbescheides vom 20.6.2016, mit dem der Beklagte die Zahlung von Eingliederungsleistungen für Selbstständige ablehnte, ist rechtswidrig und verletzt die Klägerin in ihren Rechten. Die Klägerin hat jedenfalls einen Anspruch auf einen ermessensfehlerfreien Bescheid. Ggf. steht ihr ein unmittelbarer Anspruch auf Zahlung von Eingliederungsleistung nach § 16 c SGB II zu.

Voraussetzung ist zunächst, dass die Klägerin erwerbsfähig und hilfebedürftig nach § 7 Abs. 1 SGB II ist. Dies ist vorliegend gegeben. Die Klägerin unterliegt keinen gesundheitlichen Einschränkungen. Ferner ist sie hilfebedürftig, da sie ihre Regelleistung und die Kosten der Unterkunft nicht durch Einkommen decken kann und nicht über Vermögen im Sinne des § 12 SGB II verfügt, welches ihre Vermögensfreigrenzen übersteigt.

Nach § 16 c Abs. 1 SGB II können Darlehen oder Zuschüsse für die Beschaffung von Sachgütern geleistet werden, die für die Ausübung der selbstständigen, hauptberuflichen Tätigkeit notwendig und angemessen sind. Notwendigkeit liegt vor, wenn sich die Geschäftsidee ohne den Gegenstand nicht umsetzen lässt oder der bereits bestehende Betrieb nicht fortgeführt werden kann. Im Rahmen der Angemessenheit kommt es darauf an, ob eine günstigere Alternative zur Verfügung steht, die den gleichen Zweck erfüllt.

Die Klägerin will kurzfristig eine selbstständige Tätigkeit als Schneiderin in Vollzeit aufnehmen. Die begehrte Nähmaschine ist für die Ausübung der Selbstständigkeit unentbehrlich, ohne diese kann die Selbstständigkeit nicht ausgeübt werden. Der begehrte Betrag für die Nähmaschine ist auch angemessen. Die Klägerin hat sich insbesondere um ein gebrauchtes Gerät bemüht. Die regelhafte Bewilligung als Darlehen genügt vorliegend.[779] Gefördert werden darf nur die Aufnahme oder Fortsetzung einer tragfähigen Tätigkeit und wenn zu erwarten ist, dass die Hilfebedürftigkeit durch die selbstständige Tätigkeit innerhalb eines angemessenen Zeitraumes dauerhaft überwunden oder verringert wird.

Das Konzept der Klägerin bietet offenbar ausreichend Anhaltspunkte für eine Tragfähigkeit und für Aussicht auf wirtschaftlichen Erfolg. Dies wurde durch eine fachkundige Stelle iSd § 16 c SGB II iVm § 53 SGB III (Handwerkskammer) bestätigt.

Auch ist eine Überwindung der Hilfebedürftigkeit ausweislich des Konzepts gewährleistet. Die Klägerin kann nach einigen Monaten die Hilfebedürftigkeit vollständig beseitigen. Ungeachtet dessen sind hieran jedoch keine überzogenen Anforderungen zu stellen, da das Gesetz auch eine Reduzierung der Hilfebedürftigkeit genügen lässt (vgl. *Thie* LPK-SGB II § 16 c Rn. 5).

Ob dem Beklagten bei diesem umfänglichen Tatbestand und dessen Erfüllung noch ein großer Spielraum auf Ermessensseite zusteht, ist zweifelhaft. Selbst wenn man davon ausgeht, dass solch eine Reduzierung nicht vorliegt, sind die Ermessenserwägungen des Beklagten fehlerhaft.

Die Gerichte sind bezüglich der Überprüfung von Ermessensentscheidungen eines Leistungsträgers gemäß § 54 Abs. 2 Satz 2 SGG darauf beschränkt, zu kontrollieren, ob dieser (1.) seiner Pflicht zur Ermessensbetätigung nachgekommen ist (Ermessensnichtgebrauch), er (2.) mit seiner Entscheidung die gesetzlichen Grenzen des Ermessens überschritten hat, d.h. eine nach dem Gesetz nicht zugelassene Rechtsfolge gesetzt hat (Ermessensüberschreitung), oder (3.) von dem Ermessen in einer dem Zweck der Ermächtigung nicht entsprechenden Weise Gebrauch gemacht hat (Abwägungsdefizit und Ermessensfehlgebrauch). Bei der Überprüfung darf das Gericht nicht eigene Ermessenserwägun-

---

779 Aus dem Gesetz lässt sich unmittelbar nicht entnehmen, dass vorrangig Darlehen erbracht werden sollen. Dies ergibt sich jedoch aus der Gesetzesbegründung, die Zuschüsse nur dann für angebracht hält, wenn Darlehen mit unverhältnismäßigem Verwaltungsaufwand verbunden sind und im Einzelfall die Gewährung eines Zuschusses zielführender ist (BT-Drs. 16/10810, S. 47). Die Maximalgrenze von 5.000 EUR gilt nur bei der Gewährung eines Zuschusses, Darlehen können in unbegrenzter Höhe erbracht werden.

gen an die Stelle derjenigen des Leistungsträgers setzen. Die Prüfung hat sich auf die Frage zu beschränken, ob die dargelegten Ermessenserwägungen den Rahmen der §§ 39 Abs. 1 SGB I, 54 Abs. 2 Satz 2 SGG überschreiten.

Vorliegend ist ein Ermessensfehlgebrauch gegeben. Der Umstand, dass die Klägerin bereits eine Selbstständigkeit aufgab, stellt eine sachfremde Erwägung dar. Die Aufgabe erfolgte nicht aus wirtschaftlichen Gründen oder weil sie erfolglos geblieben wäre, sondern weil sie ihre Tochter zur Welt brachte und allein aufziehen musste. Die Vorschrift des § 16 c SGB II will ersichtlich lediglich wirtschaftliche Erwägungen in die Dauerhaftigkeit und Tragfähigkeit des Konzeptes einbeziehen. Persönliche Umstände des Leistungsberechtigten können nach dem Sinn der Vorschrift nur dann in die Ermessenserwägungen einbezogen werden, wenn sie erkennbaren Einfluss auf die Tragfähigkeit des Konzeptes und die Beseitigung der Hilfebedürftigkeit haben. Hier liegen jedoch keine Umstände in der Persönlichkeit der Klägerin, die den Erfolg ihrer angestrebten Tätigkeit gefährden würden.

Ferner bietet § 14 SGB II keine Grundlage für die rechtmäßige Einbeziehung der Haushaltslage in die Ermessensentscheidung. Es handelt sich zwar um eine ermessenslenkende Direktive, jedoch ist die Anwendung der „Wirtschaftlichkeit und Sparsamkeit" als Ermessenskriterium auf der Ebene des Entschließungsermessens nicht zulässig. Sie kann allenfalls auf der Ebene Auswahlermessens geltend gemacht werden (Gagel/*Kothe* SGB II/SGB III § 14 Rn. 26 f.). Damit dürfen allenfalls Art und Umfang der Leistung an dieser Direktive ausgerichtet werden, nicht jedoch die Frage der Gewährung selbst.

III.

Wie sich aus der beigefügten Erklärung zu den persönlichen und wirtschaftlichen Verhältnissen ergibt, kann die Klägerin die Kosten der Prozessführung nicht aufbringen (§ 73 a SGG iVm § 114 ZPO). Da die Klage – wie ausgeführt – Aussicht auf Erfolg hat und nicht mutwillig ist, ist der Antrag auf Prozesskostenhilfe ebenfalls begründet.

(...)
Rechtsanwalt

7. Förderung schwer zu erreichender junger Menschen

877 Mit dem mit Wirkung zum 1.8.2016 neu eingeführten § 16 h SGB II können für Leistungsberechtigte, die das 25. Lebensjahr noch nicht vollendet haben, Leistungen mit dem Ziel erbracht werden, die aufgrund der individuellen Situation der Leistungsberechtigten bestehenden Schwierigkeiten,
- eine schulische, ausbildungsbezogene oder berufliche Qualifikation abzuschließen oder anders ins Arbeitsleben einzumünden und
- Sozialleistungen zu beantragen oder anzunehmen

zu überwinden.

IX. Zuschuss zu Versicherungsbeiträgen

878 Die Vorschrift des § 26 SGB II regelt die Möglichkeit des Zuschusses zu Beiträgen der Krankenversicherung, der Pflegeversicherung und den Zusatzbeiträgen zur gesetzlichen Krankenversicherung. Die Vorschrift wurde mit Wirkung zum 1.8.2016 neu gefasst: Die neuen Absätze 1 und 2 regeln die Zuschüsse zu Krankenversiche-

rungsbeiträgen; die neuen Absätze 3 und 4 die Zuschüsse zu Pflegeversicherungsbeiträgen. Der neue Absatz 5 entspricht dem bisherigen Absatz 4, der die direkte Zahlung der Zuschüsse an die privaten Versicherungsunternehmen durch die Jobcenter vorsieht. Er wird ergänzt um eine Regelung, nach der die Zuschüsse für Bezieherinnen und Bezieher von Sozialgeld, die freiwillig versichert oder versicherungspflichtig in der gesetzlichen Krankenversicherung sind, an die zuständige Krankenkasse direkt zu zahlen sind.[780]

Der Anwendungsbereich der Vorschrift ist gering, denn grds. sind alle Leistungsberechtigte – soweit sie nicht familienversichert sind – nach § 5 Abs. 1 Nr. 2 a SGB V in der gesetzlichen Krankenversicherung pflichtversichert. Die Beiträge werden nach § 252 Abs. 1 SGB V vom Grundsicherungsträger an die Krankenversicherung gezahlt. Ausgenommen hiervon sind jedoch die Zusatzbeiträge nach §§ 242, 242 a SGB V. 879

Allerdings sind nach § 5 Abs. 5 a SGB V Personen, die vor dem Leistungsbezug privat krankenversichert waren oder als Selbstständige oder sonst von der Versicherungspflicht Befreite weder privat noch gesetzlich versichert waren, nicht durch den Leistungsbezug pflichtversichert. Diese Personen werden durch § 26 Abs. 1 SGB II (bzw. § 26 Abs. 3 SGB II für die Pflegeversicherung) insoweit aufgefangen, als die Beiträge zu einer freiwilligen gesetzlichen oder privaten Versicherung vom Grundsicherungsträger übernommen werden. 880

§ 26 Abs. 2 SGB II (bzw. für die Pflegeversicherung § 26 Abs. 4 SGB II) regelt sodann die Fälle, in denen Hilfebedürftigkeit allein durch Zahlung der Krankenversicherungsbeiträge eintreten würde. Dies soll durch einen Zuschuss zu den Beiträgen zur privaten oder gesetzlichen Krankenversicherung, der notwendig ist, um Hilfebedürftigkeit und damit den Bezug von Arbeitslosengeld II oder Sozialgeld zu vermeiden, verhindert werden. 881

Ist eine Person nach § 7 Abs. 5 SGB II von Leistungen nach dem SGB II ausgeschlossen, so kommt eine Übernahme von Versicherungsbeiträgen nicht in Betracht, da es sich um ausbildungsbedingte Bedarfe handelt, die gerade nicht durch SGB II-Leistungen auszugleichen sind.[781] 882

X. Sanktionen

1. Allgemeines

Aus dem Grundrechten der Art. 1 Abs. 1 GG iVm Art. 20 Abs. 1 GG ergibt sich das Erfordernis eines staatlichen Eingreifens, wenn und soweit andere Mittel zur Gewährleistung eines menschenwürdigen Existenzminimums nicht zur Verfügung stehen. Hieraus folgt aber kein Anspruch auf die Gewährung bedarfsunabhängiger, voraussetzungsloser Sozialleistungen.[782] In diesem Grundsatz finden die Sanktionen ihre grundsätzliche Rechtfertigung. 883

Hinsichtlich der Kürzung des Regelbedarfes werden immer wieder verfassungsrechtliche Bedenken erhoben. Tragendes Argument ist dabei, dass die SGB II-Leis- 884

---

780 BT-Drs. 18/8041, S. 42.
781 BSG 27.9.2011 – B 4 AS 160/10 R.
782 Vgl. BVerfG 7.7.2010 – 1 BvR 2556/09.

tung ja schon das Existenzminimum darstellen und deswegen nicht gekürzt werden dürfen. Das BSG hat zwischenzeitlich festgestellt, dass gegen eine Minderung des Arbeitslosengeld II-Anspruchs um 30 % des maßgebenden Regelbedarfs aufgrund einer Pflichtverletzung keine durchgreifenden verfassungsrechtlichen Bedenken bestehen.[783] Das BVerfG hat sich hierzu noch nicht positioniert – entsprechende Verfassungsbeschwerden bzw. ein Vorlagebeschluss wurden nicht zur Entscheidung angenommen.

885 Eine „Sanktion" ist keine strafrechtliche Konsequenz (sozial-)widrigen Verhaltens, sondern ein belastender Eingriff hinsichtlich der Sozialleistung. So sehen für das SGB II die §§ 31 a und 32 SGB II bei bestimmten Fehlverhalten verschieden Kürzungstatbestände vor.

886 § 31 b Abs. 1 SGB II bestimmt, dass sich im Falle einer Sanktion der Auszahlungsanspruch grds. mit Beginn des Kalendermonats, der auf das Wirksamwerden des Verwaltungsaktes folgt, der die Pflichtverletzung und den Umfang der Minderung der Leistung feststellt (sog. Sanktionsbescheid), mindert.[784] Unbeachtlich sind daher zunächst der Zeitpunkt des zu sanktionierenden Verhaltens und auch die Kenntnis des Leistungsträgers. Allerdings müssen der Sanktionsbescheid und das sanktionierte Ereignis in einem (engen) zeitlichen Zusammenhang stehen. Deshalb ist die Feststellung der Minderung nur innerhalb von sechs Monaten ab dem Zeitpunkt der Pflichtverletzung zulässig.

887 Die Absenkung und der Wegfall der Leistung dauern grds. drei Monate, § 31 b Abs. 1 Satz 3 SGB II. Hinsichtlich erwerbsfähigen Leistungsberechtigten unter 25 Jahren gilt insoweit eine Ausnahme: Der SGB II-Träger kann die Minderung des Auszahlungsanspruchs in Höhe des Regelbedarfs (§ 20 SGB II) und des Mehrbedarfs (§ 21 SGB II) unter Berücksichtigung aller Umstände des Einzelfalls auf sechs Wochen verkürzen, § 31 b Abs. 1 Satz 5 SGB II.[785]

888 **Muster: Fehlende Ermessensausübung hinsichtlich Verkürzung des Sanktionszeitraums**

Rechtsanwalt

(…)

(Datum)

An das

Sozialgericht (…)

(Anschrift)

---

[783] BSG 29.4.2015 – B 14 AS 19/14 R.
[784] Hinsichtlich einer Minderung bei einem ruhenden oder erloschenen Anspruch auf Arbeitslosengeld wegen einer Sperrzeit oder aus anderem Grund tritt die Minderung mit Beginn der Sperrzeit oder mit dem Erlöschen des Anspruchs nach dem SGB III ein, § 31 b Abs. 1 Satz 2 SGB II.
[785] Dahinter steht, dass bei unter 25-Jährigen nach § 31 a Abs. 2 SGB II härtere Sanktionen drohen (Regelbedarf um 100 % gekürzt; Beschränkung auf Bedarfe für Unterkunft und Heizung, § 22 SGB II). Der Leistungsträger hat hier – was in der Praxis regelmäßig übersehen wird – Ermessen auszuüben.

KLAGE

des (...),
(Anschrift)

— Kläger —

Prozessbevollmächtigter: Rechtsanwalt (...)

gegen

Jobcenter (...)
(Anschrift)
vertreten durch den Geschäftsführer

— Beklagter —

wegen Sanktion für den Zeitraum 1.7.2016 bis 30.9.2016
Bescheid vom 20.6.2016

Namens und ausweislich der beigefügten Vollmacht des Klägers erhebe ich Klage und werde beantragen:

Der Bescheid des Beklagten vom 20.6.2016 in der Gestalt des Widerspruchsbescheides vom 8.7.2016 wird aufgehoben und der Beklagte wird verpflichtet, unter Beachtung der Rechtsauffassung des Gerichts den Kläger neu zu bescheiden.

Zur Geltendmachung der Rechte des Klägers beantrage ich ferner,

dem Kläger Prozesskostenhilfe ab Klageerhebung zu bewilligen und den Unterzeichner beizuordnen.

Begründung:

I.

Der Kläger wendet sich gegen die Verhängung einer Sanktion.

Der am 13.4.1996 geborene Kläger lebt allein in einem Haushalt und bezieht laufend Leistungen zur Sicherung des Lebensunterhaltes von dem Beklagten.

Mit Bescheid vom 20.4.2016 bewilligte der Beklagte dem Kläger zuletzt Leistungen für den Zeitraum vom 1.5.2016 bis 31.10.2016.

Beweis: Bescheid vom 20.4.2016 – Anlage K1

Unter dem 23.4.2016 schloss der Beklagte mit dem Kläger eine Eingliederungsvereinbarung, nach der der Kläger verpflichtet wurde, monatlich fünf Bewerbungsbemühungen nachzuweisen.

Beweis: Eingliederungsvereinbarung vom 23.4.2016 – Anlage K2

Im Mai 2016 wies der Kläger lediglich 3 Bewerbungsbemühungen nach. Hieraufhin stellte der Beklagte mit Bescheid vom 20.6.2016 fest, dass der Kläger gegen seine Pflichten aus der Eingliederungsvereinbarung verstoßen habe und senkte die Leistungen des Klägers für die Zeit ab 1.7.2016 bis 30.9.2016 auf die Kosten der Unterkunft ab. Der Bescheid enthielt keinerlei Erwägungen zur Verkürzung des Sanktionszeitraumes.

Beweis: Bescheid vom 20.6.2016 – Anlage K3

Der Kläger erhob hiergegen ohne weitere Begründung Widerspruch unter dem 25.6.2016.

Beweis: Widerspruch vom 25.6.2016 – Anlage K4

B. Besonderer Teil

Der Beklagte wies diesen mit Widerspruchsbescheid vom 8.7.2016 als unbegründet zurück. Er führte aus, dass die Voraussetzungen für eine Sanktionierung vorliegen. Der Bescheid enthielt jedoch wiederum keine Erwägungen zu einer Verkürzung des Sanktionszeitraumes.

Beweis: Widerspruchsbescheid vom 8.7.2016 – Anlage K5

Hiergegen wendet sich die Klage.

II.

Gegenstand der Klage ist der Bescheid des Beklagten vom 20.6.2016 in der Gestalt des Widerspruchsbescheides vom 8.7.2016, mit dem der Beklagte die Leistungen des Klägers für die Zeit vom 1.7.2016 bis 30.9.2016 auf die KdU absenkte. Der Bescheid ist rechtswidrig und verletzt den Kläger in seinen Rechten. Der Kläger hat Anspruch auf eine ermessensfehlerfreie Entscheidung.

Es kann zunächst dahinstehen, ob die Voraussetzungen des § 31 Abs. 1 Nr. 1 SGB II vorliegen.

§ 31 b Abs. 1 SGB II bestimmt, dass sich im Falle einer Sanktion der Auszahlungsanspruch grds. mit Beginn des Kalendermonats, der auf das Wirksamwerden des Verwaltungsaktes folgt, der die Pflichtverletzung und den Umfang der Minderung der Leistung feststellt (sog. Sanktionsbescheid), mindert. Die Absenkung und der Wegfall der Leistung dauern grds. drei Monate, § 31 b Abs. 1 Satz 3 SGB II. Hinsichtlich erwerbsfähiger Leistungsberechtigter unter 25 Jahre gilt insoweit eine Ausnahme: Der SGB II-Träger kann die Minderung des Auszahlungsanspruchs in Höhe des Regelbedarfs (§ 20 SGB II) und des Mehrbedarfs (§ 21 SGB II) unter Berücksichtigung aller Umstände des Einzelfalls auf sechs Wochen verkürzen, § 31 b Abs. 1 Satz 5 SGB II.

Vorliegend hat der Beklagte keinerlei Ermessenserwägungen zu der Verkürzung angestellt. Fehlt es an solchen Erwägungen, so hat der Beklagte offenbar nicht erkannt, dass ihm insoweit ein Ermessen zusteht, das er auszuüben hat. Mithin liegt ein Ermessensausfall vor (*Berlit* LPK-SGB II § 31 b Rn. 14).

Eine entsprechende Ermessensausübung hätte nahe gelegen. Insbesondere ist zu berücksichtigen, dass der Verstoß des Klägers verhältnismäßig gering ist. Ferner lebt der Kläger allein, sodass ein Ausgleich der fehlenden Zahlungen durch einen Partner nicht möglich ist und den Kläger daher besonders hart trifft.

Der Beklagte wird daher den Kläger neu zu bescheiden haben.

III.

Wie sich aus der beigefügten Erklärung zu den persönlichen und wirtschaftlichen Verhältnissen ergibt, kann der Kläger die Kosten der Prozessführung nicht aufbringen (§ 73 a SGG iVm § 114 ZPO). Da die Klage – wie ausgeführt – Aussicht auf Erfolg hat und nicht mutwillig ist, ist der Antrag auf Prozesskostenhilfe ebenfalls begründet.

(...)

Rechtsanwalt

889 Sofern eine sanktionsbewährte Pflichtverletzung vorliegt, mindert diese nicht automatisch einen bereits bewilligten Leistungsanspruch. Ein reiner Feststellungsbescheid über eine Pflichtverletzung und eine Minderung (Sanktionsbescheid) ist hier

gerade nicht ausreichend, sondern es bedarf zur wirksamen Umsetzung der Leistungsminderung auch einer entsprechenden Aufhebungsentscheidung zur bereits erfolgten Leistungsbewilligung.[786] Sanktions- und Aufhebungsverfügung können in einem Bescheid erfolgen.

Fällt der Beginn der Sanktion zeitgleich auf den Beginn eines neuen Leistungszeitraumes, für den noch keine Bewilligung erfolgte, bedarf es freilich keiner Aufhebungsentscheidung. Vielmehr wird dann einerseits durch Bescheid die sanktionsbedingte Minderung festgestellt und andererseits die Bewilligung von vorneherein um den Sanktionsbetrag gemindert. 890

2. Rechtsfolgenbelehrung

Die in §§ 31 Abs. 1 und 32 SGB II genannten Sanktionstatbestände setzen sämtlich voraus, dass der erwerbsfähige Leistungsberechtigte über die Rechtsfolgen einer Pflichtverletzung schriftlich belehrt worden ist oder von den Rechtsfolgen Kenntnis hat. 891

Nach früherer Rechtslage bedurfte es insoweit nicht zwangsläufig einer schriftlichen Rechtsfolgenbelehrung; eine mündliche Belehrung war regelmäßig ausreichend.[787] Nicht ausreichend war jedoch, wenn gar keine Rechtsfolgenbelehrung erfolgte, der Leistungsberechtigte aber gleichwohl – zB wegen vorangegangenem Fehlverhalten – die Konsequenzen der Pflichtverletzung kannte: Maßgeblich für eine hinreichende Belehrung ist nicht das Kennen oder Kennenmüssen der Rechtsfolgen, sondern es kommt allein auf den objektiven Erklärungswert an. Entsprechend des formalen Ordnungscharakters der Rechtsfolgenbelehrung kommt es nur auf das formell ordnungsgemäße Handeln der Behörde an.[788] So erfordert die Wirksamkeit einer Rechtsfolgenbelehrung, dass sie konkret, richtig und vollständig ist, zeitnah im Zusammenhang mit dem jeweiligen Angebot erfolgt sowie dem erwerbsfähigen Leistungsberechtigten in verständlicher Form erläutert, welche unmittelbaren und konkreten Auswirkungen aus seinem Verhalten folgen. Zu fordern ist insbesondere eine konkrete Umsetzung auf den Einzelfall, so dass die Aushändigung eines Merkblatts mit abstrakt generellem Inhalt ebenso wenig ausreicht wie die Beschränkung auf die Wiedergabe des Gesetzestextes. Erforderlich ist der dezidierte Hinweis, welche konkrete Folge bei einem Verstoß ohne einen wichtigen Grund eintritt. Der Benennung eines konkreten Betrages, um den die Leistung abgesenkt wird, bedarf es insoweit grds. noch nicht. Erforderlich ist aber weiter der Hinweis auf den Beginn und die Dauer der Leistungsbeschränkung (sowie bei unter 25-Jährigen die mögliche Verkürzung des Zeitraums nach § 31 b Abs. 1 Satz 4 SGB II). Schließlich muss (bei einer Sanktion unter 25-Jähriger) mitgeteilt werden, dass während der Leistungsbeschränkung kein Anspruch auf ergänzende Sozialhilfeleistungen besteht, der SGB II-Leistungsträger aber in angemessenem Umfang ergänzende Sachleistungen oder geldwerte Leistungen zur Sicherung des Lebensunterhalts erbringen kann, §§ 31 a Abs. 3 und 31 b Abs. 2 SGB II.[789] 892

---
786 BSG 29.4.2015 – B 14 AS 19/14 R.
787 Vgl. BSG 18.2.2010 – B 14 AS 53/08 R mwN.
788 Vgl. BSG 17.12.2009 – B 4 AS 30/09 R.
789 Vgl. hierzu ausführlich und mwN BSG 18.2.2010 – B 14 AS 53/08 R.

B. Besonderer Teil

893 Seit dem 1.4.2011 sind die Anforderungen an die Rechtsfolgenbelehrung einerseits dadurch verschärft, dass eine Rechtsfolgenbelehrung zwingend schriftlich zu erfolgen hat, andererseits aber auch dadurch gelockert, dass die reine Kenntnis der Konsequenzen nunmehr ausreicht. Die Kenntnis der Rechtsfolgen muss sich aber wohl an den zuvor dargestellten Maßstäben für eine schriftliche Rechtsfolgenbelehrung messen lassen.

894 Wird die Rechtsfolgenbelehrung nicht den vorgenannten Ansprüchen gerecht bzw. kann eine entsprechende konkrete Kenntnis nicht nachgewiesen werden, können keine Sanktionen verhängt werden bzw. bereits verhängte Sanktionen sind rechtswidrig.

895 Sofern wegen Pflichtverletzungswiederholung weitere Sanktionsstufen herangezogen werden sollen, muss der Leistungsberechtigte auch über diese vorher (schriftlich) belehrt worden sein bzw. muss er Kenntnis von den (weiteren) Rechtfolgen haben.

896 **Muster: Klage gegen Sanktion wegen fehlerhafter Rechtsfolgenbelehrung – kein Hinweis auf Sachleistungen – kein Hinweis auf Anrechnung Kindergeld**

Rechtsanwalt

(...)

(Datum)

An das

Sozialgericht (...)

(Anschrift)

K L A G E

des (...),

(Anschrift)

– K l ä g e r –

Prozessbevollmächtigter: Rechtsanwalt (...)

g e g e n

Jobcenter (...)

(Anschrift)

vertreten durch den Geschäftsführer

– B e k l a g t e r –

wegen Sanktion für den Zeitraum 1.4.2016 bis 30.6.2016

Bescheid vom 13.3.2016

Namens und ausweislich der beigefügten Vollmacht des Klägers erhebe ich Klage und werde beantragen:

Der Bescheid des Beklagten vom 13.3.2016 in der Gestalt des Widerspruchsbescheides vom 20.4.2016 wird aufgehoben.

Zur Geltendmachung der Rechte des Klägers beantrage ich ferner,

dem Kläger Prozesskostenhilfe ab Klageerhebung zu bewilligen und den Unterzeichner beizuordnen.

X. Sanktionen

Begründung:

I.

Der Kläger wendet sich gegen die Verhängung einer Sanktion.

Der am 2.12.1997 geborene Kläger bezieht laufend Leistungen zur Sicherung des Lebensunterhaltes von dem Beklagten. Das für ihn gezahlte Kindergeld wird von seiner Mutter an ihn weitergeleitet.

Zuletzt bewilligte der Beklagte dem Kläger Leistungen für den Zeitraum vom 1.1.2016 bis 31.5.2016 mit Bescheid vom 23.12.2015.

Beweis: Bescheid vom 23.12.2015 – Anlage K1

Am 12.1.2016 schloss der Beklagte mit dem Kläger eine Eingliederungsvereinbarung ab. Dort wurde festgelegt, dass der Kläger eine Maßnahme zur Eingliederung in Arbeit bei dem Träger (...) am 1.2.2016 antreten solle. Auch erhielt der Kläger am 20.1.2016 einen entsprechenden Zuweisungsbescheid. Sowohl in der Eingliederungsvereinbarung als auch in dem Zuweisungsbescheid wurde zwar über die Rechtsfolgen eines Nichtantretens belehrt, insbesondere darüber, dass bereits in der ersten Stufe der Regelbedarf völlig entfällt, jedoch wurde nicht darüber aufgeklärt, dass für diesen Fall ersatzweise Sachleistungen durch den Beklagten erbracht werden können.

Beweis:
- Eingliederungsvereinbarung – Anlage K2
- Zuweisungsbescheid – Anlage K3

Nachdem der Kläger die Maßnahme unentschuldigt nicht antrat, hörte der Beklagte diesen zur beabsichtigten Sanktion an und stellte mit Bescheid vom 13.3.2016 fest, dass der Kläger gegen seine Pflicht zum Antritt der Maßnahme verstoßen habe und dass ab 1.4.2016 bis 30.6.2016 die Leistungen auf die Kosten der Unterkunft beschränkt würden. Eine Verkürzung des Sanktionszeitraumes komme nicht in Betracht, da der Verstoß erheblich sei und eine besondere Härte über die üblichen Wirkungen einer Sanktion hinaus für den Kläger nicht ersichtlich sei.

Beweis: Bescheid vom 13.3.2016 – Anlage K4

Der hiergegen vom Kläger am 20.3.2016 erhobene Widerspruch wurde von dem Beklagten mit Widerspruchsbescheid vom 20.4.2016 als unbegründet zurückgewiesen.

Beweis:
- Widerspruch vom 20.3.2016 – Anlage K5
- Widerspruchsbescheid vom 20.4.2016 – Anlage K6

Hiergegen richtet sich die Klage.

II.

Gegenstand der Klage ist der Bescheid des Beklagten vom 13.3.2016 in der Gestalt des Widerspruchsbescheides vom 20.4.2016, mit dem der Beklagte Leistungen für den Zeitraum vom 1.4.2016 bis 30.6.2016 auf die KdU reduzierte. Der Bescheid ist rechtswidrig und verletzt den Kläger in seinen Rechten.

Nach § 31 Abs. 1 Nr. 1 und 3 SGB II verletzen erwerbsfähige Hilfebedürftige ihre Pflichten, wenn sie sich trotz schriftlicher Belehrung über die Rechtsfolgen oder deren Kenntnis weigern, Pflichten der Eingliederungsvereinbarung zu erfüllen, ferner eine zumutbare

B. Besonderer Teil

Maßnahme zur Eingliederung in Arbeit nicht antreten, abbrechen oder Anlass für den Abbruch geben.

Unabhängig davon, ob Nr. 1 oder Nr. 2 als Rechtsgrundlage herangezogen werden kann, fehlt es jedenfalls an einer hinreichenden Rechtsfolgenbelehrung. Die Rechtsfolgenbelehrung muss über die Minderung bzw. den Wegfall der Leistungen belehren und auf Beginn und Dauer hinweisen. Erfolgt eine Minderung um mehr als 30 %, so ist im Rahmen der Belehrung darauf hinzuweisen, dass auf Antrag ausgleichend Sachleistungen oder geldwerte Leistungen bewilligt werden können (*Berlit* LPK-SGB II § 31 Rn. 82). Dies ist vorliegend nicht geschehen, obwohl beim Kläger vorliegend eine Minderung in der ersten Stufe um 100 % des Regelbedarfs (§ 31 a Abs. 2 und 3 SGB II) verfügt wurde. Darüber hinaus war aus der Rechtsfolgenbelehrung nicht ersichtlich, ob das Kindergeld von dem beschränkten Leistungsanspruch abzuziehen sein sollte und zu welchem verbleibenden Zahlungsbetrag die drohende Absenkung führen würde. Die Formulierung der Rechtsfolgenbelehrung dahingehend, dass eine Beschränkung des zustehenden „Arbeitslosengeld II auf die Leistungen für Unterkunft und Heizung (§ 22 SGB II)" erfolgt, kann nach dem objektiven Erklärungswert auch dahin verstanden werden, dass zur Vermeidung von Wohnungslosigkeit diese Kosten als Mindestanspruch in jedem Fall übernommen werden.[790]

Damit fehlt es an einer hinreichenden Rechtsfolgenbelehrung.[791] Der Bescheid ist daher rechtswidrig und aufzuheben.

III.

Wie sich aus der beigefügten Erklärung zu den persönlichen und wirtschaftlichen Verhältnissen ergibt, kann der Kläger die Kosten der Prozessführung nicht aufbringen (§ 73 a SGG iVm § 114 ZPO). Da die Klage – wie ausgeführt – Aussicht auf Erfolg hat und nicht mutwillig ist, ist der Antrag auf Prozesskostenhilfe ebenfalls begründet.

(...)

Rechtsanwalt

897 **Muster: Klage gegen Sanktionsbescheid – zu pauschal erfolgte Belehrung**

Rechtsanwalt

(...)

(Datum)

An das

Sozialgericht (...)

(Anschrift)

KLAGE

des (...),

(Anschrift)

– K l ä g e r –

Prozessbevollmächtigter: Rechtsanwalt (...)

---

790 Vgl. LSG Niedersachsen-Bremen 26.5.2015 – L 7 AS 1059/13.
791 Die aufgezeigten Begründungen können unabhängig voneinander dazu führen, dass eine hinreichend konkrete Rechtsfolgenbelehrung nicht anzunehmen ist.

gegen

Jobcenter (...)

(Anschrift)

vertreten durch den Geschäftsführer

– Beklagter –

wegen Sanktion für den Zeitraum 1.7.2016 bis 30.9.2016

Bescheid vom 20.6.2016

Namens und ausweislich der beigefügten Vollmacht des Klägers erhebe ich Klage und werde beantragen:

Der Bescheid des Beklagten vom 20.6.2016 in der Gestalt des Widerspruchsbescheides vom 8.7.2016 wird aufgehoben und der Beklagte wird verpflichtet, unter Beachtung der Rechtsauffassung des Gerichts den Kläger neu zu verbescheiden.

Zur Geltendmachung der Rechte des Klägers beantrage ich ferner,

dem Kläger Prozesskostenhilfe ab Klageerhebung zu bewilligen und den Unterzeichner beizuordnen.

Begründung:

I.

Der Kläger wendet sich gegen die Verhängung einer Sanktion.

Der am 13.4.1983 geborene Kläger lebt allein in einem Haushalt und bezieht laufend Leistungen zur Sicherung des Lebensunterhaltes von dem Beklagten.

Mit Bescheid vom 20.4.2016 bewilligte der Beklagte dem Kläger zuletzt Leistungen für den Zeitraum vom 1.5.2016 bis 31.10.2016.

Beweis: Bescheid vom 20.4.2016 – Anlage K1

Unter dem 23.4.2016 schloss der Beklagte mit dem Kläger eine Eingliederungsvereinbarung, nach der der Kläger verpflichtet wurde, monatlich fünf Bewerbungsbemühungen nachzuweisen. Ferner enthielt die Eingliederungsvereinbarung folgende Rechtsfolgenbelehrung:

„Grundpflichten

1. *Eine Verletzung Ihrer Grundpflichten liegt vor, wenn Sie sich weigern,*
   - *eine Ihnen angebotene Eingliederungsvereinbarung nach § 15 SGB II abzuschließen,*
   - *die in der Eingliederungsvereinbarung festgelegten Pflichten zu erfüllen, insbesondere in ausreichendem Umfang Eigenbemühungen nachzuweisen,*
   - *eine zumutbare Arbeit, Ausbildung, Arbeitsgelegenheit, ein zumutbares Sofortangebot oder eine sonstige in der Eingliederungsvereinbarung festgelegte Maßnahme aufzunehmen oder fortzuführen*
     oder
   - *Sie eine zumutbare Maßnahme zur Eingliederung in Arbeit abbrechen oder Anlass für den Abbruch geben.*
2. *Bei einer Verletzung der Grundpflichten wird das Arbeitslosengeld II um 30 % der für Sie maßgebenden Regelleistung zur Sicherung des Lebensunterhaltes nach § 20 SGB II abgesenkt.*

3. *Haben Sie das 15. Lebensjahr, jedoch noch nicht das 25. Lebensjahr vollendet, wird das Arbeitslosengeld II im Fall der in Punkt 1 genannten Pflichtverletzungen auf die Leistungen nach § 22 SGB II (Leistungen für Unterkunft und Heizung) beschränkt. Diese sollen direkt an den Vermieter oder sonstigen Empfangsberechtigten gezahlt werden.*

Meldepflicht

4. *Eine Verletzung der Meldepflicht nach § 59 SGB II iVm § 309 SGB III liegt vor, wenn Sie der Aufforderung Ihres zuständigen Trägers der Grundsicherung, sich persönlich zu melden oder zu einem ärztlichen oder psychologischen Untersuchungstermin zu erscheinen, nicht nachkommen.*

5. *Bei einer Verletzung der Meldepflicht wird das Arbeitslosengeld II um 10 % der für Sie maßgebenden Regelleistung zur Sicherung des Lebensunterhaltes nach § 20 SGB II abgesenkt.*

6. *Bei wiederholter Pflichtverletzung nach Punkt 4 von erwerbsfähigen Hilfebedürftigen, die das 15. Lebensjahr, jedoch noch nicht das 25. Lebensjahr vollendet haben, wird das Arbeitslosengeld II um den Prozentsatz der Regelleistung zur Sicherung des Lebensunterhaltes gemindert, der sich aus der Summe des im vorliegenden Fall relevanten Prozentsatzes und des Prozentsatzes der vorangegangenen Absenkung ergibt.*

Gemeinsame Vorschriften

7. *Absenkung und Wegfall dauern drei Monate und beginnen mit dem Kalendermonat nach Zustellung des entsprechenden Bescheides über die Sanktionen. Während dieser Zeit besteht kein Anspruch auf ergänzende Hilfen nach dem Zwölften Buch Sozialgesetzbuch (Sozialhilfe). Bei erwerbsfähigen Hilfebedürftigen, die das 15. Lebensjahr, jedoch noch nicht das 25. Lebensjahr vollendet haben, können Absenkung und Wegfall der Regelleistung im Einzelfall auf sechs Wochen verkürzt werden.*

8. *Die Absenkung des Arbeitslosengeldes II und der Wegfall des Zuschlags treten nicht ein, wenn Sie für die Pflichtverletzung einen wichtigen Grund nachweisen können.*

9. *Bei einer Minderung der Regelleistung um mehr als 30 % können Ihnen ggf. ergänzende Sachleistungen oder geldwerte Leistungen erbracht werden. Diese werden idR erbracht, wenn minderjährige Kinder in der Bedarfsgemeinschaft leben.*

Hinweis: *Die maßgeblichen gesetzlichen Vorschriften können Sie bei Ihrem Träger der Grundsicherung einsehen."*

Beweis: Eingliederungsvereinbarung vom 23.4.2016 – Anlage K2

Im Mai 2016 wies der Kläger lediglich 3 Bewerbungsbemühungen nach. Hieraufhin stellte der Beklagte mit Bescheid vom 20.6.2016 fest, dass der Kläger gegen seine Pflichten aus der Eingliederungsvereinbarung verstoßen habe und senkte die Leistungen des Klägers für die Zeit ab 1.7.2016 bis 30.9.2016 um 30 % des Regelbedarfes ab.

Beweis: Bescheid vom 20.6.2016 – Anlage K3

Der Kläger erhob hiergegen ohne weitere Begründung Widerspruch unter dem 25.6.2016.

Beweis: Widerspruch vom 25.6.2016 – Anlage K4

Der Beklagte wies diesen mit Widerspruchsbescheid vom 8.7.2016 als unbegründet zurück. Er führte aus, dass die Voraussetzungen für eine Sanktionierung vorliegen.

Beweis: Widerspruchsbescheid vom 8.7.2016 – Anlage K5

Hiergegen wendet sich die Klage.

II.

Gegenstand der Klage ist der Bescheid des Beklagten vom 20.6.2016 in der Gestalt des Widerspruchsbescheides vom 8.7.2016, mit dem der Beklagte das Vorliegen einer Pflichtverletzung feststellte und eine Absenkung um 30 % des Regelbedarfs für den Zeitraum vom 1.7.2016 bis 30.9.2016 anordnete. Der Bescheid ist rechtswidrig und verletzt den Kläger in seinen Rechten.

Nach § 31 Abs. 1 Nr. 1 und 3 SGB II verletzen erwerbsfähige Hilfebedürftige ihre Pflichten, wenn sie trotz schriftlicher Belehrung über die Rechtsfolgen oder deren Kenntnis sich weigern Pflichten der Eingliederungsvereinbarung zu erfüllen.

Es kann dahinstehen, ob eine Pflichtverletzung ohne wichtigen Grund gegeben ist. Jedenfalls fehlt es an einer hinreichenden Rechtsfolgenbelehrung.

Die Rechtsfolgenbelehrung nach § 31 Abs. 1 Satz 1 SGB II muss konkret, verständlich, richtig und vollständig sein. Die Rechtsfolgen einer Pflichtverletzung wurden jedoch nicht hinreichend konkret aufgezeigt. Die Belehrung erschöpfte sich vielmehr im Wesentlichen in der Wiedergabe des Gesetzestextes. Damit nannte sie eine Vielzahl von Sachverhaltsvarianten, die keinen Bezug zu den konkreten Pflichten des Klägers aufweisen. So hatte sich der Kläger weder geweigert, eine Eingliederungsvereinbarung abzuschließen noch waren Meldepflichten Gegenstand der Eingliederungsvereinbarung. Infolge der undifferenzierten Auflistung – fast – aller Sanktionstatbestände und einer Vielzahl der möglichen Rechtsfolgen war die Rechtsfolgenbelehrung nicht nur unübersichtlich, sondern in keiner Weise individualisiert (BSG 18.2.2010 – B 14 AS 53/08 R).

III.

Wie sich aus der beigefügten Erklärung zu den persönlichen und wirtschaftlichen Verhältnissen ergibt, kann der Kläger die Kosten der Prozessführung nicht aufbringen (§ 73 a SGG iVm § 114 ZPO). Da die Klage – wie ausgeführt – Aussicht auf Erfolg hat und nicht mutwillig ist, ist der Antrag auf Prozesskostenhilfe ebenfalls begründet.

(...)
Rechtsanwalt

3. Pflichtverletzungen

Nach § 31 Abs. 1 SGB II verletzen erwerbsfähige Leistungsberechtigte ihre Pflichten, wenn sie trotz schriftlicher Belehrung über die Rechtsfolgen oder deren Kenntnis 898

1. sich weigern, in der Eingliederungsvereinbarung oder in dem sie ersetzenden Verwaltungsakt festgelegte Pflichten[792] zu erfüllen, insbesondere in ausreichendem Umfang Eigenbemühungen nachzuweisen,
2. sich weigern, eine zumutbare Arbeit, Ausbildung, Arbeitsgelegenheit (nach § 16 d SGB II)[793] oder eine mit einem Beschäftigungszuschuss nach (§ 16 e SGB II) geförderte Arbeit aufzunehmen, fortzuführen oder deren Anbahnung durch ihr Verhalten verhindern,

---

792 Die Pflichten (und Rechte) müssen insoweit konkret und unmissverständlich aufgenommen worden sein.
793 Zu den Anforderungen an die Bezeichnung von Arbeitsgelegenheiten vgl. BSG 16.12.2008 – B 4 AS 60/07 R.

3. eine zumutbare Maßnahme zur Eingliederung in Arbeit nicht antreten, abbrechen oder Anlass für den Abbruch gegeben haben.

899 **Muster: Klage gegen Sanktion wegen Nichtantritt einer Maßnahme – zu unbestimmte Beschreibung**

Rechtsanwalt

(...)

(Datum)

An das

Sozialgericht (...)

(Anschrift)

KLAGE

des (...),

(Anschrift)

– Kläger –

Prozessbevollmächtigter: Rechtsanwalt (...)

g e g e n

Jobcenter (...)

(Anschrift)

vertreten durch den Geschäftsführer

– Beklagter –

wegen Sanktion für den Zeitraum 1.4.2016 bis 30.6.2016

Bescheid vom 13.3.2016

Namens und ausweislich der beigefügten Vollmacht des Klägers erhebe ich Klage und werde beantragen:

Der Bescheid des Beklagten vom 13.3.2016 in der Gestalt des Widerspruchsbescheides vom 20.4.2016 wird aufgehoben.

Zur Geltendmachung der Rechte des Klägers beantrage ich ferner,

dem Kläger Prozesskostenhilfe ab Klageerhebung zu bewilligen und den Unterzeichner beizuordnen.

Begründung:

I.

Der Kläger wendet sich gegen die Verhängung einer Sanktion.

Der am 2.12.1990 geborene Kläger bezieht laufend Leistungen zur Sicherung des Lebensunterhaltes nach dem SGB II von dem Beklagten.

Zuletzt bewilligte der Beklagte dem Kläger Leistungen für den Zeitraum vom 1.1.2016 bis 31.5.2016 mit Bescheid vom 23.12.2015.

Beweis: Bescheid vom 23.12.2015 – Anlage K1

Am 20.1.2016 erhielt der Kläger einen Zuweisungsbescheid von dem Beklagten, mit der er zu einer Arbeitsgelegenheit als „Landschaftsgestalter" zugewiesen wurde. Die Zuweisung enthielt keine weiteren Angaben zur Art der Tätigkeit, zeitlichem Umfang oder zu Entschädigungen.

Beweis: Zuweisungsbescheid vom 20.1.2016 – Anlage K2

Nachdem der Kläger die Arbeitsgelegenheit nicht antrat, hörte der Beklagte diesen zur beabsichtigten Sanktion an und stelle mit Bescheid vom 13.3.2016 fest, dass der Kläger gegen seine Pflicht zum Antritt der Arbeitsgelegenheit verstoßen habe und dass ab 1.4.2016 bis 30.6.2016 die Leistungen auf die Kosten der Unterkunft beschränkt würden. Eine Verkürzung des Sanktionszeitraumes komme nicht in Betracht, da der Verstoß erheblich sei und eine besondere Härte über die üblichen Wirkungen einer Sanktion hinaus für den Kläger nicht ersichtlich sei.

Beweis: Bescheid vom 13.3.2016 – Anlage K3

Der hiergegen vom Kläger am 20.3.2016 erhobene Widerspruch wurde von dem Beklagten mit Widerspruchsbescheid vom 20.4.2016 als unbegründet zurückgewiesen.

Beweis:
- Widerspruch vom 20.3.2016 – Anlage K4
- Widerspruchsbescheid vom 20.4.2016 – Anlage K5

Hiergegen richtet sich die Klage.

II.

Gegenstand der Klage ist der Bescheid des Beklagten vom 13.3.2016 in der Gestalt des Widerspruchsbescheides vom 20.4.2016, mit dem der Beklagte Leistungen für den Zeitraum vom 1.4.2016 bis 30.6.2016 auf die KdU reduzierte. Der Bescheid ist rechtswidrig und verletzt den Kläger in seinen Rechten.

Nach § 31 Abs. 1 Nr. 2 SGB II verletzen erwerbsfähige Leistungsberechtigte ihre Pflichten, wenn sie trotz schriftlicher Belehrung über die Rechtsfolgen oder deren Kenntnis sich weigern, eine Arbeitsgelegenheit nach § 16 d SGB II aufzunehmen, fortzuführen oder deren Anbahnung durch ihr Verhalten verhindern.

Voraussetzung für eine Absenkung des ALG II ist jedoch, dass das Angebot der Arbeitsgelegenheit hinreichend bestimmt war und der Kläger im zeitlichen Zusammenhang mit dem Arbeitsangebot über die Rechtsfolgen einer Ablehnung belehrt worden ist (BSG 16.12.2008 – B 4 AS 60/07 R). Die Arbeitsgelegenheit muss nach Ort, Art und Umfang hinreichend bestimmt sein (*Berlit* LPK-SGB II § 31 Rn. 44). Daran fehlt es vorliegend. Weder war aus der Zuweisung die Art der Tätigkeit noch ihr Umfang oder ihr Ort ersichtlich. Da es hieran fehlte, kann an den Nichtantritt keine Sanktion geknüpft werden.

Der Bescheid ist aufzuheben.

III.

Wie sich aus der beigefügten Erklärung zu den persönlichen und wirtschaftlichen Verhältnissen ergibt, kann der Kläger die Kosten der Prozessführung nicht aufbringen (§ 73 a SGG iVm § 114 ZPO). Da die Klage – wie ausgeführt – Aussicht auf Erfolg hat und nicht mutwillig ist, ist der Antrag auf Prozesskostenhilfe ebenfalls begründet.

(...)

Rechtsanwalt

900 Nach § 31 Abs. 2 SGB II erfasst der Katalog sanktionsbewährten Verhaltens auch:
- die Herbeiführung der Hilfebedürftigkeit,
- unwirtschaftliches Verhalten,
- Verhängung einer Sperrzeit und das
- Vorliegen der Voraussetzungen einer Sperrzeit.

901 Das Herbeiführen der Hilfebedürftigkeit nach § 31 Abs. 2 Nr. 1 SGB II ist anzunehmen, wenn ein erwerbsfähiger Leistungsberechtigter nach Vollendung seines 18. Lebensjahres sein Einkommen oder Vermögen in der Absicht vermindert hat, die Voraussetzungen für die Gewährung oder Erhöhung des ALG II herbeizuführen.

902 Ein unwirtschaftliches Verhalten nach § 31 Abs. 2 Nr. 2 SGB II ist anzunehmen, wenn ein erwerbsfähiger Leistungsberechtigter trotz Belehrung über die Rechtsfolgen oder deren Kenntnis sein unwirtschaftliches Verhalten fortsetzt.

903 Die Verhängung einer Sperrzeit iSd § 31 Abs. 2 Nr. 3 SGB II meint die Pflichtverletzung eines erwerbsfähigen Leistungsberechtigten, dessen Anspruch auf ALG ruht[794] oder erloschen[795] ist, weil die Agentur für Arbeit den Eintritt einer Sperrzeit[796] oder das Erlöschen des Anspruchs nach den Vorschriften des SGB III festgestellt hat.

904 Eine Pflichtverletzung iSd Vorliegens der Voraussetzungen einer Sperrzeit ist anzunehmen bei einem erwerbsfähigen Leistungsberechtigten, der die in dem SGB III genannten Voraussetzungen für den Eintritt einer Sperrzeit erfüllt, die das Ruhen oder Erlöschen eines Anspruchs auf ALG begründen, eine Sperrzeit von der Bundesagentur für Arbeit aber nur deshalb nicht hatte festgestellt werden können, weil bei dem Betroffenen die Voraussetzungen für einen Anspruch auf ALG nicht gegeben sind, weil er die Anwartschaftszeit (noch) nicht erfüllt.

905 Keine Pflichtverletzung liegt jedoch vor, wenn der erwerbsfähige Leistungsberechtigte einen wichtigen Grund für sein Verhalten darlegen und im Zweifel auch nachweisen kann. Wichtige Gründe können bspw. familiäre Gründe wie die Herstellung der ehelichen Lebensgemeinschaft sein, oder das Auftreten von Mobbingsituationen.

906 **Muster: Vorliegen eines wichtigen Grundes für Verstoß gegen Pflicht zum Fortsetzen der Arbeitsgelegenheit (hier: Mobbing)**

Rechtsanwalt

(...)

(Datum)

An das

Sozialgericht (...)

(Anschrift)

---
794 § 159 SGB III.
795 § 161 Abs. 1 Nr. 2 SGB III.
796 § 159 Abs. 1 SGB III: Sperrzeit bei Arbeitsaufgabe, Sperrzeit bei Arbeitsablehnung, Sperrzeit bei unzureichenden Eigenbemühungen, Sperrzeit bei Ablehnung einer beruflichen Eingliederungsmaßnahme, Sperrzeit bei Abbruch einer beruflichen Eingliederungsmaßnahme, Sperrzeit bei Meldeversäumnis, Sperrzeit bei verspäteter Arbeitsuchendmeldung.

KLAGE
des (...),
(Anschrift)

— Kläger —

Prozessbevollmächtigter: Rechtsanwalt (...)
gegen
Jobcenter (...)
(Anschrift)
vertreten durch den Geschäftsführer

— Beklagter —

wegen Sanktion für den Zeitraum 1.4.2016 bis 30.6.2016
Bescheid vom 13.3.2016

Der Bescheid des Beklagten vom 13.3.2016 in der Gestalt des Widerspruchsbescheides vom 20.4.2016 wird aufgehoben.

Zur Geltendmachung der Rechte des Klägers beantrage ich ferner,

dem Kläger Prozesskostenhilfe ab Klageerhebung zu bewilligen und den Unterzeichner beizuordnen.

Begründung:

I.

Der Kläger wendet sich gegen die Verhängung einer Sanktion.

Der am 2.12.1990 geborene Kläger bezieht laufend Leistungen zur Sicherung des Lebensunterhaltes von dem Beklagten.

Zuletzt bewilligte der Beklagte dem Kläger Leistungen für den Zeitraum vom 1.1.2016 bis 31.5.2016 mit Bescheid vom 23.12.2015.

Beweis: Bescheid vom 23.12.2015 – Anlage K1

Am 20.1.2016 erhielt der Kläger einen Zuweisungsbescheid von dem Beklagten, mit dem er zu einer Arbeitsgelegenheit als „Landschaftsgestalter" zugewiesen wurde. Eine nähere Beschreibung und Bestimmung war enthalten, ebenso wie eine Rechtsfolgenbelehrung.

Beweis: Zuweisungsbescheid vom 20.1.2016 – Anlage K2

Nachdem der Kläger die Arbeitsgelegenheit angetreten hatte, war er beständigem Mobbing ausgesetzt. Weitere Leistungsberechtigte, die mit ihm zusammen arbeiteten, grenzten ihn nachhaltig aus. Sie erschwerten ihm die Arbeit, indem sie wiederholt bereits von ihm erledigte Arbeiten so beeinträchtigten, dass er sie erneut beginnen musste oder sie behinderten ihn derart, dass er begonnene Arbeiten nicht erledigen konnte. So wurden von ihm bereits gereinigte Rasenabschnitte erneut mit dem eingesammelten Müll verschmutzt. Bei anderer Gelegenheit wurde die Umwicklung, welche er an jungen Bäumen anbrachte, von den Kollegen wieder entfernt. Da er die zu erledigenden Arbeiten nicht oder nicht fristgerecht schaffte, wurde er zusätzlich von seinem Vorgesetzten gemaßregelt. Von den gemeinsamen Frühstückspausen wurde er stets ausgeschlossen. Die mitgebrachte Mahlzeit und sein Getränk wurden regelmäßig in den Müll geworfen, bevor er zur

Frühstückspause erschien. Der Kläger beschwerte sich hierüber wiederholt bei seinem Vorgesetzten, der jedoch insoweit nichts unternahm.

Beweis: Zeugnis des Vorgesetzten (...), (ladungsfähige Anschrift)

Der Kläger blieb daraufhin nach Ablauf von ca. drei Wochen der Arbeitsgelegenheit fern.

Der Beklagte hörte den Kläger zur beabsichtigten Sanktion an und stellte mit Bescheid vom 13.3.2016 fest, dass der Kläger gegen seine Pflicht zum Fortsetzen der Arbeitsgelegenheit verstoßen habe und dass ab 1.4.2016 bis 30.6.2016 die Leistungen auf die Kosten der Unterkunft beschränkt würden. Eine Verkürzung des Sanktionszeitraumes komme nicht in Betracht, da der Verstoß erheblich sei und eine besondere Härte über die üblichen Wirkungen einer Sanktion hinaus für den Kläger nicht ersichtlich sei.

Beweis: Bescheid vom 13.3.2016 – Anlage K3

Der hiergegen vom Kläger am 20.3.2016 erhobene Widerspruch wurde von dem Beklagten mit Widerspruchsbescheid vom 20.4.2016 als unbegründet zurückgewiesen.

Beweis:
- Widerspruch vom 20.3.2016 – Anlage K4
- Widerspruchsbescheid vom 20.4.2016 – Anlage K5

Hiergegen richtet sich die Klage.

II.

Gegenstand der Klage ist der Bescheid des Beklagten vom 13.3.2016 in der Gestalt des Widerspruchsbescheides vom 20.4.2016, mit dem der Beklagte Leistungen für den Zeitraum vom 1.4.2016 bis 30.6.2016 auf die Unterkunftskosten reduzierte. Der Bescheid ist rechtswidrig und verletzt den Kläger in seinen Rechten.

Nach § 31 Abs. 1 Nr. 2 SGB II verletzen erwerbsfähige Leistungsberechtigte ihre Pflichten, wenn sie sich trotz schriftlicher Belehrung über die Rechtsfolgen oder deren Kenntnis weigern, eine Arbeitsgelegenheit nach § 16 d SGB II aufzunehmen, fortzuführen oder deren Anbahnung durch ihr Verhalten verhindern. Dies gilt nach § 31 Abs. 1 Satz 2 SGB II jedoch nicht, wenn der erwerbsfähige Leistungsberechtigte einen wichtigen Grund für sein Verhalten darlegen und nachweisen kann.

Wichtige Gründe können alle Umstände des Einzelfalls sein, die unter Berücksichtigung der berechtigten Interessen des Hilfebedürftigen in Abwägung mit etwa entgegenstehenden Belangen der Allgemeinheit das Verhalten des Leistungsberechtigten rechtfertigen (BSG 9.11.2010 – B 4 AS 27/10 R). Dabei ist anerkannt, dass das Auftreten von Mobbingsituationen einen wichtigen Grund darstellen kann (*Berlit* LPK-SGB II § 31 Rn. 65). Der Kläger hatte insoweit die andauernde Schikane durch die anderen Leistungsberechtigten nicht dauerhaft hinzunehmen. Da ihm ein Ausweichen nicht möglich war und der Vorgesetzte insoweit auch keine Abhilfe schaffte, durfte er der Arbeitsgelegenheit fernbleiben.

Somit lag ein wichtiger Grund für seine Pflichtverletzung vor. Die Sanktion ist rechtswidrig, der Bescheid ist aufzuheben.

> **III.**
> Wie sich aus der beigefügten Erklärung zu den persönlichen und wirtschaftlichen Verhältnissen ergibt, kann der Kläger die Kosten der Prozessführung nicht aufbringen (§ 73 a SGG iVm § 114 ZPO). Da die Klage – wie ausgeführt – Aussicht auf Erfolg hat und nicht mutwillig ist, ist der Antrag auf Prozesskostenhilfe ebenfalls begründet.
> (...)
> Rechtsanwalt

Bei einer der o.g. Pflichtverletzung mindert sich das ALG II in einer ersten Stufe um 30 % des für die erwerbsfähige leistungsberechtigte Person maßgebenden Regelbedarfs (§ 31 a SGB II).[797] 907

Wenn sich ein erwerbsfähiger Leistungsberechtigter, der sich trotz bereits erfolgter Sanktionen, nicht zu einem sozialgerechten Verhalten anhalten lässt, kann er weitere Sanktionen erhalten.[798] Das ALG II mindert sich dann bei der ersten wiederholten Pflichtverletzung um 60 % des für die erwerbsfähige leistungsberechtigte Person maßgebenden Regelbedarfs. Bei jeder weiteren wiederholten Pflichtverletzung entfällt das ALG II dann vollständig.[799] 908

Sofern sich der betroffene erwerbsfähige Leistungsberechtigte nachträglich bereit erklärt, seinen Pflichten nachzukommen, kann der zuständige Träger die Minderung der Leistungen ab diesem Zeitpunkt auf 60 % des für ihn nach § 20 SGB II maßgebenden Regelbedarfs begrenzen.[800] 909

Bei unter 25-Jährigen wird der Regelbedarf bereits bei der ersten Pflichtverletzung um 100 % abgesenkt. Schon bei der ersten wiederholten Pflichtverletzung werden zusätzlich auch die KdU um 100 % abgesenkt.[801] 910

4. Meldeversäumnisse

Die Minderung des ALG II wegen Meldeversäumnissen und dem Nichterscheinen zu ärztlichen und psychologischen Untersuchungsterminen wird mit § 32 SGB II eigenständig geregelt. Zu beachten ist, dass die Minderung bei Meldeversäumnissen uneingeschränkt für alle Leistungsberechtigten gilt; anders als bei den Pflichtverletzungen nach § 31 SGB II auch für Erwerbsunfähige. Voraussetzung ist aber wiederum, dass die Leistungsberechtigten vorher über die Rechtsfolgen schriftlich belehrt wurden bzw. Kenntnis von den Rechtsfolgen hatten. 911

---

797 Gegen eine Minderung des Arbeitslosengeld II-Anspruchs um 30 % des maßgebenden Regelbedarfs aufgrund einer Pflichtverletzung bestehen keine durchgreifenden verfassungsrechtlichen Bedenken (BSG 29.4.2015 – B 14 AS 19/14 R).
798 Erforderlich ist hierbei aber auch eine entsprechende Belehrung, vgl. Rn. 891 ff.
799 Sofern auch keine KdUH geleistet werden, kann zugunsten anderer Mitglieder der BG bei deren Bedarfsbestimmung bei den KdUH uU vom Kopfteilprinzip abgewichen werden (vgl. hierzu BSG 2.12.2014 – B 14 AS 50/13 R).
800 Über diese Möglichkeit muss der Betroffene auch in der vorherigen Rechtsfolgenbelehrung hingewiesen worden sein; vgl. BSG 18.2.2010 – B 14 AS 53/08 R.
801 Über diese Möglichkeit muss der Betroffene auch in der vorherigen Rechtsfolgenbelehrung hingewiesen worden sein; vgl. BSG 18.2.2010 – B 14 AS 53/8 R.

B. Besonderer Teil

912 **Muster: Klage gegen Sanktion nach wiederholten Meldeversäumnissen – Ermessensfehler**

Rechtsanwalt

(...)

(Datum)

An das

Sozialgericht (...)

(Anschrift)

KLAGE

des (...),

(Anschrift)

– K l ä g e r –

Prozessbevollmächtigter: Rechtsanwalt (...)

g e g e n

Jobcenter (...)

(Anschrift)

vertreten durch den Geschäftsführer

– B e k l a g t e r –

wegen Sanktion für den Zeitraum 1.4.2016 bis 30.6.2016

Bescheid vom 13.3.2016

Der Bescheid des Beklagten vom 13.3.2016 in der Gestalt des Widerspruchsbescheides vom 20.4.2016 wird aufgehoben.

Zur Geltendmachung der Rechte des Klägers beantrage ich ferner,

dem Kläger Prozesskostenhilfe ab Klageerhebung zu bewilligen und den Unterzeichner beizuordnen.

Begründung:

I.

Der Kläger wendet sich gegen die Verhängung einer Sanktion.

Der am 2.12.1996 geborene Kläger bezieht laufend Leistungen zur Sicherung des Lebensunterhaltes von dem Beklagten. Er leidet an einer Depression, die es ihm je nach aktueller Ausprägung erschwert, sich um seine Belange, insbesondere Behördenangelegenheiten, zu kümmern. Diese Erkrankung ist dem Beklagten bekannt.

Beweis: aktuelles ärztliches Attest des Dipl. Psych. M – Anlage K1

Zuletzt bewilligte der Beklagte dem Kläger Leistungen für den Zeitraum vom 1.1.2016 bis 31.5.2016 mit Bescheid vom 23.12.2015.

Beweis: Bescheid vom 23.12.2015 – Anlage K2

Mit Aufforderung vom 13.1.2016 wurde der Kläger aufgefordert, sich bei dem Beklagten am 26.1.2016 zu melden. Als Grund hierfür wurde angegeben, dass seine berufliche Situation zu besprechen wäre.

Beweis: Meldeaufforderung vom 13.1.2016 – Anlage K3

Bereits in dem Zeitraum vom 4.11. bis zum 12.12.2015 wurde der Kläger mit solchen Schreiben zu sechs weiteren Terminen eingeladen, denen er nicht nachkam. Anschließend erfolgten jeweils eine Anhörung sowie ein Bescheid über die Feststellung eines Meldeversäumnisses und eine Minderung des ALG II-Anspruchs für die Zeiträume vom 1.11.2015 bis zum 31.1.2016. Die Bescheide wurden jeweils bestandskräftig.

Der Kläger erschien auch zum Meldetermin am 26.1.2016 nicht. Der Beklagte hörte ihn hieraufhin zur beabsichtigten Sanktion an und stellte mit Bescheid vom 13.3.2016 fest, dass der Kläger gegen seine Pflicht zum Erscheinen zum Meldetermin verstoßen habe und dass ab 1.4.2016 bis 30.6.2016 die Leistungen um 10 % des Regelbedarfes gesenkt würden.

Beweis: Bescheid vom 13.3.2016 – Anlage K3

Der hiergegen vom Kläger am 20.3.2016 erhobene Widerspruch wurde von dem Beklagten mit Widerspruchsbescheid vom 20.4.2016 als unbegründet zurückgewiesen.

Beweis:
- Widerspruch vom 20.3.2016 – Anlage K4
- Widerspruchsbescheid vom 20.4.2016 – Anlage K5

Hiergegen richtet sich die Klage.

II.

Gegenstand der Klage ist der Bescheid des Beklagten vom 13.3.2016 in der Gestalt des Widerspruchsbescheides vom 20.4.2016, mit dem der Beklagte Leistungen für den Zeitraum vom 1.4.2016 bis 30.6.2016 um 10 % des Regelbedarfes reduzierte. Der Bescheid ist rechtswidrig und verletzt den Kläger in seinen Rechten.

Nach § 32 SGB II mindert sich das Arbeitslosengeld II oder das Sozialgeld jeweils um 10 % des für die Leistungsberechtigten nach § 20 SGB II maßgebenden Regelbedarfs, wenn der Leistungsberechtigte trotz schriftlicher Belehrung über die Rechtsfolgen oder deren Kenntnis einer Aufforderung des zuständigen Trägers, sich bei ihm zu melden, nicht nachkommt.

Eine Meldeaufforderung ist ein Verwaltungsakt, und die Verfügung einer solchen steht im pflichtgemäßen Ermessen des Beklagten. Die Rechtmäßigkeit der Meldeaufforderung ist als Vorfrage für die Feststellung eines Meldeversäumnisses inzident zu überprüfen, weil sich die Meldeaufforderung als solche durch Zeitablauf erledigt hat (vgl. BSG 29.4.2015 – B 14 AS 19/14 R). Hier ist die streitgegenständliche Meldeaufforderung rechtswidrig, weil sie ermessensfehlerhaft ist.

Soweit ein Leistungsträger ermächtigt ist, nach seinem Ermessen zu handeln, ist sein Handeln nur rechtswidrig, wenn die gesetzlichen Grundlagen dieses Ermessens überschritten sind oder von dem Ermessen in einer dem Zweck des Ermessens nicht entsprechenden Weise Gebrauch gemacht ist (§ 54 Abs. 2 Satz 2 SGG). Ein Ermessensnichtgebrauch, bei dem überhaupt keine Ermessenserwägungen angestellt werden und so gehandelt wird, als ob eine gebundene Entscheidung zu treffen ist, ist hier nicht festzustellen, weil der Beklagte die Meldeaufforderung ausgesprochen hatte, um die berufliche Situation des Klägers mit ihm zu erörtern.

Hier liegt indes der Fall einer Ermessensunterschreitung vor. Bei einer Ermessensunterschreitung oder einem Ermessensmangel werden zwar Ermessenserwägungen angestellt, diese sind jedoch unzureichend, weil sie z.B. nur aus formelhaften Wendungen bestehen oder relevante Ermessensgesichtspunkte nicht berücksichtigt werden. Bei einem Ermessensfehlgebrauch oder Ermessensmissbrauch hingegen werden sachfremde Erwägungen angestellt. Ein solcher Fall liegt hier vor. Die Abfolge der Meldeaufforderungen mit letztlich denselben Meldezwecken verstößt gegen die vor einer Meldeaufforderung notwendige Ermessensausübung wegen einer Ermessensunterschreitung, weil relevante Ermessensgesichtspunkte nicht berücksichtigt worden sind (vgl. *Berlit* LPK-SGB II § 32 Rn. 13).

Zumindest nach der dritten gleichlautenden Meldeaufforderung mit dem Ergebnis der Nichtwahrnehmung des Termins hätte der Beklagte nicht in der bisherigen Weise fortfahren dürfen.[802]

Zweck der Meldeaufforderungen muss entsprechend dem Grundgedanken des „Förderns und Forderns" im SGB II und nach § 1 Abs. 2 SGB II sein, die arbeitsuchende, leistungsberechtigte Person bei der Aufnahme einer Erwerbstätigkeit zu unterstützen.

Aufgrund des Verhaltens des Klägers und seiner gesundheitlichen Situation hätte der Beklagten zwingend andere Mittel wählen müssen, um die Situation und den Leistungsanspruch des Klägers weiter aufzuklären.

So hätte er von weiteren Meldeaufforderungen Abstand nehmen und den Kläger zu einer ärztlichen oder psychologischen Untersuchung auffordern können (vgl. § 32 Abs. 1 Satz 1 Alt. 2 SGB II).

Der Bescheid ist aufzuheben.

III.

Wie sich aus der beigefügten Erklärung zu den persönlichen und wirtschaftlichen Verhältnissen ergibt, kann der Kläger die Kosten der Prozessführung nicht aufbringen (§ 73 a SGG iVm § 114 ZPO). Da die Klage – wie ausgeführt – Aussicht auf Erfolg hat und nicht mutwillig ist, ist der Antrag auf Prozesskostenhilfe ebenfalls begründet.

(…)

Rechtsanwalt

913 Das ALG II oder das Sozialgeld mindern sich im Versäumnisfall jeweils um 10 % des maßgebenden Regelbedarfs. Sofern es zu mehreren aufeinander folgenden Meldeversäumnissen kommt, werden die Sanktionsbeträge addiert.

914 Eine Minderung tritt jedoch nicht ein, wenn der Leistungsberechtigte einen wichtigen Grund für sein Verhalten darlegen und nachweisen kann, § 32 Abs. 1 Satz 2 SGB II.[803]

---

802 Vgl. BSG 29.4.2015 – B 14 AS 19/14 R. Ab welcher Anzahl von Meldeaufforderungen von einer Rechtswidrigkeit aufgrund einer Ermessensunterschreitung vorliegt, dürfte von den Umständen des Einzelfalls abhängen. Eine generelle Aussage hierzu hat das BSG nicht getroffen.

803 Die Bescheinigung nur der Arbeitsunfähigkeit an sich begründet noch keinen Nachweis eines gesundheitlichen Unvermögens, zu einem Meldetermin zu erscheinen. Ein wichtiger Grund kann insoweit grds. nicht erkannt werden (vgl. BSG 9.11.2010 – B 4 AS 27/10 R).

Muster: Klage gegen Sanktion nach Meldeversäumnis – wichtiger Grund

Rechtsanwalt

(···)

(Datum)

An das

Sozialgericht (···)

(Anschrift)

K L A G E

des (···),

(Anschrift)

– Kläger –

gegen

Jobcenter (···)

(Anschrift)

vertreten durch den Geschäftsführer

– Beklagter –

wegen Sanktion für den Zeitraum 1.4.2016 bis 30.6.2016

Bescheid vom 13.3.2016

Namens und ausweislich der beigefügten Vollmacht des Klägers erhebe ich Klage und werde beantragen:

Der Bescheid des Beklagten vom 13.3.2016 in der Gestalt des Widerspruchsbescheides vom 20.4.2016 wird aufgehoben.

Zur Geltendmachung der Rechte des Klägers beantrage ich ferner,

dem Kläger Prozesskostenhilfe ab Klageerhebung zu bewilligen und den Unterzeichner beizuordnen.

Begründung:

I.

Der Kläger wendet sich gegen die Verhängung einer Sanktion.

Der am 2.12.1990 geborene Kläger bezieht laufend ergänzende Leistungen zur Sicherung des Lebensunterhaltes von dem Beklagten.

Zuletzt bewilligte der Beklagte dem Kläger Leistungen für den Zeitraum vom 1.1.2016 bis 31.5.2016 mit Bescheid vom 23.12.2015.

Beweis: Bescheid vom 23.12.2015 – Anlage K1

Mit Aufforderung vom 13.1.2016 wurde der Kläger aufgefordert, sich bei dem Beklagten am 26.1.2016 zu melden, um über seine berufliche Situation zu sprechen.

Beweis: Meldeaufforderung vom 13.1.2016 – Anlage K2

Der Kläger ist selbstständig tätig. An dem genannten Meldetermin hatte er bereits einen auswärtigen Termin, der sich ohne wirtschaftliche Einbußen nicht verschieben ließ. Der

B. Besonderer Teil

Kläger hatte zur Erledigung eines Sonderauftrages für die Fertigung eines Bilderrahmens Holz einer bestimmten Qualität bestellt, welches er an diesem Tag abholen sollte. Der Lieferant hätte sich danach im Urlaub befunden, sodass der Kläger den Termin für die Anfertigung nicht hätte einhalten können.

Beweis:
- Werkvertrag mit dem Kunden und dem entsprechenden Liefertermin – Anlage K3
- Zeugnis des Lieferanten (...), (ladungsfähige Anschrift)

Der Kläger erschien zum Meldetermin nicht. Der Beklagte hörte ihn hieraufhin zur beabsichtigten Sanktion an und stellte mit Bescheid vom 13.3.2016 fest, dass der Kläger gegen seine Pflicht zum Erscheinen zum Meldetermin verstoßen habe und dass ab 1.4.2016 bis 30.6.2016 die Leistungen um 10 % des Regelbedarfes gesenkt würden. Eine Verkürzung des Sanktionszeitraumes komme nicht in Betracht, da der Verstoß erheblich sei und eine besondere Härte über die üblichen Wirkungen einer Sanktion hinaus für den Kläger nicht ersichtlich sei.

Beweis: Bescheid vom 13.3.2016 – Anlage K4

Der hiergegen vom Kläger am 20.3.2016 erhobene Widerspruch wurde von dem Beklagten mit Widerspruchsbescheid vom 20.4.2016 als unbegründet zurückgewiesen.

Beweis: Widerspruch vom 20.3.2016 – Anlage K5

Widerspruchsbescheid vom 20.4.2016 – Anlage K6

Hiergegen richtet sich die Klage.

II.

Gegenstand der Klage ist der Bescheid des Beklagten vom 13.3.2016 in der Gestalt des Widerspruchsbescheides vom 20.4.2016, mit dem der Beklagte Leistungen für den Zeitraum vom 1.4.2016 bis 30.6.2016 um 10 % des Regelbedarfs reduzierte. Der Bescheid ist rechtswidrig und verletzt den Kläger in seinen Rechten.

Nach § 32 SGB II mindert sich das Arbeitslosengeld II oder das Sozialgeld jeweils um 10 % des für die Leistungsberechtigten nach § 20 SGB II maßgebenden Regelbedarfs, wenn der Leistungsberechtigte trotz schriftlicher Belehrung über die Rechtsfolgen oder deren Kenntnis einer Aufforderung des zuständigen Trägers, sich bei ihm zu melden, nicht nachkommt. Dies gilt nach § 32 Abs. 1 Satz 2 SGB II nicht, wenn der Leistungsberechtigte einen wichtigen Grund für sein Verhalten darlegt und nachweist. Ein wichtiger Grund ist gegeben, wenn dem Leistungsberechtigten nach den Umständen des Einzelfalls das Erscheinen gerade am angegeben Ort zum angegebenen Zeitpunkt unmöglich ist oder so erschwert ist, dass es ihm bei Abwägung der widerstreitenden Interessen nicht abzuverlangen war zu erscheinen (*Berlit* LPK-SGB II § 32 Rn. 15).

Dies ist hier der Fall. Der Lieferantentermin ließ sich nicht ohne wirtschaftlichen Schaden verschieben. Der Verlust hätte ggf. mit SGB II-Leistungen ausgeglichen werden müssen, sodass die Nichtwahrnehmung des Meldetermins im Übrigen sogar im Interesse des Beklagten lag. Das bloße Interesse an einem reibungslosen Ablauf der Verwaltung vermag das Interesse des Klägers vorliegend nicht aufzuwiegen. Damit liegen die Voraussetzungen für eine Sanktionierung nicht vor. Der Bescheid ist aufzuheben.[804]

III.
Wie sich aus der beigefügten Erklärung zu den persönlichen und wirtschaftlichen Verhältnissen ergibt, kann der Kläger die Kosten der Prozessführung nicht aufbringen (§ 73 a SGG iVm § 114 ZPO). Da die Klage – wie ausgeführt – Aussicht auf Erfolg hat und nicht mutwillig ist, ist der Antrag auf Prozesskostenhilfe ebenfalls begründet.

(…)
Rechtsanwalt

XI. Aufhebung und Erstattung

Neben der Geltendmachung von Leistungsansprüchen, sind Anfechtungsklagen gegen Aufhebungs- und Erstattungsbescheide in der forensischen Praxis am häufigsten anzutreffen. Hier eröffnen sich zahlreiche Probleme, auch und insbesondere aus dem allgemeinen Sozialverwaltungsverfahrensrecht des SGB X, die von den Grundsicherungsträgern nicht selten übersehen werden. 916

1. Die Ermächtigungsgrundlage

Bereits bei der Wahl der richtigen Ermächtigungsgrundlage ergeben sich häufig Fehler in den Bescheiden der Jobcenter. Für die Praxis sind eigentlich lediglich die §§ 45 und 48 SGB X von Relevanz. Beide kommen über § 40 Abs. 2 Nr. 3 SGB II iVm § 330 Abs. 2, 3 Satz 1 und 4 SGB III im SGB II zu einer modifizierten Anwendung. 917

Erfahrungsgemäß wählen die Grundsicherungsträger praktisch immer § 48 SGB X als Ermächtigungsgrundlage. Dies führt nicht immer per se zu einer Rechtswidrigkeit des Bescheides, kann aber durchaus problematisch sein. Grund für diese Einseitigkeit der Anwendung dürfte wohl insbesondere sein, dass § 48 SGB X mit seinen Modifikationen aus § 330 SGB III nur sehr wenige Voraussetzungen hat und insbesondere ein Vertrauensschutz nicht zu prüfen ist. 918

Die grundsätzliche Unterscheidung von § 45 und § 48 SGB X erfolgt danach, ob der aufzuhebende Bescheid bereits ursprünglich bei Erlass rechtswidrig war (dann § 45 SGB X), oder ob er nachträglich, durch veränderte Umstände, rechtswidrig geworden ist, mithin also ursprünglich rechtmäßig war (dann § 48 SGB X). 919

Beispiel: Liegt zum Zeitpunkt der Bewilligung ein ALG-Bescheid vor, aus dem an den Leistungsberechtigten bereits ALG gezahlt wird, der dem Grundsicherungsträger jedoch unbekannt geblieben ist, so kann er den Bescheid dennoch nur nach § 45 SGB X mit den 920

---

804 Häufig wird als Grund für das Nichterscheinen zu einem Meldetermin Krankheit angegeben. Dies kann u.U. einen wichtigen Grund darstellen. Es ist jedoch zu beachten, dass eine Erkrankung, iSv Arbeitsunfähigkeit nicht gleichbedeutend mit der Unfähigkeit ist, zu einem Meldetermin zu erscheinen. Für die Annahme eines wichtigen Grundes iSd § 32 SGB II ist letzteres erforderlich. Den wichtigen Grund hat der Leistungsberechtigte darzulegen und ggf. zu beweisen. Für den Nachweis einer Unfähigkeit, aus gesundheitlichen Gründen beim Grundsicherungsträger zu erscheinen, kommt die Vorlage einer Arbeitsunfähigkeitsbescheinigung in Betracht. Unabhängig davon muss eine krankheitsbedingte Unfähigkeit, zu dem Meldetermin zu erscheinen, vorgelegen haben. Auch dies ist vom Leistungsberechtigten nachzuweisen (vgl. BSG 9.11.2010 – B 4 AS 27/10 R).

entsprechenden Einschränkungen des Vertrauensschutzes aufheben. Es kommt – entgegen einer verbreiteten Ansicht unter den Grundsicherungsträgern – nicht darauf an, dass die Behörde keine Kenntnis von dem ALG-Zufluss hatte.[805] Ebenso wenig kommt § 48 SGB X deswegen zur Anwendung, weil in seinem Tatbestand ausdrücklich von Einkommenszufluss die Rede ist (§ 48 Abs. 1 Satz 2 Nr. 3 SGB X), denn, dass das Einkommen zufließt, stand bereits bei Bewilligung objektiv fest, so dass der Bescheid eben ursprünglich rechtswidrig war. Ob sich der Leistungsberechtigte auf den Vertrauensschutz auch tatsächlich berufen kann (§ 45 Abs. 2 SGB X), ist Frage des Einzelfalls.

921 Mit dem zum 1.8.2016 neu eingeführten § 40 Abs. 4 SGB II wird bestimmt, dass der Verwaltungsakt, mit dem über die Gewährung von SGB II-Leistungen abschließend entschieden wurde, dann mit Wirkung für die Zukunft ganz aufzuheben ist, wenn in den tatsächlichen Verhältnissen der leistungsberechtigten Person Änderungen eintreten, aufgrund derer nach Maßgabe des § 41 a SGB II vorläufig zu entscheiden wäre (zB Beginn einer selbstständigen Tätigkeit während eines laufenden Leistungsbezugs).[806]

922 Von dieser Konstellation abzugrenzen ist der Fall, dass von Anfang an die Voraussetzungen für eine vorläufige Leistungsbewilligung (§ 41 a SGB II) vorlagen, das Jobcenter aber gleichwohl abschließend entschieden hat. Die Aufhebung hat sich dann auch in diesen Konstellationen nach § 45 SGB X zu richten.[807] Diese wichtige Besonderheit soll anhand des folgenden Klageformulars verdeutlicht werden.

923 **Muster: Aufhebung bei vorausgegangener endgültiger Leistungsbewilligung trotz schwankenden Einkommens**

Rechtsanwalt

(...)

(Datum)

An das

Sozialgericht (...)

(Anschrift)

KLAGE

des (...),

(Anschrift)

– Kläger –

Prozessbevollmächtigter: Rechtsanwalt (...)

gegen

Jobcenter (...)

(Anschrift)

vertreten durch den Geschäftsführer

– Beklagter –

---

805 Diering/Timme/*K. Lang*/*Waschull* SGB X § 45 Rn. 16.
806 Zur vorläufigen Leistungsgewährung vgl. Rn. 10 ff.
807 BSG 29.11.2012 – B 14 AS 6/12 R.

XI. Aufhebung und Erstattung

wegen Aufhebung und Erstattung von Leistungen für den Zeitraum 1.6.2016 bis 31.10.2016
Bescheid vom 9.12.2016
Namens und ausweislich der beigefügten Vollmacht des Klägers erhebe ich Klage und werde beantragen:

Der Bescheid des Beklagten vom 9.12.2016 in der Gestalt des Widerspruchsbescheides vom 20.2.2017 wird aufgehoben.

Zur Geltendmachung der Rechte des Klägers beantrage ich ferner,

dem Kläger Prozesskostenhilfe ab Klageerhebung zu bewilligen und den Unterzeichner beizuordnen.

Begründung:

I.

Der Kläger wendet sich gegen die Aufhebung und Erstattung von Leistungen zur Sicherung des Lebensunterhaltes nach dem SGB II.

Der am 19.5.1986 geborene Kläger bewohnt eine 40 m² große Wohnung. Für diese zahlt er einen Mietzins von 380 EUR, sowie Vorauszahlungen auf Neben- und Heizkosten von 100 EUR.

Beweis:
- Mietvertrag – Anlage K1
- Nebenkostenabrechnung 2016 – Anlage K2

Der Kläger bezieht seit 2005 laufend Leistungen nach dem SGB II. Er ist seit Mai 2016 in der Zeitarbeitsfirma (...) beschäftigt und bezieht dort monatlich schwankendes Einkommen, welches jeweils zum 15. des Folgemonats ausgezahlt wird. Seit dem erstmaligen Leistungsbezug ist dies die erste Aufnahme einer unselbstständigen Tätigkeit gegen Entgelt.

Beweis: Arbeitsvertrag vom 22.2.2016 – Anlage K3

Der Beklagte bewilligte dem Kläger, nach Vorlage des Arbeitsvertrages, mit Bescheid vom 23.4.2016 Leistungen zur Sicherung des Lebensunterhaltes nach dem SGB II für den Zeitraum vom 1.5.2016 bis 31.10.2016. Er legte in Kenntnis der Aufnahme der Beschäftigung und in Kenntnis, dass der Kläger schwankendes Einkommen beziehen wird, ein fiktives Bruttoeinkommen von 900 EUR und ein Nettoeinkommen von 600 EUR mit entsprechender Bereinigung nach §§ 11 ff. SGB II zugrunde. Der Bescheid wurde als üblicher Bescheid, mithin endgültig, erteilt.

Beweis: Bescheid vom 23.4.2016 – Anlage K4

Nachdem der Kläger dem Beklagten jeweils unverzüglich die Einkommensnachweise für die Monate Mai bis September 2016 vorlegte, berechnete der Beklagte den Leistungsanspruch des Klägers in den Monaten Juni bis Oktober 2016 unter Zugrundelegung und korrekter Bereinigung des tatsächlichen Einkommens neu. Hieraufhin hörte der Beklagte den Kläger zur teilweisen Aufhebung von Leistungen für den Zeitraum 1.6.2016 bis 30.10.2016 an und hob daraufhin die Leistungen für den genannten Zeitraum mit Bescheid vom 9.12.2016 teilweise auf und forderte den Kläger zu Erstattung des überzahlten Betrages auf. Er stützte den Bescheid auf § 48 SGB X.

Beweis: Aufhebungs- und Erstattungsbescheid vom 9.12.2016 – Anlage K5

B. Besonderer Teil

Hiergegen erhob der Kläger Widerspruch unter dem 14.12.2016 mit der Begründung, dass er nicht nachvollziehen könne, wieso er etwas zurückzahlen müsse, obwohl er seinen Einkommensnachweis rechtzeitig abgegeben habe.[808] Der Beklagte wies den Widerspruch mit Widerspruchsbescheid vom 20.2.2017 als unbegründet zurück und legte nochmals seine Berechnungen dar.

Beweis:
- Widerspruch vom 14.12.2016 – Anlage K6
- Widerspruchsbescheid vom 20.2.2017 – Anlage K7

Hiergegen richtet sich die Klage

II.

Gegenstand der Klage ist der Bescheid vom 9.12.2016 in der Gestalt des Widerspruchsbescheides vom 20.2.2017, mit dem Leistungen nach dem SGB II für den Zeitraum 1.6.2016 bis 31.10.2016 teilweise aufgehoben und der Kläger zur Erstattung aufgefordert wurde. Der Bescheid ist rechtswidrig und verletzt den Kläger in seinen Rechten.

Ermächtigungsgrundlage ist entgegen der Auffassung des Beklagten nicht § 48 SGB X, sondern § 45 SGB X.

Nach § 48 SGB X ist ein Verwaltungsakt mit Dauerwirkung aufzuheben, soweit in den tatsächlichen oder rechtlichen Verhältnissen, die bei seinem Erlass vorgelegen haben, eine wesentliche Änderung eintritt. § 45 SGB X regelt demgegenüber, dass ein Verwaltungsakt, der ein Recht oder einen rechtlich erheblichen Vorteil begründet oder bestätigt hat (begünstigender Verwaltungsakt), soweit er rechtswidrig ist, auch nachdem er unanfechtbar geworden ist, unter den Einschränkungen der Abs. 2 bis 4 ganz oder teilweise zurückgenommen werden darf. Die Normen grenzen sich nach den objektiven Verhältnissen im Zeitpunkt des Erlasses des aufzuhebenden Verwaltungsakts voneinander ab. Dabei ist die Verwaltung grds. verpflichtet, vor Erlass eines Bescheides die Sachlage vollständig aufzuklären, um die objektiven Verhältnisse festzustellen (vgl. BSG 2.6.2004 – B 7 AL 58/03 R, BSGE 93, 51). Erlässt die Verwaltung einen endgültigen Bescheid auf Grundlage eines nicht endgültig aufgeklärten Sachverhalts und stellt sich später heraus, dass der Bescheid bereits im Zeitpunkt des Erlasses objektiv rechtswidrig war, ist ein Fall des § 45 SGB X gegeben.

Wenn und soweit dem Beklagten bekannt ist, dass einem Leistungsberechtigten schwankendes Einkommen zufließt, ist es ihr verwehrt, einen endgültigen Bescheid zu erlassen. Sie hat dann eine Prognose anzustellen und den Bewilligungsbescheid vorläufig nach § 41a SGB II zu erlassen.[809]

---

808 Diesen Einwand liest man häufig von unvertretenen Klägern. Er ist freilich untunlich, da es hierauf nicht ankommt, selbst wenn – korrekterweise – vorläufig bewilligt wurde, kann immer erst im Nachgang, auch bei rechtzeitiger Abgabe des Einkommensnachweises, festgestellt werden, ob Leistungen korrekt ermittelt wurden und ggf. Erstattungen (oder Nachzahlungen) zu erfolgen haben.

809 Bis zum 31.7.2016 war für die vorläufige Bewilligung und die endgültige Festsetzung § 328 SGB III iVm § 40 SGB II maßgeblich. § 41a SGB II kommt erst zur Anwendung bei Bewilligungszeiträumen, die nach dem 31.7.2016 begonnen haben. Es gilt jedoch auch, in „Altfällen" den § 41a Abs. 5 SGB II zu beachten. Danach gelten die vorläufig bewilligten Leistungen als endgültig festgesetzt, wenn innerhalb eines Jahres keine abschließende Entscheidung ergeht. **Bei Leistungszeiträumen, die vor dem 1.8.2016 beendet waren, beginnt die Jahresfrist am 1.8.2016 zu laufen, § 80 Abs. 2 Nr. 2 SGB II.**

Bewilligt der Beklagte endgültig, richtet sich eine Aufhebung nach § 45 SGB X, mit der Konsequenz, dass Vertrauensschutzgesichtspunkte zu prüfen sind (BSG 29.11.2012 – B 14 AS 6/12 R; BSG 21.6.2011 – B 4 AS 22/10 R).

Ermächtigungsgrundlage für die Aufhebung ist mithin § 40 Abs. 2 Nr. 3 SGB II iVm § 330 SGB III und § 45 Abs. 1 SGB X. Danach ist ein rechtswidriger Verwaltungsakt, der ein Recht oder einen rechtlich erheblichen Vorteil begründet oder bestätigt (begünstigender Verwaltungsakt) unter den Einschränkungen des § 45 Abs. 2 bis 4 SGB X, auch nachdem er unanfechtbar ist, für die Vergangenheit zurück zu nehmen.

Der Bescheid ist hinsichtlich des angerechneten Einkommens wohl tatsächlich rechtswidrig, da der Kläger im streitigen Zeitraum in geringerem Umfang hilfebedürftig war als zunächst festgestellt.

Jedoch steht der Aufhebung ein Vertrauensschutz des Klägers entgegen.

Nach § 45 Abs. 2 SGB X darf ein rechtswidriger begünstigender Verwaltungsakt nicht zurückgenommen werden, soweit der Begünstigte auf den Bestand des Verwaltungsaktes vertraut hat und sein Vertrauen unter Abwägung mit dem öffentlichen Interesse an einer Rücknahme schutzwürdig ist. Das Vertrauen ist idR schutzwürdig, wenn der Begünstigte erbrachte Leistungen verbraucht oder eine Vermögensdisposition getroffen hat, die er nicht mehr oder nur unter unzumutbaren Nachteilen rückgängig machen kann. Auf Vertrauen kann sich der Begünstigte nicht berufen, soweit

1. er den Verwaltungsakt durch arglistige Täuschung, Drohung oder Bestechung erwirkt hat,
2. der Verwaltungsakt auf Angaben beruht, die der Begünstigte vorsätzlich oder grob fahrlässig in wesentlicher Beziehung unrichtig oder unvollständig gemacht hat, oder
3. er die Rechtswidrigkeit des Verwaltungsaktes kannte oder infolge grober Fahrlässigkeit nicht kannte; grobe Fahrlässigkeit liegt vor, wenn der Begünstigte die erforderliche Sorgfalt in besonders schwerem Maße verletzt hat.

Der Kläger hat die Leistungen bereits verbraucht und damit entsprechendes Vertrauen in den Verwaltungsakt bestätigt.

Dass der Bescheid nicht auf arglistiger Täuschung, Drohung oder Bestechung beruht, ist offensichtlich. Auch beruht er nicht auf unrichtigen oder unvollständigen Angaben. Zum Zeitpunkt des Erlasses lag lediglich der Arbeitsvertrag vor. Andere Angaben konnte der Kläger nicht machen.

Auch war dem Kläger die Rechtswidrigkeit des Bescheides nicht vorsätzlich bekannt. Sie hätte ihm auch nicht bekannt sein müssen. Er hat die erforderliche Sorgfalt nicht in besonders schwerem Maße verletzt. Hierfür wäre ein gesteigertes Verschulden notwendig. Der Betroffene muss unter Berücksichtigung seiner individuellen Einsichts- und Urteilsfähigkeit seine Sorgfaltspflichten in außergewöhnlich hohem Maße verletzt haben.

Dem Empfänger einer hoheitlich gewährten Leistung obliegt es, den zugrunde liegenden Bewilligungsbescheid zu lesen und zur Kenntnis zu nehmen (BSG 8.2.2001 – B 11 AL 21/00 R). Da ein Leistungsempfänger, der der Behörde zutreffende Angaben gemacht hat, davon ausgehen darf, dass die Behörde seine Angaben korrekt umsetzt, ist er im Allgemeinen aber nicht gehalten, Bewilligungsbescheide einer näheren Prüfung zu unterziehen (BSG 8.2.2001, a.a.O.). Besteht jedoch offensichtlich Anlass zu Zweifeln an der Richtigkeit eines Bewilligungsbescheides, etwa weil der bewilligte Betrag ungewöhnlich hoch ist, ist der Adressat des Bescheides zu einer Überprüfung des Verwaltungsakts anhand der beigefügten Begründung oder unter Verwendung zusätzlicher Erkenntnismittel verpflichtet. Drängt sich die Fehlerhaftigkeit des Bescheides auf, besteht sogar die Verpflichtung, sich bei der Behörde zu erkundigen (von Wulffen/Schütze/*Schütze* SGB X § 45 Rn. 58).

Dies ist vorliegend nicht der Fall. Die intellektuellen Fähigkeiten des Klägers sind zu berücksichtigen. Er nahm den Bescheid zur Kenntnis, musste jedoch die Besonderheiten der Bewilligung bei schwankendem Einkommen nicht kennen. Er nahm auch erstmals während des Leistungsbezuges Arbeit gegen Entgelt auf, sodass ihm die Auswirkungen von Einkommen auf den Leistungsbezug nicht unmittelbar bewusst waren. Er erkannte, dass sich die Leistungen durch die Arbeitsaufnahme verringerten und konnte sich darauf verlassen, dass der Beklagte insoweit die Aufnahme der Tätigkeit hinreichend und abschließend berücksichtigte. Dass das Einkommen jeweils im Zuflussmonat nach einer komplizierten Bereinigung in exakter Höhe Berücksichtigung findet, hätte ihm, auch vor seinem intellektuellen Hintergrund, nicht bekannt sein müssen.

Damit liegt eine Rückausnahme nicht vor. Der Kläger darf sich auf das betätigte Vertrauen berufen. Die Voraussetzung des § 45 SGB X liegen nicht vor, eine Aufhebung ist rechtswidrig. Mithin fehlen auch die Voraussetzungen für die Erstattung nach § 50 SGB X.

III.

Wie sich aus der beigefügten Erklärung zu den persönlichen und wirtschaftlichen Verhältnissen ergibt, kann der Kläger die Kosten der Prozessführung nicht aufbringen (§ 73 a SGG iVm § 114 ZPO). Da die Klage – wie ausgeführt – Aussicht auf Erfolg hat und nicht mutwillig ist, ist der Antrag auf Prozesskostenhilfe ebenfalls begründet.

(...)
Rechtsanwalt

2. Formelle Rechtmäßigkeit

924 Bestimmte Fragen der formellen Rechtsmäßigkeit spielen insbesondere im Recht der Grundsicherung eine wichtige Rolle. Das SGB X stößt hier auf einige Besonderheiten des SGB II.

a) Bestimmtheit

925 Ein Verwaltungsakt hat nach § 33 SGB X hinreichend bestimmt zu sein. Allgemein formuliert ist er hinreichend bestimmt, wenn aus ihm ersichtlich wird, aus welchem Sachverhalt welche Rechtsfolge abgeleitet wird.

926 Er muss insbesondere vollständig, klar und unzweideutig erkennbar machen, welche Regelung die Behörde treffen will. Unschädlich ist es jedoch, wenn der Regelungsgehalt erst durch Auslegung (zB aus der Begründung) ermittelt werden muss. Ausreichende Klarheit kann auch dann bestehen, wenn zur Auslegung des Verfügungssatzes auf die Begründung des Verwaltungsaktes, auf früher zwischen den Beteiligten ergangene Verwaltungsakte oder auf allgemein zugängliche Unterlagen zurückgegriffen werden muss.[810] Bedarf es zur Klärung dessen, was geregelt wer-

---

810 BSG 10.9.2013 – B 4 AS 89/12 R.

den soll, jedoch erst eines Rückgriffes auf die Akten, fehlt es an der notwendigen Bestimmtheit.[811] Eine Besonderheit sei an folgendem Formular erläutert:

Muster: Bestimmtheit eines Aufhebungs- und Erstattungsbescheides – Rechtswidrigkeit der Erstattungsverfügung 927

Rechtsanwalt

(■■■)

(Datum)

An das

Sozialgericht (■■■)

(Anschrift)

KLAGE

des (■■■),

(Anschrift)

– K l ä g e r –

Prozessbevollmächtigter: Rechtsanwalt (■■■)

g e g e n

Jobcenter (■■■)

(Anschrift)

– B e k l a g t e r –

wegen Aufhebung und Erstattung von Leistungen für den Zeitraum 1.3.2016 bis 31.8.2016

Bescheid vom 15.9.2016

Namens und ausweislich der beigefügten Vollmacht des Klägers erhebe ich Klage und werde beantragen:

Der Bescheid des Beklagten vom 15.9.2016 in der Gestalt des Widerspruchsbescheides vom 5.11.2016 wird aufgehoben.

Zur Geltendmachung der Rechte des Klägers beantrage ich ferner,

dem Kläger Prozesskostenhilfe ab Klageerhebung zu bewilligen und den Unterzeichner beizuordnen.

Begründung:

I.

Der Kläger wendet sich gegen die Aufhebung und Erstattung von Leistungen zur Sicherung des Lebensunterhaltes nach dem SGB II.

Der am 12.3.1962 geborene Kläger ist gelernter Restaurantfachmann. Er bezieht seit 1.3.2005 laufend Leistungen zur Sicherung des Lebensunterhaltes nach dem SGB II. Er verfügt seit dem 1.2.2016 über eine Verletztenrente nach dem SGB VII in Höhe von monatlich 345,76 EUR. Aufgrund von Problemen bei der Auszahlung erhielt der Kläger diese

---

811 Umfassend dazu BSG 16.5.2012 – B 4 AS 154/11 R.

erstmals im April 2016 ausgezahlt, wobei ihm im Rahmen dieser Auszahlung auch die Nachzahlung für Februar und März 2016 überwiesen wurde.

Beweis:
- Rentenbescheid der Berufsgenossenschaft für Nahrungsmittel und Gaststättengewerbe vom 12.1.2016 – Anlage K1
- Kontoauszug April 2016 – Anlage K2

Über weiteres Einkommen verfügt er nicht.

Im Rahmen der Abgabe seines Weiterbewilligungsantrages vom 25.2.2016 bei seiner Sachbearbeiterin führte er auch seinen Rentenbescheid mit. Von der Sachbearbeiterin erhielt er jedoch die Auskunft, dass er diesen nicht benötige, da die Verletztenrente für die Bewilligung keine Rolle spiele.[812]

Die folgende Bewilligung mit Bescheid vom 29.2.2016 für den Zeitraum 1.3.2016 bis 31.8.2016 enthielt dementsprechend keinerlei Einkommen.

Beweis: Bescheid vom 29.2.2016 – Anlage K3

Aufgrund einer Anpassung seiner Unterkunftskosten erließ der Beklagte unter dem 14.3.2016 einen Änderungsbescheid für den Zeitraum 1.3.2016 bis 31.8.2016. Zudem nahm der Kläger zum 1.5.2016 eine geringfügige Tätigkeit als Zeitungsausträger an, aus der er ein festes monatliches Entgelt von 160 EUR erzielt. Dieses wurde erstmals im Juni 2016 ausgezahlt. Aus diesem Grund erließ der Beklagte am 25.5.2016 einen weiteren Änderungsbescheid für den Zeitraum 1.6.2016 bis 31.8.2016.

Beweis: Änderungsbescheide vom 14.3.2016 und 25.5.2016 – Anlagen K4 und K5

Im Juli 2016 erfuhr der Beklagte (erneut) von dem Rentenbezug des Klägers. Hieraufhin hörte der Beklagte den Kläger mit Schreiben vom 3.8.2016 zur teilweisen Aufhebung und Erstattung von Leistungen für den Zeitraum 1.3.2016 bis 31.8.2016 an. Sodann hob er mit Bescheid vom 15.9.2016 Leistungen für diesen Zeitraum teilweise auf. Der Verfügungssatz des Bescheides lautet:

„Der Bescheid vom 29.2.2016, mit dem die Leistungen für den Zeitraum vom 1.3.2016 bis 31.8.2016 bewilligt wurden, wird für Sie teilweise in nachfolgender Höhe aufgehoben."

Beweis: Bescheid vom 15.9.2016 – Anlage K6

Sodann erfolgt eine Auflistung von Beträgen, aufgeteilt nach Regelleistung und KdU. Sodann wird verfügt:

„Diese Beträge sind von Ihnen zu erstatten."

Beweis: wie zuvor

Der Beklagte stützte die Aufhebung auf § 48 Abs. 1 Satz 2 Nr. 3 SGB X (über § 40 Abs. 2 Nr. 3 SGB II iVm § 330 SGB III), da dem Kläger nachträglich Einkommen in Form von Verletztenrente zugeflossen sei.

---

812 In solchen Fällen befinden sich die Kläger häufig in Beweisnot, da sie idR weder durch Zeugen begleitet wurden noch die entsprechende Mitarbeiterin des Beklagten benennen können. Diese dürfte sich im Zweifel wohl auch kaum an etwas erinnern können. Eintragungen in den Antragsformularen fehlen häufig insbesondere dann, wenn diese zusammen mit den Mitarbeitern ausgefüllt wurden und die Rentenbescheide bereits dort zurückgewiesen wurden. Der Vortrag selbst ist jedoch insoweit plausibel, als dass bei den alten Regelungen zur ALHI die Verletztenrente tatsächlich anrechnungsfrei blieb. Ob dies zu einer Beweislastumkehr führt, ist jedoch zweifelhaft. Sollten die Aufhebungsbescheide daher formell nicht zu beanstanden sein, sollte sich einer vergleichsweisen Regelung ggf. nicht verschlossen werden.

XI. Aufhebung und Erstattung

Hiergegen erhob der Kläger Widerspruch mit Schreiben vom 2.10.2016 mit der Begründung, dass er die nachträgliche Anrechnung von Verletztenrente nicht nachvollziehen könne, da der Beklagte ihm bei Erstantragstellung ausdrücklich gesagt habe, dass diese anrechnungsfrei sei. Der Beklagte wies den Widerspruch mit Widerspruchsbescheid vom 5.11.2016 und der Begründung zurück, dass es hierfür an einem Nachweis fehle.

Beweis:
- Widerspruch vom 2.10.2016 – Anlage K7
- Widerspruchsbescheid vom 5.11.2016 – Anlage K8

Hiergegen richtet sich die Klage.

II.

Gegenstand der Klage ist der Bescheid vom 15.9.2016 in der Gestalt des Widerspruchsbescheides vom 5.11.2016, mit dem Leistungen vom 1.3.2016 bis 31.8.2016 aufgehoben wurden. Der Bescheid ist rechtswidrig und verletzt den Kläger in seinen Rechten.

Der Bescheid ist bereits nicht hinreichend bestimmt iSd § 33 SGB X. Zwar ist es zulässig, in der Aufhebung nicht zwischen den einzelnen Leistungsarten (insb. Regelbedarfe und KdU) zu unterscheiden. Jedoch muss jedenfalls klar sein, für welche Monate dem Leistungsberechtigten Leistungen in welcher Höhe verbleiben (BSG 29.11.2012 – B 14 AS 196/11 R). Diesen Anforderungen genügt der Bescheid nicht. Die Auszahlung der Verletztenrente erfolgte in dem von der Aufhebung betroffenen Zeitraum nicht gleichmäßig, sodass sich für die einzelnen Monate unterschiedlich hohe Leistungsansprüche für den Kläger ergeben. Diese können anhand eines Gesamtbetrages nicht nachvollzogen werden. Eine Konkretisierung erfolgte auch im Widerspruchsbescheid nicht.[813]

Hiervon abgesehen wählte der Beklagte auch die falsche Ermächtigungsgrundlage. Als Ermächtigungsgrundlage kommt entgegen der Auffassung des Beklagten nicht § 48 SGB X (über § 40 Abs. 2 Nr. 3 SGB II, § 330 SGB III), sondern § 45 SGB X (über dieselbe Verweisungsvorschrift) in Betracht, denn der aufgehobene Bescheid war bereits zum Zeitpunkt des Erlasses rechtswidrig, sodass für die Anwendung des § 48 SGB X kein Raum ist.

Nach § 45 Abs. 2 SGB X darf ein rechtswidriger begünstigender Verwaltungsakt nicht zurückgenommen werden, soweit der Begünstigte auf den Bestand des Verwaltungsaktes vertraut hat und sein Vertrauen unter Abwägung mit dem öffentlichen Interesse an einer Rücknahme schutzwürdig ist. Das Vertrauen ist idR schutzwürdig, wenn der Begünstigte erbrachte Leistungen verbraucht oder eine Vermögensdisposition getroffen hat, die er nicht mehr oder nur unter unzumutbaren Nachteilen rückgängig machen kann. Auf Vertrauen kann sich der Begünstigte nicht berufen, soweit

---

813 Das Bestimmtheitsgebot verlangt, dass der Verfügungssatz eines Verwaltungsakts nach seinem Regelungsgehalt in sich widerspruchsfrei ist und den Betroffenen bei Zugrundelegung der Erkenntnismöglichkeiten eines verständigen Empfängers in die Lage versetzt, sein Verhalten daran auszurichten (näher BSG 17.12.2009 – B 4 AS 20/9 R). Zur Erfüllung dieser Voraussetzungen genügt es, wenn aus dem gesamten Inhalt eines Bescheids einschließlich der von der Behörde gegebenen Begründung hinreichende Klarheit über die Regelung gewonnen werden kann. Ausreichende Klarheit besteht selbst dann, wenn zur Auslegung des Verfügungssatzes auf die Begründung des Verwaltungsakts, auf früher zwischen den Beteiligten ergangene Verwaltungsakte oder auf allgemein zugängliche Unterlagen zurückgegriffen werden muss (BSG 29.11.2012 – B 14 AS 6/12 R). In der Praxis finden sich nur noch wenige aktuelle Aufhebungs- und Erstattungsbescheide, in denen die mangelnde Bestimmtheit noch zu einer Aufhebung des Bescheides führen kann. In älteren Fällen kann dieses Problem aber durchaus noch relevant sein.

- er den Verwaltungsakt durch arglistige Täuschung, Drohung oder Bestechung erwirkt hat,
- der Verwaltungsakt auf Angaben beruht, die der Begünstigte vorsätzlich oder grob fahrlässig in wesentlicher Beziehung unrichtig oder unvollständig gemacht hat, oder
- er die Rechtswidrigkeit des Verwaltungsaktes kannte oder infolge grober Fahrlässigkeit nicht kannte; grobe Fahrlässigkeit liegt vor, wenn der Begünstigte die erforderliche Sorgfalt in besonders schwerem Maße verletzt hat.

Zunächst sind die ergangenen Bewilligungsbescheide in der Tat rechtswidrig, da die Verletztenrente als Einkommen nach § 11 SGB II tatsächlich als Einkommen anzurechnen ist (BVerfG 16.3.2011 – 1 BvR 591/08, 1 BvR 593/08).

Der Kläger kann sich jedoch auf Vertrauensschutz berufen.

Der Kläger hat die Leistungen bereits verbraucht und damit entsprechendes Vertrauen in den Verwaltungsakt betätigt.

Dass der Bescheid nicht auf arglistiger Täuschung, Drohung oder Bestechung beruht, ist offensichtlich. Auch beruht er nicht auf unrichtigen oder unvollständigen Angaben. Der Kläger hat vielmehr die entsprechende Angabe gegenüber dem Beklagten gemacht. Er unterschlug die Verletztenrente nicht etwa, weil er selbst eine – falsche – rechtliche Wertung vornahm und davon ausging, er müsse es nicht angeben.

Auch war dem Kläger die Rechtswidrigkeit des Bescheides nicht vorsätzlich bekannt. Sie hätte ihm auch nicht bekannt sein müssen. Er hat die erforderliche Sorgfalt nicht in besonders schwerem Maße verletzt. Hierfür wäre ein gesteigertes Verschulden notwendig. Der Betroffene muss unter Berücksichtigung seiner individuellen Einsichts- und Urteilsfähigkeit seine Sorgfaltspflichten in außergewöhnlich hohem Maße verletzt haben.

Der Kläger durfte sich, ohne dass dies grobe Fahrlässigkeit begründen könnte, auf die Auskunft der Mitarbeiterin verlassen. Der Kläger muss nicht mehr Kenntnisse haben als der Beklagte.

Damit liegt eine Rückausnahme nicht vor. Der Kläger darf sich auf das betätigte Vertrauen berufen. Die Voraussetzung des § 45 SGB X liegen nicht vor, eine Aufhebung ist rechtswidrig. Mithin fehlen auch die Voraussetzungen für die Erstattung nach § 50 SGB X. Darüber hinaus ist auch der Erstattungsverwaltungsakt rechtswidrig. Eine Erstattung zu Unrecht erbrachter Geldleistungen kann auf § 50 Abs. 1 Satz 1 SGB X nur gestützt werden, soweit ein Verwaltungsakt (mithin die entsprechende Leistungsbewilligung) aufgehoben worden ist. Dies hat der Beklagte vorliegend hinsichtlich der Änderungsbescheide vom 14.3.2016 und 25.5.2016 versäumt. Die Aufhebung des Bewilligungsbescheides vom 29.2.2016 geht insoweit ins Leere, denn mit den Änderungsbescheiden hat der Beklagt eine eigenständige Leistungsbewilligung vorgenommen. Eine Erstattung der Leistungen für den Zeitraum vom 1.3.2016 bis 31.8.2016 auf Grundlage von § 50 Abs. 1 S. 1 SGB X scheidet aus.[814]

III.

Wie sich aus der beigefügten Erklärung zu den persönlichen und wirtschaftlichen Verhältnissen ergibt, kann der Kläger die Kosten der Prozessführung nicht aufbringen (§ 73 a SGG iVm § 114 ZPO). Da die Klage – wie ausgeführt – Aussicht auf Erfolg hat und nicht mutwillig ist, ist der Antrag auf Prozesskostenhilfe ebenfalls begründet.

(...)
Rechtsanwalt

---

814 Vgl. BSG 29.11.2012 – B 14 AS 196/11 R.

XI. Aufhebung und Erstattung

Die unterbliebene Nennung von Leistungsbescheiden in einem Aufhebungs- und Erstattungsbescheid berührt nicht die Bestimmtheit dieses Bescheides. Die fehlende Benennung kann aber dazu führen, dass eine Aufhebung insoweit gar nicht erfolgt und eine Erstattungsverfügung damit rechtswidrig ist.[815] Eine weitere Frage der Bestimmtheit iSd § 33 SGB X ist diejenige nach der Individualisierung von Aufhebungs- und Erstattungsbescheiden hinsichtlich einzelner Mitglieder der Bedarfsgemeinschaft. 928

Ein Aufhebungs- und Erstattungsbescheid muss, um den Bestimmtheitsanforderungen (im Hinblick auf die Besonderheiten im SGB II) zu genügen, aufschlüsseln, welche Beträge gegenüber welchem Mitglied der Bedarfsgemeinschaft in welcher Höhe aufgehoben werden.[816] Dies ergibt sich daraus, dass die Leistungsansprüche Individualansprüche der jeweiligen Leistungsberechtigten sind. Genau so wenig wie es einen Gesamtleistungsanspruch der BG gibt, gibt es eine gesamtschuldnerische Haftung aller Mitglieder, die eine einheitliche Aufhebung in einer Summe gegenüber der BG erlauben würde. Der Bescheid muss daher erkennen lassen, welcher Betrag von welchem Mitglied zurückgefordert wird.[817] Ist dies nicht der Fall, so ist der Bescheid nicht hinreichend bestimmt und damit nichtig (§ 40 SGB X), jedenfalls aber rechtswidrig. Das BSG entschied hierzu, dass ein ggf. insoweit vager Aufhebungs- und Erstattungsbescheid jedoch dadurch hinreichend bestimmt iSd § 33 SGB X ist, wenn gleichzeitig ein Änderungsbescheid ergeht, aus dem klar hervorgeht, welche Leistungen für welches Mitglied der Bedarfsgemeinschaft für welchen Zeitraum geändert wurden.[818] Aufgrund dieser Rechtsprechung dürften sich zahlreiche Probleme in der Praxis erledigt haben, da Aufhebungs- und Erstattungsbescheide regelmäßig zusammen mit Änderungsbescheiden ergehen. 929

Eine Aufhebungsverfügung ist auch dann nicht zu unbestimmt, wenn sie nicht monatsweise zwischen der bewilligten Regelleistung und den Leistungen für Unterkunft und Heizung unterscheidet. Es ist nicht erforderlich, dass die Aufhebung – spiegelbildlich zur Bewilligung – die aufgehobenen Leistungen monatsweise nach Leistungsarten unterscheidet, insbesondere also deutlich macht, ob es sich um Leistungen für Unterkunft und Heizung oder um die Regelleistung handelt.[819] 930

Die mangelnde Bestimmtheit unterliegt nicht den Heilungsvorschriften der §§ 41, 42 SGB X.[820] Möglich ist jedoch ein ersetzender neuer Verwaltungsakt, der dann hinreichend bestimmt sein muss. Dies kann auch im Rahmen des Widerspruchsbescheides geschehen.[821] Dieser muss jedoch dann innerhalb der Jahresfrist des § 45 Abs. 4 Satz 2 SGB X (ggf. iVm § 48 Abs. 4 Satz 1 SGB X) ergehen.[822] 931

Strittig waren die Rechtsfolgen eines Verstoßes gegen das Individualisierungsprinzip. Es stellte sich die Frage, ob der in dem rechtswidrig verfügten Gesamtbetrag 932

---

815 BSG 29.11.2012 – B 14 AS 196/11 R.
816 LSG Rheinland-Pfalz 30.3.2010 – L 3 AS 138/08; SG Leipzig 2.8.2010 – S 15 AS 3490/07; zur entsprechenden Rechtslage bei der Arbeitslosenhilfe BSG 15.8.2002 – B 7 AL 66/01 R.
817 LSG Berlin-Brandenburg 7.5.2009 – L 28 AS 1354/08.
818 BSG 29.11.2012 – B 14 AS 6/12 R.
819 BSG 29.11.2012 – B 14 AS 196/11 R.
820 BSG 13.7.2006 – B 7 a AL 24/05 R.
821 BSG 18.2.2010 – B 14 AS 76/08 R.
822 LSG Berlin-Brandenburg 7.5.2009 – L 28 AS 1354/08.

enthaltene korrekte Betrag, der gegenüber dem Adressaten des Bescheides hätte aufgehoben werden können, erhalten bleibt,[823] oder ob diese „geltungserhaltende Reduktion" §§ 33, 40 SGB X fremd ist[824] und der Bescheid mithin vollständig nichtig ist. Das BSG hat hierzu aber klargestellt, dass ein nur an eine Person einer mehrköpfigen Bedarfsgemeinschaft adressierter Aufhebungs- und Erstattungsbescheid hinreichend bestimmt iSv § 33 SGB X ist, wenn zwar der Höhe nach nicht nur dessen Individualanspruch betroffen ist, die Auslegung dieses Bescheids jedoch ergibt, dass nur dieses Mitglied in Anspruch genommen werden soll.[825]

933 **Muster: Bestimmtheit eines Aufhebungs- und Erstattungsbescheides (fehlende Individualisierung)**

Rechtsanwalt

(…)

(Datum)

An das

Sozialgericht (…)

(Anschrift)

KLAGE

1. des (…),

(Anschrift)

– Kläger zu 1) –

2. der (…)

ebenda

– Klägerin zu 2) –

3. des minderjährigen (…), vertreten durch die Kläger zu 1) und 2)

ebenda

– Kläger zu 3) –

Prozessbevollmächtigter: Rechtsanwalt (…)

gegen

Jobcenter (…)

(Anschrift)

vertreten durch den Geschäftsführer

– Beklagter –

---

823 So LSG Niedersachsen-Bremen 5.5.2011 – L 15 AS 64/09, das jedoch bereits den Ansatz über § 33 SGB X ablehnt.
824 So LSG Berlin-Brandenburg 7.5.2009 – L 28 AS 1354/08.
825 BSG 16.5.2012 – B 4 AS 154/11 R.

wegen Aufhebung und Erstattung von Leistungen für den Zeitraum 1.12.2015 bis 31.12.2015

Bescheid vom 5.3.2016

Namens und ausweislich der beigefügten Vollmacht der Kläger erhebe ich Klage und werde beantragen:

Der Bescheid des Beklagten vom 5.3.2016 in der Gestalt des Widerspruchsbescheides vom 12.5.2016 wird aufgehoben.

Zur Geltendmachung der Rechte der Kläger beantrage ich ferner,

den Klägern Prozesskostenhilfe ab Klageerhebung zu bewilligen und den Unterzeichner beizuordnen.

Begründung:

I.

Die Kläger wenden sich gegen die Aufhebung und Erstattung von Leistungen zur Sicherung des Lebensunterhaltes nach dem SGB II.

Der am 23.4.1983 geborene Kläger zu 1) sowie die am 2.5.1982 geborene Klägerin zu 2) leben zusammen mit ihrem am 23.1.2000 geborenen gemeinsamen Sohn, dem Kläger zu 3) in einem gemeinsamen Haushalt und beziehen seit 1.3.2010 als Bedarfsgemeinschaft laufend Leistungen zur Sicherung des Lebensunterhaltes nach dem SGB II.

Den Klägern wurden mit Bescheid vom 23.5.2015 Leistungen nach dem SGB II für den Zeitraum vom 1.6.2015 bis 31.12.2015 bewilligt.

Beweis: Bescheid vom 23.5.2015 – Anlage K1

Nach einem Datenabgleich mit DALEB wurde dem Beklagten im Januar 2016 bekannt, dass dem Kläger zu 1) am 10.12.2015 aus einem dem Beklagten bekannten Sparvermögen Zinsen in Höhe von 200 EUR zuflossen.

Beweis: Kontoauszug für Dezember 2015 – Anlage K2

Hieraufhin hörte der Beklagte die Kläger zur teilweisen Aufhebung von Leistungen für Dezember 2015 mit Schreiben vom 23.1.2016 an. Er bereinigte den Zufluss um die Versicherungspauschale von 30 EUR und hob mit Bescheid vom 5.3.2016 Leistungen in Höhe von 170 EUR für die Kläger auf. Der Bescheid richtete sich ausschließlich an den Kläger zu 1) und hatte dabei folgenden Wortlaut:

„*Sehr geehrter Herr (...),*

der Bescheid vom 23.5.2015 wird für Sie und die Mitglieder ihrer Bedarfsgemeinschaft für den Zeitraum 1.12.2015 bis 31.12.2015 teilweise wie folgt aufgehoben:

Leistungen zur Sicherung des Lebensunterhaltes: 170 EUR

(...)

Diese Betrag ist von Ihnen zu erstatten."

Beweis: Bescheid vom 5.3.2016 – Anlage K3

Ein von den Klägern hiergegen ohne nähere Begründung erhobener Widerspruch vom 15.3.2016 wurde von dem Beklagten mit Widerspruchsbescheid vom 12.5.2016 als unbegründet zurückgewiesen. Er führte dort lediglich nochmals aus, dass es sich bei dem Zufluss um Einkommen iSd § 11 SGB II handle, welches nach § 11 b SGB II bereinigt worden sei und die Hilfebedürftigkeit der Kläger entsprechend mindere, sodass nach § 48 SGB X eine Aufhebung erforderlich sei.

Beweis:
- Widerspruch vom 15.3.2016 – Anlage K4
- Widerspruchsbescheid vom 12.5.2016 – Anlage K5

Hiergegen richtet sich die Klage.

II.

Gegenstand der Klage ist der Bescheid des Beklagten vom 5.3.2016 in der Gestalt des Widerspruchsbescheides vom 12.5.2016, mit welchem Leistungen der Kläger für den Zeitraum 1.12.2015 bis 31.12.2015 teilweise in Höhe von 170 EUR aufgehoben wurden. Der Bescheid ist nichtig, jedenfalls jedoch rechtswidrig und verletzt die Kläger in ihren Rechten.

Ermächtigungsgrundlage ist § 48 Abs. 1 Satz 2 Nr. 3 SGB X (über § 40 Abs. 2 Nr. 3 SGB II, § 330 SGB III).

Der Bescheid ist jedoch nichtig, da er nicht hinreichend bestimmt iSd § 33 SGB X ist. Ein Verwaltungsakt hat nach § 33 SGB X hinreichend bestimmt zu sein. Allgemein formuliert ist er hinreichend bestimmt, wenn aus ihm ersichtlich wird, aus welchem Sachverhalt welche Rechtsfolge abgeleitet wird. Er muss insbesondere vollständig, klar und unzweideutig erkennbar machen, welche Regelung die Behörde treffen will.

Insofern ist zu berücksichtigen, dass das SGB II keinen Anspruch der Bedarfsgemeinschaft als solcher kennt, sondern Anspruchsinhaber jeweils alle Mitglieder der Bedarfsgemeinschaft sind (grundlegend BSG 7.11.2006 – 8 7 b AS 8/06 R, BSGE 97, 217). Entsprechend können auch im Rückabwicklungsverhältnis die Aufhebung eines rechtswidrigen Bewilligungsbescheids als auch die Erstattungsforderung erbrachter SGB II-Leistungen nur gegenüber dem jeweiligen Leistungsempfänger als einzelnem hilfebedürftigen Mitglied einer Bedarfsgemeinschaft iS von § 7 Abs. 3 SGB II erfolgen. Da es keinen „Gesamtanspruch" der Bedarfsgemeinschaft gibt, besteht auch keine gesamtschuldnerische Haftung deren Mitglieder. Den Verfügungen des Aufhebungs- und Erstattungsbescheides muss sich daher entnehmen lassen, welcher Adressat bzw. welche Adressaten betroffen sind.[826]

So liegt hier der Fall. Der Beklagte verfügte die Aufhebung lediglich gegenüber dem Kläger zu 1), obwohl offenbar die Rückforderungen an sämtliche Mitglieder der Bedarfsgemeinschaft gerichtet werden sollte. Adressat ist ausschließlich der Kläger zu 1). Nur ihm gegenüber erfolgte eine Aufhebung, obwohl der Beklagte ausdrücklich ausführt, dass Leistungen aller Mitglieder aufgehoben sind. Jedoch wird auch nur gegen den Kläger zu 1) die Erstattungspflicht verfügt. Die Einkommensanrechnung mindert jedoch die Hilfe-

---

[826] BSG 16.5.2012 – B 4 AS 154/11 R.

bedürftigkeit sämtlicher Kläger. Diese Differenzierung lässt der Bescheid außer Betracht, weshalb er vollständig nichtig und daher aufzuheben ist.[827]

III.

Wie sich aus der beigefügten Erklärung zu den persönlichen und wirtschaftlichen Verhältnissen ergibt, können die Kläger die Kosten der Prozessführung nicht aufbringen (§ 73 a SGG iVm § 114 ZPO). Da die Klage – wie ausgeführt – Aussicht auf Erfolg hat und nicht mutwillig ist, ist der Antrag auf Prozesskostenhilfe ebenfalls begründet.

(...)

Rechtsanwalt

b) Anhörung

Ebenfalls von Bedeutung ist die Anhörung nach § 24 SGB X. Dem Beteiligten, in dessen Rechte eingegriffen wird, ist grds. das Recht auf Anhörung einzuräumen. Dies folgt aus dem Rechtsstaatsprinzip des Art. 20 Abs. 3 GG. Eine bedeutende Ausnahme enthält jedoch § 24 Abs. 2 Nr. 5 SGB X. Werden einkommensabhängige Leistungen (wie die des SGB II) den geänderten (Einkommens-)Verhältnissen angepasst, bedarf es keiner Anhörung. 934

Insbesondere bei Aufhebungen und Erstattungen, welche stets Eingriffsverwaltungsakte darstellen, ist daher der von der beabsichtigten Aufhebung Betroffene idR anzuhören. Hier ergeben sich aus der Konstruktion der Bedarfsgemeinschaft und den Individualansprüchen wiederum Besonderheiten. 935

Muster: Fehlen einer hinreichenden Anhörung – Haftungsbeschränkung zu Gunsten minderjähriger Kinder 936

Rechtsanwalt

(...)

(Datum)

An das

Sozialgericht (...)

(Anschrift)

---

827 Das Bestimmtheitsgebot verlangt, dass der Verfügungssatz eines Verwaltungsakts nach seinem Regelungsgehalt in sich widerspruchsfrei ist und den Betroffenen bei Zugrundelegung der Erkenntnismöglichkeiten eines verständigen Empfängers in die Lage versetzt, sein Verhalten daran auszurichten (näher BSG 17.12.2009 – B 4 AS 20/09 R). Zur Erfüllung dieser Voraussetzungen genügt es, wenn aus dem gesamten Inhalt eines Bescheids einschließlich der von der Behörde gegebenen Begründung hinreichende Klarheit über die Regelung gewonnen werden kann. Ausreichende Klarheit besteht selbst dann, wenn zur Auslegung des Verfügungssatzes auf die Begründung des Verwaltungsakts, auf früher zwischen den Beteiligten ergangene Verwaltungsakte oder auf allgemein zugängliche Unterlagen zurückgegriffen werden muss (BSG 29.11.2012 – B 14 AS 6/12 R). In der Praxis finden sich nur noch wenige aktuelle Aufhebungs- und Erstattungsbescheide, in denen die mangelnde Bestimmtheit noch zu einer Aufhebung des Bescheides führen kann. Auch in Bezug auf die Individualisierung finden sich nur noch wenige Probleme. In älteren Fällen kann dieses Problem aber durchaus noch relevant sein.

B. Besonderer Teil

K L A G E[828]

des (...),

(Anschrift)

— K l ä g e r —

Prozessbevollmächtigter: Rechtsanwalt (...)

gegen

Jobcenter (...)

(Anschrift)

vertreten durch den Geschäftsführer

— B e k l a g t e r —

wegen Aufhebung und Erstattung von Leistungen für den Zeitraum 1.6.2016 bis 31.6.2016

Bescheid vom 3.10.2016

Namens und ausweislich der beigefügten Vollmacht des Klägers erhebe ich Klage und werde beantragen:

Der Bescheid des Beklagten vom 3.10.2016 in der Gestalt des Widerspruchsbescheides vom 1.2.2017 wird aufgehoben.

Zur Geltendmachung der Rechte des Klägers beantrage ich ferner,

dem Kläger Prozesskostenhilfe ab Klageerhebung zu bewilligen und den Unterzeichner beizuordnen.

Begründung:

I.

Der Kläger wendet sich gegen die Aufhebung und Erstattung von Leistungen nach dem SGB II.

Der am 12.6.1998 geborene Kläger bewohnt zusammen mit seinen Eltern einen gemeinsamen Haushalt. Sie beziehen als Bedarfsgemeinschaft seit dem 1.2.2010 laufend Leistungen zur Sicherung des Lebensunterhaltes nach dem SGB II.

Die Mutter des Klägers erhielt am 12.5.2016 die Zinsauszahlung aus einem Sparguthaben. Dies wurde gegenüber dem Beklagten nicht angegeben.

Über weiteres Einkommen oder Vermögen verfügten die Kläger nicht, mit Ausnahmen eines Sparkontos des Klägers, welches ein Guthaben zum 31.5.2016 von 4,66 EUR aufwies.

Beweis:
- aktueller Kontoauszug des Girokontos – Anlage K1
- Kontoauszug des Sparkontos – Anlage K2

---

828 Eine solche Klage, allein gestützt auf die fehlende Anhörung nach § 24 SGB X, ist freilich gefährlich, da der Behörde die Heilungsmöglichkeit des § 41 SGB X bis zur letzten mündlichen Verhandlung zur Verfügung steht. Allerdings ist nicht ausgeschlossen, dass eine nachträgliche Anhörung sogar trotz ausdrücklichen Hinweises durch das Gericht nicht nachgeholt wird. Beispielhaft wird auf die Entscheidung des BSG 26.7.2016 – B 4 AS 47/15 R verwiesen. Die Heilungsproblematik sollte in der Klageschrift nicht unnötig angesprochen werden.

Mit Bescheid vom 24.5.2016 bewilligte der Beklagte dem Kläger und seinen Eltern als Bedarfsgemeinschaft Leistungen nach dem SGB II für den Zeitraum vom 1.4.2016 bis 30.9.2016.

Beweis: Bescheid vom 24.5.2016 – Anlage K3

Nachdem die Zinsgutschrift bei dem Beklagten bekannt wurde, hörte der Beklagte mit Schreiben vom 5.7.2016, welches an die Eltern des zwischenzeitlich volljährig gewordenen Klägers adressiert war, zur teilweisen Aufhebung der Leistungen für die Zeit vom 1.6.2016 bis 30.6.2016 an. Das Schreiben hatte dabei u.a. folgenden Wortlaut:

„*Sehr geehrte Frau (...), sehr geehrter Herr (...),*

es ist beabsichtigt, den Bescheid vom 24.5.2016 für Sie und die weiteren Mitglieder der Bedarfsgemeinschaft für den Zeitraum 1.6.2016 bis 30.6.2016 teilweise in folgender Höhe aufzuheben:

(...)

Ihnen wird Gelegenheit gegeben, sich hierzu binnen 2 Wochen zu äußern."

Beweis: Anhörungsschreiben vom 5.7.2016 – Anlage K4

Eine Äußerung erfolgte nicht. Der Beklagte hob sodann mit Bescheid vom 3.10.2016 Leistungen für den Zeitraum 1.6.2016 bis 30.6.2016 teilweise für den Kläger und seine Eltern auf.

Beweis: Bescheid vom 3.10.2016 – Anlage K5

Die Eltern des Klägers erhoben für sich und den Kläger Widerspruch unter dem 13.10.2016. Sie begründeten diesen zunächst damit, dass sie den Aufhebungsbetrag nicht nachvollziehen könnten.

Beweis: Widerspruch vom 13.10.2016 – Anlage K6

Der Beklagte wies den Widerspruch unter Hinweis auf § 40 Abs. 2 Nr. 3 SGB II iVm § 330 SGB III und § 48 Abs. 1 SGB X mit Widerspruchsbescheid vom 1.2.2017 zurück.

Beweis: Widerspruchsbescheid vom 1.2.2017 – Anlage K7

Hiergegen richtet sich sie Klage.

II.

Gegenstand der Klage ist der Bescheid des Beklagten vom 3.10.2016 in der Gestalt des Widerspruchsbescheides vom 1.2.2017, soweit diese Leistungen für den Kläger für die Zeit vom 1.6.2016 bis 30.6.2016 aufhebt und diesen zur Erstattung auffordert.

Ermächtigungsgrundlage für den Bescheid ist § 40 Abs. 2 Nr. 3 iVm § 330 SGB III und § 48 Abs. 1 Nr. 3 SGB X, da der Bewilligungsbescheid ursprünglich rechtmäßig war.

Der Bescheid ist formell rechtswidrig. Es fehlt an einer zureichenden Anhörung des Klägers.

Nach § 24 SGB X ist, bevor ein Verwaltungsakt erlassen wird, der in Rechte eines Beteiligten eingreift, diesem Gelegenheit zu geben, sich zu den für die Entscheidung erheblichen Tatsachen zu äußern. Für den Kläger war dies nicht der Fall. Bei belastenden Verwaltungsakten, also solchen, die gegenüber dem vorherigen Zustand eine ungünstigere Regelung enthalten, ist grds. anzuhören, denn die Anhörungsvorschriften sollen nach ihrem Sinn und Zweck vor Überraschungsentscheidungen schützen und das Vertrauen in die Verwaltung stärken (vgl. BT-Drucks. 7/868, S 28).

Das Anhörungsschreiben war jedoch ausschließlich an die Eltern des zwischenzeitlich volljährigen Klägers adressiert. Die Vertretungsbefugnis bei einer Anhörung der Eltern des Klägers als dessen gesetzliche Vertreter nach § 1629 BGB, kann mit dessen Volljährigkeit nicht mehr greifen. Der Kläger ist daher zu keiner Zeit angehört worden und hatte auch keine Gelegenheit zur Stellungnahme.

Eine Heilung des Anhörungsmangels wird auch nicht durch § 38 Abs. 1 SGB II erreicht. Zwar wird die in der genannten Vorschrift geregelte Bevollmächtigung eines Leistungsberechtigten, Leistungen für die mit ihm in Bedarfsgemeinschaft lebenden Personen zu beantragen und entgegenzunehmen, dahingehend ausgelegt, dass diese vermutete Bevollmächtigung alle Verfahrenshandlungen erfasst, die mit der Antragstellung und der Entgegennahme der Leistungen zusammenhängen und der Verfolgung des Anspruchs dienen (grundlegend BSG 7.11.2006 – B 7 b AS 8/6 R). Die angenommene Bevollmächtigung in § 38 Abs. 1 SGB II kann sich jedoch nur auf die Vornahme im Grundsatz begünstigender Handlungen beziehen („Leistungen ... zu beantragen und entgegenzunehmen").[829]

Der Bescheid ist rechtswidrig und daher aufzuheben.

Darüber hinaus ist die Erstattungsforderung gegen den Kläger rechtswidrig, soweit sie einen Betrag von 4,66 EUR übersteigt. Der Kläger muss die überzahlten Leistungen nach dem SGB II nur bis zur Höhe seines Vermögens bei Eintritt seiner Volljährigkeit erstatten. Dieses belief sich auf einen Betrag in Höhe von 4,66 EUR. Die nur begrenzte Erstattungspflicht folgt aus § 1629 a Abs. 1 Satz 1 BGB. Hiernach beschränkt sich die Haftung für Verbindlichkeiten, die die Eltern im Rahmen ihrer gesetzlichen Vertretungsmacht oder sonstige vertretungsberechtigte Personen im Rahmen ihrer Vertretungsmacht durch Rechtsgeschäft oder eine sonstige Handlung mit Wirkung für das Kind begründet haben, auf den Bestand des bei Eintritt der Volljährigkeit vorhandenen Vermögens des Kindes. Der Rechtsgrundsatz des § 1629 a Abs. 1 Satz 1 BGB gilt gleichermaßen für die auf § 50 Abs. 1 Satz 1 SGB X beruhenden Ansprüche auf Erstattung der an einen Minderjährigen erbrachten Leistungen nach dem SGB II gemäß den §§ 20 bis 22 SGB II und ist von Amts wegen zu beachten. Zum Zeitpunkt des Bezugs der nunmehr zurückgeforderten Leistungen war der Kläger noch minderjährig und wurde als solcher durch seine Eltern vertreten. Die Überzahlung wurde durch eine Zinsgutschrift an seine Mutter verursacht. Dies hat er nicht zu verantworten und kann ihm auch nicht zugerechnet werden.

Der Reduzierung der Erstattungsforderung des Beklagten auf das im Zeitpunkt des Eintritts seiner Volljährigkeit vorhandene Vermögen des Klägers steht auch nicht entgegen, dass der Beklagte den Bescheid vom 3.10.2016 in der Gestalt des Widerspruchsbescheids vom 1.2.2017 erst nach Eintritt der Volljährigkeit des Klägers erlassen hat. Die Haftungsbegrenzung des § 1629 a BGB als verfassungsunmittelbarer Grundsatz verfolgt einen Schutz des Minderjährigen vor nachteiligen Verfügungen seiner gesetzlichen Vertreter. Dieser Schutz wäre weitgehend beseitigt, wenn es darauf ankäme, zu welchem Zeitpunkt die durch eine Handlung des gesetzlichen Vertreters verursachte Verbindlichkeit dem Grunde nach entstanden oder durch Verwaltungsakt konkretisiert und geltend gemacht worden ist.[830]

---

829 BSG 4.6.2014 – B 14 AS 2/13 R.
830 Vgl. zum Ganzen BSG 18.11.2014 – B 4 AS 12/14 R.

> **III.**
> Wie sich aus der beigefügten Erklärung zu den persönlichen und wirtschaftlichen Verhältnissen ergibt, kann der Kläger die Kosten der Prozessführung nicht aufbringen (§ 73 a SGG iVm § 114 ZPO). Da die Klage – wie ausgeführt – Aussicht auf Erfolg hat und nicht mutwillig ist, ist der Antrag auf Prozesskostenhilfe ebenfalls begründet.
>
> (...)
>
> Rechtsanwalt

Weiterhin kann im Rahmen der Anhörung die Frage auftauchen, was die – in der Vorschrift des § 24 SGB X so bezeichneten – „entscheidungserheblichen Tatsachen" sind, zu denen sich der Betroffene äußern soll, denn diese hat ihm die Behörde im Rahmen der Anhörung mitzuteilen. Entscheidungserheblich iSv § 24 Abs. 1 SGB X sind alle Tatsachen, die zum Ergebnis der Verwaltungsentscheidung beigetragen haben, das heißt, auf die sich die Verwaltung auch gestützt hat. Hat das Jobcenter die Aufhebung der Bewilligungsentscheidung im Ausgangsbescheid zunächst auf § 48 SGB X gestützt, dann aber – zB im Widerspruchsverfahren – festgestellt, dass für die Rücknahme der Leistungsbewilligung § 45 SGB X einschlägig ist, muss es den Betroffenen auch zu der inneren Tatsache, der grob fahrlässigen Unkenntnis, anhören. Unterstellt das Jobcenter die grob fahrlässige Unkenntnis und hört hierzu nicht an, verletzt es § 24 SGB X.[831] 937

3. Besonderheiten im Rahmen des SGB II und SGB XII

Für das SGB II kommen die Vorschriften des SGB X und damit insbesondere die §§ 44 ff. SGB X über § 40 SGB II zur Anwendung, der einige Besonderheiten enthält. Auf die praxisrelevanten Besonderheiten sei hier eingegangen. 938

a) Besonderheiten im Rahmen des § 44 SGB X

Grds. erklärt § 40 Abs. 1 SGB II das Zugunstenverfahren aus § 44 SGB X auch im SGB II für anwendbar.[832] Jedoch erfährt der Anwendungsbereich zunächst in zeitlicher Hinsicht durch § 40 Abs. 1 Satz 2 Nr. 2 SGB II eine Einschränkung, indem es die Vierjahresfrist aus § 44 Abs. 4 Satz 1 SGB X auf ein Jahr verkürzt.[833] Dies dient der Stärkung des Gegenwärtigkeitsprinzips von Grundsicherungsleistungen für die die Vierjahresfrist – zu Recht – als zu lang erachtet wurde.[834] Seit 1.8.2016 gilt eine verkürzte Rückgewährfrist (§ 40 Abs. 1 Satz 2 Nr. 1 SGB II: vier Jahre) auch bei der Überprüfung von Aufhebungs- und Erstattungsentscheidungen.[835] 939

Eine weitere, jedoch sehr restriktiv gehandhabte, Einschränkung erfährt § 44 SGB X durch § 40 Abs. 3 Satz 1 SGB II. Wenn die Voraussetzungen des § 44 SGB X nur deshalb vorliegen, weil der Verwaltungsakt auf einer Rechtsnorm beruht, die nach Erlass des Verwaltungsaktes vom BVerfG für nichtig oder für unvereinbar mit dem Grundgesetz erklärt worden ist (Nr. 1) oder die in ständiger Rechtsprechung anders als durch die Agentur für Arbeit ausgelegt worden ist (Nr. 2), so gel- 940

---
831 Vgl. BSG 9.11.2010 – B 4 AS 37/09 R.
832 BSG 7.5.2009 – B 14 AS 3/9 B; 1.6.2010 – B 4 AS 78/9 R.
833 Gleiches gilt für den Bereich des SGB XII mit § 116 a SGB XII.
834 BT-Drs. 17/3404, S. 114.
835 Diese waren bislang ohne Frist überprüfbar (vgl. BSG 29.11.2012 – B 14 AS 196/11 R).

ten nicht die Rechtsfolgen des § 44 SGB X. Vielmehr ist der Verwaltungsakt nur mit Wirkung für die Zeit nach der Entscheidung des BVerfG oder ab Bestehen der ständigen Rechtsprechung zurückzunehmen. § 40 Abs. 3 Satz 2 SGB II enthält eine ähnliche Regelung für die Fälle von Satzungen, die nach einer Ermächtigung, die § 22 a SGB II folgt, erlassen und vom LSG nach § 55 a Abs. 5 Satz 2 SGG für unwirksam erklärt wurde. Diese Unwirksamkeit gilt dann nur von der Entscheidung des LSG an.

941 Diese Regelungen, die nach der Fristverkürzung auf ein Jahr (§ 40 Abs. 1 Satz 2 Nr. 2 SGB II) ohnehin kaum noch praktische Bedeutung haben, sind insbesondere in der Alternative der „ständigen Rechtsprechung, die eine Vorschrift anders als durch den für die jeweilige Leistungsart zuständigen Träger der Grundsicherung für Arbeitsuchende auslegt" (§ 40 Abs. 3 Satz 1 Nr. 2 SGB II) relevant. Voraussetzung für die Anwendung der Vorschrift ist, dass eine generell gleiche Handhabung gleichgelagerter Fälle durch sämtliche Grundsicherungsträger gegeben ist. Dies dürfte allenfalls für den Bereich der Leistungen aus dem Rechtskreis der BA denkbar sein, da hier einheitliche Verwaltungsvorschriften bestehen. Im Bereich der kommunalen Leistungen, für den die Vorschrift zwar auch gilt,[836] ist eine solche bundeseinheitliche Handhabung kaum denkbar und wurde vom BSG daher auch für den Fall des (nach der Neufassung des Gesetzes nicht mehr relevanten) Warmwasserabzuges[837] und der Kostensenkungsaufforderung[838] entschieden, so dass hier eine rückwirkende Anwendung der Rechtsprechung möglich war. Eine „ständige Rechtsprechung" im Sinne der Vorschrift liegt nur bei einer Entscheidung des Revisionsgerichts vor, mehrere Entscheidungen von Instanzgerichten genügen nicht.[839] Es müssen jedoch auch nicht alle für den Fachbereich zuständigen Senate mit der Frage befasst gewesen sein.

b) Besonderheiten im Rahmen der §§ 45 und 48 SGB X

942 Eine weitere Besonderheit ordnet – über § 40 Abs. 2 Nr. 3 SGB II – § 330 Abs. 2 SGB III an, der das Ermessen der Grundsicherungsträger, welches im Rahmen des § 45 SGB X hinsichtlich „Ob" und „Wie" besteht, beseitigt und die Entscheidung zu einer gebundenen Entscheidung macht. Liegt mithin eine Bösgläubigkeit des Leistungsberechtigten vor, so hat der Grundsicherungsträger die Leistungen aufzuheben. Selbst in den Fällen, in denen der Leistungsbescheid nur deshalb rechtswidrig ist, weil der Grundsicherungsträger Angaben des bösgläubigen Leistungsempfängers nicht berücksichtigt hat, so hat er den Bescheid dennoch aufzuheben.[840]

943 Gleiches gilt über § 40 Abs. 2 Nr. 3 SGB II iVm § 330 Abs. 3 SGB III für die Fälle des § 48 SGB X. Auch hier kann abweichend von der eigentlichen Regelung des § 48 SGB X der Bescheid sowohl für die Zukunft als auch für die Vergangenheit, auch in atypischen Fällen, ohne jedes Ermessen zurückgenommen werden, wenn die Tatbestandsvoraussetzungen vorliegen.[841]

---

836 BSG 15.12.2010 – B 14 AS 61/9 R.
837 BSG 15.12.2010 – B 14 AS 61/9 R.
838 BSG 1.6.2010 – B 4 AS 78/9 R.
839 BSG 23.3.1995 – 11 RAr 71/94.
840 BSG 29.6.2000 – B 11 AL 253/99 B.
841 BSG 5.6.2003 – B 11 AL 70/2 R.

XI. Aufhebung und Erstattung

Eine weitere Besonderheit gilt für die vom Grundsicherungsträger gezahlten Beiträge für die Kranken- und Pflegeversicherung. Nach § 40 Abs. 2 Nr. 5 SGB II iVm § 335 Abs. 1 Satz 1 SGB III sind diese Beiträge zu erstatten, wenn die Leistungen rückwirkend vollständig aufgehoben wurden und die Leistungsberechtigung Grundlage für die Versicherungspflicht nach § 5 Abs. 1 Nr. 2 a SGB V war. Dies gilt nach § 335 Abs. 1 Satz 5 SGB III auch, soweit Beiträge nach § 26 SGB II an eine private Krankenversicherung übernommen wurden.   944

Hier besteht jedoch eine Einschränkung, die sich nicht unmittelbar aus dem Gesetz ergibt. § 335 Abs. 1 Satz 1 SGB III ist teleologisch zu reduzieren: Kommt der Leistungsberechtigte all seinen Obliegenheiten aus § 60 SGB I zur Mitteilung von Veränderungen nach, also bei pflichtgemäßem Handeln des Leistungsbeziehers, entfällt die Erstattungspflicht unabhängig davon, ob die Überzahlung durch den Grundsicherungsträger noch vermeidbar ist.[842]   945

Muster: Zufluss der Arbeitsentgeltzahlung für mehrere Monate in einem Monat – Rechtswidrige Aufhebung und Erstattung von Beiträgen für die Kranken- und Pflegeversicherung   946

Rechtsanwalt

(…)

(Datum)

An das

Sozialgericht (…)

(Anschrift)

K L A G E

des (…),

(Anschrift)

– K l ä g e r –

Prozessbevollmächtigter: Rechtsanwalt (…)

g e g e n

Jobcenter (…)

(Anschrift)

vertreten durch den Geschäftsführer

– B e k l a g t e r –

wegen Aufhebung und Erstattung von Beiträgen zur Kranken- und Pflegeversicherung vom 1.6.2016 bis 30.7.2016

Bescheid vom 15.7.2016

---

842 BSG 21.11.2002 – B 11 AL 79/01 R.

Namens und ausweislich der beigefügten Vollmacht des Klägers erhebe ich Klage und werde beantragen:

Der Bescheid des Beklagten vom 15.7.2016 in der Gestalt des Widerspruchsbescheides vom 7.9.2016 wird aufgehoben, soweit er Beiträge zur Kranken- und Pflegeversicherung aufhebt.

Zur Geltendmachung der Rechte des Klägers beantrage ich ferner,

dem Kläger Prozesskostenhilfe ab Klageerhebung zu bewilligen und den Unterzeichner beizuordnen.

Begründung:

I.

Der Kläger wendet sich gegen die Aufhebung und Erstattung von Beiträgen zur Kranken- und Pflegeversicherung.

Der Kläger beantragte am 12.1.2016 Leistungen zur Sicherung des Lebensunterhaltes nach dem SGB II. Dabei wies er darauf hin, dass ihm aus einem Rechtsstreit mit seinem ehemaligen Arbeitgeber ggf. noch Lohnnachzahlungen zufließen könnten, da dieser den Lohn für die Monate September bis Dezember 2015 nicht ausgezahlt hatte. Der Kläger erzielte aus seiner Erwerbstätigkeit ein monatlich festes Einkommen von 1.000 EUR netto bzw. 1.200 EUR brutto.

Beweis: Einkommensnachweise für die Monate September bis Dezember 2015 – Anlagen K1–K4

Der Beklagte bewilligte dem Kläger Leistungen zur Sicherung des Lebensunterhaltes mit Bescheid vom 25.1.2016 für den Zeitraum vom 1.1.2016 bis 30.6.2016. Zutreffend legte er dabei einen Gesamtbedarf des Klägers von 810 EUR zugrunde.

Beweis: Bescheid vom 25.1.2016 – Anlage K5

Dem Kläger floss aus einem Vergleich mit seinem ehemaligen Arbeitgeber eine Lohnnachzahlung, in Form des rückständigen Lohnes für die Monate Oktober 2015 bis Januar 2016, iHv 4.000 EUR am 13.5.2016 zu.

Beweis:
- Vergleich vor dem Arbeitsgericht (…) vom 23.4.2016 – Anlage K6
- Kontoauszug für Mai 2016 – Anlage K7

Der Kläger legte den Vergleich und den Kontoauszug dem Beklagten unverzüglich vor. Beides befindet sich in der Verwaltungsakte des Beklagten mit Eingangsstempel vom 16.5.2016.

Beweis: Bl. 46 und 47 Verwaltungsakte

Der Beklagte hörte den Kläger daraufhin zu Aufhebung von Leistungen sowie Beiträgen zur Kranken- und Pflegeversicherung für den Zeitraum vom 1.6.2016 bis 30.6.2016[843] mit Anhörungsschreiben vom 23.5.2016 an. Nach Ablauf der Anhörungsfrist hob er den Bescheid vom 24.1.2016 mit Bescheid vom 15.7.2016 für den Zeitraum vom 1.6.2016 bis 30.6.2016 vollständig auf. Dabei wurde für einen Monat der Freibetrag nach § 11 b

---

843 Aufgrund der Vorschrift des § 11 Abs. 3 Satz 3 SGB II verschiebt sich der Aufhebungszeitraum auf einen Monat nach Zufluss, da hier Leistungen für den Zuflussmonat bereits gezahlt wurden.

SGB II abgesetzt. Er berücksichtigte im Rahmen der Erstattung § 40 Abs. 9 Satz 1 SGB II.[844]

Beweis: Bescheid vom 15.7.2016 – Anlage K8

Hiergegen erhob der Kläger Widerspruch mit Schreiben vom 3.8.2016. Er begründete dies damit, dass er insbesondere eine Erstattung von Beiträgen zur Kranken- und Pflegeversicherung nicht nachvollziehen könne. Der Beklagte wies den Widerspruch mit Widerspruchsbescheid vom 7.9.2016 zurück. Er habe sämtliche erbrachten Leistungen zu erstatten. Hiervon seien auch die Beiträge für die Kranken- und Pflegeversicherung umfasst.

Beweis:
- Widerspruch vom 3.8.2016 – Anlage K9
- Widerspruchsbescheid vom 7.9.2016 – Anlage K10

Hiergegen richtet sich die Klage.

II.

Gegenstand der Klage ist der Bescheid des Beklagten vom 15.7.2016 in der Gestalt des Widerspruchsbescheides vom 7.9.2016, soweit darin eine volle Aufhebung des Bescheides vom 25.1.2016 verfügt ist und insbesondere Beiträge zur Kranken- und Pflegeversicherung für den Zeitraum vom 1.6.2011 bis 30.6.2016 aufgehoben wurden.

Zunächst ist zu berücksichtigen, dass das aufgrund des gerichtlichen Vergleiches nachgezahlte Arbeitsentgelt unzutreffend berücksichtigt wurde. Hierbei handelte es sich um rückständigen Lohn aus vier Monaten. Der Beklagte hat die Absetzbeträge gem. § 11 b SGB II jedoch nur für einen Monat abgesetzt. Da das dem Kläger im Monat Mai ausgezahlte Arbeitsentgelt in mehreren Monaten erarbeitetet wurde, ist das Einkommen um den Grundfreibetrag für jeden dieser Monate gesondert zu bereinigen.[845] Es ergibt sich mithin eine zu berücksichtigende Einnahme von 2.800 EUR (1.000 EUR pro Monat abzgl. Freibeträge nach § 11 b SGB II von insgesamt 300 EUR x 4 Monate). Diese bereinigte Einnahme ist sodann entsprechend § 11 Abs. 3 Satz 4 auf einen Zeitraum von sechs Monaten gleichmäßig aufzuteilen, da andernfalls der Leistungsanspruch des Klägers im streitigen Zeitraum bei einer Anrechnung in nur einem Monat vollständig entfallen würde. Es ergibt sich damit ein anzurechnendes Einkommen von 466,67 EUR monatlich.

Demgemäß sind auch die Beiträge für die Kranken- und Pflegeversicherung nicht zu erstatten. Ermächtigungsgrundlage dafür ist § 40 Abs. 2 Nr. 5 SGB II iVm § 335 Abs. 1 Satz 1 SGB III. Nach dieser Vorschrift hat der Leistungsberechtigte Beiträge zur gesetzlichen Kranken- und Pflegeversicherung zu ersetzten, soweit diese durch den Grundsicherungsträger gezahlt und die Leistungen rückwirkend aufgehoben und zurückgefordert wurden. Dies gilt jedoch nicht, wenn in einem Kalendermonat für mindestens einen Tag rechtmäßig ALG II gewährt wurde. Da dem Kläger trotz der erzielten Einnahme ein Leistungsanspruch verbleibt, sind die Voraussetzungen nicht erfüllt.

---

844 Mit Wirkung zum 1.1.2017 ist § 40 Abs. 9 SGB II aufgehoben.
845 BSG 17.7.2014 – B 14 AS 25/13 R.

B. Besonderer Teil

Der Bescheid ist insoweit aufzuheben.[846]

III.

Wie sich aus der beigefügten Erklärung zu den persönlichen und wirtschaftlichen Verhältnissen ergibt, kann der Kläger die Kosten der Prozessführung nicht aufbringen (§ 73 a SGG iVm § 114 ZPO). Da die Klage – wie ausgeführt – Aussicht auf Erfolg hat und nicht mutwillig ist, ist der Antrag auf Prozesskostenhilfe ebenfalls begründet.

(...)

Rechtsanwalt

c) Problematische Anwendungsfälle

947 Bevor nunmehr auf einige wiederkehrende Probleme des materiellen Rechts eingegangen werden soll, sei an diese Stelle noch eine Kontroverse aufgezeigt, die stets eine Rolle im Rahmen der Anfechtung von Aufhebungs- und Erstattungsbescheiden im Grundsicherungsrecht spielt, nämlich die Frage nach dem Prüfungsumfang.

948 Wie bereits dargestellt, setzt sich die Berechnung des Leistungsanspruches aus dem Bedarf, welcher meist aus Regelleistung, ggf. Mehrbedarfen und (anteiligen) Kosten der Unterkunft besteht, unter Abzug des bereinigten Einkommens zusammen. Fraglich ist nun, ob es bei einer Teilaufhebung, die bspw. auf der (erhöhten) Anrechnung von Einkommen beruht, eine zulässige Verteidigung darstellt, dass zwar das (erhöhte) Einkommen korrekt ermittelt und angerecht wurde, jedoch bspw. zu geringe Kosten der Unterkunft bewilligt wurden, so dass sich die Rückforderung aus diesem Grund verringern würde, da der neu berechnete Leistungsanspruch höher ausfiele.

949 Nach eA ist solch ein Einwand untunlich. Es erfolgt keine weitere Überprüfung dahin, ob die übrigen Berechnungselemente korrekt ermittelt wurden. Die ursprüngliche Bewilligung ist danach bestandskräftig, soweit sie nicht durch den Aufhebungs- und Erstattungsbescheid aufgehoben wurde.[847] Allerdings wird man dann, wenn im Rahmen des Widerspruchs gegen die Aufhebung Einwendungen geltend gemacht werden, welche die ursprüngliche Bewilligung betreffen, diese zumindest als Antrag nach § 44 SGB X betrachten können,[848] freilich unter Berücksichtigung der Einschränkungen, welche zu § 44 SGB X bereits behandelt wurden.

950 Nach aA ist jeweils die vollständige Neuberechnung zu überprüfen, so dass der Kläger mit einem solchen Einwand zu hören und die Rückforderung zu verringern wäre.[849]

---

846 Für „Altfälle", bei denen eine endgültige Festsetzung nach vorläufiger Bewilligung streitig ist, kommt eine Erstattung der Beiträge zur Kranken- und Pflegeversicherung nach § 40 Abs. 1. Satz 2 Nr. 1 a SGB II a.F. iVm § 328 Abs. 3 S. 2 SGB III nicht in Betracht, da nach dem Wortlaut des Gesetzes nur die erbrachten „Geldleistungen" iSv § 328 Abs. 1 Satz 1 SGB III zu erstatten sind (vgl. LSG Sachsen 22.5.2014 – L 3 AS 600/12). Geldleistungen sind SGB II-Barleistungen an den Berechtigten, ggf. auch an Dritte. Beiträge zur Kranken- und Pflegeversicherung sind keine Geldleistungen und fallen deshalb nicht unter § 328 SGB III. Mit der gesetzlichen Neuregelung zum 1.8.2016 findet § 41 a SGB II Anwendung, der auf Überzahlungen bei den abschließend bewilligten Leistungen abstellt (§ 41 a Abs. 6 SGB II).
847 LSG Sachsen-Anhalt 25.11.2010 – L 5 AS 39/08 unter Bezugnahme auf BSG 30.9.2008 – B 4 AS 29/07 R.
848 LSG Sachsen-Anhalt 1.3.2012 – L 5 AS 339/09.
849 Dies legt bspw. das Urt. des BSG 15.12.2010 – B 14 AS 92/09 R nahe.

XI. Aufhebung und Erstattung

Aufgrund dieser Kontroverse sollte im gerichtlichen Verfahren die Anfechtung eines Aufhebungsbescheides nicht ausschließlich auf die Begründung gestützt werden, dass der Leistungsanspruch ohnehin bereits zu niedrig berechnet worden sei und daher die Rückforderung zu reduzieren wäre. 951

aa) KdU-Endabrechnung

Nicht selten bereitet den Grundsicherungsträgern die Endabrechnung von Nebenkosten Schwierigkeiten, obwohl diese Fragen durch das BSG bereits hinlänglich geklärt sind. 952

Eine Betriebskostenendabrechnung, welche eine Nachzahlungspflicht enthält, stellt eine nach § 48 Abs. 1 Satz 1 Nr. 1 SGB X wesentliche Änderung der KdU zugunsten des Leistungsberechtigten dergestalt dar, dass die Höhe des Nachzahlungsbetrages zu den Kosten der Unterkunft im Fälligkeitsmonat gehört. Ein gesonderter Antrag zur Geltendmachung dieser höheren KdU bedarf es nicht. Ein solcher Antrag ist im Erstantrag auf Leistungen enthalten.[850] 953

Insbesondere ist hervorzuheben, dass eine Betriebskostenendabrechnung absolut keinen Einfluss auf die bereits im Rahmen der KdUH gezahlten Betriebskostenvorauszahlungen aus dem Abrechnungszeitraum hat und damit eine – wie auch immer geartete – nachträgliche Überrechnung vollständig zu unterbleiben hat.[851] Enthält die Endabrechnung eine Nachzahlungspflicht, ist sie im Rahmen der o.g. Grundsätze als aktueller Bedarf im Fälligkeitsmonat zu übernehmen (es sei denn sie beruht nicht auf einem Mehrverbrauch, sondern auf einer unzureichenden Weiterreichung der bewilligten KdU an den Energieversorger; oder es handelt sich um Nebenkostennachforderungen für eine Wohnung, die erst fällig geworden sind, nachdem diese nicht mehr bewohnt wird, und deren tatsächliche Entstehung nicht auf Zeiten der Hilfebedürftigkeit zurückgeht).[852] Enthält die Endabrechnung ein Guthaben, so ist dieses sich aus der Abrechnung ergebende Guthaben – und nur dieses – im Rahmen des § 22 Abs. 3 SGB II anzurechnen. Jedes andere Vorgehen ist fehlerhaft. Oftmals findet man in den Akten „wilde Berechnungen", die die insgesamt im Abrechnungszeitraum angefallenen Betriebskosten den tatsächlich gezahlten Vorauszahlungen gegenüberstellen und so teilweise sogar aus Endabrechnungen, welche eine Nachzahlung enthalten, ein Guthaben errechnen, welches im Rahmen eines Rückforderungsbescheides geltend gemacht wird. Ein solches Vorgehen ist grob rechtswidrig. Auch die durch diese Methode ermittelten höheren Guthaben als diejenigen die sich aus der Abrechnung ergeben, sind fehlerhaft ermittelt. Bislang war mit der BSG-Rechtsprechung auch nicht danach zu fragen, woraus die Rückzahlung resp. das Guthaben rührt.[853] Auch etwaige Mehrzahlungen der Leistungsberechtigten, zB bei Deckelung auf die Angemessenheit durch das Jobcenter und eigenständige Zahlung des Differenzbetrages durch den Leistungsberechtigten, blieben unberücksichtigt. Der Gesetzgeber erachtet dies für unbillig und hat mit der Neufassung des § 22 Abs. 3 SGB II zum 1.8.2016 klargestellt, dass der Betrag der Rückzahlung anrechnungsfrei bleibt, der sich auf Kosten 954

---

850 BSG 22.3.2010 – B 4 AS 62/09 R.
851 BSG 2.7.2009 – B 14 AS 36/08 R.
852 BSG 25.6.2015 – B 14 AS 40/14 R.
853 Vgl. nur BSG 12.12.2013 – B 14 AS 83/12 R.

für Haushaltsenergie oder nicht anerkannte Bedarfe für Unterkunft und Heizung bezieht.[854]

955 **Muster: Aufhebung und Erstattung wegen Anrechnung eines Guthabens aus Betriebskostenabrechnung**

Rechtsanwalt

(...)

(Datum)

An das

Sozialgericht (...)

(Anschrift)

KLAGE

des (...),

(Anschrift)

vertreten durch den Geschäftsführer

– K l ä g e r –

Prozessbevollmächtigter: Rechtsanwalt (...)

g e g e n

Jobcenter (...)

(Anschrift)

– B e k l a g t e r –

wegen Aufhebung und Erstattung von Leistungen zur Sicherung des Lebensunterhaltes nach dem SGB II für die Zeit vom 1.2.2017 bis 28.2.2017

Bescheid vom 5.3.2017

Namens und ausweislich der beigefügten Vollmacht des Klägers erhebe ich Klage und werde beantragen:

Der Bescheid des Beklagten vom 5.3.2017 in der Gestalt des Widerspruchsbescheides vom 20.4.2017 wird aufgehoben.

Zur Geltendmachung der Rechte des Klägers beantrage ich ferner,

dem Kläger Prozesskostenhilfe ab Klageerhebung zu bewilligen und den Unterzeichner beizuordnen.

Begründung:

I.

Der Kläger wendet sich gegen die Aufhebung und Erstattung von Leistungen zur Sicherung des Lebensunterhaltes nach dem SGB II.

Der Kläger bezieht seit dem 1.2.2013 laufend Leistungen zur Sicherung des Lebensunterhaltes nach dem SGB II. Er bewohnt eine 43 m² große Wohnung, für die er eine Grund-

---

[854] Vgl. BT-Drs. 18/8041, S. 40.

XI. Aufhebung und Erstattung

miete von 275 EUR sowie Vorauszahlungen für Nebenkosten von 70 EUR und für Heizkosten von 80 EUR zu zahlen hat.

Beweis:
- Mietvertrag vom 15.5.2012 – Anlage K1
- Betriebskostenabrechnung 2015 – Anlage K2

Bereits seit August 2014 gewährt der Beklagte nur Kosten der Unterkunft in nach seiner Auffassung angemessener Höhe von 400 EUR, wobei die Grundmiete und die Nebenkosten in voller Höhe und die Heizkosten in Höhe von 55 EUR berücksichtigt werden. Mit Bescheid vom 20.1.2017 bewilligte der Beklagte dem Kläger Leistungen nach dem SGB II für den Zeitraum vom 1.2.2017 bis 31.7.2017.

Beweis: Bescheid vom 20.1.2017 – Anlage K3

Der Kläger erhielt am 8.2.2017 eine Endabrechnung über seine Heizkosten für den Zeitraum 1.1.2016 bis 31.12.2016. Hieraus ergab sich ein Guthaben in Höhe von 63 EUR. Dieses wurde im Februar 2017 auf die Vorauszahlungen angerechnet. Der Kläger legte dies dem Beklagten unverzüglich vor.

Beweis: Endabrechnung vom 8.2.2017 – Anlage K4

Zu finden mit Eingangsstempel des Beklagten vom 10.2.2017 – Bl. 356 Verwaltungsakte

Nachdem sie den Kläger zur Aufhebung seiner Leistungen über den Betrag von 63 EUR für Februar 2017 anhörte, tat sie dies sodann mit Bescheid vom 5.3.2017.

Beweis: Bescheid vom 5.3.2017 – Anlage K5

Hiergegen erhob der Kläger Widerspruch unter dem 10.3.2017 mit der Begründung, dass ein Guthaben, welches dem Beklagten zustünde, nicht vorliege. Er habe die Differenz der gewährten zu den tatsächlichen Vorauszahlungen stets selbst gezahlt. Daher stehe ihm dieses Guthaben zu.

Beweis: Widerspruch vom 10.3.2017 – Anlage K6

Der Beklagte wies den Widerspruch mit Widerspruchsbescheid vom 20.4.2017 zurück. Er begründete dies damit, dass ein sich entsprechendes Guthaben ergeben habe, dass dem Kläger im Februar 2017 auf die Vorauszahlungen angerechnet worden sei und damit als zugeflossen gelte.

Beweis: Widerspruchsbescheid vom 20.4.2017 – Anlage K7

Hiergegen richtet sich die Klage.

II.

Gegenstand der Klage ist der Bescheid des Beklagten vom 5.3.2017 in der Gestalt des Widerspruchsbescheides vom 20.4.2016, mit welchem Leistungen nach dem SGB II für die Zeit vom 1.2.2017 bis 28.2.2017 in Höhe von 63 EUR aufgehoben wurden. Der Bescheid ist rechtswidrig und verletzt den Kläger in seinen Rechten.

Ermächtigungsgrundlage ist § 40 Abs. 1 SGB II iVm § 330 Abs. 3 SGB III, § 48 Abs. 1 SGB X, da der Bewilligungsbescheid vom 20.1.2017 ursprünglich rechtmäßig war.

Eine nachträgliche Änderung der Verhältnisse ist jedoch zunächst gerade nicht im Aufhebungszeitraum 1.2.2017 bis 28.2.2017 eingetreten. Vielmehr ordnet § 22 Abs. 3 SGB II an, dass Rückzahlungen und Guthaben, die dem Bedarf für Unterkunft und Heizung zuzuordnen sind, die Aufwendungen für Unterkunft und Heizung nach dem Monat der Rückzahlung oder der Gutschrift mindern. Der Monat der Gutschrift war Februar 2017, sodass eine Anrechnung im März 2017 zu erfolgen hätte.[855]

Darüber hinaus scheidet eine Aufhebung schon deshalb aus, da dem Kläger selbst das erwirtschaftete Guthaben zusteht. Der Kläger hat im gesamten Abrechnungszeitraum die Differenz von 25 EUR monatlich zwischen den tatsächlichen und den von dem Beklagten berücksichtigten Unterkunftskosten selbst gezahlt. Nach § 22 Abs. 3 SGB II bleiben Gutschriften oder Rückzahlungen, die sich auf nicht anerkannte Aufwendungen beziehen, außer Betracht. Daher kommt eine Minderung des Bedarfes für die Unterkunftskosten nicht in Betracht.

Da aber ohnehin der falsche Monat der Aufhebung gewählt wurde, ist der Bescheid vollständig aufzuheben.

III.

Wie sich aus der beigefügten Erklärung zu den persönlichen und wirtschaftlichen Verhältnissen ergibt, kann der Kläger die Kosten der Prozessführung nicht aufbringen (§ 73 a SGG iVm § 114 ZPO). Da die Klage – wie ausgeführt – Aussicht auf Erfolg hat und nicht mutwillig ist, ist der Antrag auf Prozesskostenhilfe ebenfalls begründet.

(...)
Rechtsanwalt

bb) Vorrang von Erstattungsansprüchen

956 Von Grundsicherungsträgern wird die Erfüllungsfiktion des § 107 SGB X gern übersehen. Denn wenn ein Erstattungsanspruch gegen einen anderen Sozialleistungsträger besteht, führt die Erfüllungsfiktion dazu, dass der Leistungsberechtigte nicht etwas zu viel ALG II erhalten hätte, sondern dass das zu viel erhaltene ALG II wie der Erhalt der Sozialleistung behandelt wird, die ihm eigentlich zugestanden hätte. Eine Aufhebung von Leistungen kommt daher nicht mehr in Betracht.[856]

4. Besonderheiten bei der Erstattung (§ 50 SGB X)

957 Die Vorschrift des § 40 Abs. 9 SGB II ordnet bis 31.12.2016 eine Abweichung von § 50 SGB X an. Danach sind in den Fällen einer vollständigen Aufhebung nach §§ 45 oder 48 SGB X außer in den Fällen der § 45 Abs. 2 Satz 3 SGB X und § 48 Abs. 1 Satz 2 Nr. 2 und 4 SGB X dem Leistungsberechtigten 56 % der ursprünglichen KdU, jedoch ohne die Heizkosten, zu belassen. Gesetzlich ausgeschlossen sind mithin die Fälle, in denen der Leistungsberechtigte bösgläubig war. Diese Vorschrift wurde mit Wirkung vom 1.1.2017 gestrichen. Hintergrund ist, dass mit Wirkung zum 1.1.2016 nach § 8 Abs. 1 Satz 3 Nr. 3 WoGG gesetzlich klargestellt wird, dass für Personen der Ausschluss vom Wohngeld entfällt und sodann Wohngeld auch nachträglich beantragt werden kann, wenn die das Wohngeld zunächst ausschließende SGB II-Bewilligung aufgehoben wird.

---

855 Dieser Zusatz in § 22 Abs. 3 SGB II ist zum 1.8.2016 eingeführt worden. Für nach alter Rechtslage zu beurteilende Fälle greift dieser Einwand nicht. Das BSG hat hierzu entscheiden, dass nicht darauf abzustellen ist, von wem konkret die Betriebskostenvorauszahlung in der Vergangenheit aufgebracht worden ist und auf wen demgemäß der zurückerstattete Betrag entfällt (vgl. nur BSG 12.12.2013 – B 14 AS 83/12 R).
856 BSG 29.4.1997 – 8 RKn 29/95.

Muster: Minderung des Erstattungsbetrages – 56 % der bei der Berechnung des Arbeitslosengeldes II und des Sozialgeldes berücksichtigten Bedarfe für Unterkunft sind nicht zu erstatten (§ 40 Abs. 9 (zuvor Abs. 4) SGB II)[857]

958

Rechtsanwalt

(...)

An das

Jobcenter

(...)

(Datum)

(Anschrift)

Widerspruch

des (...),

(Anschrift)

Prozessbevollmächtigter: Rechtsanwalt (...)

gegen den Bescheid vom 5.10.2015, mit welchem Leistungen für den Zeitraum vom 1.7.2015 bis 30.9.2015 aufgehoben wurden.

Namens und ausweislich der beigefügten Vollmacht beantrage ich,

den Bescheid vom 5.10.2015 iHv 588 EUR aufzuheben.

Begründung:

I.

Der Widerspruchsführer wendet sich gegen die vollständige Aufhebung und Erstattung von Leistungen für den Zeitraum 1.7.2015 bis 30.9.2015.

Der Widerspruchsführer zahlt für seine 38 m² große Wohnung einen Mietzins von 300 EUR, sowie Vorauszahlungen auf Nebenkosten von 50 EUR und auf Heizkosten von weiteren 50 EUR.

Beweis:
- Mietvertrag – Anlage W1
- Nebenkostenabrechnung 2014 – Anlage W2

Dem Widerspruchsführer wurden mit Bescheid vom 20.6.2015 Leistungen zu Sicherung des Lebensunterhaltes für den Zeitraum 1.7.2015 bis 31.12.2015 bewilligt.

Beweis: Bescheid vom 20.6.2015 – Anlage W3

Dem Widerspruchsführer floss am 25.7.2015 ein Gewinn aus einem Preisausschreiben iHv 6.400 EUR zu.

Beweis: Kontoauszug Juli 2015 – Anlage W4

Dies teilte der Widerspruchsführer auch unverzüglich mit Schreiben vom 28.7.2015 mit.

Beweis: Schreiben vom 28.7.2015 – Verwaltungsakte Bl. 456 mit Eingangsstempel 29.7.2015

---

857 Mit Wirkung zum 1.1.2017 ist § 40 Abs. 9 SGB II aufgehoben. Die Vorschrift hat insoweit nur noch Relevanz für „Altfälle".

Nachdem der Widerspruchsführer zur Aufhebung und Erstattung seiner Leistungen für den Zeitraum 1.7.2015 bis 30.9.2015 angehört wurde, wurde diese Aufhebung mit Bescheid vom 5.10.2015 verfügt und der Widerspruchsführer zur Erstattung aufgefordert. Der Bescheid wurde auf § 48 Abs. 1 Satz 2 Nr. 3 SGB X gestützt und wies auf die Anrechenbarkeit des Einkommens nach § 11 Abs. 3 SGB II hin. Das Einkommen sei als Einmaleinkommen auf einen Zeitraum von sechs Monaten ab dem Juli 2015 zu verteilen.
Beweis: Bescheid vom 5.10.2015 – Anlage W5
Hiergegen richtet sich der Widerspruch.

II.
Gegenstand des Widerspruchs ist der Bescheid vom 5.10.2015, mit dem Leistungen für den Zeitraum vom 1.7.2015 bis 30.9.2015 aufgehoben und der Widerspruchsführer zur Erstattung aufgefordert wurde. Der Bescheid ist rechtswidrig und verletzt den Widerspruchsführer in seinen Rechten.

Ermächtigungsgrundlage für die Aufhebung ist § 48 Abs. 1 Nr. 3 SGB X iVm § 40 Abs. 2 Nr. 3 SGB II und § 330 SGB III. Zunächst war der Bescheid ursprünglich rechtmäßig, weshalb nur § 48 SGB X in Betracht kommt. Auch kommt nur § 48 Abs. 1 Nr. 3 SGB X in Betracht, da der Widerspruchsführer die Voraussetzung von Nr. 1 offensichtlich nicht erfüllt. Er ist seiner Pflicht aus § 60 SGB I nachgekommen und hat die Änderung in seinen Einkommensverhältnissen unverzüglich mitgeteilt.

Die übrigen Aufhebungsvoraussetzungen liegen vor.

Jedoch hat der Widerspruchsführer nicht den gesamten Betrag nach § 50 Abs. 1 SGB X zu erstatten. Nach dieser Vorschrift sind erbrachte Leistungen zu erstatten, soweit ein Verwaltungsakt aufgehoben wurde. Sie wird jedoch durch § 40 Abs. 9 (zuvor Abs. 4) SGB II modifiziert. Abweichend von § 50 SGB X sind 56 % der bei der Berechnung des Arbeitslosengeldes II und des Sozialgeldes berücksichtigten Bedarfe für Unterkunft nicht zu erstatten. Dies gilt nicht in den Fällen des § 45 Abs. 2 Satz 3 SGB X, des § 48 Abs. 1 Satz 2 Nr. 2 und 4 SGB X sowie in Fällen, in denen die Bewilligung lediglich teilweise aufgehoben wird.

Vorliegend kann die Aufhebung jedoch nur auf § 48 Abs. 1 Nr. 3 SGB X gestützt werden. Auch liegt keine Teilaufhebung vor. Mithin sind dem Widerspruchsführer 56 % der Bruttokaltmiete zu belassen. Dies sind vorliegend 588 EUR. Um diesen Betrag ist die Rückforderungssumme zu reduzieren.

(...)
Rechtsanwalt

959 Hinzuweisen ist noch auf § 40 Abs. 6 SGB II, der vorsieht, dass erhaltene Gutscheine im Rahmen des Teilhabepaketes in Geld zu erstatten sind, es sei denn, sie wurden noch nicht gebraucht, dann sind die Gutscheine zurück zu geben. Eine Erstattung von Teilhabeleistungen (§ 28 SGB II) entfällt allerdings, wenn die Aufhebungsentscheidung allein wegen dieser Leistung zu treffen wäre. Mithin also in den Fällen, in denen sich im Nachhinein herausstellt, dass die Voraussetzungen der Leistungen nach § 28 SGB II nicht vorlagen, oder wenn die Teilhabeleistungen wegen höherem Einkommen aufzuheben sind, welches die Bedarfe des § 28 SGB II entsprechend der Vorschrift des § 19 SGB II nunmehr deckt.[858]

5. Aufrechnung

Da die Vollstreckung aus Erstattungsbescheiden oder sonstigen Rückzahlungsverpflichtung gegen Leistungsberechtigte oftmals fruchtlos verlaufen wird, sind Möglichkeiten der Aufrechnung für die Jobcenter besonders wichtig. Der Gesetzgeber hat mit § 42 a Abs. 2 und § 43 SGB II den gesetzlichen Rahmen für die Aufrechnungen geschaffen. Ob eine Aufrechnung erfolgen soll, hat das Jobcenter durch pflichtgemäße Ausübung seines Ermessens zu bestimmen. Wegen der Entscheidung des BVerfG[859] muss bei einer gesetzlich grds. zusätzlichen Aufrechnung wohl dennoch im Einzelfall geprüft werden, ob die Regelbedarfsleistung so hoch bemessen ist, dass tatsächlich entsprechende Spielräume für Rückzahlungen bestehen (vgl. hierzu auch Rn. 560 f.). 960

a) Aufrechnung nach Darlehensgewährung

Die Darlehensgewährung und ihre Rückabwicklung haben in § 42 a SGB II eine umfassende Regelung erfahren. 961

§ 42 a Abs. 2 SGB II ordnet an, dass Darlehen ab dem 1. des Monats der auf die Darlehenszahlung folgt, in Höhe von 10 % des maßgebenden Regelbedarfes auf die Leistungen angerechnet werden. Dies gilt nicht für Darlehen, die zur Sicherung des Lebensunterhaltes geleistet werden. Hingegen gilt die Regelung auch für Mietkautionsdarlehen. Die Aufrechnung kann nur mit Ansprüchen des Darlehensnehmers selbst erfolgen, nicht mit solchen der sonstigen Mitglieder der Bedarfsgemeinschaft (§ 42 a Abs. 1 Satz 3 SGB II). 962

Die Aufrechnung hat in den übrigen Fällen gegenüber dem Leistungsberechtigten durch Erklärung mittels schriftlichem Verwaltungsakt zu erfolgen (§ 42 a Abs. 2 Satz 3 SGB II). 963

Bei nicht sofort verwertbarem Vermögen ist das Darlehen sofort und in voller Höhe nach Verwertung fällig (§ 24 Abs. 5 Satz 1, § 42 a Abs. 3 SGB II). Bei Darlehen an Auszubildende sind diese nach Abschluss der Ausbildung fällig (§ 27 Abs. 3, § 42 a Abs. 5 SGB II). 964

Soweit ein Mietkautionsdarlehen noch nicht bereits durch die Aufrechnung nach § 42 a Abs. 2 SGB II getilgt ist, wird der Rest bei Rückzahlung sofort und in voller Höhe fällig, unabhängig davon, ob noch um Teile der Rückzahlung zwischen Mieter und Vermieter gestritten wird.[860] 965

Bleiben – nach Vermögensverwertung bzw. Kautionsrückzahlung durch den Vermieter – weiter ungedeckte Forderungen, soll hierüber mit dem Leistungsberechtigten eine Vereinbarung über die restliche Tilgung getroffen werden (§ 42 a Abs. 3 966

---

858 Der Sinn dieser Vorschrift mag – bei allem Verständnis für die Notwendigkeit von Teilhabeleistungen – insbesondere in Fällen, in denen ursprüngliche Rechtswidrigkeit und ggf. Bösgläubigkeit vorliegt, gerade vor dem Hintergrund steuerfinanzierter Leistungen, nicht einleuchten.
859 BVerfG 23.7.2014 – 1 BvL 10/12, 1 BvL 12/12, 1 BvR 1691/13 – Rn. 116.
860 Beachte aber BSG 25.6.2015 – B 14 AS 28/14 R: Die im SGB II zum 1.4.2011 eingeführte Aufrechnungsregelung für Darlehen gilt jedenfalls nicht für Mietkautionsdarlehen, die vor diesem Zeitpunkt ausgezahlt wurden.

Satz 2 SGB II).[861] Die Vorschrift kann als Totgeburt betrachtet werden, da sich der Leistungsberechtigte einer Vereinbarung nur zu verschließen braucht und dann zwar weitere Fälligkeit besteht, die auch durch Verwaltungsakt festgestellt werden kann, jedoch eine Vollstreckung in SGB II-Leistungen nach §§ 54, 55 SGB I (ab 1.1.2012: § 850 k ZPO) iVm § 850 f ZPO ausscheidet.[862] Eine Ausnahme gilt nach dem Gesetzeswortlaut nur für Mietkautionsdarlehen. Hier kann weiter nach § 42 a Abs. 2 SGB II aufgerechnet werden.

967 Endet der Leistungsbezug, ist die Rückzahlung sofort und in voller Höhe fällig (§ 42 a Abs. 4 SGB II). Dies gilt auch bei bloßem Zuständigkeitswechsel zwischen örtlich zuständigen Trägern, da dem alten Träger eine weitere Aufrechnungsmöglichkeit dann genommen ist.

968 § 42 a Abs. 6 SGB II regelt schließlich die Reihenfolge der Anrechnung von Tilgungsleistungen bei mehreren Darlehen (zuerst auf das älteste). Abweichende Tilgungsbestimmungen sind zwar grds. möglich, jedoch sind deren Voraussetzungen zweifelhaft.[863]

b) Aufrechnung bei Erstattungsansprüchen

969 Wesentlich höhere Bedeutung hat die Vorschrift des § 43 SGB II, welcher die Aufrechnung bei Erstattungsansprüchen regelt.

970 Vergleichbare Regelungen finden sich in § 26 Abs. 2 bis 4 SGB XII.

971 Die Vorschrift regelt gegenüber den allgemeinen Aufrechnungsregeln des § 51 SGB I erleichterte Voraussetzungen. Ergänzend kann – soweit Regelungslücken bestehen – auf die Voraussetzungen der §§ 387 ff. BGB zurückgegriffen werden.[864]

972 Voraussetzung ist daher allgemein eine Aufrechnungslage, d.h. es müssen sich gleichartige Ansprüche gegenüberstehen. Ferner muss die Gegenforderung (Forderung des Grundsicherungsträgers gegen den Leistungsberechtigten) fällig sein, die Hauptforderung (die des Leistungsberechtigten gegen den Grundsicherungsträger) muss erfüllbar sein. Schließlich muss eine Aufrechnungserklärung vorliegen. Dies wird durch § 43 Abs. 1 SGB II insoweit ergänzt, als dass es sich bei der Gegenforderung um eine solche des Grundsicherungsträgers handeln muss, welche in Abs. 1 genauer bezeichnet werden. Bei der Hauptforderung muss es sich um einen Anspruch auf Leistungen zu Sicherung des Lebensunterhaltes nach dem SGB II handeln. § 43 Abs. 2 SGB II enthält schließlich Begrenzungen zur Höhe.

973 Mit § 43 Abs. 3 SGB II wird die Zulässigkeit einer Aufrechnung begrenzt: Eine Aufrechnung ist hiernach nicht zulässig für Zeiträume, in denen der Auszahlungsanspruch wegen einer Sanktion nach § 31 b Abs. 1 Satz 1 SGB II um mindestens 30 % des maßgebenden Regelbedarfs gemindert ist. Sofern die Minderung des Auszahlungsanspruchs geringer ist (zB beim Meldeversäumnis), ist die Höhe der Aufrechnung auf die Differenz zwischen dem Minderungsbetrag und 30 % des maßgebenden Regelbedarfs begrenzt.

974 Aus den in Abs. 1 genannten aufrechnungsfähigen Gegenforderungen sind insbesondere Erstattungsansprüche bei zunächst vorläufiger, dann aber endgültiger Be-

---

861 Öffentlich-rechtlicher Vertrag nach § 53 SGB X.
862 Schlegel/Voelzke/*Bittner* jurisPK-SGB II, 4. Aufl. 2015, § 42 a Rn. 61.
863 Schlegel/Voelzke/*Bittner* juris-PK SGB II, 4. Aufl. 2015, § 42 a Rn. 72 ff.
864 BSG 24.7.2003 – B 4 RA 60/02 R; 18.2.1992 – 13/5 RJ 61/90.

willigungen nach § 41 a Abs. 6 Satz 3 SGB II, sowie Ansprüche aus § 50 SGB X und § 34 und vor allem § 34 a SGB II von Bedeutung. Da Widerspruch und Klage gegen Erstattungs- und Ersatzansprüche aufschiebende Wirkung haben, kann eine Aufrechnung nicht erfolgen, wenn und soweit ein solcher Anspruch noch nicht bestandskräftig ist. Eine Ausnahme gilt nur dann, wenn die Behörde die sofortige Vollziehbarkeit nach § 86 a Abs. 2 Nr. 5 SGG anordnet.

Ferner muss es sich um gegenseitige Ansprüche handeln. Dies entfällt insbesondere bei Ansprüchen des kommunalen Trägers, aus dessen Zuständigkeitsbereich der Leistungsberechtigte zieht. Hier bleiben für den neuen zuständigen Träger allenfalls die Verrechnungsmöglichkeiten des § 52 SGB I. Unzulässig sind damit auch Aufrechnungen gegen nicht erstattungspflichtige Mitglieder der Bedarfsgemeinschaft.[865] 975

Nach § 43 Abs. 4 Satz 1 SGB II muss die Aufrechnung durch schriftlichen Verwaltungsakt erklärt werden. Dieser muss hinreichend bestimmt sein (§ 33 SGB X), mithin Dauer und Höhe der Aufrechnung bezeichnen. Ferner muss er die anzustellenden Ermessenserwägungen erkennen lassen (§ 35 Abs. 1 Satz 3 SGB X). Widerspruch und Klage gegen diesen Bescheid haben aufschiebende Wirkung. 976

Die Höhe der Aufrechnung hängt nach Abs. 2 von der Art der Forderung ab. So kann mit 10 % des maßgebenden (nicht tatsächlich gezahlten) Regelbedarfs aufgerechnet werden bei Erstattung nach endgültigen Festsetzungen (§ 41 a SGB III) und Aufhebungen nach § 48 Abs. 1 Satz 2 Nr. 3 SGB X, mithin nach Zufluss von Einkommen oder Vermögen, welches anspruchsmindernd wirkt. In allen sonstigen Fällen ist eine Aufrechnung mit bis zu 30 % des maßgebenden Regelbedarfs möglich.[866] Dies sind Fälle, in denen dem Leistungsberechtigten sein Verhalten vorgeworfen werden kann und er sich auf die Rückzahlungspflicht einstellen kann.[867] 977

Nach § 43 Abs. 4 Satz 2 SGB II kann die Aufrechnung maximal drei Jahre ab dem Monat, welcher auf die Bestandskraft der Gegenforderung folgt, erfolgen. Verlängert wird die Frist um Zeiten, in denen die Aufrechnung nicht vollziehbar ist. 978

Die Aufrechnung mit Erstattungsansprüchen gegen Leistungen zur Sicherung des Lebensunterhalts in Höhe von 30 % des Regelbedarfs über bis zu drei Jahre ist mit dem Grundrecht auf Gewährleistung eines menschenwürdigen Existenzminimums vereinbar.[868] 979

Muster: Rechtswidrige Aufrechnung von Erstattungsansprüchen 980

Rechtsanwalt

(…)

(Datum)

An das

Sozialgericht (…)

(Anschrift)

---

865 BSG 7.11.2006 – B 7 b AS 8/6 R.
866 Zur Verfassungsmäßigkeit vgl. BSG 9.3.2016 – B 14 AS 20/15 R.
867 BT-Drs. 17/3404, S. 116.
868 BSG 9.3.2016 – B 14 AS 20/15 R.

B. Besonderer Teil

KLAGE
des (···),
(Anschrift)

– Kläger –

Prozessbevollmächtigter: Rechtsanwalt (···)

gegen

Jobcenter (···)
(Anschrift)

– Beklagter –

wegen Aufrechnung für die Zeit vom 1.5.2016 bis 30.8.2016

Bescheid vom 20.4.2016

Namens und ausweislich der beigefügten Vollmacht des Klägers erhebe ich Klage und werde beantragen,

den Bescheid des Beklagten vom 20.4.2016 in der Gestalt des Widerspruchsbescheides vom 20.6.2016 aufzuheben.

Zur Geltendmachung der Rechte des Klägers beantrage ich ferner,

dem Kläger Prozesskostenhilfe ab Klageerhebung zu bewilligen und den Unterzeichner beizuordnen.

Begründung:

I.

Der Kläger wendet sich gegen die Aufrechnung von Erstattungsansprüchen gegen seine Leistungen zur Sicherung des Lebensunterhaltes nach dem SGB II.

Der am 18.7.1974 geborene Kläger bezieht laufend Leistungen zur Sicherung des Lebensunterhaltes nach dem SGB II von dem Beklagten. Der Beklagte bewilligte ihm mit Bescheid vom 20.7.2016 Leistungen nach dem SGB II für den Zeitraum vom 1.8.2016 bis 31.1.2017.

Beweis: Bescheid vom 20.7.2016 – Anlage K1

Dem Kläger floss im Dezember 2015 eine Sonderleistung seines Arbeitgebers zu. Dies gab er auch gegenüber dem Beklagten unmittelbar unter Überreichung der Lohnabrechnung von Dezember am 5.1.2016 an.

Beweis: Lohnabrechnung Dezember 2015 – Anlage K2

Zu finden ebenfalls mit Eingangsstempel vom 5.1.2016 auf Bl. 452 Verwaltungsakte

Hieraufhin hob der Beklagte nach Anhörung des Klägers Leistungen in Höhe von 162 EUR für den Zeitraum vom 1.12.2015 bis 31.12.2015 mit Bescheid vom 3.2.2016 auf. Er stützte die Aufhebung auf § 48 Abs. 1 Satz 2 Nr. 3 SGB X.

Beweis: Bescheid vom 3.2.2016 – Anlage K3

Hiergegen erhob der Kläger Widerspruch unter dem 10.2.2016 mit der Begründung, dass die Höhe der Forderung nicht nachvollzogen werden könne.

Beweis: Widerspruch vom 10.2.2016 – Anlage K4

Der Beklagte wies den Widerspruch mit Widerspruchsbescheid vom 4.4.2016 zurück.

Beweis: Widerspruchsbescheid vom 4.4.2016 – Anlage K5

Hiergegen wurde unter dem 15.4.2016 Klage zum Sozialgericht (...) erhoben. Das Verfahren hat das Az. (...). Eine Entscheidung liegt noch nicht vor.

Beweis: Klageschrift vom 15.4.2016 – Anlage K6

Der Beklagte erklärte mit Bescheid vom 20.4.2016 die Aufrechnung gegen die Leistungsansprüche des Klägers für die Zeit vom 1.5.2016 bis 31.8.2016 in Höhe von monatlich 40,40 EUR (10 % der maßgebenden Regelleistung) und für die Zeit vom 1.9.2012 bis 30.9.2012 in Höhe von 0,80 EUR. Eine weitere Begründung erfolgte nicht.

Beweis: Bescheid vom 20.4.2016 – Anlage K7

Hiergegen erhob der Kläger Widerspruch mit Schreiben vom 5.5.2016. Dieser wurde mit Widerspruchsbescheid vom 20.6.2016 als unbegründet zurückgewiesen unter dem Hinweis darauf, dass die gesetzlichen Voraussetzungen für die Aufrechnung vorlägen.

Beweis:
- Widerspruch vom 5.5.2016 – Anlage K8
- Widerspruchsbescheid vom 20.6.2016 – Anlage K9

II.

Gegenstand der Klage ist der Aufrechnungsbescheid vom 20.4.2016 in der Gestalt des Widerspruchsbescheides vom 20.6.2016, mit dem gegen Leistungsansprüche des Klägers für die Zeit vom 1.5.2016 bis 30.9.2016 aufgerechnet wurde. Der Bescheid ist rechtswidrig und verletzt den Kläger in seinen Rechten.

Ermächtigungsgrundlage für den Bescheid ist § 43 SGB II. Nach dieser Vorschrift können die Jobcenter gegen Ansprüche von leistungsberechtigten Personen auf Geldleistungen zur Sicherung des Lebensunterhaltes u.a. mit Erstattungsansprüchen aus § 50 SGB X, welche auf Aufhebungen nach § 48 Abs. 1 Satz 2 Nr. 3 SGB X beruhen, in Höhe von monatlich bis zu 10 % des maßgebenden Regelbedarfs aufrechnen.

Der Bescheid ist bereits formell rechtswidrig, da es ihm an einer hinreichenden Ermessensbegründung fehlt. Nach § 35 Abs. 1 Satz 3 SGB X muss die Begründung der Ermessensentscheidungen die Gesichtspunkte erkennen lassen, von denen die Behörde bei der Ausübung ihres Ermessens ausgegangen ist. Vorliegend handelt es sich bei § 43 SGB II um eine Ermessensvorschrift (vgl. Wortlaut „kann"). Weder der Bescheid noch der Widerspruchsbescheid lassen jedoch erkennen, anhand welcher Gesichtspunkte der Beklagte sein Ermessen ausgeübt hat, da Ausführungen hierzu schlechterdings fehlen.

Ferner ist der Bescheid auch materiell rechtswidrig. Es fehlt bereits an der Fälligkeit der Gegenforderung, da der Erstattungsbescheid vom 3.2.2016 noch nicht bestandskräftig ist. Widerspruch und Klage haben hinsichtlich der Erstattung nach § 50 mangels anderweitiger Anordnung aufschiebende Wirkung nach § 86 a SGG. Insoweit ist dieser nicht vollziehbar. Eine Aufrechnung ist daher ausgeschlossen.

Schließlich liegt auch auf Rechtsfolgenebene ein Ermessensnichtgebrauch vor. Der Beklagte hat offensichtlich das ihm zustehende Ermessen weder hinsichtlich des „Ob" der Aufrechnung noch hinsichtlich des „Wie" ausgeübt. Auch insoweit ist der Bescheid rechtswidrig.

III.

Wie sich aus der beigefügten Erklärung zu den persönlichen und wirtschaftlichen Verhältnissen ergibt, kann der Kläger die Kosten der Prozessführung nicht aufbringen (§ 73 a

SGG iVm § 114 ZPO). Da die Klage – wie ausgeführt – Aussicht auf Erfolg hat und nicht mutwillig ist, ist der Antrag auf Prozesskostenhilfe ebenfalls begründet.

(...)

Rechtsanwalt

6. Aufschiebende Wirkung und behördliche Vollstreckung

981 Nach § 39 Nr. 1 SGB II haben Widerspruch und Klage gegen Bescheide, welche Leistungen der Grundsicherung für Arbeitsuchende aufheben, zurücknehmen, widerrufen, entziehen, die Pflichtverletzung und die Minderung des Auszahlungsanspruchs feststellen oder Leistungen zur Eingliederung in Arbeit oder Pflichten erwerbsfähiger Leistungsberechtigter bei der Eingliederung in Arbeit regeln, keine aufschiebende Wirkung.

982 Dies bedeutet für Aufhebungs- und Erstattungsbescheide, dass Rechtsmittel gegen die Aufhebungsentscheidung nach § 45 bzw. § 48 SGB X keine aufschiebende Wirkung haben. Jedoch besteht eine aufschiebende Wirkung gegen die Erstattungsverfügung nach § 50 SGB X.[869] Mithin ist bspw. die Änderung zu Lasten des Leistungsberechtigten für zukünftige Leistungen im Rahmen eines Änderungsbescheides (§ 48 SGB X) trotz Widerspruch und Klage wirksam, so dass auch bei eingelegtem Rechtsmittel der geringere Betrag auszuzahlen ist. Wird jedoch für die Vergangenheit aufgehoben und eine Erstattung verfügt, so bleibt zwar die Änderung des Bewilligungsbetrages wirksam, jedoch hat das Rechtsmittel gegen die Zahlungspflicht (§ 50 SGB X) aufschiebende Wirkung.

983 Aufgrund der Auslagerung der Vollstreckung von den Jobcentern zu den Regionaldirektionen der BA bzw. Hauptzollämtern geschieht es nicht selten, dass Vollstreckungsmaßnahmen durchgeführt werden, obwohl noch eine aufschiebende Wirkung besteht (vgl. hierzu auch oben Rn. 330 ff.).

984 **Muster: Feststellung der aufschiebenden Wirkung**

Rechtsanwalt

(...)

(Datum)

An das

Sozialgericht (...)

(Anschrift)

Antrag auf einstweiligen Rechtsschutz

des (...),

(Anschrift)

– A n t r a g s t e l l e r –

Prozessbevollmächtigter: Rechtsanwalt (...)

---

[869] BT-Drs. 16/10810, S. 50; LSG Nordrhein-Westfalen 30.9.2009 – L 19 B 243/09 AS; LSG Sachsen 12.1.2010 – L 7 AS 653/09 ER; LSG Nordrhein-Westfalen 12.3.2010 – L 12 B 140/09 AS ER.

gegen

Jobcenter (...)

(Anschrift)

vertreten durch den Geschäftsführer

– Antragsgegner –

wegen Vollstreckung eines Erstattungsbescheides

Namens und ausweislich der beigefügten Vollmacht des Antragstellers erhebe ich Antrag auf einstweiligen Rechtsschutz und beantrage:

Es wird festgestellt, dass der Widerspruch vom 10.10.2016 gegen den Bescheid vom 18.9.2016 aufschiebende Wirkung hat.

Zur Geltendmachung der Rechte des Antragstellers beantrage ich ferner,

dem Antragsteller Prozesskostenhilfe ab Antragsstellung zu bewilligen und den Unterzeichner beizuordnen.

Begründung:

I.

Der Antragsteller wendet sich gegen die Vollstreckung eines Erstattungsbescheides.

Der am 14.3.1971 geborene Antragsteller bezieht laufend Leistungen zur Sicherung des Lebensunterhaltes von dem Antragsgegner. Mit Bescheid vom 24.5.2016 bewilligte der Antragsgegner dem Antragsteller Leistungen nach dem SGB II für den Zeitraum vom 1.6.2016 bis 30.11.2016.

Glaubhaftmachung: Bescheid vom 24.5.2016 – Anlage A1

Mit Bescheid vom 18.9.2016 hob der Antragsgegner nach Anhörung Leistungen für den Zeitraum vom 1.6.2016 bis 30.8.2016 teilweise auf und forderte den Antragsteller zur Erstattung von 660 EUR auf.

Glaubhaftmachung: Bescheid vom 18.9.2016 – Anlage A2

Hiergegen erhob der Antragsteller unter dem 10.10.2016 Widerspruch.

Glaubhaftmachung:

– Widerspruch vom 10.10.2016 – Anlage A3
– Eingangsbestätigung vom 11.10.2016 – Anlage A4

Über den Widerspruch wurde noch nicht entschieden.

Am 20.12.2016 ging dem Antragsteller eine Mahnung der Regionaldirektion (...) zu. Hierin wurde er zur Zahlung des ausstehenden Betrages von 660 EUR aufgefordert.

Glaubhaftmachung: Mahnung vom 19.12.2016 – Anlage A5

Kurz darauf ging dem Antragsteller eine Vollstreckungsankündigung vom 20.1.2017 zu, in der die Vollstreckung hinsichtlich des Betrages von 660 EUR angekündigt wurde.

Glaubhaftmachung: Vollstreckungsankündigung vom 20.1.2017 – Anlage A6

Ein Schreiben des Klägers an die Regionaldirektion und den Antragsgegner vom 25.1.2017, in dem auf den erhobenen und noch nicht beschiedenen Widerspruch hingewiesen wurde, blieb trotz Fristsetzung von 2 Wochen unbeantwortet.

Glaubhaftmachung:
- Schreiben an Regionaldirektion vom 25.1.2017 – Anlage A7
- Schreiben an Antragsgegner vom 25.1.2017 – Anlage A8

Dies machte den vorliegenden Antrag notwendig.

II.

Der Antrag ist statthaft nach § 86 b Abs. 1 SGG analog. Beachtet die Verwaltung die aufschiebende Wirkung von Widerspruch und Klage nach § 86 a SGG nicht und zieht Konsequenzen aus der angefochtenen Regelung (faktische Vollziehung), so kann in analoger Anwendung des § 86 b Abs. 1 SGG die Feststellung begehrt werden, dass das eingelegte Rechtsmittel aufschiebende Wirkung hat (Lüdtke/Berchtold/*Binder* § 86 b Rn. 24; LSG Thüringen 23.4.2002 – L 6 RJ113/02 ER).

Auch besteht ein Rechtsschutzbedürfnis, da insbesondere vor Erhebung des Antrages versucht wurde, den Antragsgegner und die Regionaldirektion auf den offensichtlichen Fehler hinzuweisen.[870]

Auch ist der Antrag begründet, da der eingelegte Widerspruch gegen die Erstattungsforderung (§ 50 SGB X) nach § 86 a Abs. 1 SGG aufschiebende Wirkung entfaltet. Insbesondere liegt keine Ausnahme nach § 86 a Abs. 2 Nr. 4 SGG iVm § 39 Nr. 1 SGB II vor, da dieser sich gerade nicht auf Erstattungsbescheide bezieht.

Der Antragsgegner ignorierte die aufschiebende Wirkung, indem er die angefochtene Regelung vollstreckte. Dem Antrag ist daher stattzugeben.

III.

Wie sich aus der beigefügten Erklärung zu den persönlichen und wirtschaftlichen Verhältnissen ergibt, kann der Antragsteller die Kosten der Prozessführung nicht aufbringen (§ 73 a SGG iVm § 114 ZPO). Da der Antrag – wie ausgeführt – Aussicht auf Erfolg hat und nicht mutwillig ist, ist der Antrag auf Prozesskostenhilfe ebenfalls begründet.

(...)
Rechtsanwalt

7. Ersatzansprüche

985 Neben Aufhebungs- und Erstattungsansprüchen spielen auch Ersatzansprüche als Rückforderungsgrundlagen in der Praxis durchaus eine Rolle.

Im SGB II sind es die Ersatzansprüche
- bei sozialwidrigem Verhalten (§ 34 SGB II),
- für rechtswidrig erbrachte Leistungen (§ 34 a SGB II) und
- den Erstattungsanspruch bei Doppelleistungen (§ 34 b SGB II) sowie
- nach sonstigen Vorschriften (§ 34 c SGB II).

a) Ersatzanspruch bei sozialwidrigem Verhalten (§ 34 SGB II)

986 Nach § 34 SGB II gilt, dass derjenige, der nach Vollendung des 18. Lebensjahres vorsätzlich oder grob fahrlässig die Voraussetzungen für die Gewährung von

---

[870] Die Notwendigkeit dieses Vorgehens ist umstritten, wir halten es jedoch für richtig, dies vor der Erhebung des Antrages zu verlangen. Ebenso bspw. SG Lüneburg 18.4.2006 – S 25 AS 313/06 ER.

SGB II-Leistungen nach diesem Buch an sich oder an Personen, die mit ihr oder ihm in einer Bedarfsgemeinschaft leben, ohne wichtigen Grund herbeigeführt hat, zum Ersatz der deswegen erbrachten Geld- und Sachleistungen verpflichtet ist.[871] Als Herbeiführung in diesem Sinne gilt auch, wenn die Hilfebedürftigkeit erhöht, aufrechterhalten[872] oder nicht verringert wurde (§ 34 Abs. 1 Satz 2 SGB II). Umfasst sind die Fälle, in denen die Leistung zwar rechtmäßig erbracht wird, die Voraussetzungen für den Leistungsanspruch aber in sozial vorwerfbarem Verhalten geschaffen wurden.[873] Gerade hinsichtlich des Tatbestandsmerkmals „Hilfebedürftigkeit nicht verringert" ist zu prüfen, ob der jeweilige Sachverhalt ggf. auch sanktionsbewehrt ist (zB Ablehnung einer Arbeitsaufnahme). Sofern eine Sanktionsvorschrift einschlägig ist, dürfte diese lex specialis sein; werden nicht alle (engen) Voraussetzungen der Sanktionsvorschrift erfüllt, ist eine teleologische Reduktion des § 34 SGB II zu prüfen: Es kann gesetzgeberisch nicht gewollt sein, dass die engen Voraussetzungen der auf drei Monate und einen bestimmten Anteil des Regelbedarfes begrenzten Sanktion nicht erfüllt sind, dann aber der in zeitlicher Hinsicht unbegrenzte und möglicherweise vom Umfang her höhere Ersatzanspruch gilt.[874]

Von der Geltendmachung eines Ersatzanspruchs ist jedoch dann abzusehen, soweit sie eine Härte bedeuten würde (§ 34 Abs. 1 Satz 6 SGB II). 987

Nach § 34 Abs. 2 SGB II geht die Verpflichtung zum Ersatz der Leistungen auf den Erben über, wobei sie auf den Nachlasswert zum Zeitpunkt des Erbfalls begrenzt ist. 988

Der Ersatzanspruch erlischt drei Jahre nach Ablauf des Jahres, für das die Leistung erbracht worden ist (§ 34 Abs. 3 Satz 1 SGB II). Die Bestimmungen des BGB über die Hemmung, die Ablaufhemmung, den Neubeginn und die Wirkung der Verjährung gelten sinngemäß; der Erhebung der Klage steht der Erlass eines Leistungsbescheides gleich. 989

990
Muster: Rechtswidriger Ersatzanspruch bei sozialwidrigem Verhalten
Rechtsanwalt

(...)

(Datum)

An das

Jobcenter

(...)

(Anschrift)

---

871 Der Ersatzanspruch umfasst auch die geleisteten Beiträge zur Sozialversicherung.
872 § 34 SGB II in der Fassung bis zum 31.7.2016 umfasste nicht auch ein Aufrechterhalten der Hilfebedürftigkeit; die entsprechende Gesetzesfassug mit Wirkung ab 1.8.2016 ist insofern – entgegen der Gesetzesbegründung (BT-Drs. 18/8041, S. 45) – keine Klarstellung (vgl. BSG 8.2.2017 – B 14 AS 3/16 R).
873 Zum Ersatzanspruch nach § 34 SGB II bei sozialwidriger, aber rechtmäßiger Leistungserbringung vgl. BSG 2.11.2012 – B 4 AS 39/12 R: Ein Kostenersatzanspruch des SGB II-Trägers setzt einen spezifischen Bezug zwischen einem sozialwidrigen Verhalten und der Herbeiführung der Hilfebedürftigkeit bzw. dem Wegfall der Erwerbsfähigkeit oder -möglichkeit voraus.
874 Anders (wohl) BSG 8.2.2017 – B 14 AS 3/16 R; zur Druckfassung lag allerdings die Gesetzesbegründung noch nicht vor, sondern nur der Terminbericht Nr. 3/17 vom 8.2.2017 (dort Ziff. 3).

B. Besonderer Teil

Widerspruch

des ( ),

(Anschrift)

Prozessbevollmächtigter: Rechtsanwalt ( )

gegen den Bescheid vom 21.12.2016

Namens und ausweislich der beigefügten Vollmacht beantrage ich:

Den Bescheid vom 21.12.2016 aufzuheben.

Begründung:

I.

Die Widerspruchsführerin wendet sich gegen die Geltendmachung von Ersatzansprüchen gegen sie.

Die am 12.3.1981 geborene Widerspruchsführerin lebt zusammen mit ihrer am 6.5.2010 geborenen Tochter in einem gemeinsamen Haushalt. Sie ist gelernte Krankenschwester und als solche im Krankenhaus P vollschichtig erwerbstätig. Sie hat seit geraumer Zeit den Wunsch, die Ausbildung als Logopädin zu absolvieren, da sie aus gesundheitlichen Gründen ihren bisherigen Beruf nicht dauerhaft ausüben wird können. Sie hat sich dementsprechend um Ausbildungsstellen beworben. Am 14.9.2016 erhielt die Widerspruchsführerin eine Zusage der Medizinischen Akademie B zur Aufnahme einer schulischen Ausbildung zur Logopädin ab dem 1.12.2016. Daraufhin kündigte sie mit Schreiben vom 17.10.2016 ihr Arbeitsverhältnis fristgerecht zum 30.11.2016.

Beweis:
- Einstellungszusage vom 14.9.2016 – Anlage W1
- Kündigung vom 17.10.2016 – Anlage W2

Am 5.11.2016 beantragte die Widerspruchsführerin erstmals Leistungen zur Sicherung des Lebensunterhaltes nach dem SGB II.

Der Widerspruchsführerin und ihrer Tochter wurde sodann als Bedarfsgemeinschaft Leistungen zur Sicherung des Lebensunterhaltes für den Zeitraum 1.11.2016 bis 30.4.2017 mit Bescheid vom 15.11.2016 bewilligt.

Beweis: Bescheid vom 15.11.2016 – Anlage W3

Mit Bescheid vom 21.12.2016 forderte der Beklagte, nach vorangegangener Anhörung, die mit dem Bescheid vom 15.11.2016 bewilligten Leistungen von der Klägerin nach § 34 Abs. 1 Satz 1 SGB II zurück. Sie habe durch Aufnahme einer schulischen Ausbildung eine den Bedarf bislang ganz oder teilweise sichernde berufliche Tätigkeit aufgegeben und dadurch die Voraussetzungen für die Gewährung von Leistungen nach dem SGB II zumindest grob fahrlässig durch ihr Verhalten herbeigeführt.

Beweis: Bescheid vom 21.12.2016 – Anlage W4

Hiergegen richtet sich der Widerspruch.

II.

Gegenstand des Widerspruchs ist der Erstattungsbescheid vom 21.12.2016. Der Bescheid ist rechtswidrig und verletzt die Widerspruchsführerin in ihren Rechten.

Ermächtigungsgrundlage für den Bescheid ist § 34 Abs. 1 Satz 1 SGB II. Danach ist derjenige, der nach Vollendung des 18. Lebensjahres vorsätzlich oder grob fahrlässig die Voraussetzungen für die Gewährung von Leistungen nach diesem Buch an sich oder an Personen, die mit ihr oder ihm in einer Bedarfsgemeinschaft leben, ohne wichtigen Grund herbeigeführt hat, zum Ersatz der deswegen erbrachten Geld- und Sachleistungen verpflichtet. Als Herbeiführung im Sinne des Satzes 1 gilt auch, wenn die Hilfebedürftigkeit erhöht, aufrechterhalten oder nicht verringert wurde.

Es handelt sich bei § 34 SGB II um einen eng auszulegenden Ausnahmetatbestand vom Grundsatz einer „verschuldensfreien" Deckung des Existenzminimums (so auch BSG 2.11.2012 – B 4 AS 39/12). § 34 Abs. 1 SGB II setzt nicht nur ein vorsätzliches oder grob fahrlässiges Verhalten voraus, sondern zusätzlich ein „sozialwidriges Verhalten". Ob das vorgeworfene Verhalten nach den Wertungen des SGB II sozialwidrig ist, ist nach den Umständen des Einzelfalls zu bestimmen. Dabei muss ein spezifischer Bezug zwischen dem Verhalten selbst und dem Erfolg bestehen, um das Verhalten selbst als „sozialwidrig" bewerten zu können (BSG, a.a.O.).

Die Widerspruchsführerin hat ihre Arbeitsstelle gekündigt, um den neuen Beruf als Logopädin zu erlernen. Ihren anstrengenden Beruf als Krankenschwester kann sie aus gesundheitlichen Gründen dauerhaft nicht ausüben und hat sich daher rechtzeitig nach etwas Neuem umgesehen, um eine dauerhafte Hilfebedürftigkeit zu vermeiden. Darüber hinaus ist die Widerspruchsführerin alleinerziehende Mutter. Die häufig erforderlichen Überstunden und Wochenenddienste erschweren es ihr zusehends, die Betreuung ihrer Tochter sicherzustellen.

Das Verhalten der Klägerin ist jedenfalls nicht sozialwidrig, sodass der angefochtene Bescheid insgesamt aufzuheben ist.

(...)

Rechtsanwalt

b) Ersatzanspruch für rechtswidrig erbrachte Leistungen (§ 34 a SGB II)

Neben denjenigen Leistungsempfängern, deren Leistungen nach §§ 45 ff. SGB X aufgehoben werden, kann nach § 34 a SGB II nunmehr auch ein Ersatzanspruch geltend gemacht werden, wenn und soweit diese unter den dort genannten Voraussetzungen die Überzahlung vorwerfbar verursacht haben. Der Gesetzgeber hatte hier insbesondere Überzahlungen im Blick, die durch die Eltern verursacht wurden, allerdings an die Kinder gezahlt wurden, da die Leistungsaufhebung gegenüber den Kindern idR spätestens im Rahmen der Vollstreckung ungeeignet erscheint.[875] Eine Parallelnorm findet sich in § 104 SGB XII. 991

Voraussetzung ist zunächst, eine rechtswidrige Geld- oder Sachleistung, mithin eine Leistung die nicht im Einklang mit dem materiellen Recht steht. Keine Voraussetzung ist jedoch, dass ein Aufhebungsbescheid gegenüber dem rechtswidrig Begünstigten ergeht.[876] Die Leistungen mussten auch „erbracht" worden sein, mithin an den Leistungsberechtigten oder Dritte ausgekehrt. Die bloße Bewilligung genügt nicht. Leistungsempfänger muss ein Dritter sein. Dieser muss nicht notwendigerweise Mitglied der Bedarfsgemeinschaft des Ersatzpflichtigen sein. 992

---

875 BT-Drs. 17/3404, S. 113.
876 BT-Drs. 17/3404, S. 113.

993 Die Überzahlung muss kausal durch aktives Tun oder Unterlassen „herbeigeführt"[877] worden sein. Auf Volljährigkeit kommt es nicht an. In Betracht kommen vor allem falsche Angaben zu Einkommen oder Vermögen oder die Vortäuschung eines Mietvertrages.

994 Schließlich muss Vorsatz oder grobe Fahrlässigkeit vorliegen. Für Letzteres kann auf die Legaldefinition des § 45 Abs. 2 Nr. 3 SGB X und die dazu ergangene Rechtsprechung zurückgegriffen werden.

995 Die Ersatzpflicht erstreckt sich nach § 34 a Abs. 1 Satz 1 SGB II auf alle Leistungen nach dem SGB II, mithin Leistungen zur Sicherung des Lebensunterhaltes sowie Eingliederungsleistungen, und ebenfalls – entsprechend § 40 Abs. 2 Nr. 5 SGB II – auf Beiträge zur Kranken-, Renten- und Pflegeversicherung.

996 Der Anspruch verjährt unter den nähren Voraussetzungen des Abs. 2 binnen vier Jahren. Die Verjährung beginnt mit Ablauf des Jahres in dem der Aufhebungs- und Erstattungsbescheid bestandskräftig wurde. Für den Fall, dass eine Aufhebung nicht möglich ist, kommt es auf die Kenntnis der Rechtswidrigkeit durch die Behörde an. Es genügt insoweit die Kenntnis der Tatsachen, aus denen sich die Rechtswidrigkeit ergibt.[878]

997 Die Verpflichtung zum Ersatz der Leistungen geht auf den Erben über, wobei sie auf den Nachlasswert zum Zeitpunkt des Erbfalls begrenzt ist. Der Ersatzanspruch erlischt drei Jahre nach dem Tod der Person, die zum Ersatz nach § 34 a SGB II verpflichtet war (§ 34 a Abs. 3 SGB II). Nach § 34 a Abs. 3 Satz 2 Hs. 2 SGB II sind die Vorschriften des BGB zur Verjährung analog anzuwenden.

998 § 34 a Abs. 4 SGB II stellt klar, dass der Ersatz-Verpflichtete zusammen mit dem nach § 50 SGB X Erstattungs-Verpflichteten gesamtschuldnerisch haftet.

999 **Muster: Ersatzanspruch für rechtswidrig erbrachte Leistungen**

Rechtsanwalt

(…)

(Datum)

An das

Jobcenter

(…)

(Anschrift)

Widerspruch

des (…),

(Anschrift)

Prozessbevollmächtigter: Rechtsanwalt (…)

gegen den Bescheid vom 20.7.2016

Namens und ausweislich der beigefügten Vollmacht beantrage ich,

den Bescheid vom 20.7.2016 aufzuheben.

---

877 Herbeiführen der Hilfebedürftigkeit ist nicht auch ein Aufrechterhalten der Hilfebedürftigkeit – vgl. BSG 8.2.2017 – B 14 AS 3/16 R.
878 Schlegel/Voelzke/*Grote-Seifert*, jurisPK-SGB II, 4. Aufl. 2015, § 34 a Rn. 44.

XI. Aufhebung und Erstattung

Begründung:

I.

Die Widerspruchsführerin wendet sich gegen die Geltendmachung von Ersatzansprüchen gegen sie.

Die am 12.3.1981 geborene Widerspruchsführerin lebt zusammen mit ihrer am 6.5.2003 geborenen Tochter in einem gemeinsamen Haushalt. Sie beantragte am 5.6.2016 erstmals Leistungen zur Sicherung des Lebensunterhaltes nach dem SGB II. Im Rahmen des Erstantrages gab sie nicht an, dass ihre Tochter von ihrem leiblichen Vater Unterhalt in Höhe von 200 EUR erhält. Dies geschah deshalb nicht, da zu diesem Zeitpunkt tatsächlich seit einem Jahr keinerlei Unterhalt gezahlt wurde.

Beweis: Kontoauszüge der Jahre 2015 und 2016 in Kopie – Anlagekonvolut W1

Der Widerspruchsführerin und ihrer Tochter wurden sodann als Bedarfsgemeinschaft Leistungen zur Sicherung des Lebensunterhaltes für den Zeitraum 1.6.2016 bis 30.11.2016 mit Bescheid vom 15.6.2016 bewilligt. Unterhaltszahlungen blieben entsprechend unberücksichtigt.

Beweis: Bescheid vom 15.6.2016 – Anlage W2

Am 23.6.2016 nahm der Kindervater erstmals wieder die Unterhaltszahlungen auf.

Beweis: Kontoauszug Juni 2016 – Anlage W3

Hiervon hatte die Widerspruchsführerin zum Zeitpunkt der Antragstellung keine Kenntnis. Sie zeigte die Aufnahme der Zahlungen beim Jobcenter (...) unmittelbar am 25.6.2016 an.

Beweis: Schreiben vom 25.6.2016 – Anlage W4

Zu finden auch auf Bl. 54 der Verwaltungsakte mit Eingangsstempel vom 26.6.2016.

Das Jobcenter hob nach Anhörung die Leistung für den Zeitraum 1.6.2016 bis 30.11.2016 teilweise mit Bescheid vom 20.7.2016 auf und verfügte gegen die Tochter der Widerspruchsführerin ferner mit Bescheid vom selben Tag eine Erstattung über 200 EUR für den Zeitraum 1.6.2016 bis 30.6.2016.

Beweis:
- Änderungsbescheid vom 20.7.2016 – Anlage W5
- Aufhebungs- und Erstattungsbescheid vom 20.7.2016 – Anlage W6

Gleichzeitig wurde nach Anhörung ein Bescheid vom 25.7.2016 erlassen, mit dem die Widerspruchsführerin zur Erstattung von 200 EUR aufgefordert wurde.

Beweis: Bescheid vom 25.7.2016 – Anlage W7

Hiergegen richtet sich der Widerspruch.

II.

Gegenstand des Widerspruchs ist der Erstattungsbescheid vom 20.7.2016. Der Bescheid ist rechtswidrig und verletzt die Widerspruchsführerin in ihren Rechten.

Ermächtigungsgrundlage für den Bescheid ist § 34a Abs. 1 SGB II. Danach ist zum Ersatz rechtswidrig erbrachter Leistungen nach dem SGB II verpflichtet, wer diese durch vorsätzliches oder grob fahrlässiges Verhalten an Dritte herbeigeführt hat.

Erforderlich ist insoweit mithin das vorsätzliche oder grob fahrlässige Herbeiführen der Überzahlung. Eine solche liegt nicht vor. Der Widerspruchsführerin war die Aufnahme der

> Unterhaltszahlungen nicht bekannt und es hätte ihr auch nicht bekannt sein müssen. Der Ex-Ehegatte zahlte bereits seit über einem Jahr keinen Unterhalt für das Kind der Widerspruchsführerin. Dass er dies ausgerechnet im Juni 2016 wieder aufnahm, war eine reine Zufälligkeit. Die Widerspruchsführerin hatte keinerlei Kontakt zu dem Kindesvater, sodass er diesbezüglich ihr gegenüber nichts ankündigte. Die objektive Beweislast für das Gegenteil liegt bei der Behörde, sodass bei Nichterweislichkeit der Bescheid aufzuheben ist, was daher vorliegend zu geschehen hat.
>
> (...)
>
> Rechtsanwalt

c) Kostenersatz im SGB XII

1000 Von größerer Bedeutung sind Vorschriften des Kostenersatzes im SGB XII. Die bedeutendsten sollen hier herausgegriffen werden.

aa) Kostenersatz durch Erben (§ 102 SGB XII)

1001 Die Erben von Sozialhilfeempfängern sind unter bestimmten Voraussetzungen des § 102 SGB XII zum Kostenersatz verpflichtet.

1002 Voraussetzung ist, dass der gezahlte Sozialhilfebetrag das Dreifache des Grundbetrages nach § 85 Abs. 1 SGB XII ausmacht. Ferner kann er sich nur auf die Zahlungen der letzten 10 Jahre vor dem Erbfall beziehen. Die Ersatzpflicht gilt nicht, wenn Erbe der Ehegatte des Verstorbenen ist. Der Erbe haftet nur mit der Erbmasse (§ 102 Abs. 3 SGB XII). Insoweit steht die Vorschrift im Zusammenhang mit dem geschützten Vermögen nach § 90 SGB XII, dass vor dem Tod gerade eine Bewilligung nicht entgegensteht, nach dem Tod jedoch von der Erstattungspflicht betroffen ist.

1003 Ferner ist der Ersatzanspruch unter den Voraussetzungen des Abs. 2 nicht geltend zu machen; mithin also wenn:
- der Wert des Nachlasses unter dem Dreifachen des Grundbetrages nach § 85 Abs. 1 SGB XII liegt,
- der Wert des Nachlasses unter 15.340 EUR liegt, wenn der Erbe der Ehegatte oder Lebenspartner der leistungsberechtigten Person oder mit dieser verwandt ist und nicht nur vorübergehend bis zum Tod der leistungsberechtigten Person mit dieser in häuslicher Gemeinschaft gelebt und sie gepflegt hat,
- soweit die Inanspruchnahme eine besondere Härte bedeuten würde.

1004 Nach § 102 Abs. 4 SGB XII erlischt der Anspruch drei Jahre nach dem Tod der leistungsberechtigten Person, ihres Ehegatten oder Lebenspartners. Nach Abs. 5 entfällt die Erstattungspflicht, wenn es sich um Leistungen der GSAE handelt.

1005 Wird die Erbschaft ausgeschlagen, besteht der Erstattungsanspruch nicht.

Muster: Kein Kostenersatz des Erben wegen besonderer Härte[879]

Rechtsanwalt

(...)

(Datum)

An das

Sozialgericht (...)

(Anschrift)

K L A G E

des (...),

(Anschrift)

– K l ä g e r –

Prozessbevollmächtigter: Rechtsanwalt (...)

g e g e n

Sozialamt Landkreis (...)

(Anschrift)

vertreten durch den Landrat

– B e k l a g t e r –

wegen Erstattung von Leistungen nach dem SGB XII gegen Erben

Bescheid vom 10.6.2016

Namens und ausweislich der beigefügten Vollmacht des Klägers erhebe ich Klage und werde beantragen:

Der Bescheid des Beklagten vom 10.6.2016 in der Gestalt des Widerspruchsbescheides vom 12.8.2016 wird aufgehoben.

Zur Geltendmachung der Rechte des Klägers beantrage ich ferner,

dem Kläger Prozesskostenhilfe ab Klageerhebung zu bewilligen und den Unterzeichner beizuordnen.

Begründung:

I.

Der Kläger wendet sich gegen die Ersatzpflicht als Erbe.

Der am 23.8.1968 geborene Kläger bewohnt eine Doppelhaushälfte in (...). In der anderen Doppelhaushälfte der vorgenannten Adresse lebte die Erblasserin.

Diese bezog Leistungen zur Grundsicherung im Alter und bei Erwerbsminderung nach §§ 41 ff. SGB XII sowie Leistungen zur Hilfe zur Pflege nach §§ 61 ff. SGB XII.

Beweis: Bescheid vom 23.4.2016 – Anlage K1

---

879 Es ist zu beachten, dass die Klage nach § 197a SGG kostenpflichtig ist. Der Kläger gehört nicht zu dem in § 183 SGG genannten Personenkreis, weil er nicht in der Eigenschaft als Versicherte, Leistungsempfänger oder Sonderrechtsnachfolger nach § 56 SGB I klagt, sondern als Erbe in Anspruch genommen wird und sich in dieser Funktion gegen die von dem Beklagten geltend gemachten Ersatzansprüche zur Wehr setzt.

B. Besonderer Teil

Die Erblasserin war pflegebedürftig. Sie hatte Pflegestufe II.

Beweis: Bescheid der Pflegekasse vom 12.3.2008 – Anlage K2

Die Erblasserin hatte keine weiteren Angehörigen. Ihre Ehe blieb kinderlos, ihr Ehegatte verstarb bereits im Jahre 2006.

Der Kläger – welcher ebenfalls allein lebte – kümmerte sich um die Erblasserin und übernahm im Jahre 2008 die Pflege der Erblasserin. Es wurden jedoch weiterhin getrennte Haushalte geführt.

Beweis: Zeugnis des behandelnden Hausarztes Dr. (...), (Anschrift)

Die Erblasserin setzte den Kläger aus Dankbarkeit testamentarisch zum Alleinerben ein.

Beweis: Testament vom 1.10.2010 – Anlage K3

Die Erblasserin verstarb am 13.2.2016. Der Kläger war Alleinerbe in Universalsukzession.

Beweis: Erbschein – Anlage K4

Der Beklagte zog den Kläger, nach Anhörung, mit Bescheid vom 10.6.2016 zum Kostenersatz nach § 102 SGB XII heran, soweit diese den Betrag nach § 102 Abs. 3 Nr. 1 SGB XII nicht überschritt. Sie begründete dies damit, dass die Erbmasse den Wert nach § 102 Abs. 3 Nr. 1 SGB XII übersteigt. Ebenfalls habe er mit der Erblasserin nicht in einer häuslichen Gemeinschaft gelebt bzw. sei mit ihr verwandt gewesen (§ 192 Abs. 3 Nr. 2 SGB XII). Ferner sei der Kläger nicht Ehegatte der Erblasserin gewesen, weshalb ein Ausschluss nach § 102 Abs. 1 Satz 2 SGB XII nicht bestehe.

Beweis: Bescheid vom 10.6.2016 – Anlage K5

Hiergegen erhob der Kläger Widerspruch mit Schreiben vom 20.6.2016. Er begründete dies damit, dass er sich durch die Übernahme der Pflegeleistungen ungerecht behandelt fühle, wenn er nunmehr Leistungen zurückzahlen müsse.

Beweis: Widerspruch vom 20.6.2016 – Anlage K6

Der Beklagte wies den Widerspruch mit Widerspruchsbescheid vom 12.8.2016 als unbegründet zurück. Er wiederholte im Wesentlichen seine Begründung aus dem Ausgangsbescheid. Er ergänzte, dass die Pflegeleistungen des Klägers anerkennenswert seien, jedoch sei er mit der Erblasserin weder verwandt noch habe er mit ihr in einer häuslichen Gemeinschaft gewohnt. Dies rücke ihn nicht nahe genug an den Ausnahmetatbestand des § 102 Abs. 3 Nr. 2 SGB XII, dass man von einer besonderen Härte nach § 102 Abs. 3 Nr. 3 SGB XII ausgehen könne.

Beweis: Widerspruchsbescheid vom 12.8.2016 – Anlage K7

Hiergegen richtet sich die Klage.

II.

Gegenstand der Klage ist der Bescheid des Beklagten vom 10.6.2016 in der Gestalt des Widerspruchsbescheides vom 12.8.2016, mit dem der Beklagte den Kläger zur Kostenerstattung von Sozialhilfeleistungen heranzog.

Der Bescheid ist rechtswidrig und verletzt den Kläger in seinen Rechten.

Ermächtigungsgrundlage für den Bescheid ist § 102 Abs. 1 SGB XII. Der Kläger ist auch Erbe und der Nachlass hat einen entsprechenden Umfang.

Der Bescheid ist jedoch zunächst insoweit rechtswidrig, als er Kostenersatz für Sozialhilfeleistungen für GSAE nach dem vierten Kapitel (§§ 41 ff. SGB XII) verlangt, da diese nach § 102 Abs. 5 SGB XII explizit ausgenommen sind.

Jedoch ist der Anspruch auch im Übrigen nach § 102 Abs. 3 Nr. 3 SGB XII wegen einer besonderen Härte nicht geltend zu machen.

Eine solche Härte muss schwerwiegend sein und kommt nur in atypischen Fällen mit Ausnahmecharakter in Betracht. Anerkannt ist, dass eine besondere Härte in Betracht kommt, wenn Ersatzpflichtige allein deshalb nicht unter Abs. 3 Nr. 3 fallen, weil ein Verwandtschaftsverhältnis fehlt (VGH BW 14.3.1990 – 6 S 1913/89, FEVS 41, 205) oder die pflegende Person weder verwandt ist noch in häuslicher Gemeinschaft mit dem Pflegebedürftigen lebte (VGH HE 26.11.1998 – 1 UE 1276/95, FEVS 51, 180). Sinn der Vorschrift des Abs. 3 Nr. 2 ist die Anreizschaffung für häusliche Pflege. Hierfür ist es gerechtfertigt, gerade auch nicht verwandte Personen, die nicht im Haushalt leben, jedoch dennoch eine Pflegetätigkeit übernommen haben, ebenso zu privilegieren.

Mithin ist der Anspruch nicht geltend zu machen. Der Bescheid ist rechtswidrig und aufzuheben.

III.

Wie sich aus der beigefügten Erklärung zu den persönlichen und wirtschaftlichen Verhältnissen ergibt, kann der Kläger die Kosten der Prozessführung nicht aufbringen (§ 73 a SGG iVm § 114 ZPO). Da die Klage – wie ausgeführt – Aussicht auf Erfolg hat und nicht mutwillig ist, ist der Antrag auf Prozesskostenhilfe ebenfalls begründet.

(…)

Rechtsanwalt

bb) Kostenersatz bei schuldhaftem Verhalten (§ 103 SGB XII)

Die Gewährung von Sozialhilfe kann grds. nicht davon abhängig gemacht werden, ob jemand seine Hilfebedürftigkeit in vorwerfbarer Weise herbeigeführt hat (Ausnahme jedoch bspw. § 41 Abs. 4 SGB XII). Allerdings besteht nach § 103 SGB XII die Möglichkeit, Kostenersatz für die gewährte Sozialhilfe zu fordern, wenn die Hilfebedürftigkeit durch sozialwidriges, vorsätzliches oder grob fahrlässiges Verhalten herbeigeführt[880] wurde.

1007

So ist nach § 103 Abs. 1 SGB XII derjenige zum Ersatz der Sozialhilfezahlungen verpflichtet, der das 18. Lebensjahr vollendet hat und für sich oder andere die Voraussetzungen für die Leistungen der Sozialhilfe vorsätzlich oder grob fahrlässig herbeigeführt hat. Die Leistungserbringung selbst muss rechtmäßig sein, ansonsten greift § 104 SGB XII ein.[881] Ergänzt wird dies durch das ungeschriebene Tatbestandsmerkmal der Sozialwidrigkeit.[882] Was jedoch im Einzelfall sozialwidrig ist, kann kaum allgemein formuliert werden.[883] Die Leistungen selbst bleiben rechtmäßig, jedoch kann der sozialwidrig Handelnde herangezogen werden, jedenfalls wenn und soweit sein Verhalten kausal für die Leistungen war.

1008

---

880 Herbeiführen der Hilfebedürftigkeit ist nicht auch ein Aufrechterhalten der Hilfebedürftigkeit – vgl. BSG 8.2.2017 – B 14 AS 3/16 R.
881 Bieritz-Harder/Conradis/Thie/*Conradis* LPK-SGB XII § 103 Rn. 7.
882 BVerwG 24.6.1976 – V C 41.74.
883 Beispiele bei Bieritz-Harder/Conradis/Thie/*Conradis* LPK-SGB XII § 103 Rn. 13 ff.

B. Besonderer Teil

1009 Nach § 103 Abs. 1 Satz 2 SGB XII ist zum Kostenersatz auch verpflichtet, wer als Leistungsberechtigter oder als dessen Vertreter die Rechtswidrigkeit des der Leistung zugrunde liegenden Verwaltungsaktes kannte oder infolge grober Fahrlässigkeit nicht kannte. Die Vorschrift stellt eine Ergänzung zu § 104 SGB XII dar.

1010 Eine Härtefallregelung enthält schließlich § 103 Abs. 1 Satz 3 SGB XII. Es handelt sich um eine Ermessensentscheidung. So kann von der Ersatzforderung abgesehen werden, wenn der Zusammenhalt der Familie ansonsten gefährdet wäre oder die Ersatzforderung praktisch eine nicht mehr erfüllbare erdrückende Schuldenlast bedeuten würde.[884]

1011 **Muster: Kostenersatz wegen schuldhaftem Verhalten – hier fehlende Sozialwidrigkeit**

Rechtsanwalt

(...)

An das

Sozialamt Landkreis

(...)

(Datum)

(Anschrift)

Widerspruch

der (...),

(Anschrift)

Prozessbevollmächtigter: Rechtsanwalt (...)

gegen den Bescheid vom 13.4.2016

Namens und ausweislich der beigefügten Vollmacht beantrage ich,

den Bescheid vom 13.4.2016 aufzuheben.

Begründung:

I.

Die Widerspruchsführerin wendet sich gegen die Geltendmachung von Kostenersatzansprüchen gegen sie.

Die Widerspruchsführerin erkrankte im August 2015 schwer. Es wurde eine stationäre Behandlung im Krankenhaus (...) notwendig.

Die Widerspruchsführerin erfüllte die sozialhilferechtlichen Voraussetzungen für die Gewährung von Hilfen zur Gesundheit nach §§ 47 ff. SGB XII, welche auch für ihren Aufenthalt gezahlt wurden.

Beweis: Bescheid vom 10.8.2015 – Anlage W1

Der Zustand der Widerspruchsführerin verschlimmerte sich am 15.9.2015 in einer solchen Weise, dass eine Bluttransfusion für sie medizinisch indiziert war. Die Widerspruchsführerin ist Zeugin Jehovas. Sie lehnte daher eine Bluttransfusion kategorisch ab. Sie wurde

---

884 Bieritz-Harder/Conradis/Thie/*Conradis* LPK-SGB XII § 103 Rn. 12.

daher nur mit sonstigen Infusionslösungen oder medikamentös behandelt. Ihr Zustand besserte sich nach weiteren 3 Wochen. Nach Auskunft der behandelnden Ärzte hätte der Krankenhausaufenthalt um mindestens zwei Wochen verkürzt werden können, wenn die Widerspruchsführerin die Behandlung mittels Bluttransfusion zugelassen hätte.

Nachdem dies durch den Sozialhilfeträger festgestellt wurde, hörte er die Widerspruchsführerin mit Schreiben vom 15.1.2016 zur Erstattungspflicht von Leistungen zur Gesundheit für einen zweiwöchigen Krankenhausaufenthalt an.

Beweis: Schreiben vom 15.1.2016 – Anlage W2

Nachdem die Widerspruchsführerin sich nicht äußerte, erließ der Sozialhilfeträger am 13.4.2016 einen Bescheid, mit dem diese zum Kostenersatz der Leistungen zur Gesundheit für zwei Wochen des Krankenhausaufenthaltes in Höhe von 1.432,12 EUR herangezogen wurde.

Beweis: Bescheid vom 13.4.2016 – Anlage W3

Hiergegen richtet sich der Widerspruch.

II.

Gegenstand des Widerspruches ist der Bescheid vom 13.4.2016, mit dem die Widerspruchsführerin zum Kostenersatz für Leistungen zur Gesundheit herangezogen wurde.

Der Bescheid ist rechtswidrig und verletzt die Widerspruchsführerin in ihren Rechten.

Ermächtigungsgrundlage ist § 103 Abs. 1 Satz 1 SGB XII. Danach ist zum Ersatz der Kosten der Sozialhilfe verpflichtet, wer nach Vollendung des 18. Lebensjahres für sich oder andere durch vorsätzliches oder grob fahrlässiges Verhalten die Voraussetzungen für die Leistungen der Sozialhilfe herbeigeführt hat.

Die Vorschrift ist jedoch dahingehend teleologisch zu reduzieren, dass dieses Verhalten darüber hinaus sozialwidrig sein muss (BVerwG 24.6.1976 – V C 41.74, BVerwGE 51, 61).

Ein solches sozialwidriges Verhalten liegt dann nicht vor, wenn das Verhalten selbst von Grundrechten gedeckt ist (OVG Niedersachsen 11.11.2003 – 12 LA 400/03, FEVS 21, 171). Vorliegend ist die Weigerung der Annahme eine Blutspende jedenfalls dann ohne weiteres von der Religionsfreiheit nach Art. 4 Abs. 1 GG gedeckt, wenn und soweit dies nur für den Betroffenen selbst erfolgt. Kollidierendes Verfassungsrecht ist insoweit nicht ersichtlich.

Diese Wertung ist in § 103 Abs. 1 Satz 1 SGB XII aufzunehmen. Das Verhalten der Widerspruchsführerin stellt sich nicht als sozialwidrig dar, sodass die Voraussetzungen der Vorschrift nicht vorliegen.

Der Bescheid ist daher aufzuheben.

(...)

Rechtsanwalt

Nach § 103 Abs. 2 SGB XII geht die Verpflichtung zum Kostenersatz auf die Erben über. Erben können sich auf Gründe nach Abs. 1 Satz 3 berufen, die dem Verstorbenen zugestanden hätten. Durch Bezug auf § 102 Abs. 2 Satz 2 SGB XII haftet der Erbe mit dem Wert des Nachlasses zum Zeitpunkt des Erbfalls. 1012

Nach Abs. 3 der Vorschrift ist der Anspruch binnen drei Jahren ab dem Jahr, in dem die Sozialhilfeleistung erbracht wurde, geltend zu machen. Im Übrigen gelten 1013 die Bestimmungen des BGB zur Hemmung der Verjährung. Die Vorschrift lässt neben der Möglichkeit des Bescheides zur Ersatzverpflichtung offenbar auch die Klage zum SG zu.[885] Eine Umdeutung eines Bescheides nach § 103 SGB XII in einen solchen nach § 45 SGB X oder umgekehrt ist nicht möglich.[886]

1014 Die Vorschrift des § 103 Abs. 4 Satz 1 SGB XII scheint überflüssig zu sein. Ob sie tatsächlich anordnen will, dass auf die Bescheide § 44 Abs. 1 SGB X anwendbar ist, statt – mit der Rechtsprechung des BVerwG[887] – nur die Vorschrift des § 44 Abs. 2 SGB X,[888] scheint uns äußerst zweifelhaft.

1015 Ein Kostenersatz nach § 103 Abs. 1 Satz 2 SGB XII erfordert daneben die Aufhebung des ursprünglichen Leistungsbescheides.

1016 Nach Abs. 4 Satz 2 haften mehrere Verpflichtete nach § 103 SGB XII als Gesamtschuldner.

cc) Kostenersatz für zu Unrecht erbrachte Leistungen (§ 104 SGB XII)

1017 Die Vorschrift des § 104 SGB XII betrifft die Fälle, in denen die Leistungsgewährung – im Gegensatz zu § 103 Abs. 1 Satz 1 SGB XII – rechtswidrig war.[889] Da die Kostenerstattungspflicht des eigentlich Leistungsberechtigten in diesen Fällen bereits von § 103 Abs. 1 Satz 2 SGB XII erfasst ist, kann § 104 SGB XII nur noch für Dritte gelten.

1018 Diese sind nach der Vorschrift zum Ersatz verpflichtet, wenn die Leistungen zu Unrecht erbracht wurden und ein sozialwidriges vorsätzliches oder grob fahrlässiges Verhalten vorliegt. Weiterhin ist Voraussetzung, dass die zu Unrecht erbrachten Leistungen nach §§ 45, 48 SGB X aufgehoben wurden.[890] Liegen die Voraussetzungen des § 45 SGB X bspw. wegen der Frist des § 45 Abs. 4 SGB X nicht vor, ist auch ein Kostenersatz nach § 104 SGB XII ausgeschlossen.[891]

1019 Die Erlöschensfrist und die Erbenhaftung nach § 103 Abs. 2 und 3 SGB XII gelten auch im Rahmen des § 104 SGB XII.

1020
Muster: Verfristung der geltend gemachten Erbenhaftung

Rechtsanwalt

(...)

An das

Sozialamt Landkreis

(...)

(Datum)

(Anschrift)

---

885 So die hM, vgl. Bieritz-Harder/Conradis/Thie/*Conradis* LPK-SGB XII § 103 Rn. 25.
886 Bieritz-Harder/Conradis/Thie/*Conradis*, LPK-SGB XII § 103 Rn. 25.
887 BVerwG 5.10.1999 – 5 C 27/98.
888 So offenbar Bieritz-Harder/Conradis/Thie/*Conradis* LPK-SGB XII § 103 Rn. 29.
889 Bieritz-Harder/Conradis/Thie/*Conradis* LPK-SGB XII § 104 Rn. 1.
890 Bieritz-Harder/Conradis/Thie/*Conradis* LPK-SGB XII § 104 Rn. 5 ff.
891 Bieritz-Harder/Conradis/Thie/*Conradis* LPK-SGB XII § 104 Rn. 7.

XI. Aufhebung und Erstattung

Widerspruch

des (▪▪▪),

(Anschrift)

Prozessbevollmächtigter: Rechtsanwalt (▪▪▪)

gegen den Bescheid vom 10.10.2016

Namens und ausweislich der beigefügten Vollmacht beantrage ich,

den Bescheid vom 10.10.2016 aufzuheben.

Begründung:

I.

Der Widerspruchsführer wendet sich gegen die Geltendmachung von Kostenersatzansprüchen gegen ihn.

Der Widerspruchsführer beantragte im Wege der Leistungen zur Pflege nach §§ 61 ff. SGB XII die Kostenerstattung für ein Pflegebett. Er reichte hierzu beim Sozialhilfeträger eine Rechnung über 2.000 EUR ein.

Der Sozialhilfeträger bewilligte daraufhin den entsprechenden Betrag mit Bescheid vom 12.3.2014.

Beweis: Bescheid vom 12.3.2014 – Anlage W1

Der Sozialhilfeträger erfuhr durch anonyme Anzeige davon, dass das Pflegebett tatsächlich nur 1.000 EUR gekostet habe. Diese Anzeige ging bei diesem am 2.10.2014 ein.

Beweis: Schreiben vom 1.10.2014; Eingangsstempel des Sozialhilfeträgers vom 2.10.2014 – Bl. 232 der Verwaltungsakte

Er hörte den Widerspruchsführer daraufhin mit Schreiben vom 20.10.2014 zur Aufhebung und Kostenersatzpflicht nach § 104 SGB XII an.

Beweis: Anhörungsschreiben an den Widerspruchsführer vom 20.10.2014 – Anlage W2

Eine Einlassung erfolgte nicht.

Mit Bescheid vom 10.10.2016 wurde die Leistung für das Pflegebett gegenüber dem Widerspruchsführer in Höhe von 1.000 EUR aufgehoben und dieser zur Erstattung aufgefordert. Gleichzeitig wurde der Widerspruchsführer zur Ersatzpflicht nach § 104 SGB XII in Höhe von 1.000 EUR verpflichtet.

Beweis: Aufhebungsbescheid und Kostenerstattungsbescheid vom 10.10.2016 – Anlage W3

II.

Der Widerspruch richtet sich gegen den Aufhebungs- und Kostenerstattungsbescheid vom 10.10.2016, mit dem der Widerspruchsführer zur Erstattung und Kostenerstattung über 1.000 EUR verpflichtet wird.

Der Bescheid ist rechtswidrig und verletzt den Widerspruchsführer in seinen Rechten.

Ermächtigungsgrundlage für die Aufhebung kann nur § 45 SGB X sein, da der Bescheid von Anfang an rechtswidrig war. Hinsichtlich des Kostenerstattungsbescheides kann nur § 104 SGB XII Ermächtigungsgrundlage sein. Nach dieser Vorschrift ist zur Kostenerstattung für zu Unrecht erbrachte Leistungen der Sozialhilfe verpflichtet, wer die Leistungen durch vorsätzliches oder grob fahrlässiges Verhalten herbeigeführt hat.

Ein Kostenersatz nach § 104 SGB XII kann dann nicht erfolgen, wenn eigentlich § 45 SGB X anzuwenden wäre, jedoch die Voraussetzung des § 45 SGB X nicht vorliegt (*Conradis* LPK-SGB XII § 104 Rn. 6 f.). So liegt hier der Fall, weshalb weder eine Aufhebung nach § 45 SGB X und eine entsprechende Erstattung nach § 50 SGB X noch ein Kostenersatz nach § 104 SGB XII in Betracht kommt.

Nach § 45 Abs. 4 Satz 2 SGB X kann eine Rücknahme von ursprünglich rechtswidrigen Verwaltungsakten für die Vergangenheit nur binnen eines Jahres seit Kenntnis der Tatsachen erfolgen, welche die Rücknahme des rechtswidrigen begünstigenden Verwaltungsaktes für die Vergangenheit rechtfertigen.

Diese Kenntnis lag beim Sozialhilfeträger spätestens nach Anhörung des Widerspruchsführers vor. Diese erfolgte am 20.10.2014. Selbst bei großzügigster Betrachtung kann nicht mehr davon ausgegangen werden, dass die Frist mit Bescheid vom 10.10.2016 eingehalten ist.

Mithin sind beide Bescheide aufzuheben. Ein Bescheid nach § 104 SGB XII kann nicht zur Umgehung der Voraussetzungen des § 45 SGB X dienen. Er hängt im Übrigen wesentlich vom Bestand der Bewilligungsrücknahme ab (VGH Baden-Württemberg 20.10.1995 – 6 S 2670/94, FEVS 46, 330).

(…)
Rechtsanwalt

dd) Kostenersatz bei Doppelleistung (§ 105 SGB XII)

1021 Die Vorschrift (§ 105 SGB XII) betrifft rechtmäßige, aber versehentliche Doppelleistungen unterschiedlicher Sozialleistungsträger.

1022 Voraussetzung ist, dass dem Leistungsberechtigten eine Doppelleistung bekannt oder grob fahrlässig unbekannt geblieben ist. Ist die Doppelleistung durch Auszahlung beider Leistungsträger erfolgt, so dass ein Erstattungsanspruch unter den Trägern (§§ 102 ff. SGB X) nicht mehr möglich ist, ist der Leistungsempfänger zur Erstattung an den Sozialhilfeträger verpflichtet.

1023 **Beispiel:**[892] A stellt bei der Pflegeversicherung einen Antrag auf Pflegegeld. Die Bearbeitung verzögert sich. Zwischenzeitlich wird ihm durch den Sozialhilfeträger Hilfe zur Pflege in Form von Pflegegeld gezahlt. Nach sechs Monaten gewährt die Pflegekasse A Pflegegeld rückwirkend ab Antragstellung und zahlt ihm dieses aus. Da eine Erstattung nach §§ 102 ff. SGB X nunmehr nicht mehr möglich ist, ist A zur Rückzahlung nach § 105 SGB XII verpflichtet.

1024 In der Fassung bis zum 31.12.2016 hatte § 105 SGB XII einen Abs. 2. Dieser beinhaltete eine Regelung zu Unterkunftskosten. § 105 Abs. 2 SGB XII kompensierte den Wegfall der Wohngeldberechtigung für Sozialhilfeempfänger und bestimmt, dass ein Teil der Unterkunftskosten, der durchschnittlich der Leistung des Wohngeldes für Empfänger von Sozialhilfe entsprach, nicht erstattet werden musste. Er entsprach damit der Vorschrift des § 40 Abs. 9 SGB II aF (vgl. hierzu Rn. 957).

---

892 Nach *Herbst*, Existenzsicherung durch Grundsicherung für Arbeitssuchende und Sozialhilfe, S. 294.

Stichwortverzeichnis

Die Zahlen bezeichnen die Randnummern.

Ablichtungen 199
Abzugsbetrag 720
Aktivierungs- und Vermittlungsgutschein 862
Aktivleistungen 840
ALG II-V 742 f., 748, 750, 752, 766
Alleinerziehende 547
Altersrentenbezieher 514, 525
Altersvorsorge 820 f.
Altersvorsorgebeiträge 743
Amtsermittlung 8, 51 f., 78, 122, 166, 422, 431
Amtsermittlungspflicht 366
Änderung in den Verhältnissen 25
Änderungsbescheid 47, 61, 104, 779, 783
Androhung eines Zwangsgeldes 273
Anerkenntnis 155
Anerkenntnisurteil 160
Anfechtungs- und Leistungsklage, kombinierte 69, 82
Anfechtungsklage 100, 104
Angemessenheit 626
Angemessenheitsprüfung 635
– allgemeine 630 ff., 648
Anhörung 934 ff.
Anhörungsrüge 384 ff.
Anlass zu Ermittlungen 55
Annahme des Anerkenntnisses 158
Anordnung der aufschiebenden Wirkung 315
Anordnungsanspruch 339, 372
Anordnungsgrund 339, 372
Anschlussberufung 368
Anschlussrevision 416
Antrag 1
– Antragstellung 2, 568, 685
– Antragsunterlagen 9
– Antragsvordrucke 8

– auf abschließende Entscheidung 18, 20
– auf endgültige Festsetzung 18, 20
– auf Leistungen zur Sicherung des Lebensunterhalts 2
– auf medizinische Begutachtung 292
Arbeitsgelegenheit 899, 906
Arbeitslosengeld II (ALG II) 535, 541, 563
Arbeitsmarkt, Eingliederung
– Zusicherung 681
Arbeitsunfähigkeit 442
Atypischer Mehrbedarf 557
Aufenthalt, gewöhnlicher 355, 488
Aufenthaltsdauer, Prognose 521
Aufenthaltsrecht 475, 479, 488
Aufhebung 916 ff.
Aufhebungs- und Erstattungsbescheid 23, 383, 923, 927, 933, 936
Aufnahme selbstständige Tätigkeit 872
Aufrechnung 960 ff., 980
Aufschiebende Wirkung 974, 976, 980 ff.
Aufstocker 873
Aufwendungen Wohnung/Arbeitsstätte 743
Aufwendungsersatz 439
Auskunftspflicht 445
Ausländer 472 ff., 475, 476 ff.
– Leistungsausschluss 355
Ausländische Leistungsberechtigte 701
Auszahlungsanspruch Unterkunftskosten 694
Auszubildende 504 ff., 538, 593
BAB 504 f., 512, 744, 757 ff.
Babyerstausstattung 576 f.
BAföG 504, 511, 513, 593, 743 f., 757 ff., 766

497

Bagatellbeträge 767
Bedarfsgemeinschaft 66, 453, 460
– gemischte 471, 710, 772 ff., 775, 838
Bedarfsunterdeckung 559 ff.
Befangenheitsantrag 224
Behinderte 839
Behinderung 551
Beiladung 80 f.
Bereite Mittel 734 ff., 739
Berufsausbildungsbeihilfe 504, 757 ff.
Berufsberatung 860
Berufsorientierung 860
Berufung 349 ff.
– Berufungsschrift 355
– Frist 353
– Gründe 354
Beschwerde 127
– im Eilverfahren 373
– im Erinnerungsverfahren 374, 379
– im PKH-Verfahren 380
– im Verfahren des einstweiligen Rechtsschutzes 369
Besondere Härte 568 f., 595 ff., 1006
Besorgnis der Befangenheit 226
Bestimmtheit 383, 927, 933
– Anforderungen 929
– hinreichende 925
Betreibensaufforderung 138
Betreuung, psychosoziale 868
Betriebsausgaben 788
Betriebseinnahmen 787
Betriebskostenabrechnung 955
– Guthaben aus 955
Betriebskostenendabrechnung 953 ff.
Betriebskostennachforderung 620
Beurteilungszeitpunkt 31
Beweisantrag 166
Bewerbungen 851
Bewilligungsbescheid 25, 63, 121, 338, 643
Bewilligungszeitraum 25, 59, 63, 566, 779, 794

Bildung und Teilhabe 959
Blinde Menschen 807
Brennstoffe 650
Darlehen 3, 559 f., 562 ff., 566 f., 595, 669, 690, 695, 741 f., 961 ff.
Darlehensrückabwicklung 961 ff.
Direktzahlung an Vermieter 694
Dispositionsbefugnis 57
Divergenz 362 f., 411
Doppelte Haushaltsführung 743
Drogen- oder Alkoholabhängigkeit 541, 563
Durchschnittseinkommen 17, 779, 793, 794
Durchschnittsgewinn 794
DVO zu § 82 SGB XII 798, 832
EAO 530
Eheähnliche Gemeinschaft 456
Ehrenamtliche Tätigkeit 749 f.
Eigenheim 667
Eigenheimzulage 769
Eigentumswohnung 670 f.
Eignungsfeststellung 860
Eilbedürftigkeit 341
Eingliederungsleistung 3, 373, 840 ff., 844, 856 ff., 864 f., 869, 876
– kommunale 865, 869
Eingliederungsmaßnahme
– Abbruch 906
Eingliederungsvereinbarung 845 ff., 853
Eingliederungs-Verwaltungsakt 848, 853 ff.
Einigungs- und Erledigungsgebühr 195, 197, 215 f., 221, 379
Einkommen 700, 704 ff., 724, 734 ff., 748, 750, 752, 766, 775, 793 f., 797, 818
– angespartes 837
– aus selbstständiger Tätigkeit 10, 785
– aus unselbstständiger Tätigkeit 777 ff.

- Besonderheiten beim SGB XII 798 ff.
- schwankendes 748, 752, 923
- Verbrauch 736
- vorzeitiger Verbrauch 737, 739

Einkommen/Vermögen, Abgrenzung 723

Einkommens- und Verbrauchsstichprobe 561

Einkommens- und Vermögensnachweise 424

Einkommensanrechnung 700

Einkommensbereinigung 742, 748 ff., 766
- Betriebsausgaben 793 f., 794 f.

Einkommensbescheinigung 446

Einkommensgrenze 801

Einkommensverteilung 775

Einmaleinkommen 744, 780

Einmalige Hilfen 537, 570

Einnahmen
- einmalige 565, 730
- nicht zu berücksichtigende 753
- voraussichtliche 564
- zweckbestimmte 756

Einsatzgemeinschaften 467

Einstiegsgeld 870, 872

Einstweilige Anordnung 333 ff.

Einstweiliger Rechtsschutz 306

Einstweiliges Rechtsschutzverfahren 276 ff.

Einzugsrenovierung 619

Empfehlungen des Deutschen Vereins 552

Endgültige Festsetzung 16 ff., 752

Entscheidung ohne mündliche Verhandlung 288

Erbenhaftung 1020

Erbschaft 725, 735, 811, 816

Erfüllungsfiktion 956

Erhaltungsaufwandspauschale 667

Erinnerung als Rechtsmittel 218

Erinnerungsbeschluss 223

Erledigungserklärung 141
- übereinstimmende 142

Erledigungsgebühr 196

Ermessensausübung 435

Ermessensfehler 912

Ernährung, kostenaufwändige 552, 594

Erreichbarkeits-Anordnung 530

Ersatzanspruch 985 ff., 990, 999, 1011
- bei sozialwidrigem Verhalten 986 ff.
- Erbe 1006
- für rechtswidrig erbrachte Leistungen 991 ff.

Erschwerung der Aufklärung 433

Erstattung 916 ff.
- von Gebühren und Auslagen 46

Erstattungsanspruch
- Aufrechnung 969 ff.

Erstattungsbescheid 383, 927, 933, 936

Erstattungsbetrag
- Minderung 958

Erstattungsverfügung 927

Erstausstattung 3, 573 ff.
- aus Anlass der Geburt 577

Erwerbseinkommen 744 f., 776 ff.
- schwankendes 10, 23

EU-Ausländer 488

Existenzgründer 874

Fahrtkosten 199

Faktischer Vollzug 330

Ferienarbeit 771

Feststellungsklage 75, 105

Fiktive Bedarfsberechnung 13

Förderung schwer zu erreichender junger Menschen 877

Fortsetzungsfeststellungsklage 106 ff., 113, 116

Fortzahlungsantrag 5

Freibetrag 750
- sozialhilferechtlicher 801

Stichwortverzeichnis

Fremdvergleich 741 f.
Fristversäumnis 76
Gebührenhöhe 206
- Kriterien 207
- Schwierigkeit der anwaltlichen Tätigkeit 209
- Umfang der anwaltlichen Tätigkeit 208
Geburt 576
Gegenwärtigkeitsprinzip 939
Geldleistung 572, 592
- unzureichende 575
Gemeinschaftsunterkünfte
- Leistungsberechtigte in 600
Gerechtfertigkeitsprüfung 760
Gerichtsbescheid 280
Gerichtsvollzieher 257
- Bestimmung des 258
Gesamtangemessenheitsgrenze 655 f., 661 ff.
Gesamtangemessenheitsprüfung 615, 648
Gesamtbedarf 706, 711
Geschäftsgebühr 49 f., 188, 190, 200 ff., 215
Grundsatz des Förderns 841
Grundsatz von Wirtschaftlichkeit und Sparsamkeit 843
Grundsätzliche Bedeutung 361 ff., 409
Grundstück 811 f., 815
Guthabenanrechnung 621
Gutscheine 591
Härte 835 f., 987
Härtefallregelung 555 f.
Hausrat 811
Heizen, unwirtschaftliches 649 f.
Heizkosten 644 f., 653
- Angemessenheit 653
Heizkostenspiegel 653, 660
Heizspiegel 650
- bundesweiter 650
- kommunaler 650

Heizungsstrom 645
Hilfe in besonderen Lebenssituationen 801
Hilfebedürftigkeit, herbeigeführte 900 f.
HIV-Infektion 557
Horizontale Berechnungsmethode 710 f.
Immobilie, selbstbewohnte 625
Individualisierung 933
Individualisierungsprinzip 928 f., 932
Instandhaltung 667
Instandhaltungskosten 667, 670 f.
Isolierte Anfechtungsklage 98
Jahresfrist 29
Kabelanschlussgebühr 622
KdU-Satzung 629
Kinder 547, 579
Kinderbetreuungskosten 743, 866, 869
Kindergeld 731
- Anrechnung von 733
Klageänderung 128
Klageantrag 73, 84, 95, 128, 164
Klageerhebung, Form 74
Klageerhebung, Frist 75
Klagerücknahme 136
Klagerücknahmefiktion 138
Klageverfahren 51
Klassenfahrt 580, 582
Klausel 235
Kombinierte Anfechtungs- und Leistungsklage 100
Kopfteile 612
Kopfteilprinzip 613
- Abweichung vom 613
Kosten der Unterkunft 616 ff.
- unangemessene 635
Kosten der Unterkunft und Heizung (KdU) 3, 535, 537, 599, 610, 655, 656
- Angemessenheit 614 ff.

Kostenentscheidung 44 ff., 116, 141, 153, 172, 185
Kostenersatz 1000 ff.
Kostenerstattungsanspruch 45
Kostenerstattungsantrag 49
Kostenerstattungsbescheid 50
Kostenfestsetzungsantrag 177, 186, 215 f.
Kostenquote 38, 44 f.
Kostensenkung 623
– Unzumutbarkeit aus persönlichen Gründen 655 f.
Kostensenkungsaufforderung 639 ff., 657 ff.
Kostensenkungsbemühungen, Verzicht auf 666
Kranken- und Pflegegeldversicherung
– Rückforderung 944 f.
Krankengeld 743, 778
Krankenhausaufenthalt 515, 521
Krankenversicherung
– gesetzliche 879
– private 880
Krankenversicherungsbeiträge 878
Krankheitsbedingter Mehrbedarf 293
Kurzarbeitergeld 743, 778
Lebenspartnerschaft 461
Leistungen
– bei Arbeitsunfähigkeit 537
– für Bildung und Teilhabe 535, 579, 591
– zur Eingliederung Selbstständiger 870
– zur Pflege 866
Leistungsablehnung 7, 59
Leistungsanspruch 5 ff., 61, 453, 693, 713, 720, 948, 951
Leistungsausschluss 468, 472, 475, 488
– Arbeitnehmer 476
– Arbeitsuche 479
– für Ausländer 81
– Selbstständiger 477

Leistungsbewilligung
– endgültige 923
– vorläufige 10 ff., 23, 94
Leistungsentzug 431
Leistungserbringung, abweichende 537, 558
Leistungsfeststellung, abschließende 16 ff.
Leistungsklage 73, 82, 92, 96, 104, 240, 337
Leistungsversagung 424, 426, 433, 435
– Rechtsfolgenbelehrung 430
Lernförderung 586
Mehrbedarfe 3, 535, 537, 544, 594
Meister-BAföG 507, 740
Meldeaufforderung 912, 915
Meldeversäumnisse 911 ff.
– wiederholte 912
Mietkaution 684
– und Genossenschaftsanteile 690
Mietkautionsdarlehen 962, 965 f.
Mietschulden 695 ff.
Mietvertrag
– feste Bestandteile 622 f.
Mietzahlung 691
Minderjährige
– Haftungsbeschränkung 936
Minderung
– erste Stufe 907
– weitere Stufe 908
– wichtiger Grund 914
Mindestanforderungen an die Klageschrift 65
Mittagsverpflegung, gemeinsame 588
Mitwirkungspflichten 422 ff., 441 ff., 452
– des Partners 424
Monatsprinzip 929
Mündliche Verhandlung 286
Nachzahlungen 730, 781
Nebenkostenabrechnung 952 ff.
Nebenkostennachzahlung 4, 9, 617

Nichtzulassungsbeschwerde 356, 366, 399
Orthopädische Schuhe 578
Ortsabwesenheit 532
– unerlaubte 534
Pflegegeld 768
Pflegeversicherungsbeiträge 878
Pflichtverletzung 847 ff., 898 ff.
– wichtiger Grund 906
PKH-Verfahren
– Beschwerde 383
Post- und Telekommunikationspauschale 49 f., 199, 215 f., 221, 379
Potenzialanalyse 850
Prozesskostenhilfe 118
Prüfungsumfang 947
RBEG 542
Rechtmäßigkeit, formelle 924
Rechtsbehelfsbelehrung, fehlerhafte 47
Rechtsfolgenbelehrung 891 ff., 911
– Leistungsversagung 430
– Versagungsbescheid 430
Rechtsschutzbedürfnis 321, 331
Regelbedarf 3, 535 ff., 579
Regelbedarf im SGB XII 606
Regelbedarfs-Ermittlungsgesetz 542, 561
Regelungsanordnung 337
Reisekosten 844, 864
Rente 754
– Unfallrente 754
– Verletztenrente 754
Reparatur 667
Revision 390
Riester-Rente 743, 820
Rückwirkungsfrist 28
Sachleistungen 563, 572
Saisonbetriebe 790, 794
Sanktionen 883 ff.
Sanktionsbescheid 886 ff., 896 ff., 906, 912, 915

Sanktionszeitraum
– Verkürzung 888
Satzungslösung 628, 647
Schlüssiges Konzept 633, 635
Schmerzensgeld 755
Schonfrist 643, 660
Schonvermögen 833
Schulausflüge 580
Schulausstattung 583
Schuldnerberatung 867
Schülerbeförderung 585
Schwangerschaft 546, 576
Schwellengebühr 50, 200 f., 215
Schwerstpflegebedürftige Menschen 807
Selbstständige Tätigkeit 793, 794
Sicherungsanordnung 337
Sonderbedarf 535
Sozialdatenschutz 8, 55, 431
Sozialgeld 535, 598
Sozialrechtlicher Herstellungsanspruch 6, 743, 822
Sozialwidriges Verhalten 990
Sozialwidrigkeit 1011
Sperrzeit
– Verhängung 900, 903
– Voraussetzungen 900, 904
Sprungrevision 417
Stationär Untergebrachte 514
Stationäre Leistung 809
Stationärer Aufenthalt 839
Stellplatzkosten 623
Streitgegenstand 41, 57, 59 ff., 68, 133 f., 623
Stromschulden 696
Studierende 593
Sucht 563

Tatsächliche Verfügbarkeit 637
Teilhabe am sozialen und kulturellen Leben 589
Teilstationärer Aufenthalt 839
Tenor, bezifferter 240 ff.

Tenor, nicht bezifferter 264 ff.
Terminsgebühr 191 f., 215 f., 221, 379
Therapeutische Geräte 578
Tilgungsleistungen 618, 624
Titel 234
Überprüfungsantrag 24, 28, 31, 37
Überprüfungsverfahren 24 ff., 31, 93, 201
Überzahlung 991
Umzug 672
- Erforderlichkeit 678, 681
- Kosten 684, 689
- unzumutbarer 639
- Zusicherung 681
Unabweisbarer Bedarf 562
Untätigkeitsklage 114, 176
Unter 25-Jährige 679 ff., 887 f., 892, 910
Unterbringung, stationäre 515, 521
Unterhalt 743
Unterkunft 610
- Kosten 611
Unterkunftskosten, Dynamisierung 678
Unterkunftskosten nach Umzug, Begrenzung 674
Unterwerfungsvergleich 59
Unverwertbarkeit, vorübergehende 567
Unwirtschaftliches Verhalten 541, 563, 900, 902
Verantwortungs- und Einstehensgemeinschaft 453, 460
Verbrauch, sofortiger 566 f.
Verbrauch, vorzeitiger 565
Verfahrensgebühr 187 f., 190, 193, 201, 215 f., 221, 379
Verfahrensmangel 364 f., 413
Vergleich 144
Vergleichsgegenstand 147
Vergleichsraum 632, 676

Vermieter
- Verrechnung durch 621
Vermittlung 860
- Budget 861, 863
- Gutschein 862
Vermögen 121, 257, 448, 450, 558, 566 ff., 625, 710, 722 ff., 735, 769, 811 ff., 816, 820 f., 837, 962, 964, 977, 1002
- Besonderheiten im SGB XII 832 ff.
- Unverwertbarkeit 816
Vermögen, berücksichtigungsfreies 823 ff.
- ALG II-V 830
- Altersvorsorge 826
- Bausparvertrag 829
- berufsbezogene Vermögensgegenstände 830
- besondere Härte 831
- Grundstück 828
- Hausgrundstück 827
- Hausrat 824
- Kraftfahrzeug 825
- Lebensversicherung 829
- sofortige Verwertbarkeit 831
- sofortiger Verbrauch 831
Vermögensbegriff 811
Vermögensfreibeträge 819
Vermögenswirksame Leistungen 778
Vermutung des gegenseitigen Einstehens 465
Verpflegungsmehraufwendungen 743, 751 f.
Verpflichtungsklage 36, 44, 89, 92, 94, 337, 574 f., 577
Verrechnung
- bei abschließender Entscheidung 19
- bei endgültiger Festsetzung 19
Versagungsbescheid 424, 426, 433, 435
- Rechtsfolgenbelehrung 430
Versäumung der Verfahrensfrist 77
Versicherungsbeiträge, Zuschuss 537, 878 ff.

Stichwortverzeichnis

Versicherungspauschale 743
Versilbern von Vermögen 818
Vertrauensschutz 23
Verwaltungsakt
– ersetzender 853 ff.
Verwaltungsverfahren 1, 201, 225, 436
Verwertbarkeit 813 f., 815
Verwertung, sofortige 566 f.
Verwertungsausschluss 813, 821
Verzinsung 205
Vollstreckbare Ausfertigung 236
Vollstreckbarkeit, vorläufige 232
Vollstreckung 231
– Anzeige 256
– Auftrag 262
– behördliche 981 ff.
– Durchführung 239 ff.
– Gericht 247
– Maßnahmen 983
– Schuldner 249
– Voraussetzungen 233, 268 ff.
Vollverpflegung 770, 784
Vollziehung, faktische 984
Vollzugsinsassen 514, 522 ff.
Vordruck über die persönlichen und wirtschaftlichen Verhältnisse 121
Vorverfahren 38, 46, 48, 75, 96, 185

Warmwassererzeugung 553
Weihnachtsgeld 762
Weiterbildung 511
Weiterbildungsförderung 862
Werbungskosten 746
Werbungskostenpauschale 743 f., 744
Werkstatt für behinderte Menschen 800

Wichtiger Grund 905, 915
Widerspruchsführer 38, 50, 609, 1020
Widerspruchsverfahren 36, 44 ff., 199 ff., 215
Wiedereinsetzung in den vorigen Stand 76, 79, 124, 353
Wohn- und Wirtschaftsgemeinschaft 462
Wohneigentum, selbst bewohntes 667
Wohngeld 797, 957
Wohngeldanrechnung 795
Wohngemeinschaft 460
Wohnmobil 611
Wohnort, zugewiesener 605
Wohnsitzauflage 701
Wohnung, nicht mehr bewohnte 620
Wohnungsbeschaffungskosten 684, 688
Wohnungserstausstattung 573 f.

Zeit- und ortsnaher Bereich 531
Zeitpunkt der Antragstellung 9
Zuflussprinzip 722 f., 780, 797, 927
Zuflusstheorie 722
Zugunstenverfahren 24, 30, 939
Zulassungsgründe 361, 409
Zumutbarkeit 638
Zusicherung 673 ff., 680, 682, 684 f.
– Antrag auf 681
Zuständigkeit 605
Zustellung 237
Zuwendungen der freien Wohlfahrtspflege 760